毛奇龄诞辰400周年学术研讨会论文集

中共杭州市萧山区委党史研究室（杭州市萧山区人民政府地方志办公室）
杭州市萧山区社会科学界联合会
杭州市萧山区人民政府城厢街道办事处 编

复旦大学出版社

目 录

毛奇龄学术的转向与思考——以"四书"学为讨论范围	陈逢源	001
马郑之淹通，苏张之口舌——谈萧山"豪杰之士"毛奇龄的治经方法	杜明德	022
毛奇龄《四书改错》等"四书"学著作及在清代的反响	李畅然	035
从《四书正事括略》到《四书改错》	徐到稳	045
从乾隆年间韩使燕行录看时人对毛奇龄之接受	罗 静	054
毛奇龄对朱熹《家礼》的批判	乔 娜	069
《四书改错》中的《论语》训诂研究	韩彩莹	081
毛奇龄佚诗辑考	杨博益 胡春丽	092
毛奇龄研究的回顾与检讨	胡春丽	101
李慈铭对毛奇龄的推扬与补正	张桂丽	121
毛奇龄散佚评语辑录	陈启荣	133
毛奇龄之韵学及其学术史意义——兼论清初学术转向的形成	雷天将	162
"易数"之重释：以黄宗羲、毛奇龄、胡渭为中心	陈 岘	173
毛奇龄"笙诗"本有辞说考辨	薛立芳	182
缺失的诗歌选本：毛奇龄《越郡诗选》小议	满忠训	188
论毛奇龄对《左传》《国语》筮例的阐解	黄黎星	197
毛奇龄与《明史》关系探论	段润秀	205
试论毛奇龄的《中庸》观	闫宝明	221
毛奇龄《续诗传鸟名卷》的学术成就与时代特征	于 浩	233
旧邦与新朝：毛奇龄的经义取向与国家认同	杨批额	241
焦循《孟子正义》征引毛奇龄著作考论	黎育瑶	253
阮元抬升毛奇龄在清代经学地位的原因——围绕《儒林传》的编纂展开的考察	王庆朕	264

毛奇龄《毛总戎墓志铭》探析	郝 运	270
《毛奇龄全集》出版断想	路 伟	275
论毛奇龄《九怀词》对萧山地方文化的贡献	蔡堂根	281
毛奇龄对杭州地方史的研究	徐吉军	294
毛奇龄学术思想形成探源	凌志浩	312
从毛奇龄诗词看他的创作特色和美学思想	洪淳生	322
毛奇龄的流亡与乡土情怀研究	王永强	330
毛奇龄：唱响唱好"西湘记"的楷模——论毛奇龄对西湖、湘湖两名湖的杰出贡献	陈志根	339
毛奇龄萧山谱牒文献考略	李维松	346
毛奇龄水利事功及其水利思想研究	陈志富	359
浅谈毛奇龄处世治学的几个风格特点	钱志祥	369
不应被冷落的清初诗坛大家——毛奇龄诗歌概论	吴焕根	374
毛奇龄《三江考》《罢修三江闸议》意义论略	熊张林	385
变革时代下的"异端"相惜——吴虞与毛奇龄	何辰波	393
附录：毛奇龄研究文献目录	廉皓晨 陈东辉	400
后记		436

毛奇龄学术的转向与思考
——以"四书"学为讨论范围

台湾政治大学　陈逢源

摘　要： 毛奇龄，字大可，号河右、西河，浙江萧山人，明清之际饶有声望，应制之前，标举阳明学，以才子闻名；应博学鸿儒科，参与研议典制，则又展现博极经传，通贯诸子实力；乞病归田之后，专力说解经义，遂有遍注群经的成就。不同阶段皆有出色表现，只是从心体操持，开展实证学术，从心学转入经学，从义理变成考据，不同的学术进路，毛奇龄一生学思中巧然转换，实则学术来自高笠僧所传心法，以诚意之教，归本之论，完成治经思考。毛奇龄力主诚意之教，学术频谱从内圣工夫逐渐往外王事业移动，心学与经学，并不存在学术断裂，而是有其一贯的历史脉络。

关键词： 毛奇龄　四书　心学　经学　考据学

一、前言

毛奇龄，字大可，号西河，生于明熹宗天启三年（1623），卒于清康熙五十二年（1713），浙江萧山人。[1] 母亲张氏生奇龄，因梦有番僧授以度牒，四边有五虹相衔，遂以郭璞《游仙诗》"奇龄迈五龙"句，命名"奇龄"。[2] 少时入学宫，与其兄万龄皆知名，后因事逃亡，一度改名王彦，字士方。流寓淮上时，又改名为甡，字齐于。[3] 后遇赦事解，才恢复奇龄原名，康熙十八年（1679）应博学鸿儒科，列于二等，授翰林院检讨，充史馆纂修官，敕修《明史》，自

---

[1]（清）阮元等：《国史文苑传稿》卷2下《毛奇龄传》，收入周骏富辑：《清代传记丛刊（附索引）》，明文书局，1985年版，第13册，第363—366页。及（清）钱林辑，（清）王藻编：《文献征存录》卷1，收入周骏富辑：《清代传记丛刊（附索引）》，明文书局，1985年版，第10册，第69—74页。徐世昌等编纂，沈芝盈、梁韵华点校：《清儒学案》卷25《西河学案上》，中华书局，2008年版，第2册，第965—966页。按：胡春丽撰《毛奇龄年谱》，上海：复旦大学出版社，2021年3月，据毛黼亭《萧山毛氏宗谱》，卒于康熙癸巳三月初五日，年九十一。

[2]（清）盛唐：《西河先生传》，（清）毛奇龄撰，李塨等编辑：《毛西河先生全集》卷首，嘉庆元年刊本，第10页。

[3]（清）施闰章：《毛子传》便是以毛甡为称，云："毛甡，萧山人也。初名奇龄，字大可，一字齐于，曰：'吾淳于髡也。'"《学余堂文集》，景印《四库全书》第1313册，台湾商务印书馆，1986年版，卷17，第212页。"齐于"有与淳于髡齐等之意。

此一改过往流离之苦，成为文学侍从之臣。① 相较于清初学人反省家国沦亡，检讨士风的深刻厚重，毛奇龄更加看重康熙的赏识，提供学术全然发挥的空间，以及新王朝崭新气象，透过通经致用，以定朝堂典制仪节，经世致用在毛奇龄身上更为具体明确，因而有更为激昂的情绪，以及更强的自信，寄寓京师时期，整理历代乐章，修正丹陛乐；参与北郊配位议，厘清国之大典；充会试同考官，阅《春秋》房卷等②，尤其进呈《古今通韵》，深得康熙赏识，不仅宣付史馆刊行，并敕礼部知其事，成为一生荣宠事迹，时间虽然短暂，但与过往逃亡的生活，成为鲜明对比。然而康熙二十五年（1686）毛奇龄以迁葬请假归乡，不幸罹患痹疾，不良于行，于是乞病在籍休养。康熙二十八年（1689）圣祖初巡，毛奇龄迎驾于西陵渡口，康熙三十八年（1699）再次南巡，毛奇龄以《圣谕乐本解说》进呈，获得康熙嘉赏，并宣付刊行，康熙四十二年（1703）三巡至浙，毛奇龄也候安于朝门，康熙不仅慰问，并赐御书一道，毛奇龄虽然养病于家，但显然仍受圣眷，康熙不仅给予荣宠，也给予学术的肯定，因此引为生平知己，深表感恩。③ 毛奇龄九十一高龄卒于家，遗命不冠、不履、不沐浴、不更衣、不接吊客，唯有覆盖朝服，既有过往流亡于外，对父母礼数有缺的遗憾，也有对于新朝认取的感激，明清鼎革，反映毛奇龄一生的学术转折，投入经学考据工作，期以有用于世，也就不能以国族情感绳之。

事实上，毛奇龄才情洋溢，遭家国沦丧之痛，髡发抗命，后来却又投身新朝；曾经四处逃亡，命悬一线，后来却荣登庙堂，备受荣宠；曾经一朝得意，踌躇志满，却又归田养病，终老于家，进退荣辱之际，际遇天差地别，既反映一生传奇，也是明清剧烈社会变革缩影。过往依其学术活动分为三个时期：一是应制之前，以才子闻名，标举王学，力排异端，颇享盛名；二是京师应酬时期，研议礼文，推究典制，名动公卿；三是乞疾归田后，专力研经，勤于撰作时期，学术深有影响④，然而回归于学术考察，毛奇龄乃是从心学转向经学，既是阳明心学健将，又有遍注群经成就，思想承前启后，全然不同的学术进路，却无碍于引领风华，相较过往以顾炎武、黄宗羲等倡之在前，毛奇龄、阎若璩等继之在后的观察角度⑤，顾、黄等人学术前人论述已丰，阎若璩更是考据核心人物，然而毛奇龄兼有心学与经学两种学术成果，最具代表性，也最富指标意义，却是缺乏研究了解。毛奇龄是明清之际十分值得观察的对象，四书不仅是宋明理学核心文本，也是经学要籍，毛奇龄有关《四书》部分，包括：《四书索解》四卷、《论语稽求篇》七卷、《大学证文》四卷、《大学知本图说》一卷、《中庸说》五卷、《四书剩言》四卷、《四书剩言补》二卷、《圣门释非录》四卷、《逸讲笺》三卷、《大学问》一

---

① 孙静庵：《明遗民录》，《徐芳声、蔡仲光》载蔡仲光对毛奇龄言"仆与子为金石友。子今朝贵人也。为忠为孝，则子自有子事。仆以桑榆之景，将披发入山矣，更弗取与世俗交"。浙江古籍出版社，1985年版，第101页。章太炎撰：《杨颜钱别录》即指毛奇龄"少壮苦节，有古烈士风，而晚节不终，媚于游裦。全祖望藉学术以谴诃之，其言特有为发也"。《检论》，《章太炎全集》，上海人民出版社，1984年版，第3册，第581页。
②（清）毛奇龄撰，李塨等编：《毛西河先生全集》卷首《西河先生传》，嘉庆元年刊本，第20—23页。
③（清）毛奇龄撰《墓志铭》云："西河之穷，逾于李广。天子之知，十倍汉主。人亦有言，生平得一知己，可以不恨，今天下知西河者，孰有如皇上者乎？"《西河集》卷101，影印本《四库全书》，台湾商务印书馆，1986年版，第1313册，第136页。以李广自比，可见其抑郁，而汉主一词，则又有双关之意。
④ 陈逢源：《毛西河四书学之研究》，台湾花木兰文化出版社，2010年版，第16—18页。
⑤（清）皮锡瑞：《经学历史》，汉京文化事业公司，1983年版，第299页。

卷、《四书改错》二十二卷等，共计十一种，总共五十七卷，毛奇龄四书学乃是从心学转向经学最佳观察材料，深具学术典范转移意义，近人胡春丽《三百年来毛奇龄研究述评》提醒研究要有系统性以及开阔的视野①，也指出毛奇龄是复杂历史见证人，深有典型意义②，洵为有识，相信也唯有开阔系统的了解，才能突破过往思想框架，了解毛奇龄学术重构的历史意义，而过往整理毛奇龄四书学也才能有更为清晰的思想脉络。③

二、诚意之教

毛奇龄生于讲学之乡，出入集会，抗颜高论，既是浙学濡染的影响，也是才性所近的结果，对于阳明心学的表彰，对于异端的批判，名著于时，此乃邵廷采所亲见，云："先生抗言高论，出入百子，融贯诸儒，……历观当今作者，本原之大，未有过于先生，先生负当代之望，为名教之主，推崇阳明，排斥异议，后学之士倚一言为太山北斗。"④称为"名教之主"，褒扬至极，护卫阳明的表现应无可疑，可以据此归入心学一派，而"出入百子，融贯诸儒"，又显然有博采融贯学术特质，明末多元学术色彩由此可见。而年少即享盛名，也可为毛奇龄年轻学术提供侧面的观察。只是随之逃亡，流离于道路，也就脱离原本学术环境，成为思想沉淀时期，也是学术反省阶段，回归于自身体悟，心体澄朗，要能有益于心，有用于身。学术转为体证，无疑是最重要的诉求，也从而确立一生思考方向，此见于《经例》当中，云：

> 《大学知本图说》作于少林僧房，时辽东老僧高笠先生传授古本《大学》，故著此。此先生一生学问所得力处。后在汝宁署著《后知本图说》，每密藏衣絮间，出入不离。及还乡里，急以此付家人，曰："吾得存此，幸矣。"⑤

阳明攻击朱熹《大学章句》改本，标举古本《大学》⑥，开启明中叶以后经典文本之争。古本《大学》乃是心学一脉要籍，毛奇龄应该并不陌生。至于引为一生学问得力处，则是来自一段特殊机缘。高笠先生的谧授使古本《大学》充满宗教应许的神秘气氛，始末见载于《大学知本图说》云：

> 尝坐嵩山土室中，夜半涕泣，忽有告之者曰："何不向庙市买书观之？"予时辨伪《诗传》《诗说》未成，思有所考校，而兼念《尚书》蔡传不无可疑，欲觅《孔传》参稽之，而遍观庙市，并无一书。惟见一高笠先生，髡其首，持《大学》

---

① 胡春丽：《三百年来毛奇龄研究述评》，《玉溪师范学院学报》2014年第1期，第33页。
② 胡春丽：《毛奇龄年谱·前言》，第5页。
③ 陈逢源：《毛西河四书学之研究》，第8页。
④（清）邵廷采：《谒毛西河先生书》，《思复堂文集》，华世出版社，1977年版，卷7，第605—606页。
⑤（清）毛奇龄撰、李塨等编：《毛西河先生全集·经例》，第2页。
⑥（明）王守仁撰、吴光等编校：《王阳明全集》，上海古籍出版社，1992年版，卷7，《大学古本序（戊寅）》，第242页。

一本，即阳明先生所授名"古本"者。见予语，悦之，必强予读。予向尝读之，无所异也，至是读讫，觉有异，乃再读之，请受书。高笠先生曰："此非予书也，必欲受之，请间。"翼日，招予于嵩阳院南旅舍中，避人曰："此书非他，关东贺凌台先生所谧授也。予尝为先生都讲，而先生以非命死，予又全家死于兵，是书将绝传矣。吾子而无志于圣功也已矣，吾子有志于圣功，则是可不读与？"①

古本《大学》既非罕见孤本，也非毛奇龄未曾见书籍。高笠先生翌日相邀，辟室密谈，充满文学性的笔法，加强了传授的神秘仪式效果，意义所在，已经有超乎文字之外的暗示，高笠先生强调圣功所在，乃是操持体证的工夫。而溯其渊源于贺凌台。贺凌台为贺钦之孙，其学宗主陈献章，同样属于心学一系，《明儒学案》列于《白沙学案》当中②，《明史·儒林传》则附于陈献章之后③。学行之间，强调躬行实践，主敬收放心，然与古本《大学》之间，并未有明确的联系，主要还是引导体证方向，授书更象是传法，调和知行的关系，回归于修身诚意之教，云：

> 曰："向亦读是书，以求圣功，而不可得也。夫圣功在格物，而格物莫解，则圣功亡矣。今日圣功在是书，得毋穷致事物之理即圣功耶？"曰："是何言与？圣功有本，其一曰：'此谓知本'，谓修身为本也，则本在修身矣。其一曰'此谓知本'，谓诚意为本也，则本又在诚意矣。《大学》以修身为本，修身以诚意为本，而谓圣功在格物，可乎？"予乃嗒然若失，又惊然若有所得。曰："格物如何？"……曰："'自天子以至于庶人，壹是皆以修身为本，其本乱而末治者，否矣。其所厚者薄，而其所薄者厚，未之有也，此谓知本，此谓知之至也'，此《大学》文也。此即格物致知也。……则但知本身而学已定也。"曰："诚意如何？"曰："诚意毋自欺，知至善也，知；诚意必自慊，得至善也，行也。"曰："在《大学》何文？"曰："'所谓诚其意也，毋自欺也。如恶恶臭，如好好色，此之谓自慊，故君子必慎其独也。小心闲居为不善，无所不至，见君子而后厌然揜其不善，而著其善，人之视己，如见其肺肝，然则何益矣。'故曰诚意止至善也，言《大学》首功则惟于此而已也。"予乃再拜请受业，约住三日去。④

朱熹以"格物"为八目之首，补作"格致补传"⑤，成为儒学工夫所在；阳明将"格物"归之于心，成为理学与心学分判关键。"格物"成为理学最重要也最具争议问题，毛奇龄与高笠先生回归于古本《大学》，梳理语脉所在，在层层推证当中，归纳出"大学以修身为本，修身

---

① （清）毛奇龄：《大学知本图说》，嘉庆元年刊《毛西河先生全集》本，第1—2页。
② （清）黄宗羲：《明儒学案》卷6《白沙学案下》，华世出版社，1987年版，第98—101页。
③ （清）张廷玉等：《明史》卷283《儒林二》，中华书局，1974年版，第7264—7265页。
④ （清）毛奇龄：《大学知本图说》，第2—3页。
⑤ （宋）朱熹：《大学章句》，《四书章句集注》，长安出版社，1991年版，第6—7页。

以诚意为本"核心诉求。以诚意作为修身基础，修身作为圣学功夫，"本"成为建构古本《大学》义理，解构朱熹《大学章句》的关键思考。良知诚意之教原本就是心学要义，古本《大学》是阳明学术文本。然而毛奇龄从高笠先生上溯而及于贺氏之学，遥接陈献章学术，得以扩大心学门径之余，也提醒心体道德形上学的讨论，最终还是必须回归于实际体证。唯有验之有效的学风，真情实感才能餍足人心，也唯有人心己心的安顿，儒学修养工夫才有意义。再者，相对于"格物"内容的解释，毛奇龄更加留意古本《大学》文字结构，因此对于朱熹《大学章句》两句"此谓知本"的处理方式①，毛奇龄是以"大学以修身为本，修身以诚意为本"的"归本"策略来处理重出复句情形。"此谓知本"并不是重出而衍，而是诚意为根本的指引证明，不仅更加深化程、朱理学理架构的批评，也回应阳明《大学问》中钱德洪"学者稍见本体，即好为径超顿悟之说，无复有省身克己之功"的反省②，补强了古本《大学》文本的证明，从而在心性理气当中更加留意心知的功能与作用，云：

> 身有心、意、知，未发为心，发之为意，而知则统乎心、意之间，即心之灵也、明也。经之所云："旦明"，先儒之所云"照心"者也，《大学》"格物致知"之"知"，即此知；"知止能得""知所先后"之"知"，亦即此知也。第此知在身，无位无体，随心、意与事物而皆见之，而在心、意之出入，则见当倍清，假使意有所发，而忽不及见，则在独处时，谓之"坐驰"，而在应物时即谓之"显骛"，此非知之患，心、意之患也。……"心""意""知"三字，何有先后？当其未发，即谓之心，及既发而即谓之意，乃发之之后而复见心，及其又发而又见意。时而心，实时而意，而知则无所不时见于于间。③

相对于朱熹未发为性，已发为情，"已发""未发"不是"心""性"之别，而是"情""性"之分。心统性情④，毛奇龄则是以身有心、意、知，"未发"之为心，"发之"为意，知统乎心、意之间。知即是心之灵明，本体觉察操持的关键，知有所不及，则心、意俱失。但必须说明心、意、知虽然有先后顺序，但全在心体当中进行。心不仅是未发之境，也是意与知活动的载体。而在知的运作下，可以照见其间，时心时意，知成为串贯检视的关键。相较于前贤对于理、气的讨论，毛奇龄更加重视心体的操持，以及心知觉察的作用。因此"格物"的工夫，转而落实在"诚意"与"正心"的交互运用，云：

---

① （宋）朱熹：《大学章句》将第一句"此谓知本"归之于"本末"章，第二句"此谓知本"则注"程子曰：'衍文也。'"，《四书章句集注》，第6页。
② （明）王守仁撰，吴光等编校：《王阳明全集》下册，卷26续编一《大学问》，第973页。
③ （清）毛奇龄：《大学知本图说》，第4页。
④ （日）藤井伦明：《朱熹思想结构探索——以"理"为考察中心》，台湾大学出版中心，2011年2月，第163页。陈来：《朱熹哲学研究》，文津出版社，1990年版，言及"已发未发说是朱熹为学方法的重要基础理论，在他的思想形成发展过程中占有重要地位。它在心性哲学的意义在于由性情体用思想引导出心统性情的学说，它在道德修养的意义在于由肯定未发而确立主敬涵养"。第148页。

其所以先诚意而后正心者，亦谓用功从诚意始耳，非心意有次第也。是以用功者，当其既发也，而即诚意；及发已，而即正心，时心时意，实时正时诚，不加勉强，亦不事过抑，任其自然，而由诚而正，循环焉以至于尽，而于是尽性至命之学亦俱见焉。①

知在心、意之间，下手工夫则以"诚意"为先。相较于朱熹追究未发时气象，主张刻苦工夫②，毛奇龄更加留意已发时的省察。时心时意，时正时诚，就其操持的方式，强调不加勉强，任其自然。于是在诚意的工夫下，达到无所偏失，无所乖戾的感受。既在已发时操持，追求心体的坦适，也就在过往纠葛的概念中，建构出目可睹，手可循的修养工夫。毛奇龄揭示诚正交养之学，可以尽性至命，达致内圣外王究极之境，认为此即圣学要义。高笠先生言"内圣外王一时可行，亦时时可行"，成为此一思考的重要指标。③朱熹以改本突显格物之义，阳明以古文彰显良知之教。毛奇龄延续前人思考方向，回归经典，回归于自身，从而归纳其中进程，甚至认为神奇遭遇符合初生时"番僧授牒"的征兆，因此崇信无疑④。于是构画图示，包括"《大学》有本""格物知本""格物以修身为本""修身以诚意为本"四图⑤，成为谨授古本《大学》的体验心得，图示如下：

「《大学》有本」：

《大学》〔明德〕〔新民〕止〔至善〕知得 物有〔本〕末 事有终始 先后 道

「格物知本」：

诚意
正心
〔物〕〔本〕先〔明德〕修身 致知 先〔格物〕〔本〕
末 知 后 新民 齐家 后 末
治国
平天下

「格物以修身为本」：

〔修身〕为〔本〕厚
〔格物〕知 〔知本〕此谓知本知至
末薄

「修身以诚意为本」：

毋自欺 如恶臭〔知〕不善
如好色〔知〕善
〔修〕〔诚意〕俱同 至善 知本 此谓知本
〔身〕
自慊 如恶恶臭 不为不善
如好好色〔仵〕善

---

① （清）毛奇龄：《大学知本图说》，第4—5页。
② 陈逢源：《"道南"与"湖湘"——朱熹义理进程之检讨》，《"融铸"与"进程"：朱熹四书章句集注之历史思维》，政大出版社，2013年版，第195页。
③ （清）毛奇龄：《大学知本图说》，第5页。
④ （清）毛奇龄：《复王草堂四疑书》云："先慈所梦，明明告之大母，质之先赠君，先赠君即此梦告庙命名，何敢淹沫？且非谓此见梦者为所托之身，只其所贻牒阑以五虬，因取郭景纯诗'奇龄迈五龙'句，命曰'奇龄'。此即他日高笠僧授《大学》之先征也。授学大事，番僧即辽僧也，牒者，《大学》文也。"《西河集》卷21，第175页。
⑤ （清）毛奇龄：《大学知本图说》，第6—8页。

也就在《大学》有本，格物知本，格物以修身为本，修身以诚意为本，层层归本的方式当中，从文句寻求义理之所归，建立心体操持方向，形塑古本《大学》的思想体系，文本内在化、脉络化的处理方式，无疑是为袪除义理争议，建构经典诠释逻辑的最优解。而知于心、意中体察，也有助于日用之间直下工夫，无疑在流亡惊惧的心情中，可以获得心灵的平静以及生命的安顿。高笠先生传法乃是毛奇龄学术开展的重要环节，心体坦然简易之余，当然也有助于心情的调适，因此论定"诚意"为圣门下手第一工夫，云：

> 格物以修身为本，而修身则又以诚意为本，虽身有心、意，不分先后，而诚意之功则先于正心，何则？以意之所发，始知有善有不善，亦意有所发，始能诚于为善与诚于不为不善，正心时无是事也。是以"诚意"二字为圣门下手第一工夫，假使意发而不善，则必知其不善，一如恶臭之在前，而恶而去之，其"知不善"者，知也，不欺也。①

毛奇龄从古本《大学》当中，从"知本"的启发当中，得见义理所归，以及实际操持的方法。"诚意"为儒学下手处，而"意"之善，等同于"理"，循心意而行，觉察其中，实意而得其理。《大学》由格物穷理，转为诚意正心，重新组构儒学进学主线，只是于此是否即是儒学究竟，操持简易是否能成就高远境界，时心时意是否可以不为间断，都是学者实际体证面临的问题。毛奇龄在辗转流离当中，又有进一步的反省，云：

> 时予寓少室，又寓湖西，转而寓崇仁，亦既守其教而行之有年矣。既而寓淮西，夜坐，听官廨子弟有诵《论语》者："颜渊喟然叹曰：'仰之弥高，钻之弥坚，瞻之在前，忽焉在后。'"则大惊。又听之："既竭吾才，如有所立卓尔，虽欲从之，末由也已。"则更惊。此是何说？其所说何事？因举平日所从事者，勘之，体验之，则并无此境，岂其中有物耶？外氏立教，有王婆，有主人公，有拈探捉摸，吾学无是也。且心意坦实，未尝兀突，如外氏所云"相见固是，指着即非"者，安得有如立、末从之境在学事间？因四顾怅怅，无所适从者，约七、八日。②

颜渊形容孔子道德学问是弥高、弥坚，瞻之在前、忽焉在后，说明其中有广大深邃，难以逾越的境界，堂庑特大。毛奇龄从读诵当中，幡然醒悟，怅然反思。《大学》揭示修养之本，诚意之教可以获得心体操持的满足，然而圣道广大；《论语》揭示的境界，甚至欲进无路，力所不能及的情况。可见儒学并不仅是追求心境坦易而已，圣人所开示的宏规，也远有超乎简易工夫的地方。诚意之教提供心理的安顿，由诚意而正心，理在于心，延续阳明心学

---

① （清）毛奇龄：《大学知本图说》，第8页。
② （清）毛奇龄：《大学知本图说》，第15—16页。

的路径，可以切实操持，也明确可感，因此信之不疑。但在偶遇的机缘下，在寻常的章句中，毛奇龄触发更深刻的思考，心法易入，境界难寻，必须从"归本"到求其"一贯"。于是开始经典融通的反省，云：

> 夫博约文礼，即吾向所云："下学之功，无日不慎独，无日不存心，亦无日不研经说礼，未尝于文礼有所废驰。"而子必以此为教，一似舍乎此即无他者，此乃所谓诱也。然而既诱之矣，吾亦第听其诱之已耳。既而念《孟子》云："文王望道，如未之见。"夫道可见耶？犹颜子也。又念《孟子》云："道则高矣，美矣！宜若登天然，似不可及也。"道岂能登陟耶？亦犹颜子也。然而颜子仰瞻，并无所指，而此则所瞻在道，所仰亦在道，得毋颜子所叹者即道耶？第道是何物？定非有一形一器可以容吾捉摸者，而以观《论语》有云"吾道一以贯之"，则道在人身，然而圣人有之，不能人人有之也。乃又云："夫子之道，忠恕而已矣。"则道虽在圣人，而亦人人得有之；道在夫子，忠恕仍在人心也。①

研经说礼是儒者本业，日日行之，无有废驰，但儒学之道，又岂仅止于此。诚意之教容易入手，却缺乏宏大高远境界，尤其欠缺"可见""登陟"的规模。圣人既高于人人，因为有道，但人人也皆可以为圣人，则又因得道之一端。对于这种一与多，理一分殊、整全与分别的关系，毛奇龄因此推判"道在夫子，忠恕仍在人心"。于是有道等同于一理，忠恕乃为分殊，既提醒儒学具有宏大内涵的存在，也指出简易之途，人人可以依循的方向。于是在经典当中进行进一步观察，尝试循诚意之教，描绘出道体的深奥微妙，云：

> 于是展转思惟，以为《大学》《中庸》相为表里，岂有《大学》一道，《中庸》又一道者？乃复谛观《中庸》，然后恍然曰："道也者，即意之达天德而成王道者也。"盖《中庸》言性、道，《大学》只言心、意矣。然而性即心也，谓心之得乎天而生于人，而性于以名生心之谓性是也。意即道也，谓意之得乎善而当乎诚，即谓之道。诚者，天之道；思诚者，人之道是也。是以未发为本，而既发为道。夫性之既发，亦犹之心之既发，而未发为大本者，既发而即谓之达道，则意非道哉！以故性与天道仍在诚意、位天地而育万物，仍在慎独，而特其诚意之功未经精进，则不能有"卓尔末从"之境，何则？学者一生只诚意，而诚意之久，进乎至诚，则其境大异。盖诚当至处，既尽己性，复能尽人、物之性，于以赞化育而参天地，则人我两忘，理欲齐冥，天德浑然，一若有"于穆不已"离心意而独存者，即谓之道，此岂易至哉？然亦岂外吾心意而别有为望之、登之、仰之、钻之

---

① （清）毛奇龄：《大学知本图说》，第16—17页。

者哉?①

心之谓性,性即是心,意得乎善而当乎至诚则为道。相较于未发为性,已发为情,毛奇龄认心为性,混同心性的存在。因此也就有性之既发,如心之既发的说法,而所谓之"既发"其实是指意。毛奇龄循诚意之教,更加留意已发的省察工作。而诚意可以尽己性、尽人物之性,也就可以达于参天地、赞化育的境界。所谓"既发而即谓之达道",未发为大本,既发为达道,达道是诚意的完成式。于是从心／意的操持,提升为性／道的掌握,既维持离吾心意无可操持的进路,也强化诚意之教所缺乏宏大境界的说明。诚贯通天人,从《大学》获得诚意的进路,由《论语》《孟子》得到思考的触发,进而推及《中庸》至诚不已的境界,完成"圣功易入,诚意是也;圣功若难尽,至诚是也"的儒学体系②,由真实其意的体验,到达于天命,成己成物的思考。毛奇龄由"知本"到"立大本"构画"知本后图"③,用以标示儒学宏大规模:

```
          心      知            絜矩  好之〔道〕齐家治国   明德
《大学》〔意〕慎独  至〔诚〕意忿                  修身    知〔本〕
          知      善            忠诚  诚大〔道〕平天下   新民

          性      明            诚者天之〔道〕尽人尽物   成己
《中庸》〔道〕慎独       〔诚〕身              尽修     立大〔本〕
          教      善            诚之人之〔道〕参天地     成物
```

结合《大学》与《中庸》,建构儒学次第与宏规,诚意的操持,由意而及道,由知本到立大本,在身有心、意、知,在人有性、道、教,从修养的工夫,到成德成圣的道德本体观察。毛奇龄以归本的方式,回应阳明心学主张,不仅展现心意操持成果,也成为学术观察的重要方法。过往心、性纷杂纠结,毛奇龄将其归之为一。内修诚意可以外达天道,心做为本体所在,成圣修德不外乎此,圣道不外于人,无须外求的进路。既不违于黄宗羲标举"盈天地间皆心也"的主张④,却更为平实可以操持。当然也可以观察毛奇龄思想并非天人交战困境究其精微的心性考察之后所获得的生命觉悟;也不是回归于天道性命,确立儒学的坚毅品格,从而在天人之间昂然矗立,遂有心性贞定的思想信仰。纯然从已发处下工夫的结果,少于未发处涵养,言心而不及性,尝试化解儒学"下学"与"上达"的问题,从而建构诚意之教的内涵。归本的诠释策略,有助于文本缜密的思考。然而求其"一贯"的方式,留停于经旨诠释的掌握,却错失了求其精一的进程。体证遂从心体的鉴察,转为经文旨趣的辨析,心性善恶的讨论转为经文对错的判分。由天理转为文理,用意所在,已轻与程、朱理学有所不同,也与阳明心学趋向有异,思想缜密胜于前人。然而义理之深邃有所不及,学术从而转向,则又

---

① (清)毛奇龄:《大学知本图说》,第17页。
② (清)毛奇龄:《大学知本图说》,第18页。
③ (清)毛奇龄:《大学知本图说》,第19页。
④ (清)黄宗羲:《明儒学案序》,见《明儒学案》,第7页。

是考察毛奇龄思想不可不留意之处。

三、归本之论

毛奇龄延续阳明心学进路，扩展文本诠释的了解，既受康熙礼遇，自然感激清廷的认取，积极投入研经议礼工作，以助新朝气象。学有知本成为一生诉求，梳理文脉成为学问得力处。用力之勤，专务经学，成果斐然，甚至以"千古读书人自居"，希望超迈前代，凌宋、明而及汉、唐，颇有一新时代思想气魄。门人李塨对此有深刻体认，云：

> 先生尝谓汉、唐后世无学者，忻然以千古读书人自居，而塨独窃窃然，谓圣道若存若亡，决出窜入，异学横流，几千年于兹矣。天地神圣之灵，置若罔闻，学术世道未知于何其底，而忽于今日得先生一人，上以正义、农开辟之纂据，中以起三代礼乐之厄屯，下以扶孔、孟经传之晦蚀，是岂一心一目遂克臻此？殆乾旋坤转，鬼设神施，天牖其聪，而先圣先贤实左右之，使学术世运可返隆古，不但湛沦宋、明已也，而谓偶然之事也耶？①

虽有门人的褒扬用意，但标举圣贤之道，改正学术世道，恢复经学本义，则又有摆脱宋、明学术思想的气魄。也说明毛奇龄有指引学术风尚之力，以及考辨澄清之功，甚至有睥睨千古的自信。推究其信念所在，乃是运用心知考求方式，追求实意之举；诚意之教移之于经史百家，梳理文本内容，同样有辨订得失的效果。于是由心学到考据，从讲论到研经，剖析疑义，澄清误解，心学工夫转成考据学义理基础；体察心知以诚其意，改为考查经文以究其义。毛奇龄提供学术转型的成功案例，当然其中也有仰承上意，趁新朝一改尊朱态势的念头，云：

> 尝考汉令分古、今二学，古学校文，则圣贤所垂，必不许更纂一字；而至于今学，射策劝禄，则任从出入。明制不然，《章句》取士，必限以共遵，而至于改经换传，颠倒圣言，则一概不禁。是以《礼记·大学》从朱氏改后，复有石经改本，于隆、万年间公然呈进，恬不为怪。今又不然，取士照旧式，虽曾用台臣疏，加以宸断……不袭《章句》，有裨圣学者，特颁上谕，使搜辑呈进，凡若干本。而侍卫成德校刻《经解》数万卷，则多与取士《章句》不相合者。②

又：

> 圣天子知其然，已于甲辰、丁未两科直废八比，而惜诸臣依佪，无能为仰承

---

① （清）毛奇龄撰，李塨等编：《毛西河先生全集·卷首》总序，第9页。
② （清）毛奇龄：《论语稽求篇》卷1，嘉庆元年刊《毛西河先生全集》本，第3页。

之者，以致因循有年，仍还故辙。然犹特颁敕谕，搜天下经注之与学官异者，悉收入秘府，其神鉴卓然，深知学官经注有误如此。①

康熙二年（1663）八月下诏停止制义，改用策论，并于康熙三年（1664）及康熙六年（1667）实施，之后则恢复初制②。清初制度因袭更革之际，显然毛奇龄以为康熙有意改革八股科举制度，但是群臣依循旧规无法有相应的举措；其次，朱熹《四书章句集注》成为官学既久，人人习而拘执，也造成许多问题。延续阳明心学对于程、朱理学的批判，回归于圣贤原本，也就成为毛奇龄心心念念重要的学术工作，云：

> 康熙丙戌，予东还草堂，以年逾八十，不能著书，儿子远宗偕兄子文辉从京师归，与门人张文彬、文楚、文枫兄弟，辑予经集中有四书注作驳辨者，合之作《正事》一书，先正其名物、文艺、礼制、故实，而阙其义于有待。以为义烦而事简，第正其简者，且又不尽其刊正之力，谓之"括略"。而惜其陆续补缀，无经纪也。……因取《正事》一书而条理之。而远宗、文辉仍赴京师，三张兄弟以佣书散去。老病卧床，日呼兄孙能书者口授而使记之，题之曰"四书改错"。《离骚》曰："固时俗之工巧兮，偭规矩而改错。"解之者谓俗固多错，然背规矩而改之，则虽改亦错。吾之题此，正恐改者之仍有错也。他日皇上南巡，当躬进此书，以丐圣鉴，否则藏于家，以俟门生儿子入献焉。康熙戊子某月日。③

毛奇龄在晚年无法著书，仍在门人弟子协助下完成四书的考辨。内容针对朱熹《四书章句集注》纠谬，扩而及于四书相关概念澄清，正其名物、文艺、礼制、故实。参与者有继子远宗、侄文辉，与门人张文彬、文楚、文枫三兄弟。康熙四十五年（1706）完成《正事》一书，后又陆续补缀；在兄孙毛诗的协助下，口授笔记，完成《四书改错》，共分三十二门部，四百四十七条，不仅是一生研经成果的汇辑，一再强调入献朝廷，也有文学侍从之臣的期待。毛奇龄不仅清楚揭示考据范围，也了解义烦事简的情况。至于"阙其义于有待"，乃是深有策略的思考。简明易辨，义理难究，先易而难，不仅容易达到辩证的效果，也可藉由"改错"一新耳目，达到批驳朱学的目的。因此必须了解并不是毛奇龄"义理"有待体证深化，早在高笠先生传授心法已有方向，立基于诚意之教，在古本《大学》脉络当中，从"知本"到"立大本"，儒学思想已具体系。甚至从发生历程而言，在义理已然清楚之下，才有考辨的方向，义理先于考据由此可见，甚至可以了解义理是推动考据的原因，只是隐没在毛奇龄的策略之下，容易让人误解考据手段是纯粹客观的考察，是别除义理体证的结果，于此乃是昧于

---

① （清）毛奇龄撰，张文彬等辑：《四书改错》卷1，嘉庆十六年重刊本，第4—5页。
② 赵尔巽等：《清史稿》卷6《圣祖本纪》，中华书局，1977年版，第168页。
③ （清）毛奇龄撰，张文彬等辑：《四书改错》卷1，第5—6页。

学术发展的观察，也是错误的思想认识，此于《论语稽求篇》指出"义理难明，则吾以事物明之，府藏难辨，则吾以耳目辨之"①，可以清楚其中略策的思考，整理《四书改错》三十二门部，四百四十七条②，列举如下：

	门部	条目数	重复	累计
1	人错	28		28
2	天类错	3		31
3	地类错	10		41
4	物类错	7		48
5	官师错	22		70
6	朝庙错	16	1	86
7	邑里错	6	2	92
8	宫室错	11	2	103
9	器用错	10	1	113
10	衣服错	13	2	126
11	饮食错	8	1	134
12	井田错	3		137
13	学校错	1		138
14	郊社错	3		141
15	禘尝错	2		143
16	礼乐错	16		159
17	丧祭错	19	4	178
18	故事错上下	43	5	221
19	典制错	5	1	226
20	刑政错	9		235
21	记述错	3		238
22	章节错	8		246
23	句读错	6		252
24	引书错	9		261
25	据书错	13	4	274
26	改经错	15	4	289

① （清）毛奇龄：《论语稽求篇》卷1，第2页。
② （清）唐彪《四书改错序目》云："分三十二门部，计四百五十一条。"见（清）毛奇龄撰，张文彬等辑：《四书改错·序目》，第1页。按："章节错"一门有四条皆涵盖两条经文，唐氏是依经文数目统计，所以与实际情况有落差，然而为求精确，兹以考据成果计算。

（续表）

	门部	条目数	重复	累计
27	改注错	18	3	307
28	自造典礼错	7	1	314
29	抄变词例错	16		330
30	添补经文错	29	1	359
31	小诂大诂错上下	41		400
32	贬抑圣门错上下	47	4	447

《四书改错》一方面延续阳明攻击朱学进路，推拓儒学多元诠释空间；另一方面借由整毛奇龄研经成果，强化为新朝立教的学术目标，刻意立异，不免矫枉过正。但进行朱熹《四书章句集注》内容总体检，确认考据训诂方法之有用，则又是毛奇龄用意所在。而过往诚意之教，"归本"一贯的策略，转化为治经的方法。每立一义，必通贯全经，每究一经，必汇聚群经。毛奇龄强调经学必须信守以经为本位的诠释方式，以诸经互证方式，揭示经文存在完整的内在理路。门人归纳出毛奇龄治经心得①，避免主观意见影响经文了解，提示后来乾嘉学者治学规范。原本回归于心意操持的修养方法，变成辨析文意的考据手法，经典诠释方法化、专业化的结果，成为突破朱熹四书思想体系的进路。不同经学典范却在毛奇龄操作之下巧然转换，得见经典诠释不同趣味与走向。朱注《大学》"绵蛮黄鸟，止于丘隅"中"丘隅"为"岑蔚之处"②，然而毛奇龄指出其中释义不精确，云：

> 此袭旧注而又错者。丘隅，丘之陬也。谓丘之曲处与《诗》文"丘阿""丘侧"并同。盖屋有四阿，房有四隅，山之隈曲每类之。故《孟子》"虎负嵎"。"嵎"注"山陬"，以嵎即陬也。若岑则是岩险，不是丘，蔚则木盛，分观了然。③

郑注"知鸟择岑蔚安闲而止处之耳"④，朱注承袭郑注而浓缩，却产生训诂释义的偏差。"岑"是岩险之处，并不是山陬隈曲，"蔚"指木盛，也不是"丘"的正解。郑注言其大意，但朱注化约之后，"岑蔚之处"与"丘隅"内涵也就有些许落差，虽然无碍于了解，但确实无法产生正确的认识。毛奇龄揭示经注层层因袭而渐至偏差问题，必须深究一字一句。从诸

---

① （清）毛奇龄：《毛西河先生全集》卷首《经例》门人列举毛奇龄治经原则：勿杜撰、勿武断、勿误作解说、勿误章句、勿误说人伦序、勿因经误以误经、勿自误误经、勿因人之误以误经、勿改经以误经、勿诬经、勿借经、勿自造经、勿以误解经之故，而复回复以害经、勿依违附经、勿自执一理以绳经、勿说一经碍一经。第6—9页。总结宋儒说经缺失，也指出解经的客观原则。
② （宋）朱熹：《大学章句》，《四书章句集注》，第5页。
③ （清）毛奇龄：《四书改错》卷2，第11页。
④ （汉）郑玄注，（唐）孔颖达疏：《礼记注疏》，《十三经注疏》本，艺文印书馆，1985年版，卷60《大学》，第984页。

经之间寻求通解，则又是训诂应守的原则，因此有些概念诠释必须留意其中分际。朱注《论语·八佾篇》"获罪于天，无所祷也"，云："天即理也；其尊无对，非奥灶之可比也。逆理，则获罪于天矣，岂媚于奥灶所能祷而免乎？"①毛奇龄则又以"天"与"理"概念不同，朱熹注解当中有偷换概念的嫌疑，云：

> "天"解作"理"，《四书集注补》辨之甚悉，大抵宋儒拘滞，总过于执"理"字，实是大错。如《中庸》"天命之谓性"，"性"注作"理"，而"天"又注"理"，将理命之谓理，自然难通，况"天"作"命"解，每与理反。《孟子》莫之为而为者"理"也，向使孟子闻之，亦必哂然，若曰："吾之不遇鲁侯，理也。"则孟子将勃然矣。况天是天神，又有天道，《古今乐录》载乐有大壮、大观二舞，引《论语》"惟天为大"，而《隋书·乐志》又曰："大观者，观天之神道，而四时不忒。"是天原有神、有道，故先儒解"获罪于天"，亦曰："援天道以压众神。"众神者，室神与灶神也。又且汉魏后儒引此句皆明指苍苍之天，《南齐书》所载有杂词云："获罪于天，北徙朔方。"可曰"获罪于理，徙朔方"乎？②

"天"与"理"各有指涉，"天"苍茫广大，偏重于自然义；"理"则强调条理伦序，具有形上义。宋人重视"理"，也就以"理"作"天"，回归于文本脉络也就产生语意落差。毛奇龄就以诸经语意之不谐，说明"天"与"理"不可置换。以《中庸》"天命之谓性"为例，朱注"性，即理也。"③则"天"作为"理"，"性"也作为"理"，也就变成"理命之谓理"，殊不可解。可见语意确有差异。宋人重视"理"，扩大"理"的内涵与诠释作用，有其时代因素。然而牵附于"理"的结果，也就导致语意混淆，造成经解诠释的困扰。毛奇龄回归于训诂条例，回归于文意考察，敏锐剔除宋儒以"理"为尚的观念，也就提供乾嘉学者辨证反省的空间。戴震"酷吏以法杀人，后儒以理杀人"的说法④，乾嘉学者充满对于"理"的排拒，也就可以得见思想渊源。从宋儒重"天理"而回归于"人情"，毛奇龄对于事理人情之间，也就有更多的留意。朱注《论语·乡党篇》"不时不食"一节云："不时，五谷不成、果实未熟之类。此数者皆足以伤人，故不食。"⑤毛奇龄就认为其中释义不合情理，无法说明经文要旨，云：

> 世无黍、稻、李、梅不成熟而可食之理，虽非圣人，谁则餐生谷、啖殊果者？《汉·召信臣传》谓"不时之物，有伤于人"，《后汉》邓皇后诏谓"穿掘萌芽，郁蒸强熟"，指蓏、蔬之类，如冬月生瓜，方春荐蓼，今北方人之能之，并无五谷、

---
① （宋）朱熹：《论语集注》卷2《八佾篇》，《四书章句集注》，第65页。
② （清）毛奇龄：《四书改错》卷2，第1页。
③ （宋）朱熹：《四书章句集注·中庸章句》，第17页。
④ （清）戴震：《与某书》，《戴震集》，上海古籍出版社，2009年版，卷1，上编卷9，第188页。
⑤ （宋）朱熹：《论语集注》卷5《乡党篇》，《四书章句集注》，第120页。

果实可强熟者,且强熟非不熟也。此"时"字,旧注朝、夕、日中为三时,颇亦可据,然礼经多著时食,如春酸、秋辛、春葱、秋芥类,又如春食齐、秋酱齐、春羔膳芗、秋麛膳腥类,总是以礼食解食节,尤亲切耳。①

朱注解"不时"为时候未到,尚未成熟,五谷、瓜果不熟,食之伤人,所以圣人不食。五谷、瓜果不熟圣人固然不吃,但常人也同样不吃,此乃人之常情。因此所谓的"不时",依文献旧籍所见,应是不合时令食物。圣人食当令蔬果,以合节令,避免鼓励催熟农作,扰乱天时,忧心远矣。毛奇龄归纳诸说以得其正解,主要是循考人情的结果。当然另外解为朝、夕、日中三时,则又指圣人三餐有时,也可备为一说。毛奇龄详考前说,以求确解,可以得出较朱注更周详的看法。广泛稽考文献,也就成为补充了解的重要手段,尤其是礼制方面。如朱注《论语·乡党篇》"与下大夫言,侃侃如也;与上大夫言,誾誾如也"一节引〈王制〉云:"诸侯上大夫卿,下大夫五人。"②毛奇龄核其原本,发觉其中说法有问题,云:

> 此《王制》两文,"上大夫卿"是一文,"下大夫五人"又是一文,《集注》引而合之,然两皆误者,上大夫不是卿也,《春秋》臧宣叔言次国上卿,当大国之上大夫;小国下卿,当大国之下大夫。是每国三卿之下,又有上、下大夫。《王制》此文袭《孟子》"卿一位,大夫一位"文,而杂以夏、商之制,不可信者。虽卿可称大夫,如《诗》三公称三事大夫,鲁康子为宗卿称鲁大夫。然卿可称大夫,大夫不即是卿也。若五大夫,则并非五等大夫,是三卿属官,《春秋》所云"属大夫"者,故限五人,谓司徒卿下有小宰、小司徒;司马卿下有小司马;司空卿下有小司寇、小司空,共五人。此不知得升公朝可与大夫共朝位否,然是属大夫,未闻侯国大夫止此五卿属可以该之。况上大夫既是卿,而下大夫又是卿属,将皇皇鲁国并无一正大夫在朝位,亦无此事也。乃俗儒附会《集注》,谓夫子是中大夫,则王朝六卿之下有中大夫,侯国无有也。又谓夫子是下大夫,则夫子曾作小司空,在五人列,今进大司寇,俨然一卿,犹是下大夫乎?按:朝位在王国,则孤与卿大夫东西异位,而在侯国,则惟卿与大夫分东西列,以三卿上无公、孤也。然而三卿下不止一卿,如鲁以三桓为三卿,作司徒、司马、司空,此正卿也。乃或公子羽父求太宰、夏父弗忌为宗伯、臧武仲作司寇,则三官之外,未尝不仍备六官,其不嫌与王朝埒者,以所指名者,止三官耳。夫子司寇,自当位三卿之下,与众卿列。其与大夫言,自以卿而与之言。惟大夫有上下,因之有"誾誾""侃侃"之别。乃谓夫子在大夫列,谬矣。③

---

① (清)毛奇龄:《四书改错》卷6,第13—14页。
② (宋)朱熹:《论语集注》卷5《乡党篇》,《四书章句集注》,第117页。
③ (清)毛奇龄:《四书改错》卷3,第7—8页。

朱熹引据《礼记·王制》说法，然而相较于原本"诸侯之上大夫卿，下大夫、上士、中士、下士凡五等"①，不仅删省太过，也有引据错解问题，也就造成释义上的困扰。春秋之世国有大小，官僚体系并非如此单纯。毛奇龄按核《左传》成公三年臧宣叔所言，大国与小国之间，有不同对等关系，也可以了解卿之下有上下大夫②，并非上大夫为卿，下大夫五人。毛奇龄从而认为《王制》说法未可轻信，不宜引据。当然也有可能是衍文，在上下大夫之间，误入"卿"字，造成层级的混淆③。主要因为大夫是泛称，不同层级皆可称为大夫，所以卿可以称大夫，但大夫却未必是卿。孔子在朝与上下僚属皆能言之合宜，显示循礼守分的态度。而朱熹引注不仅未能指引了解，反而造成诠释困扰，产生奇怪的揣测，则又可见征引之间，不仅要求其有据，符合礼制内容，也要考虑释义的必要性，避免衍伸问题。毛奇龄力求经解的正确与适当，则又可见攻击朱注之余，指引解经专业化的思考，也在义理与经义之间，强调必须回归于经文原旨，避免过度衍伸的诠释。朱注《论语·阳货篇》"性相近也，习相远也"一节云："此所谓性，兼气质而言者也。气质之性，固有美恶之不同矣。"并引程子云："此言气质之性，非言性之本也。若言其本，则性即是理，理无不善，孟子之言性善是也。何相近之有哉？"④此为宋明理学当中核心问题，程、朱既以孟子传孔子心法，性善为儒学要义所在，主张性善，成为宋明理学最为重要的规则。然而孔子却是"性相近也"之说，形成思想上的悖论，程、朱以义理之性与气质分别说明，人禀天命之性，无有不同，但人物气禀各有所异⑤。在此思想框架下，朱熹指出孔子言性是"兼气质而言"，又引程子说明另有性即理之性，理无不善之性。这种介入性的诠释，用意在于化解孔子、孟子所言义理上的冲突。然而毛奇龄扬弃"理"的坚持，对于"性"的看法也就更为宽缓。"相近"即是"善"，直指朱注不符合释经原则，云：

> 夫子罕言性，至此专下一"性"字，安见便属"气质"？宋儒认"性"不清，惟恐"相近"与《孟子》"性善"有碍，故将此"性"字推降一等，属之气质以补救之，不知"相近"正是善，谓善与善近，虽其中有差等，尧、舜与汤、武不必齐一，然相去不远，故谓之"近"。若是"气质"，则如《礼记》所云"刚柔轻重""迟速异齐"，不待习而先相远矣。乃分别孔孟言性，一本一气质，或专或兼，如许清晰，总是门外人说话。尝谓孟子自解性善有二，一是舜我比较，正指相近，而于是以"有为若是"，授其权于习；一以善属才，明分善不善，而于是以

---

① （汉）郑玄注，（唐）孔颖达疏：《礼记注疏》卷11《王制》，第212页。
② （晋）杜预注，（唐）孔颖达疏：《春秋左传注疏》，《十三经注疏》本，艺文印书馆，1985年12月，卷26云："次国之上卿，当大国之中，中当其下，下当其上大夫。小国之上卿，当大国之下卿，中当其上大夫，下当其下夫夫，上下如是，古之制也。"第437页。
③ 王梦鸥：《礼记王制编校记》即以《白虎通》所引并无"卿"字，怀疑为衍文。《孔孟学报》9期，1965年4月，第134页。
④ （宋）朱熹：《论语集注》卷9《阳货篇》，《四书章句集注》，第175—176页。
⑤ （宋）黎靖德：《朱子语类》卷4"性理一"，文津出版社，1986年版，第58页。

"求得舍失"至"倍蓰无算"为习之相远。则是"性善"二字原包"性相近"三字，而习之相远即从此可见，孔孟前后总是一辙，何专何兼？何本何气质？皆门外语也。……是孟子言性不一，而儒者无学，自性善外，不敢别出一"性"字，稍及不善，便谓之异端、得罪名教，而性昧矣。①

孔、孟思想相承，所谓"相近"指出此心同，此理同的可能性，也就是性之本为善的证明。毛奇龄从几个层面来说明。首先，孟子言性原就有两种说法，一是《孟子·滕文公上》引颜渊之言"舜何人也？予何人也？有为者亦若是。"②言其性之相近；一是《孟子·告子上》"故曰：'求则得之，舍则失之。'或相倍蓰而无算者，不能尽其才者也。"③以善属才，有善不善，则为习之相远。孟子性的主张正是循孔子说法发挥的结果，并不存在思想的扞格，朱熹勉强说解也就显得没有必要。而将性分出义理之性与气质之性，而将气质推下一等，既不符合气质刚柔、轻重、迟速的原本意涵，而人禀赋各有不同，也难有迁移改变的可能，不符合儒学修养工夫诉求。朱注立意补救，不仅有纠正孔子之嫌，也使义理更为混淆。毛奇龄认为执着性善之说，产生诠释的扭曲，"归本"有助于义理分判，则又可见回归于原典，寻求文意上正确理解，乃是经解最重要原则。过于拗曲深邃的说法，反而显示理解有问题。朱注《论语·里仁篇》"夫子之道，忠恕而已矣"一节云："夫子之一理浑然而泛应曲当，譬则天地之至诚无息，而万物各得其所也。自此之外，固无余法，而亦无待于推矣。曾子有见于此而难言之，故学者尽己、推己之目以著明之，欲人之易晓也。盖至诚无息者，道之体也，万殊之所以一本也，万物各得其所者，道之用也，一本之所以万殊也。以此观之，一以贯之之实可见矣。"④朱熹以理一分殊架构来了解孔子之道，孔子之道有体有用，一以贯之。至于尽己、推己只是方便说法。朱熹以"一贯"调和本体与工夫，建构儒学思想体系。毛奇龄指出一贯只是一串之意，并无玄虚高深之处，云：

> 此由见道不明、过疑圣贤所造定有深浅，且疑此际颇邃谧，必非可以"忠恕"两字显然揭出，故其于"一贯"并无明注，而至于忠恕，则或疑或信，似合似离，一往鹘突，殊不知圣道浅近，一贯只是一串，一串之道只在忠恕。夫子此忠恕，曾子门人亦此忠恕，无二道，亦无二心。然且"忠恕"二字，究只一"恕"字，此推之《论语》二十篇，与《大学》《中庸》《孟子》无不然者。……近儒不知圣道，并不识圣学，其于下手入门处，全然不晓，东振西触，曰立志、曰主静、曰主敬、曰涵养用敬、曰格物穷理，千头万脑，终无归着，以致六、七百年来，谁能于下手入门处明白指出，及骤闻一贯，而彼我茫然。夫万殊一本，此佛家之万法归一也。且

---

① （清）毛奇龄：《四书改错》卷19，第4—6页。
② （宋）朱熹：《孟子集注》卷5《滕文公上》，《四书章句集注》，第251页。
③ （宋）朱熹：《孟子集注》卷11《告子上》，《四书章句集注》，第328页。
④ （宋）朱熹：《论语集注》卷2《里仁篇》，《四书章句集注》，第72页。

亦笼统何着落，及闻忠恕二字，宜警然矣。乃犹锢蔽之久，翻疑为借端之目，夫明指本心，而犹曰借端，则于当身且不知，而欲其知道、知学，难矣。①

忠恕乃是人伦大道。通贯四书，忠恕无二道，也无二心。毛奇龄心学立场始终如一，而万殊一本由佛家而来，则又质疑程、朱理学乃是从佛家转手而来，并不纯为儒家工夫。正是因为对于圣人指引方法过于浅易的怀疑，也就产生许多补充性的主张。于是标举立志、主静、主敬、涵养用敬、格物穷理，各种修养工夫纷纷而出。然而学者始终无入道之径，修养之方。毛奇龄以经旨为要，以圣道浅近为说，不必巧为说解，无须张皇弥补，从而扬弃体用之说，剔除理、气之辨，回归于经典本身。乾嘉学者也就循此进路开展。毛奇龄分判也还包括体例的反省。对于朱熹《大学章句》分出经一、传十的结构，云："右经一章，盖孔子之言，而曾子述之。其传十章，则曾子之意而门人记之也。"②此乃孔门之传，建立道统系谱的关键，以及确立《大学》一书地位的重要证明。朱熹以此完成四书义理体系，确立儒学新经典，成为宋明理学至关重要义理设准。③然而从文献角度而言，则有混同经传，移易文本的缺失，云：

> 古经文是经，经注是传，皆是两书，无有一书而分割作经、传者，如《易经》有《易传》《周氏传》《京房传》是也；《书经》有《书传》《伏生大传》是也；《诗经》有《诗传》《毛传》《韩婴传》是也；《春秋经》有《春秋传》，《三传》是也；《周官经》有《周官传》，李氏献《周官传》四篇是也。自仲长统不晓传是注，因有"《周礼》，礼之经；《礼记》，礼之传"语，而朱氏并不晓是两书，于《大学》《孝经》则并一书而分作经传，是"经""传"二字尚不解，而可凿然曰谁记之、谁述之乎？④

经与传各自独立，古籍原就分开。合刊乃是后人取便于阅读的结果，并非原本样貌，所以不存在一篇之中有经有传的情形。然而朱熹《大学章句》不仅分经别传，改易经文，改之不足，甚至加以补作，删削调整。种种超乎文本诠释分际操作，在过往未及见先秦出土文献，实难接受此一事情。朱熹改补《大学》造成的结果，学术纷扰更甚。毛奇龄一方面存录比较方式，得见改本的发展脉络；另一方面也在以此易彼，尔非我是当中，批评改经造成的纷扰。⑤朱熹重构经典文本，又推测经是孔子之言，曾子述之，传是曾子之意，门人记之，一篇文本成为师门相传的集成作品。朱熹言之凿凿，却无实据。《大学》改本成为宋明以来最复杂

---

① （清）毛奇龄：《四书改错》卷19，第1—3页。
② （宋）朱熹：《大学章句》，《四书章句集注》，第4页。
③ 陈逢源：《从五经到四书：儒学"典范"的转移与改易》，《朱熹与四书章句集注》，里仁书局，2006年版，第56页。
④ （清）毛奇龄：《四书改错》卷13，第2页。
⑤ （清）毛奇龄：《大学证文》（嘉庆元年刊《毛西河先生全集》本）卷1，第1—2页。

难解的学术公案①。毛奇龄更以后人移易改动之余,却未能剔除经传分指之事,实有问题,云:

> 乃只此《大学》原未尝错,何必改补?自二程与朱氏改后,而作伪无忌惮有如是者。然且前后竞改,终五十余改本,而并不改"曾子记之"及"门人述之"之错,宁狼藉圣经千态万状,而必不敢稍拂儒者之意,竟至于此。②

经既无法复其原本,孔门心法更成为后人不敢怀疑的说法。毛奇龄即以朱熹《大学章句》分经析传,前后挪动,乃至《中庸章句》分出章次,其实是"使千百年圣贤所传之书为之一变,此绝大关系,不止错也者"③。回归于经文,回归于原本,已成信念,则又是乾嘉学者追求的学术目标。毛奇龄从批判朱熹四书学当中,从心学转入考据学,不仅解开宋明理学的制约,也从文本梳理,建立专业分析手法,促成儒学新典范诞生,乃是明清学术史应加留意之事。

四、结论

过往学术史中存在阳明心学是否可以开出乾嘉考据学的疑惑,前者往往评为学术空疏,而后者往往博采约取,力求学术征实。在儒学智识传统当中,截然相反。梅广先生整理其师钱新祖先生说法,指出晚明左派王学对程朱学派的反叛是清考证学发展的一个源头(a positive source)④;然而关注钱新祖与余英时两位先生学术论点的交锋,在"知识主义"与"反知识主义"之争外,在过往道德与知识之间,牵涉儒家对于心与物关系的了解⑤;或许也可以视为程、朱与陆、王之争的现代版延续,证明历史与学术史会有不同的了解进路。而毛奇龄确实提供一个可以观察的个案,从心学转入经学,从义理变成考据,不同的学术进路,却在毛奇龄一生学思中无缝接轨,全然转换,则又可见由心学转向确然存在。只是必须说明,阳明心学攻击程、朱理学,松动以理为尚的思想,促成学术多元开展。然而更为正确的说法,心学所解开的是明成祖皇权威势下官学化的程、朱理学⑥;再者,阳明由良知到诚意,王学甚至分出不同主张,本身学术也在发展当中,并不存在心学不改之教。晚明多元思想激荡,进路纷出,也就产生各种不同方向的尝试。于是同中有异,异中有同,既有思想会通,又有学术相互攻击。然而回归于经典,《大学》八目,格物、致知、诚意、正心、修身、齐家、治国、平天下⑦,朱熹穷究于格物,阳明标举良知,毛奇龄力主诚意之教,学术频谱已经从内圣工夫逐渐往外王事业移动。毛奇龄"千古读书人"自居,也就有为新朝立教,经义侍从的自许,深化古本《大学》义理内涵,批评朱熹《大学章句》改本之非,攻击朱熹四书学疏漏之错,更有瓦解程、朱理学的态

---

① 李纪祥:《两宋以来大学改本之研究》,台湾学生书局,1988年版,第355页。
② (清)毛奇龄:《四书改错》卷13,第4页。
③ (清)毛奇龄:《四书改错》卷13,第4页。
④ 梅广:《钱新祖教授与焦竑的再发现》,《台湾社会研究季刊》,第29期,1998年3月,第7页。
⑤ 刘季伦:《身美游僧处处家:叙钱新祖老师与〈陈第之学术〉一书的因缘·代序》,收入刘人鹏撰《陈第之学术》,万卷楼图书公司,2023年版,第24页。
⑥ 陈逢源:《明代四书学撰作形态的发展与转折》,《国文学报》第68期,2020年12月,第74页。
⑦ (宋)朱熹:《大学章句》,《四书章句集注》,第3页。

势。而归本之论，则有指引乾嘉实证学风作用。而所谓"真所谓聚九州四海之铁，铸不成此错矣"①，更有强烈时代宣言意义。清儒考据学风其实隐藏了"改错"的思想在其中，考据并不是茫无目的的考索，而是有一改前人之错的目标下所完成的学术事业，也是在义理先行当中，所尝试发展的学术新局。当然随着康熙定以朱学为尊的态势下不免稍挫②，但主张既起，风潮已变，则又是学术发展不可抑遏的证明。本文撮举毛奇龄四书学检讨，虽然复杂冲突，却也存在一条隐然的学术线索，心得如下：

一、毛奇龄既是阳明心学健将，又有遍注群经的成就，从心学转向经学，思想承前启后，全然不同的学术进路，不仅是复杂历史见证人，也深有学术典范转移意义。

二、毛奇龄从高笠先生上溯而及于贺氏之学，遥接陈献章学术，不仅扩大心学门径，也提醒道德形上学的讨论，最终还是必须回归于实际体证，唯有人心己心的安顿，儒学修养才有意义。

三、毛奇龄认心为性，混同心性，从心／意的操持，提升为性／道的掌握，既维持离吾心意无可操持的进路，也强化宏大境界的说明，遂有实其意的体证，而达于天命，成己成物的思考。

四、毛奇龄从诚意之教，发展为归本之论，一贯的策略，以诸经互证方式，揭示经文存在完整内在理路，经典诠释方法化、专业化的结果，成为突破朱熹四书思想体系的方法，提供后来乾嘉学者学术规范。

五、回归于《大学》八目，格物、致知、诚意、正心、修身、齐家、治国、平天下，朱熹穷究于格物，阳明标举良知，毛奇龄力主诚意之教，学术已从内圣工夫逐渐往外王事业移动，清儒考据学风隐藏了"改错"的思想。

毛奇龄延伸圣学的内涵，从心、意修身的操持，进而及于平治天下的治经事业，反映有用于世的终极关怀，从心学到经学，朱学经此转手，遂有格物、诚意而及于平治天下的发展，因此清儒不仅具有朱学的根柢，也有阳明心学的激昂，以及毛奇龄的改错，思想激荡，学术融铸发展，各执一端，不免陷于一偏，难有周全了解，笔者浅陋观察，不敢自是，尚祈博雅君子有以教之。

＊本篇论文乃是"明代四书学中朱学系谱——以蔡清《四书蒙引》、陈琛《四书浅说》、林希元《四书存疑》为核心之考察"计划之延伸成果，计划编号 MOST 109-2410-H-004-145-MY3，助理李松骏同学协助检核，在此一并致谢。

---

① （清）毛奇龄：《四书改错》卷1，第4页。
② （清）全祖望：《鲒埼亭集·外编》卷12《萧山毛检讨别传》载云："西河晚年雕《四书改错》，摹印未百部，闻朱子升祀殿上，遂斧其板。然则御侮之功亦馁矣，其明哲保身亦甚矣。"华世出版社，1977年版，第828页。然而郑吉雄撰：《全祖望论毛奇龄》，《台大中文学报》第7期，1995年4月，则即指出全氏说法有五项疑点，出于"抑闻"未必即是事实。第295—296页。不过朱子配享孔庙在康熙五十一年，前一年正是戴名世《南山集》狱起之时，朝廷风向有变，也是必须留意之事。

参考文献

一、原典文献

[1] （汉）郑玄注，（唐）孔颖达疏：《礼记注疏》（《十三经注疏》本），艺文印书馆，1985年版。
[2] （晋）杜预注，（唐）孔颖达疏：《春秋左传注疏》（《十三经注疏》本），艺文印书馆，1985年版。
[3] （宋）朱熹：《四书章句集注》，长安出版社，1991年版。
[4] （宋）黎靖德：《朱子语类》，文津出版社，1986年版。
[5] （明）王守仁撰，吴光等编校：《王阳明全集》，上海古籍出版社，1992年版。
[6] （清）毛奇龄撰，张文彬等辑：《四书改错》，嘉庆十六年重刊本。
[7] （清）毛奇龄：《西河集》，收入景印《四库全书》第1313册，台湾商务印书馆，1986年版。
[8] （清）皮锡瑞：《经学历史》，汉京文化事业公司，1983年版。
[9] （清）邵廷采：《思复堂文集》，华世出版社，1977年版。
[10] （清）张廷玉等：《明史》，中华书局，1974年版。
[11] （清）黄宗羲：《明儒学案》，华世出版社，1987年版。
[12] （清）毛奇龄撰，李塨等编：《毛西河先生全集》（嘉庆元年刊本）。
[13] （清）施闰章：《学余堂文集》，收入景印《四库全书》第1313册，台湾商务印书馆，1986年版。
[14] （清）戴震：《戴震集》，上海古籍出版社，2009年版。
[15] （清）全祖望：《鲒埼亭集》，华世出版社，1977年版。

二、近人论著

[1] 王梦鸥：《礼记王制编校记》，《孔孟学报》，第9期，1965年4月。
[2] 李纪祥：《两宋以来大学改本之研究》，学生书局，1988年版。
[3] 周骏富：《清代传记丛刊（附索引）》，明文书局，1985年版。
[4] 胡春丽：《三百年来毛奇龄研究述评》，《玉溪师范学院学报》2014年第1期。
[5] 胡春丽：《毛奇龄年谱》，复旦大学出版社，2021年版。
[6] 孙静庵：《明遗民录》，浙江古籍出版社，1985年版。
[7] 徐世昌等编纂，沈芝盈、梁韵华点校：《清儒学案》，中华书局，2008年版。
[8] 梅广：《钱新祖教授与焦竑的再发现》，《台湾社会研究季刊》第29期，1998年3月。
[9] 章太炎：《章太炎全集》，上海人民出版社，1984年版。
[10] 陈来：《朱熹哲学研究》，文津出版社，1990年版。
[11] 陈逢源：《"道南"与"湖湘"——朱熹义理进程之检讨》，收入《"融铸"与"进程"：朱熹四书章句集注之历史思维》，政大出版社，2013年版。
[12] 陈逢源：《从五经到四书：儒学"典范"的转移与改易》，收入《朱熹与四书章句集注》，里仁书局，2006年版。
[13] 陈逢源：《毛西河四书学之研究》，台湾花木兰文化出版社，2010年版。
[14] 陈逢源：《明代四书学撰作形态的发展与转折》，《国文学报》第68期，2020年12月。
[15] 赵尔巽等：《清史稿》，中华书局，1977年版。
[16] 刘季伦：《身美游僧处处家：叙钱新祖老师与〈陈第之学术〉一书的因缘·代序》，收入刘人鹏：《陈第之学术》，万卷楼图书公司，2023年版。
[17] 郑吉雄：《全祖望论毛奇龄》，《台大中文学报》第7期，1995年4月。
[18] 藤井伦明：《朱熹思想结构探索——以"理"为考察中心》，台湾大学出版中心，2011年版。

马郑之淹通,苏张之口舌
——谈萧山"豪杰之士"毛奇龄的治经方法

高雄师范大学 杜明德

摘 要:毛奇龄的治经成就,在我国经学史上有着不可磨灭的地位,其著述众多,交游广阔,对于清初学术的发展,也有一定的影响。本文以毛奇龄治《礼》学为例,从毛奇龄的治经方法、治经疑义举隅等方面对其进行研究。

关键词:毛奇龄 治经《礼》学

清代学术思想是对中国学术思想的反思与总结。自甲申入关代明,迄于辛亥覆亡,近二百七十年间,一代学者考经证史,实事求是,以其朴实无华的学风,使清学自成体系,而能在经学、文字学、史学、思想的研究上,都有卓越的成果,给后世留下了许多宝贵的文化遗产,是我国学术史上一个重要的发展阶段。

清初的学术发展,在清代学术史中尤显重要。明朝末年,政治腐败,朝廷内有阉宦掌政,外有武将擅权;社会经济凋敝,人民生活极不安定,在学术思想上,理学的发展走到了末流,知识分子大多空谈性理,不求实际,亦漠视国家政局之倾危。少数有先见之明者,亦难挽狂澜。明朝败亡,学者们定下心来反省前代的学术弊病,进而弃虚尚实,弃今崇古,痛矫时文之弊。故清初八十余年间,在政局上,是由乱返治的重要时期;在学术发展上,亦是由积衰而复兴的关键时期,亦为清代干嘉经学之全盛,提供良好的基础。清初的实学思潮,由顾炎武、黄宗羲、王夫之等人倡之在前,毛奇龄、阎若璩、胡渭等继之于后。《四库全书》收录毛奇龄著作三十种,见于《存目》的三十六种,毛氏为《四库全书》中个人著作被收录最多的一位,"是明末清初学术转型过程中出现的一个颇具代表性的人物。他反程朱,反理学,加速了宋明理学的衰亡。他辨正伪书,廓清迷雾,反映了清初学术界普遍回归经学原典的趋势。他博通群经,注重考据,提倡新的治经方法,为后世学者开启了新的学术领域和治学途径。"[①]《四库提要·经问》则称其"以马郑之淹通,济以苏张之口舌,实足使老师宿儒变色失步,固

---

① 黄爱平:《毛奇龄与明末清初的学术》,《清史研究》1996年第4期。

不可谓非豪杰之士也。"21世纪以来,关于毛奇龄的研究,进入"繁荣期","涌现出较多的专题性研究文章和学位论文,这些文章分别从经学、史学、音韵学、文学、戏曲、经学思想、诗学倾向、词学观等方面对毛奇龄展开了多维度的研究。"[1] 本文不揣愚陋,以毛奇龄治《礼》学为例,略论其治经之法,以就教于方家。

一、毛奇龄的治经方法

毛奇龄认为经书传衍于当世,已多"晦蚀"[2],其原因除了经书流传过程中刊刻不易、版本传抄等问题,主因还是自宋明以来儒者说经空虚之风,故对于理学家解经之说多所批判,而力主解经必借实据,强调治经的实证性和客观性,极力反对以空言说经,也反对以己意说经,他在《与李恕谷论周礼书》中即言:"凡辨必有据,方为无弊。"(《西河文集·卷二十》)而其所谓的实据,则多为引史以证经。如毛奇龄在《周礼》研究中的重要贡献之一,为论证《周礼》并非由刘歆伪作,径指此类说法系"宋人诬妄毁经习气好作此等语。"(《周礼问·卷二》)而他所提出的证据,就几乎全部是以《汉书》为证,如依据《汉书·景十三王传》,"知此书出自武帝之朝,为河间献王所献,武帝但藏之内府,而不行其书。"(《周礼问·卷一》)又据《汉书·艺文志》之言,以为武帝时,河间献王曾采《周官》以作《乐记》,成帝时由王禹献给朝廷,有二十四卷,是武帝时已有《周礼》之证。如果仍说《周礼》为刘歆所伪,那刘歆势必又再伪造《乐记》二十四卷,此为必无之事。(《经问·卷二》)又如其在《昏礼辨正·总论》言:

> 予尝考宋学,推其所误,大抵北宋宗《周礼》,而王氏误之;南宋宗《仪礼》,而朱氏又误之。荆公以《周礼》为周公之书,而文公亦即以《仪礼》为周公所著。夫周公著书,亦复何据?独不曰有夫子之《春秋》在乎!晋韩宣子聘于鲁,观《易》象、《春秋》,曰:"周礼尽在鲁矣!"夫《春秋》何与于周礼?而善观礼者,即于《春秋》而得之。诚以先王无礼书,其所言礼,每散见之六籍之间。而《春秋》所书,较于周制为尤切。故予传《春秋》,直以礼、事、文、义立为四例,而以礼为首,以为《春秋》是非,固有周一代典礼所取正也。乃不通者目之为《春秋》之礼。……夫《礼记》者,夫子之后之书也,《周礼》《仪礼》,虽或为周时所著,然并非春秋以前夫子经见之书也。况《仪礼》阙落,举无全礼。以《仪礼》无天子诸侯之礼,而谓天子诸侯必无礼,定非通人;以《士昏礼》无行媒朝庙之文,而谓昏礼无媒妁,昏礼不朝庙,是为妄士。

毛奇龄认为论周礼不能以三《礼》为据,而应以《春秋》为断,此固有其重视《春秋》

---

[1] 胡春丽:《三百年来毛奇龄研究述评》,《玉溪师范学院学报》2014年第1期。
[2] (清)毛奇龄:《西河文集·序五十五·拟元两剧序》:"予痛经晦蚀,日疏衍不暇。"又《西河文集·一百一·自为墓志铭》:"史自唐以后无可问者,而经则六籍皆晦蚀。"

"属辞比事"的意义,亦可视为其重视史实之精神。① 如其主张"《周礼》六官具见于春秋诸卿中",即言:

> 往有问于予者曰:"《周礼》六官,何以不见于《春秋》诸卿?"曰:"见之!"其人愕然曰:"可举似乎?"予曰:"只以鲁言之:隐十一年,公子羽父求大宰,是冢宰也。文二年,夏父弗忌为宗伯,是宗伯也。昭四年,季孙为司徒、叔孙为司马、孟孙为司空,是司徒、司马、司空也。定十四年,孔子为司寇,是司寇也。六卿备矣。"(《周礼问·卷一》)

《左传·隐公十一年》:"羽父请杀桓公,将以求大宰。"西河认为大宰即是冢宰,故可视为冢宰见于春秋之证。《左传·文公二年》有"秋八月丁卯,大事于大庙,跻僖公,逆祀也,于是夏父弗忌为宗伯。"之文,西河引以证宗伯见于春秋。又《左传·昭公四年》有"吾子为司徒,实书名;夫子为司马,与工正书服;孟孙为司空以书勋。"之文,杜预《注》言"吾子"指季孙,"夫子"为叔孙。故西河引以为司徒、司马、司空三卿见于春秋之证。而《左传·定公元年》有"孔子之为司寇也,沟而合诸墓"之文,西河引以为司寇亦见于春秋之证,唯西河将年代误为定公十四年。《左传》关于鲁国官制的记载,即已六卿具备。可见六卿是春秋时已行之制度,《周礼》绝非后世所伪矣。

除了以史证经,毛奇龄也主张"以经证经",并旁及其他诸子百氏之说,以求融通。他曾说:

> 予之为经,必以经解经,而不自为说。苟说经而坐与经忤,则虽合汉、唐、宋诸儒,并为其说,而予所不许。是必以此经质彼经,而两无可解,夫然后旁及儒说。然且儒说之中,汉取十三,而宋取十一,此非左汉而右宋也。汉儒信经,必以经为义,凡所立说,惟恐其义之稍违乎经,而宋人不然。(《西河文集·卷五十二》《经义考序》)

> 仆从来说经,极其审慎,必多所考据,并不执一以难一,故谬处差少。但限于方幅,不能博设,必俟质难始出之。(《西河文集》卷八十六《复冯山公论太极图说、古文尚书冤词书》)

李塨则申其义言:

> 先生博极群经,以诸经为宗,而合周、秦子家及汉、魏、晋、唐之言礼者,而并贯穿讨求参辨,必刊正谬误,以求其一是。《昏礼辨正序目》)

---

① 陈逢源:《毛西河及其春秋学之研究》,台湾花木兰出版社,2009年版,第58—98页。

以诸经为宗，旁及诸说，并审慎求实，可说是毛氏注经的重要辅助方法。如其论婚礼"女方父母必送女"，婿亲迎时，是衔父母之命而来，婿至之时，依《礼记·昏义》之言，女家"主人筵几于庙而拜迎于门外，婿执雁入，揖让升堂，再拜奠雁"，但婿往之时，依《仪礼·士昏礼》之言，是"妇从，降至西阶，主人不降送"。西河对此则有不同的看法，其言曰：

> 《孟子》："女子之嫁也，母命之，往送之门。"《国策》："妇车至门，教送母还。则诸母有送至婿门者。"《传是斋日记》："士礼，女父不降送，母戒诸西阶上，亦不降。则与孟子往送之门显相悖矣。"据婿至时，既已玄端迎于门外，岂可来迎而去不送者？……况《春秋》最重送礼，齐侯越境以送女，虽属逾礼，然未有不送至门者。《孟子》可据也。(《昏礼辨正》)

西河论古礼，本以《三礼》不可尽信，而欲以《诗》《书》《易》《春秋》《论语》《孟子》等书还原古礼。此按诸人情，婿往之时，亦即女儿即将远行之际，言女方父母均不可送至门，未免绝情。西河以《孟子·滕文公下》之言与《春秋·昭公三年》齐侯逾境送姜于鲁国之欢为例，认为女方父母应送女，不啻为较合理的说法。又儒家以婚礼为嘉礼之一，列于五礼，此以类分也。而言其性质，则又以婚礼为"阴礼"。《周礼·地官·大司徒》言："以阴礼教亲，则民不怨。"郑《注》言："阴礼谓男女之礼，昏姻以时，则男不旷、女不怨。"由此而引申，遂有"昏礼不用乐"之说，此说始见于《礼记·郊特牲》，其言曰：

> 昏礼不用乐，幽阴之义也。乐，阳气也。昏礼不贺，人之序也。

陈澔《礼记集说》卷五引陈祥道之言曰：

> 乐由阳来，而声为阳气；礼由阴作，而婚为阴义。故《周官·大司徒》："以阴礼教民，则民不怨。"然则婚之为礼，其阴礼欤！古之制礼者，不以吉礼干凶礼，不以阳事干阴事，则婚礼不用乐，幽阴之义也。

因为婚礼既属"阴礼"，而乐属"阳气"，阴阳不相干，所以婚礼不用乐。复次，又以为婚姻有承"万世之嗣"的重要意义，所以不当举乐。此说见于《礼记·曾子问》孔子之言：

> 嫁女之家，三夜不息烛，思相离也。取妇之家，三日不举乐，思嗣亲也。

郑《注》曰："重世变也。"孔《疏》则曰："所以不举乐者，思念己之取妻，嗣续其亲，则是亲之代谢，所以悲哀感伤，重世之改变也。"陈祥道则注曰："思嗣亲，则不无感伤，故不举乐。"《白虎通·嫁娶》亦言：

> 嫁女之家，不绝火三日，思相离也。娶妇之家，三日不举乐，思嗣亲也。感亲年衰老，代至也。

因此，历朝婚礼，均无举乐之文，而制令亦引为明禁[1]，但禁令屡下，也代表违禁之多。毛奇龄对"昏礼不用乐"之说，则颇不以为然。其言曰：

> 《听斋杂录》："妇至，不用乐。"然古有之。《关雎》"琴瑟友之，钟鼓乐之"，《车舝》"式歌且舞"，皆是也。古有房中乐，工歌之次，间以萧钥。故懿氏卜婚筮辞有"凤凰于飞，和鸣锵锵"，象萧钥之声。而《郊特牲》反曰："昏礼不用乐，幽阴之义。"夫昏仪用两，阴阳备也，《易》阴阳咸感，为娶女之卦。故蔡邕《协和婚赋》曰："乾坤，和其刚柔。"虞翻曰："归妹，宴阴阳之仪。"未闻昏礼阴礼也。况丧礼辍乐，昏亦辍，何也？（《昏礼辨正》）

他先引《诗经》中的篇章，论证古代婚礼当奏乐。又引《易经》学说，说明婚姻当是协和阴阳之事，何能谓婚礼为阴礼而不用乐？可见西河治经，的确擅长以经解经，于此即能不受汉儒之影响，以时代早于《礼记》的《诗》《易》来辨说，也真的可能"足使老师宿儒变色失步"，对于古代礼制之辨明，不可谓无功。又若就婚礼实际情形来考虑，丧礼属凶礼，不用乐，宜也；但婚礼属嘉礼，若亦不用乐，则凶礼与嘉礼无异，显见其非。且古代嫁娶当事人、赞礼者，都要穿戴暗色的衣冠，再加上斋戒、祭先祖、告庙，若不能举乐，则死气沉沉，喜事与凶事何异？虽曰婚姻的确有传宗接代、人事代谢的庄严使命，但若谓因此而不得用乐，则未免不通人情。故按诸史实，婚礼亦不乏举乐者[2]，可知"昏礼不用乐"虽是礼文，但"昏礼用乐"却是习俗，而此处"礼"与"俗"之差异，却应是汉儒附会阴阳而造成，若从《诗》

---

[1] 如《北史·高允传》即记北魏"禁诸婚娶，不得作乐。"《新唐书·舆服志》又记唐睿宗太极元年左司郎中唐绍表请禁士庶亲迎广奏音乐，制从之。《通典》亦载唐德宗建中元年，礼仪使颜真卿以婚礼主敬，奏乐非宜，请奏断。《大明集礼·品官婚礼总序》则载明时亦禁品官婚礼用乐。

[2] 如《晋书·礼志》即载晋穆帝升平元年台符曾问迎皇后大驾，是否应作鼓吹？可见当时"昏礼不用乐"之说，已受到怀疑。而当时博士胡讷与王彪司议过后，竟作出"设而不作"的折衷方案。《北史·高允传》则记高允力陈王公贵室婚礼用乐之非。唐代婚礼举乐之风益盛，婚嫁之时，杂奏丝竹，以穷欢宴，《新唐书·礼志》《唐会要》中屡见禁断之饬。宋周辉《清波杂志》则记宋哲宗纳后时，老宰相吕公著主不用乐，宣仁太后即讥曰："寻常人家娶个新妇，尚点几个乐人，如何官家却不得用？"后仍令教坊伏宣德门里，皇后乘翟车甫入，众乐毕举。当时民间婚礼用乐，更可能已经习以成俗，所以《书仪》卷三会说："今俗婚礼用乐，殊为非礼。"明中宫王妃合卺，俱用乐妇供事，谢肇淛在《五杂俎》卷十四亦力斥不用乐之非："婚礼以不举乐，思嗣亲也，此或为长子之当户者言耳。若父母在堂，而为子娶，即举何伤？且摄之礼，既已格其隆矣，而独禁音乐，无乃不情乎！"清代，遂明定鼓乐人数，依官品之高低为递减，庶民百姓亦可"鼓乐人不得过八名，灯不得过四对"（《茶余客话》卷五）。若就文学作品来看，徐铉《陈侍郎宅花烛》诗："今夜银河万里秋，人言织女嫁牵牛。佩声寥亮而重奏，烛影荧煌映玉钩。"（《宋诗钞》）辛弃疾《贺新郎》词："瑞气笼清晓。卷珠帘、次第笙歌，一时齐奏。无限神仙离蓬岛。"等，均为婚礼用乐之明证。

《易》和史实观之,则"礼""俗"可以一致。西河治经方法之精要,于此亦可见其一斑。

《礼记·坊记》言:"礼者,因人之情而为之节文,以为民坊者也。"郑樵《礼经奥旨·礼以情为本》亦言:"礼本于人情,情生而礼随之。古者民淳事简,礼制虽未有,然斯民不能无室家之情,则冠婚之礼已萌于其中;不能无交际之情,则乡射之礼已萌乎其中;不能无追慕之情,则丧祭之礼已萌乎其中。"是以毛奇龄治礼经之法,也常以"总乎人情"为断。如其论丧礼之"养疾",认为"奉侍疾病,送死之礼也。……此最宜慎重者。倘于此而稍有遗憾,则终生悔恨,后亦无容读礼矣。""养疾之说,略见《士礼》(西河注:即《仪礼》),而是书难据。……故尝就其说一参校之。"(《丧礼吾说篇·卷一》)《仪礼·士丧礼》经文,并无论及"养疾"之说,唯在"死于适室,幠用敛衾"下,郑《注》曰:

适室,正寝之室也。疾者齐,故于正寝焉。疾时处北墉下,死而迁之。

又《既夕记》言:

士处适寝,寝东首于北墉下。有疾,疾者齐,养者皆齐。彻琴瑟。疾病,外内皆扫。彻亵衣,加新衣。御者四人皆坐持体。属纩以俟绝气,男子不绝于妇人之手,妇人不绝于男子之手。乃行祷于五祀,乃卒。

《礼记·丧大记》亦曰:

疾病,外内皆扫。君大夫彻县,士去琴瑟。寝东首于北牖下。废床。彻亵衣,加新衣。体一人。男女改服。属纩以俟绝气。男子不死于妇人之手,妇人不死于男子之手。君夫人卒于路寝;大夫世妇卒于适寝;内子未命,则死于下室,迁尸于寝;士之妻皆死于寝。

毛奇龄于说解此礼时,则兼及二经之说,而论述其要点有三:
(一)不迁寝,不废床:

适寝,即内室也。室谓之寝,故又称适室,则此非外寝可知。乃注者曰此是正寝,与天子诸侯路寝并同,则焉有路寝而北墉者乎?(西河注:室有北墉南牖,路寝在王朝黼座之南,中庭有何北墉?)乃谓本在燕寝,即将死而迁居于此,则以危病之人,而剥床迁柩,固已奇矣。(《丧礼吾说篇·卷一》)

其意以为"室"即是"寝",《士丧礼》所言之"适室"即为《既夕记》所言之"适寝",而"适寝(室)"既有北墉,故当为燕寝中一室,并非《士丧礼》郑《注》所言正寝(路寝)之室。郑《注》又谓养疾于燕寝,将死而迁之于正寝,西河则以为危病之人,却还搬移挪动,此必无之事也。关于《丧大记》"废床"之说，西河则曰：

> 作《丧大记》者又增二字曰"废床"，谓撤床卧地，将返地也。夫初生寝地，此生女而贱恶之礼，乃曰初生在地。今病困而返于地，则是纩犹未属，先卧地以俟其死，此非养疾，直杀疾也！且曾子易箦，正有床在，何曾废床？（《丧礼吾说篇·卷一》）

《诗·小雅·斯干》有言："乃生男子，载寝之床，载衣之裳，载弄之璋。其泣喤喤，朱芾斯皇，室家君王。乃生女子，载寝之地，载衣之裼，载弄之瓦。无非无仪，唯酒食是议，无父母诒罹。"是以西河言初生寝地是"生女贱恶之礼"，施之于将亡之人，亦属不伦。虽郑《注》有"人始生在地，去床，庶其生气反"之说，但病危之人却委之于地，未亡而俟其亡，恐亦非养疾之道，故西河以"废床"之说亦不可信也。

（二）不易衣：《仪礼·既夕记》与《礼记·丧大记》均有"彻亵衣，加新衣"之说，《既夕记》经文下，郑《注》曰："故衣垢污，为来人贱恶之。"贾《疏》则言："彻亵衣，谓故玄端已有垢污，故来人秽恶，是以撤去之。加新衣者，谓更加新朝服。"西河则谓：

> 按《论语》"疾，君视之，加朝服拖绅。"此以君来视疾之故，不得已而为此礼，非为宾客且预设也。此时何时，徒以宾客细故，而乱此大事，万一以易衣致误，或易衣而客不至，岂非大憾？（《丧礼吾说篇·卷一》）

其意盖以为考之《论语·乡党》，所谓"加新朝服"者，当为君来视疾时所行，并非常礼。且病革之际，只因宾客来探访，即大费周章为之更衣，倘若病人不堪此举而断气，生者心中岂能无憾？是以西河以为"易衣"亦非养疾之道也。

（三）"男子不死于妇人之手，妇人不死于男子之手"：郑《注》有误：《仪礼·既夕记》在"易衣"之后，言"御者四人皆坐持体"；《礼记·丧大记》则言"体一人"，盖即谓将亡者之四肢，均有一人持之，《礼记》郑《注》以为这是因为"其不能自屈伸也"，其注《仪礼》之说亦仿此。二经在之后均有"男子不死于妇人之手，妇人不死于男子之手"之说，郑玄在《礼记》此言下则注曰："君子重终，为其相亵。"是郑氏乃以"防亵"释此说。西河则认为郑玄于此又误解经书，其言曰：

> 所云不绝其手，正指持体者之手，谓男手持男体，女手持女体，不使男女得易手也，此袭《谷梁传》文以为解者。……郑氏复注曰"畏其相亵"，夫以垂死之人而防亵，已过矣。且亦思此妇人者非他，即死者之妻与死者之子妇也。夫妻送夫死，亦非亵事，今此一刻不令前，则将来死后何以同穴？若子妇则疾痛疴痒，奉侍

有素，一旦以存亡之际而反绝之，则于情于理，总属不合。(《丧礼吾说篇·卷一》)

《谷梁传·成公十八年》记曰："（八月）己丑，公薨于路寝。路寝，正也。男子不绝妇人之手，以齐终也。"西河以为此乃二礼经"男子不死于妇人之手，妇人不死于男子之手"所本，而所谓"不绝其手"者，当指前所言"体一人"之持四肢者，即男手持男体，女手持女体也。绝不可谓垂死之际，尚需防亵，而死者之妻（夫）或子妇（子）不得近身也。"于情于理，总属不合"盖为西河所以辨正丧礼之因，可见西河之论丧礼，一以合乎情理为考虑，对于礼经之误或《注》《疏》之失，加以批驳。自礼经有迁寝、废床之说，《注》《疏》均未置疑，之后说礼者也无异见，唐开元礼虽略有异说[①]，但宋《司马氏书仪》《文公家礼》又因二礼经之说，故其影响甚而及于今日台湾习俗[②]。西河则以为郑《注》"迁寝"之说，是要将濒死者由平日休息的"燕寝"之室搬到平时处理公事的"路寝"（正寝），于理已有不合。若再以人情度之，此时正是生命垂危之际，在旁亲人必定戒慎恐惧，心中忧愁不已，何以还要搬动将亡之人且又废床而弃之于地？此应是生者所不欲为，但礼文如此，遂相传千年。西河之言，不拘经文及《注》《疏》，真谛论也。后儒批注礼经者，遂多用其意[③]。其言"不易衣"之说，亦复如是。就病革者而言，此时易衣，徒增痛苦，亲人当不忍为；就探病者而言，恐亦不如《注》《疏》所言，会嫌弃病人之秽恶。若只因有人探问即易衣，则病危之际，不知需易衣几次？且若此时病人不堪而亡，亲人心中岂不憾恨？恐亦非探病者所乐见。礼者，履也。说礼者当求礼之必可行，惜历来说礼者于此或袭郑、孔之说，或仅列经文而不加解释，转不如西河之说之圆通也。[④]"持体"之用意，西河未深辨之，愚以为郑《注》所言"其不能自屈伸也"，恐亦非是。此时持其四肢者，盖为使濒死者有安全感，不致有孤独无助之感也。而西河认为"男子不死于妇人之手，妇人不死于男子之手"，是指"持体"时"男手持男体，女手持女体"而言，诚为卓见。毕竟夫妻一体，而临终之际，若谓不得相伴，实不通情理。然其辩说亦有可再商榷处，若言《谷梁传》"慎终"之说为二礼经文所本，则郑《注》"防亵"之说，未必不正确，毕竟"防亵"也应是"慎终"要件之一。且考之《春秋》，鲁僖公三十三年冬十月，僖公至齐，十二月自齐返，不久卒于小寝。《左传》记其事曰"冬，公如齐朝且吊，

[①]《开元礼·卷一三八》言疾者即斋于正寝，无"迁寝"之说。又以为"废床"当在"属纩"候气之后，其说较合理。

[②] 台湾习俗非常忌讳人死于卧房床上，以为如此将使死者之灵魂不离，对生者造成危害。故人将亡之际，必为其"搬铺""换床"。"搬铺"一俗，实含"迁寝""废床"两节，通常将濒死者搬移到正厅，或置于厅中长凳，或置于地，俟其气绝。若家中尚有死者长辈，则只能将临终者搬置于"护龙"（厢房）中，仍"废床"而置于地或长凳。

[③] 如胡培翚《仪礼正义》引蔡德晋言："案《丧大记》疾病有废床一节，殊为非礼，观曾子易箦，反席未安而没，不闻有废床而至于地之事。"又引吴廷华云："废床之文，高安朱氏非之，谓垂死之身，方护之不暇，乃举而委之地，地气清沁，是益之病而速之死也，且断无将死而可藉地气以生之理。"今人王梦鸥在《礼记校证》中则言"废床"当作"发床"，与《既夕记》"迁尸"之义相近。是皆因西河之言而发也。

[④] 今人黄启方氏在《仪礼士丧礼中的丧俗》(《中国东亚学术研究计划委员会年报》，1990年，第9期)一文中以为"易衣"的原始意义，或许是要驱散附着在病人身上和周围环境的鬼魂的用意，以祈求病人好转，绝不如郑、孔所言也。说亦可通。

有狄师也。反薨于小寝,即安也。"杜预《注》曰:"小寝,夫人寝也。讥公就所安,不终于路寝。"《谷梁传》亦记曰:"乙巳,公薨于小寝。小寝,非正也。"杨士勋《疏》曰:"今僖公虽卒,而没于妇人之手,故发传以恶之。"故知《仪礼》《礼记》所谓"男子不死于妇人之手,妇人不死于男子之手",应该仍是就"慎终"的观念立论,强调不应卒于小寝,卒时不应只有妇(夫)在旁也,郑玄以"防亵"解之,虽未能使经义大明,但亦不可斥之为误。西河所辨者,为郑氏后说礼者,均未能明经文大义,望文生义,终有"夫垂死之际,妇与子妇俱应退避;妇将亡之时,夫与子也应退避"之说出现,民俗又多信之,则应巩固人伦关系的丧礼,岂非成为违背人伦的谬说?由此观之,西河之辨说,仍有其重要的意义在。

二、毛奇龄治经疑义举隅

《毛西河先生全集·卷首》中有《经例》一篇,将毛奇龄读经、注经之例,辑述了十六条原则:说经勿杜撰、勿武断、勿误作解说、勿误章句、勿误说人伦序、勿因经误以误经、勿自误误经、勿因人之误以误经、勿改经以误经、勿诬经、勿借经、勿自造经、勿以误解经之故,而复回护以害经、勿依违附经、勿自执一理以绳经、勿说一经碍一经。"都是禁制语句,显示批判及规范的意涵,除了提出修正宋明说经方式之意见外(如第十五条),也表现西河重视经典之态度,强调经文有独立之价值,反对因为个人理解之衍伸,而妨碍经文本身所具之内涵。"① 但观乎毛氏之治经,亦偶有不能完全符合自定义之规范之处。从上一节的叙述中,我们知道"以经解经""以史证经"是西河秉持的说经态度,但他在引用例证时,却常出现四种缺失:一是字句有误。即所引字句与原文不合。如在论述《周礼》之以四时名官之来由时,引《左传·昭公二十九年》蔡墨与魏献子论五行之官之文,其言曰:"《左传》蔡墨论五行之官,以木正勾芒为春官,火正祝为夏官,金正蓐收为秋官,水正玄冥为冬官,土正后土为中官。(《周礼问·卷一》)但《左传》之原文应为:"木正曰勾芒,火正曰祝融,金正曰蓐收,水正曰玄冥,土正曰后土。"原文并无春官、夏官等名,西河所引证之字句与原文就不甚符合。二是出处有误,即所引例证之出处与引用者所言不合,如他在论述"宗伯"之职时,言《尚书·周书·康王之诰》有太保、太史、太宗之称(《周礼问·卷一》),但该称实出于《尚书·周书·顾命》。又论宗伯尊而宗人卑时,言《左传》有"宗伯欲升僖公,则宗有司争之"及"公父文伯之母欲为文伯娶妻,则师亥谓飨燕男女,皆属细事,不当烦宗伯,而当用宗人"之文(《周礼问·卷一》),但实则二文均不见于《左传》。宗伯欲升僖公之事,出于《国语·卷四·鲁语上》;公父文伯之欲为文伯娶妻事,则出于《国语·卷五·鲁语下》。三是时间有误,即所引例证之时间与引用者所记不合。如他论述《周礼》六官具见于春秋诸卿中时,曾引《左传》之文,言"定十四年,孔子为司寇。"(《周礼问·卷一》)但《左传》记载孔子为司寇之事,当在定公元年;又论及"太宗即宗伯"时(《经问·卷四》),西河言《左传·文公三年》有夏父弗忌为宗伯之事,但《左传》记夏父弗忌为宗伯之事,实在文公二

---

① 陈逢源:《毛西河及其春秋学之研究》,台湾花木兰出版社,2009年版,第36—37页。

年。四是文义有误。即所引之例证，其在原文中之意义，根本不如引用者所言。如西河在论及"司徒"之职时（《周礼问·卷一》），曾引《国语·周语》"司徒协旅"之文，言司徒掌舆版之事，又引《周语》中"虢文公陈九徇之法"之文，言司徒佐农正、后稷、土谷诸事，又言《洪范》陈八政，兼及司徒，故知司徒掌食货诸职，《绵诗》迁都，专举司徒、司空两官，亦可知司徒所掌在于度地。其中《国语·周语》虢文公陈九徇之法，有"司徒五之"之文；《诗·大雅·文王之什·绵》中有"乃召司空，乃召司徒，俾立室家"之文，其义均为掌土地之利用无疑。但《国语·周语》言："宣王料民于太原，仲山父谏曰：'民不可料也。夫古者不料民而知其少多，司民协孤终，司商协民姓，司徒协旅。'"此"旅"字乃指"师旅之众"而言，指司徒所掌乃众民之事，与西河所言之"舆版"无关。又《尚书·周书·洪范》中，言"农用八政"为九畴之一，其八政为："一曰食，二曰货，三曰祀，四曰司空，五曰司徒，六曰司寇，七曰宾，八曰师。"此处提及司徒，是以司徒主徒政，教以礼义，并规划土地利用，故为农业八政之一，亦与西河所言"食货诸职"无关。又西河在论及《周礼》之兵、乘时，主张乡、遂内的人民与在都鄙内的人民，所负担之军赋有异，乡、遂出军，都鄙之地出车。并言《周礼》大宰职中之"以九赋敛财贿"，即指乡、遂赋人而言，此"赋"指"口率之赋"，而"九赋"之地如邦中、四郊、邦甸等，均为乡、遂之地。（《经问·卷二》）但若覆检《大宰》之职文，其义却与西河所言相去甚远。《周礼·天官·大宰》言："以九赋敛财贿。一曰邦中之赋。二曰四郊之赋。三曰邦甸之赋。四曰家削之赋。五曰邦县之赋。六曰邦都之赋。七曰关市之赋。八曰山泽之赋。九曰弊余之赋。"除"邦中""四郊""邦甸"等乡、遂之地外，亦及于"家削""邦县""邦都"等都鄙之地及"关市""山泽""弊余"之赋，已不如西河所言"皆乡、遂之地"。且郑《注》及贾《疏》虽亦认为此九赋属于"口率之赋"，但"口率之赋"指的是以人口之多寡定其赋税之高低，并非俱指赋人而言。西河因对引文之文义误解，故其论述也近于武断。关于西河在引用例证时的缺失，阮元曾为之说解，其言曰："至于引证间有讹误。则以检讨强记博闻，不事翻检之故，恐后人欲订其误。毕生不能也。"（《揅经室二集·卷七》《毛西河检讨全集后序》）阮元亦知西河之引文多有讹误，故言"欲订其误，毕生不能"，但他试图以"博闻强记，不事翻检"来替西河说解，却只能解释西河引文时所犯的前三项缺失，无法为西河之引文与原典意涵乖谬处开脱。如西河之经学大家，不太可能会误解自己所引文句的原意，他会有前述的引文第四项缺失，可能是为了使自己的立论能服人，而有心曲解、穿凿，这种作法实与《经例》中所立原则大相径庭。

又其论丧礼，有"古无斩衰"之说，其言曰："父母之丧，在春秋战国以前并无分别作等杀者，自马、戴诸记，始有等杀诸仪节杂见礼文。而作《士礼》者，著《士丧礼》《丧服传》二篇，遂公然卬父抑母，截然分父母丧服为二等：父为斩衰，母为齐衰，然且父在为母期。按《杂记》恤由之丧，哀公使孺悲学士丧礼于孔子，于是乎有士丧礼书，此固战国后人借孔子以为名者。至丧服一篇，直称为子夏之传，而注者又疑主客问答，有似公羊，公羊，子夏弟子也，是不知何时何人遥援七十子之徒以为依附，显然非东周以前之礼。……丧服有齐衰而无斩衰。……衰有重轻，重服以衰麻六寸缀于当胸，而衣裳四际则皆齐其麻而不之缉，故齐者，以齐为名，谓之齐。若轻服则四际皆缉而稍露散麻，亦名为齐。盖齐而不缉，此齐之本名；而从而缉之，则又以缉齐得名。犹之乱本名乱，而因而治之则又以治乱名乱。……然则齐名有二，一是裳下际之名，一是衣裳四际之总名。而齐衰亦有二，一是三年之重衰，齐而不缉；一是期功之轻衰，齐而缉之。除二衰之外别无他名。故《论语》以三年凶服谓之齐衰，如子见齐衰者，见之，虽少必作，过之必趋。又云见齐衰者，虽狎必变。以为重服只齐衰也，并无有加于齐衰之外者也。"(《丧礼吾说篇·卷八》)是西河以为"齐衰"之"齐"，可有二义，是故"齐衰"亦有二者。一为用"齐"之本义，齐而不缉，亦即衣裳四际皆仅齐其麻线而不缉边，为三年之重衰。另一则为用"齐"之反训，以缉齐得名，则丧服的下摆可以齐而缉边，为期功之轻衰。但两种丧服均应名为"齐衰"，而无"斩衰"一名也。其论证的依据，则为《论语》《子罕》中有"子见齐衰者，冕衣裳者，与瞽者，见之，虽少必作，过之必趋"及《乡党》有"见齐衰者，虽狎必变"的二则记载，西河遂以为"三年凶服谓之齐衰"。唯观其推论，却颇有可议之处，其一，《论语》论及"齐衰"之两章，盖均为强调孔子对家有丧事者之敬重，"齐衰"在此应为对丧服之泛称，并非专指五服中之"齐衰"，不应据此而论定三年丧服即谓之"齐衰"，更不能因此而推论古无"斩衰"。其二，《周礼·春官·司服》有"凡丧，为天王斩衰，为王后齐衰"之句，是可证先秦时应有"斩衰"之名。即使西河以为三《礼》俱为战国后人所伪，置之不道，而《左传》一书，则向为西河论周礼之根据，今观《昭公十年》有曰："叔向辞之曰：'大夫之事毕矣，而又命孤。孤斩焉在衰绖之中，其以嘉服见，则丧礼未毕；其以丧服见，是重受吊也，大夫将若之何？'皆无辞以见。"杜预《注》曰："既葬，未卒哭，犹服斩衰。"明为"斩衰"之确证。又《襄公十七年》记晏婴为晏桓子服丧之事曰："齐晏桓子卒，晏婴麤缞斩，苴绖、带、杖，菅屦，食鬻，居倚庐，寝苫、枕草。"是亦断断言"斩衰"之事也。不知西河将何以释之？

再如其论古代婚礼之"请期"，应正名为"告期"。其言曰："《士昏礼》：宾入，先请期，而后告期。则期定自婿家，岂当向女氏请也？告则可该请矣。若《白虎通义》曰：'昏礼请期，不敢必也。'则直女氏为政矣！可乎？"(《昏礼辨正》)西河在论六礼名义时，采《谷梁传·庄公二十二》："礼有纳采，有问名，有纳征，有告期，四者备而后娶，礼也。"之说，主张"六礼"应改为"四礼"，故认为"请期"改称"告期"，亦有所本。然观诸《仪礼·士昏礼》于"请期"言："请期用雁，主人辞，宾许告期，如纳征礼。"是《仪礼》经文中，本有"告期"之名义。而郑《注》言："主人辞者，阳倡阴合，期日宜由夫家来也。夫家必先卜之，得吉日，乃使使者往，辞即告之。"贾《疏》则曰："婿之父使使纳征讫，乃下卜婚月，得吉日，又使使往女家告日，是期由男家来。今以男家执谦，故遣使者请女家，若云期由女氏，故云请期。"郑《注》以"阳倡阴和"为说，并未能说明为何应由男方主动的"告"，要改称似乎由女方决定的"请"。但贾《疏》则清楚的说出这是因为"男家执谦"，也就是说，虽然是由男方决定迎娶日期并告知女方，但经文上不称"告期"而称"请期"，是为了表示谦让与尊重。《白虎通义》"不敢必"之言，或即为贾氏所本。故《礼记·昏义》孔《疏》亦言："请期者，谓男家使人请女家以婚时之期，由男家告于女家。何必请者，男家不敢自专，执谦敬之辞，故曰请也。女氏终听男家之命，乃告之。"从《仪礼·士昏礼》后所附"昏辞"来看，女方也的确"终听男家之命"①。由此可知，婚期的决定，儒者尽知是由男方掌有决定权，而称"请期"者，自有其谦敬的深意在。西河以为必改称"告期"，否则有"女氏为政"之嫌，则不免有些固执不通了。

三、结语

全祖望在《萧山毛检讨别传》中曾言：

> 其（按：指西河）游淮上，得交阎征士百诗，始闻考索经史之说，多手记之。已而入施公愚山幕，始得闻讲学之说。西河才素高，稍有所闻，即能穿穴其异同，至数万言。（《鲒埼亭集外编》卷十二）

似乎以为西河在结识阎若璩及至施闰章处讲学前，并未接触经学，也没有研经的著作。《阎潜丘先生年谱·卷三》何秋涛之按语中，亦有相似的见解，认为西河在四十岁以前，以赋诗、填词、选制艺、评传奇为事，《毛西河先生全集》中经解之作虽多，实皆归田后之作。并举《白鹭洲主客说诗》多引若璩之说为证，认为西河实心折若璩，只是好与争名罢了。梁启超在《中国近三百年学术史》中亦言：

> 西河本为文人，举博学鸿词，授检讨之后，受京师学风影响，才"改行为经师"。所以，西河是"半路出家的经生"，与其谓之学者，毋宁谓之文人也。

支伟成著《清代朴学大师列传》，未收录西河，并在目录处引章太炎先生言：

> 毛奇龄于经学谬乱之处甚多，应删。

其实毛本文士，绝不知经，偶一持论，荒诞立见，故自昔无有取毛氏者。

这些说法，都是怀疑西河本不知经术，乃是日后受阎、施等学者及当时学风之影响才研究经学，且西河研究经学之成就亦不彰，后人可不必留心。其实施闰章之《毛子传》撰于西河至白鹭洲书院之时，其中已言西河曾治《诗经》：

---

① 《仪礼·士昏礼》："请期曰：'吾子有赐命，某既申受命矣，惟是三族之不虞，使某也请吉日。'对曰：'某既前受命矣，唯命是听。'曰：'某命某，听命于吾子。'对曰：'某固唯命是听。'使者曰：'某使某受命，吾子不许，某敢不告期。'曰：'某日。'对曰：'某敢不敬须。'"是知"请期"过程中，使者虽请女方表达意见，但女方终究将没有意见，而听由男方决定。

> 平生长于治《诗》，取毛、郑诸家，折衷其说，著《毛诗省篇》，今旧集多毁，存诗词若干卷。（《学余堂文集》卷十七）

西河《自为墓志铭》亦言：

> 少读经，稍长读史。史自唐以后无可问者，而经则六籍皆晦蚀，《易》《春秋》为尤甚，二千年来谁则起而考正之？青春白日销亡尽矣。惟《毛诗》可记忆者，璨璨作问答，散录成帙，稍不可记忆即已之。（《西河文集》卷一百一）

盛唐《西河先生传》（《毛西河先生全集·卷首》）则言西河少时即已从其兄锡龄习《易》《诗》《礼》等经书，并已有解经之作。且当西河讲学于白鹭洲书院时，杨耻庵率其徒来，与西河论辩士丧礼、格物致知、郑卫诗、笙诗等二十余道关于经学的问题，西河侃侃而谈，耻庵皆不能胜。则可知西河少时并非昧于经史，而其之所以在四十岁前少有解经之作，乃是因其流亡各处，书稿难以自随，多有丧亡之故。而观其治经之法，讲究博学多闻，淹贯通达，力求实证，关乎人情，信乎博学鸿儒之谓也。但亦因其才气纵横，自负甚深，说经亦偶有失误之处，难免落人口实，招致非议。阮元曾言：

> 有明三百年，以时文相尚，其弊庸陋谫僿，至有不能举经史名目者。国朝经学盛兴，检讨首出于东林、蕺山空文讲学鬓榜之余，以经学自任，大声疾呼，而一时之废疾顿起。当是时，充宗起于浙东，朏明起于浙西，宁人、百诗起于江淮之间。检讨以博辨之才，睥睨一切，论不相下，而道实相成。迄今学者日益昌明，大江南北著书授徒之家数十，视检讨而精核者固多，谓非检讨开始之功则不可。（《揅经室二集》卷七《毛西河检讨全集后序》）

又言：

> 善论人者，略其短而著其功，表其长而正其误。若苛论之，虽孟、荀无完书矣。（同上）

我们对毛奇龄的评价，正应抱持这样的态度。毛奇龄的治经成就，在我国经学史上有着不可磨灭的地位，其著述众多，交游广阔，对于清初学术的发展，也有一定的影响。《四库提要》称其为"豪杰之士"，洵非过誉。

毛奇龄《四书改错》等"四书"学著作及在清代的反响

北京大学《儒藏》中心　李畅然

摘　要：在明清之际顾、黄、王三大家之后，新生一代考据家以阎若璩（1636—1704）、胡渭（1633—1714），和年龄虽长、成果略晚的毛奇龄（1623—1713）为最著。在"四书"研究领域，阎、毛可谓双峰并峙。微有不同的是，阎书的影响基本局限在学术领域，因而道光以后就无人写书回应了；而毛的影响超出了考据学界，因而直到清末仍有热烈反响，包括光绪二十年（1894）政府对《四书改错》的严禁。

关键词：毛奇龄　阎若璩　全祖望　清代学术史

一、毛奇龄的"四书"学著作

毛奇龄（1623—1713），浙江萧山人，是清代学术史上继孙奇逢之后的高寿之人，其著作之宏富罕有其匹。他于康熙18年（1679）应博学鸿词，入明史馆。24年（1685）毛归里，潜心著述和授徒。起初其精力用在继承仲兄毛锡龄的遗志完成易学等方面的著述，等到他想涉足"四书"时已经衰老，因此其有关四书的著作多由其门人记录或者编写，其中与《孟子》有关者即多达六七种：《四书剩言》四卷《补》二卷、《四书索解》（一名《四书疑义》）四卷、《逸讲笺》三卷、《圣门释非录》（《四库提要》改题陆邦烈）五卷、《四书正事括略》七卷附录一卷、《四书改错》二十二卷以及《毛西河四书朱注辨正》二卷[①]，此外尚有《论语稽求篇》《大学证文》《中庸说》等。当然这些书强半是从毛氏其他著作中辑录的，内容重复率比较高。

毛奇龄在心性哲学上属王学，早在明史馆即与由王学改主程朱的张烈（1622—1685）广泛辩论[②]，其观点带有极强的启蒙性质[③]。但毛氏攻击程朱理学最主要的武器不是心性哲学上的争论，而是考据[④]，并终以考据闻名后世。其一生的学术，亦以其好与权威、名人负气争胜为鲜

[①] 此书仅抄本，藏上海图书馆，见《中国古籍善本书目》3520号。或许只是后人辑录毛氏诸书的内容而成的。
[②] 详见王茂、蒋国保、余秉颐、陶清：《清代哲学》，第二章《理学与心学的最后争辩》。
[③] 参黄爱平：《毛奇龄与明末清初的学术》之（二）。
[④] 参黄爱平：《毛奇龄与明末清初的学术》之（三）、之（四）。

明的特征，并因之颇遭物议①。

毛奇龄的《孟子》学著作中，《四书剩言》和《四书改错》最具代表性。《四书剩言》收入《四库全书》，提要一方面指出其中有诸如负气求胜、自相矛盾之处，但仍将之与阎若璩的《四书释地》相提并论：

> 奇龄说经善考证，而喜辨论。故诠释义理往往反复推衍，以典籍助其驳诘，支离蔓衍，不顾其安。至于考核事实，征引训诂，则偏僻者固多，而精核者亦复不少。如以姚方兴所补《舜典》二十八字为伪，其论本确，而考以所著《古文尚书冤词》，则力以此二十八字为真，引证诸史，亦言之凿凿，岂非辨之所至，辄负气求胜，遂不暇顾其矛盾耶？至于以畏匡为郑地，以公山弗扰之畔不在定公十二年，诸条则证据确然，实有出于《集注》之外者。弃短取长，未尝不可与阎若璩《四书释地》并传也。

此书后来收入《皇清经解》，道光十八年（1838）、十九年（1839）在日本有翻刻。

《四书改错》应该是毛奇龄生前最后一部四书学著作，具有总结性。其前身为两个月前编成的《四书正事括略》。《正事括略》的序目云：

> 西河先生归草堂，不能著书，尝辍食叹曰："吾欲作《论》《孟》传，一刊事理之误，而不可得矣！"会嗣子述斋隽南宫还，思以娱亲，偕兄孝廉君，翻先生《经集》，摘其事理可刊正者，而置说理于有待，曰理赜不胜举，且是否可各执；惟事有一是而无两可。因而刊之曰"正名""正文""正礼制""正故实"，而统曰"正事"，合五卷②，凡一百六十九条，虽一勺乎，然已滔滔如望洋矣。

卷1首条有云：

> 宋儒以格物为格事物之理，必从事物求心性，则事物要矣。况经书事物，则尤先圣先王掌故所厚系者。乃其所说书多可刊正，《大》《中》章句十，正十，《论》《孟》集注十，正七，则未免太疏矣。明儒旧有辨议，如汝南陈晦伯、东阳卢荷亭、两湖郝京山、菇城姚舜牧各有正误，传书若干卷，而不得肯綮。……先生《经集》，考据精析，有伦而有要。顾其中有显正有隐正。隐正者，义理也，犹府藏也；显正者，事物也，犹人之有耳目也。未有耳目不察而可以窥人之府藏者。

---

① 清人有以清初钱塘人王复礼与毛奇龄并列作为攻朱的典型者，但王复礼基本被遗忘。
② 此书续有六、七两卷，补前所未备，又附录一卷为主客问答之语。因此《四书改错》的序目提到说是8卷（1A）。

因先拣其诸显正本，撮录大要，或从此可以徐求其详，且徐求其隐。特宋儒说事物、说心性，每以"事""理"二字隐括之，则专指"事"字，而凡名物、典文、礼制、故实皆出其中，不揣庸陋，亦分名物等，而统之以事，曰"正事括略"，以为详于《经集》者而略见于此。

可见其意是先正《集注》名物考据之误，日后再辨《集注》义理之误。

但是《正事括略》"陆续补缀，似失纪要"，毛奇龄"于伏床时更为整理，使兄孙知书者增损移易，分三十二门部，计四百五十一条，合二十二卷，名曰'改错'"①。其卷1首条为很长的一段纲领性文字，为文甚奇，提出"四书无一不错"，中多振聋发聩之说，值得今人留意，当然有些振聋发聩之处只是对时人而言的：

> 谓四书五经为"六经"，错也。……
> 谓四书为"四书经"，错也。……
> 谓四书为"四子书"，错也。……②
> 谓《大》《中》本《礼记》中文，程氏朱氏始专行之，错也。……
> 谓程氏朱氏始合并四书而命以名，错也。……
> 谓宋曾以四书取士，错也。……
> 谓四书文为"经义"，错也。……
> 谓四书文为"制文""制艺"，错也。……
> 且谓八比是宋王安石所造，错也。……

其中诸如谓四书五经为"六经"等说，恐怕仅属自树稻草人，当时即不流行。当然此书的主要内容是改《集注》之错：

> 然且日读《四书》，日读《四书注》，而其就注义以作八比，又无一不错。人错、天类错、地类错、物类错、官师错、朝庙错、邑里错、宫室错、器用错、衣服错、饮食错、井田错、学校错、郊社错、帝尝错、丧祭错、礼乐错、刑政错、典制错、故事错、记述错、章节错、句读错、引书错、据书错、改经错、改注错、添补经文错、自造典礼错、小诂大诂错、抄变词例错、贬抑圣门错。真所谓聚九州四海之铁，铸不成此错矣。（1A—4A）

毛奇龄之所以摆出了一副全面攻驳朱熹的《四书章句集注》的态势，与康熙年间的征书

---

① （清）毛奇龄：《四书改错》序目1A。
② 按，毛于此处指出，即便依朱熹的说法，《大学》也只是曾子作经，不可将全书归诸曾子，此论与王复礼《四书集注补》《或问》第七相证发，皆可看出二人之心细。

活动有关。《正事括略》毛奇龄自序首云：

> 往者徐都官尚书特颁圣谕，征经注之不立学官者，悉录入秘府以备考正。予时欲应之而未能也。暨垂老归田，门生儿子复以立学官经注说事有误，辑予近年所论著为之《正事》。

毛时年八十五，当康熙四十七年（1708）。《四书改错》在卷1首条前引文后接着说：

> 圣天子知其然，已于甲辰、丁未［引者按，康熙3年（1664）和6年（1667）］两科直废八比，而惜诸臣依徊，无能为仰承之者①，以致因循有年，仍还故辙。然犹特颁敕谕，搜天下经注之与学官异者，悉收入秘府。其神鉴卓然，深知学官经注有误如此。（4B—5A）……他日皇上南巡，当躬进此书以丐圣鉴，否则藏之于家，以俟门生儿子之入献焉。（6A）

钱穆《中国近三百年学术史》指出：

> 康熙丁亥（引者按，46年，当公元1707）六次南巡，正直西河成书之前年，此后圣驾即不复南，西河竟未偿躬进此书之愿。而朱熹升祀，昏老惧祸，至于自斧其书版，意亦良可哀矣！（第六章"西河潜丘两人对理学之态度"节，第256页）

因此我们认为，《四书改错》的出现，一方面是毛奇龄自身对朱熹的《四书章句集注》从义理到考据皆致不满的结果，另一方面也是康熙年间自由的学术空气的产物。尽管《四书改错》主要是纠考据之误，然而毛奇龄最终的目的是以自己的义理取代程朱的义理。

《四书改错》在《四库全书总目》没有著录，现存的《西河合集》里也找不到蛛丝马迹。全祖望听说毛奇龄摹印《四书改错》未百部，康熙五十一年（1712）闻朱子升祀殿上，遂斧其板②。尽管以康熙帝为政崇尚宽大和平而论，全说似有可疑；三四年内摹印未百部，也不太合情理。但是钱穆《中国近三百年学术史》第六章的"西河潜邱两人对理学之态度"节将此事与前一年（1711）案发的戴名世《南山集》案相联系，并以今传《西河全集》未编列《四书改错》，以及毛奇龄因戴名世案追改为他人所作墓志铭为佐证（第256—257页），则全说基本上还是可信的。这大约是《四库全书总目》未能著录的原因。嘉庆末年戴大昌另有一种说法，出于臆测，更不足为据："盖毛氏初刻此编，其友人见之而劝毁之，毛氏遂焚其板。（自

---

① 按，当时为四大臣辅政，用策论未必出康熙帝本人之意。
② （清）全祖望：《鲒埼亭集外编》卷十二《萧山毛检讨别传》。

注：今本跋语有云：此书'刊成旋毁板，故流传甚少'①)"

此书现存的版本，除了康熙本②、乾隆十年（1745）书留草堂刻本以外③，最常见的本子是嘉庆十六年（1811）瓯山金氏刊重刊本④。到了晚清，《四书古注群义汇解》（1890，1893，1904）⑤和《批点四书读本》⑥也将之收入。

毛奇龄的其他几种《孟子》学著作影响都不大，仅见于《西河合集》。《圣门释非录》陆邦烈《自记》提出：

> 北宋诸儒高树门帜，不容一人訾议。如刘共父⑦改《二程全书》一二字，便作札四布痛加讥贬，必欲使其还复旧文而后已。而于先圣先贤，恣情敲驳，《大学》《孝经》连篇删改，即孔门诸贤，何一不受其削斫？相其用心，实有抑圣贤以扬同类之意⑧。因稍辑先生所言与他书偶录可引据者汇为一卷，名曰"释非"，以为圣门口语各有精义，或未可尽非。

此论可与前文脚注中所引王复礼《四书正误（王）》之说相发。《四书改错》末一门为"贬抑圣门错"，亦可参看。焦循《雕菰集》卷六《读书三十二赞》有《圣门释非录》赞（第84页）。

《四书索解》为其子远宗所编，其体甚奇。本名《四书疑义》⑨，有问有答，奇龄没后，远宗存所疑而删所解，名曰《疑案》，奇龄门人王锡谓必有以解之，直是索解人不得耳，因更名"索解"⑩。《四库全书总目》认为"非欲诂经，直欲骇俗耳。汉晋以来，儒家无此体例也"。

《逸讲笺》的上卷为毛奇龄所讲孟子"不动心"章。

此外，康熙四十五年（1706）浙江淳安人方楘如少受业毛奇龄之门，"博闻强识，于汉儒笺注能指其讹舛"。他于《孟子》学有三种著作：《四书考异（方）》《论孟考典》《集虚斋四书口义》。前者不传，《论孟考典》只有抄本，"亦为举业而作"，"征引虽博而无案断"，"有

---

① 语出嘉庆十六年（1811）瓯山金氏刊重刊本金孝柏跋。
② 《杭州大学图书馆线装书目》，第17页。
③ 南京图书馆有藏。不过《扬州吴氏测海楼》卷9，7B—8A著录书留草堂刊本（然则南图著录脱"书"字）《毛西河全集》，并无《四书改错》之目。
④ 版权叶虽有"西河合集"的字样，但似乎是单刻本。
⑤ 《四书古注群义汇解》收有七人的著作，其中六人为清人，所以在很大程度上有总结清代四书学成果的意味。考据性著作居多：皇侃《论语集解义疏》、毛奇龄《四书改错》、刘宝楠《论语正义》、焦循《孟子正义》、李光地《大学古本说》《中庸章段》和《中庸余论》、朱亦栋《论语札记》《孟子札记》、宋继穜《增补四书经史摘证》。
⑥ 《批点四书读本》应该是光宣年间印行的，共八种，可以反映近代新式学校的读书趣味：吕留良《四书讲义（吕）》、朱轼《驳吕留良四书讲义》、陆陇其《四书讲义困勉录》、毛奇龄《四书改错》、明陈际泰《四书读（陈）》、焦袁熹《此木轩四书说》、侯廷铨《四书汇辨》（此书或著录为《四书汇解》，初刊于嘉庆18年（1813））、明朱斯行《四书小参·四书问答》。这个选目以义理为主，间及考据。详陈乃乾编《南洋中学藏书目》（1919），第3A页。
⑦ 按，此实为胡安国，参《四库全书总目》卷三十七《圣门释非录》提要。
⑧ 以上为陆氏引《孝经问》王恬语。
⑨ 按，这或许是《四库提要》误解原序。
⑩ 按，此是《四库全书总目》之说。但是嘉庆本《改错》前有《西河经集目》，列有《四书索解》四卷。《四书改错》应是毛奇龄生前刊行的。

其书虽不相涉而义可相发者";唯一得以刊行的是《集虚斋四书口义》,为初学而作,明白晓畅,与朱注并无大别①。然而方楘如及其子与徽州的戴震、程瑶田等一代学子俱有交集,值得注意。

二、阎若璩的四书学著作在清代的反响

在介绍毛奇龄的四书学著作特别是《四书改错》在后世的反响之前,有必要简单介绍一下阎若璩的同领域著作的反响。

阎若璩的代表作有《尚书古文疏证》(约1683—1693作,1745始刻)、《潜丘札记》《困学纪闻笺》《孟子生卒年月考》(1697刊《孟子考》,今名附刻于《四书释地》)和《四书释地》(1696刊首卷,1700刊《续》;1743刊《又续》和《三续》;1787起合刊)。

嘉庆八年(1803)曾高邮顾问重编为八卷,分地理、人物、训诂三类,"各依章句先后,间有讹字冗文,亦有校正"②。嘉庆二十一年樊廷枚的《四书释地补》亦附原书,校订极精。道光以后便基本上只有《皇清经解》本系统了,不过同治年间成都有坊刻的单行本。

后世对阎若璩《四书释地》的研究专著集中于嘉、道年间,有三部。最早以《四书释地》为研究对象的是嘉庆二十一年(1816)樊廷枚的《四书释地补》,详出处,补未及,正谬误③。有个别是阎氏自造声援或者自相矛盾者,也被樊廷枚发现。伦明先生提出"盖阎氏解经好大言,徇偏见,且每有自欺欺人之语。其《尚书古文疏证》,近人已尽发其覆,而是书之舛谬,亦不一而足"④,可备一说。不过尽管阎若璩治学有与毛奇龄类似的毛病⑤,但其学术创造性之高是不争的事实,其学术上的名声也远远好于毛氏。

樊书刊行四年后,嘉庆二十五年(1820)宋翔凤刊行《四书释地辨证》2卷,于阎书多所匡正,如指出阎氏误用伪《古文尚书·君陈》篇。宋氏以《春秋》说《论语》《中庸》,乃夹带私货⑥。

此外道光五年(1825)举人狄子奇有《四书释地辨疑》,盖已失传⑦。

三、毛奇龄《四书改错》等著作在清代的反响和评价

毛奇龄以《四书改错》为代表的四书学著作在清代后期的遭遇要比阎若璩的《四书释地》复杂得多。尽管毛书可采之说不少,然而其专意攻朱的态势,引起了很多人的反感;而其论证上存在的诸多的疏失,也成为后人指摘的对象⑧。

---

① 后二书参见《续修四库全书总目提要(经部)》,第947页。
② 后二书参见《续修四库全书总目提要(经部)》,第947页。
③ 语出《续修四库全书总目提要》伦明提要,第951页。
④《续修四库全书总目提要(经部)》,第951页。
⑤ 钱穆:《中国近三百年学术史》言之尤详,可参看。
⑥《续修四库全书总目提要(经部)》,第992页。
⑦ 狄另有《孟子编年》(1830)和《四书质疑》(又名《经学质疑》《四书传注辨疑》,1832成,1837刊),以《孟子编年》较为有名。
⑧ 前引《四库提要》即指出过《四书剩言》自相矛盾的情况。

全祖望（1705—1755）的《萧山毛氏纠谬》十卷似是最早的一部攻毛的专著，只是内容当不限于四书之学。该书虽声明持平，但毕竟因祖上嫌隙而起，且已失传，本文结尾会介绍其大致内容。之后的反响以嘉道年间为一阶段，光绪年间为一阶段。

成书于嘉庆二十年（1815）的戴大昌《驳四书改错》二十一卷，出于学术上实事求是、公正无党的道德，对毛奇龄负气求胜的做法提出严厉的批评。其自叙云：

> ……圣贤之书乃古今通义，非一人私言，亦惟实事求是而已。……乃若毛氏西河之为《四书改错》则不然矣。非以阐书义为心，而以攻朱注为事。故凡于朱子用注疏旧说者，则必以注疏为非，不用注疏者，则必以注疏为是。其或旁采汉书①诸儒及宋人说者，则并訾其原说之失而诋诃之。抑且朱注依然②《仪礼》者，则谓《仪礼》为战国时书；依用《周礼》《礼记》者，则谓二经为汉儒驳杂③。至其所驳朱注以自为解说，尤有可哑然者。（1AB）……又往往自相矛盾，毛氏顾不自知其错，反罪朱子之注释四书其祸烈于始皇之焚书，亦可骇矣。……大昌读之，心不慊甚，为依其原书卷数叙而核焉。若每卷中有可采与无害义者，则存而不敢议——噫，亦罕矣。大昌所著《文集·读经》一册、《四书问答》前后编，于《本义》《集传》《集注》多有异同，固非回护朱子者也。特毛氏此编务攻朱注，几侮圣言，因择其可议者……祈天下读书人将毛氏此编并大昌此本平心而观之。（2AB）

此书有佚名之跋，云：

> ……毛氏奇龄以绝人之姿，穷究经子，其著《四书改错》，一意攻朱。攻朱而据摭其所穷之经、所究之子之所有以示其有余，犹可说也；攻朱而改窜造作其所穷之经、所究之子之所无以济其不足，不可不说也。呜呼，是何心术哉？国朝顾亭林、阎潜丘、李穆堂、全谢山各有四书论说，于朱子亦多所救正，然其意旦欲为朱子之功臣也，其心术可知也。……毛氏是何心术哉？毛氏于朱子，未入室，已操戈矣，殆不遗余力焉。于朱子无毫末损也，然其害或中于天下万世读四书者之心；即万不至是，而孑然老屋抱遗经者，固不得不为之长虑而深恐也。……（1AB）

此书道光二十八年（1848）有重刻。嘉、道年间尚有严可均（1762—1843）作《毛氏四书改错改》，不传④。

---

① "书"，疑"唐"之误。
② "然"，疑"用"之误。
③ 引者按，疑《周礼》是毛奇龄稳定的看法，参黄爱平：《毛奇龄与明末清初的学术》之（四）。
④ 严氏亦著有《四书因论》《四书释故》，并未刊，见朱记荣：《国朝未刊遗书志略》12B。

光绪元年（1875）杨希闵刊行《四书改错平》十四卷，如戴书一样，能持平论，"以奇龄考证固有明确者，而辞气傲悍不逊，无论所得所失，十常八九非解经之正，亦非虚心为学之道，乃为疏通证明，平心易气，是非壹准于理，欲学者不惑于洸洋之辩，又得知考证之长"①。尽管伦明先生认为是书"说多空衍"，远逊戴书②，但光绪二十五年又有印本。

此后自少受学于朱骏声（1788—1858）、太平天国战争之后笃信程朱的诸生程仲威（名朝仪，以字行）作有《四书改错改》四十卷，自序一作于光绪十七年（1891），一作于二十年。此书意气则颇为不平，是一部通过考据来维护官方意识形态的权威的著作。书前首录光绪二十年六月再严禁毛奇龄《四书改错》的上谕。"所反驳凡四百余条，他未尽驳者，特以其本于旧法而存之，意以为毛氏无一字是处也"。虽然"其中固自有精凿可取者。其攻毛氏，谓多贩自短书，或阅未终篇，辄据为己说；甚有明知其说不可取证，特假一二句，便肆己私；更有全袭古说，而不著从来，若文自己出云云，亦深中毛氏之病"，但其短"又在于偏护"，又，"其气厉，其文繁，亦不能无失焉"。仲威谓戴大昌书"多肤词，而深有取于方东树之《商兑》，其强辩亦近之"③。可见到了清末，维护朱注还是攻驳朱注，已不再是一个纯学术的问题，更多的是具有政治上的象征意义。而杨希闵《改错平》之重印，或许其意义主要也不在学术。程书只有稿本，盖已失传。

下面列举几条有关毛著的反响的非专书的材料。同样以喜与程朱立异著称的谢济世（1689—1756）"任塞北，注《翳藏十经》，不知有西河也。归至京（引者按，乾隆初），始见其集，故《论孟笺》中补录之"④。乾隆十二年（1747）刊行的《孟子》学力作王又朴《孟子读法（王）》"偶及义蕴典故，多采毛奇龄之说，亦颇订正毛氏之疏舛"⑤。与王书风格相似的乾隆四十九年刊行的周人麒孟子读法附记》也引有毛说。嘉庆三年（1798）首次刊行、七年重印的杨一昆《四书教子尊经求通录》"最服膺毛奇龄，而不尽用其说，虽攻朱子，而不尽废其说"⑥。嘉庆二十年刊行的李荣陛《厚冈经学·四书解细论》"兼取义理名物,而程朱亦不相悖,惟多驳毛奇龄《剩言》之非"⑦。道光十四年（1834）刊行的卢文弨门生周镛的《四书遵朱求是录》"颇诋斥毛奇龄""然陈义庸庸，于朱子之学毫无发明"。道光二十四年刊行的朱钟《四书绎义雪疑》主要攻毛奇龄，然阎若璩、赵佑等亦在其列。攻毛者未必都出于卫道，一

---

① 《续修四库全书总目提要（经部）》，江瀚撰提要引，第998页。
② 《续修四库全书总目提要（经部）》，戴大昌：《驳四书改错》提要，第978页。
③ 以上《续修四库全书总目提要（经部）》，第1000页。
④ 蒙起凿：《广西近代经籍志·经部》，第3页，《篡言外篇》条。《翳藏十经》"据先生与方灵皋书，乃自毁板。（自注：厥后逐年递有寸进，自觉其中错误殊多，遂毁其板）"同上，页1—2。诸种传闻与毛奇龄的《四书改错》略相似，只是《翳藏十经》的毁板与官方并无关系。后来乾隆帝于乾隆六年（1741）命湖广总督孙嘉淦于次年（1742）正月将谢所注《论语》《孝经》《大学》《中庸》《孟子》《易》《诗》《尚书》《春秋》《礼记》等154本著作、板片237块全部烧毁，（参王戎笙主编《清代全史》第4册，第141页；郭成康、林铁钧《清朝文字狱》，第149页，第313页；张书才、杜景华主编《清代文字狱案》，第61页）《翳藏十经》之毁板当在此前。
⑤ 《续修四库全书总目提要（经部）》，第922页。
⑥ 《续修四库全书总目提要（经部）》，第975—976页。
⑦ 朱绪曾《开有益斋读书志》卷1，16A。

般还是出于实事求是的公正立场。但同时期采用者也不乏其人，如方祖范（1821）的《四书解琐言》、王鎏的《四书地理考》（1835）。道光二十七年（1847）刊行的邹凤池、陈作梅同辑《四书随见录》是一部资料汇编，收录毛奇龄的说法。咸丰二年（1852）刊行后来极受欢迎的张定鋆《四书训解参证》（1852，《补遗》1865，《续补编》1870）采撷亦富，引有毛说[①]。俞时懋的稿本《四书典故聚览》（年代不详）也引有毛说。

通过诸专著中水平最高的戴大昌《驳四书改错》，我们大致可以推断毛奇龄《四书改错》中可靠之说有多少。戴书所驳约占毛书的一半，但是所驳各条中又约有一半"义可两通"[②]。这说明《四书改错》与毛氏《四书賸言》一样，"弃短取长，未尝不可与阎若璩《四书释地》并传也"。但是《四书改错》这样一种专意攻驳、甚至恣口谩骂的态势以及具体论证中因负气求胜而造成种种的疏失和自相矛盾，都落为后世学者的口实。全祖望也说："西河之才，要非流辈所易几。使其平心易气以立言，其足以附翼《儒》《苑》无疑也。乃以狡狯行其暴横，虽未尝无发明可采者，而败阙繁多，得罪圣教，惜夫。"[③]

尽管这些疏失和自相矛盾在很大程度上要由毛奇龄负气求胜的文士心理来负责，但是必须强调一点，毛之攻朱与其攻驳顾炎武、阎若璩等并时的名人不同，其考据上的攻击是为了配合其与朱注在义理立场上的根本分歧。前引《四书正事括略》有云"理赜不胜举，且是否可各执；惟事有一是而无两可"，又云"先拣其诸显正本，撮录大要，或从此可以徐求其详，且徐求其隐"。《四书改错》中也有一些蛛丝马迹。其末门为"贬抑圣门错"，已经不纯粹是考据问题；杨希闵《四书改错平》曾提出，毛书有关"敬事而信"三句（《论语·学而》）的"驳议全不通，观上下文义，何尝如所云'斥事废功'乎？用道学清班居官主敬一大流毒，指为圣学之祸，与解此章书何涉？解书便解书，岂可借书肆谩骂乎？"江瀚先生认为"此尤揭出毛氏大病"，其实这正暴露出毛氏攻朱的最终用意不在考据，而在义理，在意识形态，是先"正'事'"，再"正'理'"，或者通过"正事"来"正理"。可以说，毛奇龄攻朱与后来方东树攻汉学有异曲同工之妙，方氏将毛奇龄也作为攻驳的对象，绝对没有找错人。

《四书改错》的学术价值并不仅仅在于其具体的精核之说，同时也在于在论辩中所归纳、提炼出来的种种正确解经的原则和误解经书的种种情况。其分错误为三十二门，本身就是对学术很大的贡献，胜于阎若璩《四书释地》编排上的毫无伦次。全祖望曾在其父的基础上归纳毛奇龄经学著述的诸多错误：有造为典故以欺人者，有造为师承以示人有本者，有前人之误已经辨正而尚袭其误而不知者，有信口臆说者，有不考古而妄言者，有前人之言本有出而妄斥为无稽者，有因一言之误而诬其终身者，有贸然引证而不知其非者，有改古书以就已者。并"推而尽之"，成《萧山毛氏纠谬》十卷，不传[④]。而《四书改错》中即列有"自造典礼错"一门，大致相当于全说之首条，《西河合集·经集·凡例》所归纳的十六条说经原则则大致

---
① 下及姚鼐、李兆洛、宋翔凤、咸学标、刘履恂、周柄中。详《续修四库全书总目提要（经部）》，第998页。
② 见《续修四库全书总目提要（经部）》，毛奇龄《四书改错》伦明提要，第952页。
③ （清）全祖望：《鲒埼亭集外编》，卷12《萧山毛检讨别传》。
④ （清）全祖望：《鲒埼亭集外编》，卷12《萧山毛检讨别传》，诸说皆为全氏之父口授。

将全氏批评毛氏的诸条囊括在内（例俱从略）：

> 勿杜撰，勿武断，勿误作解说，勿误章句，勿误说人伦序，勿因经误以误经，勿自误误经，勿因人之误以误经，勿改经以误经，勿诬经，勿借经，勿自造经，勿以误解经之故而复回护以害经，勿依违附经，勿自执一理以绳经，勿说一经碍一经。（6B—9B）

至于《四书改错》中具体的论说举不胜举，不再具列。无论毛氏具体的论证、结论是否正确，其提出的原则还是值得后人总结、参考的。

阮元在《揅经室二集》卷七《毛西河检讨全集后序》中对毛奇龄的学术有比较积极的评价：

> ……议之者，以检讨好辨善詈，且以所引证索诸本书，间有不合也。余谓善论人者，略其短而著其功，表其长而正其误。若苛论之，虽孟、荀无完书矣。有明三百年以时文相尚，其弊庸陋谫僿，至有不能举经史名目者。国朝经学盛兴，检讨首出于东林、蕺山空文讲学之余，以经学自任，大声疾呼，而一时之实学顿起。当是时，充宗起于浙东，朏明起于浙西，宁人、百诗起于江淮之间，检讨以博辨之才，睥睨一切，论不相下而道实相成。迄今学者日益昌明，大江南北著书授徒之家数十，视检讨而精核者固多，谓非检讨开始之功则不可。检讨推溯《太极》《河》《洛》在胡朏明之先，发明荀、虞干侯之《易》在惠定宇之先，于《诗》驳申氏之伪，于《春秋》指胡氏之偏，三礼、四书所辨正尤博。至于古文诗词，后人得其一已足以自立于千古，而检讨犹不欲以留于世，则其长固不可以一端尽矣。至于引证间有讹误，则以检讨强记博闻，不事翻检之故，恐后人欲订其误，毕生不能也。（页 543）

这也可以代表焦循的看法①。当然，毛奇龄学术上的种种问题是否都可以以"不事翻检"一笔带过，尚待调查。梁启超《中国近三百年学术史》将毛概括为"文人的学者"（十二《清初学海波澜余录》七，页 215），应该是说到了点子上。

焦循于嘉庆十六年（1811）瓯山金氏刊重刊本《四书改错》有跋②，笔者未见。其《孟子正义》肯定引过《四书剩言》和《圣门释非录》，至于是否引过《四书改错》，不能肯定。道光初阮元编《皇清经解》收入了《剩言》，但没有收《改错》。光绪前期王先谦《皇清经解续编》所收的毛奇龄著作无涉四书者。

---

① 因为此文是焦循代作，详钱穆：《中国近三百年学术史》第六章的"西河潜邱两人对理学之态度"节，第 261 页。
② 藏安徽省图书馆，见《中国古籍善本书目·经部》3519 号。

从《四书正事括略》到《四书改错》

中国社会科学院　徐到稳

摘　要：毛奇龄一生以阐发圣道圣学为己任，承接了明中叶以来以阳明心学批评程朱理学的学术传统，是清初扬朱抑王运动中阳明一派最坚决的辩护者。他晚年得知康熙帝将要改革科举，积极拥护，而且希望恢复八股文中的大结，提倡"以己意刊经注之误"，以此来否定程朱理学的绝对权威。康熙四十五年至四十七年，毛奇龄在其子侄、门人的帮助下，从其各种经学著作中辑取驳辨《四书集注》的部分，先汇编为《四书正事括略》并予以刊刻，后将增补后的"四书正事括略"改名为"四书改错"并予以刊刻。《四书改错》总的来说出于毛奇龄"四书"学尊王反朱的一贯立场，不过其成书过程既可见毛奇龄受清初科举改革大势的影响，也可见毛奇龄得到其子侄、门人与友人王复礼不小的襄助。

关键词：毛奇龄　科举　《四书集注》《四书正事括略》《四书改错》　王复礼

一、引言

在中国儒家经学史上，毛奇龄（1623—1713）是严格意义上的经学大师。他的四书类著作多达十一种（见附表"毛奇龄四书学著作列表"），在校雠、训诂、义理等各方面对四书做了广泛而充分的研究。与其众多经学著作一样，毛奇龄这些著作很多都是口授而成，内容上不免多有混乱与重复之处。他的《四书改错》成书最晚，由其二十余种经学著作（以四书类著作为主）辑汇而成，是其四书学的一个总结，因而可视为其四书学的代表作。它的成书前人语焉不详，本文试图重新做一考察①。

《四书正事括略》是《四书改错》的前身②。前人因《括略》不见于《毛西河先生全集》，

---

① 此文本为笔者硕士学位论文《毛奇龄四书学研究——以〈四书改错〉为中心》（北京大学硕士学位论文，2009年）的第一章第一节。今略作修改，以飨读者！
② 《四书正事括略》的体例与《四书改错》完全一样，且前者内容完全包含于后者，故前者为后者的前身。两者可视为毛奇龄"四书"类著作中的一种。为方便行文，本文将两者简称为《括略》与《改错》。

流传甚少，论述《四书改错》的成书时很不充分[①]，这多少影响了我们对毛奇龄四书学的认识。笔者有幸在国家图书馆寻得《括略》，这对我们重新认识《改错》的编纂缘起与成书过程帮助极大。

二、《四书改错》编纂缘起

国家图书馆所藏的这部《括略》，已非原刻，乃是道光庚子年（1840）的重刻本。开头有一篇毛奇龄自序，不见于《改错》，对我们了解毛奇龄的编纂缘起很有帮助。全文如下：

> 往者，徐都官尚书特颁圣谕，征经注之不立学官者，悉录入秘府，以备圣谕，以备考正。予时欲应之而未能也。暨垂老归田，门生、儿子复以立学官经注说事有误，辑予近年所论著，为之正事。夫立学经注即八比功令，所见行纵有误，亦何用刊正而正？不然，生不习帖括，求所谓一行三字贴经以括经，无有也。又不习经义，凡诸经大经、《论》《孟》小经，举其文以通其义，不可得也。今所正者，犹是八比余事耳。考元代王生造八比法，自破、承至束、比讫，原有"结尾"一条，以已意刊经注之误。如前朝"君子务本"题结言，"务本"非务始是也。开国严关节，而去结尾，至顺治辛丑而仍复之，以为旧法如是矣！今之结尾能刊误乎？然而仍有结尾，而结尾之旧法又复如是，则以八比遵功令，而存此《正事》以当刊误之一线，谁不谓然？
>
> 西河毛奇龄老晴氏
> 八十五岁

需要注意的是，在《改错》的序文中也有类似的话：

> 然且日读四书注而其就注义以作八比，又无一不错……圣天子知其然，已于甲辰、丁未两科直废八比，而惜诸臣依徊，无能为仰承之者，以致因循有年，仍还故辙。然犹特颁敕谕，搜天下经注之与学官异者悉收入秘府，其神鉴卓然，深知学官经注有误如此。

《括略》与《改错》的序文都谈到科举，这说明《改错》的成书与清初科举密切相关。因而在分析毛奇龄此书的编撰动机之前，我们有必要回顾一下明清之际的科举之争以及毛奇龄对科举的看法。

---

① 章太炎、刘师培、梁启超、钱穆的学术史著述与陈逢源、赖芳晖的论文中对《括略》均没有论述。据本人所知，各目录中仅王国维《大云书库藏书目》、雷梦水《贩书偶记续编》中有载，国家图书馆，南京图书馆（此承蒙李畅然先生告知）、大连图书馆有藏。国家图书馆藏本为道光庚子年（1840）重刻本，两册一函。南京图书馆藏本未见，网站显示"七卷附录一卷，二册一函"，怀疑与国图所藏版本一致。大连图书馆藏本未见，网站显示"七卷附录一卷，清道光二十年（1840），四册一函"年代与国图本一致，四册一函疑有问题。因此书罕见，疑仅有道光庚子年（1840）重刻本一种版本。存疑以待来者。

晚明之时，从皇帝到社会上就已对科举的弊端怨声不绝。崇祯帝有所改革，效果不佳。顺治二年（1645），清廷恢复了科举考试，收到了巨大的社会效果①。但清廷也意识到八股文的弊端，一度试图改革：

> 乡、会试首场试八股文，康熙二年，废制义，以三场策五道移第一场，二场增论一篇，表、判如故。行止两科而罢。四年，礼部侍郎黄机言："制科向系三场，先用经书，使阐发圣贤之微旨，以观其心术。次用策论，使通达古今之事变，以察其才猷。今止用策论，减去一场，似太简易。且不用经书为文，人将置圣贤之学于不讲。请复三场旧制。"报可。七年，复初制，仍用八股文。（《清史稿》卷一百八《选举志》三）

康熙二年（1663）、康熙七年（1668）之间的科举改革，就是毛奇龄在《改错》序文中提到的情况："已于甲辰、丁未两科废八比，而惜诸臣依徊，无能为仰承之者，以致因循有年，仍还故辙。"

毛奇龄一向坚决批判科举制度。他说："八比一出而经学尽废。"②"以日所读之经，日所习之注，日所钻研之八比文，而仰不识天、俯不识地，假文伪帙公行无忌，其果于经学有裨无裨，世饶通人，必有能辨之者。"③论调与顾炎武、黄宗羲等人并无二致。日益僵化的科举形式禁锢了思想，阻碍了学术，摧残了人才，已成为那个时代的共识。不过，清初科举的恢复所发挥的巨大社会作用，不能一废了之，毛奇龄在批判科举的同时也应该看到了这一点。从上面所引《改错》的序文来看，毛奇龄认为康熙征集"天下经注与学官异者"是与之前的科举改革一脉相承的，认为康熙会有进一步的科举改革，而这正是他所希望的。

至于如何改革科举，毛奇龄有自己的方案。两篇序文中一再提到"大结"，就是他改革的切入点。对大结，顾炎武《日知录》卷十六《试文格式》中有介绍：

> 篇末敷演圣人言毕，自摅所见，或数十字，或百余字，谓之"大结"。明初之制，可及本朝时事。以后功令益密，恐有藉以自炫者，但许言前代，不及本朝。至万历中，大结止三四句。于是国家之事罔始罔终，在位之臣畏首畏尾，其象已见于应举之文矣！

明代篇后用"大结"，考生可以在这一部分"以己意刊经注之误"，甚至发挥经义评论政治等。但朝廷对此颇有顾忌，大结的字数因限制而逐渐缩短。到了清初，为箝制议论之口，

---

① 林李楠认为："科举制在清初缓和社会矛盾、吸纳知识精英、实现向上流动、培育乡村文化上功勋卓著。"（《清初科举政策与传统社会治理——兼论考试的多重价值与功能》，《教育史研究》2007年第3期）这是符合历史的。
② 毛奇龄：《经问补》卷二。
③ 毛奇龄：《经问补》卷二。

完全取消大结。顺治十八年（1661），清廷恢复了大结。康熙十六年（1677），又禁止大结[①]。清廷的科举改革左右摇摆，而毛奇龄始终希望康熙重新恢复大结[②]。

据此，我们可知毛奇龄编撰《括略》《改错》的目的不仅仅是响应朝廷对各种经注的征集，更是希望康熙能够恢复八股中的"大结"部分，改革科举。另外，我们还需要注意当时朱学与王学的论争这一重要的背景。

清初顺、康间的学术形式，在民间社会，仍以阳明学为大宗[③]。清军入关后的文化政策是朱王并尊的，但是统治者逐渐意识到道统、治统需要合一，于是兴起了扬朱抑王的运动。清初自熊赐履、孙承泽讲学，以排斥王学为务；一时矫饰之士，以卫道尊朱之名趋逢迎合，打击王学不遗余力[④]。

毛奇龄一生以阐发圣道圣学为己任，承接了明中叶以来以阳明心学批评程朱理学的学术传统，是清初扬朱抑王运动中阳明一派最坚决的辩护者[⑤]。到毛奇龄那时，程朱理学作为官方哲学，朱熹的《四书集注》作为钦定教科书和科举考试的标准，已有四百多年的历史。程朱理学与科举制度的这种天然联系，毛奇龄无力改变。但他看到康熙将要改革科举，他积极赞成，而且希望恢复大结，提倡"以己意刊经注之误"，以此来否定程朱理学的绝对权威。可以说，毛奇龄的《改错》是其尊王反朱一贯立场上的产物。

有学者根据毛奇龄《改错》序言中提到"他日皇上南巡，当躬进此书，以丐圣鉴，否则藏于家，以俟门生儿子之入献焉"，认为毛奇龄此书纯为邀宠[⑥]。事实上，此前毛奇龄曾经对进献过《古今通韵》与《圣谕乐本解说》[⑦]，都受到康熙的嘉奖，宣付刊行。他想在康熙再次南巡的时候也要将《改错》进献。不排除他有某些邀宠的想法，只是这远远不是他编纂《改错》缘起的全部。

---

① 《科场条例》卷十五："康熙十六年，议准乡会应试诸生文字内概不许作大结。"
② 这代表了当时人的看法。梁章钜《制艺丛话》卷一载陆陇其等人有相同的看法。
③ 王茂等《清代哲学》在探讨清初学术时，即首先说明朱学与王学两派的分野："清初顺、康间的学术形式，在民间社会，仍以阳明学为大宗。当时黄宗羲倡蕺山学，盛于东南；孙奇逢继承王学而稍变其说，胜于北方；李颙接泰州之遗绪，盛于西北。而又有毛奇龄、汤斌、朱彝尊等往来其间，声气相通。程朱理学只是由于清朝廷的提倡，三四理学大臣熊赐履、李光地等扶持，借功令以维护其存在。"（《清代哲学》，安徽人民出版社，1992年，第18页。）
④ 方苞为学虽然笃守程朱，对此颇不以为然：鄙儒肤学，或剽程朱之绪言，谩诋阳明以钓声名而逐势利。（《重建阳明祠堂记》）裘毓麟对此曾有论述："望溪殆深悉当日诋毁阳明者之隐，故不觉其言之痛。熊、孙既以朝贵而倡排斥王学之说，登高而呼，附和者众。当时时称大儒者如陆清献、张杨园、张武承辈，亦以诋毁阳明为务。清献之名尤高。风气已成，凡稍有志于理学者，必先以攻击陆、王为务。"（《论理学》，钱基博《十年来国学之国学商兑》引裘毓麟《思辨广录》，《钱基博学术论著选》，华中师范大学出版社，1997年版，第48—49页。）这正反映了政治权力对思想学术直接干预的弊端。
⑤ 毛奇龄在清廷时曾与王烈等人争论，结果寡不敌众，这应该是毛奇龄返乡的原因之一。毛奇龄晚年依旧提倡王学，不遗余力。仇兆鳖认为毛奇龄是黄宗羲后一人，这是有原因的。需要注意的是，黄宗羲、孙奇逢等人后来都逐渐向程朱一派变化，而毛奇龄坚守王学，向王学更深处发展。王茂等人认为毛奇龄在清初"可算得上是阳明正宗，与黄宗羲、孙奇逢、李颙等人不同。"（王茂等《清代哲学》，安徽人民出版社，1992年，第36页。）
⑥ 见钱穆《中国近三百年学术史》，商务印书馆，1997年，第256页。
⑦ 康熙二十八年（1689）、康熙三十八年（1699）、康熙四十二年（1703），康熙三次南行至浙，毛奇龄都进见。此二书为第二次进见时所呈。

三、《四书改错》成书过程

《改错》的序文[①]也提到《括略》成书背景：

> 康熙丙戌，予东还草堂，以年逾八十不能著书。儿子远宗偕兄子文辉从京师归，与门人张文彬、文楚、文枫兄弟辑予经集中有为四书注作驳辩者，合之作《正事》一书，先正其名物、文艺、礼制、故实而阙其义于有待，以为义烦而事简，第正其简者，且又不尽其刊正之力，谓之"括略"。

这说明毛奇龄康熙丙戌年（1706）的时候，从杭州回到萧山草堂，因为重病卧床，已经不能独立著书了。他是在其儿子毛远宗、侄子毛文辉、门人张文彬、张文楚、张文枫的帮助下，从其经学著作中辑取对《四书集注》作驳辩的部分，汇编为一书。根据《括略》序末的时间，我们知道此序作于康熙四十六年（1707），也就是东还草堂的次年。

据王崇炳《西河合集序目》，《括略》五卷凡一百六十九条。在《括略》目录之前，有如下一个统计：

> 卷一【正名】三十八条
> 卷二【正文】二十三条
> 卷三【正礼制】三十三条
> 卷四【正故实】二十七条
> 卷五【杂正】四十六条

奇怪的是，这些条目加起来是一百六十七，并非一百六十九。更奇怪的是，紧接这个统计的就是目录。实际上，每卷下的分类、条数如下[②]：

> 卷一【正名】人名、官名、物名、衣器名、宫室名、尺度名、事类名。38条。
> 卷二【正文】引文之误、章句之误、解文之误、改易旧文。23条。
> 卷三【正礼制】王朝礼、宗庙礼、郊社礼、时政礼、曲礼、禄制、井田制。32条。
> 卷四【正故实】前代故实、开代故实、春秋故实、战国故实。25条。
> 卷五【杂正】42条。
> 卷六【补】24条。
> 卷七【补】30条。
> 附录（15条）

[①]《四书改错》无序，但卷一正文前有几段话，后有毛奇龄落款，性质相当于自序。为行文方便，本文姑且谓之序。

[②]《改错》目录中有分类，而《括略》目录中无分类，正文中有分类。本文为方便起见，姑且将正文每卷中的分类罗列于此。条数为本人统计。

对比两者的卷数、条数，我们不难发现，《括略》有个增补的过程。卷六卷七就是以补为名的。后面附录的十五条，是"书成而考辨踵至，因详载主客问答之语"。这些都没有在《西河合集序目》及目录之前的统计中反映出来。因此，我们可以说，在康熙四十六年（1707）年，《括略》不仅刊刻了初刻本，还紧接着刊刻了增补本，今日所见的重刻本正是对这个增补本的重刻。

如果说《括略》卷数、条数上的矛盾只是增补过程中大意所致的话，那么它的分类问题很致命。前三卷的分类非常杂乱，没有条理可言。卷五没有细的分类，只是统称以"杂正"。到了后来增补的卷六卷七，没法再"正"，只能称"补"。

毛奇龄对增补后的《括略》仍然不够满意，"惜其陆续补缀，无经纪也"，"因取《正事》一书而条理之"（《改错》卷一）。这个成果就是刻于康熙四十七年（1708）的《改错》。到了《改错》，卷数由 7 卷变为 22 卷，增加了 197 条，几乎是原书的一倍①。门类也增加到人错、天类错、地类错、物类错、官师错、朝庙错、邑里错、宫室错、器用错、衣服错等 32 个门类，既清楚又详细。这些似乎说明，毛奇龄在"老病卧床"、子侄门人离去的情况下，与毛诗做了大量辑汇的工作。

将两者比勘，发现增补的内容不少为与义理相关的条目。《括略》以"正事"为目的，尽量不涉及到义理②。而在《改错》中"小诂大诂错"就有四十余条，全为《括略》所无，且与义理密切相关。这表明，毛奇龄对朱熹《四书集注》的批判有所变化，不仅仅要在此书中批评朱熹的考据，也要批评他的义理上的错误。于是"正事"的名称就变成了更广泛的"改错"③。

我们还需注意的是，王复礼的《四书集注补》④对《改错》成书的影响很大。《括略》《改错》都是书中先列条目，再列《四书集注》中的相关诠释，然后从毛奇龄之前的论著中辑汇成篇，对这诠释进行批评。为求简洁，每篇篇幅较小，对其他学者的观点很少提及，而于王复礼及其《四书集注补》多次征引，值得注意。将两书比勘，我们发现，在《括略》中，毛奇龄引用《四书集注补》只有几条，引用了之后还做进一步的发挥；但在《改错》新增的条目中，有二十余条引用《四书集注补》，几乎全是直接引用而不加发挥，如"杨子拔一毛"条：

---

① 增补后的《括略》共 214 条。另附录 15 条。《改错》总共 447 条，去除重复的尚有 411 条。最后一卷仍是附录 15 条。

② 《四书改错》序："先正其名物、文艺、礼制、故实，而阙其义以有待，以为义烦而事简，第正其简者。" 王崇炳：《西河合集四书正事括略序目》对此有进一步阐发，可参看。

③ 《四书改错》序："题之曰'四书改错'。《离骚》曰：'固时俗之工巧兮，偭规矩而改错。'解之者谓俗固多错，然背规矩而改之，则虽改亦错。吾之题此，正恐改者之仍有错也。"可见毛奇龄此书以"改错"为名大有寓意，并非一般意义上的哗众取宠。

④ 关于王复礼的生平，尚无碑传可见。今人林又元：《〈王草堂茶说〉的作者、年代考略》（《福建茶叶》1987 年第 3 期），所考比较有限。今据各种资料，王复礼，字四勿，又字需人，号草堂，又号甫白，浙江钱塘人（一说余姚人），是明代王阳明的六世裔孙。一生主要从事修志著文，系布衣文士。清代康熙戊子四十七年（1708）夏，王复礼受福建制台、抚台的聘请到闽，寓居武夷。为继承先祖阳明先生的遗愿，在大王峰麓重建武夷山庄，三年始成。后一直隐居于此，著文修志，前后经历了王梓、梅廷隽、陆廷灿三任崇安令，终老于武夷。交游众多，有毛奇龄、颜元、李塨、阎若璩、胡渭、费密、林云铭、方象瑛、蔡方炳、尤侗、宋实颖、黄宗羲、曹溶、毛稚黄、徐竹逸、吴绮、邓汉仪等人。王复礼著述甚富，传世者甚少。其《四书集注补》（以下简称《集注补》）流传极少，北大图书馆藏有一本，知此书初刻于康熙四十三年（1704），此藏本为清嘉庆二十四年（1819）棠荫馆重刻本。

（朱注）《列子》称其言曰"伯成子高不以一毫利物"是也。

此与杨子何与？《四书集注补》云："禽子问杨子曰：去子体之一毛以济一世，汝为之乎？杨子曰：世固非一毛可济也？曰：假济，为之乎？杨子弗应。"（《改错》卷十四）

同样的例子还有"自经于沟渎而莫之知"（《改错》卷十五），"子曰听讼章"（《改错》卷二十一）等等，这在《改错》全书中绝无仅有。当我们拿《四书集注补》与《改错》的序文比较，发现《改错》序文受《四书集注补》影响较大，多有吸收，也有不点名的批评。限于篇幅，兹举一例。《四书集注补》卷首：

或问："是书有成为四子者，四子何人也？"复礼曰："此宋以后之称，不足信也。盖以《论语》属孔子，《大学》属曾子，《中庸》属子思，七篇属孟子故也。夫《大学》非曾子作，前人尝辨之矣。安得以此为称乎？故是书称四书则可，四子书则不可，又何狥俗之无稽也？或云："四书与《易》《诗》《书》《春秋》《礼记》成为六经，何也？"曰："十三经中《论语》为一经，《孟子》为一经，其《大学》《中庸》原载《礼记》中，今《大》《中》与《论》《孟》既称四书，总为一经，合五经而六，所称诚当，又何疑乎？"

再看《改错》序文，其中"谓四书为四子书，错也"的观点，是与王复礼一致的；"谓四书五经为六经，错也"的观点，则是对王复礼不点名的批评。毛奇龄《改错》中的序[①]，与《四书集注补》正文前的"或问十二则"非常相似。不难看出，从《括略》到《改错》序言的变化，也是受王复礼《四书集注补》很大影响。另外，《四书集注补》对《四书集注》的批判是全面的，既有考据，也有义理。毛奇龄之所以增加与义理相关的条目，也很可能是受此书的影响。总的来说，王复礼的《四书集注补》对毛奇龄影响很大，促进了《改错》的成书。

四、结语

总之，毛奇龄一生以阐发圣道圣学为己任，承接了明中叶以来以阳明心学批评程朱理学的学术传统，是清初扬朱抑王运动中阳明一派最坚决的辩护者。他晚年得知康熙帝将要改革科举，他积极拥护，而且希望恢复八股文中的大结，提倡"以己意刊经注之误"，以此来否定程朱理学的绝对权威。康熙四十五年，毛奇龄在其子侄门人的帮助下，从其各种经学著作中辑取驳辨《四书集注》的部分，汇编为《四书正事括略》。康熙四十六年，《四书正事括略》不仅刊刻了初刻本，还紧接着刊刻了增补本。毛奇龄对增补后的《四书正事括略》仍然不够满意，继续增补。康熙四十七年，毛奇龄将"四书正事括略"改名为"四书改错"并予以刊刻。《四书改错》总的来说出于毛奇龄尊王反朱的一贯立场，不过其成书过程既可见毛奇龄受清初科举改革大势的影响，也可见毛奇龄得到其子侄门人与友人王复礼不小的襄助。

---

① 毛奇龄撤去了《括略》原来的序，但在正文前的几段话相当于序文。本文为方便叙述，姑且谓之序。

附表：毛奇龄四书学著作列表

书名	卷数	主要内容	成书时间	备注
大学知本图说	一	据古本《大学》为说，对朱熹"格物"之传予以辨难。首列《知本图说》，其次列知本图四，又列有后图。	约顺治十七年（1660）	毛奇龄撰。后图成书较晚。
大学证文	四	备述诸家《大学》改本之异同。皆仅列其异同之处，不录全文。	康熙二十一年（1682）	毛奇龄撰。
论语稽求篇	七	旁采古义，以与朱熹《论语集注》相攻难。凡九十一条。	康熙二十五年（1686）康熙四十四年（1705）之间	毛奇龄撰。
四书剩言	四	为毛氏讲四书时之零星纪录，皆是分条辨说，或涉理论，或关考释。	康熙二十五年（1686）康熙四十六年（1707）之间	由门人盛唐、王锡编成前二卷，后又由其子毛远宗编成后二卷。
四书剩言补	二	多载其门人子侄之说，盛唐、王锡等亦有所删润。	康熙四十四年（1705）康熙四十六年（1707）之间	门人章大来编。
大学问	一	以答其门人馀姚邵廷采之问者也。仍因其《大学知本图说》而衍之，以归于良知之说。	康熙三十八年（1699）	
中庸说	五	驳朱子《中庸章句》，大旨以慎独为主，阐刘宗周之旨。	康熙四十六年（1707）	其门人章大来、楼宅中、朱樟、陈佑及其子远宗、侄文辉编次，而各附以己说。
逸讲笺	三	上卷乃所讲《孟子》"不动心"章之稿。第二卷乃所讲《论语问答》。第三卷题曰《大学辨业》。	康熙四十五年（1706）	上卷为章世法所录，第二卷为其侄文辉所录，第三卷为楼宅中所录。
四书索解	四	存所疑而删所解，有问无答。	康熙四十五年（1706）康熙四十六年（1707）之间	其子远宗编。
圣门释非录	四	取奇龄经说所载诸论裒合成帙，而附以奇龄门人、子侄诸说，以辨朱子疑诸贤之非。	康熙四十五年（1706）康熙四十六年（1707）之间	门人陆邦烈编。
四书改错	二十二	辑汇经书二十余种（四书类为主），批评四书朱注。	康熙四十七年（1708）	张文彬、张文楚、张文枫、毛文辉、毛远宗、毛诗原辑。前身为《四书正事括略》，此书为其再增补。

按：此表部分借鉴了陈逢源《毛西河四书学之研究》的成果。

附图：毛奇龄《四叔正事括略序》

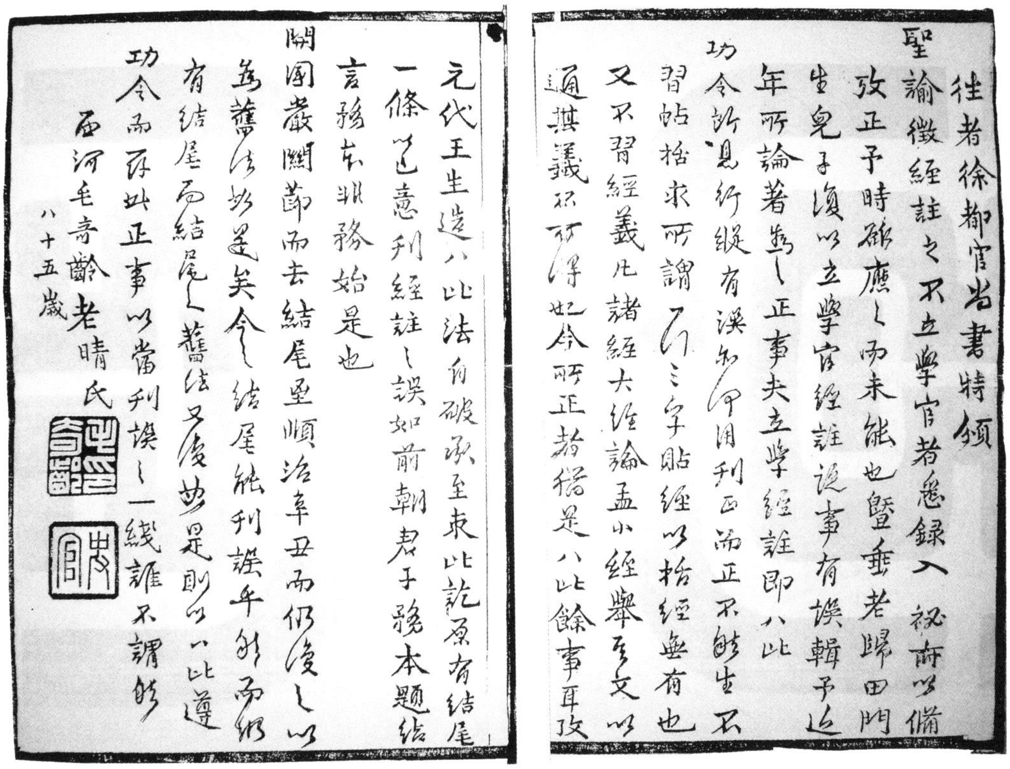
往者徐都官者書特須
聖諭徵經註之不立學官者悉録入 秘府以備
攷正予時雖應之而未能也暨垂老歸田門
生兒子復以立學官經註證事有誤輯予近
年所論著為之正事夫立學經註即八比
功令所見行縱有誤如何用刊正而正不能生不
習帖括求所謂何三字貼經以括經無有也
又不習經義凡諸經大經論孟小經舉其文以
通其義抑亦將也今所正者猶是八比餘事耳攷
元代王生造八比法自破承至束比訖原有結尾
一條以意刊經註之誤如前朝君子貌本題結
言務去非務始是也
開國嚴禁節而去結尾至順治辛丑而仍復之以
為舊法如是矣今之結尾能刊誤乎能而仍
有結尾而結尾之舊法又廢無是則亦八比遵
功令而係此正事以當刊誤之一綫誰不謂然
西河毛奇齡老晴氏
八十五歲

从乾隆年间韩使燕行录看时人对毛奇龄之接受①

北京外国语大学 罗 静

摘 要：毛奇龄在明末清初学风嬗变过程中起到重要作用，嘉庆以后被阮元等推崇，作为"汉学开山"的学术形象逐渐建立。但乾隆时，中国学界中毛奇龄经学之批评者占绝对优势，毛氏因"驳朱"多被视为"经学之蠹"，仅有少数人认同其学识渊博及考证学之贡献。乾隆中后期，受到了中国学界毛氏"反朱子"学术形象固化的影响，朝鲜燕行使对毛氏"反宋学""反朱子"多持否定态度。朝鲜燕行使或认为毛氏"反朱子"源于对大明的思念，或通过对毛氏之批评获得对清代的优越感，这既是出乎文化主体性追求及"国族"情感因素之影响，也是朝鲜学者在明清文化秩序选择中的矛盾所致。毛氏学术形象被中朝学者不断重构的过程正是东亚学术思想演进的结果。

关键词：毛奇龄 燕行录 反宋学 阳明学 文化秩序

毛奇龄，又名甡，浙江萧山人，著有《西河合集》四百九十余卷，在明末清初学风嬗变过程中起到重要作用。尤其是毛氏为学"好逞臆见"②，且"晚节不终，媚于旗裘"③，在乾隆朝引发了不少争议。然而同样在十八世纪，毛奇龄在朝鲜国内也有着较高的声誉，究其原因，正是由于"燕行录"在朝鲜国内的传播所致。"燕行录"④为朝鲜遣往中国的使臣或随从所著，以燕行使异域之眼光观察中国，其中曾多次出现"毛奇龄""毛西河""奇龄""毛甡"⑤等，根据不同的需求不断重构着毛氏之学术形象。本文以乾隆年间燕行使对毛奇龄之接受为研究中心，在东亚经学发展的背景下，对比中韩学者对毛氏评价之异同并分析其原因。

---

① （基金项目）国家社科重大基金项目"《春秋左传》校注及研究"，项目编号15ZBD071；国家社科基金青年项目"两汉《左传》传播与经典研究"，项目编号20CZW028。
② （清）永瑢等：《四库全书总目》，卷二十九，经部二十九，中华书局，2008年版，第237页。
③ 支伟成：《清代朴学大师列传》，岳麓书社，1998年版，第2页。
④ 本文中"燕行录"为狭义"燕行录"概念，即"专以朝鲜国王遣往中国之使臣或随从所著之书"谓之"燕行录"。详见漆永祥：《〈燕行录全集〉考误》，《中国学论丛》第24辑，韩国高丽大学中国学研究所编，2008年版，第234—235页。
⑤ 据笔者统计，《燕行录全集》中，"毛奇龄"出现了28次（含"奇龄"），"毛西河"出现6次，"毛甡"出现3次，分布在李德懋、朴趾源、李田秀、徐浩修、徐有素、姜时永、金景善等燕行使笔下。

一、社会分层与乡邦硕望：乾隆时期清人对毛奇龄之接受

前人非常重视毛奇龄影响研究，对毛氏与清初经学以及明末清初的学术关系已有清晰认识，学者多认为毛奇龄在明末清初学术潮流转换中的主要影响在于其对理学代表人物朱熹的激烈批评和彻底清算。但后世学者对毛氏毁誉不一，汉学家亦不以其为正宗①。具体来说，毛奇龄经学之"以经解经"、讲实据、重考证引导了乾嘉学派的治学方向②，其治经已经"向着回归儒家经典的路径走去"③，这也奠定了其学术地位④。后人对毛氏之评价呈现褒贬两极化的特点，褒者或引为同道，或奉为泰斗；贬者多所指摘，于其学术人品均有所非议。"前者以刘光被、奇龄师友门人、王孝咏为代表，后者以全祖望、罗有高为代表。"⑤另外，周怀文汇总了《四库全书总目提要》对毛氏反宋之称扬，凌廷堪、阮元、焦循对毛氏汉学的表彰等，均为今人研究乾隆时清人对毛氏之评价提供了重要的史料。於梅舫认为毛奇龄学术形象不断被后代学人重构：与毛奇龄同时学人，多视其为王学护法；降至乾隆时，"学人一边倒地倾向其经学，多从负面角度立论，毫无以之为汉学前导之意"⑥，后世学人尤其是阮元、焦循之推崇多是在承认其经学路径为主的前提之上，是与毛氏本身学术宗旨相悖的。本文在前人基础上，对乾隆时毛奇龄在国内的接受情况加以详细分析，如寻找少数对毛氏学说支持者之间的联系，增加其接受者的地域分析，以期勾勒出毛氏学说传播与形象构建中被忽视的细节，还原更为丰富、多样的实时学术生态状况。

（一）中下层士人的推崇

乾、嘉两朝为考据学高峰或全盛期，《四库全书》的编纂及吴派、皖派均在此范围内⑦。此时，学出黄宗羲之全祖望（1705—1755）对毛奇龄批评最为严厉，影响很大，"百年以来，论古之荒谬者，萧山毛氏为尤。"⑧以毛氏为最荒谬者，主要是其"以狡狯行其暴横，虽未尝无发明可采者，而败阙繁多，得罪圣教"⑨，直指毛氏治学"观点先行"之弊与"得罪圣教"之失。吴派汉学家惠栋（1697—1758）以"萧山毛大可《仲氏易》……非汉非宋，皆思而不学者也"⑩，

---

① 详见黄爱平：《毛奇龄与明末清初的学术》，《清史研究》1996年第4期，第1—10页。
② 详见丁鼎：《试论毛奇龄的经学思想和学术地位》，《第二届传统中国研究国际学术讨论会论文集（一）》，上海社会科学院历史研究所，2007年版，第465—475页。
③ 详见陈祖武：《毛奇龄与清初经学》，《清初学术思辨录》，中国社会科学出版社，1992年，第283页。
④ 详见於梅舫：《从王学护法到汉学开山——毛奇龄学说形象递变与近代学术演进》，《中山大学学报（社会科学版）》2014年第1期，第97页。
⑤ 周怀文：《毛奇龄研究》，山东大学2010年博士学位论文，第4页。
⑥ 於梅舫：《从王学护法到汉学开山——毛奇龄学说形象递变与近代学术演进》，《中山大学学报（社会科学版）》2014年第1期，第97—110页。
⑦ 孙钦善：《清代考据学》，中华书局，2018年版，第28—36页。孙钦善已指出，吴派、皖派两派有一定时间差，此处暂且并列之。
⑧ （清）全祖望撰，朱铸禹汇校集注：《鲒埼亭集外编》卷二十七《题仲氏易》，《全祖望集汇校集注》（第二册），上海古籍出版社，2000年版，第1271页。
⑨ （清）全祖望撰，朱铸禹汇校集注：《鲒埼亭集外编》，卷十二《萧山毛检讨别传》，《全祖望集汇校集注》，第二册，上海古籍出版社，2000年版，第986页。
⑩ （清）惠栋：《九曜斋笔记》，卷二本朝经学，《丛书集成续编》，第92册，上海书店1994年版，第514页。

对以毛奇龄为代表的清初学者均有所批评。皖派戴震（1723—1777）有"远如郑渔仲，近如毛大可，只贼经害道而已矣"①，批评毛氏有"思而不学之殆"。稍晚之罗有高（1733—1778）为学数变、引佛入儒，其《答杨迈公书》云："毛氏著者也，其言伪，虚骄恃气，好治辟说，陵驾古儒先艺苑……"②由此观之，浙东全祖望、吴派汉学家惠栋、皖派汉学家戴震及学术驳杂难辨之罗有高等均对毛奇龄有所批评，由此可以想见乾隆时学界主流对毛奇龄的态度多为否定的。

但我们不能忽视在这样的环境下仍有少数学者对毛奇龄是推崇的，例如王孝咏（1690—？）③《后海堂杂录》"毛西河未可轻议"：

> 拘迂之士，因其诋毁朱，共相痛愤，几于仇不共戴。有谓宜禁其书、毁其板者，有欲加以斫之刑、诛其非圣谤经之罪者。④

王孝咏指责那些批评毛奇龄者为"拘迂之士"，他们的批评只因毛奇龄"反朱子"而反毛奇龄，实际上却对毛氏学术方法不甚了解。《四库全书总目》以王氏"其学多本毛奇龄"⑤，故王氏服膺于毛氏。他赞扬毛氏才学之渊博，毛氏学术之重实证，还列举了李塨在《西河合集·经例》中所总结的毛氏为学"勿杜撰、勿武断、勿误作解说……"等十余条，非常推重毛氏之"以经证经""以经解经"。不过，王孝咏认为毛氏"律吕、音韵之学，囊括古今，贯通百氏"⑥，虽然毛氏在乐学上有所发明，但平心而论，毛氏音韵学方面多采叶音，王氏之推重太过。但王孝咏以毛氏批评前人出发点为"尊经"而非"谤经"，大声疾呼，以毛氏可从祝于两庑，配享孔庙，也是为了强调自己学术眼光之前瞻性，但却被《四库全书总目》刻薄地讥为"欲以奇龄配孔子庙"⑦，可反映出四库馆臣对毛氏的态度。

王孝咏并非当时唯一支持毛奇龄者："余交海内士大夫多矣，惟同里杨文叔、武陵陈宗五与余意见相合，此外则肆詈如出一口矣。"⑧王孝咏所认识的学人中，还有杨绳武⑨、陈宗五⑩与之为毛奇龄"同好者"。杨绳武为学兼采汉宋，重实学，强调"熟复注疏，旁参经解诸书，会

---

① （清）戴震：《与任孝廉幼植书》，赵玉新点校：《戴震文集》，中华书局，1980年版，第238页。
② （清）罗有高：《回答杨迈公书》，《尊闻居士集》，卷四书牍，光绪七年（1881）宁都州牧刻本。
③ 王孝咏（1689—1772），江苏吴县人，《四库全书总目》云其《后海堂杂录》"是书成于乾隆甲申年，年已七十五矣"乾隆甲申年为1764，若时年七十五，故大概生年为1690前后，卒年不详。李建江以道光《苏州府志》云："年八十三卒"，以其卒年当为乾隆三十七年（1772）。详见李建江：《〈清代人物生卒年表〉补阙》，《历史文献研究（总第49辑）》2022年第2期，第329—338页。
④ （清）王孝咏：《后海堂杂录》，卷一，《四库全书存目丛书》，子部116册，齐鲁书社，1995年版，第235页。
⑤ （清）永瑢等：《四库全书总目》，卷一百二十九，子部三十九，中华书局，2008年版，第1111页。
⑥ （清）王孝咏：《后海堂杂录》，卷一，《四库全书存目丛书》，子部116册，齐鲁书社1995年版，第235页。
⑦ （清）永瑢：《四库全书总目》，卷一百二十九，子部杂家类存目六，中华书局，2008年版，第1111页。
⑧ （清）王孝咏：《后海堂杂录》，卷一，《四库全书存目丛书》，子部116册，齐鲁书社，1995年版，第236页。
⑨ 杨绳武，字文叔，江苏吴县人，生卒年不详，晚明复社领袖杨廷枢之孙，曾中康熙五十二年进士（1713），乾隆元年（1736）为钟山书院院长。
⑩ 陈长镇，字宗五，生卒年不详，号鹿原，湖南常德人，与郭焌有交，郭氏《罗洋诗草》有《哭陈宗五》。父陈宁国，字养元，号鹿山，康熙癸酉年（1693）举子。

通焉以折其衷,乃为通经,通经而后可以说经也"①。陈长镇为学以渊博著称,在湖南地区颇有影响,人称"鸿博则有陈宗五"②。三人的学术共同点可能在于通、博。王孝咏、杨绳武为江苏吴县人,其相知盖为同乡之谊。王氏与陈长镇之识,或因其曾游幕于陈鹏年(1663—1723),陈长镇为陈鹏年之同族。③三人既非全然藉藉无名者,也非学界之主流,而他们喜好毛奇龄似乎并未影响时人对他们的评价,如王孝咏曾为陈鹏年所重,杨绳武尝为钟山书院院长,陈长镇也曾应举博学鸿词科。

而当时虽有叫嚣"宜禁其书、毁其板者",毛氏《西河合集》却并未真的被毁版,且《四库全书》中收录作品(含存目)最多的个人即为毛奇龄④,多由浙江巡抚采进,主要依据毛氏逝世后门人蒋枢及毛氏子侄所编的康熙五十九年本(1720)《西河合集》。王氏推崇"西河之才尤大,无所不能"⑤,四库馆臣认为毛氏"学博而好辨"⑥。

(二)地域性的接受趋势

乾隆时清人对毛氏接受地域之特征突出,对毛奇龄正面评价者多集中在毛奇龄的故乡萧山及周围,如前文所叙王孝咏、杨绳武均为江苏吴县人,实距萧山不远,说明了毛奇龄在乡邦文人中的影响力。

首先,毛氏著作在其乡邦附近更为易得,其著作传播自然更为便利。如孙志祖(1737—1801)⑦,仁和人,仁和距萧山不远,"在塾偶借得《毛西河全集》,于灯下窃读之不寐者,累夕,塾师虑其荒于八比,呵责之。"⑧由此可见,当时在塾中即可得毛氏全集。其次,同乡对本邦文献更有可能进行自觉保护,毛奇龄全集也因此得以保全。如陶杏秀(1715—?)⑨称毛氏为"吾越中之至宝"⑩,其婿陆体元为毛氏同乡,购得《西河合集》书板再次刊刻,"不惜重资

---

① (清)杨绳武:《论文四则》,《历代文话》第四册,复旦大学出版社,2007年版,第4055页。
② (清)鲍锳:《常德文征序》,见周华辉主编:《常德文征校注》,湖南人民出版社,2013年版,第7页。
③ 陈长镇为陈鹏年之子户部侍郎陈树萱所荐,应考乾隆丙辰"博学鸿词科",为时人所讥,"陈树萱生平所知廷臣外寮,岂竟无一二人足膺保举,而必于族党中求之耶?"可知二陈为同族。陈树萱之"滥举",详见李立民:《乾隆丙辰"博学鸿词科"拾遗》,《清史论丛》2018年第1期,第299—312页。
④ 林久贵指出《四库全书》收毛奇龄著作27种,存目36种,共计63种,详见林久贵:《〈四库全书〉收录个人著述最多的人——毛奇龄》,《文史知识》1997年第7期,第83—88页。胡春丽认为毛奇龄著述被收录的达30种,另存目35种,共计65种。详见胡春丽:《从〈四库全书〉看毛奇龄》,《理论界》2009年第11期,第114—117页。《四库全书》确实收入毛氏作品为数不少。不过,为四库所收未必代表馆臣对毛奇龄经学之全盘接受。详见於梅舫:《从王学护法到汉学开山——毛奇龄学说形象递变与近代学术演进》,《中山大学学报(社会科学版)》2014年第1期,第97—110页。
⑤ (清)王孝咏:《后海堂杂录》,卷一,《四库全书存目丛书》,子部116册,齐鲁书社,1995年版,第235页。
⑥ (清)永瑢等:《四库全书总目》,卷三十六,经部三十六,中华书局,2008年版,第305页。
⑦ 孙志祖(1737—1801),字颐谷,浙江仁和人,乾隆丙戌(1786)进士。
⑧ (清)阮元:《孙颐谷传》,《两浙輶轩录》卷三十二,《浙江文丛》第8册,浙江古籍出版社,2012年版,第2245页。
⑨ 陶杏秀(1715—?),字斐然,号鲁坛,萧山人,乾隆十三年(1748年)进士。陶杏秀为《西河合集序》中自署为"会稽陶杏秀",实为萧山人,详见全根先:《清代〈萧山会试题名〉及相关问题探讨》,《图书馆研究与工作》2023年第3期,第93页。
⑩ (清)陶杏秀:《西河合集序》,《西河合集》,嘉庆元年(1796)萧山陆氏凝瑞堂本。

携归家藏。修其残缺，补其遗亡，又印刷若干部，分送邑之乡先生与官斯土者"①，即为乾隆三十五年（1770）本②；其后又邀请阮元作序，于嘉庆元年（1796）再版《毛西河检讨全集》。再次，同乡也更容易被毛氏之学影响，或是产生所谓"同情之理解"。例如，萧山人蔡含生③有《经史慧解》，《四库全书总目》称"其文纵横辨难颇似毛奇龄，好为异说亦似之。"④如钱泳（1759—1844）载"萧山毛西河善诋宋儒，人所共知……西河同乡有韩太青者，著有《说经》二十卷，为西河作解纷，皆平允之论。"⑤今已不可考韩太青其人、其书的更多细节，但极有可能，因身为毛氏之"同乡"，韩太青关注到毛奇龄，并为了做平允之论，虽不详韩氏学出何处，但"同乡"情感很可能影响了他。

而至嘉庆时，阮元、焦循等联袂推重毛氏，尊之为清代经学开山，方一改乾隆时学人之见。⑥从出版史的角度来看，阮元（1764—1849）《毛西河检讨全集后序》（1796）为陆体元重刊毛氏全集而作，对扩大毛氏之影响、改观时人对毛氏之态度非常重要："萧山毛检讨，以鸿博儒臣，著书四百余卷，后之儒者或议之。议之者以检讨好辨善詈，且以所引证索诸本书，间有不合也。余谓善论人者，略其短而著其功，表其长而正其误……国朝经学盛兴，检讨首出于东林、蕺山空文讲学之余，以经学自任，大声疾呼，而一时之实学顿起。"⑦可以说在阮元的推重下，毛奇龄著作得以更大规模地刊刻，并引发了江浙一带"毛奇龄热"，"予作序推重之，坊间多流传者"⑧。秦瀛（1743—1821）云"《西河集》盛传于世"⑨，证明了毛氏著作流传广泛。而在阮元后，逐渐有学人受其影响，将毛奇龄与"汉学"联系起来，如"说经，宋儒既立，汉学不行，至本朝顾亭林、江慎修、毛西河辈出，始通汉学，至今而大盛也"⑩。日本夫马进云："进入嘉庆元年（1796），或者说朝鲜正祖二十年前后，朝鲜燕行使才明确地了解到清朝流行着被称为'汉学'的新学风，而这一学风与'宋学'是对立的学问。"⑪嘉庆元年恰好是阮元为毛集

---

① （清）陶杏秀：《西河合集序》，《西河合集》，嘉庆元年（1796）萧山陆氏凝瑞堂本。
② 乾隆三十五年（1770）版《西河合集》是否实际刊刻有一定争议。嘉庆元年本卷首部分陶杏秀序言："时乾隆三十五年岁在庚寅"，说明了这一版本来源。周怀文认为此版没有实际存在过。其他各版《西河合集》笔者曾查考亲见，唯乾隆三十五年未见。不过仍有可能此版本真实存在过，但印数较少，仅"分送邑之乡先生与官斯土者"，而不如嘉庆元年刊本影响大，尚有待证实。
③ 蔡含生，生卒年不详，字天度，萧山人。
④ （清）永瑢等：《四库全书总目》卷一百二十九，子部杂家类存目六，中华书局，2008年版，第1111页。
⑤ （清）钱泳：《履园丛话》卷三，《清代史料笔记丛刊》，中华书局，1997年版，第84页。
⑥ 关于阮元对毛奇龄之提倡，前人已多有发明，此不赘述。详见周怀文：《毛奇龄研究》，山东大学博士学位论文2010年；於梅舫：《从王学护法到汉学开山——毛奇龄学说形象递变与近代学术演进》，《中山大学学报（社会科学版）》2014年第1期，第97—110页。
⑦ （清）阮元撰，邓经元点校：《揅经室集》，二集卷七，中华书局，1993年版，第542页。
⑧ （清）阮元：《定香亭笔谈》，卷四，嘉庆五年（1880）扬州阮氏琅嬛仙馆刻本。陈康祺（1840—1890）记载了阮元推广前后的对比："萧山毛西河、德清胡朏明所著书，初时鲜过问者，自阮文达来督浙学，为作序推重之，坊间遂多流传"（陈康祺：《郎潜纪闻二笔》，卷十六，《清代史料丛刊》，中华书局，1997年版，第633页。）
⑨ （清）秦瀛：《己未词科录》卷十一，嘉庆间刻本。秦瀛在此处对比了毛奇龄与吴星叟之作流传情况，认为毛奇龄之作更流行因阮元而起。吴星叟，实为吴农祥（1632—1708），字庆百，号星叟，浙江钱塘人，与毛奇龄同为由明入清者，也曾被举荐参加康熙十八年（1679）博学鸿儒，但吴氏报罢未中。
⑩ （清）钱泳：《履园丛话》，卷十一《清代史料笔记丛刊》，中华书局，1997年版，第288页。
⑪ （日）夫马进著，伍跃译：《朝鲜燕行使与朝鲜通信使》，商务印书馆，2020年版，第234页。

作序以推重之同年，这一巧合也说明了毛氏之接受对"汉学"建立与传播的重要意义。

毛奇龄虽在词章、义理、经学上均有发明，但乾隆时人一提到毛奇龄首先想到的是毛奇龄之经学，而对其"阳明后学"学术身份以及阳明学发明则关注不多。反而毛氏词章方面一直持续性产生影响①。阮元对毛奇龄经学大加赞扬前，乾隆时官方及民间对毛奇龄之经学接受度并不高，少数推崇毛氏者既然有王孝咏这类学本毛氏者，也有杨绳武这样兼采汉宋者。不过这些人在当时学界不算主流，影响力也不大。此外，乾隆时毛奇龄经学之接受地域性特征明显，毛奇龄之评价在其故乡萧山以及仁和、吴县等更偏于正面。

二、驳朱之蠹与由泛至专：乾隆时期朝鲜燕行使对毛奇龄之接受

1644年之后，燕行使陆续恢复前往北京，但与中国文化交流比较少的情况至少要"持续到1765年洪大容前往北京为止"②。前人研究已指出朝鲜北学派燕行使洪大容对毛奇龄非常重视③，也聚焦于燕行使与中国文人笔谈中对毛奇龄"反朱子"的态度偏向负面④。但研究重心更多在与燕行使有过交游、笔谈的"当代"中国文人，或是从"乾嘉学派"对东亚儒学影响入手，侧重于"义理"之学⑤。本文以乾隆四十五年（1780），乾隆四十八年（1783）以及乾隆五十五年（1790）燕行录为主，以毛奇龄之经学接受研究为中心，参照同时期中国学者毛奇龄之接受来考察燕行使毛氏经学接受的特点及原因⑥。

（一）朴趾源《热河日记》中的毛奇龄

乾隆四十五年（1780）前，朝鲜北学派实学的奠基者洪大容（1731—1783）在其燕行录中

---

① 毛奇龄在词章方面受到较高评价，乾隆时受毛氏词章方面影响者如沈叔埏（1736—1803）自云"余少读毛西河诗"受感动。（详见沈叔埏：《书敬亭集后》，《颐彩堂文集》卷十一，《清代诗文集汇编》，第390册，上海古籍出版社，2010年版，第128页。）沈叔埏，字剑舟，号双湖，浙江秀水人，乾隆丁未（1787）进士，《四库全书》武英殿分校。又如钱陈群（1686—1774）对毛氏之诗文较为推重，其《与从孙载》有："至于十五岁夜读书，忽见月华，即成长歌六百言。虽有孩稚气，然绝似毛西河、尤展成两公，时长者多许可。"（钱陈群：《香树斋诗文集》文集卷七尺牍一，清乾隆刻本。）钱陈群，字主敬，号香树，浙江嘉兴人，清康熙六十年（1721）进士，授编修，充经筵讲官，官至刑部侍郎。其从孙钱载（1708—1793），字坤一，浙江嘉兴人，乾隆十七年（1752）进士，改庶吉士，授编修，官至礼部侍郎，为翁方纲好友。类似事例为数不少，本文重点关注毛氏经学方面，限于篇幅，其词章之接受不多展开。

② （日）夫马进著，伍跃译：《朝鲜燕行使与朝鲜通信使》，商务印书馆，2020年版，第280页。

③ 冯一帆：《明清朝鲜文人对浙江学术的认识》，浙江大学硕士学位论文，2019年，第62—65页。

④ 罗静：《耐人寻味的"毛奇龄挨打"》，《博览群书》2017年第1期，第86—89页。

⑤ 冯一帆：《明清朝鲜文人对浙江学术的认识》，浙江大学硕士学位论文，2019年，第62—65页。

⑥ 当然，"燕行录"也可以让我们从更广阔的地域及文化视域中得到更多毛氏传播与接受细节，尤其是毛氏著作阅读与流通方面，但这并非本文叙述重点，故仅在注释中列出。首先，朴趾源赴京途中经过凤城通远堡时，识得一位满州镶蓝旗富先生，富先生藏书即有《说林》《毛西河诗话》，可知乾隆中期毛氏作品传播范围已至清朝边境。清代凤城满族著姓有"佟、关、马、索（即赫舍里氏）、齐、富（富察拉氏）、那、郎八姓，名八大家"。其中，萨嘛喇氏、关氏为镶蓝旗，富（富察拉氏）为镶黄旗。朴趾源以"富先生"之为镶蓝旗，可能错记。详见《凤城县志》人物志，《中国地方志集成》辽宁府县志辑第14集·影印版，凤凰出版社2006年版，第92页。其次，毛氏某些著作仍在被禁之列，朴趾源："鹄汀书亭林、西河、牧斋等集数十种，随即裂之。"见（韩）朴趾源：《热河日记》，林基中编著：《燕行录全集》，第55册，韩国东国大学出版社，2001年版，第130页。再次，徐浩修曾在纪昀推荐下"借《西河集》于琉璃厂，详数日"，则是此时将毛集与琉璃厂为中韩士人文化交流的重要场所，从而丰富了今人对毛奇龄的接受研究。见（韩）徐浩修：《热河纪游》，林基中编著：《燕行录全集》，第52册，韩国东国大学出版社，2001年版，第181页。

没有提到毛奇龄①。其后李德懋（1741—1793）乾隆四十三年（1778）入京，夸赞称中国学者祝德麟（1742—1798）"文许毛西河"②。其《清脾录》有"毛西河"③摘句，似对毛氏诗文没有太多恶感，却并没有提及毛氏经学。不过，李氏个人文集批评毛氏经学"反朱子"之弊，"奇龄叱骂程朱，至曰罪大恶极，政是毛生自道也。"④。从朝鲜学者反应来看，毛氏"反朱子"与其诗文传播得都比较广泛。而在燕行录中，较早且较多篇幅讨论毛氏经学的是在北学派代表人物朴趾源（1737—1805）于乾隆四十五年（1780）随其堂兄出使中国后写成的《热河日记》中。与李德懋等不尽相同，朴氏对毛奇龄经学之态度比较微妙。

一方面，朴氏对毛氏经学之"反朱子"，主要是批评的，在与其中国文人王民皞笔谈中曾有两则与毛奇龄有关的内容：

> 鹄汀曰：雷公驳朱还如刁民具控。余问：雷公谁也？鹄汀曰：毛奇龄，国初大家也。余笑曰：毛脸雷公。鹄汀曰：是也。又称猬公，谓其遍身都是刺也。余曰：《西河集》愚亦曾一番骤看，其经义考证处或不无意见也。鹄汀曰：大是妄人也。即其文章亦如刁民具控。毛萧山人也，其地多书吏，善舞文。故明眼人目毛曰"萧气未除"。⑤

王民皞，江苏举子，"时年五十四，……号鹄汀"⑥，与朴趾源相厚，批评毛氏"驳朱"有失公允，其文如"刁民具控"，以毛氏之好辩与攻击性堪比"猬公"（刺猬），"遍身都是刺"。朴趾源打趣称毛氏为"毛脸雷公"，可能出自《西游记》中孙悟空"毛脸雷公嘴"。大体上，二人对毛氏驳朱均持批评态度；不过对于毛氏之考证，朴趾源反而为毛氏辩护，"其经义考证处或不无意见也"，王民皞却批评毛奇龄为文充满"萧气"（臭气）。可惜双方并没有具体讨论毛氏经义考证哪里值得夸赞。

在与王民皞另一则笔谈中，朴趾源还记下了王氏所虚构的毛奇龄先后被阎王和包公责打之事。毛奇龄先是"忍过""大呼打得好"，继而"不承"，两次"挨打"不同表现似乎在影射《四书改错》之命运。借此来嘲讽毛氏康熙四十七年（1708）著《四书改错》二十二卷以驳

---

① 不过，洪大容在个人文集中却非常关注毛奇龄，详见冯一帆：《明清朝鲜文人对浙江学术的认识》，浙江大学硕士学位论文，2019年，第62—65页。
② （韩）李德懋：《入燕记》，林基中编著：《燕行录全集》，第57册，韩国东国大学出版社，2001年版，第113页。
③ （韩）李德懋著，邝健行点校：《清脾录》，上海古籍出版社，2010年版，第202页。
④ （韩）李德懋：《青庄堂全书》卷五十五，《(标点影印)韩国文集丛刊》第258册，首尔景仁文化社，1976—2006年版，第520页。
⑤ （韩）朴趾源：《热河日记》，林基中编著：《燕行录全集》第55册，韩国东国大学出版社，2001年版，第157页。
⑥ （韩）朴趾源：《热河日记》，林基中编著：《燕行录全集》第55册，韩国东国大学出版社，2001年版，第161页。

《四书章句集注》①，但康熙五十一年（1712）朱熹升配祀孔庙十哲之次，毛奇龄闻讯自毁书版。王氏认为毛奇龄之"反朱子""未必有功于儒门""有害于世道"②，因而以这类故事对毛氏之形象加以丑化③。

另一方面，朴趾源《热河日记》中对毛氏之经学并无门户之见，前文中朴氏泛泛而论"其经义考证处或不无意见"，此处则专论毛氏批评朱子，废小序而言："盖宗小序，始于苏子由。而攻小序，始于郑夹漈驳朱注，极于马端临、毛奇龄、朱彝尊，而近世靡然为时义。"④朴趾源关注到诗小序之争可能是受到其友洪大容（1731—1783）的影响⑤，他意识到毛氏"驳朱"背后是《诗经》学之发展脉络，但没有体会到小序背后的"汉学""宋学"之争⑥。"近世靡然为时义"指当时清朝汉学已有一定的发展，朴氏已隐约发现了毛奇龄、朱彝尊等清初经学家先导性。

（二）李田秀《入沈记》中的毛奇龄

李田秀（1759—？），乾隆四十八年（1783）随朝鲜使团经鸭绿江进入中国境内，其《入沈记》是"记沈阳最为详尽完备者"⑦。李田秀在沈阳期间四处拜谒沈阳名士，以沈阳文人张又龄为知己。张又龄，字裕昆，号万泉居士，未考取科举功名、未曾出仕。从二人的笔谈可见，李田秀对中国人如何评价毛氏之"反宋"非常感兴趣，也是当时中外学者里少有的能意识到毛氏"王学"背景者。

首先，与李德懋、朴趾源类似，李田秀亦非常好奇中国学人对毛奇龄"反朱子"之评价：

> 八月二十六日……书问曰："方今天下，谁为第一文章？"笔答曰："愚困守家庭，实不知谁为第一，不敢妄答。"书问曰："天朝以朱彝尊为文宗，果然否？毛西河淹博不减古之学者，而所论多与宋儒相反，今之君子以为何如耶？"书答曰："国初作者，咸推魏叔子（魏禧）、侯方域（侯朝宗）、施愚山（施闰章）、王

---

① 毛氏《四书改错》之事，详见胡春丽：《毛奇龄与清初〈四书〉学》，复旦大学博士学位论文，2010年，第60页。以及（清）毛奇龄著，胡春丽点校：《四书改错》点校说明，华东师范大学出版社，2015年，第1—7页。
② （韩）朴趾源：《热河日记》，林基中编著：《燕行录全集》第55册，韩国东国大学出版社，2001年版，第90页。
③ 有趣的是，毛氏生性好辩，"其学淹贯群书，而好为驳辩以求胜。凡他人所已言者，必力反其辞"。（永瑢等：《四库全书总目》卷十二，经部书类二，中华书局，2008年版，第102页。）如此批评毛奇龄的王民皡本身也是一位"宏博好辩之士"。见（韩）朴趾源：《热河日记》，林基中编著：《燕行录全集》第55册，韩国东国大学出版社，2001年版，第243页。
④ （韩）朴趾源：《热河日记》，林基中编著：《燕行录全集》第55册，韩国东国大学出版社，2001年版，第21页。
⑤ 洪大容之《乾净衕笔谈》多次提及与中国学者严诚、潘庭筠等讨论《诗》小序相关问题，详见（韩）洪大容：《乾净衕会友录》，上海古籍出版社，2010年版。
⑥ 详见马昕：《毛奇龄〈诗〉学理论的逻辑推演与困境突围》，《安徽师范大学学报（人文社会科学版）》2014年第5期，第569—575页。
⑦ 《入沈记》作者原题为李宜万，实为李田秀，详见漆永祥：《燕行录千种解题》，北京大学出版社2021年版，第913—914页。

渔洋（王士禛）、汪钝翁（汪琬）。竹垞（朱彝尊）著作虽多，实不逮此数公。毛西河好诋朱子，平生第一病痛。"①

李田秀之问可体现其对毛氏学术形象的认识：毛氏具有学问渊博、持论与宋儒相反两大特征。二人讨论清初诸家，张又龄认为朱彝尊不敌魏禧、侯方域、施闰章、王士禛、汪琬诸人，而毛奇龄"反朱子"受人批评。李田秀曾问张又龄："我东则专尚朱学，而近见本朝文集，或有讥訾之论，未知中国学者多用陆氏否？"张又龄答曰："尊朱不尊陆。"②实际上，此前洪大容在《乾净衕会友录》亦写到京师之行与潘庭筠等笔谈曾有意询问："贵处学者遵何人？"潘庭筠答曰"皆尊朱子。"③或许正因时人尊朱，毛氏驳朱，李田秀等燕行使才对毛氏之评价好奇且对毛氏评价不高，与前文所叙中国学者之毛氏接受相符。

其次，李田秀除了关注到毛氏"反朱子"，也认识到了毛氏与阳明之学的关系。八月十八日，李田秀与其兄李晚秀等往谒文庙，文庙位于盛京城德盛门内，从西边一破院进入大成殿，圣贤"位置错杂，凳卓猥亵"，多有错漏之处。其后出中门，入棂星门，见"门左右有二碑，亦皆康熙年间立。东碑之东一阁中安奉天府尹碑三，西碑之西一阁中安贺陵垍钦位牌。贺陵垍，即阳明门徒，毛西河所授古今《大学》云出此人，而其名则扵此始见之，盖贺氏为此邦之人，故似取乡先生死祭扵瞽字之义也。"④贺陵垍应为贺凌台，生卒年不详，为贺钦之孙。贺钦（1437—1510），字克恭，自号医间山人，世称医间先生。世为定海人，以戎籍隶辽之义州卫。成化（1466）丙戌登进士第，为户部给事中，师从陈献章，《明史》有传，有《医间集》存世，有子四人，孙男十一人，未详孰为贺凌台之父。⑤贺钦祠云"凌溪钓台"，大概贺凌台即以"凌台"为字。李田秀见贺凌台之名即知其为阳明门徒，并由此联想到毛奇龄《大学》传自贺氏之门。这一颇有传奇色彩的故事曾在毛奇龄《自为墓志铭》⑥中出现：恍惚梦间，毛氏得到提示后至嵩山借宿，过庙市，遇高笠僧⑦使之鬻《大学》一本。僧自云其少受学于义州贺凌台先生，得授古本《礼记·大学》，并为毛奇龄讲述学问之道应有裨于家国天下，令毛奇

---

① （韩）李田秀：《入沈记》，林基中编著：《燕行录全集》（第30册），韩国东国大学出版社，2001年版，第213页。
② （韩）李田秀：《入沈记》，林基中编著：《燕行录全集》（第30册），韩国东国大学出版社，2001年版，第113页。
③ （韩）洪大容：《乾净衕会友录》，上海古籍出版社，2010年版，第6页。
④ （韩）李田秀：《入沈记》，林基中编著：《燕行录全集》第30册，韩国东国大学出版社，2001年版，第111页。
⑤ （清）潘辰：《医间先生墓志铭》："生男四，长即士谙，次士阎、士谟、士诏，皆积学待聘；女一，适本城都指挥史文。孙男十一，世雍、世和、世泰、世平、世清、世宁、世安，余幼。"然未详谁为贺凌台之父，见（明）贺钦：《医间先生集》，辽宁人民出版社，2011年版，第158页。
⑥ （清）毛奇龄：《自为墓志铭》，《西河合集》，嘉庆元年（1796）萧山陆氏凝瑞堂本。
⑦ 高笠僧之"高笠"即为"高丽"，朝鲜国《皇明遗民传》有传："高笠先生，贺凌台之都讲生也……其都讲生亡命，髡首以自隐，不知其姓氏，第以曾授大学高本而推称之。"今人孙卫国以作者应为朝鲜国成海应（1760—1839），成书于1800年前后，详见孙卫国：《朝鲜〈皇明遗民传〉的作者及其成书》，《汉学研究（第20卷）》2002年第1期，第163—188页。《皇明遗民传》所列出撰写参考书目中有《西河集》，由此推测或许高笠先生传盖由成海应从毛奇龄所记而敷衍成文。

龄大受感动。乾隆时有人怀疑这段传奇的真伪："自称嵩山庙市高笠先生所传，为辽东贺钦之孙所秘授，盖托词也。"① 搁置真伪争议，从李田秀的第一反应而论，李氏以毛氏为"阳明后学"，很可能此前阅读过毛氏《大学知本图说》或毛氏《自为墓志铭》，至少关注到毛氏"阳明后学"的学术背景。由此观之，李氏不仅关注到毛氏经学反宋学之特征，对其学术渊源亦有了解，可见其对毛氏学术形象的认知更为全面，不过仍未涉及毛氏具体的经义考证。

（三）徐浩修《热河纪游》中的毛奇龄

乾隆五十五年（1790）正使黄仁点、副使徐浩修（1736—1799）为庆贺乾隆皇帝八十寿辰赴京，徐浩修有《热河纪游》，其中，集中地对毛奇龄乐学考证加以批评：

> 纪尚书屡称毛奇龄乐论之渊博，乃借《西河集》于琉璃厂看详数日。所谓《竟山乐录》以臞仙《唐笛谱》谬为雅音而传会之；所谓《圣谕乐本》以康熙论径围数句，强其茫昧而杜撰之，必欲外数而言律吕，开口辄诋毁朱、蔡。而《乐本》甚于《乐录》。余厌其妄悖而亟还之。遂著《〈圣谕乐本〉辨》，大抵律吕之学世所罕究，而奇龄之饰诡骋辞足以诳惑村夫子，余非敢好辨也……②

徐浩修与纪昀私交甚洽③，得纪昀所赠与的端砚等多样礼物，还曾多次交流学术问题④。徐氏延续了朝鲜燕行使对中国乐学的兴趣⑤，受纪昀推荐去读了毛氏乐学著作——《竟山乐录》《圣谕乐本解说》⑥。《竟山乐录》四卷，为毛奇龄据明朱权所传《唐乐笛色谱》解五音十二律，对《史记》及宋代蔡元定《律吕新书》多有批评。《圣谕乐本解说》二卷，是康熙皇帝康熙三十八年（1699）南巡时毛奇龄于嘉兴迎驾所进呈的。全书原为一卷，刊印时由毛氏分为二卷，上卷论"径一围三"，下卷论"隔八相生"。毛氏反对揣摩古乐器以图复古，认为前人汉、宋至明以来的乐器复古不等于真正的"五声"，更倚重《唐乐笛色谱》。徐浩修曾把自己在圆明园行宫所见仪仗之乐器编制一一记录，指出清乐器是在蔡元定的基础上，由李光地以及葡萄牙耶稣会士徐日升等人"集中西之长，而因今器返古声"，是中西学结合之硕果。徐浩修批

---

① （清）永瑢等：《四库全书总目》卷三十七，经部四书类存目，中华书局，2008年版，第315页。
② （韩）徐浩修：《热河纪游》，林基中编著：《燕行录全集》第52册，韩国东国大学出版社，2001年版，第167页。
③ 详见易国才：《从〈燕行纪〉看朝鲜使者徐浩修对清朝官员的评价》，《湖北社会科学》2013年第8期，第94—96页。
④ 不过这种交流中的徐浩修喜爱"挑刺"，曾指出当时《大清一统志》编写中的问题。详见陈前、季南：《朝鲜文人徐滢修与清朝文人纪昀尺牍交流探究》，《长春师范大学学报》2019年第5期，第124—127页。
⑤ 前人已指出朝鲜实学派对中国乐学研究兴趣浓厚，此前洪大容、李德懋、朴趾源等对中国乐学都有意识搜集资料加以学习，详见吴明微：《朝鲜"实学派"北学中国的音乐活动探究》，《人民音乐》2022年第4期，第79—83页。
⑥ 详见黄敏学：《汉学开山之新变——毛奇龄音乐史学思想论析》，《淮南师范学院学报》2010年第4期，第8—10页。其中提到了丁若镛（1762—1836）《乐书孤存》中批评毛奇龄的音乐理论。或许正是丁若镛沿着前人徐浩修对毛奇龄乐学的批评发展而来。

评毛氏论"径一不足而围三有余则四以上也,隔八相生而至八而复则二其八也"①即"径一围三""隔八相生"为误,并由对毛氏乐学的批评扩展至毛氏经学:"而或称其经说诸篇之淹博,愚虽不娴经术,以一反三,安知其经说不与乐说同也。亟宜火其集,勿误兔园学究可也。"②蔡元定为朱熹之徒,为毛氏所攻,或许徐浩修应该对毛氏之"反宋"亦有一定了解。不过,徐浩修指责毛氏之弊重在"考据"之不足,可见徐氏已受到时下学风之影响,以考据来判别毛氏之正误。徐氏之"亟宜火其集"与清人王孝咏笔下"宜禁其书、毁其板者"可为异域知音。

在徐浩修后,嘉庆后燕行录中较少提到毛氏之经学,更多聚焦于毛氏之诗文,如徐有素(1785—?)、姜时永(1788—?)、金景善(1788—?)均摘录了毛奇龄描写燕京风物的诗文及其他奇闻轶事,转相抄撮③。乾隆时的燕行使,从朴趾源、李田秀到徐浩修,他们都好奇中国人如何评价毛奇龄。其中,既有朴趾源这样对毛氏评价较为客观甚至偏正面者,也有如李田秀了解毛氏经学及理学者,后有如徐浩修专论毛氏乐学者,这是燕行使对毛奇龄之认识越发全面以及逐渐深入的过程。不过,朴氏已开始将毛奇龄、朱彝尊等并提,观察到了清人学术中攻小序"近世靡然为时义"的现象,但却没有足够充分认识到解《诗》不再借助小序,是为毛氏"以经解经""以经证经"具体实践,推动了清代学风由经世向考据的转变。而徐浩修或许没有正面意识到中国学风向考据学的转变,却从实践上指出毛奇龄所谓"考据"存在缺乏实据、主观臆断的漏洞,与不少中国学者所指毛氏乐学之弊不谋而合。《四库全书总目提要》批《竟山乐录》为"夫宁王《色谱》果否为唐人之旧未可知也。即真出唐人而唐之雅乐,固未闻能与三代比。乃执优伶剩谱以定天地之元音,举汉以来诸儒相去古未远者悉指为谬,揆以事理,似乎未然"④。然而,四库馆臣以《圣谕乐本解说》"条例明晰"⑤,徐浩修却以毛氏阿谀而所学不应流传,更为苛刻。

三、中朝学者毛奇龄接受之异同及其成因

由此观之,乾隆年间中朝学者毛奇龄之接受特点如下:其一,毛氏之经学、词章、义

---

① (韩)徐浩修:《热河纪游》,林基中编著:《燕行录》第52册《热河纪游》,韩国东国大学出版社,2001年版,第181页。
② (韩)徐浩修:《热河纪游》,林基中编著:《燕行录》第52册《热河纪游》,韩国东国大学出版社,2001年版,第181页。
③ 朝鲜燕行使对毛氏诗文之接受始于李德懋并一直为其后燕行使所关注的。不过乾隆年间的燕行使尤为关心毛氏之经学。而乾隆之后,燕行录中多关心的是毛氏之诗文轶事。例如,徐有素作于道光二年(1822)的《燕行录》中毛奇龄出现次数不少,卷十五"燕都杂咏"有毛氏七言律诗《题家司百听月楼诗和益都夫子原韵》、七言排律《雪中入直史馆》、七言律诗《天安门颁诏》、七言绝句《帝京踏灯词》、七言绝句《上巳同王二光禄柳巷修禊(二首)》、五言律诗《益都相公携门下诸子游王大司马园林即席奉和原韵四首时看冬雪后》也曾提及毛氏骈文《万柳堂赋》。而这些诗并没有收入王士禛《感旧集》、陈维崧《箧衍集》、沈德潜《国朝诗别裁集》,甚至不见于徐世昌《晚晴簃诗汇》所收毛奇龄诗。盖因其卷十五"燕都杂咏"乃是"择自元至清中国士大夫咏燕京之诗",以诗歌的题材而并非以艺术水平择选。书中还记载了京师各处之佚闻趣事,其中含毛奇龄娶妾张曼殊之事。
④ (清)永瑢等:《四库全书总目》卷三十八,经部乐类,中华书局,2008年版,第328页。
⑤ (清)永瑢等:《四库全书总目》卷三十八,经部乐类,中华书局,2008年版,第327页。

理均有中外学者关注。中国学者关注毛氏词章之创作特色,而朝鲜使者多关注词章之内容①,尤以燕京风物居多。其二,中国学者当时多关注毛氏经学,极少提及毛氏之学"阳明"根底②,而对毛氏与阳明学的关系有清晰认识的朝鲜学者为数不少。除前文之李田秀,徐滢修(1749—1824)"闻近来中原学问,则强半是江西余派,一转而为李卓吾,再传而为毛大可"③,将毛氏与李卓吾相联系。尹行恁(1762—1801)有"朱夫子没,而微言大旨郁而不畅。明而有王守仁,清而有毛奇龄"④,很清晰地将毛氏与王阳明相联系。其三,两国学者多喜批评毛氏之经学,尤其是毛氏之"反宋学""反朱子"立场,对毛氏之考据多持批评态度。中国少数支持毛奇龄的学者多集中于毛氏故乡萧山,而朝鲜支持毛氏者不多,仅朴趾源一人。究其原因,此时毛奇龄学术形象主要固化为"反宋学""反朱子",而非汉学先导;且不同文化背景之下,中朝学者对毛奇龄之接受与中朝文化秩序问题有关。

(一) "反宋学"形象的固化

乾隆时中国与朝鲜受官方与民间认可的学术框架仍处于朱子学之下,毛奇龄以批判、消解朱子学权威而著名,正所谓毛氏"善诋宋儒,人所共知"⑤。今日所见"笔谈"乃是燕行使有意识整理后形成,根据"自己的想法对谈草进行了整理加工"⑥。乾隆四十五年(1780)朴趾源与王民皞、乾隆四十八年(1783)李田秀与张又龄笔谈中,双方都曾就毛氏"驳朱"达成毛氏应受批评的一致意见。最初,朴趾源还认为毛氏"其经义考证处或不无意见也",最终还是在王民皞的谐谑怒骂中认可了对毛氏的批评。由此观之,随着中国毛氏"反宋学"学术形象的固化,朝鲜学者也受到了影响。而朝鲜学者主动问起毛氏之"驳朱",或许原本在他们的脑海中毛氏"反宋学"已标签化,而毛氏"反宋学"学术形象就这样在东亚儒学界固化下来。

再者,毛氏"反宋学"与"阳明后学"不是非此即彼的关系⑦,而朝鲜学者能认识到毛氏"阳明后学"的身份,是朱子学与阳明学在晚明中国与朝鲜交错影响的延续。阳明学传入朝鲜后,晚明时朝鲜虽以朱子学为尊,但朝鲜宣祖皇帝一直对阳明学颇有好感⑧。因此,阳明学渗

---

① 燕行使关注毛氏诗文内容多为燕京风物,似乎也可能有某些政治意味,比如燕行使多提及毛氏之《万柳堂赋》。当时博学鸿词科一开,毛奇龄等待诏者多雅集于冯溥别业之万柳堂,雅集酬唱。毛氏《万柳堂赋》在同题之作中获评第一。万柳堂附带特殊的政治功用与宗唐的诗学转变意义。详见杜广学、魏磊:《万柳堂雅集与博学鸿儒科前后的政治和诗歌》,《明清文学与文献》第七辑,2018年,第56—74页。
② 中国学者极少提到毛氏"阳明"学术渊源,不过并非没有。《四库全书总目提要》中《大学知本图说》有:"奇龄历诋先儒,而颇尊其乡学。其直指知本,仍王守仁之良知。其主诚意,则刘宗周之慎独也。而自称嵩山庙市高笠先生所传,为辽东贺钦之孙所秘授,盖托词也。"(清永瑢等:《四库全书总目》,卷三十七,经部四书类存目,中华书局,2008年版,第315页。)
③ (韩)徐滢修:《明皋全集》卷十四,《(标点影印)韩国文集丛刊》(第261册),首尔景仁文化社,1976—2006年版,第304页。
④ (韩)尹行恁:《硕斋稿》卷十五,《(标点影印)韩国文集丛刊》(第287册),首尔景仁文化社,1976—2006年版,第279页。
⑤ (清)钱泳:《履园丛话》卷三,《清代史料笔记丛刊》,中华书局,1997年版,第84页。
⑥ (日)夫马进著,伍跃译:《朝鲜燕行使与朝鲜通信使》,商务印书馆,2020年版,第211页。
⑦ 详见冯一帆:《明清朝鲜文人对浙江学术的认识》,浙江大学硕士学位论文,2019年,第44—55页。
⑧ 详见周振鹤:《朱子学与阳明学在晚明中国与朝鲜的交错影响》,《长水声闻》,复旦大学出版社,2010年版,第290—301页。

透了当时的多种思想并对朝鲜产生了影响[1]，至如北学派丁若镛（1762—1836）受阳明学影响从经学走向经世学[2]。

再次，"汉学"虽是与宋学相对而言[3]，但是毛氏"反宋学"学术形象的固化却不等同毛氏"汉学"之学术形象的建立，这一形象的建立，仍然需要阮元对毛氏作为"汉学开山"的建构以及乾嘉学风为朝鲜学者所识之后。此前，朴趾源称毛奇龄为"国初大家"，李田秀与张又龄笔谈中张氏亦以毛氏为"国初作者"大家之列。是因乾隆时朝鲜学者没有清晰认识到当时清朝所流行之学风。徐浩修批评毛氏之考证，虽是不自觉受到考证学风的影响，却并非从毛氏对清代学术思想转变的影响上而言。作为对比，嘉庆以后，朝鲜洪奭周（1774—1842）形容毛氏为"一人倡声，万口从风……非姚江之余派，则西河之后劲"[4]，毛奇龄作为"汉学开山"学术形象逐渐为朝鲜学者所注意。其后，朝鲜田愚（1841—1922）云："考证，指杨慎、阎若璩、朱彝尊、周密、毛奇龄、纪匀（昀）也……"[5]毛奇龄也得以与阎若璩、朱彝尊等同列为"考证"学者了。

（二）朝鲜文化秩序的选择

朝鲜深受明清时中国的影响，但文化秩序上不愿意顺从中国[6]，这影响了朝鲜学者毛奇龄之接受。毛奇龄身为汉臣，曾于康熙十七年（1678）赴京应试博学宏词科，仕清后不乏《圣恩颂》等阿谀之作，为典型"贰臣"。朝鲜学者多将阳明学当作是中国明代学术的代表，汉学（考证学）作为中国清代学术的代表[7]，那朝鲜学者对毛氏学术身份如何认识？视毛奇龄为阳明后学还是清初大家？毛氏出于何种原因"驳朱"？朝鲜学者的认识不一定符合毛奇龄自我认知，符合清人的认知，有时是经过朝鲜学者想象而成。

首先，朝鲜学者的想象可能会导致对毛奇龄学术形象的自觉美化。如朴趾源："故中土之士往往驳朱而不少顾惮，如毛奇龄者，或有谓之朱子之忠臣，或又谓之有卫道之功，或有谓之恩家作怨，此等皆足以见其微意也。噫！朱子之道如日中天，四方万国咸所瞻睹。皇帝私尊，何累朱子？而中州之士如此其耻之者，盖有所激于阳尊而为御世之资耳，故时借一二集注之误，以泄百年烦冤之气。"[8]朴趾源以毛氏之反朱子是为浇胸中之块垒，暗藏了对大明之幽思。某种程度上，毛氏之"驳朱"的确是以阳明之学为出发点，但能以此看出毛氏对大明

---

[1] 详见（韩）琴章泰著、韩梅译：《韩国儒学思想史》，中国社会科学出版社，2011年版，第168页。
[2] 详见邢丽菊：《韩国儒学思想史》，人民出版社，2015年版，第325—365页。
[3] 孙钦善：《清代考据学》，中华书局，2018年版，第3页。
[4] （韩）洪奭周：《渊泉集》卷十六，《（标点影印）韩国文集丛刊》第293册，首尔景仁文化社，1976—2006年版，第356页。
[5] （韩）田愚：《艮斋集》后编卷三，《（标点影印）韩国文集丛刊》第334册，首尔景仁文化社，1976—2006年版，第131页。
[6] （日）夫马进著、伍跃译：《朝鲜燕行使与朝鲜通信使》，商务印书馆，2020年版，第204页。
[7] （日）夫马进著、伍跃译：《朝鲜燕行使与朝鲜通信使》，商务印书馆，2020年版，第206页。
[8] （韩）朴趾源：《热河日记》，林基中编著：《燕行录全集》第53册，韩国东国大学出版社，2001年版，第220页。

之情则引申太过。朝鲜学者的想象也会导致对毛奇龄学术形象的有意丑化，尤其在嘉庆、道光之后，朝鲜学者丁若镛、田愚等视毛奇龄为汉学之代表，一并批评清代学术："考证，指杨慎……毛奇龄……，专以诋毁朱子为平生事功也。"①

其次，朝鲜"加入明朝或清朝的文化秩序是有选择地进行的"②，从燕行使毛奇龄之接受中可以反映出来朝鲜学者微妙而矛盾的心态。比如徐浩修对于康熙以来的乐器复古成果非常崇敬，在燕行录中表现出对乾隆皇帝的感恩戴德，对清帝不再使用"胡皇"之蔑称③，并记录下来了同行燕行使柳得恭（1749—1807）称赞"满洲文学，反盛于中华"④之语，为此前燕行使所未发，可以说已自觉选择了加入清朝的文化秩序。而另一方面，徐浩修以更高姿态"指点"毛奇龄之乐学及经学："毛奇龄者，以明之遗民入清，为翰林检讨，自称知乐，上疏颂谀圣谕""奇龄之饰诡聘辞，足以诳惑村夫子""此呆子狂竖斗日之口气，而肆然进于丹陛。"⑤诚然，其中包含了对毛奇龄为贰臣微妙的批评，但他对毛氏批评的立足点是从大明还是大清呢？若为大明，却并没有批评毛氏不忠。若为大清，毛奇龄上疏颂谀圣谕，不正是对清朝统治秩序的认可吗？徐浩修的矛盾之处在于既想从对毛奇龄的批评中获得以"中华"指点"满洲"的优越感，又不得不服膺于清朝政权之发展，是此前朝鲜学者文化上不完全顺从清朝文化秩序的延续⑥，也是乾隆时朝鲜学者复杂心态的体现。

四、小结

乾隆时，中国、朝鲜、日本等不少学者都关注到毛奇龄，或因毛氏之学有较大的争议，其"反朱子"使之成为众矢之的。此外，朝鲜学者对毛奇龄如此在意的原因还有：其一，毛奇龄与朝鲜燕行使的历史渊源。毛氏康熙二十一年（1682）曾见过朝鲜燕行使⑦，应为东原君

---

① （韩）田愚：《艮斋集》后编卷三，《（标点影印）韩国文集丛刊》第334册，首尔景仁文化社，1976—2006年版，第131页。
② （日）夫马进著，伍跃译：《朝鲜燕行使与朝鲜通信使》，商务印书馆，2020年版，第209页。
③ （日）夫马进著，伍跃译：《朝鲜燕行使与朝鲜通信使》，商务印书馆，2020年版，第209页。
④ （日）夫马进著，伍跃译：《朝鲜燕行使与朝鲜通信使》，商务印书馆，2020年版，第209页。
⑤ （韩）徐浩修：《热河纪游》，林基中编著：《燕行录全集》第52册，韩国东国大学出版社，2001年版，第167页。
⑥ 徐浩修也有可能因毛奇龄《词话》为《四库全书》所收之"文字狱"案而对毛奇龄印象不好。案发于乾隆四十七年（1782）十月，乾隆皇帝阅看四库馆臣进呈毛奇龄《词话》时，其中有"清师下浙"之语，称："毛奇龄系康熙年间翰林，书内著载我朝时事，理应称大兵、王师等字样，乃指称清师抬写，竟似身事前明、未经在本朝出仕者，谬妄已极，"下令修改。详见中国第一历史档案馆编：《纂修四库全书档案》（下册），上海古籍出版社1997年版，第1667—1668页。此前，朴趾源与王民皞笔谈时谈及当时禁书中也有毛奇龄的作品。详见（韩）朴趾源：《热河日记》，林基中编著：《燕行录全集》（第55册），韩国东国大学出版社，2001年版，第130页。燕行使对中国禁书非常有兴趣，不过并无确切证据可知徐浩修是否知道毛奇龄案，以及是否有可能从纪昀处知晓，此处仅聊备一说。
⑦ 毛奇龄《诗话》："壬戌元旦，侍班先候午门外，高丽使见予手所温张铜熏器……次日，其使遇于途，终就予索之去。当使就予时，历询朝臣知名者，兼能道同官徐菊庄词。予戏问……岂非佳诗？"见毛奇龄：《诗话》二，《西河合集》，嘉庆元年（1796）萧山陆氏凝瑞堂本。

李溰一行①。据毛氏所记，他曾赠送朝鲜使者精美铜熏器，朝鲜使者向他询问清人知名朝臣，还背诵了与毛氏同年中博学鸿儒之徐釚词。双方讨论了朝鲜女子文学水平，交往过程是愉快的。其二，毛奇龄学术来源与朝鲜有关。毛氏自云学于高笠僧，"高笠"即高丽。尽管以四库馆臣为代表的中国学者存疑，朝鲜学者没有表现出对此事的怀疑，反而由毛氏所记敷衍成《皇明遗民传》"高笠先生传"。或许毛氏与朝鲜的"不解之缘"是其受到朝鲜学者关注的原因之一。

乾隆时，中国学界毛奇龄经学之批评者占绝对优势，只有少数人称其渊博及考证学贡献，毛氏多被视为"经学之蠹"。几乎同时，朝鲜燕行使"他者"之眼光受到中国学界固化毛氏"反朱子"学术形象的影响，体现了在更宏观与比较的视域中讨论"东亚儒学"的可能性与必要性。朝鲜燕行使还出乎文化主体性追求及"国族"情感的影响下，对毛氏学术形象进行了变异与改造，管中窥豹，足见"东亚儒学"问题的复杂性及多样性。毛氏学术形象被不同时期、不同国别、不同学术背景的学者不断重构，既是东亚学术思想演进之结果与见证，也勾勒出更为完整的东亚学术史图景。

---

① 从出使事由与时间来看，康熙壬戌前后往返中国与朝鲜的燕行正使有：昌城君李似等为谢恩使，出使时间自康熙二十年（1681）九月三日至次年正月二十四归国。东原君李溰为奏请兼冬至等三节年贡，出使时间自康熙二十年（1681）十月三十日至次年三月二十日；左议政闵鼎重为问安使，出行时间自康熙二十一年（1682）二月二十至四月一日。瀛昌君李沈为进贺谢恩兼陈奏，出使时间自康熙二十一年（1682）七月一日至十一月二十四日。右议政金锡胄为谢恩兼冬至等三节年贡，出使时间自康熙二十一年（1682）十月十九日至次年三月二十四日。详见漆永祥：《燕行录千种解题》，北京大学出版社，2021年版，第564—674页。再结合朝鲜燕行路线之距离与速度，本文认为，康熙二十一年元旦在京之朝鲜燕行使者为东原君李溰一行的可能性更大。李溰同行之申琓（1646—1707）有《辛酉燕行诗》《辛酉闻见事件》，亦未提与毛奇龄的交流，可与夫马进所谓洪大容入京前（1765），中朝文化交流不多相印证，详见（日）夫马进著，伍跃译：《朝鲜燕行使与朝鲜通信使》，商务印书馆，2020年版，第280页。

毛奇龄对朱熹《家礼》的批判

故宫博物院 乔 娜

摘 要： 毛奇龄撰有多部礼学著作，其中与家礼学相关的是《昏礼辨正》《丧礼吾说篇》和《辨定祭礼通俗谱》。在这三部著作中，毛奇龄对昏、丧、祭三礼的具体仪式和相关概念做了细致的考证和辨析，其中不乏涉及批判朱熹《家礼》学的内容。毛奇龄《经问》和《曾子问讲录》中也有涉及昏礼、丧礼和祭礼的文字。本文通过梳理毛奇龄对朱熹《家礼》进行辩驳和纠谬的礼文，分析了清初的《家礼》学发展趋势和毛奇龄的家礼学成就。

关键词： 毛奇龄 家礼 昏礼 丧礼 祭礼

明中后期以来，《家礼》学的研究进入了铨补、质疑《家礼》的阶段。清初承袭了明代《家礼》学研究的风气，儒者们以恢复古礼为己任，通过考证礼经和礼制，探究礼仪和礼意，在达情遂欲的思潮下强调制礼以人情为考量，协调古礼和今俗的矛盾，努力重建礼学秩序，推广民间礼俗，重视发挥礼的社会治理功能，实现以礼为治，以改善社会风习。同时，士大夫们强调礼制建设，试图重整礼秩，以礼经世，推动了清初礼学研究的复兴。这一时期出现了一批讨论、变通和折中《家礼》的论著，如王复礼《家礼辨定》、程文彝《家礼纂要》和赵执信《礼俗权衡》等，毛奇龄的《昏礼辨正》《丧礼吾说篇》和《辨定祭礼通俗谱》亦是这一潮流中的家礼学著作。本文试图将毛奇龄著作中对朱熹《家礼》进行批判的内容进行归纳总结，以期探究《家礼》在清初被质疑、变通和纠补的社会风气和现实状况，并讨论毛奇龄的家礼学成就和对后世家礼学研究的启发。

一、昏礼

毛奇龄感慨昏礼之误持久不能刊正，叹息礼教之衰，思虑将他在仲兄处所闻昏礼之言记录下来以正俗礼，兼以诸经史之文和徐咸清《传是斋日记》为参考，间以己意，撰成《昏礼辨正》一书。书中对朱熹《家礼》的批判主要有"当夕成昏"和"三日庙见"两说。

《士昏礼》载合卺后当夕荐寝，"御衽于奥，媵衽良席在东，皆有枕，北止"[①]，此为妇至

---

① （汉）郑玄：《仪礼注疏》，卷5《士昏礼》，《十三经注疏》（清嘉庆刊本），中华书局，2009年版，第2087页。

日当夕成昏之说，其后《家礼》遵之。毛奇龄表示："妇至日即成昏，或三日成昏，或三月成昏，自唐虞至战国，皆无明据。"① 当夕成昏仅见于《士昏礼》。三日成昏见于《通典》之文："自后汉魏晋以来，或为拜时之妇，或为三日之婚。……张华谓：'拜时之妇，尽恭于舅姑；三日之婚，成吉于夫氏。'"② 三月成昏之说见于贾逵、服虔的礼注。《礼记正义·曾子问》孔疏曰：

> 熊氏云："如郑义则从天子以下至于士皆当夕成昏。"……若贾、服之义，大夫以上，无问舅姑在否，皆三月见祖庙之后，乃始成昏，故讥郑公子忽先为配匹，乃见祖庙。故服虔注云，季文子如宋致女谓成昏。是三月始成昏，与郑义异也。③

毛奇龄更倾向于三日成昏之说，认为妇至后必先登堂拜见舅姑，行宾主之礼，其后荐舍朝庙，行承筐礼，其后由婿揖入寝门，行同牢合卺之礼，至之明日成昏而后妇见。他引用杜甫诗《新婚别》"暮婚晨告别，无乃太匆忙。……妾身未分明，何以拜姑嫜"两句，指出暮虽合卺而未成寝，故难妇见，若暮已成昏，则不会身犹未分明，故唐人亦似三日成昏。他又以《通典》所载魏晋"三日之婚"诸说，推断三日成昏为晋唐通例。他表示："当夕荐寝，急急匹配，不见舅姑，并不告祖庙，此皆南宋儒人误遵《士礼》所至。……今杭俗以次日成昏，颇有廉耻。"④《家礼》以当夕成昏的观点被其批驳，而时俗次日成昏则得到称引。

《家礼》以庙见为见祖庙，且以三月太长，改为三日庙见。《家礼》曰："三日庙见，主人以妇见于祠堂。古者三月而庙见，今以其太远，改用三日。"⑤ 其后附朱子曰："伊川云，妇至次日见舅姑，三月庙见。司马即说妇入门即拜影堂。司马非是。盖亲迎不见妻父母者，妇未见舅姑也。入门不见舅姑者，未成妇也。今亲迎用温公，入门以后用伊川，三月庙见，改为三日云。"⑥ 可知朱熹主张三日庙见，不成妇不见舅姑。其后时俗结婚请召宾客之仪帖承其误而书以"三日庙见"或"儿媳某日行庙见礼"。《士昏礼》曰："若舅姑既没，则妇入三月，乃奠菜。"⑦《曾子问》曰："三月而庙见，称来妇也；择日而祭于祢，成妇之义也。"⑧ 毛奇龄指出，夫妇之称至纳征已成，子妇之称成于妇见或庙见。若舅姑皆在，成昏次日，妇以笲枣栗腶脩、特豚行子妇之礼专门拜见舅姑，名曰妇见，谓之成妇礼。而庙见礼是舅姑既没的情形下所行，若舅姑已没，妇至时虽已告谒庙，但并非特为见舅姑而行告行谒，故在三月后可以行祭时专门见舅姑于庙中以行庙见礼。毛奇龄还解释道，此可由妇见生舅姑推之，在妇至之日，妇已

---

① (清) 毛奇龄：《昏礼辨正》，《毛西河先生全集》本，康熙刊本，第18页。
② (唐) 杜佑：《通典》，卷59《礼十九·嘉礼四》，中华书局，1988年版，第1682页。
③《礼记正义》，卷18《曾子问》，《十三经注疏》(清嘉庆刊本)，中华书局，2009年版，第3015页。
④ (清) 毛奇龄：《昏礼辨正》，第18页。
⑤ (明) 胡广：《性理大全书》卷19《家礼二》，明嘉靖二十二年(1543)刻本，第30页。
⑥ (明) 胡广：《性理大全书》卷19《家礼二》，第31页。
⑦ (汉) 郑玄：《仪礼注疏》卷5，《士昏礼》，第2094页。
⑧ (汉) 郑玄：《礼记正义》卷18，《曾子问》，第3015页。

见舅姑，次日又妇见，故庙见死舅姑亦类似。若已妇见，又行庙见，则是将庙见误解为见祖庙，并颠倒了庙见成妇之义，如毛奇龄引其仲兄毛锡龄之言批驳云"以三月为三日，以庙见为见庙，以子妇而为夫妇，以死舅姑为生舅姑，以不庙见不成妇为不成妇不庙见，以致五百年来，自宋元至于今，自流沙至于日出，彼我梦梦，同入酒国"①。《士昏礼》曰："妇入三月，然后祭行。"② 毛奇龄表示："此言杂祭也，祭行者，行祭也，谓舅在无姑或舅没姑老则可随夫助祭矣，故曰祭行。此亦明三月始庙见之意。"③ 由此可知，妇入三月后的祭行之事是随夫助祭祖庙，亦体现了三月之后始行庙见礼。

二、丧礼

《丧礼吾说篇》是毛奇龄丧礼学的主要著作，共十卷，含括了从养疾、始死、殓殡、主丧、吊丧、柩葬、奠祭、丧期、丧服服制和五服等诸多丧礼环节。孔子云："吾学周礼，今用之。"④ 毛奇龄以己所论丧礼为孔子吾说的遗意，故名"吾说篇"。《丧礼吾说篇》对《家礼》的批判主要有举办丧事中的主丧者、殡地、朝庙礼、主之形制及丧服中的五服制度。毛奇龄《经问》讨论了《家礼》庶子为父后者为生母服缌、庶孙为祖后者于父之生母无服两种观点，下文列入"五服"进行探讨。

（一）丧事

主丧者在丧礼中的角色尤其重要。关于丧礼之主，《家礼》云"凡主人谓长子，无则长孙承重，以奉馈奠；其与宾客为礼，则同居之亲，且尊者主之"⑤。毛奇龄则认为主不一端，将主丧者分为尊主、卑主、摄主三类。尊主卑有君为臣主、父为子主、祖为孙主、舅为子妇主、夫为妻主、兄为弟主六种情形。卑主尊有子为父、妻为夫、臣为君、孙为祖四种情形。尊卑并为主的情况有父主適子丧为尊主，適子之子为卑主；君主臣丧为尊主，臣之子为卑主。摄主为无后者摄主丧之事，按服亲之同等者、无服之同等者、同族、东西前后家、里尹之序，由近及远选择摄主。

古今殡法多有异制。毛奇龄指出朱熹《家礼》殡于"堂中少西"⑥是行周制，与今礼不符。毛奇龄云古礼夏殡阼阶，殷殡两楹之间之中庭，周殡堂西之庭间即西阶之上。他强调今礼自始死迁尸南牖后，幠衾、沐浴、饭含、袭和小殓皆在室内南牖，而殡地，今礼应在中堂勿西，而非朱熹《家礼》所云殡于"堂中少西"。

关于朝庙礼，毛奇龄批驳了《家礼》以魂帛朝庙、迁柩于厅事之说。他指出魂帛代重原是司马光杜撰，应是祖主在室、殡宫在堂即厅，迁祖为殡堂而迁室，迁于厅事则为殡室而迁

---

① （清）毛奇龄：《昏礼辨正》，第3页。
② （汉）郑玄：《仪礼注疏》卷6，《士昏礼》，第2097页。
③ （清）毛奇龄：《昏礼辨正》，第20页。
④ （汉）郑玄：《礼记正义》卷53，《中庸》，第3546页。
⑤ （宋）朱熹：《家礼》卷4，《丧礼·初终》，《朱子全书》第7册，上海古籍出版社，2010年版，第902页。
⑥ （宋）朱熹：《家礼》卷4，《丧礼·大敛》，《朱子全书》第7册，第907页。

堂，致行礼之序乖反，今礼宜只用祝捧币、孝子告庙，而后行祖奠、遣奠之礼。

主之形制，孔颖达疏《曲礼》"措之庙，立之主"曰："《五经异义》云主状正方，穿中央，达四方，天子长尺二寸，诸侯长一尺。"① 毛奇龄解释道，"正方"即四面等方，"穿中央"为穿主之底部中窍，"达四方"为底部中窍于四周方沿等分，而《家礼》引程颐之说认为主有面有陷，高一尺二寸，阔三寸，厚一寸二分②，与古制不同，高一尺二寸为僭越天子之礼，且有面有陷，两作判合，如契券形制，非栖神之礼。

（二）五服

《家礼》载"庶子为父后者为其母"缌服③。毛奇龄主张庶子为父后者为生母斩衰三年。他指出《丧服·缌麻章》所云"庶子为父后者为其母"是天子诸侯之礼，为战国后礼，与《春秋》不相合，且在汉晋以后未尝依行。郑注云："君卒，庶子为母大功；大夫卒，庶子为母三年也；士虽在，庶子为母皆如众人。"④ 那么君和大夫在时服何服？毛奇龄认为君在，庶子为母缌；大夫在，庶子为母期；士则无论在否皆三年；故清制庶子为生母斩衰三年为是，而朱熹仅言庶子为父后者为其母缌服，不晓君卒为母服大功，且谬以人君之礼概之士庶。

毛奇龄主张孙为祖父母服期，继祖母、庶孙为父之生母与祖母同。《家礼》于"齐衰不杖期"条云："庶子之子为父之母，而为祖后则不服。"⑤ 父是庶子，则庶孙当为父所生母服齐衰不杖期，而若承祖后则无服。对此，毛奇龄申明了以下几点主张。其一，朱熹未明"为后"二字之义，以至因孙为祖后、若承祖后而使三年重服改作无服。实际上，为后不分嫡庶皆可以为，为则必服三年，母与祖母在天子皆后、在邦君皆夫人，子孙皆服三年。其二，古无承重名，今之承重是古传重与受重的误称，承重之说即为后之说，承重以传位而得所重，犹之为后以承位而得所传。清制"斩衰三年"章所括"嫡孙为祖父母承重"一条未必不将庶祖母三年括之祖母服中，并不至于绝服。其三，《丧服传》中"父卒然后为祖后者服斩"⑥一语专言君与后、夫人之变服，《丧服小记》所云"祖父卒而后为祖母后者三年"⑦亦为天子诸侯之礼。今制嫡孙为祖父母承重服三年是由先君与先太后之服而误服之，原非指三年重服子未服而孙承而服之。其四，士庶无承重、无为后，《丧服》无为祖父母三年之文，而只云为祖父母期⑧，今制亦明云孙为祖父母服齐衰不杖期，其中祖母应"该继祖母与庶孙为父所生母二节，以继祖母即祖母，庶孙父所生母在他孙为庶祖母而庶孙即为祖母"⑨，即为祖母则期，"嫡孙、

---

① （汉）郑玄：《礼记正义》卷4，《曲礼下》，第2729页。
② （宋）朱熹：《家礼》卷4，《治葬》，《朱子全书》第7册，第918页。
③ （宋）朱熹：《家礼》卷4，《丧礼·成服》，《朱子全书》第7册，第911页。
④ （汉）郑玄：《仪礼注疏》卷33，《丧服》，第2424页。
⑤ （宋）朱熹：《家礼》卷4，《丧礼·成服》，《朱子全书》第7册，第910页。
⑥ （汉）郑玄：《仪礼注疏》卷31，《丧服》，第2400页。
⑦ （汉）郑玄：《礼记正义》卷31，《丧服小记》，第3238页。
⑧ （汉）郑玄：《仪礼注疏》卷30，《丧服》，第2390页。
⑨ （清）毛奇龄：《丧礼吾说篇》卷9，《毛西河先生全集》本，康熙刊本，第5页。

众孙于嫡祖母期,于继祖母亦期,而庶孙之于父所生母则他孙不期而已亦期"①,此与古礼今制皆合。

清制规定,"父母为嫡长子及众子"服齐衰不杖期②。《家礼》将父为长子纳入三年之服③。《丧服·三年章》曰:"父为长子。《传》曰:何以三年也?正体于上,又乃将所传重也。庶子不得为长子三年,不继祖也。"贾疏云:"郑注《小记》云言不继祖祢则长子不必五世者,郑前有马融之等解为长子五世,郑以义推之,己身继祖与祢通已三世,即得为长子斩,长子唯四世,不待五世也。此微破先师马融之义也。"④《通典》载:

> (汉)戴圣、闻人通汉皆以为父为长子斩者,以其为五代之嫡也。马融注《丧服经》用之。郑玄注《小记》则以为己身继祢,便得为长子斩。自后诸儒皆用郑说。谯周《五经然否》曰:"《小记》曰'庶子不为长子斩,不继祖与祢也',此尚但别庶子,而下言不继祖祢者,谓庶子身不继祢,故其长子为不继祖,合而言之也。"刘智《释疑》亦同此议。
>
> (晋)虞喜《广林》难谯周曰:"礼文三发,二言继祖,一言连祢。如但继祢,则应三年,何缘须祖,烦而失要,合子于父,舍径就迂,非事实也。然则继祖者必继祢,继祢者不必继祖。今连祢于祖,以己继之,是继祖者得三年,继祢者不得也。至于连祢于祖以别高祖之祖,故因祢以继祖,别嫌也。"⑤

谯周《五经然否》与虞喜《广林》皆言长子并承祖祢。毛奇龄强调,据以上诸儒之说,则"身非适则其子不承父后,父非适则其子不承祖后。若其子非适,则两不承父祖后"⑥,若父与祖俱是嫡子,其长子无废疾,可以为将来传位之人,则可为长子服斩。然因四世、五世仕宦皆属长适而所服长子又将入仕者几乎无有,即便有相承之四世、五世,世非封建,家亦无所传之重物,故他认为今仅可存其说而无所用,且此礼在汉魏以后并未举行。《左传·昭公十五年》载,六月,周景王太子寿卒,八月,穆后崩。晋叔向曰:"王一岁而有三年之丧二焉。"杜预注云:"天子绝期,唯服三年,故后虽期,通谓之三年丧。"⑦毛奇龄据此认为后与太子之期服,虽天子而不绝,但因天子绝期而名为三年,并以杜预注虽服期而谓之三年为证,以为天子为太子亦为期服,因而得出《丧服》经文"父为长子"三年是误解《春秋》之义。然而,杜预注仅言"后虽期",并未指出为太子服期,则毛奇龄此论不免有强辩之嫌。

---

① (清)毛奇龄:《经问》卷8,《毛西河先生全集》本,康熙刊本,第17页。
② 乾隆官修:《清朝通典》卷62,《礼·服制》,浙江古籍出版社,2000年版,第2482页。
③ (宋)朱熹:《家礼》卷4,《丧礼·成服》,《朱子全书》第7册,第909页。
④ (汉)郑玄:《仪礼注疏》卷29,《丧服》,第2381页。
⑤ (唐)杜佑:《通典》卷88,《礼四十八·凶礼十》,第2422—2423页。
⑥ (清)毛奇龄:《丧礼吾说篇》卷9,第10页。
⑦ 《春秋左传正义》卷47,《昭公十五年》,《十三经注疏》(清嘉庆刊本),中华书局,2009年版,第4511—4512页。

三、祭礼

毛奇龄云："古礼不传久矣。《曲台》十七篇只得《士礼》，而李氏上《周官经》则专记周代官政而不切民用。若戴、马《礼记》率战国以后学徒所录零论襞屑，并无一通全之礼可为世法，而汉宋群儒则又各起而聚讼其间。于是古礼亡，即俗礼亦沫沫焉。"①古礼零落而不切实用，俗礼亦各家儒者聚讼不决，二者无法协调为通全可为世法之礼。面对这样的现实，毛奇龄自幼便欲补救时俗之礼，至晚年归乡著成《辨定祭礼通俗谱》方成此愿。因著礼缺乏可考证之书，毛奇龄选择以朱熹《家礼》为此书之胚模，又因《家礼》内容多有与古礼不合及与时俗不便行之处，故他在书中对《家礼》之文进行了梳理条析和考辨。此外，毛奇龄著作《经问》和《曾子问讲录》中也有辨析《家礼》之误的内容，下文将一并探讨。

（一）祭者与主祭之人

毛奇龄主张汉唐以来无建庙之文，批驳了《家礼》以祠堂代庙而不知祠堂非庙。他指出：

> 古礼最重者贵贵，故祭先之礼惟贵者始得立庙。如《王制》《祭法》所云天子七庙、诸侯五、大夫三、適士二、士官师一、庶人祭父于寝，其多寡等杀皆以爵位为升降。此惟三代封建之世世爵世官得以行之，今则贵不长贵，贱不长贱，父贱而子贵，则子立庙，子贵而孙贱，则孙又毁庙；即一人而朝进其官则朝立庙，夕褫其爵则夕又毁庙（若世官褫爵则其子替之矣，如酖叔牙而立其后类），不转瞬间而骤立骤毁，岂可为制？是以汉唐以来俱无建庙之文，即南渡绍兴、嘉泰诸年每为秦太师韩平原郡王屡请立庙而制终未定。于是朱文公熹创为《家礼》一书，间取文彦博、司马光祠堂之制以为祭典，谓庙不可得，则姑以祠堂代之，而不知祠堂似庙而实非庙，庙只一主而祠堂无限主；庙必有名（如祖庙、祢庙类），而祠堂无可名，其中所祭之主与主祭之人俱周章无理，即揆之于今，准之于古，而百不一当。然且聚族祭赛，事近蛮俗，而究其实，则仍与帝王祫禘之礼显相僣越。况庙尊祖貌，以堂宇得名，而祠则祭之别称。史凡立祠、建祠、毁其祠，皆谓建祭与废祭，非谓创其庙、毁其庙也。即后渐误"祠"作"庙"，亦未尝祠、庙溷称，如立诸葛祠而祭其庙类（诸葛亮亡，向充谓宜立祠于沔阳，欲祭者皆限至庙以断私祠），岂可以"祠"之一字作庙屋称乎？②

古礼惟贵者得立庙，而后世非世卿世禄，每一世贵贱不定，则庙不常立，不可为庙制。他对比了古庙和今之祠堂的不同在于有无名字、一主还是无限主，指出庙必有名如祖庙、祢庙，而祠堂无可名，庙只一主而祠堂无限主。他认为祠是祭的别称，建祠、毁祠是建祭、废

---

① （清）毛奇龄：《辨定祭礼通俗谱》卷1，《毛西河先生全集》本，康熙刊本，第1页。
② （清）毛奇龄：《辨定祭礼通俗谱》卷1，第2—3页。

祭之义,而非创庙、毁庙,不应将"祠"误作"庙",更不得祠、庙混称。

他指出《家礼》和《祭法》对父、祖、曾祖和高祖称名有不当之处。《家礼》称父为考、祖为祖考、曾高祖为曾高祖考,其上皆加"皇"字。他说,此是本于《曲礼》皇考与《仪礼》皇祖、皇尸之文而误用之,唐僖宗朝曾禁称"皇"字而易以"显"字,"皇"在周时虽不禁而秦后已禁之则不当复用,明杨慎便以"显"字易《家礼》之"皇"字。《祭法》称父为考,祖为王考,曾为皇考,高为显考,始祖为祖考,以"皇"属"曾",以"显"属"高"。他指出此与他经皇考、皇祖之称不合,《康诰》"惟乃丕显考文王"、《孟子》"丕显哉文王谟"皆以"丕显"为一词,则"显"与"考"不属,故"显考"之"显"义未安。那应该如何称名?他表示,清世称考、祖考、曾祖考、高祖考、始祖考,上无加字,而在主、牌、祝则冠以"先"字,最为确当。

他提到了《家礼》对藏主之器的误名。"宔",《家礼》作"椟"。他分析说,《说文解字》释"宔"为藏主之器,则宔为神主之函,椟为藏龟玉之器,有亵尊祖。《周礼·司巫》云"祭祀共匰主",宔之外有高祖、始祖和不祧祖牌,他说牌即揭,指以木为榜而揭其称,匰为宔与牌之外匰,其制稍高广如屋,平顶,而前有槅门。而《家礼》作"匰"为"龛",对此他考论云,《说文》以龛为龙貌,字书注"龛同勘",唐诗有《利州北佛龛》,于此始见"佛龛"之名,宋《广韵》始注龛为"塔下室",毛晃《增韵》释龛为浮图之室,则龛原非室名,即使后代指佛家之室,也不可作祖堂之名。

在诸所祭者中,毛奇龄以祭父为甚重,主张祭必以子。他批评《家礼》以祠堂合祭先代,以宗子主四亲之祭,使人子不解祭父,其所祭四亲系他人之亲而非己亲,所祭之父系他人之父而非己父,此为知祀远而不知祀近。毛奇龄讨论了以长支称宗子以祭祖先于祠堂的做法。他指出,一则祠堂是民间俗制,与宗法社会之庙不同;二则祠堂祭法乖舛,异于庙祭;三则宗法之制既已不可行,以长支代宗子,名与实俱不通。门人对此论发问云:

> 祠堂之制,若从朱氏《家礼》,则误认长房为宗子,合通族尊长而助祭长房之四亲,一如王族伯叔父之助祭天子,此其为无礼固不待言矣。若近代祭法,只以族长主祭而祭始祖,则族长不专祭四亲而助祭不皆尊长。虽死者不祧不杀,犹是僭罔,而生者不僭,犹可藉口。此义经先生发明,极为痛快。但先生又云"自祠堂一兴,而天下之人皆不祭父",夫王族助祭,仍私祭四亲,今自祠堂一祭外,而家祭尽彻。其在朱礼,则长房有四亲,而通族无之;在今祭,则并主祭之族长,亦无四亲。是祠堂一兴而并无父、祖、曾、高,不止一父也。先生只言父,何也?①

毛奇龄答曰:

---

① (清)毛奇龄:《经问》卷16,第11页。

大夫无高，適士无曾，中士、下士以下便无祖矣，故只言父而不得概言四亲，何则？以原有不得祭四亲者也。且言父可概四亲，言四亲不可以概父。彼不得祭四亲而只祭父者，不可谓不祭四亲，何则？以祖与曾、高皆从父而递祧之，既已祭父，则今之祧者，即向之祭之者也，惟不祭父，而四亲之祭俱绝矣，何则？以并不曾享一祭也。况父祭之重为何如者？自天子至庶人，七庙有隆杀，而父祭不杀；自郊、社以至室、神，诸祭有分限而父祭不限，则凡有生者皆必祭父，而今并父祭而亦绝之，故云然，非有他也。①

　　他补充说："自天子诸侯至士官师，有庙无庙，无不祭父。即凡有庙者，一遇父丧，辄敛群庙主而藏之始祖之庙，未葬不祭，虽曰吉凶不并行，然亦重父而轻祖以上之祭，故如此。"② 因而，他主张祭典惟子祭为最重，特创"凡祭必以子"一语为书中"主祭之人"第一条内容，以明祭父之重。

　　关于主祭之人，毛奇龄反对《家礼》以宗子主祭。他对宗子主祭的八个不通之处进行了阐述。一是古代是以天子诸侯次子为宗子，称为别子，春秋以后已不行此法，今以长支长孙为宗子，与古制不合。二是立宗之意为使天子诸侯兄弟辈自戚其戚，以疏天子诸侯，今世立宗反使世家大族戚其兄弟辈，失却古意。三是古一君有一宗，有多少君即有多少宗，今以一人当一宗则不通。四是一君所分之宗即宗此君，即"宗其继别子之所自出"，今只以长房为宗子而不能使通族皆宗长房。五是一君之宗所分族数无算，立宗是为合族和敬宗收族，今世宗族合一，不分不散，无所谓收族敬宗之意。六是古天子诸侯不更姓，宗子则易姓为氏，降而分氏为族，而今所谓"宗子"不易姓，宗子以下不分氏。七是古代宗子皆卿大夫，世官继袭，以藩屏邦国为天子诸侯本支之翰，而今宗族无邦国藩翰之用，无世官世袭，已失捍卫宗族之意。八为最不通之处，宗子主祭限于父祖曾高四亲，宗子以卑幼统以通族之众，其等世之兄弟和先一世之伯叔曾高祖父（长房惟以始祖之子居长，一二传后即有不能居长者，以至四世俱有伯氏）皆属助祭之列，然而宗子四亲皆非诸伯叔氏所当祭者，不祭己之父祖而祭他人之父祖是无亲，以尊祭卑、以众大祭四小是无长上，且率通族老幼以祭己之亲是君主所为，而宗子为之则是无君，故宗子主祭有渎伦逆理之嫌。至于祠堂祭祀通法，毛奇龄认同汪霦所言族长主祭而不限四亲之法，此则在堂之主皆主人通族所当祭者。他还指出金华唐氏祠堂制以中祀始祖、傍祀十世祖，远祖则祧，四亲之祭则各房各祭于家，此法为通变之最善者。

（二）祭之时

　　正月元日行正谒礼，为元正之谒。《家礼》中凡谒仪皆有降神一节，预设茅沙盆，于焚香后，酹酒于茅沙之上以降神。毛奇龄反驳道：其一，降神必用灌鬯，为天子诸侯之礼，大夫士以下仅在时祭时偶用，以此为常仪则是亵渎礼仪；其二，古有缩茅，无茅沙之名，《郊特

---

① （清）毛奇龄：《经问》卷16，第11—12页。
② （清）毛奇龄：《辨定祭礼通俗谱》卷2，第1页。

牲》曰"缩酌用茅",郑注曰"沛之以茅,缩去滓也"①,祭时用茅沛浊酒以去滓;其三,祭啐酳酢,此以厌神而非降神之解,不可将"降神"列于仪注中。

每月朔日行朔谒礼。毛奇龄批驳了《家礼》以正至朔望即元正、长至、朔日、望日作为四谒节,认为古凡礼事有朔无望,有朔谒而无望谒。他据《士丧礼》"月半不殷奠,有荐新,如朔奠"②一文中有朔奠无望奠,且曰"月半不殷奠",以此推论说以丧奠之繁尚不及望,则吉礼亦应无望谒。至于行礼之地,他认为朔谒礼应行于家堂或宗堂,此二地在屋内,故可举行,而祠堂稍远,则不行此礼。他批驳了《家礼》以祠堂近家侧的说法,指出祠堂为众堂,距长房或通族稍远,宗堂公祭虽是众堂,亦有长房专主,若祠堂改为宗堂后则可行此礼。

夏至日于家堂行岁荐礼。毛奇龄曰:"宗堂祧祖皆可荐,而此则专荐三臧,以始祖四亲并不祧之祖一堂共享,比之合食太祖与时祭牺袷之袷又复不同,故不名时荐而名岁荐。"③他批评《家礼》既不晓合祭可荐,亦不知荐在何时,且《家礼》引程颐"立春祭先祖"之语有误,实则应夏至祭祖。《杂记》载:"孟献子曰:正月日至,可以有事于上帝;七月日至,可以有事于祖。七月而禘,献子为之也。"④他据此指出周正月即夏十一月,周七月即夏五月,正月日至即冬至,七月日至即夏至,故献子于夏至祭祖。因《杂记》以献子此语为非是,他还提到《春秋》僖公八年也是七月行禘礼,此时献子未生,那么可知在献子之前便有夏至祭先祖之例。

春分日、秋分日行时祭之礼。毛奇龄指出古祭卜日不卜月,时祭定月,经无明文,而礼文有二至举祭之礼,二分之祭虽亦必在古礼,但终究怀疑此无依据,而《家礼》引司马光之言,遵孟诜家祭仪用二分日祭宗庙之礼,如此以无据之言杜撰论礼即是武断。

(三)祭仪

辨析祭品数目。毛奇龄批驳了《家礼》所言祭品鼎俎和笾豆数目与古义不合。他表示:"祭品有鼎俎,定有笾豆。《郊特牲》曰'鼎俎奇而笾豆偶',所以别于阴阳之义也。故鼎俎自三而五而七而九,皆奇数;笾豆自八而加六加四加二,皆偶数。朱礼动辄用五或至十五,俱非古义。"⑤

辩驳《家礼》时祭仪之误。毛奇龄将时祭仪分为行灌礼、行荐腥礼、行荐熟礼、行祭礼、行酳礼五个环节。他指出了《家礼》所述时祭仪中的四个有误之处。

其一,《家礼》于三献之后所载祝噫歆、然后启门一节为丧祭礼,不可用于吉祭,且"噫歆"二字为郑玄注之俗语,不应为礼文内容。《家礼》载,庙祭献馔既毕,"主人以下皆出,祝阖门。……祝声三噫歆,乃启门"⑥。毛奇龄反驳道:

---

① (汉)郑玄:《礼记正义》卷26,《郊特牲》,第3157页。
② (汉)郑玄:《仪礼注疏》卷37,《士丧礼》,第2475页。
③ (清)毛奇龄:《辨定祭礼通俗谱》卷2,第14页。
④ (汉)郑玄:《礼记正义》卷43,《杂记下》,第3399页。
⑤ (清)毛奇龄:《辨定祭礼通俗谱》卷3,第7页。
⑥ (宋)朱熹:《家礼》卷5,《祭礼·四时祭》,《朱子全书》第7册,第939—940页。

朱氏《家礼》于三献之后，有主人以下皆出、阖门、祝噫歆、然后启门一节。初甚疑之，后较《仪礼》文，知此是丧礼，有万万不可行者。《仪礼》既夕与虞祭皆有"声三启户"之文，谓启殡之际与葬毕归祭，魂无所依，故祝先阖户，使男女踊哭户外，至升堂止哭，然后声三启户。郑注"声者，噫歆也，谓将启户警觉鬼神也"，则此是丧祭之礼，与祭礼并无干涉，而以此为吉祭，是吉凶并行，礼制大坏矣。又《曾子问》"君薨而世子生"，则于祝告时，亦止哭作声三；而《大戴礼·诸侯迁庙》"亦声三，以警神听，然后入告"，此亦凶丧之礼。初薨、迁国，魂无所依，与启殡、葬归伥伥正同。今堂堂盛祭，有庙有祏，可凭可依，而忽作此不祥之礼，何鲁莽至此！且"噫歆"二字出自郑注，礼文无有，此必齐俗乡语，如《春秋》"登来"、《论语》"文莫"之类。今欲行此礼，而"噫歆"之声，作何咳吐，盍亦就订礼者一明问之？①

关于"噫歆"之义，毛奇龄在《曾子问讲录》中作了进一步解释。其云："'噫'即《楚词》之"欸"，发声之字，歆即佛书之"诃"，收声之字。若欲举似其声，大抵如咳声作"唉（音哀）噉"二字，以噫与唉、兴与噉皆声转字也。"② 他继而论曰：

以'唉噉'解'噫兴'，此是愚见，从前未有言之者。朱子所云"咳声"，亦想像当如是耳。但此是凶礼，历考群书，皆是主庙未定、神魂无所依而作此声以警觉之。故《既夕礼》启殡、《士虞礼》反哭、迁庙礼安主，及此初丧、告子礼，皆未经作主，或有主而迁徙震动，不得已始作此声。今朱子误作"庙祭"，则明明寝祏栖息已久，而反呵咳，以警之是惊之，非享之也。且吉凶不并行，以庙祭而行凶礼，可乎？③

《曾子问》"祝声三"，郑玄注为"声，噫歆，警神也"④。毛奇龄认为"声三"及"噫歆"为神魂无所依时所作以警神之声，为凶丧之礼，不可与吉礼并行，而朱熹将"祝声三噫歆"载入《家礼》之庙祭礼中则有误。

其二，荐熟礼即朝践礼，又名朝事礼。古代，朝事初献后有受酢礼，《家礼》误注为"受胙"，且袭《仪礼》受酢仪中搏饭挂袖之猥琐礼节。他论述道：

古朝事初献之后即行酢礼，主人献尸，尸酢主人，此即二端二礼互相酬报之义，但嫌弃太数，故于馈食时及终祭行之。若《仪礼》受酢之仪，又有尸搏饭授主

---

① （清）毛奇龄：《辨定祭礼通俗谱》卷4，第14—15页。
② （清）毛奇龄：《曾子问讲录》卷1，《毛西河先生全集》本，康熙刊本，第13页。
③ （清）毛奇龄：《曾子问讲录》卷1，第14页。
④ （汉）郑玄：《礼记正义》卷18，《曾子问》，第3007页。

人，主人实于左袂，而挂袂于季指，然后写袂中之饭而出之盘间，此礼之最猥璅无状者。朱氏礼于他重礼皆不解，而此则偏有之；且此行于初献之后，并非饮福受胙之仪，而注为"受胙"，误矣。先仲氏曰："'受胙'者，'受酢'之讹也。"良然。①

受酢之仪行于初献之后，有主人实饭于左袂而挂袂于季指一说，而《家礼》将此列入饮福受胙之仪则是将"受酢"讹为"受胙"。毛奇龄认为此实饭于袂而挂袂于季指之礼实在猥琐无状，批驳了《家礼》不解其他重礼而偏有此礼。

其三，《家礼》于受胙之仪后载有《仪礼》"告利成"一节，然而告利告成是托为告主人以讽尸之言，今祭无尸则不应行告利成之礼。毛奇龄论曰：

> 朱礼于受胙后，又有"告利成"一节。按：《仪礼》告利成者，"利"训养，"成"训备，谓祭毕而养已备，可以起矣。此是讽尸使起而难以明言，因托为告主人以讽之，故"告利成"后即云"尸谡"。"尸谡"者，尸起也。今祭不扮尸，将欲谁告？朱礼于祭礼大小节目茫然不谙，而独于"祝嘻歆""告利成"两事似以为奇节而并取之，然俱是差错。或有为朱辨者云："告尸与告主，一也。今虽无尸，然主自在也。主在则利成，何不可告？"而曰："不然。《曾子问》有云：'阴献无尸，则不告利成。'郑注谓'利成之告，礼之施于尸者，无尸不告'，礼文彰彰也。世不识礼，亦不识《礼记》耶？"②

阴厌在迎尸之前，故阴厌无尸。《曾子问》曰："不告利成，是谓阴厌。"郑玄注云："利成，礼之施于尸者。"③据此，毛奇龄强调无尸不告，今制祭礼无尸则不应有告利成之礼。

其四，毛奇龄认为毛血应随地瘗埋，不必告，而朱熹《家礼》有进毛血礼。对此，他驳曰：

> 毛血亦随地瘗埋已耳，且不必告。朱氏礼有进毛血礼。按，《礼》祝告毛血，名"告幽全"，以其血备，名"告幽"；以其色纯，名"告全"。"全"者，毛色不杂。所谓"祝诏于室"者，正诏此也。今祭无牲毛之等，无赤、白、黑三色之辨，无纯、杂之分，则持其毛以进，将欲何告？不告而犹进之，将何为？此岂可食乎？今世凡礼祭，俱无一不悖古礼，而独于"毛血"一节遵行不彻。观此，可废然返矣。④

古礼，祝告毛血是诏告此血备而色纯，而今礼已经不区分牲毛等第，亦无毛色纯杂之分，故无可告且不必告，不告毛血则不必进毛血。

---

① （清）毛奇龄：《辨定祭礼通俗谱》卷4，第11页。
② （清）毛奇龄：《辨定祭礼通俗谱》卷4，第15页。
③ （汉）郑玄：《礼记正义》卷19，《曾子问》，第3031页。
④ （清）毛奇龄：《辨定祭礼通俗谱》卷3，第16—17页。

毛奇龄《辨定祭礼通俗谱》详细辨析了家祭礼的诸个环节，对《家礼》谬误之处一一指摘。四库馆臣对他的辨论评价道："然《家礼》实非朱子之书，以王懋竑笃信朱子，而《白田杂记》乃反覆辨是书之依托，其言具有根据，则奇龄之辨又不能尽以好胜目之矣。"①。

四、结语

毛奇龄的三部家礼学著作，对朱熹《家礼》进行了质疑和纠谬，在家礼学发展史上有重要的地位和影响。

昏礼学方面，他反对《家礼》当夕成昏之说而倾向于三日成昏，认为这既合晋唐旧制又合时俗。同时，他对朱熹三日庙见说的批驳相当有力。他明确区分了妇见和庙见之别，以妇见为成昏次日以笲枣栗殿修特豚拜舅姑以成妇义之礼，庙见为舅姑既没的情形下由妇在昏后三月于庙行祭以扱地奠菜之礼，明确指出成昏当日之谒庙不同于庙见，若舅姑已没，则应于三月后再行庙见礼。他对《家礼》的驳正，有助于明晰昏礼的具体仪式和庙见概念。

丧礼学方面，他将主丧者分为尊主、卑主、摄主三类，指出今殡礼应在中堂勿西，批驳《家礼》以魂帛朝庙、迁柩于厅事一说，以及《家礼》所云主之形制与古制不同。在五服方面，他反对《家礼》所载庶子为父后者为其母缌服、庶孙为祖后者为父之生母无服以及父为长子服三年之说，他主张庶子为父后者为生母斩衰三年、士庶无为后则庶孙于父所生母服期、"父为长子"三年之礼在汉魏以后并未举行。这些辨析厘正了《家礼》的若干记载，其中虽有自发议论而不能据为定论之处，但亦能成一家之言。他对五服制度的辨正体现了他以古礼正今俗、以清制为考量的经世理念和现实关怀。

祭礼学方面，《辨定祭礼通俗谱》对《家礼》所载祠堂礼框架作了补正和扩展，对《家礼》以祠堂代庙进行辨驳，提出祠堂非庙一说。他强调祭父以子，反对《家礼》以宗子主祭，还指出《家礼》对父、祖、曾祖和高祖称名的不当之处、对藏主之器的误名、正谒仪酹酒于茅沙之上以降神之误、时祭仪诸环节不合今礼等，辨析了古礼和今制的不合之处。他认为有朔谒而无望谒、夏至日祭祖、二分日祭宗庙无据、对《家礼》所载祭品数目的辨驳等，强调今制应符合古礼，亦为持平之论。在祭时祭仪的辨定中，他补充并修正了朱子《家礼》的不足不当之处，有助于家祭礼的完善，对于民间通俗祭礼的践行和发展具有一定的示范和导引作用，对后世家礼学的发展有重要影响。

总体来看，毛奇龄对《家礼》的辨说独到有据、思路细致清晰，虽偶有偏颇和强辩之处，但他探讨昏、丧、祭三礼的诸多议题和观点为后世学者继承和发扬。此外，他对古今礼制的对比和权衡体现了他以礼经世的治学宗旨，他还志在通过考证礼经以提出改良时俗、导正民行的礼仪规范，这也是他经世理念的追求和体现。在他的家礼学著作中，对一些具体仪节和内涵的辨析往往考据清晰、引证博洽，治学思路缜密、逻辑严谨，对后世的家礼学研究有重要启发。

---

① （清）纪昀等：《钦定四库全书总目》，中华书局，2007年版，第284—285页。

《四书改错》中的《论语》训诂研究

北京师范大学　韩彩莹

摘　要：明末清初，学术风气由空疏的宋学转向实学。学风转变历程中，毛奇龄的地位举足轻重。《四书改错》是毛奇龄晚年的重要成果。在《四书改错》中，毛奇龄使用了以形索义、因声求义和据文求义等方法对《论语》进行训释。值得注意的是，毛奇龄在通过语音线索探讨词义时常有失误。毛奇龄的训诂体现出两个鲜明的特点：坚持"以经证经"，强烈批判宋学。毛奇龄的训诂研究虽然有功于还原《论语》本义，转变学风，但也存在缺陷：不通体例，声训失误，牵强附会，负气求胜。

关键词：《四书改错》《论语》声训　实学

明末清初，由于社会的变革、学术的发展，宋明理学的空疏学风受到学术界的批判。很多学者不再信服理学对经典的说解，从名物训诂的角度重新解释经典。学风转变历程中，毛奇龄的地位举足轻重。《四书改错》是毛奇龄晚年的学术成果，是对于其早年四书学成果的整理和补充。毛奇龄在《四书改错》中对朱注四书，特别是朱注《论语》有诸多驳斥。他把朱注的错误归为32种[①]，并对朱注错误部分进行重新训释。

本文归纳《四书改错》中《论语》部分的训诂方法，分析训诂特点所在。以现代学术的眼光，对毛奇龄的学术成就进行审视，客观地判断和分析，分析毛奇龄的训诂贡献及不足。

一、训诂方法

（一）以形索义

王宁先生在《训诂学原理》中指出："在拼音文字里，字形记录的是字音，它不与义直接发生关系。而汉字是表义文字，原始的汉字是据义绘形的。这就使汉字与它所记录的词的意

[①] 分别为：人错、天类错、地类错、物类错、官师错、朝庙错、邑里错、宫室错、器用错、衣服错、饮食错、井田错、学校错、郊社错、禘尝错、礼乐错、丧祭错、故事错、典制错、刑政错、记述错、章节错、句读错、引书错、据书错、改经错、改注错、自造典礼错、抄变词例错、添补经文错、小诂大诂错、贬抑圣门错。

义直接发生了联系。"①汉字是表意文字，早期汉字是据义构形的，具有形义统一的特点，因此可以根据汉字的形体对汉语单音词的意义进行分析。汉字经过不断地演变，有些字的形体与意义已经无法看出形义统一的关系了，需要经过溯本和复形，在保证本字和笔意的基础上，再根据汉字的形体探求词义。

毛奇龄注意到了汉字形体与意义之间的关系，在《四书改错》中运用汉字的字形探索意义，对朱熹注错的《论语》字词进行重新训释。如"八佾"条：朱注中列两种说法：何休"八八，六六"说，服虔"每佾八人"说，并没有做出判断。《四书改错》指出："古佾之为字，《说文》谓'从八，月声'，以八为义。而《集韵》则直谓古文作必以八人著于形。"②毛奇龄通过分析"佾"字形，以为服虔说法为确。他引《说文解字》对"佾"的说解："从八，月声"，认为"佾"以"八"为义。又举出《集韵》所记载的"佾"的古文字形，指出"佾"的古文明显以"八人"作为形体的一部分。并以《春秋传》郑赂晋侯"女乐二八"之文，秦赐由余"女乐二八"之文为证。毛奇龄由此推知，舞队分合不定，未必成方，但必定以八人为一列，以二、四、六为佾的训释都是错误的。

毛奇龄书里多根据形声字的形旁探求意义，进行训诂。形声字虽然不是直接绘形的，但是其标形的一半能够提示其所属的意义类别，也可以在以形索义时提供依据。举例来说，"莜"条，朱注以为"莜"是竹器。毛奇龄在《四书改错》中指出："此袭旧注而又错者。《说文》：'莜，草田器。本作莜，从草。'引《论语》'以杖荷莜'为证。诸韵皆然，并无言竹器者。张文楚曰：'莜'，从草，不从竹。虽《六书正伪》作'芸田器'，《集韵》作'草田器'，《韵会·锡韵》注作'盛种器'，然总非竹器。"③毛奇龄根据《说文解字》："莜，草田器。本作莜，从草"，指出"莜"的形旁为"草"而不是"竹"，不当是竹器。又引张文楚的考证，举出《六书正伪》作"芸田器"、《集韵》作"草田器"、《韵会·锡韵》作"盛种器"。这些典籍的注解虽未明指"莜"字从草，却都没有指出其从"竹"。由此得出结论："莜"是草器，朱熹的训诂有误。又如"韫椟"条，朱注："韫，藏也。椟，匮也。"④《四书改错》："'韫'训作'藏'，则藏椟而藏，非文理矣。韫、椟皆包物之器。大抵以皮包物曰韫，故从韦。以木包物曰椟，故从木。"⑤毛奇龄认为将"韫"解释作"藏"，则"藏椟而藏"，不符合文理。他提出"韫"和"椟"是两种不同的东西，并用以形索义的方法进行了区分。他指出"韦"是"韫"之形旁，"韫"表示以皮包物。而"木"为"椟"之形旁，"椟"是以木包物。两者的形旁不同，可见不是同一类事物。"羿"条，朱注："羿，有穷之君也"，毛奇龄以为有误。他指出"羿"应当是掌管射的官名，并通过字形进行论证。毛奇龄认为"羿"字从"羽"，意义与羽矢有关，"其字以羽矢为义，而加以开声。故凡职射而以官为氏者，皆得氏羿，杨雄赋'羿

---

① 王宁：《训诂学原理》，中国国际广播出版社，1996年版，第39页。
② （清）毛奇龄著，胡春丽点校：《四书改错》，华东师范大学出版社，2015年版，第181页。
③ （清）毛奇龄著，胡春丽点校：《四书改错》，华东师范大学出版社，2015年版，第122页。
④ （清）毛奇龄著，胡春丽点校：《四书改错》，华东师范大学出版社，2015年版，第118页。
⑤ （清）毛奇龄著，胡春丽点校：《四书改错》，华东师范大学出版社，2015年版，第118页。

氏控弦'是也"①。

毛奇龄运用以形索义的方法时，注意到了本字本义的重要，对朱熹未根据本字本义训释的材料重新训诂，并在文献中寻找根据。如"饮食错"中的"食不厌精，脍不厌细"。朱注："不厌，言以是为善，非谓必欲如是也。"②《四书改错》："又况饮食恶侈。《论语》记此，实借夫子以儆世之饕餮者。其连称'不厌'，实与下文诸'不'字并作禁词，谓不饱精、不饱细也。"③毛奇龄认为朱熹没有理解"厌"的内涵。"厌"应训作"饱"而非"恶"。毛奇龄指出"厌"的本字为"饜"，"注者曰：'谓饜而饫之'，则厌原是饜字。"④认为"饜"字从"食"，以饱为义，讥讽朱熹明知此条记载饮食，却不知本字是"饜"，可谓不识字。他根据《说文解字》的训诂进行说解。认为"厌"的本义应为"饱足"。引据《尚书》"万年厌于乃德"、《礼记》："阳厌""阴厌"，说明"饱足"在文献中是可以找到根据的。毛奇龄还指出"厌"本义和引申义"嫌恶"的关系：过于饱足反而导致嫌恶。并以《论语》"天厌之"、《汉书·叔孙通传》"上益厌苦之"、《后汉书·章弟本纪》"朕亦厌之"等文献为依据。

另外，值得注意的是，有时毛奇龄自己的说解中虽然没有以形索义，但是却引据了他人对文字形体的考据。如"片言折狱"条，朱注："片言，半言。言出而人信服之，不待其词之毕也。"⑤毛奇龄以为折狱不贵寡言，朱注有误。他指出"片言"不当指"不待词毕"，而应当训释为"单辞"，即券、契文的一半，引毛文辉对字形的训释为证。毛文辉指出，《说文解字》中"片"被训释成"判木"。"片"的字形从"半木"，也就是"木"的一半。古代狱讼时，取两券合之，诉讼双方各书狱词，等到听狱后复具一书契而两分之。"木"的一半就是指券、契文的一半，"片言折狱"即半言半契便可断狱。

（二）因声求义

词是音、义的结合体，义与音分别是语言的内容、形式，二者联系比形与义之间的关系更为密切。"音义关系'约定俗成'和'音近义通'这两种情况，在文字上相应地反映为同音字与同源字的存在。"⑥因声求义，即通过语音考证词义的方法。"因声求义"有两个用途：一是破假借，一是求语源。这是王宁先生在《训诂学》里指出的。

假借有两种情况：一是本无其字，是造作文字的方法，以不造字为造字；一是本有其字，书写时找一音同之字代替。毛奇龄通过"因声求义"所破假借为后一类情况。举例来说，"五十以学《易》"一则，朱注："刘忠定自言尝读他《论》，'加'作'假''五十'作'卒'。盖'加''假'声相近而误读，'卒'与'五十'字相近而误分也。"⑦毛奇龄认为朱熹说法有

---

① （清）毛奇龄著，胡春丽点校：《四书改错》，华东师范大学出版社，2015年版，第66页。
② （清）毛奇龄著，胡春丽点校：《四书改错》，华东师范大学出版社，2015年版，第140页。
③ （清）毛奇龄著，胡春丽点校：《四书改错》，华东师范大学出版社，2015年版，第141页。
④ （清）毛奇龄著，胡春丽点校：《四书改错》，华东师范大学出版社，2015年版，第140页。
⑤ （清）毛奇龄著，胡春丽点校：《四书改错》，华东师范大学出版社，2015年版，第275页。
⑥ 王宁：《训诂学》，高等教育出版社，2015年版，第170页。
⑦ （清）毛奇龄著，胡春丽点校：《四书改错》，华东师范大学出版社，2015年版，第320页。

误，在《四书改错》中指出："按《史·世家》作'假我数年'，然'加''假'通字，非声近之误。"① 也就是说，"加"作"假"并非误读，而是假借的现象。毛奇龄指出文献中也有相同的用例，如《世家》作"假我以数年"。又如"黻冕"一则，朱熹将"黻"训释为"蔽膝"，并以为其"以韦为之"。《四书改错》则言道："此则又大错者。黻不是蔽膝，冕不是冠。黻、冕不止是祭服。且其所云'蔽膝'而'以韦为之'者，则并是'韨'字不是'黻'字。只因《左传》'衮冕黻珽'本是韨字，以通作'黻'，因之与黻冕相混。"② 毛奇龄认为朱熹没有识别出《左传》"衮冕黻珽"中"黻"的假借用法，因而导致训诂失误。他指出《左传》文中的"黻"本作"韨"，因为音近假借才通写为"黻"。实际上"黼黻"和"韠韨"为截然不同之物，"即或偶作通，亦通字，非通物也。"③ 朱熹所说"以韦为之"者，应当是"韨"而非"黻"，朱熹不明假借，将两字混淆了。

"因声求义"还有探求名物来源的作用。随着社会的发展、变迁，为了满足人们表达的需要，新词不断产生。新词产生的方式之一就是以已存在的词为基础派生新词。有共同根词的派生词声音相近、意义相通，音与义是有机联系在一起的。毛奇龄在《四书改错》中也通过"音近"的条件探求语源。如"诔"条，毛奇龄的训释为："古有祷礼，有谥礼，而总名曰诔。诔者，累也。祷者累功德以求福，谥则累功德以易名，明分二礼。但以累功德同，故均以'累'字称之。"④ 他用与其声音相近的"累"进行训释。以"积累"作为命名来源。由于忽略了同根词，毛奇龄对于《论语》词义的声训出现了谬误。如"觚"条，毛奇龄在注解中用声训探求名源："独五升有三名：其曰散者，讪也，被谤讪也；又曰觚，觚者，过也，过分也，故罚必用觚；若又曰觥，则饷酒之名，与觚、散别。或以觥为伤，非也。觚过、觥饷，皆声之转耳。"⑤ 毛奇龄利用语音的联系训释"五升"的三个名称，忽视了同根词的前提。三组词声音相近，但是词源意义却并不相同。因此，"觚"条探求命名来源的声训存在问题。

（三）因文求义

"因文求义"，就是利用文本的分析探求词义。从文本出发，利用文章修辞、上下文连贯性、人情事理等多种要素分析词义。这一概念由欧阳修明确提出，被清代学者运用在训诂实践里。在《四书改错》的《论语》训诂中，毛奇龄也运用了"因文求义"的方法。

利用修辞分析词义者，如"苗而不秀"条。朱注："谷之始生曰苗。"毛奇龄对此进行驳斥："刘昭曰：《论语》'苗而不秀'，'苗'谓早夭，'秀'谓成长。其以苗为早夭者，以止于苗也。故少长曰苗。"⑥ 毛奇龄通过"秀"和"苗"的对文现象论证"苗"为"早夭"者。刘昭训"秀"为"成长"，因此作为对文的"苗"所指不是草中"始生"者，而是"早夭"者。

---

① （清）毛奇龄著，胡春丽点校：《四书改错》，华东师范大学出版社，2015年版，第320页。
② （清）毛奇龄著，胡春丽点校：《四书改错》，华东师范大学出版社，2015年版，第133页。
③ （清）毛奇龄著，胡春丽点校：《四书改错》，华东师范大学出版社，2015年版，第133页。
④ （清）毛奇龄著，胡春丽点校：《四书改错》，华东师范大学出版社，2015年版，第310页。
⑤ （清）毛奇龄著，胡春丽点校：《四书改错》，华东师范大学出版社，2015年版，第116页。
⑥ （清）毛奇龄著，胡春丽点校：《四书改错》，华东师范大学出版社，2015年版，第53页。

"韫椟"条，朱注"韫，藏也"，毛奇龄同样是通过对文现象进行分析的。《四书改错》："陈琳《赋》'山节藻棁，既棁且韫'，明以韫、棁分对，作两物可验。"① 毛奇龄认为"韫"是名词，朱注将"韫"训诂为动词"藏"是错误的。

分析事理者，如"君命召"条。朱注："急趋君命，行出而驾车随之。"② 《四书改错》对此进行驳斥："此郑注之无理者，而注又袭之。经文'行矣'者，谓走、趋也。若'行出'，则只出门矣，岂出门后仍驾车耶？抑走、趋而车随之耶？'不俟驾'，以驾必需时。不能俟耳。若依然驾车，则驰车与急足等矣，且随之何为也？"③ 毛奇龄认为之所以"不俟驾"，是因为等待马车需要时间。朱注所言"行出而驾车随之"，无论解释为出门之后仍旧驾车，还是车跟在人后，都不合情理。又如"子夏之门人"条。朱熹认为子张讽刺子夏言语狭隘。《四书改错》指出："此记者之意。本偏存子张之说，以垂训者。夏是客，张是主，与'棘子成'章意同。今且概举而非之，既已失主客意矣。"④ 毛奇龄认为此则体现的是记录者的意图，而实际上夏是客，张是主。按照情理，子张不会失主客之礼。

此外，书中还有利用上下文连贯性进行的分析。举例来说，对于"克己"进行分析时，毛奇龄就利用上下文进行判断。朱注"己，身之私欲也。"毛奇龄以为训"己"为"私"有误，驳斥道："于是宋后字书皆注'己'作'私'。引《论语》'克己复礼'为证，则诬甚矣。毋论字义无此，即以本文言，现有'为仁由己''己'字在下，而一作身解，一作私解，其可通乎？"⑤ 毛奇龄指出下文"为仁由己"的"己"被朱熹解释为"身"。而"克己"的"己"却被阐释为"私"。同一个"己"字，朱熹做了"身"和"私"两种解释。导致文义割裂，解释不通。

二、训诂特点

（一）反对宋学，批驳朱熹

毛奇龄的《论语》训诂体现出了对宋学的强烈反对，批判矛头指向朱熹。明末清初，很多学者认识到宋学存在空谈义理的弊端，认为宋学的不近事功是明朝灭亡的原因之一，对宋学进行批判，毛奇龄也是其中一员。

反对之处可归纳为三点。其一，反对宋学空谈义理，不重事功。毛奇龄认为儒学注重事功，讲求为人处世有利于社会、国家。毛奇龄在"管仲相桓公"条强调，孔子推崇管仲就是因为他有功于国。而宋学却不关注国家兴亡，一味空谈心性。在"子路曰：子行三军，则谁与"条的训释中，毛奇龄指责宋人眼见家国沦陷、山河破碎，论经却以行三军为卑贱之事，鄙视子路以三军为问。痛言即使秦皇、汉武穷兵黩武，宋人也没有权利对其事进行指责。其二，反对宋学篡据圣门，背离儒学主旨。毛奇龄认为宋儒之学的很多东西吸收于佛、道，将

---

① （清）毛奇龄著，胡春丽点校：《四书改错》，华东师范大学出版社，2015年版，第118页。
② （清）毛奇龄著，胡春丽点校：《四书改错》，华东师范大学出版社，2015年版，第164页。
③ （清）毛奇龄著，胡春丽点校：《四书改错》，华东师范大学出版社，2015年版，第164页。
④ （清）毛奇龄著，胡春丽点校：《四书改错》，华东师范大学出版社，2015年版，第503页。
⑤ （清）毛奇龄著，胡春丽点校：《四书改错》，华东师范大学出版社，2015年版，第414页。

二家学说并入使儒学本来的面目受到篡改。且宋学各立名目，与儒家"一贯"之道相违背。因此，宋学属于"道学"而非真正的儒学。在对朱熹《集注》的改正中，毛奇龄多次指责宋儒背离儒学。如"子夏之门人小子"条，毛奇龄指出宋儒的学说来源于佛家、道家，反而对于儒家的学说不甚精通。又如"吾党之小子"条，毛奇龄引《四书集注补》的说法："宋学本老氏，皆华山道士所授，而二宋皆宗之。故南宋洪迈为史官，而儒者皆丐迈作陈希夷先生及周元公诸大传，且载《太极图说》于传中。"① 其三，反对宋学的天理人欲说。毛奇龄指出春秋以前，自尧、舜至夫子都没有提过"理欲"。两者并称是西汉河间献王博士辑《乐记》之时才开始的。且"理"字一直以来在儒家经典中都被训释为"条理"，只有《孟子》曾将"理"训释为"义理"。宋儒执拗于天理、人欲，用"理欲"之说阐释儒家经典，将经典的原义抹杀。例如，宋儒妄言儒家不谈善恶，将其视为佛家名目，并用"理""欲"二字代替"善""恶"。毛奇龄在"善人""苟志于仁"等条都对此有过批驳。他指出事实上，儒家经典多次提到善恶：《中庸》言"择善而固执之"，《大学》言"道盛德至善"，《尚书》有"主善为师"之言。舜与盗跖的分别，即善与利益的差别，同样也是关于"善"的命题。

毛奇龄批判宋儒，把矛头直指朱熹。正如全祖望在《萧山毛检讨别传》中所言："所最切齿者为宋人，宋人之中所最切齿者为朱子。"② 毛奇龄针对朱注作《四书改错》，通过训诂手段指正其错误，开篇便道"四书无一不错"③。毛奇龄将《四书章句集注》的错误一一归类，多达三十二类。在书中对朱熹多加讥讽，常说"错之又错""千载梦寐，可叹之甚""以格物之儒说经而可叹如此""真梦之梦也""流祸后世""滔滔奈何"。除了批驳空谈"理欲"、不重事功、篡据圣门等宋儒通病，毛奇龄对朱熹的"格物穷理"理论也进行了抨击。他认为朱熹曲解经典，对"格物"的阐释不合逻辑——"致知""诚意"是《大学》"知""行"二字的要领，所谓知行统一，如果所知者为事物，那么所行在"诚意"就不合理了。对朱熹"格物"说的批驳还见于对"千乘之国""子夏之门人小子""四十而不惑，五十而知天命""夫子之道，忠恕而已矣"等多个条目的训释。

（二）重视考据，以经证经

毛奇龄《论语》研究的另一特点是——注重考据，以经证经。所谓"以经证经"，就是用儒家经典阐释经典，贯通群经。毛奇龄对"以经解经"曾有过明确阐释："独是予之为经，必以经解经，而不自为说。"④ 如果对经典的阐释和经文原义有所不同，那么即使汉儒、宋儒都曾经做过相似的阐释，他也对这种阐释表示质疑。另外，毛奇龄认为相比于传、注，经文本身更加可靠。汉儒考据过于繁复，材料冗杂，反而导致曲解经义。而宋儒更是执拗于天理人欲，妄篡经义，因此，后世的传、注都不可避免地对经典原义有所歪曲。《四书改错》的《论语》

---

① （清）毛奇龄著，胡春丽点校：《四书改错》，华东师范大学出版社，2015年版，第511页。
② （清）全祖望原著，黄云眉选注：《鲒亭文集选注》，齐鲁书社，1982年版，第305页。
③ （清）毛奇龄著，胡春丽点校：《四书改错》，华东师范大学出版社，2015年版，第1页。
④ 徐世昌：《清儒学案》，河北人民出版社，2008年版，第876页。

训诂里，他始终贯彻着"以经证经"的原则。在"五十有五而志于学，三十而立""六十而耳顺"等多条的训释中，他都曾明确提及"以经证经"。

具体来说，《四书改错》的《论语》训诂中的"以经证经"可分为两类：一类是以《论语》本文为证；一类是引据其他经典证《论语》。举例来说，"食不厌精，脍不厌细"一则，毛奇龄对"不厌"的训释就是以《论语》本文为证的。朱熹注"不厌"为"言以为善"，毛奇龄指出："此又错者。章内二十一'不'字，皆禁止之词，谓谨食也……岂有开手二'不'字，反似为饕餮之徒劝加餐者？"① 毛奇龄对于"厌"的训诂是"嫌也，恶也"，并举"天厌之"中同样训释为"嫌恶"的"厌"为证。又如"夫子之道，忠恕而已矣"一则，毛奇龄同样以《论语》本文为证。朱注"忠者天道，恕者人道"，毛奇龄认为穷尽《论语》二十篇，都可以看出儒家"一贯"之道。他对"一贯"进行阐释："是以《论语》两'一贯'，曾子是'一贯'之道，故曰'吾道'，曰'夫子之道'；子贡是一贯之学，故曰'多学而识'。然而曾子一贯在忠恕，子贡一贯只是恕。"②

毛奇龄贯通群经，常常引其他经典对《论语》进行训释。其子毛远宗曾说："其本经文有未明者始援及他经，或以彼经证此经，或以十经证一经，凡一切儒说皆置勿问。至于经证未备，则必于本经文前后审剂絜量，通渝其大意，使两下券契不失毫黍，然后划然而出。"③ 相比于偏重于四书的宋儒，毛奇龄看到了五经的重要性。在对于《论语》的训释中，他不但引据四书，还多次引用五经之文。如"善人"一则，毛奇龄引据了《论语》"得一善，则拳拳而服膺"作为例证，还援引了《大学》"道盛德至善"、《中庸》"则善而固执之"等为证。又如"六十而耳顺，七十而从心所欲，不逾矩"一则，毛奇龄在训释时引用了《尚书》中的《虞书》《洪范》，《礼记》中的《曲礼》《礼运》《乐记》。"克己"一则的训释中引据了《春秋》昭二十八年、庄八年之文，"焉知来者之不如今也"引用了《毛诗》。

值得注意的是，毛奇龄在注解经文时虽然以引据儒家经典为主，但是同时也参考了大量其他门类的典籍，引用其他学者的说法。诸如《史记》《战国策》《国语》《汉书》《后汉书》《晋书》《北史》等史书，《说文解字》《释名》《玉篇》等小学类专书，《论衡》《荀子》《韩非子》《淮南子》等子类书籍，以及王利贞、潘岳、张齐贤等人的文学类作品都可被《四书改错》所引据中。此外，还有失名氏《经辨》、卫恒《书势》、姚士粦《伪於陵子》等。毛奇龄常常在材料的末尾引据其他学者的说法，在《论语》训释中引用频率较高的学者包括其兄毛锡龄、章大来、张文彬、毛远宗、朱樟、张文枫、毛文辉等人。

三、训诂贡献

（一）还原《论语》本义

毛奇龄认为前人注解的《论语》有种种弊病，他说："乃少读《论语》，瞰瞰然，至再读，

---

① （清）毛奇龄著，胡春丽点校：《四书改错》，华东师范大学出版社，2015年版，第140页。
② （清）毛奇龄著，胡春丽点校：《四书改错》，华东师范大学出版社，2015年版，第436页。
③ 徐世昌：《清儒学案》，河北人民出版社，2008年版，第876页。

而反疑之。迄于今，凡再三读，而犹豫顿生，似宣尼所言与七十子之所编，记其意旨本不如是，而解者以己意强行之。"① 在《四书改错》中，他通过训诂对宋儒诠释不妥之处加以批驳，还原《论语》本义。

毛奇龄把矛头指向程朱理学，他指出，朱熹在作《论语集注》时只参考了何晏的著述，引据不足。且朱注执拗于天理人欲，不但对《论语》思想的考证有所偏差，对历史名物、典章制度的解释不甚周密，导致《论语》的本义被抹杀。毛奇龄旁征博引，条分缕析地驳斥朱注《论语》的错误。对于朱注阐释《论语》思想时出现的错误，他在小诂大诂错、贬抑圣门错等条目中通过训诂进行本义还原。如在"回也，其心三月不违仁"条，毛奇龄对朱熹仁与心"内外宾主之辨"进行了批驳；在"孝悌也者"条，毛奇龄指出了朱注对"孝"与"仁"关系的误读。对于朱注解释《论语》典章制度所出的错误，他在典制错、礼乐错、朝庙错、刑政错等章节进行纠正。如"告朔之饩羊"条，朱熹以"视朔"做注释。毛奇龄指出"告朔"与"视朔"不同，朱注为非。另外，毛奇龄还通过训诂指出了朱注妄篡经、注的错误。如"见善如不及"条，毛奇龄指出朱注将"见善如见不善"的"见"改作"知"不合情理。

除朱熹外，毛奇龄指出二程、陆九渊、周敦颐等另外几个宋学代表人对《论语》的误读，还原《论语》本义。毛奇龄在对"忠恕而已矣"进行阐释时讲道："近儒不知圣道，并不识圣学，其于下手入门处全然不晓，东振西触……以致六七百年来，谁能于下手入门处明白指出，及骤闻一贯，而彼我茫然。"② 他批驳了陆九渊的"立志"说，周敦颐的"主静"说，以及二程学说中的"主敬"与"涵养用敬"。毛奇龄指出上述几家都未能阐释儒家"一贯"之道，杂立旁说，致使经典原义被掩盖。

（二）转变《论语》研究学风

宋朝以来的历代统治者为了巩固统治地位，将《四书章句集注》定为官方学术权威。自此，学者说解《论语》大多遵循朱熹之说，墨守成规，不敢改动。明代，胡广等人编订的《论语集注大全》被定为科举用书后，追求功名利禄的仕子更是被义理之学所束缚，弃实学于不顾。一时学风沦丧，《论语集说》等诠释《论语》之作趋于浅陋。《论语》的研究学风更加空疏。《四库全书总目》如是写道："《大全》出而捷径开，八比盛而俗学识。科举之文，名为发挥经义，实则发挥注意，不问经义何如也。且所谓注意者，又不甚究其理，而惟揣测其虚字语气，以备临文之摹拟，并不问注意何如也。"③ 陆王心学虽在一定程度上打破了程朱理学对人们的束缚，但是后期《论语疑问》《论语测》等著述却也失之于禅学末流。

面对《论语》研究的空疏学风，毛奇龄提倡实学，注重考据，利用训诂对宋儒学风进行批驳，推进了学风向实学转变。不同于空谈义理的宋儒之学，毛奇龄倡导"以经证经"，在对《论语》进行训释时，他不但以《论语》本书里的语言事实为证，还广泛引用包括《大学》

---

① 徐世昌：《清儒学案》，河北人民出版社，2008年版，第876页。
② （清）毛奇龄著，胡春丽点校：《四书改错》，华东师范大学出版社，2015年版，第435页。
③ （清）永瑢：《四库全书总目》，中华书局，1997年版，第481页。

《中庸》《孟子》《毛诗》等在内的多部经典。在《四书改错》的《论语》训诂中，毛奇龄运用了以形索义的方法，对名物、制度等进行细致的探究。他还尝试用因声求义的方法探索《论语》本义，虽然有些许谬误，但是在清初学风转型的背景下，毛奇龄的学术贡献还是不容忽视的。毛奇龄之后的学者治《论语》多受其影响，其学术成果可谓下启乾嘉。陈居渊指出："乾嘉学者一般均研读其书，或者暗袭其说。"① 乾嘉之学的重要人物阮元曾明说，阅读毛奇龄的著作比参看前代注疏还要便捷。还希望其他人也阅读毛奇龄的著作，有其书胜过得名师指教。焦循、凌廷堪等学者也认为毛奇龄的学术研究有功于儒学经典的传承与发展，瑕不掩瑜，可以称之为清代汉学的开山之人。

总之，毛奇龄的学术研究有效地推动了学风的扭转。《四库全书总目》称毛奇龄之学出，而后辈的学者皆不敢空谈义理。凌廷堪赞誉毛奇龄的学术研究如同"医药之大黄"②，能够除去积累的污秽，起学术之沉疴，对于明末清初的学术转型来说是不可缺少的部分。

四、训诂失误

毛奇龄猛烈批判宋学，对清初的学术转型有推进之功，阮元、李天馥对毛奇龄的学术称赞有加。然其学术亦受到颇多诟病，如全祖望对毛奇龄的学术多有讥讽，在《萧山毛检讨别传》中指出了其为学的多种不端之处。罗有高也指责毛奇龄负气好胜，言论失实。这些指责虽然有些许过激，但其实也不无道理，毛奇龄对《论语》的训诂确实存在弊病。

（一）不通体例，声训失误

毛奇龄未能实现训诂体例的总结，常把声训与义训混淆，《四书改错》的《论语》训诂中涉及声训的部分多有失误。

如"小诂大诂错"中的"学"则。朱熹的训释是："学之为言效也。"③ 毛奇龄认为"学"是名词，"效"是动词，将"学"训释为"效"语义不通，"此开卷一'学'字，自实有所指而言。乃注作'效'字，则训实作虚，既失诂字之法，且效是何物，可以时习？又且从来字学并无此训。"④ 而事实上，朱注正确，毛说为非。"学之为言效也"属于声训，声训探求的是意义特点，而非义项的替换。"学"与"效"为同源词。它们的意义特点是一样的。《说文解字》："学，觉悟也。从教从冂。""教，上所施下所效也。从攴从孝。""效，象也。从攴交声。"也就是说，"学"是通过效法完成的。此处，毛奇龄误将声训当做了义训，导致其训诂失误。又如"夫子矢之"一则，朱注训"矢"为"誓"。毛奇龄认为"誓"的含义是双方要约，不能一人为誓，"皆与人照证，约结后来，并无有以一己已事剖辨是否，名曰誓者。"⑤ 他引《释名》"矢，指也。言其有所指向迅疾也"，将"矢"训释为"指向"。在这里毛奇龄同样混淆了义训

---

① 陈居渊：《毛奇龄与乾嘉经学典范的重塑》，《浙江学刊》2002年版，第125页。
② （清）凌廷堪：《校礼堂文集》，中华书局，1998年版，第234页。
③ （清）毛奇龄著，胡春丽点校：《四书改错》，华东师范大学出版社，2015年版，第407页。
④ （清）毛奇龄著，胡春丽点校：《四书改错》，华东师范大学出版社，2015年版，第407页。
⑤ （清）毛奇龄著，胡春丽点校：《四书改错》，华东师范大学出版社，2015年版，第409页。

与声训。《释名》对"矢"的训释是声训。意在解释命名来源,并不是对其词义进行训诂。因此毛奇龄把"矢"解释为"指向"是错误的。

(二)负气求胜,牵强附会

为了攻击宋儒,毛奇龄在《四书改错》的《论语》训诂中存在考据不精,断章取义,牵强附会之弊端。如"巧言令色,鲜矣仁"一则,朱熹训"鲜仁"为"不仁",毛奇龄认为"决之未尝稍宽"。他在《四书改错》中说:"则'巧''令'原是'善'字。故《左传》师旷善谏,叔向引《诗》'巧言如流'以颂之。夫以善谏之人而目为巧言,向使果属不仁,则师子野颇知书,将必拂衣而起矣。"①毛奇龄以《左传》中叔向引《诗》"巧言如流"赞颂师旷为证,论证"巧"表达的是积极的含义。实际上,《春秋》赋《诗》多截取字面意思以表达赋诗者的情感态度,并不是篇章的意思。叔向所引之诗亦是断章取义。叔向所引出自《诗经·小雅·雨无正》,旨在写周幽王暴虐失德,朝廷大臣自私自利。其文曰:"哀哉不能言,匪舌是出,维躬是瘁。哿矣能言,巧言如流,俾躬处休。"②《郑笺》:"巧犹善也。谓以事类风切剀微之言,如水之流,忽然而过。故不悖逆,使身居安,休休然乱世之言,顺说为上。"③可见,"巧言如流"表达的并不是积极的含义。因此毛奇龄以叔向所赋之诗为证是有问题的。又如"厩焚"一则,毛奇龄以为朱熹将"厩"理解为"家厩"是错误的,"厩"应指"国厩"。其理由是《礼记·杂记》不曾明指是何厩,而且孔子始仕未必有马厩。事实上,《礼记·杂记》对此有明文曰:"厩焚,孔子拜乡人为火来者。"④如果不是"家厩",那么孔子的乡人就没有必要来。而且孔子虽然初入仕途,也应当有四匹马,因此孔子是有马厩的。据此,毛奇龄此说仍是牵强附会之辞。

当然,我们应当辩证地看待毛奇龄的学术。毛奇龄处于明末清初学术转型的时期,为了有利地反驳宋学,其言语难免有偏颇不当之处。所谓瑕不掩瑜,毛奇龄揭露宋学弊端、还原《论语》本义,开启实学风气之功是不容忽视的。

参考文献

[1] 陈德述:《试论毛奇龄的经学思想》,《社会科学研究》1987年4月。
[2] 戴大昌:《驳四书改错》,上海古籍出版社,1995年版。
[3] 陆宗达、王宁:《训诂与训诂学》,山西教育出版社,1994年版。
[4] 梁启超:《清代学术概论》,中华书局,2010年版。
[5] (清)毛奇龄著,胡春丽点校:《四书改错》,华东师范大学出版社,2015年版。
[6] 孙蕴:《四书改错研究》,鲁东大学硕士学位论文,2012年版。
[7] 王宁:《训诂学原理》,中国国际广播出版社,1996年版。
[8] 王宁:《训诂学》,高等教育出版社,2010年版。

---

① (清)毛奇龄著,胡春丽点校:《四书改错》,华东师范大学出版社,2015年版,第361页。
② (汉)毛亨、(汉)郑玄、(唐)孔颖达:《毛诗注疏》,上海古籍出版社,2013年版,第1052页。
③ (汉)毛亨、(汉)郑玄、(唐)孔颖达:《毛诗注疏》,上海古籍出版社,2013年版,第1052页。
④ (汉)郑玄:《礼记疏》刻本,资料来自中国基本古籍库,卷四十三。

［9］徐世昌：《清儒学案》，河北人民出版社，2008年版。
［10］闫宝明：《毛奇龄〈论语〉〈孟子〉观对清初学风的新拓》，《昆明学院学报》2014，36（5）。
［11］（宋）朱熹：《四书章句集注》，中华书局，2013年版。
［12］赵冬婷：《四书改错训诂研究》，华中师范大学硕士学位论文，2012年。
［13］张珊珊：《论毛奇龄的论语研究》，陕西师范大学硕士学位论文，2012年。

毛奇龄佚诗辑考

北京师范大学经济与工商管理学院　杨博益　复旦大学出版社　胡春丽

摘　要： 清刻本《西河合集》是收录毛奇龄著作最完备的集子。因毛奇龄所作诗文甚多，散在集外的作品仍有不少，今从毛氏早年所刻稀见本总集及其交游的别集、方志、家谱中，共辑得诗15首，并对诗中所涉人物、史实加以考证。

关键词： 毛奇龄　佚诗　辑考

毛奇龄（1623—1713），又名甡，字大可，又字齐于，号西河，浙江萧山人。生平著述浩富，汇为《西河合集》。《西河合集》分《经集》《文集》两部分，经集50种237卷，文集68种258卷，共495卷，是收录毛奇龄著作最完备的集子。然而毛奇龄所作诗文甚多，散在集外的作品仍有不少。稽考佚作，既是深入研究对象的必需，亦是全面文献整理的要求。近日，笔者从毛氏早年所刻稀见本总集及其交游的别集、方志、家谱中，共辑得诗15首，并对诗中所涉人物、史实加以考释，以供研究者参考。

一、慕歌慕禹也

维上古神禹，治洪荒水。老入于越，大会计天下。一解。维於越民，及禹有道。审平法度，为民功巡，下为鸟田。二解。於越之先世无余君，大守封祀作禹冢。工师葬禹，上到茅山，奄及荒落。棺椁无度，俭德不衰。三解。越民望禹，有若天神。其地光怪，埋古文奇字。开平坛壝，命其祠曰禹井，其山曰会稽。四解。神圣所至，土地佳秀，越之乡世产贤者。其山水宜窈深曲，其俗开大，其人物辐辏。五解。思我民日用饮食，追仰前世。若我皇祖，道其功德。欲以夸示子孙，多所可慕。六解。不幸介在荆楚，外并三天子，杂东荒夷。当国衰薄，赖神圣法度，不敢自为非，世世登茅山思之。七解。

诗见王士禛《渔洋山人感旧集》卷十三"毛甡"条。毛甡即毛奇龄，甡是后所更名，《感旧集》"毛甡"下注曰："甡，字大可，一名奇龄……号西河，浙江萧山人。举博学鸿词，官检讨。有《桂枝集》。"①据本诗题注"慕禹也"，知为思慕夏禹而作。禹，亦称大禹、夏禹、神禹等，为夏后氏首领、夏朝开国君王，因治水而广受世人传颂。死后葬于会稽山。自秦始皇始，历代封建帝王多上会稽山祭大禹，祭禹成为常典，以明、清两代为多。会稽山在清初属绍兴府辖地，毛奇龄籍贯萧山县亦属绍兴府，因作咏禹之诗。

毛奇龄《萧山县志刊误》卷三："予少与包二先生饮和、蔡子伯、沈七子先拟《慕歌》《河女之章》《小海唱》三题，各制乐府，而见者不解，惊为特创，不知即仲御诗也。仲御自歌土风，制此三诗，虽其词皆不传，然题亦异矣。今按其《传》中自述数语，可当诗序。《传》曰：先公雅寓稽山，朝会万国，授化鄙邦，崩殂而葬。恩泽云布，圣化犹存，百姓感咏，遂作《慕歌》。孝女曹娥，年甫十四，贞顺之德，过越梁宋。其父堕河，不得尸所。娥仰天哀号，中流悲叹，便投水而逝。父子丧尸，后乃俱出。国人哀其孝义，为歌《河女之章》。伍子胥谏吴王，言不纳用，见戮投海。国人痛其忠烈，而作《小海唱》。此数语即诗序也。又《传》中写'闻歌'数语，即是品藻。《传》曰：诸人顾相谓曰：'不游洛水，安见是人？听《慕歌》之声，仿佛见大禹之容。闻《河女之章》，不觉涕泪交流，即谓伯姬高行在目前也。领《小海》之唱，则子胥、屈平立吾左右矣。'其品藻之善如此。"②知毛奇龄与包秉德（字饮和）、蔡仲光（字子伯）、沈禹锡（字子先）以《慕歌》《河女之章》《小海唱》三题各成乐府诗，分咏禹、曹娥、伍子胥三人。包秉德集未载，沈禹锡集今不传，蔡仲光有集传世。蔡仲光《慕歌》序云："会稽夏统仲御入雒，歌土地曲三章。《慕歌》，思夏禹也。古歌逸不传，追叙其情，制为七言，以畅厥旨，不必辞之在魏、晋间也。"其诗曰："古天子禹人慕思，照耀千载光离离。斩高乔下太平治，惠然南来渡江淮。东巡大海入会稽，会稽之山高嵯峨，川溪萦委荡扬波。圣人圜道皇天规，山川不得矜丽佳。中原有民状骇鱼，欲追就禹日吟歌。乃复奸黠临吾人，审平法度俾无尤。覆釜遗谶鬼灵化，黄金为简字玉题。决汨众流咸具备，因梦觌形得所求。今来茅山冠毋颓，年齿已暮当髦期。乃就陵泽捐其骸，桐棺苇椁掩藏之。精气飞扬御云雷，上到天门入徘徊。下使百鸟拔草莱，羽毛满野如锄犁。亦有三寸泽晦畦，越民拘屋山谷栖。杳然下视水渚肥，刻画肌色牵网丝。抱持鱼鳖性脆虫，兢兢不敢犯鸟飞。圣人至德大无涯，蓄蓄仁民身就衰。后人临穴探幽埋，世世祭祀以不坏。"③据蔡仲光《慕歌》序中"思夏禹"及诗中"古天子禹"句，知《慕歌》为歌禹而作。

毛奇龄《九怀词》曰："当晋武惠时，予乡人夏统以采药入洛，洛王侯贵官争物色之，欲强之仕，统乃歌土风三章以见志，闻者曰：'其人歌土风，不忘故乡，当不愿仕矣。'遂争致酒醴而去。土风者，一《慕歌》，祠舜也，谓舜能慕亲也。一《河女之章》，祠孝娥也，以孝娥为盱江女也。一《小海唱》，祠伍大夫也，大夫不良死而尸于江，哀之。江也者，海之小

---

① （清）王士禛：《渔洋山人感旧集》卷十三，上海古籍出版社，2014年版，第927页。
② （清）毛奇龄：《萧山县志刊误》卷三"晋夏统"条，载《西河合集》，清康熙五十九年刻本。
③ （清）蔡仲光：《谦斋诗集》卷一，清咸丰三年笃庆堂刻本。

者也。虽其词不传，不知何如，然亦神言矣。"① 按，《萧山县志刊误》与《九怀词》同见毛奇龄《西河合集》，而一记《慕歌》为"慕禹"，一记《慕歌》为"祠舜"，自相矛盾。除蔡仲光《谦斋诗集》记《慕歌》为咏禹之证外，单隆周《雪园诗赋初集》亦有同题诗《慕歌》《河女之章》《小瀚唱》。其《慕歌》题下注曰："思禹功也。以下三题见《晋书·夏统传》。"其诗曰："微神禹，吾其鱼，河流汤汤洛徐徐。瓦砾之聚，哀哉下愚。一解。防风九亩身，以后至当诛。禹步不相过九州，驭车巧者何所用？拙者为令图。二解。……金简碧珪，光照四野。扶登屈骛，咸集其下。四解。"② 从单隆周《慕歌》题注"思禹功"及诗中"神禹"句，亦可证《慕歌》为咏禹而作。单隆周字昌其，萧山人，与毛奇龄为同里同学，毛奇龄为单隆周《雪园集》作序云："予与昌其比邻居，儿时同学于塾师沈四先生之门。"③ 又《夏统传》云："夏统，字仲御，会稽永兴人也。幼孤贫，养亲以孝闻。……会三月上巳，洛中王公已下，并至浮桥，士女骈填，车服烛路。统时在船中曝所市药，诸贵人车乘来者如云，统并不之顾。太尉贾充怪而问之，统初不应，重问，乃徐答曰：'会稽夏仲御也。'……充又谓曰：'昔尧亦歌，舜亦歌，子与人歌而善，必反而后和之，明先圣前哲无不尽歌，卿颇能作卿土地间曲乎？'统曰：'先公惟寓稽山，朝会万国，授化鄙邦，崩殂而葬。恩泽云布，圣化犹存，百姓感咏，遂作《慕歌》。又孝女曹娥，年甫十四，贞顺之德，过越梁宋。其父坠江，不得尸，娥仰天哀号，中流悲叹，便投水而死。父子丧尸，后乃俱出。国人哀其孝义，为歌《河女之章》。伍子胥谏吴王，言不纳用，见戮投海，国人痛其忠烈，为作《小海唱》。今欲歌之。'众人佥曰：'善。'统于是以足叩船，引声喉啭，清激慷慨，大风应至……云雨响集，叱咤欢呼，雷电画冥，集气长啸，沙尘烟起，王公已下皆恐，止之乃已。诸人顾相谓曰：'若不游洛水，安见是人？听《慕歌》之声，便仿佛见大禹之容。闻《河女》之音，不觉涕泪交流，即谓伯姬高行在目前也。聆《小海》之唱，谓子胥、屈平立吾左右矣。'"④ 亦可证《慕歌》为咏禹之作，非为祠舜。

毛奇龄自言"予少与包二先生饮和、蔡子伯、沈七子先拟《慕歌》《河女之章》《小海唱》三题，各制乐府"，知此诗作于毛奇龄少时。据毛奇龄《沈七传》："沈七，名禹锡，字子先。邑人，居崇儒里。……而七病凡五年，以戊子十一月二十七日死。……时年二十七。"此"戊子"即顺治五年（1648），顺治五年十一月沈禹锡卒，则此诗当作于顺治五年之前。毛奇龄《蓣书第三集跋》："及甲申以后，予乃废举子业，稍效为呻吟。"⑤ 毛奇龄《介和堂诗钞序》："暨予罹兵革，稍为诗歌。"⑥ 知毛奇龄于明清易代之后始学作诗。毛奇龄《谢竺兰上人书》："暨乙酉之冬，衣缁山中。"⑦ 则此诗约作于顺治二年乙酉（1645），当属现存毛奇龄最早的文字。

---

① （清）毛奇龄：《九怀词》，载《西河合集》，清康熙五十九年刻本。
② （清）单隆周：《雪园诗赋初集》卷一，清康熙间刻本。
③ （清）毛奇龄：《序二十五·雪园集序》，载《西河合集》，清康熙五十九年刻本。
④ （唐）房玄龄等：《晋书》卷九四，中华书局，1974年版，第2428—2430页。
⑤ （清）毛奇龄：《西河合集·跋》，清康熙五十九年刻本。
⑥ （清）毛奇龄：《西河合集·序十一》，清康熙五十九年刻本。
⑦ （清）毛奇龄：《西河合集·书一》，清康熙五十九年刻本。

二、小海唱 颂胥也

吴越之国，在大海隅。钱唐之东，西陵之西。中有小水，葬伍相子胥。一解。子胥在吴，霸显其名。死中江水，兴越巫神。争朝夕来往，日攘夺千里。二解。吴越报仇，渐不可已。其后长大，有君乌喙，与其臣幽思，子胥身死。越之后生，日事怨毒，不得戴履地上。及君父之难，往往奋发，惟子胥始之。三解。

诗亦见王士禛《渔洋山人感旧集》卷十三"毛甡"条。据本诗题注"颂胥也"，知《小海唱》为颂伍子胥而作。伍子胥，名员，春秋时楚国人。以封于申，亦称申胥。伍子胥父、兄皆为楚平王所杀，子胥逃至吴国，为吴王阖闾重臣。阖闾子夫差即位，败越国，越王句践投降。伍子胥向夫差谏言灭越国，夫差听信伯嚭谗言，杀伍子胥。子胥临卒，遗言"抉吾眼置之吴东门，以观越之灭吴也"。

蔡仲光《小瀣唱》题下注曰："小瀣者，浙河伍员遗响也。"其诗曰："大海滔滔灌百流，荡潏漂没越东陬。西有小水亦瀣传，白波滚滚有余饶。八月遥望海水高，鬼鬼神鬼疾招摇。以炬为目轮为头，其前道者白缯旗。望之如荼躯栗聊，突前敢死畏逢遭。勾吴贤者伍大夫，前成大功后为戮。木蛇制赴何明昭，忠臣发口怀深忧。直辞拂上身受诛，盛以马革江中投。东岸霸者石室囚，来入圈槛供庖厨。制人不决国为墟，空传繁组自掩纠。丈夫盛气浩浮浮，高驰匹马远遨游。因缘水波寄怨尤，水波不平难踏蹂。隐隐江间闻伐鼛，横奔千里何怮然。窅窅晦冥变昏朝，篙师渔子各自救。把楫拥柁愈坚牢，岸旁观者风萧骚，非神有神情相缭。会稽慕贤忘其仇，后有贤者生吾州。"[①]单隆周《雪园诗赋初集》卷一亦载有同题诗《小瀣唱》，其题下注曰："吊子胥也。"[②]"海"与"瀣"同，亦明此诗为吊伍子胥而作。

三、三洲歌

不到姊归县，须到婿归乡。姊归寻旧欢，婿归不可量。

解裙作帆去，一幅一丝连。丝丝满侬幅，载上巴陵船。

诗亦见王士禛《渔洋山人感旧集》卷十三"毛甡"条。

四、寄答施比部尚白

桃花潭空夜乘鲤，晓破沧浪渡烟水。东寻蓬岛返海门，为看飞花镜湖沚。临流晞发枕穷石，前望鸡山解为客。李白乘风浩欲行，杜老依然寄人食。茫茫高峤吾所思，风前再读泾川辞。越人拥楫久蒙好，慷慨悦君知不知？新潮初生旧潮去，汗漫将归采菱渡。蒙君许我搴桂枝，望断淮南最深处。

---
① （清）蔡仲光：《谦斋诗集》卷一，清咸丰三年笃庆堂刻本。
② 单隆周：《雪园诗赋初集》卷一，清康熙间刻本。

诗见施闰章《越游草》卷首"赠言"。"施比部尚白"即施闰章（1619—1683），字尚白，一字屺云，号愚山、蠖斋，晚号矩斋，安徽宣城人。少年丧父，由叔父誉抚养成人。受业于沈寿民，得其指授颇多。性孝友，绍述理学，矜尚礼仪。顺治三年（1646）中举，六年成进士，授刑部主事。十三年，迁山东提学道。十八年，转湖西道参议。康熙六年（1667），以缺奉裁，归里。十八年，举博学鸿儒，授侍讲，修《明史》。二十年，任河南乡试主考官，旋进侍读。文章醇雅，尤工于诗，与同邑高咏等唱和，时号"宣城体"；与宋琬有"南施北宋"之称。著有《学余堂集》《蠖斋诗话》《矩斋杂记》《施氏家风述略》《青原志略补辑》等。

施闰章《越游草》题下注曰："甲午夏秋。"甲午即顺治十一年（1654）。顺治十一年夏秋间，施闰章游杭州、萧山、绍兴等地，与当地诸友唱酬，成《越游草》一卷。施念曾《施愚山先生年谱》卷一"顺治十一年"条："夏秋，先生往淛中，由西湖至兰亭、剡溪、娥江、禹陵而返，著有《越游草》。"① 施闰章《越游草·萧山黄开平有文园别业夏五月招集徐徽之姜绮季徐伯调何伯兴毛大可沈康臣祁奕喜诸子同限十八韵余喜而次之》，知顺治十一年五月，施闰章客萧山。施闰章《毛大可诗序》："夏六月，客居山阴，萧山毛子大可及何伯兴书至，亟相推许，以所定《越州诗选》《文园倡和诗》见寄。余发而观之，皆可诵者。会久旱水渴，舟楫皆阻，余遥次其《文园诗》……余将归，舣舟造访，则大可至自山中……出其全诗相质，余乃知大可之甄选越诗、振兴风雅者，盖有本也。"② 施闰章《越游草·何伯兴毛大可书至自萧山兼示越州诗选及文园倡和诸刻》，知施闰章此年六月至山阴。毛奇龄诗载《越游草》卷首"赠言"，当作于顺治十一年。

《越游草》一卷，卷首有李明睿序、顾梦游序、施肇元序及诸人赠言。除毛奇龄赠言外，另有丁澎、张梧、徐缄、张陛、叶雷生、沈胤范、姜廷梧、祁鸿孙、徐继恩等人的赠言。《越游草》现存清顺治刻本，乃孤本，藏国家图书馆。《施愚山集》（《安徽古籍丛书》）收录，可参。

五、早秋夜归湘湖

早秋频向夜，骋望意何如。野牧移新烧，衡门返旧居。波摇湘水阔，木落洞庭虚。纵得南归雁，征人未有书。

诗见黄运泰、毛奇龄同辑《越郡诗选》卷五。《（康熙）萧山县志》卷十一："湘湖在县西二里。"③ 此湘湖当代指萧山旧居。黄运泰评此诗曰："格意清廓处，又近鹿门。"④

六、秋望

枫树清秋尽，虫声薄暮低。莲舟双桨外，竹路一亭西。陇上鸿犹度，荆门戍

---

① （清）施念曾：《施愚山先生年谱》卷一，载《北京图书馆藏珍本年谱丛刊》第74册，第363页。
② （清）施闰章撰，何广善、杨应芹校点：《施愚山集·文集》卷六，黄山书社，2018年版，第111—112页。
③ 《（康熙）萧山县志》卷十一，清康熙十一年刊本。
④ （清）黄运泰、（清）毛奇龄：《越郡诗选》卷五，清顺治刻本。

未齐。沧江木叶下，长望好凄凄。

诗见黄运泰、毛奇龄同辑《越郡诗选》卷五。

七、赠虞意诗

何处茱萸女，相逢菡萏时。朝云迷岭岫，夜色到江麋。集鹄联腰细，哀鸿赴曲迟。眉开杨柳妒，裙浅石榴知。高髻横鸦出，双瞳秋水移。紫云谁解唤，丹的可无施。对酒夸樊素，吟诗似雪儿。轻风羞带起，碍日惜巾披。匣里金蝉换，钗头玉燕离。宜城游自熟，瓜浦路何岐。结我双针缕，酬君十索诗。吟来桃叶渡，生向华山畿。花曲藏车小，香屏隐笑奇。会稀怜未得，烛短坐相宜。掩面啼油壁，伤心事酒卮。明星长在地，无力傍花枝。

诗见黄运泰、毛奇龄同辑《越郡诗选》卷五。虞意，未详何人。黄运泰评此诗曰："嬬娟乃尔。'夜色''烛短'诸句，犹似唐人。至'轻风'二语，则几乎简文矣。"[①]

八、送贾生之关中

渭桥西去柳如丝，走马韩城布谷时。一自邠阳逢雪后，数令韦曲看花迟。晴风阁道回车骑，楚雨寒郊日蒺藜。辛苦贾生还挟策，关中季主近难知。

诗见黄运泰、毛奇龄同辑《越郡诗选》卷六。贾生，未详何人。黄运泰评此诗曰："高姿远态，如振哀弦，气调沉丽。""大可律有极拟岑、王者，然其致终似杜。"[②]

九、寄陆冰修

西风短棹去沧浪，月满高楼只自伤。百里信随黄鹄杳，三秋思入暮云长。草花露冷生磐石，蟋蟀灯深下屋梁。记得楚辞歌雨后，南溪苹藻正芬芳。

诗见黄运泰、毛奇龄同辑《越郡诗选》卷六。"陆冰修"即陆嘉淑（1620—1689），字孝可、庆云、路仲、子柔，号辛斋，一号冰修、射山、射山衰凤，晚号辛斋，浙江海宁人。明诸生。康熙十八年（1679），举荐博学鸿儒，未中。通诗文，尤工书画。著有《射山诗钞》《辛斋遗稿》等。黄运泰评此诗曰："调悲而气鲜，大可律浑壮处独拟杜陵，此则其工雅一种，然亦近掩七子矣。"

---

① （清）黄运泰、（清）毛奇龄：《越郡诗选》卷五，清顺治刻本。
② （清）黄运泰、（清）毛奇龄：《越郡诗选》卷六，清顺治刻本。

十、送友人入蜀

远到双流未有期,春江漫漫接天涯。与君但渡霜中路,恍见峨嵋月上时。

诗见黄运泰、毛奇龄同辑《越郡诗选》卷八。友人,未详何人。

十一、宪翁四兄读书处有异兰花敷叶其花跗与叶甲互含若珠既瑞之又醉之又从而韵之盖以此为宪翁梦兰预也敢乞教晋翁老先生

洞庭八月秋风凉,许昌宫中罗衣香。美君晚节坚且强,君家紫茎绿叶长。君家自昔多异种,寻常瓦甋纷总总。况今一节异更孔,花从叶苞叶如筲。君来招我看瑞容,新思怪象皆天工。嘉肴清酒脾脓从,祛赟解蕴纷无穷。愿君佳梦重又重,珠函玉立包当中。

诗见史晋等纂修《萧山史氏宗谱》卷二十二,乃毛奇龄咏史廷柏读书处所植兰花而作。诗题"宪翁四兄"即史廷柏,据史晋等纂修《萧山史氏宗谱》卷九:史廷柏(1614—1676),字宪臣,号觉庵,又号讷斋,行永四。萧山庠生。毛奇龄《史四廷柏五十饮席》[①]《讷斋诗题史四廷柏南园新居》[②],知史廷柏家族排行第四,与史晋等纂修《萧山史氏宗谱》卷九"行永四"合,故毛奇龄尊称其为"四兄";史廷柏字宪臣,故毛奇龄尊称其为"宪翁"。诗题"晋翁老先生"即史继善,据史晋等纂修《萧山史氏宗谱》卷九:史继善(1579—1658),字晋生,号晋陵,邑庠增广生。生于万历己卯九月初七日申时,卒于顺治戊戌八月廿二日丑时,年八十。配傅氏。生子三,孟章、嗣端、廷柏。

此诗未载年月,据史继善卒于顺治十五年戊戌(1658)八月二十二日,此诗约作于顺治十三年(1656),姑系于此。

十二、题武康韩侯德政录

圣代康山长,循良越汉京。三年新赤子,十室旧苍生。陇麦春禽雏,庭松夜鹤鸣。还从簿书暇,堂畔听琴声。

诗见《(道光)武康县志》卷二十三《杂志三·艺文补下》。原无题,只有"又"字,下署"毛奇龄"。按此诗前一首乃胡会恩《题武康韩侯德政录》,云:"海岱芳声旧不群,石渠兰省播清芬。风高台阁传家学,花满山城待使君。飞盖三秋车带雨,褰帷万井稼同云。故园咫尺棠阴下,愿效吹豳一献芹。"[③]"又"言承上一首胡会恩诗而来,因据胡诗题而补。

---

① (清)毛奇龄:《西河合集·七言绝句四》,清康熙五十九年刻本。
② (清)毛奇龄:《西河合集·七言古诗五》,清康熙五十九年刻本。
③ 《(道光)武康县志》卷二十三,清道光九年刊本。

"武康韩侯"指浙江武康县知县韩逢庥（1655—1738），字樾依，山东青城人。历官武康知县、新宁州知州、滦州知州、直隶定州知州等。《（道光）武康县志》卷十七："韩逢庥，号樾依，青城贡生。康熙十六年知县事，剔蠹除奸，境内肃然。值岁歉，邑有逋亡者，逢庥出数千金为之代完。又设法赈济，存活无算。时雀苻告警，匹马先驱，擒盗于五龙庵，尽杀乃返。学宫隳圮，捐金修之。复射圃，设义学。邑人纪其美绩，为《德政录》。"知《德政录》乃武康士民纪其知县韩逢庥政绩而作。

《（道光）武康县志》卷十二："韩逢庥，字樾依，山东青城县人。贡生。十六年任，升新宁知州。"据同书同卷，康熙二十二年（1683）武康知县为华文薰。知韩逢庥于康熙十六年至二十二年官武康知县。诗中有"三年新赤子"句，则此诗当作于康熙十八年（1679）。

十三、过高士徐明德墓志感

石羊山下葬徐凝，谁识诗禅瘗代兴？惭愧史臣搜不到，青田一鹤失传灯。

诗见张堃、朱岫云、蒋祖勋、夏家鼐《历代诗人咏富阳》①。"徐明德"，号石羊先生，《（民国）杭州府志》卷一百四十八："徐明德，字德卿，新城人。父元世，通经学，敦孝行。明德世其业，从任叔实游，知天文，擅经济，然不肯应进士科。负奇客游，尝过严陵滩，为文以祭。……青田刘基与语，日夜不寐，征其名，不告，但称为石羊先生。基著《郁离子》，多述之。参政周伯琦欲荐为馆职，亦不应。"②

此诗应是毛奇龄游富春时，过徐明德墓而作。诗中有"史官"字，知作于康熙二十四年（1685）后。据胡春丽《毛奇龄年谱》，毛奇龄自康熙二十五年（1686）夏归儆杭州后，只有康熙二十六年（1687）春夏间往返福建，盖于此时过徐明德墓，姑系于此。

十四、武夷山庄诗

四十余年金石交，羽经翼传隐蓬茅。草堂不在钟山麓，谁作移文欲解嘲？

诗见王复礼《武夷九曲志》卷一。王复礼（1645—？），原名甫白，字需人，后字四勿，号草堂，浙江钱塘人。王守仁六世孙。性孝友，富著述。著有《草堂集选》《家礼辨定》《四书集注补》《季汉五志》《三子定论》《武夷九曲志》《圣贤儒史》《节物出典》等。辑有《古文未曾有集》。

据傅小凡、谢清果《朱子理学与武夷山文化》："武夷山庄坐落于一曲溪北大王峰东麓岩后，清代心派学者王复礼于康熙四十八年（1709）创建。"③知武夷山庄于康熙四十八年建

---

① 张堃、朱岫云、蒋祖勋、夏家鼐选注：《历代诗人咏富阳》，政协富阳县文史资料委员会、富阳县文联、富阳县文物馆编印，内部发行，1990年版，第81页。
② 《（民国）杭州府志》卷一百四十八，民国十一年本。
③ 傅小凡、谢清果主编：《朱子理学与武夷山文化》，厦门大学出版社，2008年版，第23页。

成。诗首句"四十余年金石交",毛奇龄自康熙十二年(1673)冬逃归故里,至康熙十七年(1678)秋赴京参加博学鸿儒试,其间与王复礼定交,恰为"四十余年",故系于此。

十五、题悦我轩

佳士不恒遇,垂老叹积薪。何期跬步间,获此双南珍?意气既难量,风雅真绝伦。远过鹿门客,岂减蓝田人?王杨并楼子,从此称有邻。方今世趋坏,高髻徒嶙岣。谁谓宇宙宽,俯仰空四垠?

诗见王端履《重论文斋笔录》卷一。原无题,据意拟补。"悦我轩",乃萧山王氏子弟读书处,王宗炎(号晚闻)曾读书其中,后改名"重论文斋"。王端履《重论文斋笔录》卷一:"重论文斋,旧名'悦我轩'。平屋三楹,前饶花木,后俯清池,为先君晚闻公读书之所,端履幼亦肄业其中。后遭家难,鹊巢久被鸠居。嘉庆丙寅,始复故业,先君子爰易今名以志感。道光戊子,余兄弟析爨,室归于予。因逼近内室,改建楼居,而迁书塾于厅事之西南隅,仍以旧额颜之,不忘本也。"[①]同书同卷又曰:"康熙乙酉,悦我轩落成,时毛西河先生年九十四岁矣。为集李群玉、张乔句书楹联云:'披云漱琼液,傍池观素书。'又题一诗于缣素云……今联已锓木,诗尚藏于余家。"[②]"康熙乙酉",即康熙四十四年(1705),此年王氏悦我轩落成,毛奇龄题诗当作于此年。而毛奇龄于康熙四十四年乙酉为八十三岁,非"九十四岁"。王端履所记自相矛盾,阙疑俟考。

(本文考证,得到胡春丽编审的全面指导,特此致谢)

---

① (清)王端履:《重论文斋笔录》卷一,清道光二十六年授宜堂刻本。
② (清)王端履:《重论文斋笔录》卷一,清道光二十六年授宜堂刻本。

毛奇龄研究的回顾与检讨

复旦大学出版社　胡春丽

摘　要：毛奇龄是明末清初著名的文学家、经学家和史学家。三百年来，有关毛奇龄的研究可分为酝酿期、发展期、低谷期、复苏期、渐趋繁荣期五个阶段。已取得了一定的成绩：一是毛奇龄的生平事迹得到了一定的梳理，二是毛奇龄经学的专题研究有了一定的力度，三是毛奇龄的史学、文学成就开始进入研究者的视野，四是毛奇龄的大量作品被影印出版。但也存在着一定的欠缺和不足：一是研究专著较少，二是研究视野不够开阔，三是研究领域有待拓展，四是部分观点有待修正，五是生平事迹失实处亟需明辨，六是研究方法有待改进。

关键词：毛奇龄　研究　回顾　检讨

毛奇龄（1623—1713），又名甡，字大可，又字齐于等，号西河，浙江萧山人。在诗、文、词、戏曲、绘画、书法、经学、小学等领域也有一定的造诣。现存《西河合集》四百九十余卷，"著述之富，甲于近代"[①]。毛奇龄由明入清，经历天启、崇祯、顺治、康熙四朝，明清易代之际，坚持抗清，康熙十八年（1679）开博学鸿儒科，应举仕清。生平经历坎坷，交游广泛，著述浩富，是明清之际朝代更迭、社会变迁、民心学风转变的历史亲历者与见证人。对毛奇龄这样一位在明清之际有着特殊经历，并在清代学术史上有着广泛影响的人物展开研究，无疑具有重要的意义和价值。

一、研究缘起

历史人物评价是史学研究领域的一个重要课题，素来受到学者的重视，但也是最难为的一项工作。对于历史上大是大非人物的评价并不难，难的倒是似是而非的人物，其原因大致有三：其一，文献不足征，被评价者的生平事迹不够清楚；其二，评价者与被评价者非同时代人，二者没有平等的话语权。倘有误评，古人无口，无法自辩；其三，第一位评价者死后，又出现第三位乃至第四位评价者，批驳第一位评价者，为被评价者翻案。于是，在层累的评

[①] 王钟翰：《清史列传》，卷六十八《儒林传（下）·毛奇龄》，中华书局，1987年版，第5457页。

论之下，被评价者的真实状貌，逐渐变得复杂模糊。这种纷纭错杂的情况，就出现在毛奇龄的历史评价中。

（一）历来对毛奇龄的评价

长久以来，学界对毛奇龄的评价，大体上可分为赞誉和批评两种情况。誉之者认为毛奇龄才学"足以自立于千古"①；毁之者则认为毛奇龄人格卑下，学问也不足称道。兹以时间先后为序，胪列如下：

施闰章曰：

> 毛甡，萧山人也。……少与兄万（龄）并知名，人呼"小毛子"。负才任达，善诗歌、乐府、填词，与人坦然无所忤，贤者多爱其才，昵就之，而亦以才见忌一时。甡虽处困穷，所至尝乞食，至不当其意，虽招之不赴也。甡自少受知华亭陈子龙，评其文曰"才子之文"，然跌荡文酒，颇不自惜。②

李天馥云：

> 其诗其文皆足上越唐宋而下掩后来。间尝以其诗比之少陵，以其所为文拟之吏部，觉少陵与吏部俱无以过。且即以其学而较之唐之孔仲达、陆德明、小司马、李善，宋之刘敞、洪迈、王应麟、马端临辈，而诸公所著，皆能指其瑕而摘其类，然且才不能相兼：杜歉于文，韩逊于诗；而才又不能兼学，韩、杜、欧、苏，典籍稍疏，而孔、陆、刘、马辈，则又徒事博洽而无所于著作。而西河皆有以兼之。③

毛奇龄的弟子李塨云：

> 先生一人，上以正義、农开辟之篡据，中以起三代礼乐之厄屯，下以扶孔、孟经传之晦蚀。④

另一弟子邵廷采云：

> 本朝大儒如孙征君、汤潜庵，皆勤勤阳明。至先生而发阳明之学乃无余蕴，而天下之人，或以微议朱学为先生病。窃见先生立身处家、细行大德，无悖于朱

---

① （清）阮元撰，邓经元点校：《揅经室集》下卷七《毛西河检讨全集后序》，中华书局，1993年版，第543页。亦见于《毛西河先生全集》卷首。
② （清）施闰章：《学余堂文集》，卷十七《毛子传》，见《学余堂集》，清文渊阁四库全书本。
③ （清）李天馥：《西河合集领词》，载《毛西河先生全集》卷首，嘉庆刊本。
④ （清）李塨：《西河合集总序》，载《毛西河先生全集》卷首。

子家法。特欲揭阳明一原无间之学,以开示后觉。①

王源曰:

> 天下无人久矣!如先生之学之才,岂特为天下之善士?盖与千数百年之传人并驱而争先者,岂某阿其所好之言哉?②

全祖望曰:

> 顾先赠公在时,西河之集未尽出,及其出也,先君始举遗言以教予,于是发其集细为审正,各举一条以为例:则其中有造为典故以欺人者,如谓《大学》《中庸》,在唐时已与《论》《孟》并列于小经。有造为师承以示人有本者,如所引《释文》旧本,考之宋椠《释文》亦并无有,盖捏造也。有前人之误已经辨正而尚袭其误而不知者,如邯郸淳写魏石经,洪盘洲、胡梅磵已辨之,而反造为陈寿《魏志》原有邯郸写经之文。有信口臆说者,如谓后唐曾立石经之类。有不考古而妄言者,如熹平石经《春秋》并无《左传》,而以为有《左传》。有前人之言本有出而妄斥为无稽者,如《伯牛有疾》章,《集注》出于晋乐肇《论语驳》,而谓朱子自造,则并《或问》《语类》亦似未见者,此等甚多。有因一言之误而诬其终身者,如胡文定公曾称秦桧,而遂谓其父子俱附和议,则籍溪、致堂、五峰之大节,俱遭含沙之射矣。有贸然引证而不知其非者,如引周公"朝读《书》百篇",以为《书》百篇之证,周公及见《冏命》《甫刑》耶?有改古书以就己者,如《汉·地理志》回浦县乃今台州以东,而谓在萧山之江口,且本非县名,其谬如此。……抑闻西河晚年雕《四书改错》,摹印未百部,闻朱子升祀殿上,遂斧其板。然则御侮之功亦馁矣,其明哲保身亦甚矣。虽然,西河之才,要非流辈所易几,使其平心易气以立言,其足以附翼《儒》《苑》无疑也。乃以狡狯行其暴横,虽未尝无发明可采者,而败阙繁多,得罪圣教。③

《四库全书总目提要》曰:

> 征引前人之训诂以纠近代说《易》之失,于王弼、陈抟二派攻击尤力。其间虽不免有强词漫衍、以博济辨之处,而自明以来,申明汉儒之学,使儒者不敢以

---

① (清)邵廷采著,祝鸿杰校点:《思复堂文集》卷七《候毛西河先生书》,浙江古籍出版社,1987年版,第314页。
② (清)王源:《居业堂文集》卷八《再与毛河右先生书》,道光十一年读雪山房刻本。
③ (清)全祖望撰,朱铸禹汇校集注:《鲒埼亭集外编》卷十二《萧山毛检讨别传》,见《全祖望集汇校集注》第二册,上海古籍出版社,2000年版,第987—989页。

空言说经，实奇龄开其先路。①

阮元曰：

萧山毛检讨以鸿博儒臣著书四百余卷，后之儒者或议之。议之者，以检讨好辨善骂，且以所引证索诸本书，间有不合也。余谓善论人者，略其短而著其功，表其长而正其误，若苛论之，虽孟、荀无完书矣。有明三百年，以时文相尚，其弊庸陋谫儜，至有不能举经史名目者。国朝经学盛兴，检讨首出于东林、蕺山讲学之余，以经学自任，大声疾呼，而一时之实学顿起。当是时，充宗起于浙东，胐明起于浙西，宁人、百诗起于江淮之间，检讨以博辨之才，睥睨一切，论不相下而道实相成。迄今学者日益昌明，大江南北著书授徒之家数十，视检讨而精核者固多，谓非检讨开始之功则不可。检讨推溯太极、《河》《洛》在胡胐明之先，发明荀、虞、干、侯之《易》在惠定宇之先，于《诗》驳申氏之伪，于《春秋》指胡氏之偏。《三礼》《四书》所辨证尤博。②

焦循曰：

毛奇龄好为侮谩之词，全椒山恶之，并诋毁其经学。窃谓学不可诬，疵不必讳，述其学兼著其疵可也，不当因其疵而遂没其学也。③

凌廷堪曰：

今萧山《改错》独以马氏"约身"之训，而力辟刘光伯谬说，则所谓错者诚错，所谓改者必不可不改也，其有功于圣经为何如邪？萧山之著述等身，惟此书最为典要可宝也。尝谓萧山之书如医家之大黄，实有立起沉疴之效，为斯世不可无者，其他可勿论矣。④

李慈铭说：

西河固非醇儒，而谢山骂之不遗余力，至讦发其阴私，亦几为市井无赖之叫嚣矣。所云"先赠公"者，乃谢山之祖父，一村老农耳，何由而知西河学问之底

---

① （清）纪昀等：《四库全书总目提要》卷六《易小帖》提要，中华书局，1997年版，第58页。
② （清）阮元撰，邓经元点校：《揅经室集》下卷七《毛西河检讨全集后序》，前揭本，第543页。亦见于《毛西河先生全集》卷首。文乃时居幕中的焦循所作，故应属当时所谓扬州一派学者的共同意见。参《里堂先生佚文》，《鄦斋丛书》本，第7—8页。
③ （清）焦循：《雕菰集》卷十二《国史儒林文苑传议》，道光岭南节署刻本。
④ （清）焦循：《雕菰集》，卷十二《国史儒林文苑传议》，道光岭南节署刻本。

蕴，其言岂可据哉？至篇中所列西河诸误，诚不能为之解。……要其经学文章，不特吾郡之冠，亦天下之杰也。①

西河之学，千载自有定论，无庸赘言。其诸经说，阮仪征极称之，谓学者不可不亟读。凌次仲氏则谓西河之于经，如药中之有大黄，以之攻去积秽，固不可少，而误用之亦中其毒。顾独称其《四书改错》一书为有功圣学。予谓凌氏之言是也。西河经说，以示死守讲章之学究，专力帖括之进士，震聩发矇，良为快事。若以示聪俊子弟，或性稍浮薄，则未得其穿穴贯穿之勤，而先入其矜躁傲很之气，动辄诟詈，侮蔑先贤，其患匪细。此书成于晚年，颇于其前说有所订补，其醇粹者十而七八，平心而论，固远胜朱子之说。然时加以毒谑丑讥，自累其书，徒贻口实，为可惜也。②

皮锡瑞说：

有明一代专以宋学取士，其于宋儒之说，如删《孝经》、改《大学》、去《诗·国风》，皆奉为科律，莫敢异议。独检讨起而争之，在当时实能言人所不敢言，不可谓非豪杰之士。③……改《大学》、删《孝经》，实不可训。而自元、明以后，狃于宋儒之说，莫敢议其非。检讨大声疾呼，可谓有廓清摧陷之功矣。④

刘师培曰：

有毛奇龄《四书改错》，而后宋儒释《论》《孟》之书失其依榜。⑤

章太炎曰：

康熙时，禁纲解，奇龄竟以制科得检讨。吴世璠死，为《平滇颂》以献。君子惜其少壮苦节，有古烈士风，而晚节不终，媚于旃裘。全祖望藉学术以谴诃之，其言特有为发也。自是以后，士大夫争以献谀为能事，神圣之号溢于私家记录。⑥

钱穆曰：

---

① （清）李慈铭著，刘再华校点：《越缦堂诗文集》卷六《书〈鲒埼亭集外编萧山毛检讨别传〉后》。
② （清）李慈铭撰，由云龙辑：《越缦堂读书记》上，中华书局，2006年版，第65页。
③ （清）皮锡瑞：《古文尚书冤词平议》，《尚书类聚初集》，新文丰出版公司，影长沙思贤讲舍刊本，自序。
④ （清）皮锡瑞：《古文尚书冤词平议》，卷上页二下。
⑤ 刘师培：《近代汉学变迁论》，载李妙根编：《刘师培辛亥前文选》，三联书店，1998年版，第177页。
⑥ 章太炎著，徐复注：《訄书详注·别录甲第六十一杨颜钱》，上海古籍出版社，2000年版，第904—905页。

> 朱注《四书》，自南宋以来五百年，元、明两朝，奉为取士之准，晚明以来学者虽有述朱、述王之异，然未有大张旗鼓以肆攻击如西河此书之烈也。其傲睨之气，纵横之辨，良足以振聋发聩，转移一世之视听矣。①

综观历来关于毛奇龄的评价，明显呈现出两极化的态势。一方面是对毛奇龄的品性才学持肯定态度的，如阮元推毛奇龄为清代汉学的开山，《四库全书总目提要》称颂毛奇龄开后世儒者不敢以空言说经的先河，且赞扬其对清初经学的贡献。但是这些均属站在官方立场的言论，不免有言过其实之嫌。此外是毛奇龄的朋友、门生等对毛奇龄的褒扬，因为是私人关系，所以其客观性也不免令人质疑。另一方面是全祖望、章太炎对毛奇龄道德学问的贬评。全祖望对毛奇龄的批评多有不实之处，学界早有考辨。②但从全祖望文章的风格来看，就不难理解他对毛奇龄大力攻评的原因。全氏的文章一向以表彰民族气节为特色，特别是对明清之际抗清志士的气节，予以极度的崇敬。③他的《鲒埼亭集》和《外编》，有大量明清之际人物的墓志铭、事略和传状，其中抗清志士占了相当大的部分。因此对于毛奇龄这种始而抗清，继而仕清，甚而引康熙帝为生平知己的人④，其轻蔑之心是可想而知的。清末章太炎出于革命排满的隐衷对毛奇龄道德人品的批评，无疑是又一记重拳。在全、章两位浙东同乡的恶评下，毛奇龄在清代学术史上的地位和真实面貌便被逐渐掩没，以致影响到现代学术界对毛奇龄研究的深入开展。

（二）对毛奇龄两极化评价的思考

考察历来对毛奇龄正反两方面的评价，可以看出，双方争议的焦点，主要集中在以下两个方面：第一，毛奇龄的气节操守。毛奇龄于明亡后参加了族人毛有伦的抗清武装，失败后曾为僧八年。入清后，被荐举参加博学鸿儒科，毛奇龄应试并出仕。仕清后，毛奇龄献颂、通韵、论乐、议礼、变诗风，把自己的学术活动同新朝圣主的需要联系在一起。于是他便颇受后人诟病，批评者认为他降志辱身，操守有缺，丧失了民族气节。长期以来，气节问题一直是传统儒者标榜的伦理观。在朝代更迭之际，特别是面临异族统治时，气节思想就会空前

---

① 钱穆：《中国近三百年学术史》上册第六章，商务印书馆，2005年版，第255页。
② 郑吉雄：《全祖望论毛奇龄》，《台大中文学报》第七期，1995年4月，第281—311页。另外拙著《毛奇龄年谱》中对全祖望叙述的不实之处亦有辨析。
③ 自清末以来，不少学者根据《鲒埼亭集》，称颂全祖望"素负民族气节"，但部分学者认为全祖望并非"素负民族气节"。梁启超就认为全祖望对清朝并没有什么愤恨；高国抗、侯若霞的《全祖望素负民族气节异议》（《光明日报》1983年1月26日第3版）认为《鲒埼亭集》虽然表彰气节，有进步的教育作用，但这并不能说明全祖望就素负民族气节，联系全祖望生平，指出全祖望的政治立场上并不反清，反而有歌颂清朝的文字。《鲒埼亭集》的主旨在于表彰忠孝，是合乎清廷的政策，认为全祖望并非素负民族气节。吕建楚联系全祖望仆仆于科举，还有表彰清朝官员的碑传，更能说明他并非"素负民族气节"。全祖望之所以着力于碑传写作，主要是想起到激奋名教的作用（《略论全祖望》，《历史教学问题》1985年第6期）。
④ 毛奇龄《自为墓志铭》曰："今西河之穷，逾于李广；天子之知，十倍汉主。人亦有言：生平得一人知己，可以不恨。今天下知西河者，孰有如皇上者乎？匹夫之贱，当天子之知，而又值圣神御世，超尧越禹，经文纬武，掩盖百代之一人。而幸蒙睿鉴，此则割剔之所不能加，秋霜之所不能杀也。"见《文集·墓志铭十一》。

高涨,这在宋末元初和明末清初两个历史时期表现的最为明显,毛奇龄恰处于这种特殊的历史时期。而中国的学术传统,一向注重学者的气节操守,并将之凌驾于学者的学术之上,所以毛奇龄的应征并出仕清朝,颇受重视气节的学者的苛责。随着康、雍、乾年间忠君标准的日益强化,毛奇龄这样一个曾经的明季诸生后又臣事清朝的人,与清初诸帝所强调的"纯儒品节"有违。[①]因此,历来对毛奇龄气节操守的抨击,不但使得毛奇龄的评价总体上偏低,而且使得毛奇龄的学术成就至今得不到客观公正的认定,毛奇龄的学术研究因此也大受冷落,与同时代的其他学者相比,毛奇龄的研究可谓"门前冷落车马稀"。第二,毛奇龄的性格学行。毛奇龄在明朝生活了二十余年,他生活的浙东地区又是阳明后学活跃的地方,其思想不可避免打下了较深的王学印痕。因此无论其精神气质和为人作风,都不可避免地带有晚明士人的某些特点,而这些特点映现在毛奇龄身上,就是狂傲不驯、恃才傲物、好臧否人物、喜辨善詈的性格。这些性格特点可以使他较少受传统思想的束缚,能在学术研究中阐幽发覆,但这样的性格又会使他的著作存有意气用事、以博济辨之失。毛奇龄论韵与顾炎武不合,著《古今通韵》与顾氏《音学五书》立异;论《尚书》与阎若璩意见相左,著《古文尚书冤词》与阎氏《尚书古文疏证》对垒。四库馆臣称其"指名而攻者,惟顾炎武、阎若璩、胡渭三人,以三人皆博学重望,足以攻击,而余子则不足齿录,其傲睨可云已甚"[②]。毛奇龄攻驳时贤,自然招致时人忌恨。而他对先儒的横加指斥[③],也使后世反诋之者增多。毛奇龄的这种学术性格往往被视为离经叛道,是不被社会所容的,常常成为被批评的口实。平心而论,毛奇龄的著述多有"精核"之论,即使一向对他苛责的四库馆臣也不得不承认这一事实,我们亦不当因其疵而没其学。

二、毛奇龄研究史的回顾与检讨

就目前学界的研究状况而言,关于毛奇龄的研究成果,在质和量上都和毛奇龄的学术成就极不相称。迄今为止,有关毛奇龄的研究专著寥若晨星,众多学术史、思想史、经学史、文学史及文学批评史著作对毛奇龄或略为勾勒,或一笔带过。以毛奇龄为专题的学位论文只有数十篇,其中博士学位论文质量较高,硕士学位论文呈现低水平的重复。单篇学术论文虽有上百篇,但或限于一隅,或只是漫谈概述,未能得其全貌。毛奇龄的著作虽然多数得到了影印,但至今只有几种点校本问世。纵观三百年来学界对毛奇龄的研究,大致可分为五个阶

[①] 乾隆三十五年(1770年),乾隆帝读文人钱谦益《初学集》,题诗曰:"平生谈节义,两姓事君王。进退都无据,文章那有光。"他指责钱谦益降清为失节,欲重新评价历史上曾投降清朝之明臣。乾隆四十一年(1776年),乾隆帝正式提出编纂《贰臣传》,按照忠君标准,重新评价那些降清的明朝官僚。乾隆在上谕中把降清的明朝官员称为"贰臣",认为这些人"遭际时艰,不能为其主临危受命,辄复畏死幸生,觍颜降附,岂得复谓之完人"(《清高宗实录》,卷一〇二二,第3页)。开国元勋范文程,在明朝并没任职,乾隆仍说:"范文程本系明季诸生,臣事我朝,致身通显,虽非如洪承畴等身事两朝可比,然与纯儒品节不无遗议。"(原北平故宫博物院文献馆编:《清代文字狱档》下册,上海书店,第556—557页)

[②] (清)纪昀:《四库全书总目提要》卷三十三《经问》提要,第435页。

[③] 毛奇龄不仅严厉批判了宋明以来一直受人尊崇的学术权威朱熹,而且对他自己较为推崇的经学大师刘向、郑玄、王肃、杜预、贾公彦、孔颖达等人也多有指责,决不一味盲从。见毛奇龄《文集·答章泰占质〈经问〉书》。

段：一、清初至晚清，为毛奇龄研究的酝酿期；二、清末民初至1949年，为毛奇龄研究的发展期；三、1949年至七十年代末，由于政治对史学研究的强烈干扰，这时期的毛奇龄研究跌入低谷期；四、八十年代初至九十年代末，为毛奇龄研究的复苏期；五、21世纪初至今，毛奇龄研究进入了渐趋繁荣期。

（一）清初至晚清：毛奇龄研究的酝酿期

毛奇龄一生颇富传奇色彩，故生前卒后，其生平事迹一直受到清代学者的关注。关于他的生平事迹，清人记载甚多，其中以施闰章《毛子传》、毛奇龄《自为墓志铭》、盛唐《西河先生传》、全祖望《萧山毛检讨别传》四篇最为重要。其他如《萧山毛氏宗谱》卷四、《杭州府志》卷一七〇、《清史列传》卷六十八、《清史稿》卷四八一、《萧山县志稿》卷十六等亦有记载，后世关于毛奇龄生平研究的史料多基于上述著作。

这一时期，学者对毛奇龄的研究是从对其才、学、品行的评价开始的。早在毛奇龄生前，清初学者就开始对毛奇龄进行研究，施闰章的《毛子传》开此先河，施氏以较平实的态度客观公允地评价毛奇龄，既赞扬了毛氏的豁达与高才，又指出毛氏的放荡不羁。李天馥为《西河文选》作序时，对毛奇龄的学术给予高度评价："西河少受六经，而长博群籍，自《易》《礼》《春秋》《诗》《书》诸经而外，皆有论著，郁然集于成，方今推儒学者，于西河居一焉。"① 清中叶，全祖望鄙薄毛奇龄的道德文章，首开谴诃毛奇龄的先河，全氏虽然认为"奇龄之才要非流辈所及，使其平心易气以立言，其足以羽翼《儒》《苑》无疑"②，全氏严厉批判了毛奇龄治学上存在的种种问题，对毛氏的道德品行大肆攻击。虽然全祖望的评判只是一家之言，但长久以来一直支配着学界对毛奇龄的评价。乾隆年间，纪昀等纂修《四库全书》及《总目》，即非难其学"有强生支节者"，又承认其中有"考据特详，持论亦正"者。③ 乾嘉汉学家戴震、惠栋等暗承毛奇龄学说，却因毛奇龄治经的怪异而对其嗤之以鼻。嘉庆初年，时任浙江学政的阮元为《西河合集》作序，对毛奇龄的学术成就予以表彰，认为乾嘉学术的繁荣昌明应归功于毛奇龄的"开始之功"。阮元的评价得到了焦循、凌廷堪等学者的积极响应，他们力反全祖望的陈说，对毛奇龄的学术成就予以肯定。随着宋学与汉学斗争的激烈，学界对汉儒、宋儒俱加以讥弹的毛奇龄的评价一度跌至最低。嘉庆二十年（1815），戴大昌站在维护朱熹的立场撰成《驳四书改错》，对毛奇龄《四书改错》进行反驳。二十三年，江藩撰《汉学师承记》溯"国朝汉学"渊源，不为毛奇龄立传。道光初年，方东树撰《汉学商兑》，卷上首列毛奇龄，借以攻击汉学。二十六年，唐鉴编撰《国朝学案小识》，囿于汉宋学的门户之见，亦对毛奇龄置而不论。同、光年间，学界对毛奇龄的学术地位与成就再次转向肯定。同治初年，李元度辑《国朝先正事略》，将毛奇龄同惠栋、戴震归为"专宗汉学以抵程朱之隙

---

① （清）李天馥：《西河文选序》，载《西河合集》卷首，第4页。
② （清）全祖望撰，朱铸禹汇校集注：《鲒埼亭集外编》卷十二《萧山毛检讨别传》，见《全祖望集汇校集注》第二册，上海古籍出版社，2000年版，第987—989页。
③ （清）纪昀等：《四库全书总目提要》，中华书局，1997年版，第58页。

者"的代表。晚清李慈铭对毛奇龄进行了深入研究，不但对毛奇龄的许多作品作出了中肯评价，又在《越缦堂文集》卷六《书〈鲒埼亭集外编萧山毛检讨别传〉后》力驳全祖望之说，为毛奇龄重新正名。稍后的皮锡瑞对毛奇龄的"三礼"研究极为推崇，他认为："汉立二戴博士是《仪礼》非《礼记》，后世说者多误，毛奇龄始辨正之，在清初经义榛芜之时，分别《仪礼》《礼记》，辨郑樵之误，则极精确。"①

毛奇龄在明史馆充当纂修官的七年里，起草弘、正两朝纪传及诸杂传二百余篇，现存《西河合集》中的史学著作多是他修《明史》的拟稿。四库馆臣将毛奇龄的史部类著作贬入"存目"，对这些著作的价值亦予以否定，如评价《武宗外纪》："是书记明武宗之事……皆取之於《实录》。……且其事已具《实录》中，而野史又多备载。既无异闻，何必复赘耶？"②虽然四库馆臣不认可毛奇龄的史学成就，但对毛奇龄的史识却赞赏有加。如评价《后鉴录》："其事迹今率见正史中，无大异闻。惟推论致乱之由，谓明三百年过于轻武，儒臣以奴隶遇阃帅。尺籍冒滥，病坊菜佣，漫不经省，师中动掣两肘。又中官监进止无已，则冠惠文者操名法以持其后，亦目击之笃论也。"③

毛奇龄善诗歌、乐府、填词，所作诗词流播甚远，尝有琉球使者觅买其诗集，毛奇龄引以为傲，自悬一联曰："千秋经术留天地，万里蛮荒识姓名。"④对于毛奇龄的文学创作，四库馆臣有很高的评价，曰："奇龄之文，纵横博辨，傲睨一世，与其经说相表里，不古不今，自成一格，不可以绳尺求之，然议论多所发明，亦不可废。"⑤阮元称之曰："至于古文诗词，后人得其一已足以自立于千古，而检讨犹不欲以留于世。则其长固不可以一端尽矣。"⑥肯定了毛奇龄在清代文学史上的成就。就其诗来说，诸多清诗选本中都录有毛奇龄的诗，但清人认为毛奇龄的词较胜于诗，如谢章铤云："毛西河少受知陈卧子，故诗词皆承其派别，而词较胜于诗。"⑦

毛奇龄著述的整理出版，是毛奇龄研究的一项基础性工作，这一工作在他生前已取得不俗的成绩。康熙三十五年（1696），汪霦等编选的《西河文选》十一卷刊行；张潮《昭代丛书》、朱彝尊《经义考》亦收录了毛奇龄多部著作。而这方面的突出成就当推《西河合集》，此书初刊于康熙三十八年（1699），分经集和文集两部分，四百九十三卷，是迄今为止收录毛奇龄作品最多的著作。马俊良《龙威秘书》、吴省兰《艺海珠尘》、纪昀等编纂的《四库全书》以及后来的《清经解》《清续经解》等大型丛书均收有毛奇龄的著作，为毛奇龄的研究带来了方便。

---

① （清）皮锡瑞：《经学通论》，中华书局，1954年版，第10页。
② （清）纪昀等：《四库全书总目提要》卷五十四，中华书局，1997年版，第760页。
③ （清）纪昀等：《四库全书总目提要》卷五十四，第761页。
④ （清）陶元藻：《全浙诗话》卷四十二，嘉庆元年怡云阁刻本。
⑤ （清）纪昀等：《四库全书总目提要》，第2346页。
⑥ （清）阮元撰，邓经元点校：《揅经室集》下，卷七《毛西河检讨全集后序》，中华书局，1993年版，第543页。
⑦ （清）谢章铤：《赌棋山庄词话》，《词话丛编》，中华书局，1986年版，第76页。

总的来说，此一时期对毛奇龄及其学术的研究尚处于起步阶段。学者的研究多为直观随感式的点评，这些评论零散简略。在评论过程中，个人的主观好恶较为明显，点评方法不甚系统，很难称得上是严格意义的研究。不过这时期的诸多评论基本涉及毛奇龄的经学、史学和诗、文、词诸方面，关注的内容较为全面，且其中不乏真知灼见，为进一步的研究奠定了扎实的基础。

（二）清末民初至1949年：毛奇龄研究的发展期

晚清以来，随着与西方接触的频繁，西方的各种学术观念、研究方法纷纷引进，并开始对学界产生影响。这阶段的毛奇龄研究虽然在认识评价上没有跳出前期的窠臼，但在研究方法上开始有所突破。章太炎、刘师培、梁启超、胡适、钱穆等一批学者先后运用历史进化论和近代实证史学的方法对清代学术进行研究。

这一时期，传统的点评方法与西方的研究方法交相碰撞，致使学界对毛奇龄的评价仍存在较大的分歧，一方面肯定毛奇龄才学有独到之处，另一方面仍然延续全祖望的恶评。20世纪初，章太炎称毛奇龄"少壮苦节，有古烈士风，而晚节不终，媚于旃裘"[①]。又说："毛本文士，绝不知经，偶一持论，荒诞立见。"[②] 建议弟子支伟成将毛奇龄从朴学先导大师名单中删去。章太炎的上述观点对20世纪初的毛奇龄研究产生了一定的影响，但需要指出的是，章太炎对毛奇龄的评价，主要是取决于革命排满的需要，因而有些结论就不可避免地存在着严重的偏颇和失实之处。与章太炎虽同门但学术不同的宋恕在许多文章中却屡屡以毛、戴并称，肯定毛奇龄为清代汉学的先驱。刘师培论清代学术变迁，认为清代学术存在怀疑、征实、丛缀、虚诬四派，将毛奇龄归入清代学术变迁第一期中，肯定了毛奇龄的贡献。20世纪20年代，梁启超论清学史，他运用中西兼蓄的观点和方法对毛奇龄的思想学说进行研究，认为毛奇龄为启蒙期一位冲锋陷阵的猛将，毛的考辨有功于思想界的解放，但仍然没有摆脱全、章的影响，称其为"学界蟊贼"，认为毛奇龄"品格是无足取的"[③]。30年代，胡适对毛奇龄的经学研究予以关注，录出毛奇龄论殷行三年之丧的文字作为《说儒》的附录。钱穆《中国近三百年学术史》虽然承认毛奇龄的考据确有成绩，但仍以"考据家之不德"对毛奇龄的学术提出质疑。周予同先生也认为毛奇龄学说多不足信。除此之外，马宗霍《中国经学史》、本田成之《中国经学史》中均论及毛奇龄的经学。陈延杰《经学概论》将毛奇龄与顾、黄、王、阎等清初诸大师并提，视其为"清学之权舆"[④]。钱基博持与陈延杰相同的观点，他为钱穆《国学概论》作序时，指出该书第九章称黄梨洲、顾亭林、王船山、颜习斋而不及毛奇龄，是叙清学之始未为周匝。

与毛奇龄的经学研究相比，此一时期有关毛奇龄史学和文学的研究进展缓慢，表现在研究文章少，相关的分析评论中无甚创见。

---

① 章太炎著，徐复注：《訄书详注》，上海古籍出版社，2000年版，第904页。
② 支伟成：《清代朴学大师列传》第一《叙目》，岳麓书社，1998年版，第2页。
③ 朱维铮：《梁启超论清学史二种》，复旦大学出版社，1985年版，第288页。
④ 陈延杰：《经学概论》，商务印书馆，1930年版，第138页。

此一时期毛奇龄的作品出版取得了一定成绩，主要表现在万有文库本《西河文集》的出版，这对于毛奇龄作品的传播与普及具有积极的意义。

总体来看，20世纪上半叶的毛奇龄研究集中在毛奇龄的经学方面，整体上还是以承继前期的评价为主，但在研究观念和方法上，学界逐步摆脱点评式、随感式的琐细评论，学术史系统综述概括性的分析模式开始应用于毛奇龄研究之中，这在一定程度上奠定了后世学术史、经学史关于毛奇龄经学研究的大致框架。

（三）1949年至70年代末：毛奇龄研究的低谷期

这一时期，关于毛奇龄的研究成果，只有嵇文甫《漫谈毛西河》和杨君励《〈论语稽求篇〉读后》两篇文章，再就是几部关于思想史和文学史的著作中零星提及毛奇龄。虽然这一时期关于毛奇龄的研究较少，但是在有限的几部作品中却时有独到的见解。如嵇文甫注意到毛奇龄及其学术的复杂性，认为"在他身上集中了各种矛盾复杂显示其过渡性的因素"[1]。邓之诚《清初纪事初编》著录了毛奇龄的诗文著述情况，认为毛奇龄"思路绵邈，非人意向所及。文笔恣肆，穷极深微，皆能发洩无余，使成光采"[2]。

总之，由于这一时期的学术研究受政治因素干扰过多，包括毛奇龄在内的清代学术研究陷入停滞甚至倒退状态。可以说，这一时期为毛奇龄研究的低谷期。

（四）80年代初至90年代末：毛奇龄研究的复苏期

自80年代起，政治上的拨乱反正、经济上改革开放政策的实行，较前期相比，政治对学术研究的干扰有所减少。特别是随着80年代文化热的兴起，对学术思想史的研究重又活跃起来，明清学术思想史的研究因之获得了前所未有的发展，毛奇龄的研究也随之向前推进，涌现出较多的研究性文章。

80年代，杨向奎《清儒学案新编》对毛奇龄的经学研究依然持否定态度，但是特地肯定了毛奇龄对王学发展的贡献，认为毛奇龄是"以经学就王学"[3]。80年代末，陈德述先后撰写了《试论毛奇龄的经学思想》《试论毛奇龄的反宋学思想》《毛奇龄思想初探》等文，其中《试论毛奇龄的经学思想》认为毛奇龄的经学已经包含了乾嘉汉学的基本特征。《试论毛奇龄的反宋学思想》认为毛奇龄对宋学的批评，有其偏颇处，然于清初学术有重要意义。《毛奇龄思想初探》一文，承继他前两文的论点，对毛奇龄的学术思想进行了综合分析。90年代以来，学界对毛奇龄研究进一步深入，雷庆《清代著名学人毛奇龄》、林久贵《〈四库全书〉收录个人著述最多的人——毛奇龄》等分别从毛奇龄的性格、治学态度、学术特点等方面对毛奇龄展开研究。陈祖武、黄爱平等学者亦注意到了发生在毛奇龄身上的学术转变，陈祖武指出："毛奇龄所走过的学术道路，不啻清初经学演进过程的一个缩影。"[4] 黄爱平《毛奇龄与明

---

[1] 嵇文甫：《漫谈毛西河》，《学术月刊》1963年第3期。
[2] 邓之诚：《清诗纪事初编》，上海古籍出版社，1965年版，第831页。
[3] 杨向奎：《清儒学案新编》，齐鲁书社，1988年版，第227页。
[4] 陈祖武：《清初学术思辨录》，中国社会科学出版社，1992年版，第287页。

末清初的学术》认为毛奇龄是明末清初学术转型过程中的一个代表人物。

这一时期，台湾学界对毛奇龄及其学术思想的研究比较注重学术史方面，已有专论毛奇龄学术思想的硕、博士论文数篇，内容涉及毛奇龄经学研究的多个方面，而且对毛奇龄著作文本的研究已相当深入。陈逢源《毛西河及其〈春秋〉学之研究》是第一篇探讨毛奇龄经学研究的学位论文，对毛奇龄《春秋》学的撰述背景、目的、要旨及得失进行阐述。随后，杜明德《毛西河及其〈周礼〉学研究》、陈逢源《毛西河〈四书〉学之研究》、杜明德《毛西河及其昏礼、丧礼学研究》分别就毛奇龄的礼学和四书学进行研究。短篇论文方面，郑吉雄《全祖望论毛奇龄》一文，整理了全祖望攻驳毛奇龄的几个主要论点，对这些论点一一考察并加以讨论，对于全氏过于偏激的苛责攻击做了较客观的分析。康义勇《毛奇龄对朱子〈论语集注〉的评价》一文，根据程树德《论语集释》引用《四书改错》批驳朱注的四十五条来说明毛奇龄对朱注批评的卓见与价值。林庆彰《清初的群经辨伪学》从经学的辨伪角度对毛奇龄的学术进行研究。

同时，港台地区和海外的学者运用不同的视角和方法对毛奇龄进行研究。日本学者金原泰介《毛奇齢〈論語稽求篇〉に關する一考察》一文，旨在考察《论语稽求篇》的要旨。小岛毅《婚礼廟見考——毛奇齢による〈家礼〉批判》就毛奇龄《昏礼辨正》对朱熹《家礼》的批判作了详细考述，有助于了解毛奇龄"昏礼"学的学术要旨。佐佐木爱《毛奇齢の思想遍歴——明末の學風と清初期經學》一文认为毛奇龄继承明代学风，并吸收清初学说，发展出一套以实证主义为特色的经学见解。佐佐木爱《毛奇齢の"朱子家礼"批判—特に宗法を中心として》一文是研究毛奇龄对"朱子家礼"的批判著作，未能寻获。韩国学者金弼洙《毛奇龄〈仲氏易〉的推移法研究》对毛奇龄《仲氏易》中的"推移法"进行了研究。曾美云《毛奇龄评朱子〈诗〉说论衡》认为毛、朱二人在治学方法上大异其趣，各有所长。

此外，毛奇龄的大部分著述也得到了影印出版，《四库全书》《四库全书存目丛书》《续修四库全书》《四库禁毁书丛刊》《四库未收书辑刊》《丛书集成初编》及其《续编》等均收录有毛奇龄的著作。

总之，从80年代初至90年代末，毛奇龄的研究成果较为丰硕。但是，不足之处也非常明显，如研究者多集力于论述毛奇龄在明末清初学术史上的地位，在研究方法上未能突破传统的个案分析，对毛奇龄经学思想的内涵把握不够，对于毛奇龄史学和文学等方面的研究也有待拓展。

（五）21世纪初至今：毛奇龄研究的渐趋繁荣期

进入21世纪，毛奇龄研究涌现出较多的专题性研究文章和学位论文，这些文章分别从经学、史学、音韵学、文学、戏曲、经学思想、诗学倾向、词学观等方面对毛奇龄展开了多维度的研究。此外，相关的学术史、经学史、文学史专著中对毛奇龄有较多的涉及。

陈居渊《毛奇龄与乾嘉经学典范的重塑》[①]一文认为阮元、焦循等人如此地标榜毛奇龄，

[①] 陈居渊：《毛奇龄与乾嘉经学典范的重塑》，《浙江学刊》2002年第3期。

其实是为了回应宋学家的挑战,重塑乾嘉经学的典范。以毛奇龄为新典范,避免乾嘉经学流于纯考据训诂而忽视义理的负面发展;闫宝明《毛奇龄〈古文尚书冤词〉探微》①、张贺《毛奇龄〈大学知本图说〉探析》②、唐明贵《毛奇龄〈论语稽求篇〉研探》③、薛立芳《毛奇龄〈白鹭洲主客说诗〉探微》④和《关于〈毛诗序〉作者的新思考——论毛奇龄对〈诗序〉作者的研究》⑤等对毛奇龄的经学研究继续进行多角度探讨。张贺《略论毛奇龄的史学精神与治史之风》⑥和段润秀《毛奇龄与〈明史〉修纂新探》⑦两篇文章对毛奇龄的史学进行研究,其中张文认为毛奇龄反对宋儒"史断",重视史料的考据与辨伪,体现了史家"求真"的史学精神,有功于清初"弃虚蹈实"治史之风的开启;段文通过对《西河集》中收录的毛奇龄的史著进行考辨,对毛奇龄纂修《明史》的贡献给予肯定。周怀文《毛奇龄史学成就考论》⑧从著史、考史、存史、论史四个方面,考论毛奇龄的史学成就及治史内容与特点。丁鼎《试论毛奇龄的经学思想和学术地位》一文对毛奇龄的经学思想、学术地位作了详细评述,认为毛奇龄以其实事求是之学引导了乾嘉学派的治学方向,是一位成就卓著的学者,在清代学术史上有着举足轻重的地位。⑨傅璇琮《毛奇龄合集序》称"毛奇龄在清初,可以说继黄宗羲之后,俨然为浙学盟主。且不仅限于浙江,在当时整个学术发展上,由宋明理学向考据实学转变,毛奇龄起过相当大的作用"⑩。蒋寅《清初钱塘诗人和毛奇龄的诗学倾向》⑪、张艳《毛奇龄与唐宋诗之争》⑫认为毛奇龄在诗学研究中宗唐诗,贬宋诗,将其经学的研究方法引用到诗学的研究中,对宋诗的批判可说是对宋代经学批判的延续。戴文梅《清代学者毛奇龄生平初探》⑬对毛奇龄的生平进行初探,因是"初探",故而失于简略。黄敏学《汉学开山之新变——毛奇龄音乐史学思想论析》⑭认为毛奇龄的音乐史学思想以"乐者人声也"肇其端,以"力斥前人之以五行附会乐理""力斥前人之摹揣古乐器以图复古"辅其翼,以"乐器不是乐""乐书不是乐"剖其理,以"乐不分古今"总其极,严丝合缝,鞭辟入里,浑然一体,开清代音乐史学中反复古主义思想之先河。孙英华《对〈竟山乐录〉中的音乐雅俗观的几点思考》⑮认为毛奇龄在《竟山乐录》中提出的"谓当世之人为今人,不为俗人,谓今人之声为人声,不为今声"对后世音乐艺术的发展具有重大意义。於梅舫《从王学护法到汉学开山——毛奇龄学说形象递

---

① 闫宝明:《毛奇龄〈古文尚书冤词〉探微》,《古籍整理研究学刊》2005 年第 6 期。
② 张贺:《毛奇龄〈大学知本图说〉探析》,《苏州教育学院学报》2007 年第 4 期。
③ 唐明贵:《毛奇龄〈论语稽求篇〉研探》,《太原理工大学学报》2006 年第 2 期。
④ 薛立芳:《毛奇龄〈白鹭洲主客说诗〉探微》,《鲁东大学学报》2008 年第 2 期。
⑤ 薛立芳:《关于〈毛诗序〉作者的新思考——论毛奇龄对〈诗序〉作者的研究》,《兰州学刊》2008 年第 3 期。
⑥ 张贺:《略论毛奇龄的史学精神与治史之风》,《温州大学学报》2007 年第 6 期。
⑦ 段润秀:《毛奇龄与〈明史〉修纂新探》,《红河学院学报》2009 年第 1 期。
⑧ 周怀文:《毛奇龄史学成就考论》,《芜湖职业技术学院学报》2014 年第 3 期。
⑨ 丁鼎:《试论毛奇龄的经学思想和学术地位》,《传统中国研究集刊》第二辑,上海人民出版社。
⑩ (清)毛奇龄:《毛奇龄合集》,杭州出版社,2003 年版。
⑪ 蒋寅:《清初钱塘诗人和毛奇龄的诗学倾向》,《湖南社会科学》2008 年第 5 期。
⑫ 张艳:《毛奇龄与唐宋诗之争》,《文学界》2011 年 8 月。
⑬ 戴文梅:《清代学者毛奇龄生平初探》,《重庆科技学院学报》2010 年第 5 期。
⑭ 黄敏学:《汉学开山之新变——毛奇龄音乐史学思想论析》,《淮南师范学院学报》2010 年第 4 期。
⑮ 孙英华:《对〈竟山乐录〉中的音乐雅俗观的几点思考》,《艺术百家》2008 年第 8 期。

变与近代学术演进》①认为清学史叙述中毛奇龄多被描述为清代汉学开山，这更多是后人认识叠加之产物，而非事实。张小芳《毛奇龄论定〈西厢记〉的学术取向及价值新论》②认为《毛西河论定西厢记》是一种介于考据与赏鉴之间的研究思路，而非考据家从文献学目的出发撰作的纯学术性著作。张晓兰《毛奇龄连厢词例及〈拟连厢词〉考》③考证了毛奇龄在《西河词话》中所提到的连厢词例的传承由来及毛奇龄据连厢词例创作的《拟连厢词》——《不卖嫁》与《不放偷》，重点考察了其名称、类别、内容、体制和渊源，认为《拟连厢词》二种所写并非子虚乌有，而是反映了辽金时代特殊的风俗习惯，具有民俗学的意义。张晓兰《毛奇龄拟连厢词的本来面目——兼论拟连厢词非杂剧》④认为毛奇龄所作的两种拟连厢词——《不卖嫁》《不放偷》不是杂剧，而是介于诸宫调和元杂剧之间的一种表演形式。这种表演形式具有古歌舞"歌者不舞，舞者不歌"的重要特征。艾立中《毛奇龄"连厢词"之说再献疑》⑤认为"连厢词"极有可能是毛奇龄臆造之说。张晓兰《清初名儒毛奇龄戏曲观探微》⑥认为毛奇龄的戏曲思想既表现出明人戏曲观重视戏曲抒写性情的一面，体现出晚明文士风流自赏的态度，同时，也体现了清代戏曲观重视伦理教化，重视戏曲有裨于世的儒家传统。而毛奇龄高度肯定元剧为"一代之文章"的论点也具有推尊戏曲的意义，是焦循"代有所胜"和王国维"一代有一代之文学"观点的先声。表明毛奇龄的戏曲观和文学观、学术观具有某种同构性，三者均表现出既有对明代思想的继承，又有对清代思想启发的一面。李克《毛奇龄批本〈西厢记〉新探》⑦认为毛奇龄批本《西厢记》是《西厢记》"解证式评点"的集大成者，他的批点既有经学考古式的严谨，又展示了偏嗜曲体曲韵之学的风格特色。而毛奇龄在解证中时有会意，又赋予毛批本《西厢记》"鉴赏型"评点的些许特色，进一步推动了《西厢记》评点批评走向深入。张小仲《毛奇龄与清初女性诗人》⑧认为毛奇龄为闺秀诗人写序题跋，亲收女弟子，奖掖妇才，打破了男女文人之间交流的障碍，提高了女性诗歌创作的水平，对于清朝女性文学的发展具有深远影响。郭水华《清代毛奇龄与〈杭州治火议〉》⑨认为毛奇龄从杭州城本身的建筑特点及人们的生活习惯入手，找到了杭州火灾的原因，并提出了相应的防范措施，对遏止杭城火灾做出了贡献。周怀文《金石词章两擅长，儒林文苑费商量——毛奇龄文学成就简论》⑩考察了毛奇龄的文学活动与文学成就，认为毛奇龄的文学活动对清初文坛的发展有一定

---

① 於梅舫：《从王学护法到汉学开山——毛奇龄学说形象递变与近代学术演进》，《中山大学学报》2014年第1期。
② 张小芳：《毛奇龄论定〈西厢记〉的学术取向及价值新论》，《中国典籍与文化》2010年第2期。
③ 张晓兰：《毛奇龄连厢词例及〈拟连厢词〉考》，《淮海工学院学报》2010年第1期。
④ 张晓兰：《毛奇龄拟连厢词的本来面目——兼论拟连厢词非杂剧》，中央戏剧学院学报《戏剧》2012年第3期。
⑤ 艾立中：《毛奇龄"连厢词"之说再献疑》，《第六届国际南戏学术研讨会论文集》2014年10月。
⑥ 张晓兰：《清初名儒毛奇龄戏曲观探微》，《兰州交通大学学报》第31卷第2期。
⑦ 李克：《毛奇龄批本〈西厢记〉新探》，《辽东学院学报》第16卷第1期。
⑧ 张小仲：《毛奇龄与清初女性诗人》，《文学教育》2013年第1期。
⑨ 郭水华：《清代毛奇龄与〈杭州治火议〉》，《上海消防》2001年2月15日。
⑩ 周怀文：《金石词章两擅长，儒林文苑费商量——毛奇龄文学成就简论》，《广州广播电视大学学报》2012年第3期。

的积极意义与推进作用。戎默《论毛奇龄对〈惠崇春江晓景〉的评价》①认为毛奇龄对苏轼名篇《惠崇春江晓景》中"春江水暖鸭先知"一句的评价，引来当时以及后世诗家的批评，成为一段有趣的诗坛公案。虽然毛氏对苏句的解释乃强作解人，但大多对毛氏的批评里也有误解与歪曲，未能在完全理解毛氏意思的基础上进行正确评价。周怀文、经莉莉《毛奇龄〈诗经〉辨伪述略》②以毛奇龄《诗经》研究著作为基础，考论毛氏《诗经》辨伪的内容、体式特点和成就与影响。程二奇《毛奇龄〈推易始末〉与清代汉学之复兴——清学史源流的一个新认识》③认为毛奇龄《推易始末》申说的"推易"思想，对汉《易》予以重新发明，堪称清代"汉学"的启蒙性人物。郑万耕《毛奇龄对河图洛书的驳斥》④剖析了毛奇龄专门考辨与批驳河图、洛书的名著《河图洛书原舛篇》。李敏《毛奇龄与〈金华文略〉》⑤就毛奇龄为弟子王崇炳《金华文略》所作序，阐述了毛奇龄对地方文献编著的重视。周怀文《〈经义考〉毛奇龄序驳谊》⑥对毛奇龄为朱彝尊《经义考》所作序的讹误疏失一一加以辨正。周怀文、经莉莉《风人之旨 谁可独得——略论毛奇龄对朱熹"淫诗"说的批评》⑦认为毛奇龄对朱熹"淫诗"说的批驳，勾勒了《诗经》被误解或曲解的大致过程，并在此基础上提出了解读《诗经》的方法。房瑞丽《毛奇龄〈诗传诗说驳义〉小考》⑧就毛奇龄《诗传诗说驳义》对两部明末伪书《子贡诗传》和《申培诗说》的考辨方法加以剖析，肯定了毛氏考辨的意义。薛立芳《毛奇龄"诗"学思想及其对清代"诗"学发展之影响》⑨认为毛奇龄的诗经学研究文本与考证并重，开清代《诗经》汉学之先风，也成为清代《诗》学独立思考派的先驱，促使了清代三家《诗》学的兴起，对清代《诗》学发展产生了重要影响。马昕《毛奇龄〈诗〉学理论的逻辑推演与困境突围》⑩认为，毛奇龄《白鹭洲主客说诗》由反驳朱熹"淫诗"说，推演出一套"以《春秋》解《诗》"的逻辑，依靠对《春秋》史事与义理的选择性吸收，建立起区别于《毛诗序》《诗集传》的解《诗》体系。这一阐释逻辑通过《春秋》与《诗经》两部经典之间的深层联系，为《诗经》问题的破解找寻出路。但其驳论有偏执之失，立论存僵化之弊，致使自己陷入理论困境。而一旦看破作诗与用诗的区别和联系，其解诗理论便能找到突围之路。闫宝明《毛奇龄的〈论语〉〈孟子〉观对清初学风的新拓》⑪认为毛奇龄的《论语》《孟子》之辨反映了清初学风的转变，称得上是对清初学风的新的开拓。辛源俸《朱熹、毛奇龄和丁若镛的〈周易〉占

---

① 戎默：《论毛奇龄对〈惠崇春江晓景〉的评价》，《齐齐哈尔大学学报》2014年第3期。
② 周怀文、经莉莉：《毛奇龄〈诗经〉辨伪述略》，《聊城大学学报》2012年第2期。
③ 程二奇：《毛奇龄〈推易始末〉与清代汉学之复兴——清学史源流的一个新认识》，《学习与探索》2006年第5期。
④ 郑万耕：《毛奇龄对河图洛书的驳斥》，《中国哲学史》2001年第4期。
⑤ 李敏：《毛奇龄与〈金华文略〉》，《图书馆研究与工作》2011年第1期。
⑥ 周怀文：《〈经义考〉毛奇龄序驳谊》，《图书馆工作与研究》2010年6月。
⑦ 周怀文、经莉莉：《风人之旨谁可独得——略论毛奇龄对朱熹"淫诗"说的批评》，《合肥学院学报》2012年第3期。
⑧ 房瑞丽：《毛奇龄〈诗传诗说驳义〉小考》，《兰州学刊》2011年第5期。
⑨ 薛立芳：《毛奇龄"诗"学思想及其对清代"诗"学发展之影响》，《湖北社会科学》2011年第9期。
⑩ 马昕：《毛奇龄〈诗〉学理论的逻辑推演与困境突围》，《安徽师范大学学报》2014年第5期。
⑪ 闫宝明：《毛奇龄的〈论语〉〈孟子〉观对清初学风的新拓》，《昆明学院学报》2014年第5期。

筮观比较研究》①通过对朱熹、毛奇龄、丁若镛《周易》占筮观的比较，指出后出者在批判吸收和改造前面思想家的成果的基础上，确立了更完整的《周易》占筮观。三人虽无师承关系，但他们在《周易》是占书的观点上一脉相承，在易学史上形成了一个独特的思想脉络。

其间，出现了关于毛奇龄的考证性研究成果，如吴通福《晚出〈古文尚书〉公案与清代学术》附录一《阎若璩、毛奇龄生平事迹简要年表》、张贺《毛奇龄学术简论》附录二《毛奇龄的交游与弟子》、田智忠《毛奇龄〈太极图遗义〉考辨》、拙著《毛奇龄年谱》《毛奇龄交游考》《从〈四库全书〉看毛奇龄》《毛奇龄佚文佚诗辑考》等，对毛奇龄的生平、交游、著述、佚作等进行了详细考证，对一些有争议或近似定论的说法重新进行了考辨，提出了新说。

值得注意的是，此一时期国内出现数十篇关于毛奇龄的学位论文。其中戴文梅《毛奇龄及其词作研究》对毛奇龄的词学观进行总结，对于了解毛奇龄的词很有助益。张贺《毛奇龄学术简论》通过对毛奇龄的《大学》、《礼》学、史学研究中所体现出的实学因素进行考察，揭示了毛奇龄与明末清初学风"由王返朱"殊途同归的另类实学之风。俞师《毛奇龄〈蛮司合志〉校注》对《蛮司合志》湖广、两广土司部分进行了校注。薛立芳《毛奇龄〈诗〉学研究》从《诗》序与《诗》三百篇两方面探讨毛奇龄《诗》学的价值与不足。闫宝明《毛奇龄与朱子学》从毛奇龄与朱子学关系的角度，围绕他的经籍考辨与大胆攻朱来探讨他的学术活动的得失。徐到稳《毛奇龄四书学研究——以〈四书改错〉为中心》以《四书改错》为中心，试图剖析毛奇龄批评中的内在理路，以期对毛氏《四书》学进行整体把握。崔丽丽《毛奇龄易学研究》对毛奇龄《易》学著作和渊源、《易》学观、解《易》方法做了论述。拙著《毛奇龄与清初〈四书〉学》上篇将毛奇龄的《四书》学研究置于清初特定的历史文化背景下加以考察，通过与清初诸儒的《四书》学研究进行对比，透视毛奇龄与清初诸儒《四书》学研究的异同，对毛奇龄《四书》学在学术史上的意义作出解释；下篇为毛奇龄年谱。周怀文《毛奇龄研究》对毛氏家世、生平、交游、著述、治学方法等方面进行研究。《毛奇龄骈文研究》对毛奇龄骈文的艺术成就予以探讨。

此外，汪学群《清初易学》、洪湛侯《诗经学史》、张民权《清代前期古音学研究》、朱修春《四书学史研究》、吴通福《晚出〈古文尚书〉公案与清代学术》等都对毛奇龄的经学有所涉及。如赵伯雄《春秋学史》在清代《春秋》学部分，认为："毛氏诸种《春秋》学著作的出现，标志着清代《春秋》学研究已进入了一个新的阶段——以实证为主阶段。"②

此一时期，港台和海外学者的毛奇龄研究更加活跃。学位论文方面，张敏容《毛奇龄〈易〉学研究》③首先对毛奇龄的生平和《易》学专著进行概述，进而分别以"奇龄'五义'理论探究""奇龄'移易'十例论述""奇龄对'河洛学'的探讨""奇龄对《太极图说》评论的探讨"等方向展开论述，探究毛奇龄对图书之学的批判。萧雅俐《毛奇龄〈仲氏易〉研究》④

---

① 辛源俸：《朱熹、毛奇龄和丁若镛的〈周易〉占筮观比较研究》，《周易研究》2014年第5期。
② 赵伯雄：《春秋学史》，山东教育出版社，2004年版，第643页。
③ 张敏容：《毛奇龄〈易〉学研究》，台北市立师范学院应用语言文学研究所硕士学位论文，2004年7月。
④ 萧雅俐：《毛奇龄〈仲氏易〉研究》，淡江大学中国文学学系硕士学位论文，2006年6月。

以毛奇龄《仲氏易》为对象，对《仲氏易》的内容、特色及解经方法进行探讨，肯定了《仲氏易》的学术价值。康全诚《清代〈易〉学八家研究》①以清代《易》学八大家（王夫之、毛奇龄、李光地、程廷祚、惠栋、张惠言、焦循、姚配中）的《易》学思想与特色为主线，对诸家在《易》学史上的地位与价值作了评价。吕兆欢《毛奇龄韵学研究》②以毛奇龄《古今通韵》和《韵学要指》为基础，通过对毛奇龄的"古韵学"和"今韵学"的探讨，研究其韵学理论。赖芳晖《毛奇龄〈四书改错〉研究》③一文，以《四书改错》为对象来探讨毛奇龄的《四书》学。其文先从毛奇龄的生平著作、学术地位、评价及《四书改错》成书背景谈起，通过将《四书改错》与《四书章句集注》进行对比，厘清两人在义理系统的差异，并对毛奇龄的学术定位于"承宋明学之先""启清学于后"。单篇论文方面，陈逢源《毛奇龄经学论著及其学思历程》④一文，通过考述毛奇龄全部经学专著，将毛奇龄经学的学思历程定位为"理学与经学的会通"，并对毛奇龄的治经特色进行总结。陈逢源《毛奇龄〈四书〉学中的义理内涵》⑤除探究毛奇龄的考据之功外，进一步厘清其义理方面的内容。张寿安《毛奇龄论"传位法"》⑥以毛奇龄《辨定嘉靖大礼议》为基础探讨"天子传位法"，其重点则以论"兄终弟及"、论"继爵不继人"、继统与尊亲、庙次与世次四点来探究毛奇龄"传位法"的特点。张寿安《毛奇龄论"成妇重于成妻"》⑦一文以毛奇龄《昏礼辨正》一书为出发点，说明"成妇"与"成妻"是两种不同的概念。进而针对毛奇龄关于婚礼的三个要点："批判朱子《家礼》""定婚礼仪节、阐明礼意重""成妇之意重于成妻"等概念全面探讨毛奇龄关于婚礼的论点。侯美珍《毛奇龄〈季跪小品制文引〉析论——兼谈"稗官野乘，悉为制义新编"的意涵》⑧以毛奇龄《季跪小品制文引》及叶孟珠《阅世编》"稗官野乘，悉为制义新编"语为中心，针对黄强《〈续西游记〉的作者不是季跪》一文重新提出商榷。作者认为"小品制文"的"小品"之意并不等同于"晚明小品"，而是八股文中"小题"一类的别称；季跪所作的"小品制文"也不是一本阐述《西游记》意蕴、为小说作者或小说中人物立言的八股小品文集，而是一部以《四书》为题的八股小题文集。该文以毛奇龄文学研究为题材，拓展了毛奇龄经学外的研究。魏千钧《毛奇龄〈古文尚书冤词〉研究》⑨是研究毛奇龄《古文尚书冤词》的专文，作者先概述毛奇龄生平，接着说明《古文尚书冤词》全书架构内容，以及毛奇龄撰写《古文尚书冤词》

---

① 康全诚：《清代〈易〉学八家研究》，台湾中国文化大学中国文学研究所博士学位论文，2003年6月。
② 吕兆欢：《毛奇龄韵学研究》，台湾辅仁大学中国文学研究所硕士论文，2005年6月。
③ 赖芳晖：《毛奇龄〈四书改错〉研究》，台湾"中央"大学中国文学研究所硕士论文，2005年4月。
④ 陈逢源：《毛奇龄经学论著及其学思历程》，《东吴中文学报》第6期，2000年5月，第105—130页。
⑤ 陈逢源：《毛奇龄〈四书〉学中的义理内涵》，《中华学苑》第55期，2001年2月，第97—121页。
⑥ 张寿安：《毛奇龄论"传位法"》，《十八世纪礼学考证的思想活力——礼教论争与礼秩重省》，"中研院"近代史研究所，2001年12月，第241—255页。
⑦ 张寿安：《毛奇龄论"成妇重于成妻"》，《十八世纪礼学考证的思想活力——礼教论争与礼秩重省》，"中研院"近代史研究所，2001年12月，第410—431页。
⑧ 侯美珍：《毛奇龄〈季跪小品制文引〉析论——兼谈"稗官野乘，悉为制义新编"的意涵》，《台大中文学报》第21期，2004年12月，第185—214页。
⑨ 魏千钧：《毛奇龄〈古文尚书冤词〉研究》，《中国文学研究》第18期，2004年6月，第97—215页。

的动机，最后对《古文尚书冤词》的缺失及价值作出总结，综合评论了《古文尚书冤词》的优缺点。日本学者广濑玲子《〈西厢记〉の注疏—王骥德·毛奇龄による戏曲の読解》[①]为针对《西厢记》的注释所做的考察。作者认为历来《西厢记》的注解本中，以明代王骥德与清代毛奇龄的注本最为明确与详实，并引两人对于《西厢记》的注解来说明注解本对《西厢记》意涵了解的重要性。日本学者金原泰介撰、林庆彰译《毛奇龄〈论语稽求篇〉——清初的〈集注〉批判》乃延续作者《毛奇龄〈論語稽求篇〉に關する一考察》一文而来，此文通过将毛奇龄《论语稽求篇》的观点与朱熹《论语集注》中所引诸家说法加以比较，说明毛奇龄运用"以经解经"的方法来批判以己意解经的宋儒，是汉学的先驱。张政伟《毛奇龄〈白鹭洲主客说诗〉——对"淫诗"说的批判在《诗经》学史上的意义》[②]从毛奇龄《白鹭洲主客说诗》对朱熹"淫诗"说的批判部分进行初步讨论，阐述了毛奇龄《诗经》学说在《诗经》学术上的意义。

这一时期，毛奇龄的著作既有影印出版，也有点校本面世。影印本主要有《清代诗文集汇编》本《西河文集》、2003年杭州出版社影印出版的《毛奇龄合集》、2014年中华书局线装版的《毛西河先生全集》、2015年学苑出版社的《毛奇龄全集》。上述影印本存在三点不足：一是影印未全。如《清代诗文集汇编》本《西河文集》，只影印了毛氏的文集。中华书局线装本及学苑出版社影印本《毛奇龄全集》，二书虽以"全集"名，实则并非毛氏著作的全帙，如毛氏单刻行世的《古今通韵》《四书正事括略》《四书改错》等均未收入。二是影印本所选底本不当。如2003年杭州出版社影印出版的《毛奇龄合集》，只是将《四库全书》中收录的毛氏著作加以简单影印，而《四库》本《西河文集》对毛氏著作有删有改，选用《四库全书》本作为底本影印显然是不合适的。三是影印著作虽然具有保留真迹的优点，但是利用并不方便。因此，有局限性的毛奇龄著作影印出版有待提升为全面的点校出版。

迄今为止，毛奇龄著作最大规模的整理是儒藏精华编《西河文集》（全二册），收书65种189卷，83.1万字，由北京大学出版社于2018年出版。儒藏本《西河文集》是毛氏著述标点本的重要里程碑，为毛氏研究提供了极大便利。但是，儒藏本《西河文集》只点校了毛奇龄著述中的文、诗、词，且点校工作成于众手，在校勘和标点方面存在不少值得商兑之处，主要表现在以下两个方面：一校勘方面，有漏校者，有误校者，有底本不误而儒藏本误者；二标点方面，有引文标点不当者，有当属上而误属下者，有当属下而误属上者，有当断而未断者。此外，儒藏精华编也零星点校了毛氏经类著作《古文尚书冤词》《四书索解》《四书改错》《四书剩言》《四书剩言补》5种。2010年，中华书局出版郑万耕先生点校的《毛奇龄易著四种》（包括《推易始末》4卷、《河图洛书原舛编》1卷、《太极图说遗议》1卷、《易小贴》5卷），但毛氏最重要的《易》学著作《仲氏易》30卷却未收入。史学著作只有《〈蛮司合志〉校注》出

---

① （日）广濑玲子：《〈西厢记〉の注疏—王骥德·毛奇龄による戏曲の読解》，《东洋文化研究所纪要》，第139册H12，2000年3月，第85—120页。

② 张政伟：《毛奇龄〈白鹭洲主客说诗〉——对"淫诗"说的批判在〈诗经〉学史上的意义》，《诗经研究丛刊》，第19辑。

版，另有两种单行点校本《古文尚书冤词》《四书改错》，因儒藏精华编亦点校了此二书，兹不复述。《西河诗话》8卷、《西河词话》2卷两种点校本，分别收入《清诗话全编》《历代词话》。《毛西河论定西厢记》的"论释"部分的点校，收入了杨绪容《王实甫〈西厢记〉汇评》。

综观三百年来毛奇龄的研究状况，可以看出，清代至民国的研究工作主要是基础性和开创性的，他们着重勾勒毛奇龄的生平及其学术价值与成就；八九十年代以来，学界对毛奇龄的研究比较深入，研究视野有所拓宽，论文数量也增加不少；从地域上讲，台湾学者的研究论文要比大陆学者显得厚重。总之，学界关于毛奇龄的研究成果，大致可以概括为以下几点：其一，关于毛奇龄的生平积累了丰富的史料，毛奇龄的生平事迹已得到一定的梳理；其二，毛奇龄经学的专题研究已有一定的力度，学者们从不同的角度对毛奇龄的经学进行了分解式研究，将毛奇龄经学的研究推向了深入；其三，就研究内容来说，除了经学，毛奇龄的史学、文学和戏曲等已经进入了研究者的视野，其学术价值与地位也在不同程度上得到了学界的发现与认可；其四，毛奇龄大量的作品已经得到影印出版，亦有部分点校出版，为毛奇龄研究提供了方便的资料来源。

毛奇龄研究虽然取得了一定的成绩，但还存在着一定的欠缺和不足：

1. 缺乏系统性专著。迄今为止，学界只有几部毛奇龄的研究专著出版。

2. 研究视野不够开阔。表现为：已有的研究成果多局限于毛奇龄经学某一专题的研究，未能充分地将毛奇龄及其经学与清初其他经学家联系起来，比较他们的内在异同，分析各自得失及原因，即关于毛奇龄经学的时代认同感有待深化；毛奇龄经学研究的经学史价值未能深入挖掘，大多未能将毛奇龄经学置于明末清初经学的发展历程中探究其产生的时代、政治、文化、社会原因，经学史的纵向认识不够。事实上，只有将经学家的时代性和历史性认识相结合，才能在纵横交合中更好凸显经学家研究的特色成就及其经学史地位。

3. 研究领域有待拓展。大多研究者将毛奇龄的经学作为关注重点而忽视其史学、文学成就，毛奇龄的诗、文、词等文学特色未能得到足够的认识和评价，而且毛奇龄史学著作的价值及其史学思想很少有人问津。仅通过已有的一些零星评语与寥寥几篇文章，根本不能全面地认识毛奇龄应有的学术史地位。

4. 部分观点有待修正。比如章太炎称"毛本文士，绝不知经，偶一持论，荒诞立见"，而实际上毛奇龄"平生最自负者在经学"，撰有数十部经学著作，且于经部十大类皆有专著，因而他是否"知经"，首先需要对其原著进行文本的剖析。

5. 研究方法有待改进，已有的传统的感发式评语及教材式的分析介绍并不能具体全面地了解毛奇龄的学术特色，也不能深入把握时代性气息在毛奇龄身上的独特反映，如果要将毛奇龄研究进一步拓展深入，则必须运用通识的眼光将宏观与微观、群体与个案研究相结合，在差异中定位毛奇龄的个体性、独特性，在相似中探寻毛奇龄的时代性、历史性。

总之，毛奇龄在清初经学、史学、文学等领域的意义都有待重新发掘。

分析诸多研究不足的原因，可以归纳为以下几点：其一，整个清代学术研究仍处于初步阶段，研究力量较为薄弱。清代号称"经学复兴时代"，经学家辈出，经学著述浩富，清人文集也较前代丰富的多。然而正是因为资料过于庞杂，需要投入大量的时间精力，故研究者往往不愿深涉其中，与趋向饱和的汉、唐学术研究相比，整个清代学术研究至今都存在着学术力量不足的问题；其二，明末清初是中国思想史上又一个黄金时代，"大家"辈出。而传统的学术史研究历来都是"大家"的历史，即便毛奇龄在清代学术界获得了众多学者的认可，然而由于其经学、史学、文学著作不是所谓一流"大家"之作，所以他的学术成就与价值常被忽视；其三，研究一个历史人物，必须以人物的著作为基点。迄今为止，毛奇龄的著述多是影印出版，点校本则集中在《西河文集》和零星的几部经部著作，尚没有对毛奇龄现存全部文字网罗无遗的《毛奇龄全集》点校整理本问世，在一定程度上影响了对毛奇龄其人其学的研究，也影响了对清代学术的深入开展。

李慈铭对毛奇龄的推扬与补正

复旦大学古籍所　张桂丽

摘　要：毛奇龄、李慈铭分别是清代前期、晚期绍兴府的学术名人，先后辉映，是彼时越中学术的代表人物。李慈铭一生多次阅读毛氏著作，他对毛奇龄的评价延续了阮元、焦循、凌廷堪的推扬，同为汉学家，因身份、地域、学统的认同，故能略其短而著其功，表其长而正其误；又因才华、性情、经历等多处暗合，同一地域文人精神气质之相似，使得其批评又不免有一层温情色彩。本文试从二人的共性及李慈铭对毛奇龄学术成就的推扬和补正方面论述，展现毛奇龄四百年批评接受史中重要的一环。

关键词：毛奇龄　李慈铭　清代学术　推扬　补正

一、毛奇龄与李慈铭的共性

清代浙江绍兴府有三位著名学人，即浙东学派之毛奇龄、章学诚、李慈铭，毛奇龄生于1623年，章学诚出生于1738年，李慈铭生于1830，三人各成一家，各自相聚大约百年，互不相见。作为后起之秀，李慈铭对两位乡贤都有继承与批评，对章学诚批评多一些，对毛奇龄则较为尊重，褒扬推崇不遗余力。毛奇龄隶萧山县，由晚明入清并出仕，李慈铭属会稽县，生活于道、咸、同、光内忧外患之中。晚明、晚清皆是大厦将倾的末世，二人均有避兵藏匿乡下的经历，文人的生存环境较为紧张，心态压抑，文字中蕴藏季世沧桑流离之感。毛奇龄在明朝灭亡后，投身族人抗清名将毛有伦军营，有短暂的戎马生涯，虽然毛氏入清后做翰林院检讨，是文人艳羡的文学侍从，但迫于皇权专制下的文字狱，不敢直抒胸臆，甚至将得意之作《四书改错》秘而不发。而李慈铭晚年日记多及甲午之战前后议论朝政的文字，为避文祸，最后一年日记销毁。著述不自由，是文人莫大的精神苦痛。

毛奇龄、李慈铭早年沉潜于词章，主持越中风雅，为一代文坛领袖。崇祯十二年（1639），毛奇龄十七岁，与祁鸿孙、徐继恩、张右民、吴百朋、陆圻、陆培等在杭州涌金门成立兰里文社，举行杭州名士大会。崇祯十六年（1643），又与张梯、徐缄、祁班孙等为诗古文词相切磋。入清后，顺治六年（1649），毛奇龄与吴伟业、尤侗、徐致远、朱彝尊等于嘉兴南湖成立十郡大社，订交而别，虽风流云散，却诗词唱和不间断。毛奇龄非常喜欢结交朋友，遍及海内，文字酬赠是最重要的联络方式。

李慈铭于咸丰四年（1854）与周星誉、周星诒、孙垓、王星誠、陈寿祺、孙廷璋等于绍兴兰亭举言社，力图拯救文教之弊，以风雅自任，诗文唱和百数十篇。咸丰九年（1859）入京，被京师稽古右文的汉学风气感染，逐渐转向学术研究，虽未辍作诗词，与门人陶方琦、袁昶、樊增祥、孙星华等诗词唱酬无间，但精力分散于治学，且将学问考据援入文学创作，引经据典，追求醇厚清雅之旨。

毛氏著《西河诗话》，李氏有《越缦堂诗话》，论诗均有心得，有兼才之美。李慈铭认为毛奇龄的古文水平也很高，"国朝古文推方望溪、魏叔子为最，彭躬庵、姜湛园、邵青门、毛西河次之，此皆卓卓成家者也。"①李慈铭于人不轻许可，他认为戴震的学问很深但文章写得并不好，学问、文才俱佳的经儒并不易见，他列举的这些最优秀的当朝古文家主要是文学家身份，而毛奇龄以经师身份入选，可见他对毛奇龄推崇之高。除去乡贤这一客观关系，李慈铭颇能对毛奇龄惺惺相惜，称之为毛氏后世知音并无不可。

李慈铭对毛奇龄的学术著作基本阅读过，并有详细的读书笔记，如：

> 阅《西河全集》中书牍、笺、引、题、跋、书后、碑记及《萧山三先生传》《越中先贤传》。西河纵横浩博，才气无双，而往往失于持择。其援引既广，又不检覆，故多不免舛误，于掌故尤疏。集为其门人及诸子所编，校勘不精，字句多谬，又多收酬应贡谀之作，盖西河本多世俗之见，而及门诸子复不知别择也。诸类中以尺牍、杂笺两卷为最佳，寥寥短章，意态百出，多有魏、晋人隽永之致；且异闻创解，溢出不穷，实较胜于苏、黄，而亦时有江湖小说气。碑记如《息县雷迹碑记》《旌表徐节妇贞节里碑记》《范督师志完祠记》《观音阁种柳记》《郡太守平贼碑记》《严禁开燔郡南山碑记》，亦皆不愧名作。②

他认为毛奇龄的尺牍有性灵之气息，杂笺则见闻广博，多有创见，虽短文小札，堪称妙文。他服膺毛氏"才气无双""才气横出"，虽然不乏粗疏之处，"西河文笔警秀，而时堕小说家言，其碑志、记事之文，往往景饰，不足尽信。""阅《西河合集》。其考古虽多疏，而隽辩不穷，才气横出，实能发人神智。至其津津自喜，刺刺骂人，多堕入小说家言，亦实令人生厌。"③但瑕不掩瑜，名论迭出。作为学者，毛奇龄最值得重视的是才气横溢，善于辩论，开风气之先。

胡春丽先生在《毛奇龄年谱·前言》中说："因此无论其（毛奇龄）精神气质和为人作风，都不可避免地带有晚明士人的某些特点，这些特点映现在毛奇龄身上，就是狂傲不驯、

---

① （清）李慈铭：《越缦堂日记》，咸丰十年二月朔，广陵书社出版社，2004年版。
② 《越缦堂日记》，光绪十年十一月初七日。
③ 《越缦堂日记》，光绪二年十二月初五日。

恃才傲物、喜臧否人物、好辨、善詈的性格。"①这个观察点非常到位，李慈铭无一例外完全吻合，"这些性格特征可以使他较少受传统思想的束缚，能在学术研究中阐幽发覆，但也会使他的著作存有意气用事、以博济辨之失。……毛奇龄的这种学术性格往往被视为离经叛道，很难被社会所容，常常成为被批评的口实。"这些学术风格，恰恰也是李慈铭的学术特征，可见同一地域文人精神气质之相似。

李慈铭恃才傲物，在日记中骂遍朝官、讽刺士林新秀，时人皆畏惧其刀笔吏文风。李慈铭对毛奇龄，处处、时时有异代知音之感。他们才华横溢，却因善骂、刻薄，生前即毁誉参半，身后亦争议不断。客观认识他们所处时代，予以同情之理解、客观之尊重，将有助于评价这种具有争议的历史人物。

二、正全氏《萧山毛检讨别传》

同治元年（1862），李慈铭居京师，落魄失意，由词赋转而经史研究，他大量阅读乡贤全祖望、毛奇龄、胡天游等人的文集。全祖望博通经史，推崇黄宗羲、万斯同，注重史料校订，精研宋末及南明史事，留心乡邦文献，擅长于历史人物传记，《鲒埼亭集》及《鲒埼亭集外编》所收几乎是史传文。长于史学研究的李慈铭，由衷赞叹全氏史才之佳，然其《萧山毛检讨别传》，李慈铭则不能苟同。全氏《萧山毛检讨别传》云：

> 归安姚薏田秀才谓予曰：西河目无今古，其谓自汉以来足称大儒者只七人，孔安国、刘向、郑康成、王肃、杜预、贾公彦、孔颖达也。夫以二千余年之久而仅得七人，可谓难矣。吾姑不敢问此七人者果足掩盖二千余年以来之人物与否，但即以此七人之难，而何以毛氏同时其所极口推崇者则有张杉、徐思咸（咸清）、蔡仲光、徐缄，与其二兄所谓仲氏及先谕者，每述其绪论，几如著蔡，是合西河而七，已自敌二千余年之人物矣。抑西河论文，其自欧、苏而下俱不屑，而其同时所推崇，自张、蔡、二徐外，尚有所谓包二先生与沈七者，不知其何许人也。竭二千余年天下之人物，而不若越中一时所出之多，抑亦异哉？
>
> 予笑而答之曰：是未闻吾先赠公之所以论西河也。西河少善词赋，兼工度曲，放浪人外，陈公大樽为推官，尝拔之冠童子，遂补诸生。顾其时蕺山先生方讲学，西河亦尝思往听之，辄却步不敢前。祁氏多藏书，西河求观之，亦弗得入。已而国难，画江而守，保定伯毛有伦方贵，西河兄弟以鼓琴进托末族，保定将官之而江上事去，遂亡匿，乃妄自谓曾预义师，辞监军之命，又得罪方、马二将，几至杀身，又将应漳浦黄公召者，皆乌有也。已而江上之人有怨于保定者，其事连及西河，而西河平日亦素不持士节，多仇家，乃相与共发其杀人事于官，当抵死。愈益亡命。良久，其事不解，始为僧，渡江而西。乃妄自谓选诗得罪王自超，撰《连厢词》得

---

① 胡春丽：《毛奇龄年谱》，复旦大学出版社，2021年版，第4页。

罪张缙彦以致祸，皆事后强为之词者也。乃其游淮上，得交阎征士百诗，始闻考索经史之说，多手记之。已而入施公愚山幕，始得闻讲学之说。

西河才素高，稍有所闻，即能穿穴其异同至数万言。于是，由愚山以得通于乡之先达。姜公定庵为之言于学使者，复其衣巾，顾以不善为科举文，试下等者再。时萧山司教者吾乡卢君函赤名，宜怜其才，保护之。然惧其复陷下等卒，令定庵为之捐金入监，未几，得预词科。顾西河既为史官，益自尊大，无忌惮。其初年所蹈袭，本不过空同、沧溟之余，谓唐以后书不必读，而二李不谈经，西河则谈经，于是并汉以后人俱不得免。而其所最切齿者为宋人，宋人之中所最切齿者为朱子，其实朱子亦未尝无可议，而西河则狂号怒骂，惟恐不竭其力，如市井无赖之叫嚣者，一时骇之。于是自言得学统于关东之浮屠，所谓高笠先生者，而平日请教于愚山者不复及焉。其于百诗则力攻之，尝与之争，不胜，至奋拳欲殴之。西河雅好殴人，其与人语稍不合即骂，骂甚继以殴。一日，与富平李检讨天生会于合肥阁学座，论韵学，天生主顾氏亭林韵说，西河斥以邪妄。天生秦人，故负气起而争，西河骂之，天生奋拳殴，西河重伤。合肥素以兄事天生，西河遂不敢校。闻者快之。

若其文则根柢六朝而泛滥于明季华亭一派，遂亦高自夸诩，以为无上。虽说部院本，拉杂兼收以示博。顾西河前亡命时，其妇囚于杭者三年，其子瘐死。及西河贵，无以慰藉其妇，时时与歌童辈为长夜之乐，于是其妇恨之如仇，及归，不敢家居，侨寓杭之湖上。浙中学使者张希良，故西河门下也，行部过萧山，其妇逆之西陵渡口，发其夫平生之丑，詈之至不可道，闻者掩耳疾趋而去。先赠公之言如此。顾先赠公在时，西河之集未尽出。及其出也，先君始举遗言以教予，于是发其集，细为审正，各举一条以为例……抑闻西河晚年雕《四书改错》，摹印未百部，闻朱子升祀殿上，遂斧其板，然则御侮之功亦馁矣，其明哲保身亦甚矣。乃因述赠公之言而附入之，即以为《西河别传》。虽然西河之才要非流辈所易及，使其平心易气以立言，其足以附翼《儒》《苑》无疑也。乃以狡狯行其暴横，虽未尝无发明可采者，而败阙繁多，得罪圣教。惜夫。

全氏该文重点强调毛奇龄狂妄的性情及卑劣的操行，抨击其私生活、私德；又列出毛氏治学九个方面的短处，如自造典故以欺人，信口臆说，因一言之误而终身否定，改古书以就己，以及孤陋寡闻，如前人有本是非已明而尚蒙昧，或妄斥为无稽之谈，又贸然引证而不知其非，等等。①

---

① 台湾学者郑吉雄撰写《全祖望论毛奇龄》，对全氏所称毛氏治学的过失有详细的分析，刊于《台大中文系学报》第七期（1996年）。郑氏广征博引，为全氏所举一一剖析，认为全氏著述宏富对于清代学术发展有相当深远的影响，其私德固然有瑕疵，但不能因此否定他的学术贡献。

作为同乡后辈，全氏为毛奇龄立传，竟不持公论，且不乏恶意臆测。毛奇龄辞世时，全祖望十二岁，他的"别传"资料即来自于祖父辈的口述，其祖全吾骐、父全书组织过抗清活动，对于毛奇龄行事怪异、口多雌黄或难以服膺，显然没有将正面评价的信息传递给全祖望，否则，此《别传》一无表彰其长处，无客观的学术评价。全氏认同毛氏自足以入《儒林》《文苑》，却无一正面分析论述其学问文学优长之处，反而以其得罪名教，从私生活、学术之种种不端揭其隐私。显然失去学理讨论意义，有失全氏史学大家的水准。

全祖望积极入仕，乾隆元年（1736）进士及第，入翰林院，被推荐入博学宏词试，但大学士张廷玉反对，未能入试。次年翰林院散馆，成绩并不佳，以知县分发地方，翰林清华侍从的梦想破灭而沦为俗吏，遂负气返乡，闭门著述，综理乡邦文献以及晚明朝野诸名人，为之立传。毛奇龄曾为《明史》纂修官，参与修撰《明史》，"在馆七年间，先后起草弘治、正德两朝纪传及名臣、土司、盗贼、后妃诸杂传二百余篇"①，正是全祖望最心仪的事业。他在批判毛氏时表现出文人相轻的意气之争，与这种经历反差或许多少有些关系。毛氏少壮苦节，积极抗清，有古烈士风，而入清后竟能居文人梦寐以求的清华之职，全氏所讥讽的正是他晚节不终。

全氏称"乃因述赠公之言而附入之，即以为西河别传。"将道听途说的丑闻写入传记，且称来自祖父的口述，自是转移读者视线、洗清文字有失水准之嫌疑。后世屡有人正之，李慈铭云"所云先赠公者，乃谢山之祖父，一村老农耳，何由而知西河学问之底蕴？其言岂可据哉？"②为历史人物立传是意在传先，即为何作传，把握传主的精神内核、对其有总体的评价方能下笔，立传之先无可靠的文献依据，便不能传信于将来。

> 诚如章太炎所说，全祖望对于毛奇龄的批评不尽关乎学问，乃是激于毛奇龄"少壮苦节，有古烈士风，而晚节不终，媚于旂裘"，"借学术以谴诃之，其言特有为发也"。只是，所谓"借学术"，正因毛奇龄经说确可授人以柄。全祖望披览《西河集》，原原本本列举毛氏学说荒谬处，总为九类。③

虽然《四库全书》收录毛奇龄著作，评价也较中肯，但彼时毛奇龄的经学研究贡献尚未凸显。嘉庆时期，对于毛奇龄学说之认识，虽然承续乾隆学人之见，继续落实于经学，经过百年沉淀，随着学术内在理路的演进，产生了对毛氏经学重新评价的契机。扬州派学者在廓清毛氏的历史影响上表现出一致的推重。阮元执文坛牛耳，在做浙江学政期间，于西湖建置诂经精舍，并多次到宁波府、绍兴府考察，耳闻目睹毛奇龄的著作及行事，重新评估毛氏的

---

① 《毛奇龄年谱》，第2页。
② （清）李慈铭：《越缦堂文集》卷六，王重民辑，民国铅印本。
③ 於梅舫：《从王学护法到汉学开山》，《中山大学学报：社会科学版》，2014年1期。全祖望：《题仲氏易》，朱铸禹校注：《全祖望集汇校集注》，第1271页。严元照：《萧山毛检讨别传》评语，朱铸禹校注：《全祖望集汇校集注》，第989页。章太炎：《别录甲》，朱维铮编校：《訄书（初刻本、重订本）》，北京：生活·读书·新知三联书店，1998年，第342页。

地位与影响，给予毛奇龄较高的学术地位——开清代经学实证研究之风气。阮元序《西河全集》，极力赞誉毛氏于清初廓清有明空疏学风，抬升毛奇龄在清代经学统系中的地位。他将毛奇龄著录于《国史儒林传稿》，虽然国史馆总裁将毛传撤出《儒林传》，阮元却收录自己的《揅经室集》。毛奇龄虽然著述宏富且刊刻、广为流传，但身后毁誉参半，经学地位未得到官方、学界的一致认可。

此后继续推扬毛氏者，当属李慈铭，誉为"吾郡之冠，亦天下之杰"。他不认同全祖望的毛氏"别传"，作《书鲒埼亭集外编萧山毛检讨别传后》为之正名：

> 西河固非醇儒，而谢山骂之不遗余力，至讦发其阴私，亦几为市井无赖之叫嚣矣。所云先赠公者，乃谢山之祖父，一村老农耳，何由而知西河学问之底蕴？其言岂可据哉？至篇中所列西河诸误，诚不能为之解。
>
> 予尝谓西河史学实疏，又因恶宋儒性理空疏之学，不读其书，遂并宋以后之史俱以未读，此所以来后人之讥弹。要其经学、文章，不特吾郡之冠，亦天下之杰也。善乎阮文达之序《西河全集》曰："议者以检讨好辨善詈，且以所引证索之本书，间有不合。予谓善论人者略其短而著其功，表其长而正其误。若苛论之，虽孟、荀无完书矣。有明三百年以时文相尚，其弊庸陋谫僿，至有不能举经史名目者。检讨首出于东林、蕺山空文讲学之余，以经学自任，大声疾呼，而一时之实学顿起。其推溯太极、河洛在胡朏明之先，发明荀、虞、干、侯之《易》在惠定宇之先，于《诗》驳申氏之伪，于《春秋》指胡氏之偏，三《礼》、《四书》所辨正尤博。至于古文诗词，后人得其一，已足以自立于千古，而检讨犹不欲以留于世，则其长固不可以一端尽矣。其引证间有讹误，则以检讨强记博闻，不事翻检之故。恐后人欲订其误，毕世不能也。"云云。可谓先得我心者。①

李慈铭这篇书后文，意在毛奇龄翻案，且直接引用阮元的评价，显然嘉、道之后的学者在评价毛奇龄时受到阮元影响，阮元在塑造毛奇龄经学家身份过程中的积极作用便不可低估。

李慈铭接受凌廷堪在《与阮中丞论克己书》对毛奇龄的评价，嘉庆十三年（1808）阮元在宁波，以毛奇龄《四书改错》示凌廷堪，二人似乎有所讨论交流，别后不久凌廷堪寄书阮元，论到："萧山之著述等身，惟此书最为简要可宝也。尝谓萧山之书如医家之大黄，实有立起沉疴之效，为斯世不可无者。其他可勿论矣。"②特别强调毛氏开学术风气之功。李慈铭三五次反复引用凌氏之言："我朝廓清宋元荒陋之学，西河实为首功。凌次仲氏尝言萧山著述，如医家之大黄，有立起沉疴之效，为斯世不可无者'，诚为有见。而谓其《四书改错》一书，最

---

① 《越缦堂文集》卷六。
② 凌廷堪《校礼堂集》卷二十五，民国二十一年《安徽丛书本》。

为简要可宝,予谓政不止此。其所说《诗经》诸书,自非唐以后人可及。"① 他更甚一层,推崇毛氏《诗经》研究可追两汉。

> 西河之学,千载自有定论,无庸赘言。其诸经说,则阮仪征极称之,谓学者不可不亟读。凌次仲氏则谓西河之于经,如药中之有大黄,以之攻去积秽,固不可少,而误用之亦中其毒。顾独称其《四书改错》一书为有功圣学。予谓凌氏之言是也。西河经说,以示死守讲章之学究、专力帖括之进士,震聩发蒙,良为快事。若以示聪俊子弟,或性稍浮薄,则未得其穿穴贯穿之勤,而无入其矜躁傲很之气,动辄诟詈,侮蔑前贤,其患匪细。此书成于晚年,颇于其前说有所订补,其醇粹者十而七八,平心而论,固远胜朱子之说。然时加以毒谑丑讥,自累其书,徒贻口实,为可惜也。此书及《改错》皆不入《西河全集》。是本为道光间萧山沈补堂所重刻,殊多误。②

李慈铭注意到毛奇龄说经之大刀阔斧、气象恢弘,"药中大黄"之功效,发人深省,开风气之先。但初入门的聪俊子弟,学识未贯通,不宜读毛氏之经说,容易滋生矜躁傲很之气,而具有一定学养之士读之,则振聋发聩,启发良多。此乃经验之谈。李慈铭二十余岁读《西河合集》,为其恣肆文风所吸引,四十余岁再读《西河合集》,始能静心平气,为之一一补正讹误。

尽管李慈铭对全祖望《萧山毛检讨别传》不能苟同,但对全氏却是非常推崇,曾称:"谢山,稍有识者,无不奉为山斗,著述流传,将与天地不朽。"③ 在这篇《别传》书后,依然致敬全祖望,"平情论之,谢山乙部之学固精于西河,至甲部,则中可容数十人焉。公是公非,自在天壤,如其论定,以俟后贤。"④ 但全祖望对毛奇龄的避重就轻、毫无学理观察的记载,不似史家笔法,令其非常失望。

但是我们也必须看到,李慈铭在评价毛氏时,完全忽略他的私行,与全氏专揭阴私不同,他特别强调其学术成绩,虽然也认为毛氏采用毒谑丑讥的批评方式自累其书。在中国传统历史里,文人之所以留名青史,一则立言,即以文字的成绩,一则立德,即以人品垂范后世,历来有以人品定诗品、别学问的标准,特别是易代之际。李慈铭急于为毛氏正名,却又不自觉陷入矫全氏之枉而过正,完全忽略儒者的品性对其言论文字的影响,自然不能全面掌握历史人物的精神内核,其评价便也难以令人服膺。

三、正毛氏史学之误

李慈铭通经史之学,长于品评,他肯定毛氏的经学成就,而对其史学之疏略亦不讳言,

---

① 《越缦堂日记》,同治元年三月十五日。
② 《越缦堂日记》,同治七年八月初十日。
③ 《越缦堂日记》,光绪三年十一月二十四日。
④ 《越缦堂文集》卷六。

推扬之中能见其失。对于其著述中过于武断之处能耐心纠缪，不若全祖望称自己著成《萧山毛氏纠谬》十卷之空言，而是实实在在补正：

> 余素喜毛西河氏诸经说，以其笔舌隽利，为经生家独出，顾武断处太多。今日偶阅其《尚书广听录》，名论虽不乏，略举其不可通者，如以放勋为尧名，重华为舜名，文命为禹名，似已。而于皋陶之"允迪"二字，知其不可通也，则曰古史记载之体，或记事，或记言，皋陶之曰'允迪厥德'，记言者也。然则皋陶何以独不记名而记言乎？《康诰》之命康叔，以封卫之时与事言之，则《书序》言属成王者为是；以篇中朕其弟小子封及寡兄等称谓言之，则蔡传言属武王为是；此疑固自难解。乃毛氏必欲伸《序》抑蔡，引徐仲山日记，谓周公假武王之命以作词，犹武王合文王之年以纪岁，此皆不忍亡先王之义，是盖谓成王不敢专封康叔之名，而归本于武王，故周公假王命以作诰，亦推其意于武王也。顾读书必求情理，无论武王有意封康叔与否，当日未必有遗言；即封康叔时言之，其命固俨然出成王也。周公奉王命以作诰，所奉者成王之命，非武王，则其称王若曰者，亦必假成王之词，断无舍今王而假口于先王者也。即欲归本武王，岂不可措词，而必冒其兄弟之称，代先王为鬼语乎？古今立言，断无此体，是不通之尤者也。善乎宋之孙宣公曰《书序》伪作也。①

这则《尚书广听录》读书笔记，李慈铭二十八岁，可知他较早接触到毛氏著作，并能潜心研读。毛氏以为《皋陶谟》中有'皋陶曰允迪厥德，谟明弼谐'，遂以为皋陶字允迪，武断不可通。阎若璩作《古文尚书疏证》，毛氏求胜心切，乃作《古文尚书冤词》力辩伪《古文尚书》之真，必欲伸《序》，李慈铭批评他解经不求情理。

李慈铭日记中评论毛氏著述的文字一万多字，以下仅节选其订误补正的部分：

> 夜阅毛西河《昏礼辨正》。……至其谓尔时越俗，妇至不谒庙，不拜舅姑，牵妇入房，合卺就寝，直同野合。至请召宾客简帖，不曰三日庙见，则曰儿媳某日行庙见礼，以凶丧之礼行之于常，则吾山、会两邑皆向无此风，闻萧山亦不如此，或当日彼邑人有行之者耶？吾乡昏礼，大端多合于古，先之以行媒，多请士友戚好为之，皆备礼盛治具相迎送。继以过帖，或副以银币，曰传红，即纳采也。将娶则请庚，即问名也。继以过礼，亦曰行聘【俗语曰发盘】，即纳征并请期也。惟亲迎之礼鲜行者，妇至则婿先出迎交拜；古以舅姑为主人，今以婿为主人也。质明【古昏礼以昏，今天下亦多成礼于夕，独吾越以子时至辰时为昏期，此最失礼。】婿导以见庙，乃见舅姑于堂，又以次见夫族内外少长，是夕始合卺同枕

---

① 《越缦堂日记》，咸丰七年九月二十八日。

席焉。①

阅毛西河《论语稽求篇》，此书佳处固多，然如谓哀公问社是问社义，宰我答以社名，树松曰松社，树栗曰栗社，是臆造典故，绝无依据。谓不有祝鮀之佞而有宋朝之美，是喻无希世之资，而徒抱美质以游于人。谓"人之生也直、罔之生也幸而免"，"生"字如《孟子》"生斯世也"之"生"，言人之生于斯世，与世相接，以直道故也，若诬罔而犹在人世，是幸免耳。其谊皆不甚异旧注，而故作迂曲。至若"唐棣之华"二节，旧本与"可与共学"节合作一章，汉儒因有反经合道之说。何氏谓偏反喻权道之反，此先儒旧谊之不可从者。取《诗》中一"反"字以喻道之可反，圣门说《诗》，绝无此例。皇、邢二《疏》皆谓"树木之花，皆先合而后开"，唐棣之花独先开而后合，以喻权道之为用，先反而后顺，此即后世辞赋家取义亦无若此之纤巧。盖汉人传《论语》者，此处偶失分章，遂因而附会之，其说实不可通，当以朱子分章为正。毛氏必申旧说，引《王祥传》为证，谓祥临殁嘱后人，使不澣濯，不含敛，不沐棺椁，不起坟茔，家人不送丧，祥禫不绘祀，虽不用古法，而反经行权，期合于道，故终之曰"未之思也，夫何远之有"，正取《唐棣》是篇以反作正之证。案《晋书·王祥传祥》著遗令训子孙，先言"生无毗佐之勋，没无以报，故自气绝，但洗手足，不须沐浴，以至大小祥，乃设特牲，无违余命"，皆言终制之事。其下自言"行可复，信之至也"，至"临财莫过乎让，此五者立身之本，颜子所以为命未之思也，夫何远之有"，乃是训子孙之语，与上截然两事，辞意亦绝不相涉。毛氏任意割裂，强相比附，其谓《晋书》亦无人能读耶？

又若"君子之道，孰先传焉，孰后倦焉"，注疏皆无异说。朱子谓"倦"如"诲人不倦"之"倦"，以传与倦皆指者言，尤为直截。毛氏谓"倦即古"券字，"传"与"券"皆古印契传信之物，传者符传，券者契券，以喻者之与学者，两相印契。按《说文》券下从力，古倦字；券下从刀，契也；券券迥然两字。疲倦之倦可作券，未闻书券之券可作倦也。乃又引《考工记》辀人"左不券"郑注谓"券字即今倦字"可验。按《考工记·辀人》本作"终日驰骋左不楗"，杜子春云"楗读为蹇，书楗或作券"，康成谓"券，今倦字也。辀和则久驰骋，载在左者不罢倦，尊者在左也"，是正谓"券"即"罢倦"字。郑君谊与许同，即楗为楗距，蹇为蹇涩，亦皆倦极之意，与契券何涉？而强改经文、注文以就己说，其谓《周礼》亦无人能读耶？此等恃其辩博，疑误后人，不可以不正也。②

阅毛西河《昏礼辨正》《辨定祭礼通俗谱》《丧礼吾说篇》《曾子问讲录》诸书，虽蔑弃先儒，不特掊击注疏，痛诋朱子，至谓礼记由秦汉人掇拾，多不足信；

---

① 《越缦堂日记》，咸丰十年十月初八日。
② 《越缦堂日记》，光绪元年二月初八日。

士礼亦战国以后俗儒所为，怪诞不经，其恣悍已甚；然博辨不穷，不可谓非辨才绝出也。

其力辨今世子死孙称承重之非，墓祭之近古，纸钱即明器，今市中所货千张，皆作刀布形，最为近古。上香即古之焫萧。乐之有喇叭洒捺，即汉晋之铜角，乐部之所谓横吹，《周礼》之六同，郑注谓"以铜为管曰同"，尤近于古。《士丧礼》有楔齿缀足几之非；殡在西墙下之非；大夫殡去车以棺着地、士殡掘地埋棺之非；吊丧有哭无拜礼、主拜宾、宾不答，皆足以匡古今之失。所定《祭礼》亦实在可行。其言昏礼须庙见后始配合，三年丧宜三十六月，虽于古无征，多为通儒所驳，然亦言之成理，持之有故也。《四库》只收《辨定祭礼通俗谱》，余皆附《存目》，尤深斥其《丧礼吾说篇》，谓"颠舛乖谬，莫过于是"。然其谓丧服有齐衰，无斩衰，及父在不当为母期年、父母不当为长子三年等，诚为巨谬。其言丧礼《立重》，诸儒所说近于非理，因谓重即铭旌，所以识别死者，即所以依神，故重有主道，重之为言幢也，童童然也，则颇有名理。若如旧说旧图，诚不知何所取义也。①

至辨旧志谓江淹之子昭玄舍宅为寺，唐会昌中毁，大中二年重建，赐名昭玄，祥符中避国讳改名觉苑，以为大中是唐宣宗年，会昌既毁，大中不应又即建。不知大中诏复会昌所毁寺，明见《新》《旧唐书》本纪，凡会昌毁而大中复者，天下之寺不知凡几也。又谓宋真宗名玄，真宗名恒，不名玄。所谓国讳者，当时所造之圣祖赵玄朗讳也。

辨旧志选举门载贺知章擢进士超拔群类科，谓知章是制科，非进士科，其称进士者，以古重制科，制科可称进士，进士不可称制科，志列贺于进士者，误。不知唐制中进士科后未即授官，往往更举制科及拔萃科等，有一人历举三四科者，《新》《旧唐书》本传中不胜偻指。季真，《旧书》止云举进士，《新书》增超拔群类科，则自举两科也。唐初科目猥多，或有以草野举制科者，中唐以后，止贤良方正直言极谏科、博学宏词科及书判拔萃科。大率以进士有官人应举，五代及宋皆然。西河谓制科可称进士，亦不知何据。至以其身由布衣举鸿博之故，遂极言自汉以来制科为大科，不常举，唐、宋制科之重，进士之轻，自唐迄今，进士不得称制科。不知汉无制科之名，唐、宋制科数年一举，亦同常格，自宋以后进士有廷试，天子称诏策之，即今之殿试，正仿汉之亲策晁、董，乃所谓制科也。唐代极重进士，制科转非所贵。元以后止进士一科，遂以殿试为制科。国朝两举鸿博，所谓特科，未尝称制科也。惟宋世有大科之名，然朝廷功令，亦无此称也。

其辨《韩肖胄传》云，肖胄为资政殿学士，知绍兴府。其曾祖琦守相，作昼锦堂，父治，作荣锦堂，肖胄与其弟膺胄寓居于越几十年，又作荣事堂。谓琦相

---

① 《越缦堂日记》，光绪十三年十月初五日。

州人，知相州，治亦知相州，肖胄又曾代父守相，故三代作堂以荣之，正指其三代还乡。不知相在河北，南渡后宋人何由得知相州？肖胄作荣事堂者，正以其居越而守绍兴，自比于魏公之昼锦也。

其辨旧志《张叔椿传》云，叔椿宁宗时为吏部侍郎，子复初，尚理宗姑长兴县主，封永国公，谓理宗之姑为太祖十世孙希瞿姊妹行。（案，当作希瓐，希瞿是济王竑之父）。希瓐以理宗入嗣，追封荣王，则长兴县主亦是追封，尚县主而封国公，亦其恒事。不知希瓐至为全保长之婿，其世甚微，安得先与吏部侍郎联姻？盖理宗入嗣时年甚幼，自当有未笄之姑，此必宝庆以后推恩所封县主，而复初娶之。至县主之夫，亦不应封国公，疑永国之封，是张氏家谱伪造，而云亦其恒事，所未详也。

大抵西河于史学甚疏，故官制多茫昧。如《赏祊戒定寺碑》云："宋至道中，全允忠之元孙仲修出为南昌府授，与其女夫南昌府太守徐俨踵置寺田，传至景佑时，徐昊一主簿重舍田荡，始为寺谱。昊一之孙九明为后军都督府都督，其夫人全，则理宗皇帝太后娣也。夫人亲赍奏乞皇帝降敕，淳佑八年，皇帝为御书，而太后请加之玺。"案，南唐元宗交泰元年，以迁都豫章，始升洪州豫章郡为南昌府，号南都，宋平南唐，复为洪州，太宗至道时安得有南昌府授、南昌府太守之名？终宋之世，惟有知某州、知某府，未有称某府太守者。

宋初武官有诸卫将军，南宋后惟有殿前司、侍卫马军司、侍卫步军司，称三衙，有指挥使以下等官，若前、后、中、左、右五军都督府称五府。有都督以下等官，乃明制也。景佑是仁宗即位之十二年所改元，至四年即改宝元，下至理宗淳佑八年，凡二百十五年，而徐氏仅传两代。理宗生母仅封荣国夫人，终身未尝至临安，安得有太后之称？此皆三家村学究妄造，全不知时代官制者，而西河缕述之。

又《陈氏家庙碑》云："山阴陈氏，其先世自石晋时为朝太尉，再传宣教郎，三传至记室参军，实始居山阴北塘之下方桥，而迁延入宋，有登进士科者。"案，五代时太尉最为尊官，其人可数，安得石晋时有太尉陈姓？其时越属钱氏，亦不得为中朝官，且朝太尉亦不知何称。五代文散官皆依唐代，并无宣教郎一阶。六朝时有记室参军，至唐以后惟有司录参军、录事参军、功仓户兵法士田七曹参军，并无记室参军。其藩镇辟掌书记者，多带京朝官，谓之掌书记，宋代呼为外三字，以比内之知制诰。惟五代时亲藩尹京，间有称记室参军者，如后唐秦王从荣以天下大元帅知河南府，有记室参军鱼崇远，盖偶一置耳。石晋至宋不过十余年，陈氏已历三传，而尚云迁延入宋，此亦陈氏全不知古今者妄造家谱，而西河皆仍之。西河文中纰缪不胜摘，此二事皆关于吾乡掌故。吾乡寺志族谱之荒陋无稽，尤不胜言，而此二事为西河所述，恐世误信，不可不辨。西河谓凡为郡县志者皆无学之人，多喜妄造。余尤不解古今之为族谱者固出妄造，何以一涉笔间，时代无不荒谬，岂造物恶之，有意发其覆邪？①

李慈铭对毛氏解经时"蔑弃先儒，不特掊击注疏，痛诋朱子"、"强改经文、注文以就己说"、"任意割裂，强相比附"，颇为批判其恃才傲人之气象。毛奇龄史学甚疏，涉及官制时多茫昧，亦非苛论。而李慈铭正长于史学，于地理、官制沿革较为谙熟，他对《萧山县志刊误》辨正尤多，深知毛氏文字流播既久且远，其误处亦误人匪浅，故不惜笔墨正毛氏之失，他能平心静气，毫无谩骂、诋毁、轻视之态，乃真正爱惜古人。

四、结语

毛奇龄四百年的批评接受过程，是一个学者在学术史中先抑、后扬到公平评价的过程。毛奇龄在清前期学界影响大，对于桑梓后学也影响深远，"国朝经学，吾越自黄梨洲氏权舆于前，毛西河氏起而和之，已有廓清宋学之功。"②在浙省而言，其后方楘如、邵晋涵、卢文弨、范家相、茹敦和、王煦、王增、胡天游，成就卓然，无不受到毛氏影响。淳安方楘如自称经学承袭毛奇龄，《与王立甫书》："仆……后稍从西河毛先生游，观所论著及一切口讲指画，往往暗与先君子会，三卿为主，粗有悟入。"③绍兴茹敦和不仅经学渊源于毛西河，古文俊逸絜爽亦学毛氏。李慈铭对毛奇龄批判与接受，自然受到桑梓之谊的影响，但也显示了他学术批评的旨趣，他以乾嘉汉学传人自居，对于开朴学风气、但并未得到学界客观认可的毛奇龄，有一种为之推扬后世的使命感，故能略其短而著其功、表其长而正其误，自始至终持一种敬意，是富有情怀的评议。

毛奇龄、李慈铭是清代前期、晚期绍兴府的学术名人，先后崛起，为彼时越中学术的代表人物。作为晚清学人，李慈铭虚心品读毛氏著作，评价其学术得失，继承为多，但也持不失公允的批评。因身份、地域、才情、经历等多处暗合，共鸣之处颇多，其批评不自觉地蒙上一层温情色彩。"大抵浙儒多特识而喜自用，往往失之于粗，非独西河为然"④，用地域性学派、学者的共有缺点来回护批评对象的缺失，表现出护惜、宽容的主观态度，因基于理性的前提，故不失为评价历史人物的理想方式。

---

① 《越缦堂日记》，光绪十年十一月初八日。
② 《越缦堂日记》，咸丰十一年六月十七日。
③ 清方楘如《集虚斋学古文》卷三，乾隆刻本。
④ 《越缦堂日记》，同治七年八月二十日。

毛奇龄散佚评语辑录

上海大学退休教师　陈启荣

摘　要：毛奇龄是清初大家，其评语散见于时人集中，今辑得毛氏评语若干条，以供研究毛奇龄其人其学之参考。

关键词：毛奇龄　评语　辑录

毛奇龄是清初大家，其评语散见于时人集中，兹从柴绍炳《柴省轩文钞》、丁克振《迁庵改存草》、丁澎《扶荔词》《扶荔堂诗集选》、李澄中《卧象山房赋集》、李兴祖《课慎堂文集》、梁清标《棠村词》、刘谦吉《雪作须眉诗钞》、朱鹤龄《愚庵小集》、梅枝凤《东渚诗集》、茹泰《漫兴篇》、邵廷采《思复堂集》、王晫《霞举堂集》《峡流词》、吴棠祯《凤车词》、徐浩《南州文钞》、尤侗《于京集》《哀弦集》、吴阐思《北游草》、宗元鼎《新柳堂集》、张永铨《闲存堂文集》中辑得毛氏评语若干条，以供研究毛奇龄其人其学之参考。

妾为妻议

继室，妾之通称，正夫人死而侄、娣当室，皆名继室。然实非夫人，与今人称继室为继妻者不同。观《春秋》首篇继室声子生隐公，而声子仍是妾，隐仍是庶子，可验也。则继室之称，自是无碍，但不当作正妻耳。

——柴绍炳《柴省轩文钞》卷三

梁甫吟

置身霄汉间，叱视万有，词固汉、魏，情亦管、葛。

古歌二首·其二

此如沈玩所制《忧思》《黄葛》，为吴声中第一高调。

相逢行
各似无绪，三解截见。

马草谣
饥心俭色，□惋言下，只七字，胜《小麦谣》多许矣。

——丁克振《迂庵改存草》卷一

野语三十首
其十二　似以《飞龙篇》为《平陵》《蒿里》诸诗。
其十五　空洞荒忽乃至此，痴人见之，恐作《游仙》体观矣。
其三十　直起直结，是曹氏《关东义士》诸篇篇法。

楚中李商梅遗氏闲句赋赠
宣扬精英，抽拔妙实，非太白，决不解作。

山晓卧看
工会悟，又工赋写，悠然思内，旷然境外，读至令我欲坐欲卧，不能去矣。

西陵道
感时□郁似杜，挥指斥拔又似李。

登月舫看人面桃念翁生正在白下掩窗叹息坐以终日
只见花怀翁子耳，安得荒唐幻罔尔尔？古词鲤中素书，杜诗梦后颜色，岂果有之？读竟三叹。

秋夜晏集宾门别馆
不袭公宴一语，长怀忼慷，虽陈思，何便过之？

哭翁十五德洪
蔓草萦骨，犹为可怜，何堪血肉溅草木哉？悲搯心凹，哀缠骨根，每读之，便为泣下。

——丁克振《迂庵改存草》卷二

白花歌
脱去辞意,一团生趣,如光与鬼,池塘生春草,明月照积雪,固当此胜。

春风歌赠刘司理
风流雅靓,是梁元以下七言妙境,赠答诗那得有此?

横吹曲 汉制:将军万人,得用《横吹曲》。
意气豪上,为腰间大羽,另写一生面,觉唐人"宁为百夫长"句寒酸不堪。

——丁克振《迂庵改存草》卷三

春怀
芊绵靡烦之音,能使人怨生,调虽岑、王,情实江、薛矣。

寄翁十五
纷纭挥霍,缘情绮靡,按之逾深,恢之弥广,盛唐绝调。

忆行人
自是闲彻。

花下素衣女
简文却步。

戏赠
机迅体轻,□飘无端,一心为燕居,一以为鸿惊。

与蜀参军
右丞标格。

临水
颔联空澹,颈联幽屑,少陵绝调。

忆同戴二登望海楼
高情激跃,涤荡无累。

赋得今日乐相乐
要眇，是乐府神境。

赋得岸花临水发
繁写细写，无不入媵，真化工绝笔。

忆十三弟
音响惊测。

挽黄太母十四韵
激扬绮丽，开、大遗调，神龙前无此优润，元和后无此枒越。

戴予照遗予罂粟
薛道衡得意处，只是婉约。

——丁克振《迁庵改存草》卷四

杨旨音堂设名菊百种高斋别天为赋一律
沈詹事后，那得见此种高丽？

湘湖即事二首
其二　依境赋象，不肯泛写，则未免有刻划危滞之病。能如此茗管颖竖，意到手现耶，吾服其体物之能溜亮也。

重过临清
高横无上。

送开远侯归隐
粲奕奕而高逝，驰岌岌以相属，浩然在青碧之下、沉滏之上。

贺纳宠姬
玉台神境。

感怀三首
其一　读三、四，目艳心惊，可痛可恨。

其三　意藏□里，旨寓象外，所谓扩之不泛，按之不沉，内修其情，外修其形者，非耶？

悼翁十五赋得海天孤雁

萧凉动人，五、六写"孤"字，直使人鸣号顾盼处，无不惨栗。

——丁克振《迁庵改存草》卷五

征行曲

大声七绝，与少伯伯仲。

期不至

思密而气丽，正如少伯神品，玩之无绪，测之无端。

阅邸报

总是蕴籍。

见女骑新妆赋艳体五绝句

竞材角妙，意态横出，王珪丽而窒，王建彩而靡，皆非所云。

登越王城

结句是倒装法。

山行

如此，那得不道李白。

徽之新娶戏赠限春字

其二　艳词至此，已入骨浃肺矣，须知艳者自敏，古人以顽艳相抵，非诬也。

银红牡丹

以赋物诗为江宁宫词，大奇。

梦中作《竹枝词》送别

自然李白。

——丁克振《迁庵改存草》卷六

一剪梅·为朱人远题汉皋解佩图小影

桃源艳姿,天台丽质,俱幻作江皋二女后身,措思宛折,词致缤纷,末更入情语于游戏中,倍见警策。

——丁澎《扶荔词》卷二

怀纪子湘少府

五、六似太白,非《丁卯集》中调也。

——丁澎《扶荔堂诗集选》卷五

行经范阳与邹石友邑令

"日落""冬深"二语,雄浑杰出,献吉而后,罕与为匹。

——丁澎《扶荔堂诗集选》卷六

寄方二邵村时汲郡张垣公就道

以"岁""日""东""南"属对,法工句婉,全作俱无声偶之迹,殆几几欲化也。

——丁澎《扶荔堂诗集选》卷七

张登子招同李仲木蒋大鸿钱武子子璧张洮侯书乘徐彦和丹六于南华山馆泛舟禊饮时上巳后十日

兰亭胜迹,如续旧游,雅丽新清,更足引人逸兴。

——丁澎《扶荔堂诗集选》卷十

横江词

其二 供奉曾为此词,校之"世路风波"之感,尤见警策。

——丁澎《扶荔堂诗集选》卷十二

感遇赋

汉后拟骚,俱无此古调,纷披寻变,合节了无畛畔,楚词之雄者也。

西美赋

最葩极艳,才子之笔,吾俯首下拜矣。

怨赋

缘情绮靡,一往无尽,虽起江郎地下,亦必有生瑜生亮之叹,况下此者耶?

唐宋赋俚鄙，涉于时义。明赋太摩古，则又窒塞偃蹇，了无性情。六朝前后，一种形状赋写，皆足见才，然未有风流雅丽如此作者。栎下老人亟许渔村为屈、宋再生，非虚语也。

偶遂赋
古调陆离，绝似灵均，收处快若微风之拂衣、清泉之决溜。

瑞木赋
词若连珠，气如繁露，不信张平子、潘安仁后，尚见此等。

秋风赋
潘生《秋兴》之赋，与欧阳小体自别。

读画楼赋
犹在徐、庾之间，初唐四杰，俱逊此俊艳。

九仙山赋
仿汉魏大赋，其勃窣处，遂能与太冲并辔、平子方驾。

五莲山赋
按度变节，无不入妙。结处与嵇、阮赋情相表里。

——李澄中《卧象山房赋集》

梅花赋
梁简文之丽旨，庾开府之隽才，唐宋律赋，皆非其匹。大可评。

——李兴祖《课慎堂文集》卷一

棠村词
或问《香严》之妙，曰雄放处时见伟观。问《棠村》之妙，曰旖旎时亦属本色。

——梁清标《棠村词》卷首

老母生日二首
初庵名噪诸生中，诗情便傲厉如此！

——刘谦吉《雪作须眉诗钞》卷六

筇在禅兄过我荒斋及山夫赵砥之继至谈咏竟日率尔成篇
疏疏浩浩，顿挫自老，此种格韵，仍从少陵得来。
——朱鹤龄《愚庵小集》

空仓雀为傅节母赋
节妇不朽。

偶感
喙噪谓尔，不祥凤兮，何运之衰！
——梅枝凤《东渚诗集》卷一

怀姑山沈夫子游北
《十九首》之遗音。
——梅枝凤《东渚诗集》卷四

古鼎阁歌为邓元昭太史作
古色斑斓，老笔苍郁。

寄挽席太母于孺人时席允叔以《泪余吟》见示
末幅说到自己身上，倍僧感痛。
——梅枝凤《东渚诗集》卷七

舟行即事
切时事，出以高卓。

寓中对雪怀家园绿萼梅
极似徐、庾。
——梅枝凤《东渚诗集》卷八

丙辰元夕
白发好禁春，是不明说出，可惜欢娱地，都非少壮时。恰又全说出，参看自得。

次五河渡寓感
悲慨浑壮。

杂感

四首意言隽妙，讽刺醖藉，当与《新婚》《垂老别》《石壕吏》诸篇参看。

——梅枝凤《东渚诗集》卷九

历下怀征君沈师是时隐居黄山

森然自异。

灵岩寺宋四大刹之一

结似杜。

伤春

牢骚之气，浮动楮墨。

——梅枝凤《东渚诗集》卷十一

述怀

起得傲岸，结得潇洒。

——梅枝凤《东渚诗集》卷十二

春日唐寓庵司马邀游敬亭即席

其二 游历最佳句，右丞有之。
其三 敬亭画意。

题鳌峰干妙观神龙

感寄磅礴，真有破壁欲飞之况。

从宛陵之楚赋别唐寓庵

只寻常转合，逼近唐调。

暮春别怀

其四 佳句酷似随州。

诣皖城过太子矶

一掉兴情百倍。

宿芦中
清江夜泊，景次历历，岑、王有数之作。

与侯余古话旧志谢
一起风流慷慨，极其跌宕通体□得□□一切之□。

九日石子枚谷期登高阻雨与浏阳诸同人赋菊得才字
气雄调浑，盛唐绝构。

菊月之望同石子枚谷游道吾山访支奋和尚三首
其一　起致最胜，如建瓴之下。
其二　高处似王维。

别侯明府余古述怀十绝
其十　俱以隐跃见妙，钱吴兴《江行》诗无此骚屑。

登晴川阁
情景如在眼前，可谓登临慨然。

江雪
三、四妙句，从来未发。

登黄鹤楼
思古伤今，一结无限。

春宵泊章江看村人闹灯
余向亦有《看龙灯》诗，观此，转忆畴昔。

试春
"还须"二字奇绝，似有动愁之意。

题兰
两"谷"字韵甚。

春江题桃

韵绝。

清明舟过昌江喜晴

有情有景,各极其妙,一结韵绝。

春怨

怨不可寻,只是无绪。

春夜寄怀

似初唐调,芊眠靡丽,情思万端,弘、正以后,会此者亦鲜矣,三覆叹绝。

春日之梅山谒子弘叔墓志感

中一段追溯畴昔,备极浏漓顿挫之致。

南塘看农述怀

大概似张、王一种,结入感慨,则又合浣花、青莲有之矣,气调高古乃尔。

月下题荷志感

通体高紧,起调尤俊。

与仔献三弟泛北海池看月感怀

风韵袭人。

瑞荷篇

触绪映发,极其推拓,而宾主之义秩然。

代友寄赠

有比有兴,风人之遗。

春朝登龙山看许太守种花放棹之兰亭

骀宕似太白。

愁兵
即事如睹。

秋夜闻雨志感
以散体作律，孙文融所谓"不对排句"也，其流动俊逸，非青莲不能到此。

寄赠浏阳吴弘先少府
真唐人诗。

怀浏阳韩燥明府
只寻常结构，自合机法。

月关上人进檀香院赋赠
与孙舍人、宋考功诸游寺诗伯仲。

又　杂体情严。

花朝前二日寿会稽张邑侯
六韵长律，偏于应酬，中见工练，此三唐之所以胜挽近也。

舟雪
景次历历。

秋色
可无迟暮之感。

八月十五玩月
如许流连。

九日招吴门李圣芝同王观复金烺家季铣集北海草堂即席·其二
自是唐人调法。

秋日闲居效元亮体
自然佳趣，尽在数语，情景如画。

春朝雪霁同陈大锡麒男涛之亭山访徐六轸芳
奇思迥句，起法潇洒，兴致在笔墨之外。

颂梅庄何刺史夫子治政
排律以流丽容与为长，此首不减长卿。

怀容县令熊进士飞渭
一起超然不群，如游鱼翰鸟出水坠云。

初夏听莺司马许竹隐夫子课题
蕴藉风雅，自然斌媚。

秋郊即事
写景构思，神韵超绝。

——茹泰《漫兴篇》

何侍御传
碑版叙事，别有三味。左、史、班孟后，唯陈、范二史俱有其法。下此虽韩退之，全然不懂，但生撰字句，面目不出。庐陵颇杰，而眉山失之甚远。有明以来，具文而已。念鲁论理议事之文，俱本经术，而于传志纪述，又登堂入室。才大如此，何患不传？为之称快不已。

——邵廷采《思复堂集》卷三

重修文雅台记
夫子哀二年过宋，则在宋地宜有其迹，文具根柢，故枝叶扶苏，转见茂实。

——邵廷采《思复堂集》卷四

孝友堂集序
文以零散见属续，此是古法。

——邵廷采《思复堂集》卷六

北墅竹枝词
洞口桃花，渔郎难问津，刘子骏能无悒怏？

——王晫《北墅竹枝词》

寄朱近修孝廉

参差错落,如大珠小珠之落玉盘。

——王晫《尺牍偶存》卷上

答程娄东

蔡邕议论胜,常曰:读王充《论衡》耳。客固邕之流亚欤?

——王晫《尺牍偶存》卷下

朱竹赋

艳彩陆离,时能见质,可称"诗人之赋丽以则"。

——王晫《南窗文略》卷一

风雅体

拟风雅者,易袪庳靡,难臻和平。松溪性情所近,辞旨赴之,理绝研樵,而自然温厚,不徒以名物苍质,音节佶屈,见其去古不遥。

松溪子

拟而后言,议而后动,松溪盖自言其学如此。

——王晫《松溪漫兴》卷一

忆王孙·寄董苍水

三字句接得有力,下七字愈觉情深。

——王晫《峡流词》卷上

莺啼序·辛亥冬日同诸子陪周栎园司农韩秋岩大令方与三孝廉泛舟西湖抵暮泊岸适袁蒋庵水部至自吴门栎翁特为治具复移棹中流深夜忘醉喜而赋此

长调每于换头处生情生景,自有翠叠千峰、蓝拖百顷之致,至其胸怀磊落,傲睨天地,故非浅人可及。

——王晫《峡流词》卷下

凤车词

唐时温、韦称才子,而韩、柳、李、杜反不与焉,以其独能艳也。伯憩掞华披藻,艳才绝世,或以喁喁少之。予谓伯憩所歉者,非是也。伯憩世嬗勋爵,志在有为,平原以不嗣逊抗为憾,康乐以宗衮未述致慨。其生平纡郁,应自有在,若夫弃柔情而效庄语，非谢、陆所难也。

——吴棠祯《凤车词》

岭南游记

一气贯下，绝代风神。

黔游记

先总后散，一笔收来，曲折顿挫处绝无支蔓，故是作手。

伍子胥论

报父仇，是其正理。鞭旧君，是其逆天。一是一非，竟无着处。图报于费无极，确当之论，千古无人见及者。读史须如此断之，足令伍大夫俛首无辞。

阳城论

凡事不近人情者，非圣贤中庸之道也。城既不娶，岂未读"不孝有三"之章乎？未可为世训，足称定评。

——徐浩《南州文钞》卷一

岁暮杂诗偶用僻韵三十首

三唐无险韵律，韩、孟第古诗耳。今险韵诗满长安，虽是习气，然谨厚者亦复为之，且倍增斌媚，所谓"才子影皆好，佳人背亦妍"也。若其奇健之气，驱使详洽，谐而不亵，戏而不虐，同此无聊，独得名作，东方先生岂甘草草处饥饿耶？

——尤侗《于京集》卷三

哀弦集

生伦死别，最易创感。况坎壈迭见，又中年易伤哀乐者耶？向读《悼亡》诸作，备极痛惋，谓过于黄门远甚。今读哭子文并诗，则孟郊、顾况都集笔端矣。予每见悔庵辄相慰解，读此，反不觉泪下，要是文能生情耳。

——尤侗《哀弦集》

齐云楼

真可感叹。

——尤侗《拟明史乐府》

外国竹枝词

不意婆罗、塞上之外，有此艳词。

——尤侗《外国竹枝词》

渡京口

极似谢惠连《西陵》、沈约《新安》《江水》诸诗。

过大梁哭东园夫子留寄紫庭侍御

知己之感，反复沈挚，比之咏生存华屋句，尤为慷慨。

慷慨行答虞山徐天英兼呈郭桐园明府

浏漓跌荡，不信太白后复见此诗。

渡滹沱河和友人韵

辘轳推挽，奕奕有气。

甲子秋与毛子德邻同应京兆试被放德邻南旋赋诗四章留别诸同人步韵述怀以当骊歌

对伏浑化，而无抽□之迹。

同李太史丹壑世台踏灯即事口号竹枝词四首

列落多趣。往与沈客子为此词而逊其美，读此，当使延陵、吴兴亦复有瑜亮之叹。

蔡太史方麓先生奉命编纂春秋奉贺

颂美亲切，知高文典册原非袭词。

曹太史峨嵋先生招饮观剧遇雨遂留宿清斋兼赠长君武歌

风流自殊。

——吴阐思《北游草》

到京日王阮亭先生以酒见招

王右丞"圣代无隐者，英灵尽来归"，是此诗起四句气象。

——宗元鼎《新柳堂集》卷三中

古秋堂诗集序
论易处发前人所未发,定是不刊。脱胎于韩、欧诸大家,而学问识力过之。

书谱序
着意论书而意不在书。

吴县志序
局面大,力量大,方得此鸿篇。

杨屺园乡饮序
发出化民成俗之至意,文有灏气,固由识高,亦由养到。

畊余草序
以引喻作正言,寓规讽意。

续举铎庵同仁会序
发"同仁"二字精义,胜读《西铭》一篇,西村于立言中直兼立德、立功矣。

松筠会课序
识见必臻绝顶,议论必臻绝顶。

贺平阳王诚居夫子擢内阁学士兼少宗伯序
称功诵德之词,妙于不失身分,视与《上宰相书》相去远矣。

朱拜石先生制艺序
谭理精而下笔老。

杨蔚公诗序
思旧之情,极其悲凉,而规讽之旨,又极剀切。

黄象一近诗序
论诗处精言可思,至理可参。

赠王生序

劝勉之意，溢于笔端。

——张永铨《闲存堂文集》卷一

孟子论文序上

论文处发前人未发之旨，文如万斛珠泉，不择地涌出。

孟子论文序下

朴实如家常话，此文之至者。

孝史序

写出读经之法，有功后学。文之博大精醇，置之大家集中，不可复辨。

关西赵氏两世传志铭议集序

高老精洁。

科举文自序

科举能坏心术，读之可无虑此。

陈子万哀哀吟序

古峭精洁，直臻神境，非貌似公、谷者。

白沙古柏吴氏族谱序（代）

议论序事，俱臻绝顶。以喻作结，文有姿态。

潘有怀以得子为寿序

题奇而文确。

任邑侯德政诗序

余与待庵交最深。其宰沪时，余客于沪亦最久。后在谏垣多建白，未究厥施，而溘先朝露。今读此，为之呜咽。

一音和尚随机录序

文有精锐之气，所谓"光芒万丈"耶！

——张永铨《闲存堂文集》卷二

尊乐堂倡和诗序
步步引人入道，文之精卓不群，总由见理明而下笔透也。不谈及诗，尤为高绝。

寿邑令李鹿友序
此之谓善颂善祷。

学博王千子寿序（代）
论师道有关系，似有为而发。

姚江夏镜止五十序
通篇将己伴说破，尽蝦词窠臼。

吕慕庵七十序
愈朴愈老。

王农山先生八十寿序（代）
极力铺张，无应酬气。

大司寇徐健庵先生六十序（代）
非此叙不足以传先生，司寇万世，绝大议论。

封通议大夫筠斋公七十寿序（代）
纯作尚书体，此西村变格文字。

徐母周太君六十寿序
余客沪时，曾点次西崖诗。既闻其不禄，不胜人琴之感，毋以子传不信然耶！

丁母李孺人五十序
绝似欧阳文忠公。

孙母沈孺人五十序
是妇可借以不朽。

吴母杨孺人五十寿序
可备内史。
——张永铨《闲存堂文集》卷三

与同年北直学院杨宾实书
文正公之当配享文庙，实为确议，书中详明剀切，所当亟为入告者也。

上大司马范公书
与昌黎集中诸书识见较异，所谓"醇儒之言"者耶！

与同年修撰汪东山书
欲端士习，欲正人心，匪不平之鸣也，读者辨之。

与同学诸子论文会书
示人读书为人实功，如大导师痛棒提喝，令人通身汗下。

与沈侣白书
平日有真实操持工夫，方能有此，实实劝勉文字，非口头道学纸上名理也。父兄之教子弟之学，宜各书一通于座右。
——张永铨《闲存堂文集》卷四

天文论上
组织宋儒之理，以立言末归到人上，即系《易》之旨，有功名教之文，与《天官书》迥别。问答十三段，或详或略，有层层剥入之妙。

天文论下
主意全在一结，法天之学，尽于此文。

人论上
将人兽关头痛快言之，学者读此，自不为异端所惑，有功名教，端赖斯文。

人论下
极正大极精实，又极奇辟，惟其得之学问者独深，故其发之文章独至。在朱子集中，方得此种精义。

性论

本性善立论，洗发理气处，直得程、朱衣钵。末示人下手工夫，可为后学津梁。中三段俱用譬喻，文章虚妙处，亦谈理名通处。

鬼神论

昔人谓"有去翳法，无予明法"，此篇从去惑上说，即此意也，是文之以侧面作正面者。

——张永铨《闲存堂文集》卷五

重修微子墓碑记（代）

结以人心风俗自任，剧有关系。

重修松江府儒学碑记（代）

从来学记中无此大文，韩潮耶？苏海耶？宾门之讲学耶？必传何疑？

重修水月庵碑记（代）

文章必有一段发前人之所未发者，方见手眼独辟。

重修法华庵碑记（代）

命意自高，立言有体。

重修上海县城隍庙碑记

全从人事写神功，是其学有源头处，文之卷舒浩瀚，所不待言。

重修景范亭碑记（代）

下笔必有关于风俗人心，岂泛作者？

盐城县邑侯武公建通惠桥碑记

逐层洗发，武侯之惠政，赖文而传。

松江郡侯谦庵鲁公去思碑记（代）

气似苏长公。

——张永铨《闲存堂文集》卷六

游皇姑寺记

事奇而论归于正。前代妖尼之奇，无过唐赛儿，得此而两。特一正一怪，则判然耳。读此，可补《明史》之阙。

翠微山平坡寺记

触处皆得正论，岂草草袭郦注、柳文作游记蓝本者耶？

石景山记

后一段奇文宕漾，譬之游山者水穷，云尽处划然改观。

渡浑河记

竟是一篇"水利志"，其详赡处煞不可及。

马鞍山万寿寺戒坛记

此是游记本色，至入戒坛后，别一蹊径。

戒坛记

妙在前序戒坛制度，精晰不苟，以后便掉臂落落。

罗睺岭记

摩写险处如画。

潭柘寺记

叙五事逐步转变，惊心夺目。

隆恩寺记

将志与王季重书引作波澜，是八家驾卢之法。

过街塔记

纯以僧作点缀，大奇。

碧云寺记

游者每以魏阉墓为不平，读此，当一笑置之。

香山来青轩记
有关系如此，何必不游？

卧佛寺婆罗树记
为婆罗树记，烂熳生色。

洪光寺记
文之奇而有法者，虽毕力写曲致，而文境倍豁，极意绘图像，而文体愈方，故佳。

广泉坐雨记
每即小以见大，是作者消遥游处。

自玉泉山至高梁桥记
今之侍臣实有从西山题壁中遭逢睿览而得之者，惜马首之未能遽献颂也。虽然，此书非即雄文之似者耶？

——张永铨《闲存堂文集》卷七

先祠记上
非仁孝之至，不能有此。非仁孝之至，不能畅发此议。

先祠记二
直说到天地万物为一体，可以羽翼《西铭》。

芦浦阡记
读此，知清河氏之孝友睦姻，为今日仅见，文之曲折灏渺，有韩潮苏海之观。

藏书楼记
作三段问答，有精义，有快论，真有功名教。

丁氏三世像记并赞
错综变化，史氏之遗。

郑子采章像记
逐层剥入，一步深一步，得《公》《谷》之神者，结尤含蓄不尽。

荆妻金氏小像记

叙事处似《史记》。

荆妻金氏后小像记

读二《记》,想见贤淑,彤史中亦仅见。

恒益堂记为蔡舒弟偕配倪孺人志祝

发挥经义,能令是堂不朽。

——张永铨《闲存堂文集》卷八

请复四坛祠议

极合先王神道设教之旨。

——张永铨《闲存堂文集》卷九

影庵山人传

极隽洁中却极浓腴,史迁而后一人。

二许先生合传

两人合传,笔法似太史公。

闵内史传

通篇以文作骨,可以想见其人,其下笔之分寸正自不苟。

泰安公传

昔在树滋堂中与弘轩订交,心折其为人。今读是传,觉当日神气拂拂从十指中出,是文字中写生手。

海蓬沈先生传

纯以《易》数描写史文之妙于琐碎者如此!

陆简兮传

叙事处酷似龙门。

周匪莪小传
描写俱有分寸。

瞿秋崖传
文有关系秋崖,亦与俱传。

仲弟玉藻小传
"友于"之谊,不减"埙篪""常棣"。

——张永铨《闲存堂文集》卷十

子晋公墓表
详叙实事,而能于闲处着笔,是史家文中洁而能腴处,着意在辑谱上立言有体。

乡饮大宾显考睿庵府君显妣沈孺人行述
哀痛之情,胜读《南陔》《白华》。

周节妇张氏旌门铭有序(代)
皆以风世立论,文有关系。

李潜庵墓志铭
简洁处胜于韩、欧。

铜蟹铭
托物寄兴,足以移人。

酒斗铭
拳石勺水,实具五岳四渎之观。

——张永铨《闲存堂文集》卷十一

劝富民助米施粥文(代)
立论有体,痛哭流涕之情,委曲详尽。读此文而不堕泪者,其人必不仁。

五十自箴文
学问愈深,刻责愈至,可以想见其人。

祭叶苍岩文
忠节公刚大激烈之气节，文能曲折传之。

代先外祖祭陆俨若先生文
以读《易》作柱子，非泛作诔词者。

祭陆母姚太君文
文生于情，读此可悟。

祭吴氏两代合葬文
感慨系之。

祭银台元箸公文
此岂诔词所能及？

——张永铨《闲存堂文集》卷十二

相者说
因术发出道来，为愚人振铎，为术士下棒，文章之妙，酷似潮州。

徐孝女三割股说
此我乡真孝女也，赖此文以传，其辩论不愧良史。

百爵图说
颂祷中写出法戒，题之俗气俱消，可谓小中见大。

书院粘壁语
如此，则举业那得坏人心术？

牌解
发千古以上之人所未发，发千古以下之人所难发，如许小题，有如许奇观，真是滴水而涵四海，拳石而具五岳者，吾不测其心思灵妙何以至此？

骰解
极小题，命意极大，立论极精，引证极确，觉柳州序棋、序饮诸篇真嚼蜡矣。

平北寇颂有序

堪与《平淮西碑》颉颃千古。

募建祛瘟醮坛疏（代）

似绘《流民图》。

募砌吴淞闸口石街疏

纵笔所之，无往非提撕警惺人语，总是学有渊源也。

募铸大士座后镜疏

似棒喝语。

续举惜字会疏

言简而义精。

——张永铨《闲存堂文集》卷十三

告范文正公词

醇儒之言。

题翎毛花草册赠王颖长邑侯

立言有体。

题卓文君《当垆图》

抑扬操纵处，得文家三昧。

杨子客吴草题词

婉切淋漓，妙于含蓄不露。

题临苏字册后

心愈虚，学愈至，于此可验。

西崖近草题词

有逸趣。

题画
无中生有。

题张程二君《行乐图》
文中有画，得子长神髓。

书郭学士撰连侍御殉节传后
简洁明净。

家君七十征言引
为四、六而仍属大家。

连御史殉节诔有小序
文有正大之气，足令侍御不朽。

先外祖敬修公像赞有序
序、赞俱极有体。

题严子阅耕图小像
借题指点。

赵承哉像赞有小序
跌宕。

题简兮小照
是简兮轻世肆志之心，不独肖其貌，直肖其神矣。

顾公培像赞
就学佛者点化，仍是吾儒无邪蔽诗之旨。

高□洲像赞有小序
头头是道。

三江考

详核而当,过《水经注》。

——张永铨《闲存堂文集》卷十四

(本文赖胡春丽编审提供图片,特此致谢)

毛奇龄之韵学及其学术史意义
——兼论清初学术转向的形成

武汉大学国学院　雷天将

摘　要：由于受到传统清学史论述中"文士"与"经儒"二分框架的强大影响，过去学界往往因为毛奇龄身上的"文士"标签而对其人其学存在偏见。当摆脱这种二分框架后，便会发现毛奇龄与顾炎武、黄宗羲、阎若璩等清学正统先驱都是同一套经典文本和知识土壤下孕育的产物，并且在明清鼎革的进变中成长为清初学坛上富有文才而又兼长经术的佼佼者。毛奇龄《古今通韵》虽然错谬颇多，但精核处亦不少，不仅澄清了元明以来的许多误说，对顾炎武、柴绍炳、毛先舒等人的观点亦皆有匡正之处，和他们一道为清初韵学做了一番辨析、清理和建设的工作。在宋儒"叶音说"产生危机的清初，毛奇龄和顾炎武的韵学观点各有胜场，似相悖而实相成，一道为当时的学术转向和考证学的发展贡献了力量。

关键词：毛奇龄　顾炎武　《古今通韵》　文士　经儒

一、引言

毛奇龄（1623—1713），又名甡，字大可，号秋晴，又号初晴、晚晴等，浙江萧山人，以郡望称西河，学者称西河先生。《四库全书总目》称其文"纵横博辨，傲睨一世，与其经说相表里，不古不今，自成一格"[①]，而其说经则"善考证而喜辨论，故诠释义理，往往反复推衍，以典籍助其驳诘，支离曼衍，不顾其安。至于考核事实，征引训诂，则偏僻者固多，而精核者亦复不少"[②]，收录其著作遍及经、史、子、集四部，可见其著述之宏富及治学之广博[③]。

《古今通韵》为毛奇龄韵学代表作，是本文考察毛氏韵学的重要依据。此书刊于康熙二十三年（1684），由毛氏进呈御览，并得到康熙盛赞，诏付史馆刊行，因而具有官方色彩。

[①]（清）永瑢等撰：《四库全书总目》，中华书局，1965年版，第1524页。
[②]（清）永瑢等撰：《四库全书总目》，第305页。
[③] 关于《四库全书》对毛奇龄著作的著录情况，参见胡春丽：《从〈四库全书〉看毛奇龄》，《理论界》2009年第11期，第114—117页。

又由皇帝褒扬之故，当时大臣名儒皆为之作序，而一时海内士子竞随其说，流波所及，影响深远。乾隆间学者刘维谦云："近来音韵之学，亭林顾氏、西河毛氏，其最著者也。"① 可见毛氏之韵学在清代早期学界的重要影响。前人研究毛奇龄韵学者较少，或就韵学谈韵学，或沿既往的清学史范式将毛氏视为"文士"而轻视其人其学②。本文即在前人研究的基础上，尝试摆脱"文士""经儒"的分类标签，将毛奇龄及其《古今通韵》还归于清初的历史环境中加以考察，从而探讨毛奇龄其人其学在清初学术史上的深刻意义。

二、跳出二分视角：毛奇龄与清初学坛的风貌

《清儒》篇是现代意义上清学史研究的经典论述，作为清代学术的参与者和总结者，章太炎的观点成为后世理解清代学术史的重要典范。章氏在文中有一段关于清代"文士"与"经儒"的经典描述，他说：

> 江永、戴震起徽州，徽州于江南为高原，其民勤苦善治生，故求学深邃，言直核而无温藉，不便文士。震始入四库馆，诸儒皆震竦之，愿敛衽为弟子。天下视文士渐轻。文士与经儒始交恶。而江淮间治文辞者，故有方苞、姚范、刘大櫆，皆产桐城，以效法曾巩、归有光相高，亦愿尸程、朱为后世，谓之桐城义法。……夫经说尚朴质，而文辞贵优衍；其分涂，自然也。文士既以婐媠自喜，又耻不习经典。于是有常州今文之学，务为瑰意眇辞，以便文士。③

熟悉清代学术史的人一眼便看出，章太炎笔锋所指，乃是清代学术史上"汉宋之争"与"今古文之争"两个重大议题。章太炎围绕着"文士""经儒"的关系建构出清代学术发展演变的模型，而章氏本人则是晚清古文经学的殿军，又为俞樾高弟，远绍戴、段、二王之学，其以"经儒"的立场鄙薄桐城派、常州今文学一派的态度显而易见。由于章太炎在晚近学术思想界的巨大影响以及近代以来推崇考据、重视实证的学风，轻视文士成为清学史研究中的一种常见倾

---

① （清）刘维谦：《诗经叶韵辨讹》卷首"顾亭林音学"条，《四库全书存目丛书》经部第219册，齐鲁书社，1997年版，第609页。
② 例如，张民权《清代前期古音学研究》共四十四章，其中一章论述了毛奇龄所著《古今通韵》及其音韵学说，并指出毛氏古音观念保守落后、过分夸大合韵现象而隐蔽通韵事实、只承认古今通韵而不承认古今分韵、研究方法简单而对古音发展趋势未有深入研究等方面的弊病，并讨论了顾炎武古音说与毛奇龄古音说的冲突，多论毛氏之不足，对其成就则一笔带过。台湾地区吕兆欢硕士论文《毛奇龄韵学研究》，则详细讨论了毛奇龄的古韵学、今韵学及所论他人韵学之说，分析毛氏韵学之优缺，以及对后世学者的影响。胡红《毛奇龄〈古今通韵研究〉》一文则以毛奇龄《古今通韵》为主要材料，将毛氏古韵通转叶音观与宋元明诸儒及顾炎武古音思想与其他清代前期古音学家的古韵思想进行比较，追溯其理论来源与发展的情况，研究毛奇龄韵学思想对清代古音学发展产生的影响，描述了清代前期古音学研究复杂的环境。参见张民权：《清代前期古音学研究》（下），北京广播学院出版社，2002年版，第135—153页；吕兆欢：《毛奇龄韵学研究》，台湾辅仁大学硕士学位论文，2004年；胡红：《毛奇龄〈古今通韵〉研究》，福建师范大学硕士学位论文，2013年。另有众多学者从经学、史学、文学、戏曲、诗歌等多方面研究毛奇龄的学术成就和思想，限于篇幅，兹不赘述，参见胡春丽：《三百年来毛奇龄研究述评》，《玉溪师范学院学报》2014年第1期，第28—34页。
③ 章太炎著，朱维铮点校：《检论·清儒》，上海人民出版社，2014年版，第484—485页。

向①。章太炎关于"经儒"与"文士"的区分自然渊源有自，可以追溯到古代史传中儒林与文苑的传统。

近年来，已经有不少学者尝试打破文学史和学术史、经学史之间的壁垒，对清代文士和经学之间的关系做出综合性探讨。例如，龚鹏程较早反思经学和文士之间的关系，在《乾隆年间的文人经说》一文中挖掘了姚鼐、纪昀、袁枚等文人说经的例证，强调此类文人经说在清代学术史上的重要意义②。蔡长林长期关注清代文士治经的议题，先后出版了《从文士到经生：考据学风潮下的常州学派》《文章自可观风色：文人说经与清代学术》两部专著，对清中叶以来的常州文士以及唐焕、姚鼐、洪亮吉、王芑孙、唐仲冕、李慈铭、谭献等文士的经说做出了深入探讨③。张循则将这种文士治经的传统上溯至清初，强调"考证学还处于兴起过程中的时候，'经儒'和'文士'相联系的一面"，提出考证学"有雅、俗两个版本"，"经儒"属于雅本的考证学，而毛奇龄这类以考证学名世之人则出身于"文士"的传统，"通过晚明的词章学而接触到文字、音韵等知识，并经由这一渠道通向雅本的考证学"④。在另一篇讨论钱谦益对清代考证学影响的文章中，张循指出："对于塑造清代考证学的基本学术性格而言，来自晚明清初'文苑'的传统可能将比来自'儒林'的传统发挥更为直接的作用，也因此具有特别重要的意义。"⑤这些研究跳出了传统的清学史论述模式，为清学史的研究提供了许多有益的思考。不过，前贤虽然将清学史的研究从"经儒"视角转换到"文士"视角，但"文士"与"经儒"的二分格局并没有改变，仍然纠结于"文士"与"经儒"之辨，只是把眼光从一边挪到另一边罢了⑥。倘若回到历史现场，而非某种净化、抽象过的学术史论述，便会发现史书记载中"儒林"与"文苑"之判分并非如此疆界分明，"文士"与"经儒"之间亦并非像章太炎所说的如此截然二分。

今日我们熟知的许多清代学术史上的知名人物，都很难用"文士"或"经儒"的单一面向

---

① 梁启超在《前清一代中国思想界之蜕变》一文中亦以"无耻文人"视毛氏，言辞甚激，其文云："此外尤有一不成派之派，然鬼蜮出没，为清学蟊贼。明清之交，有毛奇龄其人者，内行不修，奔竞侥幸，老而无耻，好为大言，嬉笑怒骂，古今人无一能免；于学一无所知，而剽窃穿凿，成书数百卷。……冀以博闻动众，当时受其欺者竟不少……至乾隆间则有袁枚其人者，轻薄淫秽，卑鄙鲜耻，章学诚大声疾呼，字之曰'无行文人'……然亦杂博，摭拾猥琐语为书数百卷；……此两人者诚不足齿，然固尝播扇其毒于社会；三百年间，汲其流者甚重，致使文艺界学术界，常留臭恶以劳渐渍；夫今日京国中，祖西河而祢随园者，犹大有人在，但其姓名更不堪污吾笔耳。"其后在胡适的建议下，才对毛氏略有褒词。参见梁启超：《前清一代中国思想界之蜕变》，《改造》第3卷第4号，1920年，第21—22页；胡适著，曹伯言整理：《胡适日记全编》（第三卷），安徽教育出版社，2001年版，第240页。
② 龚鹏程：《乾隆年间的文人经说》，《六经皆文——经学史/文学史》，台湾学生书局，2008年版，第332页。
③ 蔡长林：《从文士到经生：考据学风潮下的常州学派》，台湾"中研院"中国文哲研究所，2010年版；蔡长林：《文章自可观风色：文人说经与清代学术》，台湾大学出版中心，2019年版。
④ 张循：《"词章"与考证学——追溯清代考证学来源的一条线索》，《学术月刊》2016年第5期，第162—172页。
⑤ 张循：《谁是清学开山祖？——从阎若璩论钱谦益看明清之际考证学的兴起》，《清史研究》2017年第4期，第59—73页。
⑥ 例如，当张循表示"解释清代考证学的起源不能仅仅着眼于'经儒'，像毛奇龄这类'文士'出身的人物也在推动着考证学的兴起"时，虽然视角有所变化，但仍以"经儒"与"文士"的二分来描述清代学术，又将雅本的考证学归于经儒，将"文士"传统视为俗本考证学，似乎仍存一种高下之分，没有摆脱章氏之说的阴影。参见张循：《"词章"与考证学——追溯清代考证学来源的一条线索》，《学术月刊》2016年第5期，第162—172页。

来概括。例如，素来被称为清学之开山的顾炎武便自言："炎武自中年以前，不过从诸文士之后，注虫鱼，吟风月而已。积以岁月，穷探古今，然后知后海先河，为山覆篑，而于圣贤六经之指、国家治乱之源，生民根本之计渐有所窥。"①顾炎武十七岁时和归庄一起参加复社，与社中文士议政论文，有"归奇顾怪"之称，正可见他早年的文人风流。与顾炎武齐名的黄宗羲是东林名士之后，又从刘宗周问学，"以文学著名，早岁纵横，尤长叙事……浙东学者多师之"②，有《南雷文定》《南雷文集》《明文案》《明文海》诸书，于文章之道颇有见解。顾炎武、黄宗羲在文辞方面亦享有盛名，他们从事经史之学的研究，均是经历世变以后的事。

毛奇龄是"半路出家的经师"③，他"本是一位有才华而不修边幅的文人，少为诗词，颇得声誉。……康熙己未，举鸿博，授检讨。时京师治经学者方盛，他也改行为'经师'"④。施闰章称其"负才任达，善诗歌、乐府、填词，与人坦然无所忤，贤者多爱其才。……自少受知华亭陈子龙，评其文曰：'才子之文'。然跌荡文酒，颇不自惜。"⑤亦是毛氏早年文人风姿的真实写照。康熙二十四年（1685），毛氏告假请归，以疾而不复出，晚年僦居杭州，专心研治经学。《四库全书总目》称："自明以来，申明汉儒之学，使儒者不敢以空言说经，实奇龄开其先路。"⑥阮元云："有明三百年，以时文相尚，其弊庸陋谫僿，至有不能举经史名目者。国朝经学盛兴，检讨首出于东林、蕺山空文讲学之余，以经学自任，大声疾呼，而一时之实学顿起。当是时，充宗起于浙东，朏明起于浙西，宁人、百诗起于江淮之间，检讨以博辨之才，睥睨一切，论不相下而道实相成。迄今学者日益昌明，大江南北著书授徒之家数十，视检讨而精核者固多，谓非检讨开始之功则不可"⑦，足见毛奇龄在清初学术史上的重要地位。在阮元笔下，毛氏堪与顾炎武、阎若璩、胡渭、万斯同等人鼎足而立，共开有清一代考证学之盛。章太炎评价毛奇龄"毛本文士，绝不知经"⑧之语，不能不说是一种出于"经儒"立场的偏见。

毛奇龄、顾炎武、黄宗羲等人的学术历程，代表了清初一代读书人学术变化转折的缩影，是文士兼而治经的典型代表。不管后世的学术史书写如何以"考据学"和"经儒"的立场建构清代学术的系谱，都无法掩没顾、黄、毛等人身上浓重的文人色彩，这些历史人物之间的差异恐怕并没有后人所想象的那么大⑨。世人往往以肆意讥弹、好辨善詈訾议毛奇龄的人品，其实

---

① （清）顾炎武：《与黄太冲书》，《顾亭林诗文集》，中华书局，1983年版，第238页。
② 刘师培：《论近世文学之变迁》，《中国近三百年学术史论》，上海古籍出版社，2019年版，第190页。
③ 梁启超：《中国近三百年学术史》，中国书籍出版社，2020年版，第182页。
④ 梁启超：《中国近三百年学术史》，第180页。
⑤ （清）施闰章：《学余堂文集》，《景印文渊阁四库全书》第1313册，台湾商务印书馆，1983年版，第212—213页。
⑥ （清）永瑢等撰：《四库全书总目》，第38页。
⑦ （清）阮元撰，邓经元点校：《揅经室集》，中华书局，1993年版，第543页。
⑧ 支伟成：《清代朴学大师列传·叙目》，上海人民出版社，2014年版，第2页。
⑨ 关于这一点，谭献曾有论说："开国之初，人才皆明代之遗，议论志略尚文辞，又好言经世，只为几、复两社余波。经史大谊尚无涂辙，偶有从事，炫世而已，非实事求是也。竹垞、西河皆是。竹垞文章士，经生之业不专；西河天挺轶才，摧陷廓清，有功圣学，而日以心斗，不轨于正。遗民如梨洲、亭林，故是祥麟威凤，惟袭宋人余唾，亦多无用之言，有门户之习；"谭氏此言虽然刺耳，但却点出了清初学界常常为人忽视的另一面。（清）谭献著，范旭仑，牟晓朋整理：《复堂日记》，河北教育出版社，2001年版，第18页。

被誉为清学之先驱的阎若璩也同样如此。阎若璩"天性好骂",又好与人争胜,讥李因笃"杜撰故事",汪琬"私造典礼"①,生平虽最推服钱谦益、黄宗羲、顾炎武三人,"于钱犹曰:'此老《春秋》不足作准。'于黄则曰:'太冲之徒粗。'《待访录》指其讹谬者不一而足也。于顾之《日知录》有补有正。"②。钱穆讥阎氏此类举动为"炫博矜新","不过以读书人见解自炫博辩"③,可谓正中其病。毛奇龄同样以逞博好辩著称,《四库全书总目》称其"指名而攻者,惟顾炎武、阎若璩、胡渭三人。以三人皆博学重望,足以攻击,而余子则不足齿录,其傲睨可云已甚。"④从这个角度来看,阎若璩与毛奇龄未尝不是一类人。有学者将顾炎武和毛奇龄的韵学分为"雅本"和"俗本"⑤,言下之意似仍是将二人分属"经儒"与"文士"两个阵营,且存在雅、俗的高下之别。实际上,顾、毛等人最初掌握的都是一般士人普遍熟悉的"注虫鱼,吟风月"或"诗歌、乐府、填词"之类的事,只是后来在人生遭际的淬炼下,他们才转向精而深的经学研究,并没有什么雅俗之分。

在笔者看来,对于清代早期这些工于辞章又兼有学问之长的学坛先驱,无论是强调"文士"(文苑)还是"经儒"(儒林)的视角都容易造成视野的遮蔽。他们和同时代的士人一样,都是同一套经典文本和知识土壤下孕育的产物,只不过他们是其中的佼佼者罢了。与其纠结于"文士"或"经儒"这样带有偏向性的标签,倒不如把他们看成同时代习辞章、研儒典的广大读书人群体中的一员,以中立的眼光对待⑥。当我们跳出"文士"与"经儒"的二分框架来理解清初的学术面貌时,便会对清代学术史产生一番新的认识。

三、毛奇龄在韵学上与清初学坛的讨论辩驳

音韵学作为清代学术成就最高的领域之一,在清代早期这群读书人中的佼佼者和多面手之间同样经历了一番激烈的讨论。清初以韵学名天下者,除了顾炎武之外,还有柴绍炳、毛先舒等人。柴、毛与顾炎武相友善,经常与顾氏讨论韵学,互相切磋进益,三人在韵学观点上具有相当的一致性。除了顾炎武早已为人所熟知外暂且不谈,柴绍炳、毛先舒都是清初著名诗社"西泠诗社"的成员,号为"西泠十子",以诗文称誉于世。他们和毛奇龄一样,都深入地参与到了清初学术的建设之中。在刊落"文士""经儒"的二分标签来观察毛奇龄与这些同时代人的讨论与辩驳之后,清初学术转型的斑斓光谱便会呈现在我们面前。

---

① (清)阎若璩撰,李寒光点校:《潜邱劄记》卷四下,中华书局,2023年版,第317页。
② (清)杭世骏撰:《道古堂文集》卷二十九,《续修四库全书》第1426册,上海古籍出版社,2002年版,第499页。
③ 钱穆:《中国近三百年学术史》(一),九州出版社,2011年版,第244页。
④ (清)永瑢等撰:《四库全书总目》,第276页。
⑤ 参见张循:《"词章"与考证学——追溯清代考证学来源的一条线索》,《学术月刊》2016年第5期,第170页。
⑥ 要知道,对于这些读书人中的佼佼者和多面手来说,身后到底入"儒林"和"文苑",只是史臣在历史书写时为了将历史人物按照某种分类框架进行归类以形成条理有绪的传记统系。实际上,这种分类本身便蕴含着极大的模糊性和流动性。例如,阮元辑《儒林传稿》时,汪中本在文苑传,与袁枚、蒋士铨同列,经汪喜孙多方求告,才将汪中改入儒林传。"文苑""儒林"之间的界限,借用张循的话来说,是"开放的、而非封闭的"。参见张循:《"词章"与考证学——追溯清代考证学来源的一条线索》,《学术月刊》2016年第5期,第164页。

毛奇龄的韵学代表作《古今通韵》主要针对的对象便是顾炎武、柴绍炳、毛先舒等人。他所举以相抗者,乃其所创五部三声两界两合之说。《四库全书总目》评价其说云:"既云所列五部,分配五音,虽欲增一减一,而有所不可,乃又分为两界,则五音之例乱矣。既分两界。又以无入十三韵之去声与有入十七韵之入声同用,则两界之例又乱矣。至三声之例,本云平上去通而不与入通,而两合之例又云去入通而不与平上通,则三声两合不又自相乱乎?盖其病在不以古音求古音,而执今韵部分以求古音。又不知古人之音亦随世变,而一概比而合之。故征引愈博,异同愈出,不得不多设条例以该之,迨至条例弥多,矛盾弥甚,遂不得不遁辞自解,而叶之一说生矣。"①《总目》的批评不无道理,毛奇龄最致命的错误是把"古本韵问题看成了通转问题"②,因为观念上根本性的错误,所以书中各韵几乎无所不通,混杂紊乱,令人"溷漾而靡所畔岸"③。江永《古韵标准》云:"毛氏著《古今通韵》,其病即在通字。古韵自有疆界,当通其所可通,毋强通其所不可通。"④可谓正中其弊。

毛奇龄的韵学著述成于顾炎武、柴绍炳、毛先舒等人之后,虽然错谬颇多,但并非一无可取。他并非只针对顾氏一家进行攻击,而是对宋元以来各家之说以及同时代人如柴绍炳、毛先舒等人的观点,择其要者进行了反驳。他在郑庠、吴棫的古韵分部、宋人随韵取叶的叶音说以及历代韵书沿革等问题上均有探讨。尤其是在论辩中详征博引,力图以证据说话,纠正了当时流行的许多误说,所论多有可取之处,值得我们深入地考察。兹以其论韵书沿革的例子以窥一斑。

今天稍有音韵学常识的人便知道沈韵、《唐韵》、《广韵》、《平水韵》之间的沿革,但在音韵学尚未得到充分发展的清代早期,它们之间的关系却仍然模糊不清。即便是顾炎武这样的大学问家,也难免失察,将《广韵》误认作《唐韵》。他在《音论》中论"韵书之始"时说:

> 李焘曰:"隋陆法言撰,唐郭知玄附益之者,时号《切韵》,天宝末,陈州司马孙愐以《切韵》为谬略,复加刊正,别为《唐韵》之名。大中祥符元年,改赐新名曰《广韵》。"据此,《广韵》即《唐韵》,但改其名耳。⑤

正是因为顾炎武将《广韵》误认作《唐韵》,所以他才认为《广韵》韵谱"本于沈氏之作",乃"隋唐以前相传之谱""唐与宋初人遵用之书"⑥。

与顾炎武约略同时的韵学名家柴绍炳则将《礼部韵略》误认作《唐韵》。他在《古韵通》中说:

---

① (清)永瑢等撰:《四库全书总目》,第368页。
② 张民权:《清代前期古音学研究》(下),第142页。
③ (清)宋荦:《〈古今韵略〉叙》,邵长蘅《古今韵略》卷首,中国国家图书馆藏,清康熙三十五年(1696)宋荦刻本。
④ (清)江永:《古韵标准》,中华书局,1982年版,第4页。
⑤ (清)顾炎武著,刘永翔校点:《音学五书·音论》卷上,《顾炎武全集》2,上海古籍出版社,2011年版,第24页。
⑥ (清)顾炎武著,刘永翔校点:《音学五书·音论》卷上,《顾炎武全集》2,第33页。

然夫《类谱》二百六部是古韵目，所注通并用，乃始于约，非唐之功令也。若唐人制科用韵又加并省，宋人承用，有《礼部韵略》之名，原本唐制而小变。至《广韵》虽宋人重修，固即孙愐旧本，名异而实同耳。……然则谓《礼部韵略》创始于宋者非也，且《唐韵》有官韵之称，李肇《国史补》言宋济老于文场试赋误失官韵，正见宋承唐制耳。①

又说：

予以孙愐《唐韵》所列二百六部乃是沈约旧目，原已并用，故愐书以一东为首部，二冬、三钟并为次部，如此类其名虽分，其实已合，计四声凡得一百一十有四部，与今本次第不相远也。至唐代更加并省为一百有七部，谓之《韵略》。②

无论是顾炎武还是柴绍炳，均在其音学专书开篇论辨韵书沿革，以明韵学源流，可见这一问题在当时关注程度之高。在柴氏看来，二百零六韵乃沈约《类谱》旧传，其间通并亦是沈约所为。而宋承唐制，《礼部韵略》（平水韵）实非始于宋而始于唐。彼时同样以韵学知名的毛先舒亦与顾、柴持类似的观点，他说：

沈氏之韵最为烦苛，总四声凡分二百零六部，唐人因而合之为一百七部，曰《唐韵》，亦曰《礼部韵》。陈州司马孙愐差次之，今所遵承皆是物也③。

在毛氏看来，二百零六部亦是沈约所为，而一百零七部的"平水韵"则与《唐韵》划上等号。针对这些观点，毛奇龄详列证据，一一加以辩明。他说：

今通行韵书并非沈韵，而有指为沈韵者；元黄公绍《韵会举要》、周德清《中原音韵》、明《洪武正韵》皆称沈约韵。亦并非《唐韵》，而有指为《唐韵》者；近刻韵家如嘉兴陈氏、吴门顾氏皆称《唐韵》。且唐无《礼部韵》，而有称是书为唐《礼部韵》者。明吴绶《诗坛丛韵》、明郭正域《韵经序》、钱塘柴氏《古韵通》皆称唐《礼部韵》。古韵不可考矣。齐中书郎周颙著《四声切韵》，《周颙传》曰："颙始著《四声切韵》行于时。"《高氏小史》曰："齐中书郎周颙作《四声切韵》。"而梁沈约效之，因之有《四声类谱》之作。然当时著韵尚多，不必尽行约书也。韵书始于魏李登《声类》（一曰北魏李启），未知孰是。其后吕静、段弘俱有《韵集》，阳

---

① (清) 柴绍炳：《柴氏古韵通》卷一《杂说·辨沈约〈类谱〉孙愐〈唐韵〉〈礼部韵略〉沿流异同说》，《四库全书存目丛书》经部第217册，第11页。
② (清) 柴绍炳：《柴氏古韵通》卷一《杂说·古韵通目次依〈韵略〉说》，《四库全书存目丛书》经部第217册，第14页。
③ (清) 毛先舒：《韵学通指·韵问三》，《四库全书存目丛书》经部第217册，第427页。

休之、杜台卿（一作素卿），俱有《韵略》。张谅、刘善经、夏侯咏（一作该），俱有《四声》。他如李概《音谱》，周研《声韵》、赵氏《韵篇》，释静洪《韵英》，李奉节（一作季节）《音谱》，所著不一，然皆不传。至隋开皇间，有陆词者 即陆法言。实始作《切韵》五卷。法言同刘臻等八人所作。虽其名与周颙同，而实多创始，且更名《声律》，又名《律韵》，以为取士之准，故唐时律文 如律诗、律赋类。皆用其书。至天宝间，陈州司法 一作司马 孙愐稍为增订，改作《唐韵》，然仍名《切韵》。唐李揆疏称"《切韵》音"，《集韵序》称孙愐《切韵》。逮宋祥符间，又改作《大宋重修广韵》，宋景祐四年，曾进校定《切韵》五卷，至大中祥符元年改名《广韵》。而《切韵》遂亡。今之《广韵》，则全非《切韵》旧本，即在宋亦未尝以《广韵》试士也。其所行者，则别有《礼部韵略》，与《广韵》差别，第其所分部，则尚相等。……至理宗朝有平水刘渊者，实始并冬、钟、支、脂诸部为一百七部，平、上、去皆三十部，入十七部，合得一百七部。且尽删去三钟、六脂数目，而易以今目。如今所列一东、二冬、三江、四支类。其书颁于淳祐壬子，名《壬子新刊礼部韵略》，自元、明迄今，皆遵用之。①

虽然毛奇龄的认识仍未臻至善（根据近世学者的研究，平水韵的系统并非始于刘渊），但已基本符合韵书沿革的实际情况，较之顾炎武、柴绍炳等人已经前进了一大步。毛奇龄除了要辨明元明以来流行的误说以外，也是有意识地针对顾炎武、柴绍炳、毛先舒等人的错误认识而发②。观其所论，原原本本，俱有例证，可谓详实有据，斩破前人沿谬之说。李天馥云："古音沦失，从声亡响绝之际，不知何所依附，独能旁搜博讨……使数千年万古长夜之事而昭然一旦。虽学问实然，要非其神解特出，原具五音六律于胸中，而因端剖绪不得也。"③ 此言虽带有修辞的成分，但却也可视为当时士人读过毛氏之书后的一般观感。

正如柴绍炳所言，清初"古韵不讲，为日已久，传讹袭陋，在所而然"④。摆在时代面前的任务是对宋明以来的传讹袭陋做出一番辨析、清理和建设的工作，而顾炎武、柴绍炳、毛先舒、毛奇龄等人便是这一时代任务的重要参与者和响应者。虽然他们每个人的学说都未臻至善，但正是这种不完美才成就了清初学术五光十色的画卷。他们讲论切磋、往复问难，每一个人都贡献才智，在继承前人之说的同时又有所发展，为学术问题的解决提出自己的观点，共同谱写了清初学术史上的精彩篇章⑤。

四、毛氏韵学在清代学术史上的意义

借用科学史家孔恩（Thomas S. Kuhn）在其名著《科学革命的结构》一书中所提供的科

---

① （清）毛奇龄：《古今通韵》卷首《缘起》，哈佛大学汉和图书馆藏，清康熙甲子（1684）刊本。
② 见（清）毛奇龄：《古今通韵》卷首《缘起》，哈佛大学汉和图书馆藏，清康熙甲子（1684）刊本。
③ （清）李天馥：《〈古今通韵〉序》，《古今通韵》卷首，哈佛大学汉和图书馆藏，清康熙甲子（1684）刊本。
④ （清）柴绍炳：《柴氏古韵通》卷首《凡例》，《四库全书存目丛书》经部第217册，第9页。
⑤ 关于柴绍炳、毛先舒二人韵学之成就与不足，参见张民权：《清代前期古音学研究》（下）第三编第一至第八章，第2—102页。

学革命的模型来看，清初正是处于导致典范发生变迁的危机时期。这种危机时期的征兆便是旧典范之崩溃及百家争鸣之现象①。百家争鸣现象的具体表现则是"经常对什么才是正当的方法、问题及解答的标准辩论不已，而且歧见难以消解"②。彼时宋儒"叶音"说不断遭到挑战，难以解释音韵学上种种不协调的问题，显然已无法满足知识界的需求，因而在清初学坛引起了广泛的争论。孔恩指出："大部分科学在发展初期，都有一个特色，就是有许多不同的自然观彼此不断竞争，每一个都部分来自科学观察与方法的要求。……这些不同学派的区别，并不在方法的这个或那个缺点——它们都是'科学方法'——而在各学派看待世界以及那个世界中做研究的方式。"③毛奇龄与顾炎武、柴绍炳、毛先舒等人的音韵学说便类似于这样的状态。

早期百家争鸣现象的消失，通常是由某一学派的获胜造成的。毫无疑问，顾炎武是那个最终的胜出者，他所运用的考证古韵、离析韵部的方法为后来的人指明了方向。但同时也要注意到的是，"一个理论要成为典范，一定要能人之所不能，使其他理论相形见绌，但它不一定能解释所有相关事实，而且实际上也永远不可能"④。毛奇龄的《古今通韵》是针对《音学五书》而作，顾炎武"四声一贯"之说尤与毛氏三声两合之说相龃龉。张民权认为："顾氏由于对宋人叶音说矫枉过正，因而只承认古韵部的通韵关系而不承认合韵关系，将《诗经》中的一些合韵现象解释为方音或视为无韵，给古音研究留下了一片空隙地……毛奇龄的五部三声两界两合之说，正好补了这个'空子'……顾、毛二人一个从古本音看问题，一个从古今合韵看问题；一个在于存古，一个便于今用。"⑤可谓正中顾、毛二人之得失。毛奇龄著书与顾炎武相争绝非空言而发，而是顾炎武的音说本身存在不完善之处，对于一些音韵学现象难以给出令人信服的解释，毛奇龄学力雄健、眼光独到，抓住了顾炎武音说的罅漏处加以攻驳。在旧典范出现危机之时，毛奇龄之说之所以能与顾炎武分庭抗礼，正是因为他们各有独胜之处，故而身后都能吸引一大批信徒。这种局面要一直到其中一个学派取得最终胜利，亦即新典范的建立时才宣告结束，革命也就完成了。

孔恩提醒我们要警惕"把本行过去的历史，看成是直线地朝向今天有利的境地发展的过程"，因为"把历史写成为现在铺路的历程的诱惑无所不在，且历久常新"⑥。基于同样的道理，我们书写学术史时，也不能仅仅看到胜利者的光彩，将学术视为朝着某一固定方向发展的累积性进程。对于清代考证学的兴起而言，其脉络应当是多元的，而非单一的，应当平等地看待各种元素而非夹以偏见。过去"学界往往片面地把毛奇龄通转叶音观等同于宋人通转叶音说"，而实际上"毛奇龄古韵通转叶音说较之宋人通转叶音说，在研究材料、研究方法、古音观念

---

① 参见孔恩（Thomas S. Kuhn）著，程树德，傅大为，王道还译：《科学革命的结构》，台北远流出版事业股份有限公司，2017年版，第97页。
② 孔恩（Thomas S. Kuhn）著，程树德，傅大为，王道还译：《科学革命的结构》，第65页。
③ 孔恩（Thomas S. Kuhn）著，程树德，傅大为，王道还译：《科学革命的结构》，第14页。
④ 孔恩（Thomas S. Kuhn）著，程树德，傅大为，王道还译：《科学革命的结构》，第30页。
⑤ 张民权：《清代前期古音学研究（下）》，第152页。
⑥ 孔恩（Thomas S. Kuhn）著，程树德，傅大为，王道还译：《科学革命的结构》，第172页。

上是有所区别的"①。胡红在研究中指出:"顾炎武为反宋人'叶音'说而提出'四声一贯',毛奇龄对于宋人'叶音'亦是坚定的反对者,故其提出'三声通转',同时以入声为纽带,通过'两界''两合'将四声联系起来。一定程度上,顾、毛二人虽然反对宋人'叶音'说,却又从另一个角度走进了随韵转叶的死胡同,在声调观上,很大程度上二者并未彻底脱离宋人通转叶音的藩篱。"②从这个角度来看,过去学界将脸谱化地把顾炎武视为古音学的革新派,将毛奇龄描绘为典型的落后守旧派和宋元以来通转叶音说的最后一个顽固堡垒,似乎并非客观之论③。

钱穆先生曾指出,阎若璩采西河攻己之说而"去瑕汰弱",使己书"更为不可胜"④,《古今通韵》的情况亦类同此。由于毛奇龄的博雅和雄才,《古今通韵》引证极其赅博,辨析亦十分详晰,而又往往能有"神解特出"之说。综观全书,毛氏所引韵文材料上至先秦两汉,下至《洪武正韵》皆有涉及,以六朝至唐宋时期的材料为主,唐宋诗歌尤多,其博雅宏通的特长在此发挥无遗。毛氏之书涉及的内容比较全面,所举材料有颇多可资考证处,故而能成一家之言。《四库全书总目》云:"炎武书太简略,而奇龄则征引赅洽,亦颇足互证。以韵读《易》者,以炎武书为主,而参之是书以通其变,略短取长,未始不可相辅而行也。"⑤毛奇龄的《古今通韵》虽然立说与顾氏相异,但许多地方引证详实,取二书互相参证,则可为双美。

毛氏虽好与人争驳斗胜,看似哓哓不已、漫肆讥弹,实则为清初诸儒之诤臣。正是在毛奇龄强而有力地攻驳辩难下,他们的立说才愈转精密,如果仅以好胜看待毛奇龄,恐怕是将毛氏的学术看浅了。焦循《雕菰集》卷七云:

> 学者好诋諆人,人不易诋也。非能是人,不能非人。……犹之学冶者非陶,学农者非圃。老于农而后可非农,精于冶而后可非冶,门外者不知门内之浅深。是故能述之,乃能非之,能非之,乃能述之。⑥

如果从这个角度来理解毛奇龄的话,那么他能够凭借自身的学问与功力与当时名儒如顾炎武、阎若璩等人在学坛鼎峙而立,恰恰说明了其才"非流辈所易几"⑦。作为清初学坛的一员大将,毛奇龄与阎若璩、顾炎武等人似相悖而实相成,共同促进了清初的学术转向和考证学的发展,为新学术典范的建立创造了有利条件。阮元称赞毛氏对清代汉学有开创之功,实非虚美之词。

---

① 胡红:《毛奇龄〈古今通韵〉研究》,福建师范大学硕士学位论文,2013年,第9—10页。
② 胡红:《毛奇龄〈古今通韵〉研究》,福建师范大学硕士学位论文,2013年,第24—25页。
③ 参见张民权:《清代前期古音学研究(下)》,第149页。
④ 钱穆:《中国近三百年学术史》(一),第269页。
⑤ (清)永瑢等撰:《四库全书总目》,第369页。
⑥ (清)焦循著,刘建臻校点:《雕菰集》卷七,《焦循全集》12,广陵书社,2016年版,第5763—5764页。
⑦ (清)全祖望撰,朱铸禹汇校集注:《鲒埼亭集外编》卷十二《萧山毛检讨别传》,《全祖望集汇校集注》第二册,上海古籍出版社,2000年版,第989页。

五、结语

清初,宋儒陈腐的叶韵观念已经遭受到了许多质疑,需要一套新的话语和观念来分析令人生惑的音韵现象,顾炎武和毛奇龄都是试图创造新的话语来解释这种古今矛盾的积极参与者。虽然毛奇龄立说多有弊病,但正如《四库全书总目》所言"其书虽好为异说,而征引详博,亦不无补于考证。瑕瑜并见,在读者择之而已"[①],毛奇龄既以考核名家,其立说"偏僻者固多,而精核者亦复不少"[②]。后世江永进一步完善顾炎武的学说,其中要解决的一个问题便是响应毛奇龄对顾炎武漏洞的攻驳,毛奇龄的《古今通韵》为后人完善顾氏之说的缺漏之处提供了许多思考的立足点。可以说,清初学术转向的形成与发展,毛奇龄颇有功焉。过去学界往往因为毛奇龄的人品与文人习气而轻视其学,深陷于"文士""经儒"的二分模式,对其学术的认识往往存在各种各样的偏颇。实际上,有清一代学术之开创,恰恰是由一群像毛奇龄这种"读书人"中的佼佼者和多面手所参与和建设的。如果能跳出"文士""经儒"二分框架,摆脱贴在清初这批读书人身上标签,更加注意到这批读书人身上的共性而非人为设置的标签,可能会有助于我们产生对清代学术史更加开放和多元化的理解和认知。

---

① (清)永瑢等撰:《四库全书总目》,第132页。
② (清)永瑢等撰:《四库全书总目》,第305页。

"易数"之重释：以黄宗羲、毛奇龄、胡渭为中心①

湖南大学 陈 岘

摘 要：清初学者黄宗羲、毛奇龄、胡渭竭力考辨宋代图书易学之非，将"易数"诠释从邵雍、朱熹所创的以数理推演为核心、以《河图》《洛书》为表现形式的诠释模式中脱离出来，将"易数"诠释返归于《易传》诠释，并以建立"大衍之数五十"基础上的筮法体系，确立了大衍筮法在"易数"诠释中的核心地位。但与此同时，他们认为不可过度拔高卜筮在易学学习中的地位，而应并重辞、象、变、占，将义理疏解视作易学诠释的最终目的。

关键词：图书易学 象数 黄宗羲 毛奇龄 胡渭

众所周知，"数"是易学中的核心概念。无论是宋代图书易学对宇宙生成论的图象化解释，还是清代图书易学家对宋图的批评，以及在此基础上对易学概念的再阐发，都离不开对"易数"的解释。然而，"易数"诠释存在多重维度，从宇宙论的角度来说，"天地之数"与"大衍之数"就是易学中解释天地生成的两个重要概念，也是图书易学之得以建立的重要理论来源。清初学者黄宗羲、毛奇龄、胡渭着力考辨肇始于宋代的图书易学之非，在追本溯源般从文献来源及经典诠释的角度否定宋代易图之后，②他们又从"象""数"等基本概念入手，力图通过对易学基本概念的厘清与诠释，重塑经典诠释的方法与路径。

一、"天地之数"与八卦

"天地之数"这一概念出现在《系辞》中："天一，地二，天三，地四，天五，地六，天七，地八，天九，地十。"在这十个自然数中，《系辞》以奇数为天数，以偶数为地数："天数五，地数五，五位相得而各有合。天数二十有五，地数三十，凡天地之数五十有五，此所以成变化而行鬼神也。"

---

① 本文为国家社会科学重大项目"周易图学史研究"（17ZDA011）阶段性成果。
② 陈岘：《试论图书易学在清初的一个变化——以清初学者对宋本〈河图〉〈洛书〉的考证为例》，《周易研究》，2016年第2期。

胡渭、毛奇龄、黄宗羲等通过对《周易》古经、《周易》大传同为易经的经典诠释边界维护，确立了以《系辞》为代表的《周易》大传的经典地位。继而通过对《系辞》中"太极生两仪，两仪生四象，四象生八卦"这一宇宙生成系统的诠释，不但否定了宋代学者对"太极""先天"等概念的诠释，更从宇宙生成的视角，明确了他们眼中基于易学而创构的宇宙生成论模型。

我们可以比较明确的了解到，《系辞》中所要表达的一个主要内容，就是以《周易》的视角解释天地之生成。而《系辞》对这一系统的构建又建立在对"数"的理解上。在这一系统中，作为天地之数的一至十，又恰是自然界中最初始的十个自然数。那么，在天地生成论的大背景下，我们应该怎样理解《系辞》中所提出的"天地之数"、又该怎样理解五个"天数"与五个"地数"间的"五位相得"？《系辞》是否想要通过"数"来推理出一种天地生成的形式？而从另一个角度来说，《周易》所讲的是贯通天、地、人三才，那么"天数"和"地数"又最终是否能够作用于人道？它与八卦、与《周易》间的关系又究竟是怎样的？应该说，围绕"天地之数"而展开的，有着一系列问题。

"天地之数"与图书易学间的关系也是尤其密切的。正如黄宗羲、胡渭、毛奇龄等清初学者在考辨宋代五十五点或四十五点《河图》的时候就已经讨论到的那样，他们指出，宋人所画出的五十五点图，就完全是从"天地之数"这一概念中发展出来的产物。五十五点图将"五位相得"理解为了一六、二七、三八、四九、五十的"天数"与"地数"依照大小两两结合，并且将这五个组合起来的数组分别落定在了五个方位之中。在这种构建的基础上，以黑白点分别表示奇、偶数字的形式，画成了五十五点图最终的图象。虽然说，五十五点图与另一幅四十五点图究竟哪一幅是《河图》、哪一幅是《洛书》，在宋代图书易学中是一个很大的争议。但是，从学术史的大背景上来说，五十五点图的创作，无疑是一种把"天地之数五十五"诠释为了圣人创制八卦、创制《周易》之来源对象基础上的天地生成论。在这种理解中，"天地之数"则被认是伏羲制作八卦的理论来源，那么从时间上说，自然是在《周易》经传形成之前便已存在了的。

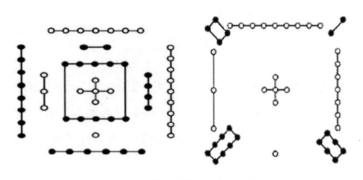

宋代的《河图》与《洛书》

我们可以看到，五十五点图中所展现出的是宋人对"天地之数"和《周易》间关系的一种理解方式。在这种理解的逻辑中，"天地之数"是先于《周易》而存在的。但这样的理论显然不能得到清代人的认可。首先,在清人看来,这种以"天地之数"的概念来解释八卦及《周易》创作的理论,从事实上说是一种以易传中的记载反过头来解释易经创作的方法。然而,易传本身就是用来解释《周易》的,在易学史上也一直以来被认为是孔子所作,所以无论从哪个角度来说,易传形成之年代一定是远远晚于易经之形成的。所以,在清人看来,这种解释首先在时间上就颠倒了易经和易传的先后顺序,因而其理论根基就是不成立的。其次,这种以"天地之数"来解释《周易》天地生成系统的方法,事实上也并不是宋人的发明创造,而早在汉代就已经产生了类似的理论。五十五点图的创作,在一定程度上只不过是拾汉人之牙慧而已。当然,即便这种模式在汉代易学中就已经被提出,但汉人也并没有将之以图的形式画出,如果此说在理,那么五十五点图也算得上是渊源有据了。但清人认为,汉人所创造的这种解释方法存在着很多重大的问题。

黄宗羲便对"天地之数"与《周易》卦爻怎样结合的问题进行了专门的考证。他指出,汉代易学家崔憬便试图采用一种将"天数""地数"分别与八卦相配的方式搭建天地之数与卦爻间的关系。他以艮、坎、震、乾四卦分别为少阳、中阳、长阳、老阳,各自对应"天数"中的三、五、七、九;另以兑、离、巽、坤四卦分别为少阴、中阴、长阴、老阴,各自对应"地数"中的二、十、八、六。① 我们知道,汉代的象数易学家热衷于以六亲、职官、动物、月象等各种事物配合于《周易》的卦爻之中,而崔憬以"数"配合于八卦的做法,其实也是这种模式的体现。但在他的这种配合中,我们不难发现一个问题,即天地之数总共有十个数,但八卦却只有八个,无论怎样将二者相配,都无法做到齐整的对应。崔憬对这个问题的解决办法,是于"天数"中不取一,"地数"中不取四,只以三、五、七、九和二、十、八、六八个数配合八卦。但如此一来,缺了两个数的"天地之数"事实上也不再完整,甚至不该再被称为"天地之数"。

而在黄宗羲看来,在宋代图书易学中被画出的五十五点图其实也解决不了这个问题。单从图上说,五十五点图似乎已经绕开八卦,直接到源头上探讨作易起源去了。但如果我们考察一下朱子对五十五点图的认识便会发现,将此图视为《河图》的朱子,仍然试图将"天地之数五十五"与八卦联系起来。而朱子将二者整合的方式,仍然没有摆脱崔憬的范式:"《河图》之虚五与十者,太极也。奇数二十、偶数二十者,两仪也。以一、二、三、四为六、七、八、九者,四象也。析四方之合,以为乾、坤、离、坎;补四隅之空,以为兑、震、巽、艮者,八卦也。"② 朱子以五、十取代了崔憬提出的一、四两数,但与八卦相配合的仍旧是八个数而非十个数,作为整体的"天地之数"仍然被破坏了。所以说,宋人在这个问题的处理上仍旧是按照汉人的思路进行的,并且也没有能够真正解释好"天地之数"与八卦的关系,如黄宗羲所言:"以天地之数配八卦者,皆非定名也。"③

---

① (清)黄宗羲:《易学象数论》,中华书局,2010年版,第19页。
② (宋)朱熹:《易学启蒙》,载《朱子全书》,安徽教育出版社、上海古籍出版社,2002年版,第215页。
③ (清)黄宗羲:《易学象数论》,第20页。

除此之外，宋人在对"天地之数"作五十五点图的图象化处理中，其在理论上所采用的几乎每一种处理方式都分别被黄宗羲、毛奇龄、胡渭等人在汉代易学中找到了出处。无论是将"天数"与"地数"之间按照大小的两两相配，还是对相配之后的五个数组加以方位、五行的属性，均早已在汉代扬雄、虞翻、郑玄等人的解释中提出。而五十五点图，事实上就是在这些汉人解释上的图象化产物。[①] 而且，无论刘牧还是朱子，宋人对于这些源自汉人的解释基本上照搬，并没有做任何大幅度的修改。所以，从学理上说，从汉代象数易学到宋代图书易学的演变过程中，对"天地之数"这一概念的解释方法，除了加以更加形象的图象化处理之外，几乎没有发生任何改变。

然而，在清人看来，这种历经数百年而未变的方法在学理上也是站不住脚的。黄宗羲就认为，朱子之所以对调了刘牧《易数钩隐图》中所记载的《河图》《洛书》，而一定要以五十五点图为《河图》，无非就是想借"天地之数"的概念，以《系辞》的角度来构建自己的天地生成论，增加五十五点图能够作为《河图》的合理性而已。但是，虽然朱子为了突出五十五点图作为《河图》的地位用心良苦，但他的这种解释在清人看来无论如何是不合于《周易》。因为一来此说颠倒了易经、易传的时间顺序，从学术基础上犯了逻辑性错误；二来，此说以一、三、五、七、九合于天，二、四、六、八、十合于地，确实是源自《系辞》中对"天地之数"的记载不假。但以一六、二七、三八、四九、五十五组数组的形式描述"五位相得"，就只能作为一种假说理解，而不能作为"五位相得"的唯一正确解释。而将天地之数各自拆分为生成之数，并以方位、五行等等附加于其上，则完全无法在《系辞》的记载中获得任何证据，所以只能断定这些解释完全属于汉人的附会，与《周易》没有任何关系。而宋人虽然将之画为了图象，但从学理上来说也只不过是跟风而已，与汉人的解释一并属于易学中应该扫除的对象。[②]

二、"大衍之数"与卜筮

与"天地之数"同出《系辞》的另一个关于"数"的重要概念便是"大衍之数"："大衍之数五十，其用四十有九。"大衍，顾名思义，其主要内容自然是与卜筮有关。而在易学系统中，"数"这个概念在大多数情况下都并不能简单的作为数字来理解，刘大钧先生就指出："所谓'数'，主要指筮数。"[③] 而之所以"数"在易学中更多的具有占筮的含义，也是因为基于大衍筮法的影响所导致的，而这种筮法于今可见的最早记载，就是在《系辞》对"大衍之数"的解释中。

然而，对于《系辞》中"大衍之数五十"的说法，却一直以来都存在着一些争议。首先，五十并不是一个像四十五或者五十五那样是一个从自然数一至九或者一至十累加而成的和，

[①] （清）黄宗羲：《易学象数论》，第16—19页；（清）胡渭：《易图明辨》，中华书局，2008年版，第2—4页；（清）毛奇龄：《毛奇龄易著四种》，中华书局，2010年版，第78—79页。
[②] （清）黄宗羲：《易学象数论》，第16—19页；（清）毛奇龄：《毛奇龄易著四种》，第78—79页。
[③] 刘大钧：《周易概论》，齐鲁书社，1986年，第93页。

从而导致五十不能被分解为连续的自然数。这也是为什么宋人重新构画《河图》和《洛书》时，采用的是基于天地之数的五十五以及基于九宫之数的四十五，而并没有采用基于大衍之数的五十。因为大衍之数并不能被分解为最小的若干连续自然数之和。

正因如此，便有学者对"大衍之数"究竟是不是五十而提出了质疑。如金景芳先生就认为："'大衍之数五十'有脱文，当作'大衍之数五十有五'，脱'有五'二字。大衍之数，即下文'成变化而行鬼神'之'天地之数'。"① 金先生认为，"大衍之数"与"天地之数"应该是统一的，而非两分。而这种说法也并非今人空穴来风的杜撰，事实上，汉代大儒郑玄也认为"大衍之数"就是五十五，而不是五十：

> "天一生水于北，地二生火于南，天三生木于东，地四生金于西，天五生土于中。阳无耦，阴无配，未得相成。地六成水于北，与天一并；天七成火于南，与地二并；地八成木于东，与天三并；天九成金于西，与地四并；地十成土于中，与天五并。大衍之数五十有五，五行各气并气，并而减五，惟有五十。以五十之数不可以为七、八、九、六，卜筮之占以用之，更减其一，故四十有九也。"②

我们由此可以看到，郑玄此说，其实也是将"大衍之数"先做"天地之数"五十五的理解，在此基础上经过两轮减法，最终以四十九为用。因此，清人毛奇龄就指出，宋人所画出的五十五点图，其实也并不是构建在"天地之数"的基础上，而是构建在郑玄对"大衍"的解释上。因为《系辞》中虽然讲到"天地之数"，但并没有给出一套完整的以"天地之数"推理出宇宙生成的系统，而郑玄则确实是以五十五为基数，构建出了这样一套以从一至十的十个数和五方、五行相结合的推衍系统。而宋人也正是基于郑玄所构建出的这样一套系统的基础上，发展出了以五十五点图为代表的宋代图书易学系统。③

虽然说，这样一套系统最终为毛奇龄、胡渭等清初易学家们所否定，但这一系统之构建所基于的基本问题却值得我们进一步讨论。尽管我们并没有证据来对"大衍之数五十"做出怀疑，但是，"大衍之数"与"天地之数"的关系，则确实一直以来都是一个有争议的问题。

宋代图书易学之构建，主要的理论依据是"天地之数"五十五，但实际上，"天地之数"这个概念其实是在《系辞》中阐述"大衍"时所提出的。也就是说，在《系辞》中，首先论及的是"大衍之数"，而非"天地之数"。那么，我们是否就此可以认定在《系辞》中所讨论的宇宙生成论中，"大衍之数"有着比"天地之数"更重要的地位呢？问题当然也并没有那么简答，因为虽然《系辞》首先提到"大衍之数"，但也并没有否定"天地之数"在宇宙生成中的作用："凡天地之数五十有五，此所以成变化而行鬼神也。"

---

① 金景芳：《学易四种》，吉林文史出版社，1987年版，第56页。
② （清）惠栋：《新本郑氏周易》，清文渊阁《四库全书》本，卷下。
③ （清）毛奇龄：《毛奇龄易著四种》，第78—79页。

所以说，如果想要理清《系辞》中"大衍之数"和"天地之数"间的先后关系或者主次关系，我们还是要回到《系辞》本身的系统中，来考察一下《系辞》究竟是怎样通过"数"来推衍宇宙生成的。

首先，以《周易本义》前之《河图》为代表的基于五十五数的宇宙生成系统已经被清初图书易学家们考察清楚，从源流上说，这一系统是一种汉代象数易学中的发明，而为宋人加以了图象化改造的系统。而在《系辞》自身的系统中，确实没有提供一种基于天地之数五十五的生成系统。所以说，这种理论系统确实是不完全合乎于《系辞》的。那么，《系辞》自身基于"数"的生成系统是怎样的呢？那便是基于"大衍之数"的卜筮系统：

"大衍之数五十，其用四十有九。分而为二以象两，挂一以象三，揲之以四，以象四时，归奇于扐以象闰。五岁再闰，故再扐而后挂。"

在这种筮法中，先取五十根蓍草，以示大衍之数五十。然后取出一根不用，将剩下的四十九根蓍草分为左、右两大刻，继而将右大刻中的一根蓍草挂于左手小指和无名指之间，然后将左、右两大刻的蓍草先后以四整除，取两者之余数，与先前挂起的一根相和，若得五根，则为奇，若得九根，则为偶。如此连续操作三遍，根据三变之余数总和可得一爻，若三奇则合为十三，得老阳；三偶则合为二十五，得老阴；两奇一偶合为十七，得少阴；两偶一奇合为二十一，得少阳。此即三变成爻，而十八变之后，便可得一卦。

我们可以注意到，虽然说在《系辞》中"大衍之数"是五十。但在这一卜筮系统的实际操作中，筮法的核心则在"其用四十有九"。也就是说，《系辞》中的筮法，完全是建立在大衍之用四十九之数的基础上的。而在这一点上，无论是汉人、宋人还是清人，都很难提出实质性的质疑。汉人虽然在卜筮上发明了纳甲等新的体系，但并不能以之否定《系辞》中所讲的春秋筮法。朱子更是专门在《周易本义》中作了《筮仪》一文，以彰明其重要性。胡渭也指出："夫子言数皆主蓍。"[①] 这里所讲的蓍，就是《系辞》中的这种以五十数为体，四十九数为用的春秋筮法。

而我们之所以说这一以"大衍之数"为中心的筮法是《系辞》所提出的宇宙生成论，也绝不仅仅只是针对宋代图说所提出的针锋相对的回应，而是《系辞》本身便认为这一筮法可以涵盖天下万物：

"乾之策二百一十有六，坤之策百四十有四，凡三百有六十，当期之日。二篇之策，万有一千五百二十，当万物之数也。是故四营而成易。十有八变而成卦，八卦而小成。引而伸之。触类而长之，天下之能事毕矣。显道，神德行。是故可与酬酢，可与祐神矣。"

---

① （清）胡渭：《易图明辨》，第3页。

由此可见,《系辞》想要通过这一系统的构建,以二篇之策涵盖万物之数,以生卦之过程,通过对"数"的推演变化囊括天下之能事。

而在这一基础上,"天地之数"与"大衍之数"在《系辞》中的地位,也可以得到一个相对明确的排列了。正如胡渭对《系辞》中几个关于"数"的概念所作的划分:"章中言数者三:一曰'天地之数',二曰'大衍之数',三曰'万物之数'。盖'天地之数'为'大衍'之法所自出,而'万物之数'乃二篇之策适相当耳,于画卦全无交涉。"①"天地之数"这一概念,在《系辞》中并不是筮法的核心,筮法的建立,全在"大衍之数"上。由此可见,对《系辞》的理解,尤其是对《系辞》中"数"的理解,确实要以大衍筮法为核心,建立在五十或者四十九的基础上,而并非宋代图书易学所采用的五十五上。

三、由"占"而返"理"

然而,并不是将对"数"的诠释落实到卜筮上就是一个完美的解释,虽然正如胡渭所说,卜筮当然是易学中不可或缺的部分:"谓易为卜筮之书,无甚碍。"②但是,无论是汉人的象数易,还是宋人的图书易,其局限性都太过明显。要么过于拘泥于术数,要么迷信于神鬼而忽略了《周易》最终要落实于人道之中。正如顾炎武所说:"心非鬼神吉凶之所得移耳。"③失却了作为主体的"人",非但天、地、人三才无法兼顾,《周易》无所不包之义更完全无法体现:"卦画有形,而义理无形,有形可见者,有无形而不可见者,然其意实在'立人之道曰仁与义'也。"④况且,《周易》中所讲的卜筮,绝不仅仅是预测未来的含义,胡渭认为:"《易》以前民用也,非以为人前知也。求其知,非圣人之道也。"⑤也就是说,卜筮在《周易》中虽然不可缺少,但最重要的并不是卜筮之结果,而是其背后所蕴含的道理。《周易》最早为卜筮之术不错,但到了孔子作"十翼"之后,孔子以"处忧患""无大过"来解释《周易》,将易经之理从卜筮中升华了出来,将文王、周公以阴阳推衍之于人事的人道,以中正之理淋漓尽致的展现了出来,使得《周易》真正与另外五经同理,真正成为了一部儒家的经典之作。

所以,在胡渭看来,易学在汉、宋两代两次走入歧途,拘泥于术数而不务观象玩辞。但好在有王弼、程颐二家出,扫除象数、批评图书,回归义理之正途。王弼的易学虽然有老、庄的思想背景,但胡渭认为,王弼尚知以观象玩辞为务,对《周易》的理解,"其所主在义理,不为百家众技所惑也。"⑥由此可见,胡渭完全以义理作为对《周易》研习的第一要务。胡渭认为,有宋一代,唯有小程子的《周易程氏传》得到了易学之精髓,没有被各种修炼、预测、图书的方法给迷惑。在他看来,宋代图书易学中的大多数内容,完全不是宋人的新创造,而是对汉代象数易学、内丹学等学说的再包装。之所以要对他们提出批评,就是因为这些源

---

① (清)胡渭:《易图明辨》,第3—4页。
② (清)胡渭:《易图明辨》,第259页。
③ (清)顾炎武:《日知录》,清乾隆刻本,卷一。
④ (清)胡渭:《易图明辨》,第259页。
⑤ (清)胡渭:《易图明辨》,第258页。
⑥ (清)胡渭:《易图明辨》,第247页。

出汉代象数易学的解释方法和内容，全非易学正宗。事实上，早在王弼时便力倡扫除象数之时，便力主将这些乱七八糟的内容一并清除出易学之外，这是出自道家的王弼都能正确意识到的易学正途。象和数，当然是易学中的纲领，但更重要的是明白其中之理，而不是其术，只有从象、数中返归到王弼、程颐提出的专以义理明《易》的途径上，才是明《易》之正道。

要之，易经之"数"，首先不是纯粹数学意义上的数理推衍。在《周易》中，其最终之意义，还是要首先返归到卜筮上，通过卜筮的方法作用到人事上，实现三才之贯通。所以，卜筮之核心意义，并不在于预测，而是要阐发《周易》象、辞、变、占背后之义理。与之相反的是，宋人创建图书易学，喜言"河洛""先天"，这其中有两重含义，一方面是探求作《易》之源，另一方面则沉迷于对祸福吉凶的预测。均不以阐发义理为重，这也是引起胡渭不满的主要原因。

恰当理解卜筮在易学中之地位，由"占"而返归于"理"这一观点在清初也并不只是胡渭个人的主张。事实上，除了近乎偏执的批判理学的毛奇龄之外，黄氏兄弟也认为，对《周易》的研习最终也要回归到对"理"的体悟上，王弼、程颐的易学才是后学应当效仿的模板。

黄宗羲之弟黄宗炎同样认为，对"数"或者"占"的理解，不能仅仅停留在卜筮的意义上："占不止于蓍龟。凡《易》之卦、爻、彖、象，圣人挈以示人，人身之动静语默，当时与之契合，无地非占，无事非占也。"① 也就是说，"占"其实可以拥有远远超过占卜本身的含义，可以把对"占"的理解落实到每时每刻的每件事情上。如此一来，"占"就把天道与人道结合了起来，使之真正作用于了人事之中，却也不会因此否定人道中人自身的行为。汉人之所以过度的拘泥于象数，是有其历史原因在的："《易》以卜筮独不罹秦火，其民间自相授受，亦止言卜筮而不敢及乎理义，故《汉书》易学大抵多论灾祥祸福，以象数为重。"② 因为秦人将《周易》完全视作占卜之术而不予烧毁的缘故，对《周易》理解的惯性延续到了汉代，但既然王弼已经将这种术数之学扫除殆尽，那么后儒没有理由再回到这条已经被摒弃的旧路上来了。

黄宗羲也认为，汉、宋易学大多偏离了易经之大道，而流于穿凿附会。诚然，《周易》本身无所不包，但正因如此，如果不明确《周易》之核心所在，那么九流百家之学是都可以窜入到易学中的，那么对易学之破坏是巨大的。在他看来，无论是汉代的焦延寿、京房等人的象数易学还是魏伯阳创作的《参同契》，都是这样一种杂学的附会和窜入。而宋代陈抟、邵雍、刘牧等开创的图书易学，也无非如此。朱子对这些穿凿附会之说的推崇，把《周易》之源起定位在了图书上，还将之列在了《周易本义》之前，不但不合于《周易》经传，而且使得后人对《周易》的学习完全被遮蔽，流于象数之中，不见泰山。③

黄氏兄弟同样把义理视作对《周易》研习的重中之重。因此，与胡渭一样，在对汉代象数易学和宋代图书易学予以痛斥的同时，他们都对王弼和程颐的易学大家赞赏。基于对图书

---

① （清）黄宗炎：《周易寻门余论》，载（清）黄宗羲：《易学象数论》，第380页。
② （清）黄宗炎：《图学辩惑》，载（清）黄宗羲：《易学象数论》，第404—405页。
③ （清）黄宗羲：《易学象数论》，第11—12页。

易学过分的拘泥于术数推衍的不满,而在宋代易学中以专研义理的伊川易学为宗,这一事实本身并不难理解。而黄宗羲、黄宗炎、胡渭三人居然都对一直以来被视作道家易学的王弼易学推崇有加,则着实是一个与学术史上一般看法大相径庭的事实。

然而实际上,他们三人并没有否认王弼的易学有道家思想的元素,胡渭就表示:"今观弼所注《易》,各依象爻以立解。间有涉于老、庄者,亦千百之一、二。未尝以文王、周公、孔子之辞为不足贵,而糟粕视之也。独为先天学者,欲尽废周、孔之言,而专从羲皇心地上寻求,是其罪更浮于王、何矣。"① 虽然王弼之易学中有老、庄思想的影响,但他对《周易》的解释,则完全是基于卦爻、易传来进行的。比起宋代图书易学抛弃卦爻、舍经传而求作易之源的做法,显然更得易经要旨。况且,在易学被汉代拘泥于术数的学说笼罩的时代,王弼能扫除象数,功劳实大:"辅嗣生当汉后,见象占之牵强拘泥,有乖于圣教,始一切扫除,畅以义理,天下之耳目焕然一新,圣道为之复睹。"②

四、小结

在清初图书易学家们看来,对于《周易》之理解,不可忽略象、数,不可不懂占筮。但与此同时要明白,占筮之根本目的,并不在于预测。而是通过这种形式,实现天道与人道的沟通,是联结天、地、人三才的途径。对卜筮的理解,不能停留在术数层面,而是要体悟其中所展现的《周易》的运行法则。在学习《周易》的过程中,象、辞、变、占四者并重,不能偏废。但归根结底,是要通过对象、辞、变、占的学习和体会,领悟《周易》中所含之"理"。这尤其体现在他们对汉代象数易学和宋代图书易学的批判上,他们认为,这两种形态的易学,舍弃了易学根本之理,而去追求末流之术,走上了歧途,只有按照王弼和程颐的道路,回归到义理优位的易学上来,才是研习《周易》之正途。

---

① (清)胡渭:《易图明辨》,第263页。
② (清)黄宗羲:《易学象数论》,第405页。

毛奇龄"笙诗"本有辞说考辨

商丘师范学院　薛立芳

摘　要：毛奇龄精于礼学与乐理，对朱熹"笙诗原本无辞"之说进行驳斥，他据《仪礼》本文的记载批驳朱熹立论之无据，其后许多主张"笙诗"有辞说的学者都曾沿着这个方向对朱熹之说进行过批判；又从诗乐应用的具体情况分析了"笙诗"有辞说之有据，力证"笙诗"本有辞，对于后世学者多有启发。另一方面，分析毛奇龄"笙诗"本有辞说的不足，也有利于我们进一步深入探讨"笙诗"及先秦时期诗乐运用等相关问题。

关键词：笙诗　仪礼　有辞

《诗经·小雅》中《南陔》《白华》《华黍》《由庚》《崇丘》《由仪》六诗只有篇名，而无辞，又加之在《仪礼·乡饮酒礼》中有用笙吹奏这几首诗的记录，因而习惯称这六首诗为"笙诗"。学者们对"笙诗"的争论主要集中在"笙诗"是原本有辞而后来亡佚了，还是原本就没有辞。历来对于"笙诗"的论述主要有两种观点。一种观点认为六"笙诗"有辞，但亡佚了，以《毛传》《郑笺》为代表。《毛传》谓"有其义而亡其辞"。《郑笺》谓"遭战国及秦之世而亡之，其义则与众篇之义合编故存"。意即序存而诗逸。另一种观点认为，六"笙诗"原本无辞。郑樵提出"古有堂下、堂上之乐。歌主人声，堂上乐也。笙镛以间，堂下乐也。谓之笙镛，乃间歌之声，皆有义而无其辞。"朱熹继郑樵之后，更以"笙诗"只用乐、用笙、用奏而认定"笙诗"本无辞[①]。这两种观点互相对立，此外还有一些观点并不局限于以上二说。何楷《诗经世本古义》认为六"笙诗"为异名之诗[②]。清代姚际恒又提出六"笙诗"本为乐章

[①]（宋）朱熹：《诗集传》卷九载："乡饮酒礼歌《鹿鸣》《四牡》《皇皇者华》，然后笙入堂下，磬南北面立，乐《南陔》《白华》《华黍》。燕礼亦鼓瑟而歌《鹿鸣》《四牡》《皇皇者华》。然后笙入立于县中，奏《南陔》《白华》《华黍》。《南陔》以下，今无以考其名篇之义。然曰笙、曰乐、曰奏，而不言歌，则有声而无辞明矣。"又云："《仪礼》'乡饮酒'及'燕礼'，前乐既毕，皆间歌《鱼丽》，笙《由庚》，歌《南有嘉鱼》，笙《崇丘》，歌《南山有台》，笙《由仪》。间，代也，言一歌一吹也。盖一时之诗，而皆为燕享宾客上下通用之乐。"朱熹关于"笙诗"有声无辞的征引和解释，是宋人中最具有代表性的一家。

[②]（清）何楷：《诗经世本古义·论二雅》载："六笙诗非真亡也，本俱在《小雅》诸诗之中，以其用为乐章，特于篇中摘一字二字，以异其名，而读者不觉耳。"《四库全书》本。

之用，不在《诗三百》之内，虽有辞但不可歌。① 目前学界对"笙诗"有辞无辞的问题仍无定论。洪湛侯在《诗经学史》中根据姚际恒的观点认为"笙诗"无辞说比较有据。② 冯浩菲在《历代诗经论说述评》中则肯定《毛传》"笙诗"本有辞，而后亡佚之说。③ 夏传才在《诗经研究史概要》中则避开"笙诗"有辞无辞的争论，只谓二说都承认"笙诗"是用笙吹奏的乐曲，说明《诗经》各篇的诗是与音乐密切结合的。④

毛奇龄对"笙诗"的研究则是主要针对朱熹"笙诗原本无辞"之说进行驳斥。他精于礼学与乐理，在对笙诗问题的论述上便充分体现了这一点。毛奇龄运用礼学与乐理两方面的渊博学识，对"笙诗"问题做了详尽考论，提出许多真知灼见，成为"笙诗"有辞说的有力证据。

一、据《礼》论"笙诗"原本无辞说之无据

毛奇龄在批驳"笙诗"无辞说时指出，"所谓无词者，乃宋人郑樵之言，而朱氏误遵之者也。"因此毛奇龄的论述也着重于对郑、朱二说的批判。从前文的介绍，我们可以看出朱熹持"笙诗"无辞说的立论依据主要是《仪礼·乡饮酒礼》及《燕礼》中的相关记载，为了方便讨论，我们不妨将《仪礼》中的相关记载引录如下：

> 工入，升自西阶。北面坐。相者东面坐，遂授瑟，乃降。工歌《鹿鸣》《四牡》《皇皇者华》。……
>
> 笙入堂下，磬南，北面立，乐《南陔》《白华》《华黍》。……
>
> 乃间：歌《鱼丽》，笙《由庚》；歌《南有嘉鱼》，笙《崇丘》；歌《南山有台》，笙《由仪》。
>
> 乃合乐：《周南·关雎》《葛覃》《卷耳》，《召南·鹊巢》《采蘩》《采蘋》。工告于乐正曰："正歌备。"乐正告于宾，乃降。
>
> 《燕礼》：
>
> 工歌《鹿鸣》《四牡》《皇皇者华》……
>
> 卒，笙入，立于县中。奏《南陔》《白华》《华黍》。……
>
> 乃间：歌《鱼丽》，笙《由庚》；歌《南有嘉鱼》，笙《崇丘》；歌《南山有台》，笙《由仪》。遂歌乡乐：《周南·关雎》《葛覃》《卷耳》，《召南·鹊巢》《采蘩》《采蘋》。大师告于乐正曰："正歌备。"

朱熹依据礼事中的升歌、笙乐、间歌间笙三节所言"歌"与"笙""乐""奏"的不同，断定堂上"歌"者有其辞，而堂下"笙""乐""奏"者无其辞。对此，毛奇龄则据《周礼》指出：

---

① （清）姚际恒：《诗经通论》卷十二，第258页。
② 洪湛侯：《诗经学史》，中华书局，2003年版，第48页。
③ 冯浩菲：《历代诗经论说述评》，中华书局，2003年版，第143页。
④ 夏传才：《诗经研究史概要》，第15页。

> 《周礼》:"歌黄钟、奏大吕",歌与奏皆有乐也。奏《九夏》、乐出入,奏与乐皆有诗也。从未闻曰"有诗者为歌,无诗者为乐为奏",而朱氏敢言之。此非《仪礼》之文,朱氏之文也。……据《周礼·钟师》有:凡射,王奏《驺虞》,诸侯奏《狸首》,卿大夫奏《采蘋》,士奏《采蘩》,皆以歌为奏,而《仪礼·乡射礼》亦云:乐正东面命大师曰:奏《驺虞》。与《周礼》同。然则《仪礼》本文歌亦称奏,而乃读其一不读其二,遂欲解经,得毋《驺虞》亦无词耶?①

毛奇龄根据《周礼》记载的具体例子,"歌"与"奏"皆有乐,"奏"与"乐"亦皆有诗,反驳了朱熹所谓"有诗者为歌,无诗者为乐为奏"的立论依据。又据《周礼》与《仪礼》中都有"奏《驺虞》"的记载,《驺虞》有词是毫无疑问的,所以既然有词之诗亦可言奏,那么朱熹仅因六诗不言"歌"而判定六诗本无词,则显得证据不足。

毛奇龄从《仪礼》本文的记载批驳朱熹立论之依据,很有说服力。其后许多主张"笙诗"有词说的学者都曾沿着这个方向对朱熹之说进行过批判。② 他们都从《仪礼》本文反驳朱熹笙诗无词说的立论依据,与毛奇龄所论实为一脉相承。现代学者冯浩菲在对这个问题进行论述时,同样是通过对《仪礼》本文记载的分析否定朱氏之说。他论述说:

> 《仪礼》礼事用乐,正歌四节,堂上之乐有辞,堂下之乐也有辞。因为堂下之乐三类,其中合乐笙诗《鹊巢》三诗出《召南》,均有其辞,那么可证单笙之诗《南陔》三诗和间笙之诗《由庚》三诗无由无辞。……礼事中言"歌"之诗有其辞,不言"歌",而言"乐""笙""奏"之诗也有辞。如合乐笙诗《鹊巢》三诗奏以笙磬,只用其曲,不用其辞,均有辞,可证单笙之诗和间笙之诗也有其辞。故乡射礼合乐之后曰"乃奏《驺虞》"者,也是只奏其曲,不用其辞。证明言"奏"而不言"歌"者不一定必无其辞。因此朱氏所谓《南陔》六诗曰笙、曰乐、曰奏,不言歌,有声无辞的说法也是错误的。③

我们可以看出,无论从论证方法上还是从立论依据上,冯浩菲对"笙诗"无辞说的批驳都与毛奇龄的论述有着密不可分的继承关系,由此亦可见毛奇龄对"笙诗"无辞说的批判是很有见地的。

---

① (清)毛奇龄:《白鹭洲主客说诗》,第 11 页。
② (清)贺贻孙《诗触·南陔六诗论二》:"《乡饮酒礼》所谓笙歌者,不独《南陔》六诗,又有《鹊巢》《采蘩》《采蘋》三诗矣。使笙诗果无其辞,岂其于笙入间歌之时则吹无辞之诗,而于合乐之时独吹《鹊巢》《采蘩》《采蘋》有辞之诗耶?"魏源《诗古微·夫子正乐论下》:"且《仪礼》太师告乐正曰'正歌备',则是升歌三终、笙入三终、间歌三终、合乐三终,为乐凡四节,为诗十有八篇,皆谓之正歌,而可谓有声无词乎?"参见冯浩菲:《历代诗经论说述评》,第 140 页。
③ (清)冯浩菲:《历代诗经论说述评》,第 146 页。

二、据乐言"笙诗"有辞之依据

在批驳了"笙诗"无辞说的无据之后，毛奇龄又从诗乐应用的具体情况分析了"笙诗"有辞说的依据。

首先，毛奇龄指出："盖乐分上下，堂上之乐只奏琴瑟，故言歌而琴瑟在其中，礼所谓升歌是也。堂下之乐则笙钟一类，管鼓一类，然皆以合乐。故言管笙而诗在其中。"他认为管笙之类属堂下之乐，而堂下之乐皆以合乐，因此言管笙而诗在其中。并且论证说：

> 《虞书》所谓"下管鼗鼓，笙镛以间"是也。是以《周礼注》"笙与钟，应钟编钟也，籥与鼓，应鼓土鼓也。籥师歌《豳诗》，则吹籥而土击鼓以应之。燕乐歌二南，则吹笙而扣编钟以应之。"未闻笙师之职主徒器者。①

毛奇龄通过这三则记载论证笙钟之类的堂下之乐，都是合乐时演奏以应歌诗，而并非独奏的乐曲。

其次，毛奇龄认为，所谓的"笙诗"只是以笙这种乐器为主器，吹诗以合乐。因此所有以笙这种乐器吹奏之诗，均可称之为"笙诗"。《南陔》六诗被称为"笙诗"只是恰好由于《仪礼》中的记载而已。而除了"笙诗"之外，以籥、箫、管等乐器为主吹诗又可称为籥诗、箫诗或管诗，而笙、籥、箫、管四种乐器都属管乐，互相可通，所吹之诗亦可通。因此"笙诗"只是指的一种演奏方式，所奏之诗都是《诗三百》的篇目，并无所谓无词之诗。

> 且歊有七门，埙、籥、箫、篪、笙、笛、管是也。埙、篪但辅声而不主声，笛则隶于箫、籥矣。其以器主声而见于经者，惟籥、箫、笙、管四器，各主声诗，然亦各相通。如见舞《韶箾》，《箫韶》九成，则以箫主韶，谓之箫诗。下管象武，则以管主象与武，谓之管诗。见舞《象箾》《南籥》者，则以箫主象，以籥主二南，谓之箫诗、籥诗。以雅以南以籥，则雅与二南皆主以籥，皆谓之籥诗。燕乐歌二南，以钟笙应之，则又以笙主二南，谓之笙诗。然则管象、象箾，箫与管通，籥笙二南，笙又与籥通。籥箫笙管，其必有应和而必有诗，彰彰如是，今日无诗，则亦不学问之至，而欲以之定篇次，改先后，真梦之梦者也。②

毛奇龄这一论述从对诗乐的具体运用情况研究出发，论证了"笙诗"只是以笙吹诗，表示一种演奏方式，而并不指诗本身为"笙诗"。"笙诗"之诗泛指《诗三百》篇中之诗，并不特指《仪礼》所述《南陔》六篇诗，因而"笙诗"之诗也是有辞的。朱熹以《仪礼》记载《南陔》六诗皆用"笙"吹之，便以此六诗为"笙诗"，并谓其有声无辞，其实是对"笙诗"

---

① （清）毛奇龄：《白鹭洲主客说诗》，第12页。
② （清）毛奇龄：《白鹭洲主客说诗》，第12页。

含义的误解。据《周礼·笙师》："掌教吹竽、笙、埙、籥、箫、篪、笛、管，舂、牍、应、雅，以教祴乐。凡祭祀、飨射，共其钟、笙之乐。燕乐，亦如之。"笙师掌管所有管类乐器的教学，在祭祀、飨射、燕乐等场合与钟师、镈师等合乐，共其钟、笙之乐，笙是对管乐的总称。显然不能因《仪礼》的记载而将"笙诗"仅仅局限于对《南陔》《白华》《华黍》《由庚》《崇丘》《由仪》的演奏。

然而毛奇龄论述过程中也存有一点缺憾。他列举笙、籥、箫、管四种乐器奏诗的例子时，提到"舞《象箾》《南籥》者，则以箫主象，以籥主二南，谓之箫诗、籥诗。""以雅以南以籥，则雅与二南皆主以籥，皆谓之籥诗"，这其中"《象箾》《南籥》""以雅以南"之解本来便歧义颇多，没有定论。① 毛奇龄未加分析直接引用这些例子来证明自己的观点显的不够严谨。但从毛奇龄整个论述来看，他将南、雅解释为二南与雅诗又十分合理，是完全可以说的通的。

三、毛奇龄"笙诗"本有辞说评析

通过毛奇龄的论证，朱熹所提出的"笙诗"无辞说已经失去了立论的依据。毛奇龄从诗乐为用的角度解释"笙诗"本谓用笙吹诗，很有新意，并且有大量的证据支持。笙诗原本有辞之说已经基本可以确定了。但是由于毛奇龄的个人原因，他的这些新颖之论却没有得到学界的重视。冯浩菲虽注意到他的论述，但却未能进行全面研究，只注意到了他论述的第一部分，即从《礼》的角度对朱熹"笙诗"无辞说的批驳，而忽视了他从乐的角度对"笙诗"有辞说的阐述。而洪湛侯在《诗经学史》中根据姚际恒的观点论证笙诗本无辞，其实是误解了姚际恒的原意。姚际恒论述六笙诗为乐章，他说：

> 《仪礼》之乐章甚多，不止此六篇。《燕礼记》《大射》皆云"奏《肆夏》"；《礼记》《左传》亦同。《乡饮酒》《燕礼》《大射》皆云"奏《陔》"，此即《南陔》。《大射》又云"奏《貍首》及"及"公入，骜"。《燕礼记》又云"下管《新宫》"。此等皆乐章名，皆有辞也。笙诗六篇，同是一类。②

根据这段记载，可见姚际恒实际上是认为六笙诗也是有辞的。这一点是与毛奇龄相同的，所不同的是他认为六笙诗并不在《三百篇》之内，虽然有辞，但只作为乐章使用，与《三百篇》之诗可歌者不同。他论述说：

> 六笙诗本不在三百篇中，系作《序》者所妄入；既无其诗，第存其篇名于诗

---

① 《象箾》《南籥》见《左传·襄二十九年》："见舞《象箾》《南籥》者，曰美哉！犹有憾。"杨伯峻注：《周颂·维清》序云："奏象舞也。"箾同箫。舞《象箾》盖奏箫而舞象舞。《诗·邶风·简兮》云："左手执籥，右手秉翟。"则籥与翟（野鸡毛）皆舞时所用具。籥音乐，形似笛之乐器，《孟子·梁惠王下》"管籥之音"可证。舞《南籥》，奏南乐以配籥舞。《象箾》《南籥》皆颂文王之舞，故杜注云："美哉，美其容也。文王恨不及已致太平。"
② （清）姚际恒：《诗经通论》卷十二《附论〈仪礼〉六笙诗》，第258页。

中。……古之作乐者取《三百篇》以为歌；用其施于匏、竹诸器者，则准诸律、吕，别制为诗，犹汉以下一代皆有乐章也。此六诗者，乐中用以吹笙者。《仪礼》本文，以《鹿鸣》诸诗曰"歌"，以《南陔》诸诗曰"乐"，以《鱼丽》诸诗曰"歌"，以《由庚》诸诗曰"笙"，皆可验。①

从这段话可以看出，姚际恒以六笙诗为乐章的依据其实仍是《仪礼》之文的记载，并且他论证的方法亦与朱熹论笙诗无辞之说相同。以曰"歌"、曰"乐"而区分诗与乐章的分别。而这一点毛奇龄早已辩过，已不能成立。因而姚际恒所论笙诗为乐章的依据便只剩下了"六笙诗本不在三百篇中，系作《序》者所妄入。既无其诗，第存其篇名于诗中。"一条。姚际恒认为，孔子说"诗三百"，只是指《诗》三百〇五篇，六篇"笙诗"不在其中。又列举《史记》言"……取可施于礼义者三百五篇"，龚遂谓昌邑王曰"大王诵诗三百五篇"，王式曰"臣以三百五篇谏"，以及汉之谶纬诸书，亦无不言三百五篇者，皆历历可证，由此断言汉世从无三百十一篇之说。姚氏还根据"笙诗"之序，逐篇加以驳斥，指出作序者"仿佛杜撰"的破绽所在；他强烈指责"笙诗"之序的作者，因为"既不见'笙诗'之辞，第据其名妄解其义，以示序存而诗亡"，迷惑后世读者。②姚际恒的这些分析颇有道理，但这些论述只能说明六笙诗可能本不在三百篇之中，并不能证明"笙诗"本无辞。

毛奇龄对"笙诗"的论述从礼乐两方面论述了"笙诗"在合乐中的普遍意义，没有局于《南陔》六篇的范围，对于我们理解"笙诗"问题颇具启发意义。分析毛奇龄"笙诗"说存在的问题，也有利于我们进一步深入探讨相关问题。如毛奇龄认为"笙诗"泛指用笙合乐吹奏之诗，并不局限于朱熹所谓《南陔》六篇。这一认识建立在"笙诗"本在《诗三百》之中的前提之下，但他对这一前提并无充分的论证。《南陔》六篇究竟原为《诗三百》中之诗而亡佚，还是先秦之逸诗又或是先秦乐章等，都是需要进一步研究的问题。

---

① （清）姚际恒：《诗经通论》，卷十二《附论〈仪礼〉六笙诗》，第258页。
② （清）姚际恒：《诗经通论》，卷十二《附论〈仪礼〉六笙诗》，第258页。

缺失的诗歌选本：毛奇龄《越郡诗选》小议[①]

华南农业大学 满忠训

摘 要：《越郡诗选》是一部毛奇龄、黄运泰早年的诗歌选本著作，学者论及甚为不足。《越郡诗选》是研究毛奇龄早年诗学主张和诗学活动重要的文本。本文主要从以下几个方面来探讨毛奇龄与《越郡诗选》的关系：《越郡诗选》的版本问题、毛奇龄早年的诗学主张与《越郡诗选》的关系、《越郡诗选》与毛奇龄的女性诗学观、《越郡诗选》与毛奇龄的诗学活动。本文力图通过《越郡诗选》揭示毛奇龄早年的诗学主张和诗学活动，力图还原一个作为文学家毛奇龄的真实面貌，以作引玉之望。

关键词：毛奇龄 《越郡诗选》 早年诗学

毛奇龄是明末清初的经学家、文学家，其经历以康熙十八年（1679）应试博学鸿儒为限，分为两个时期。前一个时期以文学成就为主，后一个时期以经学成就为主。以往的研究偏向于经学成就，四库馆臣认为其在学术"而自明以来，申明汉儒之学，使儒者不敢以空言说经，实奇龄开其先路"。

而其文学成就往往被忽略，尤其其早年的诗学研究往往语焉不详。而其早年的体现毛奇龄诗学主张和诗学活动的诗歌选本《越郡诗选》更是湮没不闻。《西河文集》《（雍正）浙江通志》《两浙輶轩录》《柳亭诗话》《全浙诗话》《奁史》都曾征引过《越郡诗选》，但作为研究对象进入学者视野，却是为之甚少。有鉴于此，笔者就此书做些基本的分析探讨，以作引玉之望。

一、《越郡诗选》的有关版本

《越郡诗选》是一部毛奇龄和黄运泰早期辑录的绍兴诗人作品诗歌选本，有论者以为其已亡佚[②]。检《中国古籍总目》，天一阁博物馆藏有善本《越郡诗选》四卷（简称"天一阁藏

[①] 本文系广州市哲学社科规划2022年课题阶段性成果（课题名称：毛奇龄文学研究，课题编号：2022GZGJ264）。

[②] 张小仲：《毛奇龄与清初女性诗人》，《文学教育》2013年第1期。

本"),此书在天一阁博物馆尚能查找到(目前只能查阅到电子扫描本,原书纸本因条件所限,未能看到)。据《天一阁博物馆藏古籍善本书目》著录为"清初刻本,九行十九字双行同白口四周单边,线装,四册"①。

笔者在上海图书馆查阅到善本《越郡诗选》八卷本②(简称"上图本",下文除特殊说明外,引证均以"上图本"为准。)两相对校,天一阁藏本大体是上图本前面四卷的部分,当然在个别地方也存在差异,如天一阁藏本前按顺序分别是叶襄、陆圻、祁鸿孙撰写的序,而本前按顺序分别有徐继恩、祁鸿孙、叶襄、陆圻撰写的序,相较而言上图本多了一篇徐继恩的序,且序言的排列顺序不一致。又比如上图本之卷一末没有"右一卷风雅体四言古诗共十一首,田霖三上氏,傅以成四如氏,萧山黄绳祖孝威氏同较,周家模风远氏,李日焜次辉,越郡诗选卷之一终"等字样,还有一个重要的区别是天一阁藏本在前面有"同定姓氏"之附录,从"陆圻丽京氏"到"方中德田伯氏",有七十人参与了校定,姓名字号一一罗列。而上图本也罗列一些姓名字号,从"黄宗炎晦木氏"到"祁班孙奕喜氏",共十六人参与了校定。从这些区别来看,两者应该属于不同的版本系统,当然我们还要谨慎地注意一下以下情况:两者都经过后人重新进行了装订或扫描,上图本有明显后人重新装订的痕迹,其封皮明显是后人加上的,上面有书名"越郡诗选",还有关于提示诗歌体裁的字:风雅体、四言古诗、古乐府、五言古诗、七言古诗等。天一阁藏本则经过电子扫描,书页的顺序也难以保证是按原书进行排列的。上图本应是天一阁藏本的不同刻本系统,内容上增加了四卷,个别地方存在细微的差别,当然不能就此认为天一阁藏本是残本,不是善本,因为没有直接相关的证据。毛奇龄《故明兵部车驾司郎中黄君墓表》载王自超家人讽黄运泰,劝改其评语,运泰不从,"愈易购多纸,染其板不绝"③。可见其刊刻应该不止一次,就天一阁藏本和上图本来说,应属于不

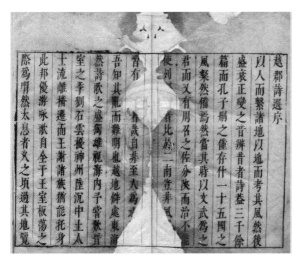

图1 叶襄《越郡诗选序》,《越郡诗选》,天一阁藏本

图2《越郡诗选》卷一,天一阁藏本

---

① 天一阁博物馆:《天一阁博物馆藏古籍善本书目(全二册)》,国家图书馆出版社,2016年版,第458页。
②《(雍正)浙江通志》。
③(清)毛奇龄:《故明兵部车驾司郎中黄君墓表》,《毛西河先生全集·墓表三》,清嘉庆萧山陆凝瑞堂刊本。

同的刻本系统。此处情况较为复杂,待进一步研究。

从体例上,《越郡诗选》是按诗歌体裁进行分类归卷的:卷一共选录诗十一首,其中风雅体诗十首,四言诗一首。卷二选录古乐府诗八十首。卷三选录五言古诗一百一十六首,六言古时四首。卷四选录七言古诗六十五首。卷五选录五言律诗一百八十九首,排律一十六首。卷六选录七言律诗二百四首。卷七五言绝句三十一首,六言绝句二首,共三十三首。卷八七言绝句八十二首。

图3 《越郡诗选》封皮,上图本

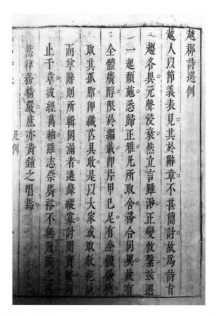

图4 《越郡诗选例》,《越郡诗选》,上图本

二、《越郡诗选》与毛奇龄早年的诗学主张

毛奇龄早期的诗学主张的变化,很难厘清。这是因为毛奇龄的作品很多都无法系年,并且毛奇龄对于早期的诗学主张大多语焉不详。毛奇龄云:"予少好宋元人诗,既而随俗观钟伯敬选诗,又既而悉弃去,效嘉、隆间王、李、吴、谢、边、徐诸诗"。① 毛奇龄诗学挚乳于云间陈子龙,"陈公大樽为推官,尝拔之冠童子,遂补诸生"②。毛奇龄的这些诗学倾向在陈子龙司礼绍兴之后发生了变化。毛奇龄云:"予幼时颇喜为异人之诗,既而华亭陈先生司李吾郡,则尝以二雅正变之说为之论辨,以为正可为而变不可为。而及其既也,则翕然而群归于正者,且三十年。今其变又伊始矣。"③ 所谓"异人之诗"当指前宋元之诗、竟陵之诗、后七子之诗,所谓"二雅正变之说为之论辨,以为正可为而变不可为",《毛诗序》有云:"至于王道衰,礼仪废,政教失,国异政,家殊俗,而变风、变雅作矣。"当国家兴盛之时,诗歌呈现出一种温柔敦厚、中正和平的风貌;当国家衰败之时,闵时伤怀、志微噍杀之音成为诗

---

① (清)毛奇龄:《张澹民诗序》,《毛西河先生全集·序二十二》。
② (清)全祖望:《萧山毛检讨别传》,全祖望撰,朱铸禹汇校集注:《全祖望集汇校集注》,上海古籍出版社,2018年版,第987页。
③ (清)毛奇龄:《苍崖诗序》,《毛西河先生全集·序十一》。

人创作的主要特征，所谓"变风、变雅作矣"。按照儒家诗学理论，明末正处于内忧外患之际，此时变风变雅当作，而陈子龙这时却力求以正风、正雅挽救走向倾颓的明王朝，这一点在其《宋尚木诗稿序》显示的非常清晰，故陈子龙提倡变风、变雅归于正风、正雅。检《陈忠裕公自著年谱》，陈子龙是在崇祯十三年（1640）到任绍兴的①，这一年毛奇龄十八岁。而下文提到经过三十年，诗风产生了新的变化，而《宋诗钞》的刊刻是在康熙十年（1671），时间点正好吻合。因而我们借以得知毛奇龄的少年学诗的变化时间点。陈子龙司礼绍兴之后，毛奇龄对待诗歌基本问题的态度，我们可以从《越郡诗选》里可以看出一些动机端倪。《越郡诗选》成书时间当为甲申鼎革之际，《越郡诗选例》云："时丁丧乱，心念存殁，十年内外，遗编颇多。"②透露其产生的时代。可以这样说，《越郡诗选》的编辑动机是在陈子龙司李绍兴之后，毛奇龄等人受到了陈子龙影响下得到激发下产生的诗歌选本。毛奇龄等人一再强调要诗歌审美理想归于"正"，这正是与陈子龙强调的二雅正变之辨，"群归于正者"相呼应。我们在黄运泰、毛奇龄共同撰写的《越郡诗选例》看到这样的话："越人以节义表见，其于辞章，不甚简讨，故为诗旨趋各异。元声浸衰，然立言虽渺，正变攸系，兹选一起颓施，悉归正雅"，"禹陵诗派，自文长后，悉辄拿猾，绍起正绪，端赖吾党"，"然正声未振，唱酬寡焉"③。

毛奇龄的"正"在《越郡诗选》里的概括起来体现在以下方面：毛奇龄承继陈子龙格调派的诗学审美主张，大体沿着前后七子的诗歌审美路径。一方面毛奇龄结合地域诗作的特点对唐诗的审美特性和风格的阐释，遵循格调派诗歌审美标尺，对具有代表性的唐诗人不同风格进行总结，确认唐诗尤其是初、盛唐诗的审美特征具有一种理想示范作用。在《越郡诗选》里，毛奇龄反复强调诗歌的"格调"，如评价何之梧五言律诗《题仲叔听松楼》时云："格致最清。"（《越郡诗选》卷五），如评价沈梦锦五言律诗《与友人饮荒园次韵》时云："格致清壮，三四句更苍朗。"（《越郡诗选》卷五）再如评价金廷韶七言律诗《金华》时云："风格高劲，所谓气至而调成者。"（《越郡诗选》卷六）在毛奇龄看来，得格调之正者非初、盛唐诗莫属，虽其承认中晚唐诗"中晚绝句，有胜初唐者"（《越郡诗选》卷八），但更多的是毛奇龄认为初、盛唐诗在格调上的典范意义，如在评价沈华诗诗云：祇臣兄弟时具有开宝间格意。"（《越郡诗选》卷五）在评价朱锜《从军南征》诗云："劲浑之气是神龙后格调。"（《越郡诗选》卷五）对于稍涉中晚唐诗风格的作品，毛奇龄甚至为之辩护，认为"伯调律无方体，要多似嘉州，间有入中晚唐处，俱是旁及。"（《越郡诗选》卷六）认为其诗主体是盛唐格调，所谓"精工伟丽，全乎盛唐"。即使有的诗涉及中晚之调，也是"稍涉中晚，秀色自异"（《越郡诗选》卷六）由此，毛奇龄对于盛唐代表诗人李白、杜甫予以极高的评价，所谓"几似太白，以沉着自异"（《越郡诗选》卷二），所谓"乐府古调似子建，近调似太白"（《越郡诗选》

---

① （明）陈子龙：《陈忠裕公自著年谱》，北京图书馆编：《北京图书馆珍本年谱丛刊》，第63册，北京图书馆出版社，1998年版，第559—563页。
② （清）黄运泰、毛奇龄：《越郡诗选例》。
③ （清）黄运泰、毛奇龄：《越郡诗选例》。

卷二），所谓"一意数折。然无折不出深情，健笔少陵合作"（《越郡诗选》卷五），所谓"俊于少陵，浑于常侍"（《越郡诗选》卷五），所谓"体似少陵，辞似次山，旨似长庆，从唐人别构一体"（《越郡诗选》卷三）。值得注意的是，毛奇龄的早年诗学主张和晚年的诗学主张是有差别的，尤其是在唐诗格调主张的上，主要体现在两个方面：一是对于中晚唐诗的批评上；二是对于嘉隆七子学唐批评上。关于第一点，虽然《越郡诗选》对于中晚唐的风格持批评态度，毛奇龄评价徐中枢《上扬州》诗说："密侯（徐中枢字）诗才思奇，上特以过劖刻，稍堕中、晚，若此作法真无间矣。"（《越郡诗选》卷五），对于中晚唐诗的格调批评也仅限于此。集中体现毛奇龄晚年诗学主张的诗歌选本《唐七律选》，则对中晚唐诗的格调进行了猛烈的批评。毛奇龄在《唐七律选序》中云："尝校唐七律，原有升降。其在神、景，大抵铺练严谧，偶俪精切。而开、宝以后，即故为壮浪跳掷，每摆脱拘管以变之，然而声势虚扩，或所不免。因之上元、大历之际，更为修染之习，改巨为细，改廓为瘠，改豪荡为琐屑。而元和、长庆，则又去彼饰结，易以通俗，却坛坫揖逊，而转为里巷俳谐之态。虽吟写性情，流连光景，三唐并同，而其形樵之不齐，有如是也。"①虽然这里是讨论的是唐七律，却也代表着对于初、盛、中、晚唐诗四个阶段的不同风格的概括性评价。毛奇龄甚至认为宋元诗争趋拿郐之风气源于中晚唐诗，其原因是晚年的毛奇龄在唐宋诗之争中对宋元诗持以激烈的批评态度②，因而认为中晚唐诗对宋元诗格调得影响也难辞其咎③。这一点上我们可以看出毛奇龄晚年对于中晚唐诗的尖锐态度，与早年对于中唐诗格调的评价绝然不同。关于第二点，毛奇龄在《越郡诗选》对于嘉隆七子学唐鲜有评价，仅有的几处，如对于赵广生诗的评价："蕃仙律高秀处媲美于鳞，然于鳞矜工此质宕，故自各到，大抵在王、李之下，钱、刘之上。"（《越郡诗选》卷六），于鳞为李攀龙的字，为后七子的领袖，力主盛唐格调，所谓"高秀""质宕"，应是对于李攀龙诗格调的概括，褒奖成分居多。又如评价钱其恒的诗："小似茂秦"（《越郡诗选》卷六），茂秦是后七子之一谢榛的字，"小似"应指风格、格调得相似性，其褒扬成分也是不言而喻。而晚年的毛奇龄对于嘉隆七子却是另外一种看法，所谓"明嘉隆诸子假为唐诗，而不得三唐用意之法。徒袭其外象，有郛郭而无键钥"④，所谓"若嘉隆七子，则第仿盛唐影响，近所谓'得其郛廓'者，其于唐人刻画沉挚、循题即事之法，全然不晓，而目为唐诗，冤矣"⑤，所谓"曩时嘉隆间论诗太严，过于倾宋元而竟至于亡宋元"⑥。要之，毛奇龄在晚年对于嘉隆七子"假唐诗"进行反思，认为其不得唐诗格调与精神之要领，且品目过严，这与陈子龙的对

---

① （清）毛奇龄：《唐七律选序》，上海图书馆藏清学者堂刻本。
② 毛奇龄在唐宋诗之争中有复杂动机，有鼓吹休明的政治因素，也有意气相争的心理因素，同时有其学术立场的外在表现。
③ 参见毛奇龄：《唐七律选》。
④ （清）毛奇龄：《偶存序》，《毛西河先生全集·序三十一》。
⑤ （清）毛奇龄：《西河诗话》卷七；张寅彭选辑，吴忱、杨煮：《清诗话三编》，上海古籍出版社 2014 年版，第 848 页。《西河诗话》的成书时间，《清诗话三编》之《西河诗话提要》："而以卷八记康熙四十年与朱彝尊同游西湖事为最晚，书当成于此后不久。"（《清诗话三编》，第 765 页）
⑥ （清）毛奇龄：《王舍人选刻宋元诗序》，《毛西河先生全集·序二十二》。

于七子的评价有明显的区别[①]，可以说是毛奇龄晚年对于前后七子的学唐诗弊病的理论反拨，尽管这种反拨在当时的文学批评上毫无新意而言，但却能看出毛奇龄对于唐诗格调主张的衍变。

另一方面由唐诗上溯之魏晋南北朝诗，对于"六朝体"诗歌给予肯定，明显承继陈子龙的诗学观点，认为"建安体""六朝体"也是效法的对象。体现上述观点的例子在《越郡诗选》里比比皆是，毛奇龄在《越郡诗选》中尝试概括魏晋诗的风格特征，如毛奇龄评价王亹《归鸟》："音旨萧寥，在子荆、子谅之间。"（《越郡诗选》卷一）子荆是西晋诗人孙楚的字，子谅则是东晋诗人卢谌的字，两者风格不同，但在气韵生动、沉雄方面却有相似处。毛奇龄对王亹的评价，显然对于孙楚、卢谌的诗歌风格的肯定。在如评价朱氏稚《北门行》："风格本十九首，其高爽之气，前则明远，后亦太白。"（《越郡诗选》卷三）再如评价董匡《白马篇》："沉雄激壮，自是建安本色。"（《越郡诗选》卷三）总而概之，毛奇龄对于魏晋南北朝诗体的格调予以总结，强调"建安本色"，强调"纯乎汉制"（《越郡诗选》卷二）对于一些汉魏间的诗人的评价也代表毛奇龄的审美趣味，比如对于苏李、曹操、王粲、谢灵运、谢朓、梁简文帝的评价。

最后需要注意的是，毛奇龄遵循陈子龙二雅正变之说，崇尚正风与正雅，接三百篇之遗意。如评价来蕃《端居》："村田挚性，写得惋痛，国风遗音。"（《越郡诗选》卷三）如评价祁德茝《赋得纫针脆故丝》："结归正雅，是古法。"（《越郡诗选》卷三）如评祁班孙《折杨柳》："思涵而响远，独得正格。"（《越郡诗选》卷八）以上所举例子是毛奇龄对于地方诗人的大致评价，可以看出毛奇龄所秉持的诗歌审美理念，这是《越郡诗选》最重要的部分，也是需要深入探讨的地方。

三、《越郡诗选》与毛奇龄的女性诗学观

《越郡诗选》还有一个让人注意的地方就是里面收录的女性诗人，这些女性诗人大多与毛奇龄有诗词交往，因而《越郡诗选》对于研究明末清初的女性诗人的创作以及男性诗人视阈下女性诗学有着特别的价值。毛奇龄的批评视角对准地域女性诗人，对于梅市家庭女性诗人予以特别的关注与表彰。《越郡诗选例》云："梅市一门，甲于海内，忠敏公擅太傅之声，夫人孕京陵之德。闺中顾妇，博学高才；庭下谢家，寻章摘句。楚缥、赵璧援妇诫以著书，卞容、湘君乐诸兄之同砚。固将轶大家之汉史，驾伏女而传经。"又，毛奇龄在《越郡诗选》卷二祁德茝《怨诗》下评曰："梅市闺秀为吾郡冠，忠敏公以大节自见，阃门内外，悉隔绝人事，以吟咏寄志。侍妾家婢无不能诗，真省事也。商夫人诗逼盛唐，与子妇楚缥、赵璧，女卞容、湘君辈讲究格律，居然名家。奕喜云：'近方共究选古，然已能仿佛惠连，道韫非其比。'伯调曾有诗云：'箕子国中许小妹，锦官城内王夫人。'风流旷代，不相接笔阵，一门惊

[①] 陈子龙对于前后七子有高度评价："北地、信阳力返风雅，历下、琅琊复长坛坫，其功不可掩，其宗尚不可非也。"（陈子龙《李舒章仿佛楼诗稿序》，陈子龙《安雅堂稿》卷三，明末刻本）

有神，以方王许，似犹过之。"（《越郡诗选》卷二）忠敏公为祁彪佳，曾任明王朝南京巡按、苏松总督。在清军入关之后，彪佳沉水自杀殉节。其妻则为商景兰，即是文中商夫人。彪佳与商景兰育有四女两男，子为祁理孙、祁班孙，女为祁德玉（字卞容）、祁德茞（字湘君）、祁德琼（字修嫣）、祁德渊（字荽英），儿媳为张德蕙（字楚缥，理孙之妻）、朱德容（字赵璧，班孙之妻）。梅市祁氏一门才华横溢，博学多才，其诗歌创作切磋不断，诗艺水平较高。商夫人诗逼盛唐，家庭女诗人的创作讲求格律，其才学与汉之班昭、晋之谢道韫等相提并论。高彦颐在《闺塾师：明末清初江南的才女》中将女性诗社分为三类：家居式、社交式和公众。在说到"家居式"时说："'家居式'社团是最不正规的，它出现于饭后母亲或婆婆与其他女性亲属聚在一起谈论文学或她们于花园散步吟作诗歌之时。"① 而祁氏家族女性诗人就是这样的一个"家居式"的团体。

据我们统计，《越郡诗选》收录的女诗人诗歌作品：卷之二附祁德茞古乐府一首。卷之三附朱德蓉，祁德茞五言古诗各一首。卷之四附王端淑七言古诗两首。卷之五附商夫人、朱德蓉五言律诗各两首。张德蕙、祁德茞五言律诗三首、丁启光五言律诗一首。卷之六附商夫人、张德蕙、朱德蓉、祁德茞七言律诗各一首。王端淑七言律诗四首。卷七附祁德茞、无名女子五言绝句各一首，张德蕙、朱氏女五言绝句各两首，王端淑六言绝句一首。卷之八附朱德蓉、祁德茞七言绝句各三首，商夫人、张德蕙七言绝句各两首，祁修嫣、朱氏女七言绝句各一首。除了王端淑、丁启光、朱氏女、无名女子之外，基本上都是祁氏家族女性诗人。这些女性诗人创作诗歌体裁多样，完全和男性诗人相媲美。毛奇龄在评价女性诗人时往往从女性细腻情感和诗歌格调特征两个方面出发，如评价朱德蓉七言律诗《上巳》（其诗为：桃花新水涮春衣，旧日兰亭到亦稀。断岸雨觞晴日暖，远山横笛暮云飞。沙棠舟落江鸥起，玳瑁梁空海燕归，尚有采蘩思未足，不堪月色上罗帏。）毛奇龄云："浩荡有胜情。"（《越郡诗选》卷六）再如评价商夫人五言律诗《哭父》（其诗为：南云烽火暗，乔木世家残。国耻臣心在，亲恩子报男。衣冠留想象，几枝启萑兰。倚徙空庭立，愁看星落繁。）毛奇龄云："祛华务实，自然高贵。"毛奇龄在这里强调感情抒发自然朴实，不落繁华，感染力自然生发。第二个方面就是从诗歌的体制格调方面加以评述，如评价祁德茞《赋得纫针脆故丝》：（其诗为：齐素纨以纯，蜀锦烂而白。殷勤付象床，纷纷乱容色。阿阁发针管，平轩理刀尺。踟蹰亮短长，比较分缕缰。或宜于巾组，或宜于帨绛……愿言勿怀新，故丝杳难得。）毛奇龄评曰："简文句本自刻画，此更逐节刻画出之，体物溜亮，无过此诗。"又曰："结归正雅，是古法。"（《越郡诗选》卷三）陆机《文赋》"诗缘情而绮靡，赋体物而浏亮"，浏亮就是颜色鲜明、清晰之意，就是要求辞赋之体要在描摹事物时要如见其物，鲜明生动。毛奇龄用"体物溜亮"这个词也应指祁德茞《赋得纫针脆故丝》在事物刻画方面做到了鲜明生动，这是写作方法的得体，而最终该诗也具备了一种"正雅"的古法。除此之外毛奇龄在评价女诗人的作品还喜欢用"雅饬""绰有古意""仄调迥秀""婀娜流丽"，或侧重体制、或侧重格调、或侧重源流，不一而足。

---

① 高彦颐：《闺塾师：明末清初江南的才女》，江苏人民出版社，2005年版，第17页。

还有一个女诗人在《越郡诗选》里值得我们注意：王端淑（字玉映，号映然子，又名青芜子，著有《玉映堂集》《吟红集》《留箧集》等）毛奇龄《闺秀王玉映留箧集序》中提到王端淑，"予选越诗时登玉映作，且群起诟厉，在有辞说。"① 毛奇龄所谓"群起诟厉"，尚不知出于何种动机，而"诟厉"毛奇龄的不光这些人，还有王端淑本人。《莲坡诗话》云："毛西河选浙江闺秀诗，独遗山阴王氏。王氏有女名端淑，寄西河诗结句云：'王嫱不是无颜色，怎奈毛君下笔何！'引用二姓恰和。"②。王端淑寄给毛奇龄的诗句暗用毛延寿和王昭君的典故，而姓氏正好相合。《莲坡诗话》所提及毛氏选浙江闺秀诗，是否就是指毛奇龄《越郡诗选》所编选女诗人之事？但可以确认的是，毛奇龄在明末清初对于女性诗人群体予以特殊的关注，并对女性诗学有着自己独到的见解，尽管《越郡诗选例》云："若羽释闺闱，自古铨选，每多附见。"③。毛奇龄还招收一名女弟子徐昭华，深致揄扬，广为流布其诗。毛奇龄招收女弟子的范式影响到了清中叶的袁枚，袁枚招收了大量的女弟子。简而言之，毛奇龄在提高女性诗人的话语权方面做了一定的努力，通过评点女诗人的诗歌作品，并赋予这些作品与男性诗人作品相媲美的极高评价，而这些评价为研究清初的女性诗人群体的创作带来新的视角。

四、《越郡诗选》与毛奇龄早年诗学活动

《越郡诗选》的编选标准是有一定的规则的，其搜集诗人的诗作的渠道是多样的，同时对于了解相关的"公案"具有重要的意义。《越郡诗选》也载有毛奇龄的诗歌作品，可以了解毛奇龄早期的创作，更有地域诗人与毛奇龄交游诗作。而这些都是毛奇龄诗学活动的有机组成部分，对于研究毛奇龄早年的诗学活动具有一定的价值。

我们可以通过《越郡诗选》所提供的文献材料了解一下有关毛奇龄的"公案"。《越郡诗选》选有王自超（字茂远，浙江会稽人，有《柳潭遗集》）的诗有五言律诗三首、七言律诗两首、五言绝句一首、七言绝句一首。毛奇龄在《自为墓志铭》说起这段"公案"：当时选刻越郡人诗时，王自超从贼中归（案：应是指被李自成等农民军劫获，然后逃脱而归，与唐朝王维、郑虔在安史之乱中被安禄山叛军劫获的情形的相似，当然这就产生一个问题：是否有从贼的品节问题。）投以十诗，毛奇龄选其四。毛奇龄云："乃以右丞、司户评其篇，实誉之，不知取得罪（小字注云：庶尝名自超，有《夜走郓城》及《哭周介生赴西市》诗，而评之云云。）于是，得罪王氏家人，聚怨家汹汹，罗织毛奇龄谋逆抗命、觝亵名教等罪状。毛奇龄《故明兵部车驾司郎中黄君墓表》则载王氏家人讽黄运泰改其评语，运泰不从，"愈易购多纸，染其板不绝"。这就是王自超事件的大概情况，假如没有《越郡诗选》，我们就没法了解到全面的情况，我们来看毛奇龄在《越郡诗选》对王自超诗评价，王自超有《知介生赴西市》诗云："一死君犹恨，千秋我亦疑。有才悲李白，无弟赎王维。白日临歧路，黄泉忆故知。从君明告语，地下敢差池。"毛奇龄在下面评云："俱以似少陵。茂远古体，唯五古略近近体，

---

① （清）毛奇龄：《毛西河先生全集·序七》。
② （清）王夫之等：《清诗话》，上海古籍出版社，1963年版，第492页。
③ （清）黄运泰、毛奇龄：《越郡诗选例》。

全入格，惜所遗无几耳。以茂远之才，特不早自振，抱愤郁死。嗟乎！右丞、司户，孰与解者？今读其辞，忧愁怨恨，犹使我忾离，失职之痛也。"（《越郡诗选》卷五）这就是毛奇龄在《自为墓志铭》所说的"以右丞、司户评其篇，实誉之"。其实，王维与郑虔都在安史之乱中被迫接受过叛军的伪职，以右丞、司户评价自超，显然会引起人们的过多联想，因而会招致王氏家人的怨恨，其原因应是奇龄"好甲乙人所为文"，意气用事。奇龄还选了王自超《郓城夜走》一首五言绝句，自超《郓城夜走》本是五律，毛奇龄在《越郡诗选》里截取前四句作为五言绝句，毛氏云："此茂远归奔时作也。本是五律，截去四语，居然佳绝。"（《越郡诗选》卷七）《郓城夜走》全诗为："人马明星内，亲交草露边。计家今夜梦，见我郓城川。寻影遥知仆，闻喧又渡船。驱驱君漫问，群盗又山前。"① 毛奇龄删去后四句，独存前四句，不知是何用意？我们猜想《郓城夜走》的评价也有引起王氏家人怨恨的成分，前面引文中毛奇龄已经承认了这点事实。要之，通过《越郡诗选》所提供的文献，与毛奇龄文集相对照，可以知道其事件的大致面貌，从而对毛奇龄早期的人生经历和文学思想有了更深一层的理解。

在《越郡诗选》里有关毛奇龄诗作也选了一部分，这些诗作有风雅体两首、古乐府五首、五言古诗四首、六言古诗三首、七言古诗六首、五言律诗八首、五言排律三首、七言律诗十一首、五言绝句二首、七言绝句四首。毛奇龄诗作《崇兰》《尧之冈》《似艳歌何尝行》《似艳歌行》《那呵滩》《似猛虎行》《似董逃行》《从南屏入南高峰憩新庵净室》《于湖心至一桥留晚家庄》《憩孤山》《还止西陵宋右之钦序三陆予敬访予勤公讲堂》《塞下曲》《武进恽仲升过话》《送姚江黄晦木之三吴》《早秋夜归湘湖》《秋望》《送叶圣野还归吴门》《海昌沈寅工陆冰修过访等文园高峰》《送贾生之关中》《与祁奕喜赴曲水社集》《送高臣虎还南湖》《寄陆水冰》《初春送人之吴江令询顾茂伦沈留侯诸子》《送徐伯调游扬州》《寿豫章李少宗伯》，这些《越郡诗选》诗作可以梳理一下毛奇龄早年的文学交游活动，甚至能够透露出毛奇龄的早年的思想动态。结合《越郡诗选》所选的包秉德《赠毛大可诸子》、高彦彪《客舍怀毛大可》、姜廷梧《梦毛大可》与《毛大可入郡留宿芳树斋赋赠》、张彬《寄毛大可》、王雅礼《赠毛大可四十六韵》、沈禹锡《毛大可以新诗见示是愈我病喜而酬之作》、沈胤范《赠毛大可》，大致可以了解毛奇龄早年的文学活动。在毛奇龄和黄运泰的评语中也可以找到一些毛奇龄与地区文人交游的文献材料。

综上，《越郡诗选》作为一部地方诗歌选集，其在理论价值、女性诗学、文献价值等方面有着重要的意义，以往研究者往往认为其已亡佚，但实际上文本还保存得相对完整。这对于我们深入地研究文学家的毛奇龄有较为重要的意义。以往学人对于毛奇龄的研究往往偏重经学等学术上的研究，但毛奇龄首先是一个文学家，然后才是一个经学家，只有对其文学上成就进行深入的开掘，才能还原出一个完整而鲜明的毛奇龄。

---

① 王自超：《柳潭遗集》卷四，中国国家图书馆藏清刻本。

论毛奇龄对《左传》《国语》筮例的阐解

福建师范大学　黄黎星

摘　要：清初学者毛奇龄，著《春秋占筮书》，立足于以象数的角度、方法，对《左传》《国语》的筮例进行过独特的阐解，其说虽瑕瑜并存，却不失为该领域研究的一项重要成果，在学术史上具有积极的正面的意义。

关键词：毛奇龄　《春秋占筮书》　阐解

《左传》《国语》，旧称"春秋内外传"。《汉书·艺文志》承司马迁等人之说，称此二书均为左丘明所撰著。《左传》《国语》二书，保存了极为丰富、弥足珍贵的春秋时期（包括战国初期）政治、经济、军事、思想、文化等多方面的史料，其中，对《易》学研究极具价值的是关于《易》筮的记载。《左传》所记载的《易》筮实例有十三则（另有以类似占筮形式作预言评说者三则），《国语》所记载的《易》筮实例也有三则。这些占筮，涉及国运兴衰、君位继承、战争胜负、个人仕途、子孙命运、婚姻嫁娶等相当广泛的内容，对于剖析古代占卜文化现象、考辨《周易》成书过程若干阶段的遗迹、研究春秋时期对《周易》理解运用的特点、探索《易》学史上"象数"与"义理"两大派别的萌生状态等都具有重大的意义。

从西汉至晚清，历代学者曾因不同的目的、从不同的角度对《左传》《国语》的筮例进行过探究，如汉代《易》家多寓创于因地回顾先秦筮法，宋儒则力求辨明筮法而释之以伦理。至清代，以"实事求是"为学术宗旨的众多学者，亦多方努力，欲探筮明例，求是存真。清初的毛奇龄，作为对清代学术崇实去虚有开创之功学者，曾著《春秋占筮书》，对《左传》《国语》的筮例进行过独特的阐解，其说虽瑕瑜并存，却不失为该领域研究的一项重要成果。

一、毛奇龄及其《春秋占筮书》

毛奇龄（1623—1713），清萧山（今属浙江）人，字大可，一字齐于。又名甡，字初晴。学者称西河先生。年四岁，母口授《大学》，即成诵。总角时，推官陈子龙见而奇爱之，遂补诸生。明亡，哭于学官三日，于城南山筑土室，读书其中。为人好讥议，品目严峻，一时士流多忌之。康熙中博学鸿词科，授翰林院检讨，充《明史》修撰官。后以病乞归，不复出。平生淹贯群书，尤通经学，然好为驳辩，他人所已言者，必力反其词。文亦纵横排奡，睥睨一世。晚年性乐《易》，好奖借后进。年九十四卒，著述丰富[①]。易学专著今存《仲氏易》三十卷、《推易始末》四卷、《易小帖》五卷、《易韵》四卷、《河图洛书原舛编》一卷、《太极图说遗议》一卷、《春秋占筮书》三卷。

《仲氏易》三十卷，是毛奇龄《易》学的代表作，其书训解《易》旨，以为《易》兼"五义"：为变易、交易、反易、对易、移易，立说颇有新意。《推易始末》四卷，是毛奇龄在撰《仲氏易》后，又取汉、唐以来《易》家有关卦变之说，别加分析考核而撰此书。《易小帖》乃门人记录毛奇龄平时说《易》之语编成者。《易韵》四卷，是毛奇龄研究《周易》音韵的专著。《河图洛书原舛编》一卷，考辨宋以来所传河图洛书之非，极力排击"异学"；《太极图说遗议》一卷，专就宋以来关于周敦颐《太极图说》之争论，详为考析评议，以为其图、其说源出于道家。毛奇龄集中地对《左传》《国语》筮例进行阐解的，是《春秋占筮书》三卷。

《春秋占筮书》三卷，卷一，为"总论"，释内传（即《左传》，下同）筮例四条，附一条；卷二，释内传筮例五条，附三条；卷三，释内传五条筮例，外传（即《国语》）筮例二条，附八条。全书约一万八千字。毛奇龄对此书的撰著，曾作说明："当说《易》时，亦稍存其说于卷中，而观者以为简约多未备，且杂附难考，因专辑此书，名曰《春秋占筮》，以悻存《周官·筮人》之一线焉。"[②] 他对此颇为自信，曰："及书成而《易》义明，即占《易》之法亦与之俱明。觉向时读诸《传》而茫然者，而今豁然；向之绎其词、敷其事，以为必不能有是而闷然者，而今则实见其有是而然快快然。此非三古以来数千年不传之秘，至今日而始发之乎？！"[③] 他自认为是将先秦筮法作出了精当的解说，揭示了数千年失传之秘。

《四库全书提要》评《春秋占筮书》曰："自汉以来，言占筮者不一家，而取象玩占存于世而可验者，莫先于《春秋传》。奇龄既于所著《仲氏易》《推易始末》诸书发明其义，因复举《春秋内外传》中凡有得于筮占者汇记成书。而汉、晋以下占筮有合于古法者，亦随类附见焉。《易》本卜筮之书，圣人推究天下之理，而即数以立象；后人推究《周易》之象，而即数以明理。羲、文、周、孔之本旨，如是而已。厥后象、数、理歧为三家，而数又歧为数派，孟喜、焦赣、京房以下，其法不可殚举，而《易》由是乎愈杂。《春秋占筮书》所记，虽未必无所附会，而要其占法则固古人之遗轨。譬之史书所载，是非褒贬，或未尽可凭，至其一代之制度，则固无伪撰者也。奇龄因春秋诸占以推三代之筮法，可谓能探其本，而足辟诸家之喙者矣。"[④] 结合四库馆臣此论，笔者认为，毛奇龄《春秋占筮书》对《左传》《国语》筮例的阐解，确实有以下的三个点值得注意：

第一，在中国古代众多典籍中，记载占筮活动的内容颇多，但所受关注的程度均不如

---

① （清）赵尔巽：《清史稿·儒林传》，中华书局，1977年版。
② （清）毛奇龄：《春秋占筮书》，《西河合集》本。
③ （清）毛奇龄：《春秋占筮书》，《西河合集》本。
④ （清）永瑢等：《春秋占筮书提要》，《四库全书总目提要》，中华书局，1965年版，第37页。

《左传》《国语》的相关记载。究其原因，大约有三方面：一是《左传》《国语》所记筮例是现存的最古老的占筮实例，弥足珍贵；二是这些筮例与史实相关，又极为"神奇灵异"；三是此《左传》《国语》为"春秋内外传"，《左传》且列为儒家经典，更具权威性与影响力，非一般著作可比。因此，据之以探究先秦筮法，可以追溯到本源。

第二，毛奇龄的阐释，抓住了象数乃《易》之根本的特点，在具体的分析过程中，注重从象数研究入手，力求探明筮例占解的途径方法，使后世学者不敢以空言说经，对相关研究确有崇实去虚的积极意义。

第三，毛奇龄的探究与"解秘"，对认识、把握先秦筮法颇有助益，其中的某些推论的确是可取的；然而，其立说"未必无所附会"，"不免牵合附会，以词求胜之失"[①]。

二、毛氏解筮的原则

在《春秋占筮书》卷一的《总论》中，毛奇龄说：

> 《周易》，筮书也，《周官·占人》以八颂占，卜词即以八卦占，筮词因之。别设筮人掌"三易"以辨九筮，使占人占《易》，皆有成法，而惜乎其书不传，惟《春秋》诸传，间存两词。其在卜词，如《陈敬仲奔齐传》所云"凤凰于飞，和鸣锵锵"是也；而在筮词，则如《陈敬仲初生传》所云"观国之光，光远而自他有曜"是也。今爞契不作，垂氏之卜词可无问矣，独是筮关《周易》，其词、象、变、占，实出羲、文、孔子三圣所授受，故每著筮词，辄屈折幼眇，随其事之端末，而言之明明、指之凿凿。[②]

这就是说，《周易》著筮，与龟卜一样，其占筮之词"皆有成法"，能够根据所占问的具体事项来明确指示，可惜其书（其方法）失传了，但在《左传》中还留有某些记载。

毛奇龄又说：

> 予作《仲氏易》，就五易以衍三易，曰变易、曰交易、曰反易、曰对易、曰移易；且作《推易始末》，立十筮以括九筮，曰名、曰义、曰象、曰方位、曰次第顺递、曰大小体、曰互体、曰时、曰气、曰数目、曰乘承敌应。及书成而《易》义明，即占《易》之法亦与之俱明。[③]

这就是说，在解释《左传》《国语》筮例时，对于象数的判断、解说、推理、应该以"变易、交易、反易、对易、移易"这"五义"为原则；同时需要考察"名、义、象、方位、次

[①] （清）永瑢等：《春秋占筮书提要》，《四库全书总目提要》，中华书局，1965年版，第37页。
[②] （清）毛奇龄：《春秋占筮书》，《西河合集》本。
[③] （清）毛奇龄：《春秋占筮书》，《西河合集》本。

第顺递、大小体、互体、时、气、数目、乘承敌应"的不同情况。

所谓"易之五义"，《四库全书提要》曾说明道："(《仲氏易》)大旨谓《易》兼五义。一曰变易，一曰交易，是为伏羲之《易》，犹前人之所知。一曰反易，谓相其顺逆，审其向背而反见之，如《屯》转为《蒙》，《咸》转为《恒》之类。一曰对易，谓比其阴阳，挈其刚柔而对视之，如上经《需》《讼》与下经《晋》《明夷》对，上经《同人》《大有》①与下经《夬》《姤》对之类。一曰移易，谓审其分聚，计其往来，而推移上下之，如《泰》为阴阳类聚之卦，移三爻为上爻，三阳往而上阴来则为《损》；《否》为阴阳②类聚之卦，移四爻为初爻，四阳来而初阴往则为《益》之类。是为文王、周公之《易》，实汉、晋以来所未知。故以《序卦》为用反易，以分篇为用对易，以演《易》系辞为用移易，其言甚辨。"③

至于"十筮"之"名、义、象、方位、次第顺递、大小体、互体、时、气、数目、乘承敌应"，分别指卦名、卦义、卦象、先天、后天方位、卦爻阴阳变化的顺序、六爻之卦与三爻之卦、互卦、时机、气息、卦爻所寓含或所呈现之数目、六爻之间的乘、承、敌、应。

以上的"占《易》筮词有成法"与"五易、十筮"，一就筮例之占辞而论，一就筮例之象数而论，就是毛奇龄阐解《左传》《国语》筮例的两个原则。

笔者在论述近代《易》学大师尚秉和先生阐释《左传》《周语》筮例的文章中曾经论说过：

> 在两千多年的《易》学史上，阐解《周易》的众多学者及其著作，都离不开立解《易》之例则，立例，实际上就是确定阐解的方法。从根本上说，立例都可视为阐释者观念的产物，都是阐解者的主观之于《周易》经典的认识。当然，立解《易》之例，必然离不开对阐释对象——《周易》经典的理解和把握的，只不过是在理解和把握上存在着或正或误、或全或偏、或精或粗的不同罢了。由于《周易》本身特殊性——特殊的象数符号、古奥的卦爻辞所运用的象征手法及其带来的模糊性，就决定了对《周易》的阐释一方面固然有更大、更灵活的空间，另一方面，因歧路多亡羊而容易出现阐释的偏颇。对《左传》《国语》筮例的阐释亦可作如是观。④

以此来审视毛氏解筮的这两个原则，我们可以说，其中既有与《左传》《国语》筮例相切合的方面（如对"卦名""卦义""卦象""六爻之卦与三爻之卦""互卦"等因素的推理判断）又难免有出于主观推测的方面（主要表现为以"孤例"论证"成法"）。

下面，我们将具体分析毛奇龄《春秋占筮书》对《左传》《国语》筮例所作的阐解。

---

① 案：先师黄寿祺先生云，此当作《剥》《复》，西河原书有误，《提要》仍而未改。
② 案：先师黄寿祺先生云，此当依原书作阳阴。
③（清）永瑢等：《春秋占筮书提要》，《四库全书总目提要》，中华书局，1965年版，第37页。
④ 黄黎星：《以象解筮的探索——论尚秉和先生对〈左传〉〈国语〉筮例的阐解》，《周易研究》，2002年第5期。

三、毛氏解筮的具体分析

毛奇龄在《春秋占筮书》中，分析解说了《左传》筮例十四则，《国语》筮例二则，附带分析了其他古籍记载的筮例十二则。兹举其中有代表性的三则筮例，分析如下：

卷一首释《左传·庄二十二年》"周史筮陈敬仲"例。此筮例，《左传》对"遇卦""之卦"及周史之观象推断等记载甚详，毛氏所作的解说也较多。毛氏曰："此是兼卦。凡筮，有专卦、兼卦，总合卦中所有名、位、体、象，往来顺逆诸法而备推之。无专卦占总象、兼卦占变爻、所遇所之但占遇而不占之之说，与宋人《易学启蒙》占法大别。"所谓"兼卦"，指有"遇卦"和"之卦"的变化，"专卦"指筮卦无变爻。毛氏认为，无论何种情况，都应该综合考察卦中的名义、方位、二体和互体、具体卦象等因素，这是符合周史占筮的情况的。

至于以"往来顺逆诸法"来推论，也还说得通。后面的"与宋人《易学启蒙》占法大别"，则是毛氏喜攻驳宋人《易》说的表现。毛氏认为，从"是谓'观国之光，利用宾于王'，此其代陈有国乎"至"物莫能两大，陈衰，此其昌乎"，都是"史之筮词"，首引《观》卦六四爻辞，是"先明述象词"，"随下数断语，然后次第发明之"。毛氏说："大抵作筮词，或散或韵，总任探筮者临占撰造之语，非旧有成文如是也。"结合《春秋占筮书·总论》中所说的来看，他认为筮词有"成法"而无"成文"。接着，毛氏重点从卦的名、义、象、方位、数目来作出分析：巽、坤组合名为《观》，因呈"兼画之艮"（即大艮），艮为"门阙"，"阙门"，又名"观门"；互卦（所谓"同功"）均有艮，所以观上、观下，各有所观；"卦有方位，方者，离南坎北之类；位者，六爻之位，如一二三为阳阴阳，为离位，四五六为阴阳阴，为坎位，此定位也"，"惟纯阴纯阳则见之"，因坤为纯阴，内卦有离，所以称"光"；坤又为国，所以称"国光"；完虽公子，或当嗣君，但《观》变为《否》，《观》外之风"变而为《否》外之天"，光虽远而国已殊，所以不在陈而在他国，且不在其身而在其子孙。将《观》《否》两卦结合起来考察，《观》卦以大艮合互艮，《否》卦又以互艮合大艮，是一大山而诸小山之象，这就是所谓"大岳"。大岳者，姜姓，此必姜姓之国也。《观》卦既变为《否》卦，约有四山：《观》是一大山，《否》又是一大山，而合两为一，又呈现否、艮、泰、震之山。物有兴衰，不能两全其美，所以必定是陈敬仲的祖国陈国衰败后，他的子孙才能得国而昌盛。最后，毛氏还特别强调说："敬仲至田常约有七世。又三世灭齐，已十世矣。十者阴数之尽，《系词》'地数十'，《观》《否》皆内坤，故与数合。"

卷二释《左传·僖十五年》"晋献公筮嫁伯姬于秦"例。此筮，遇《归妹》之《睽》，史苏的占解，涉及秦晋结怨、秦晋交战，以及晋惠公被俘、太子圉质于秦，公子重耳杀晋怀公等一系列历史事件。毛氏阐解的内容主要有："士刲羊"等句，是《归妹》上六爻辞，震为筐，兑为羊，离为刃，坎为血，诸象皆有所本；《归妹》卦以上震长男与下兑少女难为匹配，故以震兄兑妹作长兄嫁妹之象，是不利嫁娶的；兑，西方之卦，秦在西，恰是西邻；兑为口舌，动多责让，而互坎之耳，半掩于震，故不可偿；《归妹》之《睽》，含有婚嫁后睽隔之义；睽孤，则无助。《归妹》之震，变而生离，谓震之离，则当未变时，震之下刚生于互离，亦离之震也。以木而生雷火，则木为火母震。母，家也。震变为离，而离反以火，转焚其木，故为嬴败姬。震为车，车上变而下乾脱；震木上动则为旗，变为火刚而旗上焚矣；虽离为戈兵、为甲胄，有行师之象，而辙乱旗靡，故不利行师。主震倒艮山而为丘，是主丘，即宗邑也，乃变客之离刚而败于其地，故败于宗丘。"归妹睽孤，寇张之弧"，是引《睽》上九爻辞。末四句，指晋太子子圉于鲁僖公十六年质于秦，秦妻之，鲁僖公二十二年，子圉逃回晋国，次年，晋惠公卒，子圉继位为晋怀公。鲁僖公二十四年，秦穆纳公子重耳，怀公奔高梁，重而杀之。毛氏阐解说道：《归妹》以震兄嫁兑妹，则火本为震所出，故以嫁女言之，则离火者震木之女也；而以《归妹》言之，则离火者又震兄之子也。母女为姑，而兄子即为侄，则同此一离而姑侄并居，有似乎从之者然。最后，毛氏又"以环占言之"曰："震之离，亦离之震"，卦盛极必反，自震一之离，而两卦上下合成四离（两正两互），火炎极矣，极则离必之震，故自上之初，阅六爻而上又变，则六年矣。六年而离上之刚仍变震，柔变者，通也，通则震为宗国，今复逃归，而所妻之家，所云男以女为家者，亦弃如敝屣，岂非离亦之震乎？！然而六爻相巡，一周而尽，阴生阳死，不俟多日，况上刚既亡，将向之一梁高出岿然横亘者，亦变而为墟，归于是，死亦于是矣。此隐括晋惠、子圉两事而预断之者。

卷三释《国语·晋语四》"晋公子重耳筮得国"例。此筮例，公子重耳亲筮之，得贞《屯》悔《豫》，司空季子做占解称"吉"。毛氏阐解道：《屯》《豫》两卦词，皆有"利建侯"文，故有此推断；司空季子的占解辞，有合断两卦词者，即"《屯》，列车在内；《豫》，列车在外；坤，顺也；泉源者，坎也；《屯》有互坤与正坎，而《豫》有正坤与互坎，土厚而乐其实，则是同一国土而《屯》得其厚、《豫》乐其实，实者，国之所有也"；有从两卦分断之者，即"内卦为主、为雷车，外卦为尚、为水众者，非《屯》乎？乃其词如此，则以震为长男，元者，长也；众以顺而会亨者，嘉之会也。况震雷在内，则每动而上，坎水在上，则每顺而下，岂惟利贞，伯业于是兴矣！""更以观《豫》，则坎本众顺，坤亦众顺，而皆有震，震武威，分处内外，虽坤为太母，震为长子，亦既老强而养于坤而出乎震，迟暮得国，亦复可喜，况既曰'建侯'。又曰'行师'，则内坤外震，其在居以众顺为乐，而一出则威武大行。"[①]

从毛奇龄对以上三个筮例的具体阐解中，可以看出，毛氏的阐说，与其所归结出的解筮原则是相应的，他注重以具体的象数内容、并引用古籍资料为佐证来证明《左传》《国语》筮例的确凿可信（虽然，这种方式造成了与一般解说不同的艰涩难懂的情形），形成了"其言甚辨"，"足辟诸家之喙"的特色，这正是对相关领域研究的积极的正面的贡献。

四、对毛氏解筮的评价

首先，我们应该肯定毛奇龄对《春秋占筮书》中在《左传》《国语》筮例进行阐解的积极的正面的贡献。

《春秋占筮书》卷一《总论》曰："(《春秋》诸传所载诸筮例) 其词具在，而并无解者。

[①] (清) 毛奇龄：《春秋占筮书》，《西河合集》本。

虽杜氏（按：指杜预）有注，孔氏（按：指孔颖达）有疏，义总未明了。即或焦赣、京房、虞氏、荀氏辈偶一论及，亦且彼此卜度，而不得要领。以致王弼邪说横行于世，而宋人和之，且谓《春秋》筮词统属附会，一似事后言状，增损之以欺后世者，不惟占筮亡，即《周易》亦亡。"① 这当然表现出毛氏睥睨一世、好为驳辩的特色，但是，我们平情而论，毛氏以激烈言辞对空言说经进行抨击，自有其纠偏救弊之意。《春秋占筮书》卷一《总论》又指出：

> 夫象词、卦词，犹筮词也。圣人设卦观象以系词，犹之刚柔相推、八卦相荡以玩占也。《易》以象为词，而今反舍象而断词；《易》系辞以明占，而今反舍占而专求此卦词之字句，是词、象、变、占不当并设，而究其所为字句者，又仍无一解。何为"涉川"，何为"即麓（按，应为"即鹿"）"，何为"战龙"而"乘马"，即"离日坎月""乾金震竹""牛羊""甲兵""井绠""床""月姊"，凡《易》之观象而系词者，全然大贸。而乃谓两《传》多事，即《周官》"三易"亦难考据，将韩宣子来聘所称《易》象、《春秋》《周礼》在鲁者三书一并亡矣。②

这段话，是具有学术思想意义的。"《易》以象为词"，"《易》系辞以明占"，确实抓住了《周易》这部经典的特色。这也正是四库馆臣肯定《春秋占筮书》价值的要点之一。近代《易》学大师尚秉和先生，在学思进路上与毛奇龄此论有相同之处，尚先生说《易》解筮，坚持"《易》辞皆由象生"，"说《易》不可离象"的观点，以精研《易》象、寻绎《易》理为治《易》之显著特色，创立了颇具影响力的"周易尚氏学"，成为二十世纪重要的《易》学研究成果之一。若从学术发展史的宏观上看，毛奇龄对后世学者的直接或间接的启示和影响，其意义不可低估。

其次，毛奇龄在阐解《左传》《国语》筮例的过程中，具体地考察了《易》卦象、名义及筮法的某些规律性例则，有相当一部分因具有实证性而能够得到确认。笔者认为，毛氏对八卦之象（包括"逸象"）的考察，除主要依据《说卦传》外，还参用了荀爽、"九家易"、郑玄、虞翻（用虞氏《易》说尤多）等汉魏《易》家之说作为佐证，又引用《尚书·洪范》《白虎通》《左传》杜预注文等古籍资料，大多言之有据，论之有理。毛氏对"遇卦"与"之卦""二体""互卦""先、后天方位"在占筮中运用的认识，也都解说得比较合理。他的这些具体的论述，后来的学者有所继承和发展。

第三，应该指出的是，毛奇龄的解筮，也存在着推论立说不无繁杂乃至牵强之弊。毛氏苦心孤诣地"就五易以衍三易"，"立十筮以括九筮"，以明占《易》之法，却难免存在一法仅解一、二例，普适性不足，甚至有主观随意的使用材料和解说事例的情况。

例如，毛奇龄认为，筮词的撰写，"皆有成法"，但又无成文，"屈折幼㛮，随其事之端

---
① （清）毛奇龄：《春秋占筮书》，《西河合集》本。
② （清）毛奇龄：《春秋占筮书》，《西河合集》本。

末,而言之明明、指之凿凿","大抵作筮词,或散或韵,总任探筮者临占撰造之语",此说虽非全无道理,但也难以遽然确定为筮法成例。

再如,"次第顺递""时""气""数目"等解筮之例,在毛奇龄的解说过程中固然"其言甚辨",但是否因以今范古,反推前事而得"吻合"的结果?在《春秋占筮书》卷三中,毛奇龄引"东汉永建三年,立大将军梁商女为贵人,筮之,亦得《坤》之《比》"的筮例并作妙解,现代学者李镜池先生曾论及此事,不无讥讽地评论道:"若汉太史生在毛奇龄的时代,有史事可凭,他的聪明决不让毛氏;反过来说,若毛氏在东汉为太史,恐怕也止于会说'元吉''正中'的话吧。无论如何,他决想不到'三驱'即'立三帝','失前禽'即'无子';他也决想不到'舍逆取顺'一句《象传》的话,可以合经文一样地有大意义,是'信宦官,杀忠良'的解法。我们只能惊叹《周易》的神秘奥妙,却不愿责备汉太史之无知。因为《周易》实在是太神妙了,'广大悉备',无所不包;它的变化是无穷的,它的取象是无限的,它的占筮又这么灵验,汉太史只有自叹不才,等毛奇龄先生在千百年后来替他解释。"[①] 这也确实是一个值得思考的问题。

毛奇龄对《左传》《国语》筮例的阐解,既有学术史上的积极的正面的意义,也存在着某些缺陷和偏弊,可谓瑜瑕互见,然而,瑕不掩瑜,乃为公评。

---

① 李镜池:《左国中易筮之研究》,《周易探源》,中华书局,1978年版,第410—411页。

毛奇龄与《明史》关系探论

云南省文联 段润秀

摘 要：康熙元年（1662）至康熙十二年（1673），毛奇龄被迫出亡，备尝艰辛。康熙十八年（1679），毛奇龄中博学鸿儒，授翰林院检讨，与修《明史》。毛奇龄在应征博学鸿词科前后态度发生了明显转变，即由消极推辞转向响应修史，在史馆主要分纂弘治、正德朝纪传及《盗贼传》《土司传》《后妃传》诸杂传，先后起草得二百余篇。毛奇龄在史馆积极发表修史观点，归里之后又对某些史传纠谬补遗，以期史馆采纳。对毛奇龄态度的转变、与修《明史》及修史贡献进一步探究，以期为研究《明史》成书提供更广阔的视角，对深入认识清代官修《明史》早期状况有所裨益。

关键词：毛奇龄 态度转变 《明史》 修纂

毛奇龄（1623—1713），字大可，号初晴，又名甡，字齐于，浙江萧山人，清初著名学者，学者称为西河先生。关于毛奇龄享年的研究，学界有两种最具影响力的观点：九十一岁说和九十四岁说，考两种观点对毛奇龄生于天启三年（1623）均无异议，但对其卒年的主张却不同，九十一岁说主卒于康熙五十二年（1713），九十四岁说则主卒于康熙五十五年（1716）。对此，胡春丽博士在《毛奇龄年谱》中以《萧山毛氏宗谱》及大量清代官、私文献资料为证，力主毛奇龄享年九十一岁说，认为"'九十四岁'说，盖以闰月计岁所至。"[①] 论证可靠，故予以采纳。[②] 毛奇龄在经学、史学、文学、音乐方面颇有造诣，其著述大多已收入《西河全集》。[③]（乾隆）《大清一统志》对毛奇龄学术给予很高的评价："奇龄博览载籍，于学无不窥，好议论，工诗古文辞，撰述之富为一时冠。"[④] 阮葵生在《茶余客话》中也指出："国初名士如

---

① 胡春丽：《毛奇龄年谱》卷五，复旦大学出版社，2021年版，第512—513页。
② 段润秀：《官修〈明史〉的幕后功臣》，人民出版社，2011年版。本书第三章《毛奇龄与〈明史〉纂修》主毛奇龄卒于康熙五十二年（1713），现采纳毛奇龄享年九十一岁的观点，故逆推之，可知毛奇龄生于明天启三年（1623年）无误，在此予以订正。
③ 关于毛奇龄著述情况，可参见毛奇龄：《西河全集》，清乾隆三十五年补修重印本；杭州市萧山区地方史志办公室整理：《毛西河先生全集》，中华书局，2016年版。
④（清）和珅等：（乾隆）《大清一统志》卷二百二十八"毛奇龄"，《四库全书》本。

林，己未之征，网罗殆尽，然专论著书之多，则无过毛萧山者矣。"①《四库全书》收录毛奇龄著述30部，存目36种，共66种，从清代学人中个人著述收录《四库全书》数量来看，毛奇龄当之无愧名列第一。②以下将重点分析毛奇龄态度的转变、与修《明史》及修史贡献，以期为研究《明史》成书提供更广阔的视角，有助于我们深入认识清代官修《明史》早期状况与运作模式。

一、毛奇龄态度的转变

康熙十七年（1679）至康熙十八年（1680），毛奇龄在应征博学鸿词科前后态度发生了明显的转变：应征之前消极推辞，中鸿博后响应修史。毛奇龄以廪监生身份考中鸿博，授翰林院检讨，与修《明史》，身份的提升与角色的变化，无疑为其态度转变提供了良好契机。以毛奇龄作为个案来看，康熙朝博学鸿词科的召开与选拔，无疑在一定程度上有效地缓和清初以来满、汉民族矛盾，进一步消弭汉族士子反清思想，增进汉族士子对清朝的认同。对此，孟森先生在《己未词科录外录》中说道："制科之开，汉、满之融合关纽也。"③为进一步探究毛奇龄态度转变的深层原因，以下将结合清初历史背景与毛奇龄个人遭际变幻进行深入分析。

明清易代之后，毛奇龄与清初著名学人钱谦益、吴伟业、汪琬、施闰章等人一样，他们与明遗民之间有着千丝万缕的联系，因而在事关出处选择的重大问题上，他们内心深处仍有一种难以言说的矛盾。考诸人虽出仕时间长短不一，但因深受儒家"不事二姓"忠君思想的浸染，致使他们在出仕之后犹豫不决、瞻前顾后。造成清初士子出仕之后强烈的文化心理矛盾，其个中原因主要有两个方面：一方面，清军入关之后在全国各地的血腥征服与镇压，使满、汉民族矛盾进一步激化，汉族士大夫根深蒂固的"华夷之辨""夷夏大防"观念一时之间难以消弭，文化心理矛盾依然一直困扰着清初士人；另一方面，清初汉族士大夫中有一部分人积极参与抗清斗争，当抗清斗争相继被清廷平定之后，他们中的绝大多数人仍以明遗民身份自处，不承认清朝的"正统"地位，从事著书立说，以存故国之史。因此，清初明遗民书写的南明史著述中，蕴含诋毁清朝之语与反清复明思想，故而这类著作在乾隆中后期大多遭受彻查、禁毁的命运。④清初，毛奇龄与其好友沈禹锡、包秉德、蔡仲光躲避至萧山城南山读书，批判宋明理学空疏无益于世，希望从研读经史中找到历代治乱兴衰的根本原因。毛奇龄在《自为墓志铭》中说："值明亡，哭学宫三日。会稽山贼纷纷起，市里奔逃。予窜身城南山，与同县沈七、包二先生、蔡五十一仲光为四友，阖土室，聚南、北、唐、五代、辽、金、元史暨诸书其中，纵观之。"⑤明清易代之后，江浙一带文人以集社为幌子秘密从事抗清活动，

---

① 阮葵生撰，李保民校点：《茶余客话》卷九"毛奇龄著书之多"，上海古籍出版社，2012年版，第176页。
② 林久贵：《〈四库全书〉收录个人著述最多的人——毛奇龄》，《文史知识》1997年第7期。
③ 孟森：《己未词科录外录》，收入孟森：《明清史论著集刊》（下），中华书局，1959年版，第500页。
④ 段润秀：《试论清代前期官方对南明史著述的处理——以五种南明史著述为例》，收入中国社会科学院历史理论研究所、中国史学理论与史学史研究室编：《理论与史学》（第8辑），中国社会科学出版社，2022年版，第146—165页。
⑤ （清）毛奇龄：《西河集》卷一百一《自为墓志铭》，《四库全书》本。

毛奇龄常活跃于各地社集活动，与文人之间诗文酬唱。对此，谢国桢在《明清之际党社运动考》中将明朝嘉靖时期至清初社集运动分为三个时期："嘉靖到万历初年的社集以文会友，是社集萌芽的时代；崇祯年间社局，由诗文的结合而变为政治的运动；弘光以后，由政治的运动而变为社会革命的运动。"① 关于毛奇龄早期的生活状况与艰难处境，胡春丽博士认为先是抗清逃禅，社集选诗，后又亡命天涯十余年。② 毛奇龄性格耿直，与别人讨论学术，多露才扬己，争强好胜，平日亦不注重士节，因而得罪不少人。康熙元年（1662）冬，毛奇龄因被仇家诬告杀营兵，官府搜捕甚急，遂易名为王彦，被迫辗转江、淮、山东、湖北、河南、江西等地，过着颠沛流离的生活，历尽艰辛与磨难。康熙四年（1665），施闰章在《毛子传》中记载了毛奇龄的处境和与之交往的情况："（毛奇龄）尝登嵩山，越数峰，远望凄怆不能上，曰：'吾力衰矣。伤哉！贫且多难，吾安归乎？'……宣城施闰章还自京师，见之，目为'才子'。自是客淮数月，留连朋好不能去。甡虽处穷困，所至尝乞食；至不当其意，虽招不赴也。"③ 施闰章极力称赞毛奇龄才华，对其所处穷困之境深表同情。康熙十年（1671），毛奇龄有书寄施闰章，施闰章作《得毛大可书》诗云："尚作梁园客，生涯老奈何？行吟遍嵩岳，归梦绕黄河。羁旅文章贱，愁人道路多。倦游应息驾，吾亦返岩阿。"④ 施闰章认为毛奇龄的才华与"梁园客"相媲美，因此十分同情其穷困遭遇，劝其早日结束出亡生活，也表达自己归乡之心愿。康熙十二年（1673）冬，毛奇龄结束出亡生活，终于返归故里。对此，毛奇龄在《与赵明府书》中十分感慨地说道："且甡之寡学有为尔，穷达虽明何缘诵读。四十之年，瓜副而尽。十年幼稚，十年困诎，十年甲兵，十年奔走。孔子曰：年四十而见恶焉，斯之谓矣。故欲仰观俯察，居平命世，出而有为，吾斯能信此夙志焉，而未逮也。"⑤ 毛奇龄感慨四十年时光流逝，对自己未能实现平生夙志而深感遗憾。

关于清初毛奇龄出亡十余年的原因，他在出仕之后因怕触犯清廷忌讳，故而讳言早年抗清事迹，因此故意淡化逃亡时间及时事。他在《自为墓志铭》文中予以解释：曾预义师，辞监军推官；又得罪方国安、马士英二将，几乎被逮而后脱险；章浦黄道周蜡书招张杉，辞张杉南行之邀，不得已逃禅为生；选诗得罪王自超、撰《连厢词》得罪布政使张缙彦，因被仇家告发杀营兵，不得已被迫出亡。毛奇龄在《自为墓志铭》中说：

> 而保定（毛有伦）至萧山，访同族之居萧山者，移檄购大小毛生。出予于土

---

① 谢国桢：《明清之际党社运动考》，上海书店出版社，2006年版，第9页。
② 胡春丽：《毛奇龄年谱》卷二至卷三，复旦大学出版社，2021年版，第35—221页。
③ （清）施闰章撰，何庆善、杨应芹点校：《施愚山集·施愚山文集》卷十七《毛子传》，黄山书社，1992年版，第347页。
④ （清）施闰章撰，何庆善、杨应芹点校：《施愚山集·施愚山诗集》卷二十九《得毛大可书》，黄山书社，1992年版，第86页。按，"梁苑"是西汉梁孝王所建的东苑，当时名士司马相如、枚乘、邹阳等人为其座上客，被称之为"梁苑客"。
⑤ （清）毛奇龄：《西河集》卷十四《与赵明府书》，《四库全书》本。考赵明府为赵棠溪，曾做过浙江萧山县令，毛奇龄在《西河集》卷一百四十七《寄赵明府三首·其一》："种柳山城外，看花江县西。风流贤邑宰，人说赵棠溪。"对赵棠溪推崇备至。

室,启之监国,授予为监军推官,予力辞之……大司马徐公(徐人龙)犒军西陵,国安邀保定共迎之,保定以咨予,予曰:"方、马,国贼也。明公为东南建义旗,何可与二贼共事?请绝之。"国安闻予言,会出战,败于朱桥,以保定坐视,迁怒移兵向保定,构词及予,且有指予讥兵事者,予被获,几陷,脱,之崟山……故唐王亦僭号福州,客有以漳浦黄宗伯道周蜡书招张杉者,张杉持示予,邀子南行,且曰"方马军可勿避耶?"予曰:"生死,命也。且行亦何能为?亡走山寺,寺僧为予屠首,衣缁,匿坑中……会选郡人诗镂版行,会稽王庶常从贼中归,投予以十首,予录其四,乃以右丞司户评其篇实誉之,不知其得罪。……予少好为词,至是无赖,取元人无名氏所制《卖嫁》《放偷》二遗剧,而反其事,作《连厢词》,谓可正风俗,有禆名教。提学购得之,诬谓放偷,纵贼也;卖嫁者,归命本朝,不待聘而自呈其身也;狂生失志,讪上官不敬,上之制府,下宁绍分巡王君籍逮之,制府以为冤,释置不理。①

考毛奇龄门人盛唐在《西河先生传》中的记载,与毛奇龄解释并无二致。可后来被全祖望认为以上解释全都子虚乌有或事后托词。全祖望在《萧山毛检讨别传》中逐一予以反驳:

已而国难,画江而守,保定伯毛有伦方贵西河兄弟,以鼓琴进托末族,保定将官之,而江上事去,遂亡匿。乃妄自谓曾预义师、辞监军之命,又得罪方(方国安)、马(马士英)二将,几至杀身;又将应漳浦黄公(黄道周)召者,皆乌有也。已而江上之人有怨于保定者,其事连及西河。而西河平日亦素不持士节,多仇家,乃相与共发其杀人事与官,当抵死,愈益亡命。良久,其事不解,始为僧渡江而西。乃妄自谓选诗得罪王自超,撰《连厢词》得罪张缙彦以致祸,皆事后强为之词者也。②

关于毛奇龄逃亡浪游的主要原因,全祖望认为与其性格大有关系,平日亦素不持士节,与他人结怨太多,被人告发其杀营兵,应当抵死,官府搜捕甚急,不得已才被迫出亡。考《清史稿》卷四百八十一《毛奇龄传》记载:"顺治三年,明保定伯毛有伦以宁波兵至西陵,奇龄入其军中。是时马士英、方国安与有伦犄角,奇龄曰:'方、马国贼也,明公为东南建义旗,何可与二贼共事?'国安闻之,欲杀之,奇龄遂脱去。后怨家屡陷之,乃变姓名为王士方,亡命浪游。"③现代学者则认为,毛奇龄早期出亡与顺治十六年(1659)"通海案"发有密切的关系。胡春丽博士在《毛奇龄年谱》中作出补充说明:"又按,顺治年间,先生与'通海案'涉案人

---

① (清)毛奇龄:《西河集》卷一百一《自为墓志铭》,《四库全书》本。按,"大小毛生"指毛万龄、毛奇龄兄弟。
② (清)全祖望:《鲒埼亭集外编》卷十二《萧山毛检讨别传》,《四部丛刊》本。
③ (清)赵尔巽等:《清史稿》卷四百八十一《毛奇龄传》,中华书局,1977年版,第13174—13175页。

魏耕、祈班孙、李达等人同为登楼社成员，交往颇密，其于'通海案'发当年离乡流亡，或与其抗清有关。"① 清初，毛奇龄积极参与江浙一带集社活动，与明遗民屈大均、魏耕、祈理孙、祈班孙、李达等人往来甚密。② 如，魏耕在《寄萧山丁克振兼示毛奇龄》诗云："布衣落魄天南郡，潦倒如乘不系槎。倚啸东门怀石勒，遥瞻牛斗忆张华。中原地势归秦陇，五岭兵机在海涯。几欲渡江寻故旧，萧然山下问君家。"③ 魏耕在诗文中感叹其颠沛流离的生活，表达矢志不改的反清复明之志。明清易代之后，魏耕致力于抗清斗争，常到各地秘密联络抗清义士，虽历尽艰辛，仍不改其抗清志向，明遗民屈大均引为知己。顺治十六年（1659），魏耕与钱缵曾通风报信给郑成功和张煌言，献计率部内外联合沿长江而上共同围攻金陵（南京），郑成功听信其言，联合张煌言发动"长江之役"，后以失败告终，此役成为清初江南规模最大的一次抗清斗争。对此，全祖望在《雪窦山人坟版文》中对"通海案"发进行记载：

> 久之，先生（魏耕）又遣死士致书延平，谓海道甚易，南风三日可直抵京口。己亥，延平如其言，几下金陵，已而退军。先生复遮道留张尚书（张煌言），请入焦湖，以图再举，不克。是役也，江南半壁震动。既而闻其谋出于先生，于是逻者益急，缵曾以兼金贿吏，得稍解。癸卯，有孔孟文者，从延平军来，有所求于缵曾不屡，并怨先生，以其蜡书首之。先生方馆于祈氏，逻者猝至，被执至钱塘，与缵曾俱不屈以死，妻子尽殁，班孙亦以是遣戍。④

顺治十六年（1659）"通海案"发之后，钱缵曾买通官吏，诸人暂且得免于难。顺治十八年（1661）夏，孔孟文（元章）得知诸人通风报信的详情，最初只想图谋讹诈，遂把三个人名字故意写错，即将钱缵曾（字允武）误写成钱云五，魏耕（字雪窦）误写成魏西斗，潘廷聪（字龙基）为潘伦吉，浙江巡抚以核查无人上报，可钱缵曾和魏耕等人却不知内情。顺治十八年（1661）十二月，孔孟文因向诸人索贿不成，遂易三人真名，并注明地址，向镇浙将军柯奎告密，不久魏耕、钱缵曾、潘廷聪先后被官府抓获。⑤ 康熙元年（1662）六月初一日，魏耕、钱缵曾、潘廷聪在会城官巷口不屈殉节以死。⑥ 此案发生后不久，祈理孙忧郁而死；魏

---

① 胡春丽：《毛奇龄年谱》卷三，复旦大学出版社，2021年版，第91页。
② 祈理孙、祈班孙为祁彪佳之子，祁彪佳（1603—1645），浙江山阴人，明亡之后，清廷欲招其为官，祁彪佳不为所动，顺治二年（1645）闰六月六日自沉湖中，以死明志。祁彪佳死后，其两个儿子祁班孙、祈理孙俱有恢复之志，倾尽家财，秘密支持抗清活动，祁氏寓园遂为密谋集会之所。顺治十五年"通海案"发后，祈班孙与李甲遭流放，祁理孙忧郁而死，祁氏家族从此衰落。
③（明）魏耕：《雪翁山诗集》卷十《寄萧山丁克振兼示毛奇龄》，浙江古籍出版社，1985年版，第147页。
④（清）全祖望：《鲒埼亭集外编》卷八《雪窦山人坟版文》，《四部丛刊》本。查全祖望文中提到"癸卯"为康熙二年（1663），记载魏耕与钱缵曾等人殉节以死时间有误，笔者查魏霞《明处士雪窦先生传》记载诸人殉节而死时间应为康熙元年壬寅（1662）六月初一，特此订正。
⑤（明）费寅：《雪翁诗集跋》，收入魏耕《雪翁山诗集》卷十七，浙江古籍出版社，1985年版，第207—208页。
⑥（明）魏霞：《明处士雪窦先生传》，收入魏耕《雪翁诗集》卷十七，浙江古籍出版社，1985年版，第196页。

耕之友杨宾之父杨越、祈班孙、李达、杨迁等人遭流放。魏耕遇难之后，屈大均悲痛欲绝，曾作《怀魏子雪窦》云："平生梁雪窦，是我最知音。一自斯人殁，三年不鼓琴。文章藏禹穴，涕泪满山阴。说起今朝事，魂应起壮心。"① 康熙元年（1662）冬，毛奇龄仓促之间开始了长达十余年的出亡生涯，足见与"通海案"有一定的关系。毛奇龄出亡十余年，受尽颠沛流离之苦，但所到各地与士人诗文唱和，使他大大开阔了眼界，在学问上亦大有进展。

当三藩之乱逐步平定之际，康熙十七年（1678）正月，康熙帝正式对吏部下达征召博学鸿儒科的上谕：

> 自古一代之兴，必有博学鸿儒振起文运，阐发经史，润色词章，以备顾问著作之选。朕万几余暇，游心文翰，思得博学之士，用资典学。我朝定鼎以来，崇儒重道，培养人才，四海之广，岂无奇才硕彦、学问渊通、文藻瑰丽可以追踪前哲者？凡有学行兼优，文辞卓越之人，无论已仕未仕，令在京三品以上及科道官员，在外督、抚、布、按，各举所知，朕将亲试录用。其余内外各官，果有真知灼见，在内开送吏部，在外开报督、抚，代为题荐。务令虚公延访，期得真才，以副朕求贤右文之意。尔部即通行传谕。②

康熙帝下旨特开"博学鸿词科"，诏令内外臣工荐举人才，参加考试，以备顾问著作之选。因此，毛奇龄以廪监生身份被浙江巡抚陈秉直、驿传道李之萃、分巡宁绍台道许弘勋、福建布政使吴兴祚荐举。毛奇龄对此次荐举心有余悸，反映出其结束逃亡生活后的畏惧心理，于是先后向县、府、省三级官员写明原由坚辞。他在《奉辞征檄揭子》中说："甡贫困之久，尝得心疾，偶经劳瘁，间日便发。虽曰驽骀下贱，苟足使伯乐一顾，可增价十倍。然病马弃野，筋敝力耗，终无所用。甡草野学究，不知进退。冒昧辞谢，伏望详察。谨此具揭，须至揭者。"③ 毛奇龄以一生无学有病为由，坚决推辞，但未获允。他接着写《再辞征檄揭子》，"既非博学，何有鸿儒？况鲜才藻，且多疾病。伏乞台下鉴微衷，转文申覆，使甡无冒昧赴举之嫌，诸上台无举非其人之罪。甡伏床把笔，荒乱无序。息喘待命，无任狼狈。敢再具揭，须至揭者。"④ 表达坚决推辞朝廷延揽的决心，但仍未被获许。因此，他再写《三辞征檄揭子》坚决推辞：

> 夫学不可以强求，病不可以强去。凡甡之所以兢兢致辞者，一则无学，一则有病。无学之人，咨车所不临；多病之门，吉士所不顾。然且必兢兢如是者，诚恐一不见谅，则他日征书之下，重多违复，必有以言之不早，为今日罪者。……

---

① （清）屈大均：《怀魏子雪窦》，收入魏耕：《雪翁诗集》卷十七，浙江古籍出版社，1985年版，第203页。
② 《清实录·圣祖仁皇帝实录》卷七十一，中华书局，1985年版，第910页。
③ （清）毛奇龄：《西河集》卷十一《奉辞征檄揭子》，《四库全书》本。
④ （清）毛奇龄：《西河集》卷十一《再辞征檄揭子》，《四库全书》本。

要之，病于学，病于身，俱不可举，县文病结具在，惟藉慈察。①

毛奇龄在《制科杂录》中说道："时予走四方，才得还里，而顿膺斯举，且怖且愧。特宁绍台道许公、驿传道李公、巡抚陈公皆滥相推许，于两浙州县所荐，合五十余人，核至五人，而予名预焉。"②毛奇龄在坚决三辞而未获允之后，经过激烈的思想斗争，怀着忐忑不安的心情北上应征，文华殿大学士冯溥专门辟馆招待，大学士李天馥留毛奇龄居其家。康熙十八年（1679）三月初一日，清廷举行博学鸿词科考试，全国各地举荐一百八十余人参加考试。考试后第二天，康熙帝将试卷携至霸州，在船上审阅试卷，当审到毛奇龄卷时，因大风起，未阅完，康熙帝在试卷"日升于东，匪弯弓所能落？天倾于北，岂炼石之可补？"处，批注"女娲事"三字，随后将试卷转交给李霨、杜立德、冯溥、叶方蔼批阅。当诸臣看到毛奇龄卷中"女娲事"三字时，不知所以，李霨、杜立德、冯溥提出将毛奇龄卷置上卷之首，而掌院学士叶方蔼建议暂置上卷末，待康熙帝意旨后而定。③随后，康熙帝问及四位阅卷大臣试卷中出现的各种问题，并专门问及毛奇龄卷中"女娲补天"的用典，冯溥从容应对，康熙帝遂将毛奇龄卷由上卷末移到上卷第十九名，没有过分挑剔试卷中出现的押韵错误、用典不当等问题，充分体现出康熙帝试"鸿博"之宽和延揽人才之诚意。毛奇龄在《制科杂录》中专门记载此事，表达其喜悦与感激之情：

> 又问："有女娲补天事，信否？"益都师（冯溥）曰："在《列子》诸书有之，似乎可信。"上曰："朕记《楚辞》亦有之，但恐燕、齐物怪之词，不宜入正赋否？"益都师曰："赋体本浮夸，与铭颂稍异，似可假借作铺张者。"上曰："如此，则其文颇佳，今在何等？"答曰："已置之上卷末矣。"上命稍移在上卷中。嗟乎！予实不才，且是日腕胀，全不尽生平所长，不知何以猥蒙圣眷如此！④

此次博学鸿词科一共录取五十名鸿博，毛奇龄名列二等第十九名。康熙十八年（1679）五月，分别授与五十鸿博职衔，毛奇龄授翰林院检讨，与修《明史》。初入史馆，毛奇龄志得意满，撰《五言格诗五·初入史馆作》以明志："昭代重文治，翘车递相因。圣教开中天，皎若星日陈……何幸绍前修，滥把拙匠斤。内府给笔札，下使供柴薪。当此委藉重，敢不删述勤？从来尚记善，所效惟获麟。如何紊褒讥，遗论徒千春。"⑤毛奇龄一方面称颂康熙帝重视文治与开馆修《明史》之举；另一方面表达其响应修史，欲效孔子作《春秋》与秉笔直书之志。值得一提的是，与毛奇龄的态度转变形成鲜明对比，施闰章在应试之前郁郁寡欢、一心思归。

---

① （清）毛奇龄：《西河集》卷十一《三辞征檄揭子》，《四库全书》本。
② （清）毛奇龄：《制科杂录》，《四库全书存目丛书》本，史部第271册，齐鲁书社，1996年版，第643页。
③ （清）毛奇龄：《制科杂录》，《四库全书存目丛书》本，史部第271册，齐鲁书社，1996年版，第647页。
④ （清）毛奇龄：《制科杂录》，《四库全书存目丛书》本，史部第271册，齐鲁书社，1996年版，第647页。
⑤ （清）毛奇龄：《西河集》卷一百八十九《五言格诗五·初入史馆作》，《四库全书》本。

他在《示子》文中说:"御试杳无定期,他人恨官迟,我独恨归迟耳。"① 后来,施闰章与毛奇龄同中"鸿博",与修《明史》。② 毛奇龄授官之后,其好友蔡仲光屡次写信要求他向傅山、李颙等人学习,劝其早日辞官回乡。蔡仲光在《寄毛大可书》中说:"前数有书致足下,其中所言大抵皆语足下归耳。足下始以博学鸿儒致身检讨,犹未及半载也,而仲光有书辄劝其归,非故为此潜伏岩穴之言以自行其是而诳足下。又恐足下自喜其身立清要而疑人有同心阴相汲引,则更深诬人也。读书而居翰苑,亦进取者之恒心,然足下年已五十有七矣……第恐迟留之间,渐与彼习,或终不能自拔,故复言之激切,使足下时以此自儆耳。"③ 康熙二十一年(1682),蔡仲光又在《与大可》中说到:"足下在仕宦之途,凡文章、议论、书札皆宜审谨过于平日,勿使仇怨讥讪之人得执片语以为衅端。古人处艰难之会而终始得安全无恙者,惟其自返无一衅之可乘而已矣。诸不尽言,应皆留意,且并前书致足下。"④ 足见蔡仲光与毛奇龄相知甚深,怕毛奇龄个性容易招惹别人,因此在信中谆谆告诫,劝其为文需小心谨慎,凡拟文章、议论、书札应比平时更加审查谨慎,勿使他人断章取义而挑起事端。清初,士人以出仕清朝为耻,满、汉民族关系非常紧张,康熙帝特开博学鸿词科,其真实的目的就是笼络汉族士子,吸纳他们参与到政权文化建设中来,就算如傅山等人不愿参加考试,也授予中书舍人衔,使之与清朝之间建立起一定的联系。关于此次博学鸿词科所产生的效果及影响,时人和后世学者都称赞不已,认为此次制科的召开进一步缓和满、汉民族矛盾,有利于加强和巩固清朝的统治。孟森先生对"博学鸿词科"在收拾和安定人心方面给予极高的评价:

> 当时明社初屋,士虽有亡国之痛,而文会社集,仍沿明季故事。吴中名士,奔走甚盛,科举之欲,深中于人心。四民以士为领导,士以科举为依归。其尤秀杰者,至科举亦不乐就,而其才名已为士林指目,苟不得其输心,则寻常科目,或有不足牢笼之人物,天下之耳目犹未归于一也。圣祖康熙于三藩未平,大势已不虑蔓延而日就收束,即急急以制科震动一世,巽词优礼以求之,就范者固已不少。即一二倔强彻底之流,纵不俯受衔勒,其心固不以夷虏绝之矣。⑤

在史馆期间,毛奇龄进呈《古今通韵》十二卷,得到康熙帝赞赏,诏付史馆。康熙二十三年(1684),毛奇龄极力搜讨资料,先后作《竟山乐录》四卷,并借机会想进呈给康熙

---

① (清)施闰章撰,何庆善、杨应芹点校:《施愚山集》四《施氏家风述略》补遗一佚文《示子》,黄山书社,1993年版,第122页。
② 段润秀:《施闰章与〈明史〉修纂考》,收入张平海主编:《红河学院人文学院教学科研论文集(2017)》,四川大学出版社,2015年版,第413—421页。
③ (清)蔡仲光:《谦斋文集》卷八《寄毛大可书》,《清代诗文集汇编》本,第43册,上海古籍出版社,2010年版,第314页。
④ (清)蔡仲光:《谦斋文集》卷八《与毛大可》,《清代诗文集汇编》本,第43册,上海古籍出版社,2010年版,第318页。
⑤ 孟森:《己未词科录外录》,收入《明清史论著集刊》(下),中华书局,1959年版,第517页。

帝。康熙二十四年（1685），毛奇龄充会试同考官，不久归里。归里之后，作《圣谕乐本解说》二卷、《皇言定声录》八卷。康熙三十八年（1699），康熙帝南巡，毛奇龄迎驾于嘉兴，并进呈《圣谕乐本解说》二卷刻本。可值得注意的是，毛奇龄晚年在《自为墓志铭》中却说："予出处未明，不能于朝廷有所报称，徒抱经术，幸遭逢圣明，而未著实用，致空言无补，于心疚焉。予死，不冠，不履，不沐浴，不易衣服，不接受吊客。"① 从中可以看出，毛奇龄晚年内心深处仍有郁结，甚至还有点难以释怀。

二、毛奇龄与修《明史》

康熙十八年（1679）五月，毛奇龄参修《明史》，在史馆主要分纂弘治、正德朝纪传及《盗贼传》《土司传》《后妃传》，先后起草得二百余篇，康熙二十四年（1685），毛奇龄在归里之前，将所拟史稿上缴史馆。值得一提的是，毛奇龄在史馆期间，还将其所拟史稿寄给其好友蔡仲光，并与之私下交流。② 蔡仲光在《寄毛大可书》中说："近又连接手教，获睹史馆中所作诸传，磊落豪迈之中构造严密，愈见笔舌精丽。虽承谕不敢轻以示人，然长安杂诗在吾邑观写殆遍。"③ 此外，毛奇龄与修《明史》，尤其重视文献资料的征集与严谨考辨工作，充分体现其"求真核实"的治史精神。康熙十八年（1679），毛奇龄专门致书浙江山阴张岱，殷切希望张岱将其《石匮书》《石匮书后集》④等明代资料汇付京师姜希辙宅，抄录之后寄史馆，以供史官修史参考。对此，他在《寄张岱乞藏史书》中说：

> 夫名山之藏，本待其人。久闷不发，必成物怪。今方圣主右文，慨念前史，开馆修辑，已幸多日……向闻先生著作之余，历纪三百年事迹，饶有卷帙，即监国一时，亦多笔札。顷馆中诸君俱以启、祯二朝记志缺略，史宬本未备，而涿州相公（冯铨）家以崇祯一十七年邸报全抄送馆编辑，名为实录，实则挂一漏万，全无把鼻。顷总裁启奏，许以明末《怀宗本纪》得附福王、鲁王、唐王、桂王诸纪于其末，而搜之书库，西南建号有冯再来少司寇滇、黔诸记，稍备考索；至鲁国、隆武始终阙然。今总裁竟以是纪分属某班，旋令起草，此正惇典殷献之时也。不揣鄙陋，欲恳先生门下，慨发所著汇付姜京兆宅，抄录寄馆，以成史书……若其中事实不容湮没，应将本朝文德武功一一详载，乃足信今传后也。且史成呈进，当详列诸书所自，不敢蔑沫。兄此书既付过史馆，则此后正可示人，无庸再闷，

---

① （清）毛奇龄：《西河集》卷一百一《自为墓志铭》，《四库全书》本。
② 关于蔡仲光与毛奇龄之间的关系，参见汪胜：《蔡仲光与毛奇龄交游考论》，《绍兴文理学院学报》2021年第3期。
③ （明）蔡仲光：《谦斋文集》卷八《寄大可书》，《清代诗文集汇编》本，第43册，上海古籍出版社，2010年版，第320页。
④ （明）张岱：《石匮书·石匮书后集》（全3册），上海古籍出版社，2007年版。张岱《石匮书》现存二百八卷，张岱利用其家藏书籍所写的纪传体明史，时间上启洪武，下迄天启朝；《石匮书后集》六十三卷记载崇祯朝及南明史事。

尤为朗快。书到即乞启钥,确付京兆宅抄付,悚惕不具。[①]

毛奇龄在信中谈到明代天启、崇祯朝史事记载缺略,崇祯朝未修《实录》,史料不具,涿州冯铨曾将其家藏崇祯朝十七年邸报交付史馆抄录,虽名为实录,但不足为凭,挂一漏万,毫无凭据。毛奇龄又谈到总裁许以《崇祯本纪》后附福王、鲁王、唐王、桂王事迹,考《修史条议》对南明诸王义例规定:"《庄烈愍皇帝纪》后,宜照《宋史·瀛国公纪》后附二王之例,福、唐、鲁、桂四王附入,以不泯一时事迹,且见本朝创业之隆也。"[②]由此可知,《修史条议》主张仿《宋史·瀛国公纪》之例,将南明福王、唐王、鲁王、桂王事迹附于《庄烈愍皇帝纪》后。[③]毛奇龄指出桂王事迹,尚可凭冯甦《见闻随笔》等书考索,而鲁王(朱以海)、唐王(朱聿键)事迹记载始终阙如,总裁竟以本纪专属其草拟。[④]因此,毛奇龄希望张岱将《石匮书》及《石匮书后集》等资料汇付京师姜希辙宅,抄录后寄付史馆,以供修史参考。康熙十九年(1680),毛奇龄为冯甦《见闻随笔》作序,称其分撰《土司传》《盗贼传》时参考《见闻随笔》。[⑤]另外,毛奇龄还征集朱溶《忠义录》等书入史馆,作为修史参考。[⑥]同年,毛奇龄按馆例,搜集同乡王守仁事迹,作《王文成传本》,史官尤侗阄题得《王文成传》,即以毛奇龄《王文成传本》为蓝本。康熙五十年(1711),毛奇龄发现《王文成传本》多有散佚和错误,又令其继子毛远宗补撰。对此,《四库全书总目》提要《王文成传本》二卷时说:"王守仁之辟宋儒与奇龄合。又余姚、萧山为同郡,有乡党谊,故奇龄特为守仁作传,上诸史馆。后佚其半,奇龄子远宗又撡拾足之……奇龄提唱良知,哓哓不已,不免门户之见。其辨诸附会标榜之事,以为文成无妄,起于门人及诸记述,则至言也。"[⑦]康熙二十年(1681),毛奇龄告知久居越中的蒋平阶其在史馆分撰情况,指出明代嘉靖、隆庆以后史料不足据,先前曾委托其弟子董秉纯征集并汇寄越中诸先贤志传史料,董秉纯并没有征集汇寄,故不得已转而委托蒋平阶帮忙征集越中诸先贤志传史料,以供修史参考。他在《复蒋杜陵书》中说:

在阄分之外,虽此中尚有书可查,然讹舛极多,从前已刻如《吾学》《史料》

---

① (清)毛奇龄:《西河集》卷十七《寄张岱乞藏史书》,《文渊阁四库全书补遗——集部》,第 7 册,北京图书馆出版社,1997 年版,第 635—638 页。
② 刘承干:《明史例案》卷九《修史条议》,吴兴刘氏嘉业堂刊本。
③ 关于清官修《明史》过程中关于南明诸王义例与年号的处理,可参考吴航:《清朝官修〈明史〉关于南明历史纂修的讨论》,《史学史研究》2013 年第 1 期。
④ 考《修史条议》规定南明诸王事迹附《崇祯本纪》的建议,至殿本《明史》成书仍未能实现,这与清初官方对南明历史的忌讳有很大关系,清初将明亡时间界定于崇祯十七年(1644)三月二十九日,拒绝承认南明诸王的历史地位,对明亡时间的界定至乾隆四年(1739)殿本《明史》成书时仍未改变。至乾隆三十一年(1766),《御批通鉴辑览》即将成书,乾隆帝才将明亡时间下延至顺治二年(1645)五月南明福王被执。乾隆四十年(1775)闰十月,乾隆帝才下令附录唐、桂二王事迹。
⑤ (清)毛奇龄:《西河集》卷四十六《冯司寇见闻随笔序》,《四库全书》本。
⑥ 吴航:《清代南明史撰述研究》,天津人民出版社,2015 年版,第 46 页。
⑦ 《四库全书总目》卷六十,中华书局,2003 年版,第 545—546 页。

诸编，比之大海一沤，百不十具。他若《通纪》《定纪》《法传》《从信》种种，则又纯涉虚假，全不足凭，是以是非易决，真伪难审，此在弘、正以前尚然，况嘉、隆以还，则将何所依据也？……今专以相托嘉、隆后八邑名贤，祈统为汇征寄某，使某得专任敝郡列传，其中是非真伪，不凡杜陵指定，相寄则一郡一贤，皆杜陵所表章也。朱少师传在陈大樽《集》中，尚有史事可录，但稍繁芜耳。至吴大司马三世则不见状志，曩者其增孙云章曾示一传，是孙承宗作，不善碑版，了无可纪，今并此传亦无有矣。且锦衣再袭，最饶名迹，曾见庄烈皇帝有亲笔东司房敕，而元素先生有救给谏姜埰及举人祝渊诸大节，俱恍惚不明白。或向其从子伯憩抄一事实，伯憩不作字，即此附嘱。若倪文正、祁忠敏诸公，则足下曾作传，其稿本必具，幸悉缄示，他不能指名，悉藉搜讨。①

毛奇龄指出明代史料记载不全，舛误甚多，诸如已刻郑晓《吾学编》、王士贞《弇州史料》诸书百不十具，其他如陈建《皇明通纪》，陈建撰、高汝栻辑、吴祯增删《皇明通纪法传全录》，陈建撰、沈国元定补《皇明从信录》，沈国元另编《两朝从信录》诸书又"纯涉虚假，全不足为凭"。②据杨翼骧编著，乔治忠、朱洪斌订补：《增订中国史学史资料编年·元明卷》中加按语："是编续《皇明从信录》而作，入禁书总目，记泰昌、天启两朝事，起于庚申，讫于丁卯，以年月为纲，以事实为纬，多取材于邸抄，述而不作，故曰'从信'。"③可知《皇明从信录》乃沈国元在陈建基础上订补而成，《两朝从信录》为沈国元所编泰昌、天启之间史实。另考上文中提到的"朱少师"即为朱燮元。据《四库全书总目》提要朱燮元《督蜀疏草》时说："明朱燮元撰。燮元，字懋和，浙江山阴人，万历壬辰（1592）进士，官历兵部尚书，总督四川、贵州军务，晋左柱国、少师，谥襄毅。事迹据《明史》本传。燮元久膺阃寄，历树边功，威望著于西南。史称其治事明果，军书络绎，不假手幕佐。此编乃其总督四川时经理苗疆事宜及举劾僚属诸疏。其曾孙人龙校刻者也。"④又考吴棠祯（1644—1693），字伯憩，号雪舫，浙江山阴人。鉴于史料不足，因此，毛奇龄委托熟悉越中掌故的蒋平阶，请他帮忙搜集越中诸公资料，并请其判定诸人事迹之真伪，以资参考。此外，毛奇龄还重点谈到对朱燮元、吴兑、袁崇焕（救姜埰、祝渊事迹不明）诸人资料的征集及蒋平阶所撰倪元璐、祁班彪诸公传记，其他不能指名道姓者，皆悉数搜集汇寄。毛奇龄与蒋平阶早年即有交往，两人在诗文创作方面亦相互欣赏。据沈季友在《檇李诗系》"杜陵生蒋平阶"中记载姜平阶曾寄书给他说："时趋俚俗，正响寂寂。仆与同郡计子山（计南阳）、阳羡陈其年（陈维崧）、

---

① （清）毛奇龄：《西河集》卷二十《复蒋杜陵书》，《四库全书》本。考陈大樽即为陈子龙。另外，毛奇龄信中提及的"定纪"，不知为何书，待考。
② 关于陈建《皇明通纪》在明代续补情况，可参见孙卫国《〈皇明通纪〉及其续补诸书对朝鲜之影响》，《中国史研究》2009年第2期，第161页。
③ 杨翼骧编著，乔治忠、朱洪斌订补：《增订中国史学史资料编年·元明卷》，商务印书馆，2013年版，第473页。
④《四库全书总目》卷五十六，中华书局，2003年版，第509页。

萧山毛大可（毛奇龄）、钱塘丁药园（丁澎）辈独持雅宗，环视天下，可与言诗者，斯人而已。"①考毛奇龄《西河集》收录《传》十一卷，李晋华在《明史纂修考》中认为《传》十一卷均为毛奇龄史馆拟传，其实不全为史馆拟传。经笔者研究后得出："从卷一至卷八所收录的内容来看，卷一、卷六、卷七中有些不是史馆拟传，而卷二、卷三、卷四、卷五、卷八至卷十一则均为史馆拟传。"②考毛奇龄《传》十一卷之卷二《越中先贤传》共收录七个传记，传主为吕无永、杨信民、毛吉、谢迁、吕献、谢瑜、张元冲；《传》十一卷之卷三《越中先贤传》共收录五个传记，传主为吴兑、姜镜、周洪谟、朱燮元、姜逢元。结合《复蒋杜陵书》记载来看，从另一个层面说明《传》之卷二《越中先贤传》、卷三《越中先贤传》，当属毛奇龄所拟史稿无疑。《传》十一卷之八、之九、之十、之十一为《列朝备传》，均为毛奇龄史馆拟传。查《列朝备传》下注云："凡属史馆所分题，而与史文有异同者，谓之备传。"③考毛奇龄《西河集》卷四十七《家忠襄公传》文末附录中说："予承乏史馆，分题偶得先公名，即以此文点窜，附录史生。故有附录数条，今并记之。"④考传主为毛吉，毛奇龄还向毛吉后裔毛士宏征询毛吉及其长子毛科事迹，以便载入传记。对此，他在《陈太孺人墓志铭》中进行记载：

  予承乏入史馆，作弘、正朝传，阄题得先忠襄名氏。夫世德骏烈，本难颂扬，况煌煌国史将垂及万世，而以后人而为之纪述，虽子姓之幸，然非先公实有神，曷克至此？会忠襄诸裔有刑部郎孙以大名主簿解车京师，则予兄弟行也。因询忠襄事，兼搜讨忠襄长子廉使征土司思陆遗迹，惋叹久之。⑤

毛奇龄《家忠襄公传》成为殿本《明史·毛吉传》成书蓝本，足见毛奇龄求真核实、秉笔直书精神的难能可贵。康熙二十一年（1682），史馆内就王守仁传记的归属发生了争论。⑥汤斌在《上孙征君先生书》中指出清初学人之间，"或诋朱子为支离，或病阳明为虚寂，皆未睹《大学》之全者也。"⑦毛奇龄与张烈辨论王守仁学术不合。张烈因极力推崇程朱理学，不遗余力诋毁阳明学，认为王守仁"非道学"，不宜入《道学传》；毛奇龄则极力推崇王守仁"知行合一"说，认为与朱熹阐发相互吻合，但朱熹"知行合一有二说"，王阳明因实践"知行合一"，而主张"知行合一"，论者以为毛奇龄有偏袒阳明而贬低朱熹之嫌。因此，毛奇龄在《折客辨学文》中说：

  既而文成一传，馆中纷纷，有言宜道学者，有言宜儒林者，有言宜勋臣者，

---

① （清）沈季友：《槜李诗系》卷二十八"杜陵生蒋平阶"，《四库全书》本。
② 段润秀：《官修〈明史〉的幕后功臣》第三章《毛奇龄与〈明史〉纂修》，人民出版社，2011年版，第69—71页。
③ （清）毛奇龄：《西河集》卷八十《列朝备传》，《四库全书》本。
④ （清）毛奇龄：《西河集》卷七十四《家忠襄公传》，《四库全书》本。
⑤ （清）毛奇龄：《西河集》卷九十五《陈太孺人墓志铭》，《四库全书》本。
⑥ 段润秀：《〈明史·王守仁传〉编纂考论》，《史学集刊》2007年第3期。
⑦ （清）汤斌：《汤子遗书》卷五《上孙征君先生书》，《四库全书》本。

总裁断曰:"勋臣而已"。又曰:"前史无《道学传》,惟宋有之,今何必然?请无立道学名,但立儒林,而屏阳明之徒于其中,如何?"众皆唯唯,独予不谓然,然而不能挽也。总裁尝召予曰:"闻子说知行,右阳明而左紫阳,有之乎?"曰:"无之。从来论文成者,皆谓其不合紫阳,而予独曰否。"……然则旧儒论王学,皆谓与朱学不合,而独予则倡之,曰:"知行合一实朱子言之,而王子述之,且朱子不自践其言,而王子践之。是右朱学者莫如予,而反曰左之,何也?"总裁推案起曰:"此事非吾辈所能定也。"他日,总裁诸儒臣于内廷供奉之次间,论诸儒学术同异,皇上谕之曰:"守仁之学过高有之,未尝于诸儒有异同也,众皆俯首颂扬而退,盖至是而文成之学有定论矣。"①

毛奇龄与王士禛、黄宗羲、朱彝尊、陆陇其等人一样,建议《明史》不设《道学传》。他在《辨圣学非道学文》中说:"向在史馆,同馆官张烈倡言阳明非道学,而予颇争之,谓道学异学不宜有阳明,然阳明故儒也。徐司寇闻予言,问道学是异学耶?予告之,徐大惊。急语其弟监修公急史馆总裁,削'道学'名,敕《明史》不立《道学传》,只立《儒林传》。"②史馆内关于王守仁传记的归属,结果以《明史》不立《道学传》,《王守仁传》归入大传不入《儒林传》而告终,争论的背后却隐含了史馆内存门户之见及其推崇程朱理学的官方主流思想。③

三、毛奇龄修史贡献

毛奇龄修史时间不长,其在史馆先后草拟二百余篇,且在归里之前上缴史馆。同时,就史馆争论是否设立《道学传》及王守仁传归属等问题,积极发表观点或看法;并先后形成与《明史》修纂有关的系列著述,其《胜朝彤史拾遗记》六卷为王鸿绪《明史稿·后妃传》和殿本《明史·后妃传》斟酌采纳,无疑为清早期《明史》修纂工作的顺利开展做出了重要贡献。总而言之,毛奇龄修史贡献主要体现在以下三个方面:

第一,毛奇龄学术成就尤以经学显,求真核实、不以空言说经,为推进清初学风的扭转做出了积极贡献。毛奇龄亲身经历明亡清兴,早期艰难处境与颠沛流离的生活,使他与同时代的顾炎武、王夫之、黄宗羲、孙奇峰等大儒一样,从学术层面深刻思考明亡清兴的原因,诸人为学主张黜虚就实、经世致用,不遗余力扭转清初学风。对此,李元度在《毛西河先生事略》中说:"先生少负奇才,说经长于辨驳,多与宋儒凿枘,而雄辩足以济之……自明以来,申明汉儒之学,使儒者不敢以空言说经,实先生开其先路。其文纵横博辨,傲睨一世,与其经说相表里,自成一格,不可以绳尺求之,然议论独到处,卒不可废。诗次于文,要亦我用我法,不屑随人步趋者。"④陈祖武先生在《关于清初学术的几点认识》一文中也十分精辟地指出:

---

① (清)毛奇龄:《西河集》卷一百二十《折客辨学文》,《四库全书》本。
② (清)毛奇龄:《西河集》卷一百二十三《辨圣学非道学文》,《四库全书》本。
③ 段润秀:《〈明史·王守仁传〉编纂考论》,《史学集刊》2007年第3期。
④ (清)李元度:《国朝先正事略》卷三二《毛西河先生事略》,收入沈云龙主编:《近代中国史料丛刊》(第12辑),文海出版社,1966年版,第1521页。

清初知识界对理学的批判和总结，视角各异，取径不一。顾炎武、王夫之等人，走的是对王阳明心学进行不妥协批判的道路。而黄宗羲则是以学术史的编纂，通过对数百年理学发展史的总结，去表彰学术递嬗的轨迹。孙奇峰、李颙、汤斌等人，却又选取了合会朱陆学术的途径，试图以调停折衷去谋求学术发展的新路。钱谦益、毛奇龄、胡渭等人，则侧重于对宋儒经说的否定和汉唐注疏的表彰，而与理学分道扬镳。独有颜元、李塨、费密等人，对程朱、陆王之学概予排击，别辟蹊径，溯源周孔，以六艺实学的讲求而充分体现清初学术的批判精神。①

陈祖武先生将毛奇龄置于清初诸儒"以经学济理学之穷"的学术潮流之中，充分肯定了顾炎武、王夫之、黄宗羲、孙奇峰、李颙、汤斌、钱谦益、毛奇龄、胡渭、颜元、李塨、费密等人在促进清初学风扭转中的重要作用及主要贡献，提出清初诸儒虽然对宋明理学的批判和总结，视角各异，取径不同，却殊途同归，共同致力于推动清初学术转向实学与经世致用方向。毛奇龄对程朱理学予以批判和排斥，但却极力维护阳明心学，为"致良知"之说辩解。他指出："事物在心上求，则有心有事物，万物皆备，即反身而已，得之孟子之言也。若在事物上求，则天下事物必不能求，而此心已先失矣。"毛奇龄反对宋儒"以空言说经"，主张"以经解经"的治经方法。对此，黄爱平在《毛奇龄与明末清初的学术》一文中也说道："综而论之，毛奇龄是明末清初学术转型过程中出现的一个颇具代表性的人物，他反程朱，反理学，加速了宋明理学的衰亡；他辩证伪书，廓清迷雾，反映了清初学术界普遍回归经学原典的趋势；他博通群经，注重考据，提倡新的治经方法，为后世学者开启了新的学术领域和治学途径。但他又恃才傲物，争强好胜，宽于己而刻于人，其经学研究颇多粗疏讹误之处，因而不免招致物议。"②对毛奇龄其人其学，评价可谓一语中的。

第二，毛奇龄与修《明史》，实事求是、秉笔直书，为《明史》成书做出了重要贡献。毛奇龄修史时，也将相对客观的治经方法有机地运用到史事考辨当中，他不遗余力注重广泛征集资料，在此基础上进行严谨考辨，有些问题还与其他史官反复辩论而后定。如，对《何孝子传》《赵嘉炜传》《辨定嘉靖大礼议》等的考辨与申论，可见一斑。毛奇龄在《复蒋杜陵书》中说："今则是史馆稠杂，除入直外，日就有书人家，怀饼就抄，又无力雇书史代劳，东涂西窃，每分传一人，必几许掇拾，几许考核，而后乃运斤削墨，侥幸成文。其处此亦苦矣！又况衣食之累，较之贫旅且十倍艰难者耶！"③由此可见，毛奇龄中鸿博之后，生活仍然很贫困，在艰难困苦中坚持修史，注重广泛搜集资料，考核史事后，才下笔成稿，后反复修改以成文。

---

① 陈祖武：《关于清初学术的几点认识》，《文史知识》1993年第10期，第23—24页。永瑢等撰：《四库全书总目》（中华书局，2003年版，第527页）卷五十八提要黄宗羲《明儒学案》六十二卷时说："……宗羲此书，犹胜国门户之余风，非专为讲学设也。然于诸儒源流分合之故，叙述颇详，犹可考见其得失，知明季党祸所由来，是亦千古之炯鉴矣。"
② 黄爱平：《毛奇龄与明末清初的学术》，《清史研究》1996年第4期，第9页。
③ （清）毛奇龄：《西河集》卷二十《书七·复蒋杜陵书》，《四库全书》本。

毛奇龄《西河集》中收录的某些史馆拟传，《明史》相关传记虽然采纳之处不多，但亦可成为研究明史的重要参考资料。此外，《武宗外纪》一卷、《后鉴录》七卷、《蛮司合志》十五卷、《胜朝彤史拾遗记》六卷、《辨定嘉靖大礼议》二卷，均与其在史馆修史有着密切关系。① 如，毛奇龄在史馆分撰《流贼传》，其编成《后鉴录》七卷，主要辑录明代李自成、张献忠等农民起义事迹，《明史》虽然采纳之处不多，但体现了毛奇龄关于明亡于"流贼"之乱的思想。《四库全书总目》虽然对该书评价不高，但却征引并认同毛奇龄的观点："惟推论致乱之由，谓明三百年过于轻武，儒臣以奴隶遇阃帅，尺籍冒滥，病坊菜佣，漫不经省。师中动掣两肘，又中官监进止无已，则冠惠文者操名法以持其后。亦目击之笃论也。"② 此外，关于《胜朝彤史拾遗记》成书时间，胡春丽博士认为大体成于康熙二十五年（1686），作者在《毛奇龄年谱》中说："约于是年，取史馆所作明朝后妃列传，杂以先祖所传《宫闱纪闻》，成《胜朝彤史拾遗记》6卷。"③ 考《胜朝彤史拾遗记》六卷成为王鸿绪《明史稿·后妃传》和殿本《明史·后妃传》取材的重要参考资料。《四库全书总目》提到该书时也说道："其叙述则颇有法，然大端已采入正史，此无庸复录矣。"④ 从《西河集》中现存拟传和相关资料来看，毛奇龄修史注重广搜资料、求真核实。

第三，毛奇龄尤其注重搜集和记录乡邦人物事迹，并将资料慷慨提供给其他史官参考，为浙东文献传承做出了重要贡献。如，顺治十年（1653）前后，萧山同乡魏振宗因惧怕其七世祖魏骥事迹漫漶不可考，郡县志乘记事过于简略，且事迹多有舛误，故嘱托毛奇龄作传，毛奇龄欣然应允。⑤ 毛奇龄为明代萧山先贤魏骥、何竞、张嵩分别作传记，收入《西河集》卷十一《明南京吏部尚书荣禄大夫谥文靖魏公传》《何孝子传》《张大司空传》，记录了魏骥、何舜宾（何竞之父）、张嵩师生三世相继复湘湖事迹。毛奇龄在《张大司空传》中说："张大司空嵩，字时俊，俗通籍者，易其字。公成化癸卯膺乡荐，丁未第进士，历官南京兵曹郎。……予初传魏公文靖，继传孝子。……公师孝子之父御史，御史师文靖，自文靖以下，师生三世，相继复湖。"⑥ 萧山原有德惠祠，祠主为南宋杨时，曾为萧山县令，开凿湘湖，为报答其开湘湖之功；附祭明尚书魏骥，以报其修筑之功；附祭何舜宾及其子何竞为治理侵占湘湖被杀。后来祠坏，修葺之后，杨、魏二主入祠，而何舜宾父子未入祠，毛奇龄极力反对，建议恢复旧制。魏氏子孙遂与奇龄互诉于官府，毛奇龄遂将案牍讼牒收录而存之，为《何御史孝子祠主复位录》一卷。⑦ 毛奇龄后来又作《何孝子传奇引》予以说明，希望《何竞传》能够入《明史》。毛奇龄对《萧山三先生传》十分满意，认为异日修志者可以全部载入。他在

---

① 关于毛奇龄四种著述与《明史》之间的关系，为避免重复，可参考段润秀：《官修〈明史〉的幕后功臣》，人民出版社，2011年版，第73—76页。
② 《四库全书总目》卷五十四，中华书局，2003年版，第491页。
③ 胡春丽：《毛奇龄年谱》卷五"归田研经，著书授徒"，复旦大学出版社，2021年版，第357页。
④ 《四库全书总目》卷六十三，中华书局，2003年版，第567页。
⑤ （清）毛奇龄：《西河集》卷十一《明南京吏部尚书荣禄大夫谥文靖魏公传》，《四库全书》本。
⑥ （清）毛奇龄：《西河集》卷十一《张大司空传》，《四库全书》本。
⑦ 《四库全书总目》卷六十四，中华书局，2003年版，第575—576页。

《萧山县志刊误》卷三中说：

> 予作《萧山三先生传》（今改名《三大人传》），一魏公文靖（魏骥），一何孝子（何竞），一张尚书枫丘公（张岜），其文久行海内。即未入馆时已为馆中所采久矣。及阄题分纂，王司成阮亭得魏公传，尤检讨悔庵得孝子传，袁编修杜少得尚书传，皆以予文为蓝本。予涉嫌畏，不敢私询本县人物，然此三先生则已欣然与天地相参者也。其他予邑人物国初多有，但例无阄题，不便搜讨，且《名贤》《列卿》诸录相其所载，大约从志书，撮会之寥寥数行，无可征据。会阅柜本（史馆列金龙火柜十座，皆贮史稿），见来伯韶先生（来天球）有征鄢蓝事，张式言先生（张试）有诱大峒蛮事，而惰于笔记，遂至遗失，今则相隔若梦寐矣。邦贤彪炳自在千古，然偶有泯没，皆生其地者之责也。三先生传详而且实，异日修志者竟当全载入《人物志》，其他寥寥数行能妄加耶，因书此志余憾。①

顺治十年（1653）前后，毛奇龄曾作《萧山三先生传》，其未入史馆时已被征入史馆。《明史》修纂早期采取纂修官阄题分纂的办法，同馆王士禛阄题得《魏骥传》，袁佑阄题得《张岜传》、尤侗阄题得《何竞传》，三人即以传文作为蓝本。毛奇龄说明为了避免忌讳，不敢私下询问明代萧山人物传记分撰情况。他在史馆曾看到关于来天球（字伯韶）征鄢蓝事、张试（字式言）诱大峒蛮事的记载，但没有抄录下来，造成志书记载散漫不可考，对此十分遗憾。②考来天球、张试，《明史》中无传。由于王士禛、袁佑没有专门史稿留存下来，史官尤侗所《明史拟稿》卷五收入《何孝子传》。③此外，毛奇龄入史馆之初，即按馆例，草拟《王文成传本》，后来史官尤侗阄题得《王文成传》，以此本作为参考。他在《史馆列传草本·王文成传》中说道："此即史馆列传中草构本也。馆例，史官入馆，先搜构其乡大臣事迹之在群书者，而后阄分其题以成之。文成，吾乡人，因构此本。其后，同官尤展成阄题得《文成传》，已取此本作《传》讫，而草还故处。今录此者，以为其事核，足以征信，且亦以为未成之史，非秘籍，言之者无罪，可览观焉。"④毛奇龄认为"以为其事核，足以征信"，认为《明史》还未成书，非秘籍，言之者无罪，可以观览，才抄录《王文成传本》。后来，又发现《王文成传本》多有缺漏或不足，令其继子毛远宗增补而成《王文成传本》二卷，彰显毛奇龄秉笔直书的治史精神与浓厚的文献传承意识。

---

① （清）毛奇龄：《萧山县志刊误》卷三，《四库全书存目丛书》史部第214册，齐鲁书社，1996年版，第263—264页。
② 关于来天球、张试事迹，可参考邹勤修，蔡时敏，蔡含生纂：（康熙）《萧山县志》卷十五"来天球"，《中国地方志集成》本，上海书店，1993年版，第588页；（康熙）《萧山县志》卷十五"张试"，第591页。
③ 《四库全书总目》卷七十四，中华书局，2003年版，第648页。
④ （清）毛奇龄撰，毛远宗补：《王文成传本》二卷，《西河合集》本；《清代诗文集汇编》本，第87册，上海古籍出版社，2010年版，第675页。

试论毛奇龄的《中庸》观

昆明学院 闫宝明

摘 要：清初学者毛奇龄对"四书"皆有解说，反映了他鲜明的经学特点。作为"四书"之一的《中庸》，毛氏也进行了新的解说，集中反映在由他的弟子编次而成的著作《中庸说》中。他对《中庸》的"性道教""慎独"等核心概念进行了考证辨析，阐发了自己的《中庸》观。他对《中庸》的解说，以考证为手段，以王学为基础，以此来反驳朱子四书学，所呈现出的学术特点既是毛奇龄"四书学"的独特面貌，又是清初学术演进的表现。

关键词：毛奇龄 《中庸》 朱子 四书学 清初学术

毛奇龄（1623—1713），字大可，以郡望称西河，浙江萧山人。清初著名学者，著有大量经学及文史著作。他于"四书"皆有解说，构成他独特的"四书学"。他对《大学》《论语》《孟子》的解说内容及特点，学界探讨较多，而对其《中庸》观则探讨相对较少，尚有进一步扩展的空间。毛奇龄的《中庸》观如何？他对《中庸》的解说呈现怎样的特点？与他的其他四书学著作有何异同？本文试图对以上问题做一些探索。

一、毛奇龄对《中庸》题名的解析

关于《中庸》之得名，最早的解释见于郑玄《礼记》注："名曰《中庸》者，以其记中和之为用也。庸，用也。"①郑玄之意是说，《中庸》一书是阐发"中和"之用的。从他把"庸"解为"用"来看，我们似乎可以认为在郑玄的理解中，"中"即为"中和"，"庸"为"用"，"中庸"即为"中和之用"。结合今本《中庸》来看，《中庸》首章提出"性、道、教、中、和"等概念，中引孔子论"中庸"语来阐发"中庸"之道，末论"诚明"以示达至"中庸"境界的修养方法。按《中庸》这样的论说结构来说，我们以上对郑玄注的理解应该是说得通的。但是，关于《中庸》之得名及中庸一词之释义，并不如此简单，历来也存在很多不同的说法，可谓众说纷纭。②宋代的二程解释为："不偏之谓中，不易之谓庸。中者，天下之正道，

---

① 孔颖达注，李学勤主编：《礼记正义》《十三经注疏本》，北京大学出版社，1999年版，第1422页。
② 自宋代以来，释"中庸"者无数，直至今日，学者们仍在不断论证、阐发。因非本文所论重点，故只就紧密相关的论点略作辨析，余不赘举。

庸者，天下之定理"。① 朱子则承此意又进一步解释为"中者，不偏不倚、无过不及之名。庸，平常也"，"中庸之中，实兼中和之义"②，并说，"中和之中，其义虽精，而中庸之中，实兼体用。且其所谓庸者，又有平常之意焉，则比之中和，其所该者尤广，而于一篇大指，精粗本末，无所不尽，此其所以不曰中和，而曰中庸也"③。可以看出，二程及朱子之解说已脱离开郑玄之义而另创新意了。而毛奇龄并不同意程朱的观点。他认为：

> 中和者，中庸也。和者，平也。《诗》"终和且平"，陆法言《切韵》以"庸"为"平和之善人"，而作《广雅》者直释"和"为"庸"，则"中和"为"中庸"矣。于是以"中庸"名篇，而杂引夫子平日之言"中庸"者以证明之。④

毛奇龄引《诗经》《切韵》《广雅》等典籍之言将"和"释为"庸"，那么"中和"在他这里就被解释为"中庸"，毛氏认为这就是《中庸》名篇之义，即《中庸》就是论"中和"的书。从这个观点来看，毛氏的解说与郑玄注更为接近，但他又不同于郑玄解"庸"为"用"，而是解"庸"为"和"。那么究竟该如何看待郑玄、朱子、毛奇龄等人的不同解说呢？我们不得不就"中庸"的含义作一点剖析。孙钦善先生《论语注译》解"中庸"说：

> 中庸：后人解释多有增演附会之义。综考《论语》中有关言论，中庸之义主要指折中、适当、不走极端。中庸即以中为用、取用其中的意思。如孔子反对过头或不及："过犹不及"（11.16），"乐而不淫，哀而不伤"（3.20）；主张执中、中行："允执厥中"（20.1），"不得中行而与之，必也狂狷乎"（13.21）；力戒片面："我叩其两端而竭焉"（9.8）。《礼记·中庸》本此而作，但发挥中庸思想不全符合孔子本意。孔子中庸思想的社会实践标准是礼义，如非礼不得视、听、言、动（12.1），"恭而无礼则劳，慎而无礼则葸，勇而无礼则乱，直而无礼则绞"（8.2），"礼乐不兴，则刑法不中"，（13.3），"无适也，无莫也，义之与比"（4.10）等。⑤

这个解释是较为允当和全面的。在《论语》中，孔子只是说：

> 中庸之为德也，其至矣乎！民鲜久矣。（《雍也》）

---

① 见于《河南程氏遗书卷七》二先生语，《二程集》，中华书局，1981年版，第100页。又见朱熹：《四书章句集注》，中华书局，1983年版，第17页。
② （宋）朱熹：《四书章句集注》，中华书局，1983年版，第17、19页。
③ （宋）朱熹撰，黄坤校点：《四书或问·中庸或问》，上海古籍出版社、安徽教育出版社，2001年版，第45页。
④ （清）毛奇龄：《中庸说》卷一，《毛西河先生全集》，清康熙书留草堂刊本，第11页。
⑤ 孙钦善：《论语注译》，巴蜀书社，1990年版，第100页。

子贡问:"师与商也孰贤?"子曰:"师也过,商也不及。"曰:"然则师愈与?"曰:"过犹不及。"(《先进》)

不得中行而与之,必也狂狷乎,狂者进取,狷者有所不为也。(《子路》)

季文子三思而后行。子闻之,曰:"再,斯可矣。"(《公冶长》)

子钓而不纲,弋不射宿。(《述而》)

子温而厉,威而不猛,恭而安。(《述而》)

可以看到,在孔子那里,中庸就是无过与不及、适当、中行、不走极端等等意思。孔子继承前人"中"的观念而总结为"中庸",孔子的中庸思想是一种看待事物的方法和做事原则,被孔子视为至德,而感叹民众已长久地缺乏它了。而到《中庸》一书时,却提出了"性、道、教、中和、诚明"等概念:

天命之谓性,率性之谓道,修道之谓教。(首章)

喜怒哀乐之未发,谓之中。发而皆中节,谓之和。中也者,天下之大本也;和也者,天下之达道也。致中和,天地位焉,万物育焉。(首章)

诚者,天之道也。诚之者,人之道也。(第二十章)

自诚明,谓之性。自明诚,谓之教。诚则明矣,明则诚矣。(第二十一章)

唯天下至诚,为能尽其性……能尽人之性,则能尽物之性;能尽物之性,则可以赞天地之化育;可以赞天地之化育,则可以与天地参。(第二十二章)

故君子尊德性而道问学,致广大而尽精微,极高明而道中庸。(第二十七章)

唯天下至诚,为能经纶天下之大经,立天下之大本,知天地之化育。(第三十二章)

显然这是进一步发挥了孔子的思想,而将其由做事的方法论进一步上升为修养论与宇宙论,尽管仍秉承中庸之名义及部分思想,实则变为阐发"性道教、中和、诚明"等内容,已与孔子原有思想有很大改变。至朱子则又以"理"来解《中庸》,借以阐发其相关的理学思想。他说:

中,一名而有二义,程子固言之矣。今以其说推之,不偏不倚云者,程子所谓在中之义,未发之前无所偏倚之名也;无过不及者,程子所谓中之道也,见诸行事各得其中之名也。盖不偏不倚,犹立而不近四旁,心之体、地之中也。无过不及,犹行而不先不后,理之当、事之中也。

谓之中者,所以状性之德、道之体也,以其天地万物之理,无所不该,故曰天下之大本。谓之和者,所以著情之正、道之用也,以其古今人物之所共由,故曰天下之达道。①

朱子在二程等理学家的基础上，提出"不偏不倚""不先不后""性之德、道之体""情之正、道之用"等说法，实际上是在《中庸》的基础上又阐发出理学的那一套学说。可以看到，中庸思想有一个不断演进的过程，在这个演进的过程中，中庸的释义是有变化的。而后人论及中庸时，却常常忽视了这个演变过程，而将后人的中庸释义等同于孔子的中庸，于是产生了许多自相矛盾的东西，而又不得不去反复地试图弥合种种矛盾之处，以致众说纷纭，乃至牵强附会，其实是离孔子之中庸越来越远，二者实非一物，若视之为在孔子中庸的基础上产生的新的思想发展尚可，而绝不能视为孔子之中庸即原来如此。正如赵光贤先生指出，"后世儒者不认中庸是孔子的方法论，而刻意求深，于是产生各种各样的中庸理论，离开了孔子的本意"②。综合来看，毛奇龄的解"中和"为"中庸"；认为《中庸》是论"中和"之书，可谓抓住了《中庸》一书的本质精神，较之朱子的《中庸》解题似乎更为符合《中庸》的实际情况。但他对"庸"字的训诂却不一定正确，他训"和"为"平"，又辗转训为"庸"；虽不为无据，但也颇为牵强，不足以令人信服。其实，"庸"字并不一定只是一种意思，有"用""常"等多种用法，篇名之"中庸"释为"用"，与文中"庸德之行，庸言之谨"中的"庸"释为"常"并不矛盾，而人们往往视通篇为一义解之，结果常常前后矛盾，难以通解。朱子进一步解"庸"为"平常"，虽亦有本于旧说而发挥，但显然是为了更便于阐发自己的理学观点，而非为了更符合《中庸》原义，当然也更不符合孔子的中庸思想。因此，毛奇龄对《中庸》题名的解析，显然是有意与朱子立异的。从对"中""庸"等概念的考辨入手，来反驳朱子的观点。

二、毛奇龄对《中庸》核心概念的辨析

（一）性、道、教之辨

《中庸》的首章是整篇文字的纲领，它列出了《中庸》一书所要阐发的主旨，那就是性、道、教"慎独""致中和"等内容。起首三句曰："天命之谓性，率性之谓道，修道之谓教"。这三句话是《中庸》一书的论述前提，为后面全面阐述中庸思想作出定性。它提出了性、命、道、教等概念，并说明了它们之间的关系。正是对这些核心概念的不同解释，产生了后世各家各派的不同观点。毛奇龄也对这些概念进行了辨析，以提出自己《中庸》观的核心内容。

关于性、道、教这三句话，我们今天多把它理解为：上天所赋予的就是"性"，遵循这种天性而行动就是"道"，按这个"道"去修养就是"教"。③从字面上来说，这样的理解是明确而且清晰的，但是经学史上的文字注疏和义理阐发却远没有如此简单。不仅对

---

① （宋）朱熹撰，黄坤校点：《四书或问·中庸或问》，上海古籍出版社、安徽教育出版社，2001年版，第44—45页。
② 赵光贤：《孔子中庸说管见》，《孔子研究》1990年第2期，第10—16页。
③ 刘俊田、林松、禹克坤：《四书全译》，贵州人民出版社，1988年版，第32页；杨天宇：《礼记译注》，上海古籍出版社，1997年版，第899页。

"性""道""教"诸概念的解释不同,而且由此所作的理论阐发也是有很大不同的。东汉郑玄《礼记》注的解释是:

> 天命,谓天所命生人者也,是谓性命。木神则仁,金神则义,火神则礼,水神则信,土神则知。《孝经说》曰:"性者,生之质命,人所禀受度也。"率,循也。循性行之,是谓道。修,治也。治而广大,人放效之,是曰"教"。①

从郑玄的注释来看,他认为人性来自上天所命,人禀受天命五行而获得仁义礼知信等德性,循这种德性而行叫做道,而修治这种德性,使其广大,从而使人仿效而为,就叫做"教"。郑玄的这种解释与上述我们现在的一般解释相差不大。但到了宋儒,开始大力推重《中庸》,将《中庸》从《礼记》中独立出来而给予特殊的对待,由此对《中庸》的释义、疏解也就不再局限于《礼记》之注疏的地位了,而是有了新的解说。其中,朱子的解说集众家之长,最成系统。在《中庸章句》中,朱子把《中庸》篇首三句解为:

> 命,犹令也。性,即理也。天以阴阳五行化生万物,气以成形,而理亦赋焉,犹命令也。于是人物之生,因各得其所赋之理,以为健顺五常之德,所谓性也。率,循也。道,犹路也。人物各循其性之自然,则其日用事物之间,莫不各有当行之路,是则所谓道也。修,品节之也。性道虽同,而气禀或异,故不能无过不及之差,圣人因人物之所当行者而品节之,以为法于天下,则谓之教,若礼、乐、刑、政之属是也。盖人之所以为人,道之所以为道,圣人之所以为教,原其所自,无一不本于天而备于我。学者知之,则其于学知所用力而自不能已矣。故子思于此首发明之,读者所宜深体而默识也。②

可以看到,朱子引入理、气等概念来解释性命,认为天以阴阳五行化生万物,通过气来赋予它们形体的同时,也赋予它们一个理,而人和物又因理而具有了性,这就是"天命之谓性"。而以"日用事物之间人物当行之路"解"道",以"圣人品节人、物,为法于天下"来解"教",并认为一切皆本于天而备于我,学者当学知而至天命本性之境界。朱子这样的解释显然已不同于以往之旧注,在这种解释之下,朱子建立起他的性理学说。朱子的性理学说是一个复杂而庞大的系统,包含有理气论、心性论等诸多思想内容。正如理学的实质是借助宇宙论来为道德伦理的合理性提供理论依据一样,性理学说的基本精神也是将"人道"与"天道"相结合,以宇宙论为基础来阐发人性论,突出表现在"理"这一思想的阐发,"性即理"就是一种以"理"来解《中庸》的全新的观点。此外,朱子理学,还把"性"分为天命

---

① (唐)孔颖达:《礼记正义》《十三经注疏本》,李学勤主编,北京大学出版社,1999年版,第1422页。
② (宋)朱熹:《四书章句集注》,中华书局,1983年版,第17页。

之性①、气质之性两部分内容，又有"气禀"之说等，用来进一步论述性与理的关系，则是对"性即理"更深入细致的发挥。朱子的性理之论不可不谓精深，但毛奇龄对此却不以为然，他对朱子"性即理"等观点提出了批评。首先，他认为性由气生，非由理生，理不是性，性非理也。他说：

> 《孝经说》曰："性者，生之质；命，人所禀受度也。"此即"天命之性"之解也。但性本自然，而命为天所付授，未免有贤愚、吉凶参乎其间，故合言之，可称"性命"，《易》"乾道变化，各正性命"是也。分言之，则性是性，命是命，《易》"穷理尽性，以至于命"是也。此以"性"属"命"，则正郑氏所谓"合言之"者。若《章句》云"性即理也"，则不特古无此训，即《易》之"穷理尽性"，明分两层者，亦说不去矣。②

毛奇龄认同郑玄注对"性"的解释，认为"性"是"生之质命，人所禀受"，性本自然，而命为天所付授，有贤愚吉凶之分。从同一性的角度说，即"合言之"，性、命本质属性一致，可合称"性命"；从差异的角度来说，即"分言之"，性本自然无等差，而命则有贤愚吉凶的差别，则性是性，命是命。而以"理"来训"性"，毛氏称"古无此训"，并引《易传·说卦》中有"穷理尽性"之称，说明理与性是有分别的。他反对朱子的"气以成形，理亦赋焉"的论点，他说：

> 《左传》'天有六气，降而生五行'，至于含生之类，皆感五行生矣。惟人独禀其气之秀者。故《礼运》曰：'人者，天地之德，五行之秀气也。'又曰：'人受天地之心，五行之端，而后别声被色以生。'是人、物之生，皆感天气，而人独禀天心与天德，而受以为质。所谓"天命"者，命以是矣。今乃杂"理"字于"形""气"之后，而曰"亦付"，毋论理不是性，穷方物之理，原非尽性。即使理果是性，而乃质既成，而始付以性。则生理绝矣。③

毛氏认为人物之生，是感天气而由五行以生，而人禀受天气以为质，即天所命，也即是性，也就是说，他认为性直接由气而生，并非由理而生。他认为朱子"气以成形，理亦赋焉"的说法是"生理绝矣"。这里，毛奇龄不认同朱子关于理气生物的说法，而提出由气而生质命的观点是可以的，但他把朱子的说法理解为"乃质既成，而始付以性"，用来说明气质已成之后，而理始赋，则是错误理解了朱子的原意。朱子是主张理先气后，理能生气的，即使他晚

---

① "天命之性"，在理学中有时又称"天地之性""义理之性""本然之性"等。
② （清）毛奇龄：《中庸说》卷一，第4页。
③ （清）毛奇龄：《中庸说》卷一，第4页。

年将"理先气后说"修定为"(理)逻辑在先说",但"在本质上,是以不同的形式确认理对气的第一性地位"①,因此,在这里,朱子的意思是气成为形质,而理同时也赋予其中,并非毛氏所理解的那样。

其次,毛奇龄认为《中庸》"天命之谓性"之"性",所论是"为人不为物",即此处言"性",只是对人性而言,不包含物性。他对朱子认为性兼言人物的观点表示反对。他认为:

> "人有天德,物无天德,犬之性非人之性",子思说此为人不为物。即或六气、五行、人、物所共,而成性以后,为道、为教,则物不得与。乃初以性为'人、物之生',既以道为'人、物各循其性之自然',终又以教为'因人、物之所当行者,而品节之'。试问牛犬率性,何便是道,且牛犬当修道耶?②

毛奇龄认为《中庸》言性道教是针对人而言,而不是对物。尤其是对"道、教"而言,是指人的率性、修道而非指物。而朱子上述解性、道、教之语,显然都是包含人物一并说的。朱子以"理"解《中庸》,从宇宙论直贯而下解人性论,认为人物同性,皆源于理。因此,毛氏斥责朱子的"人物之性,亦我之性"的注解是与佛家的"犬子皆佛性"相同的论调。其实《中庸》之论性,有时也包有物性的含义而说。③因此,朱子注"人物之性,亦我之性",所以才能尽己性、尽人性、尽物性。从这点来说,朱注性兼人物的论点在《中庸》里是找得到依据的。但是也应该看到,《中庸》一书论性道教的意图并不是阐发物性,而在于指导人的修养,因此,《中庸》绝大多数时候是在论证人性,而非物性。毛奇龄所驳朱注的观点虽偏激,但也并不是全无道理。朱子自己在大多数论述中也是以论人性为主的,只不过说到根源时,才一定要强调人物同性,皆源于理。因此,实际上,双方的分歧还是在于"性"是否由"理"而来的根源问题上。

以上,双方关于"性"的观点既歧,而"道""教"便也就有不同理解。朱子训"道"为"路",他解"率性之谓道"就是人和物各循其自然的本性,在日用事物之间,无不有各自当行之路。解"修"为"品节之",那么,"修道之谓教"就是圣人因人和物之所当行之路而并依据他们的品类等级加以节制和规定,从而给天下人定出一个规则④。毛奇龄则认为:

> 循性行之便是道……天以五行为德,而人禀之即为性。如乾有元、亨、利、贞四德,而人得之为仁、义、礼、信之四性,……但从仁、义、礼、信循行之,

---

① 陈来:《朱熹哲学研究》,中国社会科学出版社,1988年版,第29页。
② (清)毛奇龄:《中庸说》卷一,第4页。
③ 有学者从郭店楚简《性自命出》等篇章所反映的子思一派主张人性得自天命,人性之合理源自万物之性合理的观点,来为《中庸》之论性当包含物性提供佐证。参见彭林:《论丁若镛对朱熹〈中庸章句〉心性说的批评》,《清华大学学报》(哲学社会科学版),2005年第06期,第27—33页。
④ 李申:《四书集注全译》,巴蜀书社,2001年版,第34页。

而俱当乎道。此实诠"率性"之明可据者。若夫"教",则即以此道修治之,而尽人尽物、形著动变之大化,由此兴焉。①

也就是说,人性禀五行之德而来,而所谓"率性"就是循仁、义、礼、信四性而行之,只要循仁、义、礼、信而行就合乎道,而以此道来修治自身,达到尽人尽物就是教。在毛氏的解说里,道并不是当行之路,而是含有道德意味的原则,他的弟子毛远宗便直接解为"(道)是德之见于行者"。可见,毛奇龄与朱子对道和教的理解都是在各自对"性"的规定上作出的,他们的分歧仍是"天命之性"的本质问题,基本上,毛奇龄认定《中庸》之性、道、教皆是指人之性道教而言,不指物,他所反对的也正是朱子的兼人、物而言,且人性、物性皆出于理的"性即理"理论。

(二) 慎独说

如果说否定朱子"性即理"说是从本体论的意义上对朱子《中庸》说提出异议,那么毛奇龄对《中庸》"慎独"的解说,则是从方法论的层面上对朱子提出挑战。

《中庸》在性、道、教之后,提出慎独的概念,"道也者,不可须臾离也,可离非道也。是故君子戒慎乎其所不睹,恐惧乎其所不闻。莫见乎隐,莫显乎微,故君子慎其独也"。这里慎独究竟如何解释,历来就有多种说法。② 朱子在《中庸章句》称"独者,人所不知而己所独知之地也。言幽暗之中,细微之事,迹虽未形而几则已动,人虽不知而己独知之,则是天下之事无有着见明显而过于此者。是以君子既常戒惧,而于此尤加谨焉,所以遏人欲于将萌,而不使其滋长于隐微之中,以至离道之远也。"朱子解"独"为"人所不知而己所独知之地",他理解的慎独就是在要求君子在隐、微之处加以小心谨慎,遏人欲于将萌芽之时,不使之滋长,从而合乎道的要求。大体来说,朱子对"慎独"的这个解说是符合《中庸》文义的,对此,毛奇龄也并没有提出异议,但《中庸章句》的这段解说是概括而简略的,而我们从《朱子语类》和《四书或问》中,则能够了解到朱子对《中庸》首章这段文字更为详细的解说。在《语类》中,朱子把'道也者,不可须臾离'与'莫见乎隐'分为两段来理解,即"'戒、慎'一节,当分为两事"(《语类》1502页),也就是说,朱子认为,戒慎恐惧不睹不闻是说明"道不可离的",而慎独是针对"隐微"而言的。更进一步,朱子将"戒慎恐惧"和"慎独"分开而论。其中,"戒慎恐惧"是强调未发,是存养,是静工夫,是中;而"慎独"是强调已发,是动时省察,是动工夫,是和。由此,将"戒惧""慎独"与"未发""已发""存养""省察""动""静""中""和"结合起来,形成一套理学所独有的修养理论和方法。在《或问》中,朱子持有同样的观点。对于朱子这一套理论和方法,毛奇龄并没有全盘反驳,他所反对的焦点在于"静存动察"的观点上。他说:

---

① (清)毛奇龄:《中庸说》卷一,第5—6页。
② 廖名春:《"慎独"本义新证》,《学术月刊》,2004年第08期,第48—53页。

> 戒惧慎独不分静存动察。《乐记》:"人生而静,天之性也。感于物而动,性之欲也。"是情、性可分动、静,未有同此率性而已发、未发之顷有界画者。且不睹闻是微、隐,即是独,无两时两地;戒慎、恐惧即是慎,即学者此际亦并不当有两层工夫可容首鼠也。《大学》心、意与《中庸》性、情虽有异名,而工夫则只是慎独。其在诚意,则只一察意,而不藉静正,但存心即心正矣。①

他认为戒慎、恐惧和慎独不分两事,不睹闻即是隐微即是独,戒慎恐惧也就是慎独。在慎独之时,不当有存养与省察两层工夫,已发未发之际也没有明确的界限可把捉。他接着着重发挥了"意"的概念,用来解说慎独的具体过程:

> 其在率性,则只当存性而并不察情,但谨独而无余事矣。《系词》所谓"成性存存"、《千文》所谓"性静情逸",皆可验也。……盖心统性情,而心性所发,则意先而情后,意独行而情众,意在中而情见外,意为戒惧恐惧之所及,而情为戒慎恐惧之所不及,故《大学》诚意,功在心先,而忿懥、好乐为心之发,用则直在正心之后,此即喜怒哀乐无功夫之明验也。是以性情、心意同一体用,而以心、意言,则心是独,意亦是独;以性、情言,则性是独,情不是独,以喜怒哀乐必将众著也。以心、意言,则心是中,意亦是中,所谓"诚于中";而以性、情言,则性可言中,情不可言中,以喜怒哀乐未发是中,而发而形外,即将达之天下也。②

可见,他对慎独的观点是建立在他对心、意、性、情等概念的不同理解上的。

此外,就《中庸》的另一重要内容"诚",毛氏也做了相应的辨析,所秉承的仍是在"性、道、教"基础上对"诚"义理的阐发,其所用方法与立意根本,跟前述"性、道、教"概念的辨析一致,同时也更强调义理的实用性,也是毛氏《中庸》观的体现。

三、毛奇龄解说《中庸》的特点

毛奇龄对《中庸》的解说,保持了他的四书学驳难朱子学的风格。③整体上看,大致可从以下层面进行总结:

(一)以王学(阳明理学)反朱学

毛奇龄对《中庸》的解说,虽如前文所述,他对"中庸"之义及性、道、教、慎独、诚明等核心概念的辨析,都有所发挥,提出了自己的一些新的解释,但从整体观点来看,仍是

---

① (清)毛奇龄:《毛西河先生全集·中庸说一》,书留草堂刊本,1745年版(乾隆十年),第7页。
② (清)毛奇龄:《毛西河先生全集·中庸说一》,书留草堂刊本,1745年版(乾隆十年),第7页。
③ 另参胡春丽:《毛奇龄与清初〈四书〉学》,复旦大学博士学位论文,2010年,第320页。

以王学为基础的，是在阳明理学基本观点下进行发挥的。例如，毛奇龄对《中庸》的解说与其对《大学》解说的基本思想及风格基本保持一致，即以经过自己发挥的王学的观点来反驳朱子的理学观点。并且他将《大学》与《中庸》相互参照合并起来看待，以《大学》之诚意来解《中庸》之诚身、慎独工夫。例如他说：

> 《大学》慎独是诚意，此慎独是诚身，总一诚字，故后以诚者、诚之者极言之。
> 《大学》"心、意"与《中庸》"性、情"虽有异名而工夫则只是慎独，其在诚意则只一察意，而不藉静正，但存心即心正矣。①

其弟子毛远宗在《中庸说》识语中的总结更能说明这一点：

> 《大学》慎独在诚意，《中庸》慎独只在诚身，诚意者，好善恶恶不自私自利，以恕为主，故曰有诸己求诸人，自藏恕以至絜矩，圣学与圣功无两事焉。《中庸》亦然。慎独、诚身亦以忠恕为下学始事，乃自明善择善不自私自利，以推极于至诚至圣，成己成物，即是极功，故《大》《中》开手皆曰慎独，去私利也。因之《论语》之忠恕一贯，《孟子》之强恕而行，万物皆备，亦无不彼此相证，旷然言下如此，则何必以主静主敬，格事物、致良知纷纷聚讼。②

可见，不光是把《大》《中》作一并看，在许多问题上，毛氏也力图将《论》《孟》纳入同一个体系来审视，并认为这些经典所指示的修养工夫是一致的。当然，这一点也不能不说是受程朱理学合四书为一个系统的影响，所不同的是，他们之间，对四书的具体理解和解说则是大为不同的。由此可知，他将《中庸》的慎独工夫与《大学》之诚意结合起来，认为二者尽管名义不同，但所示修养工夫本质上则是一致的，即《中庸》的慎独诚身就是《大学》的诚意正心。这与阳明心学的观点是颇为一致的，王阳明就曾说：

> 《大学》谓之"致知格物"，在《书》谓之"精一"，在《中庸》谓之"慎独"，在《孟子》谓之"集义"，其工夫一也。③
> 大抵《中庸》工夫只是诚身，诚身之极便是至诚；《大学》工夫只是诚意，诚意之极便是至善：工夫总是一般。今说这里补个敬字，那里补个诚字，未免画蛇添足。④

---

① （清）毛奇龄：《中庸说》卷一，第7页。
② （清）毛奇龄：《中庸说》卷一，第3页。
③ （明）王守仁：《与陆清伯书》，《王阳明全集》吴光、钱明、董平等编校，上海古籍出版社，1992年版，第1011页。
④ （明）王守仁：《传习录》上，《王阳明全集》吴光、钱明、董平等编校，上海古籍出版社，1992年版，第39页。

可见，毛氏的思想来源仍是王学一脉，他仍是以王学的观点来反驳朱子理学。

（二）以考证济义理

毛奇龄解说《中庸》的方法，与他对《大学》《论语》《孟子》的解说是同样的，即采用考证的方法，对关键概念及术语给予重新的解释，尽显其探求经典原义的风格，给人以其来有自的强烈印象，在此基础上，对朱子四书学进行反驳。与《大学》之辨所不同的是，毛氏的《中庸》学说并不系统和深入。他并没有形成一个明确的体系，在许多重要问题上，也都没有进行深入的阐发。如对"中和""诚"等对于《中庸》来说至关重要的内容，他的论说也多停留在表面文字的解说上，并不能深入义理的阐发层面。这当然也与毛氏《中庸说》的成书情况有一定关系，《中庸说》并非像《大学证文》等著作一样为毛氏精心结撰，而是毛奇龄与门人讲论《中庸》的随笔记录，过后由门人纂辑而成，所谓"偶说之"，而非系统注疏。因此，除在名物训诂上有所辨说外，在说理方面，毛氏也并无太多新说，有所论辨的地方大多也并不如朱子理学的解说更为圆通和有深度。这也就难怪《四库提要》这样评价他，"奇龄博洽群书，其说经善于考证。至于舍考证而谈义理，则违才易务，非其所长，又以辨才济之，愈辨而愈支，固其所矣"[①]，《提要》的这个评价基本上是允当的。另外，之所以产生这样不同的解说风格，还在于朱子理学是将《中庸》从《礼记》中抽出，以阐发义理为《中庸》定性，把《中庸》看作是一部孔门纯然谈理之书，而毛奇龄则有意把《中庸》放回到《礼记》中去，他在认可《中庸》为"言道之书"的同时，也一再申明"(《中庸》)多言礼"，因为他认为，"《中庸》言道，犹五脏也，其言礼犹四肢也，未有四肢不识而反能识五脏者"，"礼皆道也，道以诚为本，以礼为用"[②]。因此，他用了很大的篇幅来辨析《中庸》提及"礼"的部分，并且指出朱子解"礼"的种种不足，给予大力攻驳。如对"祭祀""丧礼"等"宗庙之礼"的种种细节不厌其烦地考证，虽不乏灼识，但也多繁琐而无关《中庸》宏旨，而这种作法则恰恰是朱子所批评的。朱子就曾批评他的弟子拘泥于名物考究，说"此等琐碎，既非大义所系，又无明文可证，则姑阙之，其亦可也，何必详考而深辩之耶"[③]，若以此话来评价毛氏的《中庸》之辨倒也恰对其症。客观来讲，从《中庸》文本的特点而言，无论是阐发"性道教""慎独"还是"诚"，《中庸》更本质的特点是阐发义理之书，其可考证的具体"事物"并不多，并不像《论语》《孟子》，甚至《大学》，可令毛奇龄大展考据之功。可见毛氏与朱子二者为学旨趣从根本上已大相径庭。

综上所述，毛奇龄对《中庸》的解说，以及他所阐发的《中庸》观，同样体现了他的四书学的整体特点，即以反驳朱子学为核心。而他所采用的手段，也仍是与他对《大学》《论语》《孟子》的解说方法大致相同，即以考证为主要手段，以王学的义理为基本底色。有所不同的是，由于《中庸》一书内容特点的限制，并不能有更多考证可供展开，因此，毛奇龄对

---

① （清）永瑢等：《中庸说》提要，《四库全书总目》，中华书局，1965年版，第316页。
② （清）毛奇龄：《中庸说》卷一，第3页。
③ （宋）朱熹撰，黄坤校点：《四书或问》，上海古籍出版社、安徽教育出版社，2001年版，第82页。

《中庸》的解说在他的四书学里面并不占据核心的位置，影响也没有他对其他三书的解说大。尽管如此，毛氏对《中庸》的解说仍然很明显地体现了毛氏四书学的诠释特点，这一方面反映了毛氏经学的主要特点，也同时反映了清初学风变化的特点。此时的学者们已不再只局限于理学的理论圈子里打转，而是试图追本溯源，从探索经典的原意入手，进行新的解说。这一讲求考证、回归原典的学术风气的出现，可以说应该是乾嘉考据的先声。虽然，后来随着朱子学官学地位在清朝廷的确立和巩固，作为毛奇龄代表作之一的《四书改错》甚至不得不遭遇"斧板"的结局，但是他的四书学所呈现的学术特点以及在清初学术演进中的作用，仍具有进一步揭示的价值。

毛奇龄《续诗传鸟名卷》的学术成就与时代特征

南昌大学 于 浩

摘 要：《续诗传鸟名卷》一书是毛奇龄晚年的《诗经》学代表作，他以辨正朱熹《诗集传》、考释鸟名为目标，兼释诗义，由于采用了综合分析的方法，注重对文献的梳理、解释和辨析，不尽信材料，辅之以常识和经验，故有不少创获和新见，具有较高学术价值，值得今天研究《诗经》者吸收和采纳。《续诗传鸟名卷》有很强的时代特征，体现了清代初年经学研究发展的趋势，展现了毛奇龄本人较高的学术水准。同时毛奇龄对鸟类的习性、属别等的认知多来自《本草纲目》，给我们了解当时学术和科学发展提供了新的视角。

关键词：毛奇龄 《续诗传鸟名卷》《诗经》《本草纲目》 清代

《续诗传鸟名卷》三卷，是毛奇龄晚年归居故乡萧山城东草堂，重理早年旧作而成的一部专释《诗经》鸟名的学术著作。根据毛奇龄自序所言，他二十岁时曾著《毛诗续传》一书，顺治五年（1648），清军南下，此书为乱兵掠走，后来凭记忆整理，只得《国风省篇》《毛诗写官记》与《诗札》三种。康熙四十四年（1705）毛奇龄修葺萧山旧居，邻人吴氏曾经抄录《毛诗续传》末的《鸟名》卷，吴氏虽去世，其子还保留了当年的残卷，但已残缺严重，字迹漶漫不清，此时姚炳《诗识名解》成书，请毛奇龄作序，毛氏读之深有感触，于是命弟子莫晴川、张风林帮助自己收拾残卷，重订书稿，遂成《续诗传鸟名卷》一书[①]。

不论是早年的《续传》，还是晚年的《鸟名卷》，毛奇龄的出发点都在"辨正朱注，考证鸟名"。一方面，朱熹《诗集传》在名物方面的解释较为疏略，故自元代以来即有补释之作，如元人许谦《诗集传名物钞》等[②]。到了明代，也有越来越多的学者意识到朱《传》在名物考证上的缺失，随着明中叶以降复古宗汉风气的影响，对宋儒的批评也日渐增多，尤其集中在考订粗疏这一项上，对朱熹等宋儒的批评也越来越激烈。

---

① （清）毛奇龄：《续诗传鸟名卷》卷一，《景印文渊阁四库全书》第86册，台湾商务印书馆，1983年版，第276b页。参见胡春丽：《毛奇龄年谱（下）》，《中国经学》第八辑，第220—221页；洪楷萱：《毛奇龄诗经学研究》，台北教育大学硕士学位论文，2009年，第63—64页。

② （元）吴师道：《诗集传名物钞序》，许谦：《诗集传名物钞》，郭鹏点校，北京师范大学出版社，2012年版，第19页。

另一方面,《诗经》中的名物,历来都是研读和理解《诗》义的难点,因此也是历来《诗经》著作解释的重心,至明代中后期出现了一股名物考证的风气,与《诗经》相关的,就有林兆珂《毛诗多识编》、冯复京《六家诗名物疏》、沈万钶《诗经类考》、毛晋《毛诗草木鸟兽虫鱼疏广要》、吴雨《毛诗草木鸟兽疏》以及何楷的巨著《诗经世本古义》等[①]。这些著作的产生,不尽然是复古风气的影响,还有更为复杂的原因,比如明人强调宋儒也有综博的一面,很多著作就是打着继承宋儒综博的旗号;另外还有科举考试和商业出版等的多重影响[②]。正是因为这样复杂的背景,这些《诗经》名物之作也多驳杂不纯,而体例大致上以引述旧说为主,很少有自己的见解,缺乏对材料的考订、比次和分析,像冯复京的著作至少还有不少按语加以辨析,沈万钶的《类考》就只是罗列材料,几乎与类书无异。

《续诗传鸟名卷》就是在这样的背景下产生的,所以毛奇龄撰著此书的目的,也如上述背景一样,首先要辨正朱熹《诗集传》的错误,在此基础上再考证《诗》中涉及的鸟名。体例上则按照诗篇的次序,以鸟名出现前后为次,一一加以解释,后文若重复出现,如无必要则不再解释,若涉及词义、篇旨则加以补充。与明末绝大多数名物之作不同,毛奇龄此书并非简单罗列材料,而是融会贯通,直接提出观点,举出证据,引书虽然也很宏富,但考订简明易览,辨析明确,在方法观念和内容上,都是一部超越前代的著作。所以《续诗传鸟名卷》刊行以后,传播反倒比毛奇龄的其他四部《诗经》学著作要广(毛奇龄除以上从《毛诗续传》整理出来的三部外,还有《诗传诗说驳义》),不仅被收入到清代学者丁晏纂辑的《颐志斋丛书》、马俊良的《龙威秘书》、王谟的《增订汉魏丛书》等丛书中,也为清代各种诗经学著作和名物学著作所引用。

《续诗传鸟名卷》虽发源于毛奇龄早年的《毛诗续传》,但应当视为他晚年的著作。原因有二,一是他在序言里已经明言,邻人吴氏收藏的残稿,已经"纸渑篇绝,文亦脱落,无所用",所以才"取残卷而重理之"。二是书中有很多受到了清初学者陈启源《毛诗稽古编》影响的痕迹,《稽古编》成书于康熙二十六年(1687),故《续诗传鸟名卷》不少内容当晚于《稽古编》的成书时代。所以,《续诗传鸟名卷》应该被视为毛奇龄晚年学术代表作,也是其《诗经》研究的殿军之作[③]。

《续诗传鸟名卷》既广泛吸收了明代后期以来的名物考证成就,又没有当时同类型著作的堆砌、抄纂材料而不加择别辨析等弊端。同时,作为一部专释《诗经》中鸟名的著作,又避免了考释名物与解释诗义的缠夹,其解释鸟名多不受《诗经》旧有的解释传统影响——这往往是自宋以来,不论是《诗经》的解释学还是名物之作所罕能避免的,而他的解释诗义,又

---

① 于浩:《明末清初诗经学研究》第三章第一节,中国社科文献出版社,2023年版。
② (美)周启荣:《晚明印刷与名物训诂学》,《第十届明史国际学术讨论会论文集》,人民日报出版社,2005年版,第427—430页。
③《四库全书总目》就提到《续诗传鸟名卷》的一些观点与《诗札》等书有所不同,其实这不是《四库总目》所批评的"自相矛盾",而是毛奇龄前后观点发生了变化。所以认识到《续诗传鸟名卷》为毛氏晚年著作,对于研究毛奇龄的《诗经》学非常重要。

常能跳出以往的解释框架，超越汉宋，颇能有可取之处，也令人有耳目一新之感。这本书与明中后期诸多《诗经》名物注本旨趣各异，与差不多同时产生的姚炳《诗识名解》在观念和方法上也有区别。或许是此书卷帙不多的缘故，受到学界关注程度较少。本文拟以明末清初学术发展和《诗经》名物注本为视角，从毛奇龄考释鸟名的方法、考订的内容特点以及《续诗传鸟名卷》所体现的时代特征三个方面，略加申述。

一、毛奇龄考释鸟名的方法

在历代考释《诗经》鸟名及其他动植物的著作中，三国吴陆玑的《毛诗草木鸟兽虫鱼疏》是最早最为系统的一部，陆玑书的优点在于描述动物的外形特征和习性极为详细，但早期经典中关于诸多动植物的异名异说问题没有得到解决，鸟名的情况也是如此。宋代学者对名物考证也有很大的兴趣，相继出现了陆佃《埤雅》、罗愿《尔雅翼》等著作，这些著作受体例的限制，多引经据典，间有考证，材料特多，相对分析较少。明代的名物考证之作深受此影响，而堆砌材料的缺点更为突出，无按语的此类著作，则几乎成了排列材料的类书。《续诗传鸟名卷》则无此弊，显示出毛奇龄较高的学术水准，也显示出他是有意识地撰写一部学术专著。之所以能避免这样的弊病，关键在于毛奇龄的方法得当。综而言之，他考释鸟名大概有三种主要方法，一是广泛运用综合分析的方法；二是能凭常理推断，不尽信材料；三是有较明晰的声音文字观念并能运用到鸟名考释中。

首先，毛奇龄广泛运用综合分析方法，具体表现在能综合纷繁复杂的材料并加以分析得出结论；对文献中存在的异名异说能详加辨析，毫不放过。比如他指出"燕"在古代往往指代两种鸟，一是燕子，一是白脰乌："燕一名而有两鸟：一是今燕子，《说文》作'玄鸟'，《玉篇》作'乙'，《尔雅》作'鳦'；《埤雅》谓是'鹩鹍'，《庄子》所谓'鸟莫智于鹩鹍'者。虽复有汉燕、越燕、胡燕之分，然故燕也。若其一是白脰乌，《小尔雅》所云'燕乌'者，不知《尔雅》何故竟称作'燕'，而顾野王作《玉篇》亦因之曰：'燕，乙也，又白脰乌也。'然遍考他书，自六经、诸子、史籍，凡有记述，并无有称燕作白脰乌者，则安有此矣。"①毛奇龄认为燕子之燕，即古文献中或称玄鸟、乙、鳦、鹩鹍；而白脰乌又称燕乌，与燕乙之燕有别，《尔雅》《玉篇》不分，是错误的。可以看到毛奇龄综合了有关"燕"的材料，又详加辨析，得出结论。他在《续诗传鸟名卷》中辨枭、鸮非一鸟，枭为恶鸟、鸮为恶声之鸟；考雎鸠、鸤鸠等的分别；以及辨析鹌鹑之鹑、雕隼之鹑与鸢鷠之鹑等都是这样的例子②。

这种综合分析的方法，前提是对材料有很详审的组织和辨析，因此从《续诗传鸟名卷》中可见毛奇龄读文献材料极为熟稔，很善于引用文献实例和语证。比如他解释"鹑之奔奔"说："鹑本无居不巢不穴，每随所过，但偃伏草间，一如上古之茅茨不掩者。故《尸子》曰：'尧鹑居。'《庄子》亦曰：'圣人鹑居。'是居且不足，安问居匹？若行则鹑每夜飞，飞亦不一，以审伏无定之禽，而诬以行随，非其实矣。且诗言刺淫，但当举一反乎淫者以刺之，奔

---

① （清）毛奇龄：《续诗传鸟名卷》卷一，第280a页。
② （清）毛奇龄：《续诗传鸟名卷》卷一，卷二，第283a—b、298a页。

奔与淫比，正相反也。且六经措词，自有经解，未可援儒说以妄断者。《礼记·表记》曾引此诗矣，子曰：'君行逆则臣有逆命，诗曰：鹊之彊彊，鹑之奔奔。'谓上下行逆，有如奔彊之亢不用命者。未闻曰居常匹行相随也。"① 毛奇龄旨在批驳朱熹解释奔奔、彊彊为"居有常匹，飞则相随之貌"，举出了《尸子》《庄子》的用例，来证明鹑指的是无定居、居住简略的意思，又用《礼记·表记》的引诗来证彊彊、奔奔是指"行逆"而非"行相随"。

在综合材料的时候，毛奇龄还对材料中的异说详加辨析。在讨论"晨风"时，他举出《尔雅》《说文》《玉篇》等书记载晨风都是鸟名，名"鹯"。又辨析说道："惟《六书故》云：'晨风即朝风，非鹯也，李陵别苏武诗：愿因晨风发，送子以贱躯。岂亦鹯耶？'徐氏《日记》辨之曰：'此正鹯也。鸟以发为举，鱼以举为发，举与发字义并同。此鹯发即是鹯举，若曰愿因鹯举时，托贱躯以送子耳。若是朝风，则古诗亮无晨风翼，焉能凌风飞？朝风无翼矣。若曹丕《清河》之作，则直下鸟字曰：愿为晨风鸟，双飞翔北林。夫明指为鸟，何朝风乎？'"戴侗《六书故》认为晨风就是早晨之风，并不是鸟，并引李陵《别苏武诗》为证。毛奇龄引徐仲山的话说，晨风发，指的就是鹯鸟飞举，意思是希望在鹯鸟飞的时候，像它们一样来送别。又进一步引曹丕《清河作》直言"晨风鸟"，证晨风就是鸟名而非朝风②。这些都是毛奇龄能够综合材料，又能加以分析、辨别、考证，故有很多超越前人的独创之见。

其次，除了善于运用材料外，毛奇龄也能够运用推理的方法，并且在材料不可信的情况下，付诸常理和经验加以推断。比如讨论"鸠占鹊巢"，毛奇龄说："鸠之占巢，则实有其事者。乡坞灌木当二三月间，鸠将生子，或率群鸠争鹊巢，鹊亦多御，各飞抢苕蔓，呼噪震林，落及既散，而鸠居寂然，凡有目者皆得见之。"③这是根据经验来加以判断。又论"鸤鸠在桑，其子七兮"，认为"七"是泛指："若其云子七，则只以一与七韵，原非限数，鸠子不限七也。乃《毛传》又增其说云：'鸠之养子，朝从上下，暮从下上，平均如一。'夫诗并不云养子，徒揣下文'有仪'一句，谓养子平一，可与其仪之一相比较耳。实则七、一异数，数以异相，较鸠子有七，而君子之仪则一，相形咏叹，不必相等。下章'鸠子在棘'未尝曰君子之仪亦在棘也。且鸤鸠生子，世尝取养之，儿童习见，并无安排上下朝暮异饲之事。"④不仅指出七、一仅仅是叶韵，与平均如一无干，又诉诸常理与经验，驳斥《毛传》鸤鸠养子"朝从上下、暮从下上"之说。这都是很平实、审慎的态度，不尽信旧说，而推之常理。毛奇龄在《续诗传鸟名卷》强调"经义物理两不相悖"，他自己也努力做到了这一点。

其三，毛奇龄考释鸟名，旨在辨别鸟名归属、辨析异同，本质上偏向词义训诂而非名物上的考证，他所用的方法，正如上文所言，往往是用经典、史传、诸子等材料中的记载反复比证，同时在具体解释上，也经常运用声音文字的方法。本来声音文字之学发展到明末清初，已经有了很瞩目的发展，出现了陈第《毛诗古音考》、顾炎武《音学五书》这样的著作，将人

---

① （清）毛奇龄：《续诗传鸟名卷》卷一，第284b页。
② （清）毛奇龄：《续诗传鸟名卷》卷二，第287b—288a页。
③ （清）毛奇龄：《续诗传鸟名卷》卷一，第279b页。
④ （清）毛奇龄：《续诗传鸟名卷》卷二，第290a页。

们对古音的认识大大往前推了一步。从《续诗传鸟名卷》一书来看，毛奇龄较为了解声音之理，他经常运用声近义通的方法推究词义，在书中常使用"一声之转""字通"等术语，不过他的"字通"，有的是指同音通用，有的是指同音通假，并不一致。他也非常熟练地使用相关韵书、字书加以讨论。这里以他考证"鴥"为例：

> 按鴥有三音，分作三鸟。一音淳，如陈切，则鹤鴥也。一音笋，思允切，则隼也。一音团，徒官切，则雕也。故以鴥作雕，当云鴥本作鷻，音徒官切，与鸢一类，其飞皆能戾天者。特鴥与鷻通字，故诗亦作鴥。此在《毛传》《尔雅》《广雅》《说文》《玉篇》《广韵》《集韵》《韵会》诸书引释甚明。近作字书者反变乱字学，谓以鷻作鴥，是改经字相沿致误，殊不知此通字，非改字也。《说文》引诗文直作"匪鷻"。《集韵》云："鷻，今本诗作鴥。"然亦有仍书鷻字者。①

从《说文》的解释来看，毛奇龄的分析似乎过细，作雕之鴥即鷻也即隼。而他将隼、鷻分为二鸟，是从声音的角度来分的。像这样的方法，在《续诗传鸟名卷》中很常见。总体来看，他对古音的认知不如陈第、顾炎武等人精审，所以他运用声音文字之法考求鸟名，有正确的地方，也有不少疏误。比如他认为鷦鷯又名桃虫，桃与掏声近，鷦鷯经常剥芦苇中的虫吃，所谓掏虫，因此而得名；又以黄莺目光锐利，所以认为又作从二火之"鶑"、二目之"鸎"，都是从此而来，这都有些无稽之谈了，故被《四库全书总目》拎出来批评，兹不复赘。

总而言之，毛奇龄是用来一种贯通的方法来考证鸟名，此种方法超越了宋代和明代学者罗列材料、间加按语的体例，避免了只列材料不加辨析的弊病，细致分析文献材料，辅之以声音文字之法，间用常理和经验推断，哪怕其中有些疏误，但他的方法符合当时学术发展趋势。

二、《续诗传鸟名卷》的旨趣与特点

有了较为贯通和纯熟的方法，毛奇龄在考释鸟名方面就有颇多胜义和新见，但他这本书的宗旨还不单单在考释鸟名，如前文所揭示，还有"辨正朱注"。另外，在讨论朱注、鸟名的时候，毛奇龄有时也会对诗义中的疑难加以解释，不过他很注意区别鸟名含义与诗义，不将其混杂在一起，不以诗义妨碍鸟名的考释，这是很多《诗经》著作所不能避免的，而毛奇龄能特加注意，可以说也是《续诗传鸟名卷》的一个特点。

《续诗传鸟名卷》最重要的一个内容是"并列朱注与行间，且辨且正名之。"（毛奇龄《续诗传鸟名卷序》）所以他考释鸟名的出发点，是纠正朱注的疏失，这在书中随处可见。比如《匏有苦叶》"有鷕雉鸣，雉鸣求其牡"，朱熹《诗集传》说："鷕，雌雉声""飞曰雌雄，走曰牝牡"。朱熹的这两条解释都是直接抄《毛传》的，毛奇龄认为："雄鸣曰雉，雌鸣曰鷕，此旧注如是，然亦本诗句。朝雉求雌，有鷕求牡，非有他也。若以牝牡、雌雄分飞走，则不然。

---

① （清）毛奇龄：《续诗传鸟名卷》卷三，第 298a—b 页。

《诗》有'雄狐',《尚书·泰誓》篇曰'牝鸡之晨'。"① 毛奇龄指出"鸣"是雌雄之声,也是随文释义,不代表一般的意义。至于"飞曰雌雄,走曰牝牡",也不能视为公理,《诗经》里还有"雄狐",《尚书》里有"牝鸡",也就是说走兽也能用雌雄,飞禽也能用牝牡。朱熹照抄《毛传》,不加辨析,反而解释得不清楚。

同诗第三章"雝雝鸣雁,旭日始旦。士如归妻,迨冰未泮。"朱熹说:"婚礼,纳采用雁。亲迎以昏,而纳采、请期以旦。归妻以冰泮,而纳采请期,迨冰未泮之时。"毛奇龄首先引《春秋公羊传》和《孝经钩命决》证婚礼的五个过程纳采、问名、纳吉、纳征、请期都用雁。又驳斥"亲迎以昏,而纳采请期以旦"来解释"雝雝鸣雁,旭日始旦",认为朱熹误解了诗义。诗的意思是以雁在天蒙蒙亮时鸣叫起兴,来比喻娶妻要及时,要在冰泮之前,诗句并不是说婚礼用雁之事。而就算是用雁,朱熹的解释也缠夹不清,毛奇龄引《礼记·郊特牲》和郑玄注指出,亲迎在昏,昏亦用雁,并不是纳采在旦,旦才能用雁②。像这纠正朱子之失的地方见诸全书。

不仅是朱子,书中涉及其他宋儒,毛奇龄也毫不客气,比如批评罗愿无学,"妄作《尔雅翼》"③等。过去有学者指出毛奇龄以极力批评宋儒炫目于世,迨其晚年,康熙升祀朱子,遂改变旧说,甚至将批评朱子的《四书改错》也毁版不存,今《西河全集》中无《四书改错》,可见他不敢将《西河全集》编列其中④。今天来看,他以批评朱子谓宗旨的《续诗传鸟名》,照样收入《西河全集》,并无避讳,恐怕《四书改错》之毁版,不单单是康熙升祀朱子的原因。

《续诗传鸟名卷》的第二个重要内容就是考释鸟名,前文已用很多实例加以论述,这里仅讨论一下毛奇龄的考释鸟名与之前及同时期同类著作有何不同。毛奇龄的考释鸟名,旨在辨析鸟名异同及其原因,因他对于描述鸟类的外形特征、习性等方面不感兴趣,而重在考辨同名异鸟、同鸟异名等复杂情况,推求得名的原因,并从不同文献相证鸟的习性特征。所以《续诗传鸟名卷》并不是一部今天意义上的生物学著作,而是一部依据经典、考求鸟的名称异同的经典训诂类著作。当然,书中有些地方对鸟的外形特征、习性也有所介绍,但这是为了更好地区别不同鸟之间的特征,其根本兴趣不在鸟类研究上,而在鸟名的研究上。这是我们读此书需要特别注意的。所以他重点考辨同名异鸟、同鸟异名,对于诸如鸠的种类、鸮与枭的区别、鹳与鹤的区别以及得名之原,鹝一名而三鸟、桑扈、鹝等的异名及得名的来源等等都详加考证,除了引经典为说,还常常引及后世文献加以证明。

这里举"鹳"为例。毛奇龄说鹳"又名鹳雀,以旧注鹳鹊属,故《庄子》称观雀,《后汉·杨震传》称冠雀,皆即此物。以古多通字,冠、观与鹳但取音同,不必有义也。"这是指出鹳、鹳鹊、鹳雀、观雀、冠雀都是同鸟之异名,又说冠、观、鹳声同,故能通用,不必取义,这是对的。但他后文为了解释鹳之得名,又说:"若观雀则不惟音同,兼且有义。徐氏

---

① (清)毛奇龄:《续诗传鸟名卷》卷一,第281b页。
② (清)毛奇龄:《续诗传鸟名卷》卷一,第282a页。
③ (清)毛奇龄:《续诗传鸟名卷》卷三,第305a页。
④ 钱穆:《中国近三百年学术史》(上册),商务印书馆,1997年版,第256—257页。

《日记》曰：'鹳凡食鱼，必且观且行，因名为鹳。'《朝野佥载》记魏光乘授左拾遗，讥讪姚元之身长而行急，人目之为趁地鹳，谓不观而但趁地也。则鹳名观雀，庄子非妄称者。"①这又是想当然耳。不过可见毛氏的目的是为了解释鹳得名的原因，这是他此书的一大特点。

《诗经》多用草木鸟兽虫鱼起兴，故解释鸟名，不可能不涉及诗义。毛奇龄的长处在于他不以鸟名害义，往往据常理来推断诗义，也会结合鸟名，但大多会秉持平实之论，所以他解释诗义来较为清通可靠，还能有不少新见。比如《鸱鸮》一诗，鸱鸮究竟是指武庚禄父，还是指成王，历来说法纷纭，毛奇龄则根据诗文本身详加分析，认为"取子者鸱鸮也，恐其毁室者，亦鸱鸮也。呼名相告，诗文皎然。乃以之自比，则自呼其名而忽接之曰取子、曰毁室，将所谓取者，谁取之；而所谓毁者，又谁毁之？"②这个解释是非常准确且符合诗义的。又如《七月》"七月鸣鵙"，历来对这里用的是周正还是夏正，争论不休，毛奇龄则认为诗不是《月令》，不能以《月令》的方法来读，而是要灵活地理解，他说"其云七月，非谓至是始鸣，特以七月之鸣起下文八月之绩，谓鵙是阴鸟，鸣则阴生，所当戒阴寒，而兴女工，特以七八月为戒寒之候。"又引文献说："蔡邕所云，'鵙应时而鸣，是为阴候。'《楚词》'恐鹈鴃之先鸣兮，使百草为之不芳。'是也。"③这个说法很有新见，值得参考。又如《小弁》"弁彼鸒斯"之"弁"，毛奇龄认为是疾飞之义："弁与卞通，《汉·杜钦传》以《小弁》作《小卞》，而'卞'训躁疾。《春秋传》'郑庄卞急'。故弁者，急疾之貌。《礼记》'弁行剡剡起屦'，注：'急，疾也。'鸒斯如彼急疾者，以归飞故也。"④这个解释很清楚，反倒后来马瑞辰《毛诗传笺通释》解释此"弁"字，因尊崇《毛传》，反而训解不如毛奇龄明晰。所以《续诗传鸟名卷》不仅在解释鸟名上有其价值，在《诗经》的解释方面，也有很多值得吸收和借鉴的地方。

三、《续诗传鸟名卷》的时代特征

《续诗传鸟名卷》有超越时代的地方，也带有很深的清代初期的学术烙印。清初的学术，经过明末的积淀，明清之际的剧变引起的反思，产生了一批典范性的学术著作，学术观念和方法都得到全面发展，尤其在研治经书方面，逐渐发展出了一套治经的法则，这其中声音文字之学的运用和综合比较分析方法的推广都是很重要的因素，第一节已详细言之。毛奇龄在当时以博学著称于世，他的学术著作大多能步履学术潮流并有创获，《四库全书总目》所谓"议论多所发明"。当然因他有争强好胜之心，好发异论；且初以文士名世，治经书稍晚，学术根基并不如顾炎武等人，他的观点好取新取异，争议颇多。⑤但这些缺点在《续诗传鸟名卷》中却很少见到。毛奇龄之前一部《诗经》学著作《诗传诗说驳义》，考辨明代伪造的《子贡诗传》与《申培诗说》，已显示出极为纯熟的学术功力，引述丰富，考辨详密，论点精确不移，被认为是

---

① （清）毛奇龄：《续诗传鸟名卷》卷二，第293a页。
② （清）毛奇龄：《续诗传鸟名卷》卷二，第292a页。
③ （清）毛奇龄：《续诗传鸟名卷》卷二，第291a页。
④ （清）毛奇龄：《续诗传鸟名卷》卷三，第298a页。
⑤ 林庆彰：《清初的群经辨伪学》，文津出版社，1990年版，第221—229页。

明末清初考辨伪《诗传》《诗说》的"集大成之作"①。《续诗传鸟名卷》虽卷帙较少，但也能通过合理的方法加以推断，其中不少观点，至今仍值得思考和吸收。

另外，《续诗传鸟名卷》在部分内容上，似乎还受到陈启源《毛诗稽古编》的影响。《毛诗稽古编》是清初《诗经》研究领域一部开创性著作，陈启源本人也以博学著称，其书引述极为宏富，而尤其擅长以声音文字之法考证词义，辨析古书义例，而名物考证方面也颇具特色。在方法和材料上，毛奇龄或多或少受到了《毛诗稽古编》的影响，比如《续诗传鸟名卷》第一条考释雎鸠，所用《尔雅》《说文》《玉篇》与陆玑《疏》、钱氏《诗诂》、郑樵《通志》等材料，具见于《毛诗稽古编》，考辨的思路亦相仿。从现有材料来看，毛奇龄与陈启源是有交往的。毛奇龄有《吴江陈启源贻诗赋酬》诗赠陈启源："十年道路愧冥鸿，长向吴江听落枫。画舫未逢三若下，高门只对五湖东。冠时著作超承祚，满地兵戈忆子公。何幸新诗能远寄，光芒百丈俨乘虹。"②承祚当是陈寿（字承祚）；子公当是西汉陈汤（字子公），曾率军出击匈奴，攻杀郅支单于③。二人皆为陈启源同姓者。毛奇龄赞陈启源著作可超陈寿，又誉其诗作"光芒百丈"，足见毛奇龄对陈启源的钦服之意。不过总体来看，《续诗传鸟名卷》与《毛诗稽古编》的旨趣并不相同，尤其《稽古编》中对于《尔雅》极为尊崇，认为是周公发起而子夏等续成之书，对于《说文》《毛传》也视为不可改易的经典。毛奇龄则能够以客观的态度对待《尔雅》《说文》《毛传》，一方面重视这些早期训诂著作材料，从《续诗传鸟名卷》来看，毛奇龄对这些训诂著作的体例有比较深的认识；另一方面也不以它们为准绳，认为有错误会直接指出。

除了清初经学研究的背景以外，从科学史的角度我们也能发现一些有趣的现象，那就是《续诗传鸟名卷》对于鸟类的认识多本于李时珍的《本草纲目》。《续诗传鸟名卷》中对鸟的分类极为细腻，对属类相近而实际有区别的鸟类的认知也比以往要深入，而这些认识很多都来自《本草纲目》。比如毛奇龄将鸮分为恶鸟和恶声之鸟；辨别鸥鸰与鸲鹆；认识到鹳与鹤的区别；鹯与隼、雕的区别，等等，均源自《本草纲目》的记载。而书中为数不多关于鸟类外形和部分习性的记载，不少是照抄《本草纲目》。比如解释"鹳"，毛奇龄说："鹳似鹤而顶不赤，项无乌带，惟尾翼俱黑，善食鱼。《禽经》：鹳仰鸣则晴，俯鸣则雨。"④《本草纲目》李时珍按语云："鹳似鹤而顶不丹，长颈赤喙，色灰白，翅尾俱黑。……仰天号鸣，必主于有雨。"可见毛奇龄关于鹳的形貌、习性的描写，全本李时珍之说。其他如鹡鸰、鸤鸠、桑扈等也多有与《本草纲目》相近处，但毛奇龄摒弃了李时珍书中关于药用和近于神谈怪说的内容，显得更为审慎和严谨。总而言之，《本草纲目》对毛奇龄考释鸟名的影响，给我们理解当时学术和科学发展提供了一个新的视角。

---

① 林庆彰：《清初的群经辨伪学》，文津出版社，1990 年版，第 271—286 页。
② （清）毛奇龄：《西河集》卷一百七十九，影印文渊阁《四库全书》第 1321 册，第 836 页。
③ （汉）班固：《汉书》卷七十，中华书局，1962 年版，第 3007—3028 页。
④ （清）毛奇龄：《续诗传鸟名卷》卷三，第 297a 页。

旧邦与新朝：毛奇龄的经义取向与国家认同

陕西师范大学　杨批额

摘　要：毛奇龄通过对臣节伦理、君主品质和华夷之辩等经义新诠，为自己抗清到仕清的转向提供理论支持，完成自我身份与群体身份的建构。他借助管仲在殉身与出处的抉择，凸显"以国家天下为己任"的忠臣观念，为仕清之路提供辩护。依毛奇龄之见，君主外王之功是内圣之德的直观呈现，透露出清朝为明讨贼功业的认同，并以《春秋》"尊王"与大一统的文本呈现，彰显王者德性与领土大小之间的关联，暗含自己对南明偏安朝廷的疏离与清朝大一统政权的认同。毛奇龄强调夷、夏双方的"文治"互融，以大禹"东夷之人"身份与边缘文明的连接，为源自东北的满清承接正统提供历史依据。

关键词：毛奇龄　清代经学　身份认同　正统观念

毛奇龄在学术史上的评价毁誉参半。褒之者誉其为学术名家，阮元认为毛奇龄对乾嘉学术有"开始之功"，李慈铭赞其经学成就"天下之杰也"[1]，近人傅璇琮也认为，毛奇龄是继黄宗羲之后的"浙学盟主"[2]。而斥之者却质疑毛奇龄的人格品德，认为仕清是其人格的污点，进而贬低其学术贡献，批评者全祖望发起端，他否定毛奇龄的《忠臣不死节辨》，认为"负君弃国与夫背师卖友，本出一致，检讨之心术，尽于斯文"[3]；后来，章太炎称毛奇龄"少壮苦节，有古烈士风，而晚节不终，媚于旃裘"[4]，认为"毛本文士，绝不知经"[5]；梁启超也表示，毛奇龄"这个人品格是无足取的"，是"半路出家的经生"[6]；钱穆也认为"西河以德性之未醇，影响及於学术"[7]。这些认识，确如胡春丽所言，毛奇龄与传统所强调的纯儒品节有违，深刻影响了后世学者对于毛奇龄学术成就的客观评价。[8]

在故国之思与新朝利诱的二难抉择中，毛奇龄选择入仕清朝，为了安顿自己的生命，他对于

---

[1]（清）李慈铭：《越缦堂诗文集》下册，上海书籍出版社，2008年版，第898页。
[2] 傅璇琮：《学林清话》，大象出版社，2008年版，第219页。
[3]（清）全祖望：《鲒埼亭文集选注》，商务印书馆，2018年版，第425页。
[4] 章太炎：《章太炎全集》第3册，上海人民出版社，1984年版，第340页。
[5] 支伟成：《清代朴学大师列传》，上海人民出版社，2014年版，第2页。
[6] 梁启超：《中国近三百年学术史》，中华书局，2020年版，第292—293页。
[7] 钱穆：《中国近三百年学术史》上册，九州出版社，2011年版，第249页。
[8] 胡春丽：《毛奇龄与清初〈四书〉学》，复旦大学博士学位论文，2010年，第6页。

传统经学中的臣节论、君权和华夷论作了全新的阐释，也为清朝的正统地位提供理论支撑。毛奇龄这些经学新义，虽然招来了传统学者的苛责和批评，但从方法和意义摆脱了汉宋以来经学的固有观念和解经方式，为陈腐的经学吹来了一股新风，实现了自己由旧部到新臣的身份转换，完成了个人和所属群体的身份重构，本文就此作些初步的思考和探索。

一、旧部与新臣：毛奇龄忠君思想与殉身出处的抉择

明清鼎革，士人们要在殉身和出处之间作出抉择，对此，毛奇龄以"死谏"和"以死卫君"之说处理臣子殉身的问题，又通过"以民物为怀，以国家天下为己任"之"忠"的意义重构，为自己的仕清之路寻找历史依据。

（一）臣子"死谏"与"以死卫君"的殉身观念

毛奇龄认为殉死和忠臣没有必然联系，指出"是死亦忠，不死亦忠"，只有满足"杀其身有益于君"的条件才能达到忠臣的道德要求。针对《论语》的"臣事君以忠"和"事君能致其身"之说，毛奇龄认为"忠臣不必死"。其曰：

> 《论语》曰：臣事君以忠。……故忠臣已事，自唐、虞至春秋不多概见，乃由龙逄、比干外，经传罕有，只《左传》称季文子相三君，妾不衣帛，马不食粟，推为忠臣。……乃不学之徒，误读子夏所云"事君能致其身"语，而谓为"捐躯"。夫致身者，服勤致死，以身许国之谓也，而捐躯也乎？且误认"见危授命""杀身成仁"为忠臣之事。夫志士仁人，随在立名，凡君亲兄友与一身名行皆是也，而止忠臣之事也乎？乃后儒无赖，竟訾然以必死归之忠臣。如魏征有云"但愿为良臣，不愿为忠臣"语，一似忠臣止有死者。夫忠臣不必死，前亦既言之矣。然而间有死者，则必厚系于君事与国事，而不得已而后死之，未有君死亦死，徒死其身，而于君、国两无与，而可言忠者。《礼记》明曰：为人臣者，杀其身有益于君，则为之，杀其身无益于君，则不为也。①

在毛奇龄看来，"致身"没有"捐躯"的意义，它只是要求臣子"服勤致死，以身许国"，而非"见危授命，杀身成仁"。毛奇龄结合《左传》"季文子相三君，妾不衣帛，马不食粟，推为忠臣"的故事，铲除后儒"以必死归之忠臣"的君臣伦理观念，指出"忠臣不必死"。当然，毛奇龄反对"杀身成仁为忠臣之事"，只是否认"徒死其身"，并没有堵住以"死"为"忠"的路径，他认为忠臣"则必厚系于君事与国事""杀其身有益于君则为之"。

毛奇龄以"杀其身有益于君则为之"为基础，指出殉身而有益于君的两个途径，一是"死谏"，二是"以死卫君"。明代谏议制度允许百官或者民众通过章奏规谏皇帝，但从毛奇龄所举的例子来看，"死谏"之"忠"的实现不在于臣子是否抱必死之心，而在于帝王是否执行处死臣下的行动。从这个角度来看，人们就不能以传统的"死谏"来指责那些仕清的明代士子。毛奇龄说：

---

① （清）毛奇龄：《辨忠臣不徒死文》，《毛奇龄全集》第 31 册，学苑出版社，2015 年版，第 306—309 页。

> 一曰死谏，龙逢、比干是也。三代忠臣，此为最著也。然而韩诗以周公相孺子，管仲相桓公，俱不必死，因有以伍员伏剑为死怨，而汲黯戆直，反得与东方讽谏同享忠名，是死亦忠，不死亦忠。伊、管不死，不必遂远逊逢、干下也。①

谏议制度是臣下向皇帝进行劝谏的制度，晁中辰指出，明代"百官或者民众都可以通过章奏来规谏皇帝"②。由此来看，毛奇龄作为明朝诸生，社会环境允许他进行"死谏"之"忠"的实施。龙逢和比干分别以死争夏桀和商纣之过，毛奇龄认为"三代忠臣，此为最著也"。从龙逢、比干二人的遭遇来看，毛奇龄的"死谏"是臣下对于皇帝个人的归属与忠诚，是对现实政权执政者的认同。需要说明的是，"死谏"在具体判断中很难把握与操作。因为"死谏"是君臣双方协调失效的结果，不管臣子是否抱必死之心进行谏议，只要君主没有处死臣子，那么这场失效的谏议无法认定为"死谏"。由此出发，不管毛奇龄是否抱必死之心进行谏议，只要旧朝帝王没有下旨处死，就没有人能够从"死谏"的角度批评毛奇龄的君臣观念。

传统的君臣关系是要求臣子无条件尽忠，强调君辱臣死的观念。明亡之后，毛奇龄非但没有赴死，反而由抗清走向仕清之路，面对传统的为君殉身与仕清现实之间的矛盾，他提出"以死卫君"之说，并为此增置一个前提条件，要求君臣同在一地。明朝崇祯帝自缢，南明政权的覆亡，毛奇龄与故国之君各在异地，无法履行"以死卫君"的忠臣责任。他说：

> 一曰以死卫君，齐无知弑襄公，徒人费御贼而死于门。嵇绍以晋帝蒙尘，挺身捍卫，而端冕而死，此死君之无可议者。顾公叔文子，卫侯亲许其以身捍君，可不谓忠？司马《续汉书》极称杨仁忠勇，能持戟以严卫宫门，第文子与仁未尝死也。③

"以死卫君"中的徒人费，为齐襄公抵御叛军而"斗死于门中"④；嵇康之子嵇绍为保护晋惠帝，"被害于帝侧，血溅御服"⑤；"卫侯亲许其以身捍君"，是指《礼记》所载之事，"昔者卫国有难，夫子以其死卫寡人"⑥；"杨仁忠勇"，是指杨仁披甲持戟保护明帝灵柩，"严勒门卫，莫敢轻进者"⑦。毛奇龄所举的"以死卫君"之例，都是保护者与保护对象共处一地。崇祯帝自缢，毛奇龄"在城南山阁土室读书"⑧；顺治二年（1645）五月十一日，南京的弘光政权覆灭，毛奇龄"向毛有伦建言辞方马军，触怒方国安，往毛有椒军中一月"⑨；顺治三年（1646）八月，南明隆武政权覆灭，毛奇龄"衣缁为僧"⑩；顺治十八年（1661）十二月，永历政权灭亡，毛奇龄在浙江"云门寺访

---

① （清）毛奇龄：《辨忠臣不徒死文》，《毛奇龄全集》第 31 册，学苑出版社，2015 年版，第 309 页。
② 晁中辰：《中国谏议制度史》，中华书局，2015 年版，第 521 页。
③ （清）毛奇龄：《辨忠臣不徒死文》，《毛奇龄全集》第 31 册，学苑出版社，2015 年版，第 309—310 页。
④ （西晋）杜预注，（唐）孔颖达疏：《春秋左传注疏》第一册，中华书局，2021 年版，第 383 页。
⑤ （唐）房玄龄：《晋书》卷八十九《忠义》，中华书局，1974 年版，第 2300 页。
⑥ （汉）郑玄注，（唐）孔颖达正义：《礼记注疏》卷第十《檀弓下》，中华书局，2021 年版，第 511 页。
⑦ （南朝宋）范晔：《后汉书》卷七十九下《杨仁》，中华书局，1965 年版，第 2574 页。
⑧ 胡春丽：《毛奇龄年谱》，复旦大学出版社，2021 年版，第 33 页。
⑨ 胡春丽：《毛奇龄年谱》，复旦大学出版社，2021 年版，第 36 页。
⑩ 胡春丽：《毛奇龄年谱》，复旦大学出版社，2021 年版，第 38 页。

佷亭和尚"①。可以说，大明王朝、弘光、隆武和永历政权灭亡之时，毛奇龄并未与故国之君同处一个空间，自然不需要履行自己所言的"以死卫君"责任，也就无法从故国视野指责毛奇龄的臣德操守。

（二）臣子"以国家天下为己任"的出处抉择

关于士人的出处抉择，毛奇龄聚焦于程颐和朱熹对"管仲相桓公"的讨论，重新阐释了管仲的君臣伦理观念，进而将自己的新臣身份与管仲等士大夫品格进行了连接，以此作为自己仕清之途的合法策略。

管仲与公子纠本属一个阵营，子纠被杀之后，管仲相齐桓公，孔子称许其功"霸诸侯，一匡天下，民到于今受其赐"②。在程颐看来，齐桓公与公子纠的兄弟关系暗含君臣之义，而管仲能够"知辅之争为不义，将自免以图后功""故圣人不责其死而称其功"③，若只考虑管仲后来的功劳而称颂相桓之事，则如李建成的臣属王珪、魏征没有殉死，反而事奉唐太宗为君，"可谓害于义矣"④，同样地，若子纠为兄长，管仲为齐桓公之相，则圣人之言"启万世反覆不忠之乱乎"⑤。朱熹也认同程颐从兄弟关系论述管仲臣德的看法，认为"管仲有功而无罪，故圣人独称其功；王魏先有罪而后有功，则不以相掩可也"⑥。

毛奇龄针对程、朱二氏的桓公为兄看法，提出"桓实是弟"的说法，但为了避免管仲相桓公带来"启万世反覆不忠之乱乎"的恶评，他指出桓公兄弟二人各有自己的臣属，均有继国称君的资格，并以"管仲"为考察视角，区分"君"与"民"为两事，将"民物"关联于"国家天下"的结构之中，在"死谏"和"以死卫君"之外，标举管仲"以国家天下为己任"的忠臣观念。毛奇龄在《四书改错》详论道：

> 夫子许管仲之意，是重事功，尚用世，以民物为怀，以家国天下为己任。圣学在此，圣道亦在此。而程氏无学，读尽四书经文，并不知圣贤指趣之何在，斯亦已矣。乃复不契于夫子之说，特变乱其事，谓子何以许管仲，因桓公是兄，子纠是弟，故管仲可以相桓，而召忽不可以死纠，则是兄有君臣，弟必不可有君臣；兄可继国，弟必不可以继国。其为说固已难通。然且桓实是弟，纠实是兄，正相颠倒，而乃曰：设使桓是弟，纠是兄，则夫子此言，毋乃害义之甚，启天下万世反覆不忠之乱。是害义者，夫子也；启乱者，夫子也；开天下万世反覆不忠之祸者，夫子也。夫子自此不容于天地间矣！若纠兄桓弟，则自《春秋》三传及《管子》《史记》诸书皆然。唯《汉书》以忌讳改杀兄作杀弟，然随即注明，不容错者。⑦

在毛奇龄看来，程颐的兄弟嫡庶与君臣之义无关，因为"则是兄有君臣，弟必不可有君臣；

---

① 胡春丽：《毛奇龄年谱》，复旦大学出版社，2021年版，第82页。
② （宋）朱熹：《四书章句集注》，中华书局，1983年版，第153页。
③ （宋）朱熹：《四书章句集注》，中华书局，1983年版，第153页。
④ （宋）朱熹：《四书章句集注》，中华书局，1983年版，第154页。
⑤ （宋）朱熹：《四书章句集注》，中华书局，1983年版，第154页。
⑥ （宋）朱熹：《四书章句集注》，中华书局，1983年版，第154页。
⑦ （清）毛奇龄著，胡春丽点校：《四书改错》下册，华东师范大学出版社，2015年版，第466页。

兄可继国，弟必不可以继国。其为说固已难通"，并指出历史的事实是子纠为兄，小白（齐桓公）是弟，《春秋》三《传》及《管子》《史记》均持此说，至于《汉书》记载薄昭讨论"齐桓杀其弟以反国"事，是因为"以汉文是淮南王兄，忌讳，故称杀兄为杀弟"①，以此表明程颐之说不足信据。与此同时，毛奇龄通过君臣嫡庶和历史事实的考察，在层次上区分"君"与"民"的不同，认为"夫子许管仲之意，是重事功，尚用世，以民物为怀，以家国天下为己任"，意在强调"君"与"民"共同构成国家，尽管公子纠作为政权代表的维度遭到破坏，也可以通过"以民物为怀"的角度，触及"以国家天下为己任"君臣伦理的出发点。

顾炎武曾用"亡国"与"亡天下"的理论，以安置自己的遗民身份，有学者表示，"顾炎武提出的这一忠诚度标准，还隐含一个重大的命题，即如果得到天下的这个王朝能够顺天下之意而治理，那么，匹夫忠于这个王朝本身也就是忠于天下了"②。毛奇龄"以民物为怀，以国家天下为己任"作为忠臣的评价标准，一改传统经学的忠诚对象，由君主转换为国家、民族、社会，这是中国古代经学的重要进步。毛奇龄的国家观念主要由"君"与"民"两个维度构成，由此而言，旧国君主虽为新朝帝王取代，但故国之"民"即为新朝之"民"，故国之天下即是新朝之天下，自然可以说是"匹夫忠于这个王朝本身也就是忠于天下了"。

二、事功与疆土：毛奇龄"君德"实践论与政权合法性的建构

君主作为政权的代表，其内在品质与外在能力会影响到臣民对于政权的态度，或疏离，或认同。毛奇龄通过内圣外王的混一，以外王"善陈取胜"之功反证统治者有德，从而加强清朝为明讨贼功业的认同。毛奇龄以《春秋》"尊王"反驳何休的"黜周王鲁"之说，以此反对区域性地方政权纳入正统王朝的序列，提出"是故功德大者地亦大"的观念，突出王者德性与政治地域大小之间的关联，体现了毛奇龄对南明偏安政治的疏离与清朝大一统政权的认同。

（一）外王"善陈取胜"功业与内圣的实践

关于君主的内圣之德与外王功业之间的关系，毛奇龄以胡安国对于长勺之战的评价为切入点，重塑有别于宋儒的君王"功""德"关系，为清朝君王入主中国提供政权上的正统理论支持，进而为自己的新臣身份辩护。

春秋时期，齐、鲁因公子纠和公子小白二人的争权夺位而互为仇敌，两国于长勺发生大战，《春秋》记载"公败齐师于长勺"。由于鲁人曹刿是以诈谋取胜，在胡安国看来有悖疆场的守御之备，此非王者所为之事，借此以内圣之德统摄外王武功。胡安国《春秋传》论道：

> 齐师伐鲁，经不书"伐"，意责鲁也。诈战曰"败"，败之者为主。或曰：长勺，鲁地，而齐师至此，所谓敌加于己，不得已而后应者也，疑若无罪焉，何以见责乎？善为国者不师，善师者不阵，善阵者不战，故行使则有文告之词，而疆场则有守御之备。至于善阵，德已衰矣，而况兵刃相接，又以诈谋取胜乎？故书鲁为主以责之，皆己乱之道，寡怨之方，王者之事也。③

---

① （清）毛奇龄著，胡春丽点校：《四书改错》上册，华东师范大学出版社，2015年版，第16页。
② 李扬帆：《被误读的天下秩序》，北京大学出版社，2016年版，第61页。
③ （宋）胡安国：《春秋传》卷八，岳麓书社，2011年版，第88页。

胡安国主张将经文"公败齐师于长勺"改为"齐师伐鲁",显然根据《公羊》的"《春秋》伐者为主"[①]理论,试图表明主动伐人者齐国为客,被伐者鲁国为主,"所谓敌加于己,不得已而后应者也,疑若无罪焉"。在胡安国看来,"行使则有文告之词,而疆场则有守御之备",《春秋》不书"伐"而书"败",是因为鲁国诈战,不遵守疆场"守御之备","善阵"之举是"德已衰"的表现。显然,胡安国反对王者"以诈谋取胜"。与之相关,宋朝盛行"非兵论",试图以道德统摄武功。苏轼曾言"宋兴百三十年","而其要在于兵不用"[②]。陈师道批评"后之取天下者以兵,兵者争而已矣,以诈胜诈,以力胜力",最后"君臣相屠矣"[③]。刘克庄说"三代而下,治体纯粹,莫如我朝。立国不以力胜仁","社稷长远,赖此而已"[④]。丁应奎表示,"抑岂知帝王平治天下之功,虽出于文武并行而不相悖,而德也者,乃文武之所自出欤"[⑤]。对于宋儒这种"德"是"武"的来源认识,确如杨念群先生所言,既与宋太祖"担忧武将篡权"、宋太宗培养"天子门生"[⑥]的重文抑武理念有关,也"与收复失地的军事行动屡屡受挫有关"[⑦]。

与之相反,毛奇龄肯定曹刿"不废权谲"的谋略,藉此反驳胡安国"善陈取胜非王者事"的说法,并将明朝亡国归因于崇祯的无"事功"之业,从而凸显君主的外在事功。《春秋毛氏传》曰:

> 此齐人伐我而我应之者,其不书彼伐而第书败彼,甚善我之能败彼也。临难辟仇,不废权谲,况用兵乎?此用曹刿之计,初稽其陈列,齐人三鼓始与之战,曰:一鼓作气,再而衰,三而竭。彼竭我盈,故克之。……虽制奇而实用正焉。胡氏谓善陈取胜非王者事,则必强寇临疆,国亡主虏,一如靖康之拱手让敌,兵刃不接,然后为王者事乎?以鲁之积弱,强仇来侵,加之齐桓、管、鲍锐师初出,自非长勺乘丘,操奇制胜,则鲁鲜有能图存者。故夹谷之会,夫子必先请备兵具,左右司马然后与会,盖圣人未尝忘战也,且未尝顷刻忘战胜也。故曰我战则克,又曰战陈无勇,非孝也。……宋儒不读书,好侮圣言,动辄以不战立说,误本国,误天下后世,致崇祯癸未,贼迫畿甸,廷臣尚有请舞于羽者。嗟乎!盍亦就圣经一深思之。[⑧]

在毛奇龄看来,"曹刿之计,初稽其陈列,齐人三鼓始与之战","虽制奇而实用正焉",肯定了曹刿"临难辟仇,不废权谲"的军事谋略。毛奇龄认为胡安国"善陈取胜非王者事"的看法,

---

① (汉)何休:《春秋公羊传注疏》上册,上海古籍出版社,2014年版,第441—442页。
② (宋)苏轼:《富郑公弼显忠尚德之碑》,《苏轼文集》卷十八,中华书局,1986年版,第525页。
③ (宋)陈师道:《取守论》,《全宋文》第123册,上海辞书出版社,安徽教育出版社,2006年版,第337页。
④ (宋)刘克庄:《刘克庄集笺校》,中华书局,2011年版,第6501页。
⑤ (宋)丁应奎:《太宗文武德功如何》,《全宋文》第354册,上海辞书出版社,安徽教育出版社,2006年版,第412页。
⑥ 杨念群:《"天命"如何转移:清朝"大一统"观的形成与实践》,上海人民出版社,2022年版,第89页。
⑦ 杨念群:《"天命"如何转移:清朝"大一统"观的形成与实践》,上海人民出版社,2022年版,第91页。
⑧ (清)毛奇龄:《春秋毛氏传》卷十,《景印文渊阁四库全书》第176册,台湾商务印书馆,1983年版,第102页。

无法应对政权面临的军事危机，宋人不仅要为靖康"国亡主虏"的亡国之痛负责，还应该为崇祯年间"贼迫畿甸"的历史悲剧负责，认为"动辄以不战立说，误本国，误天下后世"。与此同时，毛奇龄通过孔子"必先请备兵具"的举措，指出"圣人未尝忘战也，且未尝顷刻忘战胜也"，实则要求王者具备"善陈取胜"的能力。

毛奇龄对君主在事功方面的要求，其实也是传统政治文化"内圣外王"思想的反映，他强调外王之"功"和内圣之"德"混一，指出"内圣外王，天道人道，并无有二"①，认为"无外王而谓之内圣者乎"②。毛奇龄要求"功"的事实逆推出"德"，要求有内圣之德需要见诸行动，以此成就外王之业，否则无法显现其内圣之德，促使外在武功等同于内在德性。

毛奇龄围绕"贼迫畿甸"凸显君主的外王功业，其目的在于表达明亡于李自成而非满清，明、清之间不仅不存在敌对关系，宣称清朝为明讨贼而兴，是其内圣之德的外在表现。毛奇龄在《王文成传本》表示，"至崇祯贼发而明遂亡"③，又在《后鉴录》指出，"会大清兴兵，将讨贼，……三桂惧不敌，乃乞师于台星可汗、九王，发铁骑五万，以英王、豫王分领之入关"④。毛奇龄对于明亡清兴的认识，与多尔衮"为明讨贼"的入关叙述一致："夫君父之仇，不共戴天。《春秋》之义，有贼不讨，则故君不得书葬，新君不得书即位；所以防乱臣贼子，法至严也。闯贼李自成称兵犯阙，……平西王吴三桂界在东陲，独效包胥之哭。朝廷感其忠义……报乃君国之仇，彰我朝廷之德。"⑤毛奇龄强调崇祯以"贼迫畿甸"而亡，而清廷因讨贼而兴，实则是以外王事功评价一个政权的兴亡，再以上述的以"功"的事实逆推出"德"，进而建构清承明统的合法地位。

（二）领土大小与君主内在德性的呈现

毛奇龄通过对孔子《春秋》的撰作宗旨、书名缘由、编纂原则和文献来源的考察，将《春秋》"尊王"思想与大一统领土空间进行有效的文本呈现，实现了王者德性与空间大小之间的关联，促使《春秋》从鲁国区域地方史向中央王朝史的转变，暗含自己对南明偏安政治的疏离与清朝大一统政权的认同。

关于孔子的《春秋》撰作之旨，何休主张"黜周王鲁"，毛奇龄则认为是"尊王"，并以此反对区域性地方政权纳入正统王朝的序列。毛奇龄表示，"何休说《公羊传》，谓天子改元，诸侯无改元之例，其所称元，当是黜周王鲁，尊鲁为王者之义，则不特悖礼叛教"⑥，所谓的"悖礼叛教"，是因为毛奇龄主张"《春秋》，尊王之书也"⑦，反映了毛奇龄对偏安政权进入正统王朝序列的解构，以及对大一统政权的召唤。

与此同时，毛奇龄通过对孔子《春秋》与鲁国旧史关系的重铸，将《春秋》之名建构为"列国诸史所共有之名"，以此消解区域文献"鲁史"作为一代历史的政治意蕴，使《春秋》具有周王朝大一统的历史意味。毛奇龄表示：

---

① （清）毛奇龄：《四书剩言》卷四，《毛奇龄全集》第16册，学苑出版社，2015年版，第133—134页。
② （清）毛奇龄著，胡春丽点校：《四书改错》下册，华东师范大学出版社，2015年版，第535页。
③ （清）毛奇龄：《王文成传本》卷二，《毛奇龄全集》第27册，学苑出版社，2015年版，第236页。
④ （清）毛奇龄：《后鉴录》卷五，《毛奇龄全集》第32册，学苑出版社，2015年版，第418—419页。
⑤ （清）徐鼒：《小腆纪年附考》卷第七，中华书局，1957年版，第235—236页。
⑥ （清）毛奇龄：《春秋毛氏传》卷二，《景印文渊阁四库全书》第176册，台湾商务印书馆，1983年版，第14页。
⑦ （清）毛奇龄：《春秋毛氏传》卷二，《景印文渊阁四库全书》第176册，台湾商务印书馆，1983年版，第16页。

> 或又谓《春秋》是周时史书，不止鲁史者，孔《疏》于杜氏序云："据周世法，则每国有史记，当同名《春秋》。"又《公羊》引闵因《叙》云，孔子"使子夏等十四人求周史记，得百二十国宝书"，以为《春秋》。则直以《春秋》一名为周史，与列国诸史所共有之名，不始夫子，并不始鲁史也。……而《汉志》谓古之王者，左史记言，右史记事，事为《春秋》，言为《尚书》，帝王靡不同之，则明在周鲁以前。而疏《公羊》者亦云：《春秋》者，国史所记人君动作之事，左史所记为《春秋》，右史所记为《尚书》。故《晋语》司马侯荐羊舌肸曰，肸习于《春秋》。而《楚语》申叔时论教太子之法曰：当教之以《春秋》。此正以"六学"为"六教"。在三代以来，原有是书，与《尚书》并传。①

可以看到，毛奇龄支持杜预"据周世法，则每国有史记，当同名《春秋》"的说法，指出"《春秋》一名为周史，与列国诸史所共有之名，不始夫子，并不始鲁史也"，以此表明列国《春秋》之名由中央王朝所定，而非鲁国区域性的文献名称。而毛奇龄所说的"在三代以来，原有是书，与《尚书》并传"，实则强调《春秋》同《尚书》一样，均为一代之史，则消解了以地方区域文献"鲁史"作为一代历史的政治意蕴。

毛奇龄认同杜预所言的孔子《春秋》"悉本周制"编纂原则，指出"所谓《礼经》，即《春秋》例也"②，昭示周王朝统治贯穿于《春秋》的各个方面："毋论改元即位，朝聘盟会，以至征伐丧祭，搜狩兴作，丰凶灾祥，无非吉、凶、军、宾、嘉五礼成数，即公行告至，讨贼征乱，及司寇刑辟，刺放赦宥，有何一非周礼中事。"③故此，毛奇龄所言的"故读《春秋》者，但据礼以定笔削，而夫子所为褒，所为贬，概可见也"④，实现了中央王朝自上而下的政治控驭，彰显了普天之下莫非王土的大一统政治秩序。

与此相应，毛奇龄从《春秋》文献来源彰显诸侯国对中央政权的认同，反映了周朝大一统领土对列国版图的主权宣示，实现了《春秋》由鲁国诸侯史转向周王朝共同记忆的塑造。他说：

> 曩时《春秋》，记事而已。夫子之《春秋》，则但志其名而不记其事。按《周礼》内史读四方之书事，谓书四方之事而读于王前，此记事也，若外史掌四方之志，则志解作志，又解作帜，谓标帜其名而列作题目，以告于四方。故又曰外史掌书名，达于四方。其所为记，即《春秋》之传也；所为志，即《春秋经》也。⑤

---

① （清）毛奇龄：《春秋毛氏传》卷一，《景印文渊阁四库全书》第176册，台湾商务印书馆，1983年版，第5—6页。
② （清）毛奇龄：《春秋毛氏传》卷一，《景印文渊阁四库全书》第176册，台湾商务印书馆，1983年版，第11页。
③ （清）毛奇龄：《春秋毛氏传》卷一，《景印文渊阁四库全书》第176册，台湾商务印书馆，1983年版，第11页。
④ （清）毛奇龄：《春秋毛氏传》卷一，《景印文渊阁四库全书》第176册，台湾商务印书馆，1983年版，第11页。
⑤ （清）毛奇龄：《春秋毛氏传》卷一，《景印文渊阁四库全书》第176册，台湾商务印书馆，1983年版，第6页。

毛奇龄看来，"所为志，即《春秋经》也"，认为"若外史掌四方之志，则志解作志，又解作帜，谓标帜其名而列作题目，以告于四方"。与此同时，毛奇龄认为"志简而记烦"，指出"简策之例，必具三事，一读本国，一上之王朝，一告知四方邦国诸侯"①，表明诸侯国以"上之王朝"的方式表明自己版图的领土归属，而孔子的《春秋》由外史所掌的"四方之志"编纂而成，表明毛奇龄通过《春秋》为载体，呈现了周王朝大一统的领土主权。

杨念群先生指出，"正统论"的古义包括"空间、时间和内外观等几个要素"②。毛奇龄《圣德神功颂》中有一段颂词："亦惟视君国大小以为修狭，是故功德大者地亦大，功德小则地亦小，乃自五帝三王以后，汉魏迄今，其历国已一十七姓，而大一统者亦复有几"③，认为"晋宋偏安，比之列国"④，而"惟我皇清，辟土浩阔"⑤。如此来看，毛奇龄通过《春秋》"尊王"与大一统空间的文本呈现，实现王者德性与空间大小之间的关联。其中，他以《春秋》编纂思想呈现周朝大一统领土的主权，可视为占据广大空间为"大一统"价值维度的投影，而解构鲁国区域地方史作为朝代史籍的政治意味，这与自己"晋宋偏安，比之列国"的观念是相通的，都是为了剥夺偏安一隅的南明政权的争统。至于《春秋》"悉本周制"编纂原则和"四方之志"的文献来源，则与毛奇龄所赞颂的"惟我皇清，辟土浩阔"的思想一致，彰显清朝宏阔的地域优势，凭此疆域清廷跨入"大一统"王朝的历史序列。

三、夷夏之辨：毛奇龄民族思想与统一国家的建构

清人以少数民族身份入主中原，易代的仕清学者需要在自己的处境与传统的"夷夏"观念间找到契合点，以消除政治身份（夷之臣）与文化认同（夏文化）之间的矛盾和冲突。

（一）教化途径：以"文治"融摄"夷夏一统"

夷与夏是历代中国都要面对和解决的民族关系，宋儒胡安国基于二者的地域差异，强调夷夏的内外之别。鲁隐公二年，《春秋》记载"公会戎于潜"。关于"会戎"二字，胡安国认为圣人"内中国而外四夷使之各安其所也"，而"以羌胡而居塞内，无出入之防，非我族类，其心必异"，所以对于鲁国会盟戎狄的行为，《春秋》经文"戎狄举号，外之也"，目的在于"讥之也"⑥，主张"正其名与地以深别之者，示中国夷狄终不可杂也"⑦，希望将周代营造成单一民族政权的王朝，这与苏轼的"王者不治夷狄论"是一致的，认为，"夷狄不可以中国之治治也。譬若禽兽然，求其大治，必至于大乱。先王知其然，是故以不治治之"⑧。

毛奇龄与之相反，认为周王朝是一个多民族统一的国家。他在《春秋毛氏传》中反对胡安国

---

① （清）毛奇龄：《春秋毛氏传》卷一，《景印文渊阁四库全书》第176册，台湾商务印书馆，1983年版，第7页。
② 杨念群：《"天命"如何转移：清朝"大一统"观的形成与实践》，上海人民出版社，2022年版，第138页。
③ （清）毛奇龄：《西河文集》卷二《圣德神功颂》，《毛奇龄全集》第21册，学苑出版社，2015年版，第66—67页。
④ （清）毛奇龄：《西河文集》卷二《圣德神功颂》，《毛奇龄全集》第21册，学苑出版社，2015年版，第72页。
⑤ （清）毛奇龄：《西河文集》卷二《圣德神功颂》，《毛奇龄全集》第21册，学苑出版社，2015年版，第68页。
⑥ （宋）胡安国：《春秋传》卷八，岳麓书社，2011年版，第15—16页。
⑦ （宋）胡安国：《春秋传》卷八，岳麓书社，2011年版，第181页。
⑧ （宋）苏轼：《王者不治夷狄论》，《苏轼文集》卷二，中华书局，1986年版，第43页。

的夷夏"严内外之旨",认为此种学说是"以今之外夷当之",而周王朝的大一统时期则"内夷杂处中国,汉后无内夷者,皆秦始逐居塞外故也"①,使二者成为统一政权之下的内部关系,表明周王朝是多民族统一的政权。毛奇龄在《圣德神功颂》中表示,清朝"太祖、太宗创业宏远,夷夏一统"②,把"夷夏一统"的清朝接续于周王朝的精神史序列之中,为清朝的合法统治提供正当理由,也为自己出仕清朝的行为得到了一定的合理性解释。

毛奇龄主张夷、夏在文化上的一统,认为《中庸》的"素夷狄行乎夷狄",体现的是一种关系化的他者关系,二者可以通过"文治"教化进行融通,促使夷、夏统一于文化中国。

> 素夷狄行乎夷狄;素患难,行乎患难。君子无入而不自得焉。……或曰:"不然、已然,在富贵、贫贱容有之,若患难,必偶尔相值,安得有已然者?"曰:"然而已值之矣,已然矣。此如《论语》远人必招而始来,然既来之矣,已然矣。……是以大禹入裸国,裸而入,衣冠而出,此偶值夷狄而不失偶素者。箕子以文治朝鲜,泰伯端委治吴,则又久处夷狄而不失久素者,要皆已然也。③

所谓的"《论语》远人必招而始来,然既来之矣,已然矣",是隐括《论语》的"夫如是,故远人不服,则修文德以来之。既来之,则安之"④,毛奇龄认为"远人"不归服,那就修"文德"政教来招抚他们。至于"箕子以文治朝鲜"句,《汉书》记载:"殷道衰,箕子去之朝鲜,教其民以礼义,田蚕织作……是以其民终不相盗,无门户之闭,妇人贞信不淫辟。"⑤可以看见,毛奇龄以"文治"区分夷夏,在一定程度上缓解了自己在民族和文化认同上的焦虑,表明夷夏之间没有不可逾越的鸿沟,喻示夷狄经"文治"教化之后成为诸夏之民。

(二)正统在我:大禹"东夷之人"的文明因子

胡安国的夷夏观念,只说明了夷与夏二者的内外关系,其实这种内外之别,蕴含着是一种中心与边缘的文明高下比较。《春秋》僖公三十二年载,"卫人及狄盟",胡安国面对经文所书的"卫人"和称"及"的情况,将戎狄视作"豺狼",认为"盟会,中国诸侯之礼",卫国却"与戎狄豺狼即其庐帐,刑牲歃血以要之哉","所以罪卫也"⑥。宋朝盛行以道德礼仪评判中国和夷狄的主张,杨时认为,"盖夷狄之战与中原之战异。夷狄难与较曲直是非,惟恃力耳,但以禽兽待之可也"⑦。石介《中国论》从天象星野的角度论证夷狄不属于华夏九州之域,认为"非二十八舍、九州分野之内,非君臣、父子、夫妇、兄弟、宾客、朋友之位,皆夷狄也"⑧。可以看见,宋儒基本认为夏处于文明的中心,而夷则反之,都是在主张单一的中心文明生成理论。

---

① (清)毛奇龄:《春秋毛氏传》卷三,《景印文渊阁四库全书》第176册,台湾商务印书馆,1983年版,第29页。
② (清)毛奇龄:《西河文集》卷二《圣德神功颂》,《毛奇龄全集》第21册,学苑出版社,2015年版,第61页。
③ (清)毛奇龄:《中庸说》卷二,《毛奇龄全集》第15册,第230—231页。
④ (宋)朱熹:《四书章句集注》,中华书局,1983年版,第170页。
⑤ (汉)班固:《汉书》卷二十八下《地理志第八下》,中华书局,1962年版,第1658页。
⑥ (宋)胡安国:《春秋传》,岳麓书社,2011年版,第166—167页。
⑦ (宋)杨时:《杨时集》卷十,中华书局,2018年版,第256页。
⑧ (宋)石介:《中国论》,《全宋文》第29册,上海辞书出版社,安徽教育出版社,2006年版,第333页。

进而言之，胡安国这种以道德礼仪区别中国和夷狄的评判标准，背后隐藏着夷夏间的正统之争。《春秋》僖公二十一年载，"公会诸侯盟于薄，释宋公"。胡安国对于经文"盟不书所为"而言"释宋公"的情况，认为"使宋公见释出自天王与中国"，但真实的情况却是天王和诸夏无能为力，最后宋公见释的"操纵大权自蛮夷"，"是夷狄反为中国主，禽兽将逼人而食之矣"，所以《春秋》"为鲁讳以深贬之也"①。可见，胡安国反对"夷狄反为中国主"，即是说，在同一时空内，政权的正统属于夏，夷没有入主中国的资格。南宋遗民郑思肖的也有近似的看法，认为"中国之事，系乎正统；正统之治，出乎圣人"，表示"夷狄行中国事，古今天下之不祥，莫大于是"②。黄宗羲也认为："中国之与夷狄，内外之辨也。以中国治中国，以夷狄治夷狄，犹人不可杂之于兽，兽不可杂之于人也。"③他们都主张夷夏在地理空间上的内外之别，由此说明夷夏差异背后的文明优劣之判，进而强调诸夏在中国历史发展中的正统地位。

与之相反，毛奇龄表示"夷"和"中国"的内涵与范围是不断伸缩变化的，认为边缘之"夷"，起初和诸夏同处空间的"中心"，以此消除夷夏在空间上的优劣之分。

> 殊不知吕秦以前，凡夷、蛮多在内地，獯鬻、狁狁皆与周邑相邻比，一如淮夷、徐戎、陆浑、潞狄之杂居者，并非夷服。至吕秦混一，然后尽驱而出之，界之以长城，而内夷始亡。……曾于此不识，而漫以畎夷为西夷，则舍箕子朝鲜、孔子所欲居之九国，而反以莱夷之作牧、榖伯绥之朝鲁者，而谓之东夷，不大错乎！若夫"得志行乎中国"，则"中国"即土中，《召诰》所称"王自服于土中"者，正对四裔言。盖中与边、裔对，不对夷服也。④

在毛奇龄看来，"中与边、裔对"，"夷"只是地域空间上的"边缘"之义，"则中国即土中"，也就是地域空间上的"中心"之义。毛奇龄认为，"吕秦以前，凡夷蛮多在内地"，"至吕秦混一，然后尽驱而出之，界之以长城，而内夷始亡"，即作为边缘的"夷"，起初和诸夏同处空间的"中心"，打破了以地域分布对种族所做的间隔区分，使得地域的边缘和中心同样具有平等的文明因子。

毛奇龄将大禹"东夷之人"的身份解读为偏远地区的圣人，在中心文明之外，增加边缘地区的文明生长点，为源自东北的满人提供承接正统的理论支持。

> 东夷之人也。……夷，裔也，边也。东夷谓东一边。……《禹贡》所称要服二百里夷者，在甸、侯、绥一千五百里之外，将《史记》所云"就时负夏"在卫地、《书》所云"造攻自鸣条"在安邑之西者，皆不可通矣。乃朱氏不解"夷"字，然又曲护己说，于后文"岐周"特注曰："地近畎夷。"以为此亦夷服地也。⑤

---

① （宋）胡安国：《春秋传》，岳麓书社，2011年版，第148—149页。
② （宋）郑思肖：《古今正统大论》，《全宋文》第360册，上海辞书出版社，安徽教育出版社，2006年版，第56页。
③ （清）黄宗羲：《留书·史》，《黄宗羲全集》第11册，浙江古籍出版社，1993年版，第12页。
④ （清）毛奇龄著，胡春丽点校：《四书改错》上册，华东师范大学出版社，2015年版，第48页。
⑤ （清）毛奇龄著，胡春丽点校：《四书改错》上册，华东师范大学出版社，2015年版，第48页。

毛奇龄将"东夷"释作"东一边",使作为圣人的大禹出现在偏远地区,肢解了以地理"中心"与"偏远"划分文明的标准,昭示着偏远文明同样具有入主大统的机会和资格。而毛奇龄所归属的满清政权源自东北,以边缘地区而成功入主大统,实则将其政权与圣人大禹的"东夷"身份进行了勾连,喻示其足以承接正统。

清代李绂作《吴文公从祀论》表达了同样看法,认为"《春秋传》所谓内诸夏而外四裔者,谓居中抚外,不得不有亲属远迩之殊,若既为中国之共主,即中国矣。舜,东夷之人;文王,西夷之人,得志行乎中国,不闻以此贬圣"[①]。确如赵园的解释,李绂"不但辩护了清统治的合法性,也辩护了其自身在大清治下的生存"[②]。对毛奇龄而言也是如此,其学说在论证清代正统的同时,也在为自己的仕清之路进行辩护。

总之,毛奇龄的夷夏文化融通与边缘文明构筑,成功地将自己满清臣子的政治身份与中原文化的认同融合在一起,消除了夷之臣与夏文化之间的冲突。

结语

毛奇龄的臣论、君论和夷夏之辨,不过是故国与新朝同一个话题下的自我身份认同和群体身份认同两个角度,而这两个维度互为彼此的条件,臣节讨论的是君臣关系,至于君主品格和夷夏关系的审视,就是在考察所属政权之下臣子的生存之道。

毛奇龄对于传统经学中君臣、夷夏、正统等核心观念的重新阐释,主观上为自己入仕新朝提供了辩护,但在客观上,也拆解了宋儒的经学藩篱,摒弃了为君死节的愚忠思想,并摆脱狭隘的夷夏观念,开掘出经学中多民族团结统一思想,以促进国家民族发展作为融入正统序列的标准,这些认识,是经学的新风,具有鲜明的启蒙性质。

---

① (清)李绂:《吴文正公从祀论》,《续修四库全书》第1421册《穆堂初稿》,上海古籍出版社,2002年版,第485页上。

② 赵园:《再说想象与叙述:以明清之际、元明之际为例》,《想象与叙述》,人民文学出版社,2009年版,第220页。

焦循《孟子正义》征引毛奇龄著作考论

陕西师范大学　黎育瑶

摘　要：焦循的《孟子正义》是乾嘉时期孟学研究的集大成之作，在《孟子》学史上具有重要地位。博引清人著说对汉代赵岐《孟子章句》进行疏解是该书的特色，焦循援引了包括顾炎武、毛奇龄等在内的共 63 家观点。毛奇龄是清初著名经学家，其实事求是的经学思想对乾嘉时期学者产生了深远影响。焦循在《孟子正义》中征引毛奇龄著作共 58 次，涉及作品 8 部，其征引次数在诸家中居于第 7 位。通过爬疏考证《孟子正义》对毛奇龄著作的引用情况，可得知分为工具性引用和思想性引用。同时，通过焦循采用毛氏经学著作注释赵岐注，说明了他对毛氏经学思想的认可与推崇，也可窥见清代学者对《孟子》评价的整体提升，以及清代治经者不主一家的经学意识。

关键词：焦循　孟子正义　毛奇龄　经学

《孟子正义》是清代焦循撰写的一部撷拾群家经义之《孟子》疏体本。尽管焦循之前已有宋代孙奭对汉代赵岐注所作的《孟子疏》，然而"其疏皆敷衍语气，如乡塾讲章"[1]，世人多认为是伪疏，所以焦循才决定作《孟子正义》。梁启超在《中国近三百年学术史》中评价道："此书实在后此新疏家模范作品，价值是永永不朽的。"[2] 刘谨辉先生亦称此书："乃清代《孟子》学成就最为显赫者，是历代阐发孟子性善论之最用力者，是极具特色者。"[3] 实属清代众多《孟子》注本中观点详备而又有己意的集大成之著作。毛奇龄（1623—1713），字大可、齐于等，号西河、河右，浙江萧山人，人称西河先生，清代著名经学家、史学家、文学家。一生著述丰富，遍及四部，都收集在《西河合集》里。毛奇龄对《孟子》有自己独到的见解，相关《孟子》学说集中体现在《四书剩言》《逸讲笺》《圣门释非录》《四书索解》《经问》等经学论著中，他的孟学思想在孟学史上占有重要地位。

---

[1]（清）永瑢等：《四库全书总目》，中华书局，1965 年版，第 289 页。
[2] 梁启超：《中国近三百年学术史》，浙江古籍出版社，2014 年版，第 221 页。
[3] 刘谨辉：《清代〈孟子〉学研究》，社会科学文献出版社，2007 年版，第 2 页。

一、《孟子正义》征引毛奇龄著作数据统计

《孟子正义》是以汉代赵岐《孟子章句》为主要依据,并参考顾炎武、毛奇龄、阎若璩、梅文鼎、李光地、万斯同等多家之说而作的疏。焦循于《孟子正义·叙》云:"至诸家或申赵义,或与赵殊,或专翼孟,或杂他经,兼存备录,以待参考。凡六十余家,皆称某氏以表异之,著其所撰书名以详述之。"①从书中提及的清代学者论著条目数量来看,详见表1。

表1 《孟子正义》征引清代学者著作次数统计简表

姓名	次数	姓名	次数	姓名	次数
阮元	85	惠士奇	9	孙兰	2
阎若璩	80	卢文弨	9	陈厚耀	2
段玉裁	67	孙星衍	9	吴鼎	2
周广业	67	邵晋涵	7	毕沅	2
赵佑	61	曹之升	7	凌廷堪	2
翟灏	59	倪思宽	6	梅文鼎	1
毛奇龄	58	万斯大	5	万斯同	1
王念孙	41	胡渭	5	冯景	1
周柄中	40	顾栋高	5	徐文靖	1
程瑶田	29	胡匡衷	5	沈彤	1
孔广森	28	周用锡	5	王懋竑	1
戴震	27	马骕	4	李绂	1
王引之	27	张尔岐	4	金榜	1
江声	24	何焯	4	汪中	1
顾炎武	22	任大椿	4	钱塘	1
王鸣盛	21	李光地	3	王坦	1
钱大昕	19	胡煦	3	都四德	1
臧琳	16	顾镇	3	陈鳣	1
江永	14	武亿	3	钟怀	1
全祖望	13	刘台拱	3	臧庸	1
惠栋	12	姚文田	3	张宗泰	1

从上表可见,焦循于《孟子正义》征引本朝学者著作次数较多的依次有阮元、阎若璩、段玉裁、周广业、赵佑、翟灏、毛奇龄、王念孙、周柄中等人,引用次数最少的有梅文鼎、万斯同、冯景、徐文靖、沈彤、王懋竑、李绂、金榜、汪中、钱塘等人。考诸《孟子正义》文本,尽管焦循征引毛奇龄著作的次数不是最多的,而实际上他在每一章都有称述毛奇龄言论:《孟子题辞》引用1次,《梁惠王章句》引用6次,《公孙丑章句》引用14次,《滕文公章句》引用8次,《离娄

---

① (清)焦循撰,沈文倬点校:《孟子正义》,中华书局,2017年版,第869页。

章句》引用 7 次,《万章章句》引用 6 次,《告子章句》引用 12 次,《尽心章句》引用 4 次。详见表 2。

表 2 《孟子正义》征引毛奇龄经学著作统计简表

序号	征引出处	引文所在《孟子正义》篇章
1	《四书剩言》	孟子题辞
2	《经问》	梁惠王章句上 1.1
3	《四书剩言补》	梁惠王章句上 1.3
4	《四书剩言》	梁惠王章句上 1.4
5	《四书剩言》	梁惠王章句上 1.7
6	《四书剩言补》	梁惠王章句下 2.4
7	《四书剩言》	梁惠王章句下 2.5
8	《四书剩言》	公孙丑章句上 3.1
9	《逸讲笺》	公孙丑章句上 3.2
10	《逸讲笺》	公孙丑章句上 3.2
11	《逸讲笺》	公孙丑章句上 3.2
12	《逸讲笺》	公孙丑章句上 3.2
13	《逸讲笺》	公孙丑章句上 3.2
14	《逸讲笺》	公孙丑章句上 3.2
15	《逸讲笺》	公孙丑章句上 3.2
16	《四书剩言补》	公孙丑章句上 3.6
17	《经问》	公孙丑章句上 3.9
18	《四书改错》	公孙丑章句下 4.6
19	《经问》	公孙丑章句下 4.7
20	《四书剩言》	公孙丑章句下 4.9
21	《经问》	公孙丑章句下 4.11
22	《四书剩言》	滕文公章句上 5.2
23	《经问》	滕文公章句上 5.2
24	《经问》	滕文公章句上 5.3
25	《四书剩言》	滕文公章句上 5.4
26	《四书剩言补》	滕文公章句上 5.4
27	《四书索解》	滕文公章句上 5.4
28	《四书剩言》	滕文公章句下 6.7
29	《四书剩言》	滕文公章句下 6.9
30	《四书剩言》	离娄章句上 7.13
31	《圣门释非录》	离娄章句上 7.24
32	《四书剩言补》	离娄章句上 7.28
33	《圣门释非录》	离娄章句下 8.23

（续表）

序号	征引出处	引文所在《孟子正义》篇章
34	《四书剩言》	离娄章句下 8.24
35	《四书剩言补》	离娄章句下 8.26
36	《经问》	离娄章句下 8.27
37	《舜典补亡》	万章章句上 9.1
38	《四书剩言》	万章章句上 9.4
39	《四书剩言》	万章章句上 9.9
40	《四书剩言》	万章章句下 10.1
41	《经问》	万章章句下 10.3
42	《四书剩言》	万章章句下 10.4
43	《四书剩言》	告子章句上 11.5
44	《四书剩言补》	告子章句上 11.7
45	《圣门释非录》	告子章句上 11.8
46	《经问》	告子章句下 12.2
47	《四书剩言》	告子章句下 12.3
48	《经问》	告子章句下 12.6
49	《四书剩言》	告子章句下 12.7
50	《四书剩言》	告子章句下 12.8
51	《经问》	告子章句下 12.15
52	《四书改错》	告子章句下 12.15
53	《经问》	告子章句下 12.15
54	《四书索解》	告子章句下 12.15
55	《四书剩言》	尽心章句上 13.21
56	《四书剩言》	尽心章句下 14.14
57	《四书剩言》	尽心章句下 14.15
58	《四书剩言》	尽心章句下 14.22

从上表可见，《孟子正义》全书，引《四书剩言》24次，《经问》12次，《四书剩言补》7次，《逸讲笺》7次，《圣门释非录》3次，《四书改错》2次，《四书索解》2次，《舜典补亡》1次。这8本著作内容多是毛奇龄四书学的研究成果，焦氏频繁的引用这些书的观点，足以看出他本人对毛奇龄著作的熟悉程度，才能如此运用自如。而他集中征引的范围是毛奇龄关于字词训诂、《孟子》思想阐释方面的言论，毛氏的《孟子》学理论是焦循《孟子》思想建构的重要渊薮。

二、《孟子正义》征引毛奇龄著作特点

焦循对毛奇龄著作的引用是属于有针对性、目的性的行为，在《孟子正义》中对其观点的运用可看出二人的经学渊源。因此，有必要对其相关引文进行整理和分析。

（一）征引的方式上分为直接引用和间接引用

其一是直接引用。这是焦循征引毛氏著作最主要的方式，并且多是摘录原文大段语句。如对于《公孙丑章句上》"不动心章"的解读，焦循前后引用了毛奇龄《逸讲笺》的内容多达7次。还有如《告子章句下》孙叔敖籍贯问题，焦循在此除了援引毛氏《经问》外，还有阎若璩《四书释地》、周柄中《四书典故辨正》、孙星衍《问字堂集·孙叔敖名字考》相关内容，但属征引毛奇龄论述最为完整、详细。

其二是间接引用。焦循有时选择直接省略毛奇龄著作的原文内容，而转引他持有的观点。如《告子章句上》的"告子"辨正。赵岐对告子介绍云："告子者，告，姓也。名不害。尝学于孟子，而不能纯彻性命之理。"《正义》云："阎氏若璩《释地又续》云：'浩生，复氏。不害，其名。与见《公孙丑》之告子，及以《告子》题篇者，自各一人。赵氏偶于《告子篇》误注曰名不害，且臆度其尝学于孟子执弟子问者。'毛氏奇龄亦以赵氏为错。"①由于毛氏与阎氏的观点一致，为了节省篇幅，焦循未把毛氏相关论述罗列出来，据毛氏《四书改错》云："告子名不害。此见赵岐注，而又错者。《正义》云：'《尽心》篇有"浩生不害"，赵疑即告子，因谓告子姓告名不害，浩生，其字也。'及注'浩生不害'，则又曰：'浩生，姓。'是告子一人，不害又一人。赵已自矛盾矣，此又焉得取其矛盾者而反为合之？"②经毛奇龄考证，赵岐把告子当成不害有失妥当。

（二）征引的作用分为字词训诂和阐发《孟子》思想

训诂包含字词解释、名物典章等，目的是为了疏通文意。如《梁惠王章句上》的"折枝"一词，《正义》引毛氏奇龄《四书剩言》云："赵氏注折枝'案摩折手节解罢枝'，此卑贱奉事尊长之节……"③因此也可称为工具性引用。另外一种引用是为了进一步解读《孟子》义理，可称为思想性引用。如《公孙丑章句上》"四端"的解读，《正义》云："毛氏奇龄《剩言补》云：'恻隐之心，仁之端也。言仁之端在心，不言心之端在仁，四德是性之所发，藉心见端，然不可云心本于性。观性之得名，专以生于心为言，则本可生道，道不可生本明矣。'"④是对孟子恻隐之心的解释。

（三）焦循征引毛奇龄著作存在失范问题

有征引书名出现前后不一，时而全名时则简称，缺少规范。如《四书改错》一书，焦循在《公孙丑章句下》写为《改错》，在其他篇章则是写的全称。另外，他在《告子章句上》把《四书剩言补》简称为《剩言补》。还有写错书名，如《滕文公章句下》，《正义》曰："毛氏奇龄《四书剩言》云：'《管子·法法篇》：故《春秋》之记，臣弑其君者有之，子弑其父者有

---

① （清）焦循撰，沈文倬点校：《孟子正义》，中华书局，2017年版，第604页。
② （清）毛奇龄著，胡春丽点校：《四书改错》，华东师范大学出版社，2015年版，第23页。
③ （清）焦循撰，沈文倬点校：《孟子正义》，中华书局，2017年版，第71页。
④ （清）焦循撰，沈文倬点校：《孟子正义》，中华书局，2017年版，第195页。

之……'"① 经考证这段文字实际出自《四书剩言补》。此外还有缺漏字，如《滕文公章句上》，《正义》曰："毛氏奇龄《经问》云：'滕文公使毕战问井地，岂战国时无井地与？'"② 这一句在"岂"字前少了"而孟子一一解之"7个字。这些不规范征引在一定程度上破坏了毛氏引文的完整性，但对《孟子》的解读影响不大，而此现象的出现存在主客观方面原因，可能是焦氏有意为之，或是所用版本的不同，抑或传抄过程导致。

三、《孟子正义》征引毛奇龄著作的具体内容

（一）引用《四书》类著作

对于《四书剩言》，《孟子正义》共征引24处，是所引毛奇龄著作里面出现频率最高的。其中训诂引用17处，义理7处，数量上的差距可看出焦循对该书训诂上的重视，而训诂的引用是为了准确理解文意与阐释《孟子》义理。如《告子章句下》："天子之地方千里，诸侯之地方百里。"③《正义》引《四书剩言》云："其地字《王制》改作'田'字，田即地也。但地有山林、川泽、城郭、宫室、陂池、涂巷种种，而田则无有，故田较之地，则每里减三分之一，是地有千里者，田未必有千里矣……不知孟子所云地字，亦只是田字。"④ 对此，杨伯峻先生说道："毛说失之拘。孟子所言古制古史未必全可凭信，若看得太死，便上当了。"⑤ 说明《孟子》此处确实与《王制》记载略有不同，但深究田与地含义的差异也能看出毛奇龄研究《孟子》的细致程度，更有助于准确深挖《孟子》思想。

焦循格外认同《四书剩言》在伦理思想方面的解读，引用了4处相关内容，比如关于孝悌。孟子认为尊敬兄长是一种家庭伦理规范，需要由心而发，也就是所谓的"义内"。在《告子章句上》中季孟子问公都子什么叫义内，随后二人对此展开了一番讨论。最后公都子总结道："冬日则饮汤，夏日则饮水，然则饮食亦在外也。"⑥ 也就是说冬天和夏天喝水水温的不同也是外在的吗？毛奇龄也曾就这个问题与"嗜秦人之炙"问先仲氏，《正义》所引《四书剩言》记录了先仲氏的回答："以在位而易其敬，犹之以在时而易其饮也。夫嗜食甘饮者，爱也。爱亦在外矣。嗜炙是同嗜，此是异饮，嗜炙以仁内驳义外，此以义外驳仁内，不同。"⑦ 先仲氏解答了毛氏的疑惑并指出了这两者的不同。

征引《四书剩言补》7处，1处为训诂，目的是纠正毛氏释义的不正确。《梁惠王章句下》的"转附、朝儛"含义，焦循认为《四书剩言补》引用《管子·戒篇》里的观点"转附朝儛即犹轴转斛"⑧ 有失偏颇，据他考证犹轴转斛实为转附朝儛之讹。其他6处主要为义理阐发，

---

① （清）焦循撰，沈文倬点校：《孟子正义》，中华书局，2017年版，第375页。
② （清）焦循撰，沈文倬点校：《孟子正义》，中华书局，2017年版，第288页。
③ （清）焦循撰，沈文倬点校：《孟子正义》，中华书局，2017年版，第705页。
④ （清）焦循撰，沈文倬点校：《孟子正义》，中华书局，2017年版，第705页。
⑤ 杨伯峻：《孟子译注》，中华书局，1960年版，第270页。
⑥ （清）焦循撰，沈文倬点校：《孟子正义》，中华书局，2017年版，第617页。
⑦ （清）焦循撰，沈文倬点校：《孟子正义》，中华书局，2017年版，第617页。
⑧ （清）焦循撰，沈文倬点校：《孟子正义》，中华书局，2017年版，第99页。

包括毛氏对井田制、四端、五伦、孝道、情性等方面的解读，可见焦循更关注毛氏《四书剩言补》的思想性。

引用《四书改错》2处，《四书改错》是毛奇龄的四书学大成之作，旨在批驳朱熹的《四书章句集注》，将《集注》中有错误的地方，一一给予纠正。凌廷堪曾高度评价此书："萧山之著述等身，惟此书最为简要可宝也。尝谓萧山之书如医家之大黄，实有立起沉疴之效，为斯世不可无者，其他可勿论矣。"① 在一定程度上挽救了明代以来的空疏学风。然而《孟子正义》对此书的引用不多，一处是《公孙丑章句下》："孟子为卿于齐，出吊于滕，王使盖大夫王驩为辅行。"② 赵岐注："王驩，齐之谄人，有宠于王，后为右师。"③ 朱熹《集注》："王驩盖摄卿以行，故曰齐卿。"④ 毛奇龄在《四书改错》中指出朱子所说的王驩摄卿没有依据，而焦循在援引《四书改错》时把与书中所有《集注》的观点全都忽略不引。《正义》云："则此盖大夫即直云盖右师，何不可焉？"⑤ 毛奇龄表示赵岐把王驩盖大夫的职务解释为右师是正确的。另一处是《告子章句下》"孙叔敖举于海"⑥，赵岐注："孙叔敖隐处，耕于海滨"⑦，朱熹《集注》云："孙叔敖隐处海滨"⑧ 毛奇龄认为赵岐注和朱子注都不对，孙叔应该是蒋国的期思人，未曾伏处海滨。对于孙叔敖是哪个地方的人，《史记·循吏列传》说他是"楚之处士也"⑨，只有《荀子》与《吕览》明确写道是"期思之鄙人"。《正义》所引卢文弨《钟山札记》则反驳毛氏观点："毛检讨作《经问》及《四书索解》，力辨叔敖非楚公族，并非芍氏，乃蓼国期思之处士。余按宣十一年……则士会所称芍敖，非即叔敖乎？则其为一人，为芍氏，实无可疑。"⑩ 认为叔敖即是芍氏。关于孙叔敖籍贯问题众说纷纭，但据焦循考证，毛氏观点是有可取之处的。可见焦循对毛奇龄学说的接受、认同与包容。

《四书索解》引用2次，都为训诂。一处是考证孙叔敖，上文已论述，不赘言。一处解释词义"皜皜"，《滕文公章句上》："皜皜乎不可尚已！"⑪ 赵岐注："皜皜，甚白也。"⑫《正义》引毛氏奇龄《四书索解》云："江汉以濯之，秋阳以暴之，从来训作洁白。德无言洁白者，惟志行分清浊，则有是名。"⑬ 焦循赞同毛氏将皜皜解释为洁白。梁启超就曾指出《孟子正义》虽以训释训诂名物为主，但于书中义理也解释得简洁恰当。在这里焦循实际是借引用毛奇龄的观

---

① （清）凌廷堪撰，纪健生校点：《校礼堂文集》，黄山书社，2009年版，第229页。
② （清）焦循撰，沈文倬点校：《孟子正义》，中华书局，2017年版，第226页。
③ （清）焦循撰，沈文倬点校：《孟子正义》，中华书局，2017年版，第226页。
④ （宋）朱熹：《四书章句集注》，中华书局，2012年版，第247页。
⑤ （清）焦循撰，沈文倬点校：《孟子正义》，中华书局，2017年版，第227页。
⑥ （清）焦循撰，沈文倬点校：《孟子正义》，中华书局，2017年版，第715页。
⑦ （清）焦循撰，沈文倬点校：《孟子正义》，中华书局，2017年版，第715页。
⑧ （宋）朱熹：《四书章句集注》，中华书局，2012年版，第355页。
⑨ （汉）司马迁撰，（南朝宋）裴骃集解，（唐）司马贞索隐，（唐）张守节正义：《史记》，中华书局，1982年版，第3099页。
⑩ （清）焦循撰，沈文倬点校：《孟子正义》，中华书局，2017年版，第718—719页。
⑪ （清）焦循撰，沈文倬点校：《孟子正义》，中华书局，2017年版，第325页。
⑫ （清）焦循撰，沈文倬点校：《孟子正义》，中华书局，2017年版，第325页。
⑬ （清）焦循撰，沈文倬点校：《孟子正义》，中华书局，2017年版，第326页。

点来阐释他自己的观点。

(二) 引用其他经学著作

《经问》则一共引用了 12 处,其中训诂 9 处,多是借历史事实来解释文意。如《公孙丑章句下》:"孟子去齐,宿于昼。"① 赵岐注:"昼,齐西南近邑也。"②《正义》引《经问》云:"齐固有画邑,然焉知无昼邑……若画邑,在临淄西北三十里,即戟里城。战国燕破齐时,将封王蠋以万家,即此地。是燕从西北至齐,当是画邑。孟子从西南至滕,当是昼邑。一南一北,字形虽相蒙,地势无可混也。"③ 孟子离开齐国后是在昼县还是画县过夜,历史定论不一,毛奇龄根据地理事实证明就是昼县而非画县。可见,焦循重视毛氏著作的史料价值。义理引用有 3 处,主要是诠释礼制。如《滕文公章句上》"吾宗国鲁先君莫之行"④ 涉及的宗法制,《正义》所引毛奇龄《经问》中作了详细论述,总而论之即是周公封鲁,但由于行辈较长,因此其余姬姓国都以鲁为宗国。焦循此处的引用不仅是为了疏通文意,更是为了解释背后的礼法制度。

《逸讲笺》引用 7 处都是为了阐释《公孙丑章句上》"不动心章"的内涵,摘引相关论述一千余字。其中训诂 1 处,解释"夫志至焉,气次焉"中的"次"字:"此次字,如《毛诗》传'主人入次'、《周礼》"宫正掌次"之次,言舍止也。"⑤ 也就是次于志的意思。焦循此处的引用佐证了赵岐"志为志要之本,气为其次"⑥ 的解释。另外 6 处都是关于孟子的养气论。如对于"志壹则动气,气壹则动志也"⑦ 的解读,毛奇龄认为志一则动气,志帅而气即止,是自然之理。焦循认同毛奇龄此说法,并加以延伸与补充"能持其志,则度其可否,而知其直不直、义不义,义则伸吾气以往矣,不义则屈吾气以退矣,此持志以帅气之道也,志壹则动气也"⑧。他确信只要能坚守理智,直义之气也能随之而至。并于最后指出"所养者气,所以善养者心,心之所以善养者,在直与义,此孟子所以为善养浩然之气也。"⑨ 即是养气的关键是在正直与仁义。

焦循在《孟子正义》中引用《圣门释非录》3 处,也都是用以阐释《孟子》义理。其中于《离娄章句上·乐正子从于子敖之齐篇》,焦氏该书论述"王草堂曰:'乐正子不绝骦,或骦故以礼遇之,未可遽绝,原非失身。'赵氏云'孟子讥之,责贤者备'此为得之。'"⑩ 是为了进一步阐释的赵岐《孟子章指》"尊师重道,敬贤事长,人之大纲。乐正子好善,故孟子讥

---

① (清) 焦循撰,沈文倬点校:《孟子正义》,中华书局,2017 年版,第 250 页。
② (清) 焦循撰,沈文倬点校:《孟子正义》,中华书局,2017 年版,第 250 页。
③ (清) 焦循撰,沈文倬点校:《孟子正义》,中华书局,2017 年版,第 250 页。
④ (清) 焦循撰,沈文倬点校:《孟子正义》,中华书局,2017 年版,第 268 页。
⑤ (清) 焦循撰,沈文倬点校:《孟子正义》,中华书局,2017 年版,第 163 页。
⑥ (清) 焦循撰,沈文倬点校:《孟子正义》,中华书局,2017 年版,第 162 页。
⑦ (清) 焦循撰,沈文倬点校:《孟子正义》,中华书局,2017 年版,第 163 页。
⑧ (清) 焦循撰,沈文倬点校:《孟子正义》,中华书局,2017 年版,第 164 页。
⑨ (清) 焦循撰,沈文倬点校:《孟子正义》,中华书局,2017 年版,第 164 页。
⑩ (清) 焦循撰,沈文倬点校:《孟子正义》,中华书局,2017 年版,第 438 页。

之，责贤者备也"①的含义。毛氏是在赵岐观点上的阐发，指出对孟子表面看起来是责备乐正子到齐国没有第一时间来看望他，没有做到尊敬师长，而实则是责备他与谄臣王驩为伍，这才是真正的违背道义，不符纲常的做法。焦循援引《圣门释非录》是为了说明孟子责备乐正子的行为是为了维护尊师重道的伦理纲常。

《舜典补亡》只引用了1次，为训诂，考证《孟子》原文出处。《万章章句上》"帝使其子九男二女"②赵岐注："《尧典》曰：'厘降二女'，不见九男。孟子时，《尚书》凡百二十篇，逸《书》有《舜典》之《叙》，亡失其文。孟子诸所言舜事，皆《尧典》及逸《书》所载。"③《正义》引毛氏奇龄《舜典补亡》云："《尚书》有《尧》《舜》二典，出伏生壁中，谓之今文。汉司马谈作本纪时，采其文，依次抄入纪中。相传亡《舜典》一篇，不知何时而亡。细检其辞，则《舜典》尚存半篇在《尧典》后，徒以编今文者脱去《书序》，误与《尧典》连篇，谓但有《尧典》而无《舜典》，而其在右文，则实亡《舜典》前截，未尝全亡……"④毛奇龄认为《舜典》没有全部亡佚，只是前半部分内容亡佚。焦循引用毛氏这一观点，主要是为了申明赵岐注文的含义，指明"九男"实出自《舜典》。而焦循本人也参考毛氏、惠栋等人的论述，于《尚书补疏》曰："窃谓《舜典》之于《尧典》，犹《康王之诰》之于《顾命》也。《舜典》未尝亡，'月正元日'以前，亦无庸补也。"⑤认为《舜典》没有亡佚，因此不需要补作。可见，焦循并未盲目遵从毛氏关于《舜典》未亡的论说，而是综合众家之说，对于《尚书》的这部分内容存佚问题，有自己的判断。

四、《孟子正义》征引毛奇龄著作的意义

焦循引用毛奇龄著作注《孟子》，不仅有个人因素，更深层次原因是受清代学术环境影响。其中，也反映出一些深藏的历史问题，包括毛奇龄对乾嘉《孟子》学的影响以及清代学者对《孟子》学认识的整体提高。

（一）焦循对毛奇龄《孟子》思想的认可与接受

焦循《孟子正义》征引毛奇龄经学著作有一部分原因是出于个人喜爱。尽管焦循学术上受戴震影响最大，张舜徽先生就曾说道焦循的哲学思想源自于戴震。毋庸置疑，《孟子正义》效仿与承袭了《孟子字义疏证》的义理解析。但焦氏不主一家，而是取众家之长为他所用。他对毛奇龄也极为欣赏，其《读书三十二赞》写道："西河谔谔，讥者有人。我独好之，有功圣门。帝王务本，孝弟即仁。忠恕一贯，明德新民。圣道圣学，此之谓神。迟非鄙士，由岂欺臣？隐括庋正，用雪诸贤。"⑥可见焦循对毛奇龄人格的认可。

---

① （清）焦循撰，沈文倬点校：《孟子正义》，中华书局，2017年版，第438页。
② （清）焦循撰，沈文倬点校：《孟子正义》，中华书局，2017年版，第507页。
③ （清）焦循撰，沈文倬点校：《孟子正义》，中华书局，2017年版，第507页。
④ （清）焦循撰，沈文倬点校：《孟子正义》，中华书局，2017年版，第507—508页。
⑤ （清）焦循撰，陈居渊主编：《尚书补疏》，凤凰出版社，2015年版，第156页。
⑥ 徐世昌等编撰，沈芝盈、梁运华点校：《清儒学案》，中华书局，2008年版，第4756页。

同时，他对毛氏的孟学思想是有选择性的继承。沈文倬于《孟子正义·点校说明》云："焦循如理气命性取戴震、程瑶田说，井田封建取顾炎武、毛奇龄说……凡释一义，往往征引两三家之说，对见解相似而所得有深有浅、持论分歧而所证有得有失者，无不'以己意意裁成损益于其间'，以取得完善的结论。"①焦氏作疏时征引的书都是经过他严格筛选，对于各家的评论得失他都自有定夺，而毛奇龄对他孟学思想阐发产生的作用不容忽视，尤其是毛奇龄井田制方面的观点，焦循在《孟子正义》中的相关阐释主要参照此学说。

（二）毛奇龄经学思想对乾嘉孟学的意义

乾嘉学者治经，讲求经世致用是他们的根本宗旨。毛奇龄倡导回归儒家经典，反对宋明理学，崇尚实事求是，直接影响了清初学风的转变以及乾嘉《孟子》考据学的兴起。皮锡瑞《经学历史》中指出毛奇龄是唯一一个不沾染宋学的人，阮元在《西河集后序》称赞毛奇龄于乾嘉学术有开山之功，当时的《孟子》学大背景，以文字音韵训诂治《孟子》成为一时风尚，考据学作品占据主流地位就是毛氏影响的一个直接表现，如周广业《孟子四考》、崔述《孟子事实录》、阮元《孟子注疏校勘记》、宋翔凤《孟子赵注补正》等著作就是这方面的代表作品。

毛氏注《孟子》以旁征博引为特征，表面是以名物考证为形式，而实质上是以提出新说，以此来攻驳朱子等宋儒之解经②。征引大量事实进行佐证，并在考证中夹带学说的注经方法是乾嘉学者注经惯用的方法，焦循、周广业、阮元等人也学习了这一点。如《孟子·公孙丑下》提到的子叔疑，朱熹云"不知何时人"③，《孟子正义》引用了周广业《孟子出处时地考》的说法，周氏通过征引《左传》《公羊传》《谷梁传》《经典释文》等书对子叔疑的分析，认为此人当是叔倪。对此，杨伯峻先生表示"亦纯是揣测之词"④。子叔疑的身份还有待商榷，但不可否认的是重考证，轻议论是乾嘉注孟作品的突出特征。张舜徽先生曾指出："其后乾、嘉诸儒，相率自广衢趋于狭径，弃磊落而注虫鱼，皆西河倡导之所致也。"⑤可以肯定毛氏对乾嘉学者注经上的影响，但他也是导致这一时期的学者们沉迷考据，不问世事的主要推动人物。

（三）反映清代学者对《孟子》的认识达到了历史新高度

清代时期的《孟子》备受时人推崇。首先是清代统治者把孟子放在一个很高的位置，皇太极入关前，"崇德年间，建庙盛京，遣大学士范文程致祭。奉颜子、曾子、子思、孟子配。"⑥孟子配享文庙，与孔子同列。其次是科举制度的影响，科题范围来自四书五经，因此《孟子》更是成为参加科举士子们的必读书。此外在清代注重考据，讲究经世致用的经学思潮推动下，《孟子》更受清代文人学者的重视。尤其是在考证方面，清代时期的考孟专著有146种，

---

① （清）焦循撰，沈文倬点校：《孟子正义》，中华书局，2017年版，第2页。
② 闫宝明：《毛奇龄的〈论语〉〈孟子〉观对清初学风的新拓》，《昆明学院学报》，2014.36（05）。
③ （宋）朱熹：《四书章句集注》，中华书局，2012年版，第250页。
④ 杨伯峻：《孟子译注》，中华书局，1960年版，第96页。
⑤ 张舜徽：《清人笔记条辨》，辽宁教育出版社，2001年版，第116页。
⑥ （清）赵尔巽等撰，中华书局编辑部点校：《清史稿》，中华书局，1977年版，第2532页。

数量几乎是义理类的一倍①。而焦循在书中援引多家学说,目的是为了注释《孟子》,因此征引毛奇龄著作也是一种必然选择。同时焦循在文中说道:"孟子之后,能知孟子者,赵氏始也。"②也能说明清代学者对《孟子》及其赵岐《孟子章句》的重视程度加深。

焦循偏爱《孟子》,并高度赞赏《孟子》。他本人在《孟子正义》中说道:"循传家教,弱冠即好孟子书,立志为《正义》。"③他的弟弟焦征于《孟子正义·序》也表示:"先兄又以古之精通《易》理,深得伏羲、文王、周公、孔子之旨者,莫如孟子。"④焦氏作为乾嘉时期易学三大家之一,在易学上有很深的造诣,但他最钟爱的始终是《孟子》,他认为诸子之中只有孟子能把圣贤之道阐发得鞭辟入里,深得人心。可见他对《孟子》的推崇与韩愈相比有过之而不及,韩愈是第一个提出孟子功不在禹下的人,首开宋儒尊《孟子》之例:"道于杨、墨、老、庄、佛之学而欲之圣人之道,犹航断港绝潢以望至于海也。故求观圣人之道者必自孟子始。"⑤在焦氏的叙述中也能看出他对《孟子》的认识在前人之基础上达到了一个全新的高度。

五、结语

综上所述,焦循在《孟子》众多注本中选择引用毛奇龄多部著作进行作注,除受个人倾向的左右外,也间接反映出乾嘉学者对毛氏著作的认可态度。同时他又借征引阐发自己的孟学理论,这是一种思想的碰撞与融合,对我们理解并认识毛奇龄著作的学术史价值、地位以及清代《孟子》学的发展状况都有重要意义。

---

① 刘谨辉:《清代〈孟子〉学研究》,社会科学文献出版社,2007年版,第2页。
② (清)焦循撰,沈文倬点校:《孟子正义》,中华书局,2017年版,第866页。
③ (清)焦循撰,沈文倬点校:《孟子正义》,中华书局,2017年版,第870页。
④ (清)焦循撰,沈文倬点校:《孟子正义》,中华书局,2017年版,第6页。
⑤ (唐)韩愈著,刘真伦、岳珍校注:《韩愈文集汇校笺注》,中华书局,2010年版,第1114—1115页。

阮元抬升毛奇龄在清代经学地位的原因
——围绕《儒林传》的编纂展开的考察

西南民族大学 王庆朕

摘 要：作为清初著名的经学家，毛奇龄的治学对象经过由阳明之学至经学的转变，后由于他对理学大力批判及性格上的缺陷使他面临汉宋两边的压力。作为毛奇龄的晚辈，又是乾嘉时期扬州学派的重要代表人物，阮元力主调和汉宋之争，对调和清代汉学家和宋学家的学术争论起到了重要的作用，阮元对毛奇龄在清末学术转变的贡献加以肯定，于是在嘉庆十七年（1812）阮元所撰国史《儒林传》中将毛奇龄列入，稿本交付之后，却引起了汉宋两家学者的指摘，使得汉宋之争愈演愈烈。因此，围绕嘉庆十四年至十七年（1809—1812）间阮元对《儒林传》的修纂展开研究，有助于探析阮元在编修《儒林传》中抬高毛奇龄在汉学中的地位背后的深层原因。

关键词：阮元 毛奇龄 《儒林传稿》

明末以降，学人们对宋明以来理学家过于强调义理的阐发产生了不满，学术风气逐渐由"平时袖手谈心性"向"经世致用"的方向转变，经学逐渐复兴。可是，儒家经典"经过两千多年的流传，不仅其本身篇章错乱、字句讹舛之处所在多有，而且后人的附会、伪托亦不一而足，严重淆乱了经书的原貌"[①]。因此乾嘉时期一批学者强调对原典的考据，通过辨伪考证，以求廓清其原本的意义，代表学者有惠栋、戴震等。在此背景之下，与这一批崇尚汉学的经学家相对应的，就是清代崇尚宋明理学的一批学者，他们认为有宋以来的学者对义理进行阐发的行为是正确的。两个阵营在学术上针锋相对，互不相容，在学术上展开论战。

毛奇龄便是此次学术嬗变中颇有代表性的一位人物，毛奇龄作为明末清初重要的学者，他学问广博，一生学术涉及经学、史学、音乐、诗词等。明末清初，占据中国思想界统治地位的理学思想，被人指责"空疏"，这一时期的思想家主张经世致用，对理学思想的弊端予以批判，促进了学风的转变，其中毛奇龄对理学的批判在这场思想嬗变中具有重要作用。毛奇

[①] 黄爱平：《毛奇龄与明末清初的学术》，《清史研究》1996 年第 4 期。

龄早期崇尚阳明之学，受到了刘宗周蕺山学派的熏陶，故而对阳明之学大加推崇。清军入关之后，毛奇龄自己思想发生了改变，开始对以朱熹代表的理学进行大肆批判，其猛烈程度为当时学者中最激烈，黄爱平在《毛奇龄与明末清初的学术》中评道毛奇龄的言论"在明末清初学术界普遍批评理学的潮流中，可以说起到了振聋发聩、推波助澜的作用"①。

在学术上，毛奇龄作为阮元的长辈，对阮元影响颇深，阮元幼时便学习《易经》，并"心疑先、后天诸图之说"②，后来阮元在读了《毛奇龄全集》中的河图洛书原舛篇之后，从而"豁然得其源委"③。因此在阮元眼中，毛奇龄的学术贡献具有开创之功，阮元将毛奇龄当作清代汉学开山性的人物，认为毛奇龄对清代的汉学具有凿空之功。不过毛奇龄本人在性格、学术成果、品行等方面存在的缺陷为当时学者诟病，阮元若将毛奇龄这样具有争议性的人物编入《儒林传》必然会引起士人的反对，而在清代的学术纷争中，阮元也一直乐衷于充当"和事佬"的角色。不过，在编修《儒林传》这件事上阮元却不顾学人的非议力主将毛奇龄传记编入其中以抬高毛奇龄的学术地位。文章以下部分就从"阮元编修《儒林传》"为切入点，探析阮元通过修传以抬高毛奇龄学术地位背后的原因。

一、阮元编修《儒林传》始末

嘉庆十四年（1809），抚浙期间的阮元因"刘凤诰科场舞弊案"被问以失察之过，"九月初三日，嘉庆帝谕旨，将科场舞弊案犯刘凤诰及保庇者阮元革职，解京发落"④，阮元遂革去浙江巡抚之职，离浙回京。同时，清廷正在编修国史的《儒林传》的部分，当时负责编修《儒林》等列传的时任翰林院编修、国史馆总纂陈寿祺于嘉庆十五年（1810）七月因丧父，去职归乡。嘉庆十五年（1810）十月，阮元"自愿兼国史馆总辑，辑《儒林传》"⑤。嘉庆十七年（1812），八月二十日，阮元将编纂的《儒林传》稿本交付给国史馆，阮元本人因出任漕运总督，将所纂的《儒林传》稿匆匆交出，其中的"事迹年月恐有舛错，文理序述不免差缪"⑥，阮元希望国史馆中的诸友"详加校对，始为定稿"⑦。在阮元所撰《儒林传稿》中计正传44篇，附传50余人，毛奇龄赫然就在44篇正传之中。后来国史馆将阮元《儒林传稿》删减而成《国史儒林传》，《国史儒林传》中被汉宋两家所"批判"的毛奇龄的传记自然也被删减。后来阮元"复取所删篇目，削去儒林之名，集录为一篇，题曰《集传录存》，收入《揅经室续集》卷二中"⑧，在《集传录存》中各位学者的传记中，毛奇龄也被阮元放在了首位。

作为扬州学派中期的代表人物，阮元在学术思想上继承了乾嘉学派戴学一派的治学理念，并兼采皖派、宋学之所长。同时阮元又没有明确提出反对宋学的学术成果，而是强调反对阐发

---

① 黄爱平：《毛奇龄与明末清初的学术》，《清史研究》，1996年第04期。
② （清）阮元：《揅经室集》，中华书局，2016年版，第240页。
③ （清）阮元：《揅经室集》，中华书局，2016年版，第240页。
④ 王章涛：《阮元年谱》，黄山书社，2003年版，第505页。
⑤ 王章涛：《阮元年谱》，黄山书社，2003年版，第527页。
⑥ （清）阮元：《揅经室集》，中华书局，2016年版，第1024页。
⑦ （清）阮元：《揅经室集》，中华书局，2016年版，第1024页。
⑧ 王章涛：《阮元年谱》，黄山书社，2003年版，第554页。

义理，甚至在清中叶的汉宋之争中，阮元一直都在积极地折衷汉宋之间的关系。既然阮元一直都在致力于调和汉宋之间的关系，阮元却还将对汉宋两派而言具有争议性的学人毛奇龄放入其所编纂的《儒林传》中。在分析阮元抬升毛奇龄在清代经学地位的原因之前，需要解决另一个问题，即：在编修《儒林传》前后，阮元是否持有汉宋兼采、调和汉宋的态度。

二、阮元是否有意调和汉宋的问题

目前学界对阮元在学术上所持调和汉宋还是扬汉贬宋的观点不一。清至民国以来的学者普遍将阮元所作《拟国史儒林传序》视为阮元"调和汉宋"的依据。《拟国史儒林传序》一文阐述了自古以来经学的发展，是阮元为自己所编修的《儒林传》而撰写的序文。文中阮元评价历代儒学的发展"是故两汉名教，得儒经之功，宋明讲学，得师道之益，皆于周孔之道得其分合，未可偏讥而互诮也"[1]，从而得出结论："综而论之，圣人之道，譬若宫墙，文字训诂，其门径也。"[2] 也就是说，在阮元看来，不论是崇尚两汉经学的学者还是崇尚宋明理学的学者，他们"皆于周孔之道得其分合"，因此就不能"偏讥而互诮"。但是在关于"圣人之道"方面，也就是治学方法上，阮元坚定地秉持应将文字训诂作为入道的门径。不过，一直以来有些学者对此观点持有不同的见解。以戚学民为代表的一些学者认为，阮元非但没有调和汉宋，反而"实是造成这场汉宋纷争的关键人物"[3]，因为阮元本人所持"汉学"立场，所以在编修《儒林传》时也以汉学为中心来编写本朝学术史，从而激起江藩和方东树先后写《宋学渊源记》与《汉学商兑》，进一步激化汉宋矛盾。而阮元所倡导的"不立门户""未可偏讥而互诮"之语，皆是阮元的巧妙用心。在《阮元〈儒林传稿〉与清代汉宋学术之争》一文中，戚学民通过分析阮元的《拟国史儒林传序》与《儒林传稿》的正文得出"阮元的《儒林传稿》实是此次所谓'汉宋之争'的始作俑者"[4]。针对上述观点，黄爱平通过对《拟国史儒林传序》全篇内容分析后，对戚学民等人的观点一一反驳，认为戚学民等人的"阮元做出这样的矛盾文章，是阮元对宋代学术的批评"观点是值得商榷的。除此之外，黄爱平还对《儒林传》本身的撰写情形进行深入研究，包括《儒林传稿》的入传人选、及传记记载内容等方面。最后得出结论："阮元在国史《儒林传》的编纂过程中，从宗旨、凡例的确立，入传人物的考量，到撰写方法的制定，记述内容的采择，都在坚持汉学立场的前提下，鲜明地表现出折衷汉宋的思想倾向。"[5]

上述两种观点都对阮元序文及著作进行分析，而关于阮元是否真实"调和汉宋"的观点却大相径庭。戚派的观点经过较为详实的论证分析，具有诸多可取之处，但如果认为阮元的《儒林传稿》是打着"汉宋兼采"的旗号，来抬高汉学在学界的地位未免过于狭隘。首先，阮

---

[1]（清）阮元：《揅经室集》，中华书局，2016年版，第36页。
[2]（清）阮元：《揅经室集》，中华书局，2016年版，第36页。
[3] 戚学民：《阮元〈儒林传稿〉与清代汉宋学术之争》，《清华大学学报》（哲学社会科学版），2009年第06期。
[4] 戚学民：《阮元〈儒林传稿〉与清代汉宋学术之争》，《清华大学学报》（哲学社会科学版），2009年第06期。
[5] 黄爱平：《论阮元折衷汉宋的兼容并包思想》，《扬州大学学报》（人文社会科学版），2016年第03期。

元学术思想虽然继承了乾嘉学派戴学一派的治学理念，但他亦兼采皖派、宋学之所长，这在阮元负责编修《儒林传》之前就已经体现出来。

其一是阮元在去职返京之前一手创办的诂经精舍。嘉庆二年（1797），阮元任浙江学政时，在杭州孤山南麓构筑了五十间房舍，组织文人学子编纂《经籍纂诂》这一规模宏大的古汉语训诂资料汇编，嘉庆三年（1798）书成。嘉庆四年（1799）十月，阮元奉敕署任浙江巡抚，遂将昔年纂籍之屋辟为书院，"选拔两浙诸生好古嗜学者读书其中，颜其额曰'诂经精舍'"①。同时又在西偏修建了"第一楼"作为生徒游息之所。嘉庆十年（1805），阮元丁忧，解职归扬州，期间诂经精舍未停办。嘉庆十二年（1807）十月，阮元服丧完毕，十一月二次抚浙。嘉庆十四年（1809），因"刘凤诰科场舞弊案"阮元被问以失察之过，革去浙江巡抚之职，阮元从此离浙，诂经精舍闲置。经营诂经精舍期间，阮元虽然对宋儒抱有成见，但并非意味着他反对宋学本身，而是反对宋代以降儒者"取学术中最尊者为理性。至明儒，学案纷纷"②，从而导致儒学"如禅家遁于虚无也"③，阮元在《诂经精舍策问》中阐明了自己的态度，因此，当时来到阮元诂经精舍讲学和学习的学者中，汉宋学者皆有之。

其二与阮元的身份相关。在有些学者看来，阮元一边在学术上继承戴震一派，又打着"汉宋兼采"的旗号未免过于虚伪。不过与其他学者不同的是，阮元具有鲜明的双重身份，他既是一名学者——乾嘉学派分支扬州学派的代表，又是一名清廷重要的官员。因此，当阮元以学界巨擘的身份出现时，在治学方法上主张详实考据，实事求是。当阮元又身居要职时，又不得不站在朝廷的立场上考虑问题。阮元身居国史《儒林传》的编修工作，就不得不抛弃汉宋之间的成见，在编修时持平两端。

三、阮元抬升毛奇龄在清代经学地位的原因

上述内容通过梳理学界对阮元是否调和汉宋的观点，并对阮元创办诂经精舍以及阮元身份的二重性进行分析，可知阮元在编修《儒林传》之前，就以学者的身份容纳了宋学，并且阮元以国史编修的身份修撰《儒林传》，就需要汉宋兼采。既然阮元有意调和汉宋，他也自然知道将毛奇龄具有争议性的人物放入《儒林传》会引起学人的反对，但是最终还是将毛奇龄编入其中，以下部分将从阮元的治学原则、毛阮二人学术理念的相近之处作具体分析。

阮元治学原则

作为乾嘉学派的分支扬州学派的代表人物，阮元个人的学术自然更倾向于汉学家。但是与其他汉学家不同的是，阮元没有那么多的门户之见，因此阮元积极对明末清初以来"凡汉皆好"④的激进态度进行纠正，并反对明清以降"学案纷纷"⑤，过于看重门户、学派之别，体

---

① 陈东辉：《阮元与诂经精舍》，《浙江学刊》，1991年第04期。
② （清）阮元：《揅经室集》，中华书局，2016年版，第237页。
③ （清）阮元：《揅经室集》，中华书局，2016年版，第237页。
④ 梁启超：《中国近三百年学术史》，复旦大学出版社，2016年版，第196页。
⑤ （清）阮元：《揅经室集》，中华书局，2016年版，第237页。

现在治学方面他"束身修行，好古敏求，不立门户，不涉二氏"①。这一点，胡适在评价阮元时比较到位："阮元是一个剥皮的好手。他论性，论仁，都只是要把一个时代的思想归还给那一个时代，都只是要剥去后代涂抹上去的色彩，显出古代的本色。"②

毛奇龄在入学途径上也与清初主流的顾炎武一派相左，同时期的钱大昕认为"顾亭林论古音分部最有伦理，而毛大可妄为通韵之说以攻之。夫使韵而可通，则亦不必言韵矣……既泛滥而不可训矣"③。另外，毛奇龄在给朱彝尊《经义考》作的序中也明确指出："旁及儒说，然且儒说之中汉取十三，而宋取十一"④，至于取"十"之哪"三"，"十"之哪"一"，与汉宋两家的立场无关，而是要以"以经解经"为标准。毛奇龄的观点自然与后来乾嘉学派早期学者惠栋等人观点相左，惠栋认为"萧山毛大可《仲氏易》、南海屈介子《易外》，非汉非宋，屈思而不学者也"⑤。可见，乾隆时期的这些儒者"虽比毛奇龄同辈学人更关注其经学而非理学，却毫无将其引为前导渊源之意，且更多视其为贼经害道的经学之蠹"⑥。因为在当时众多学者看来，他们无非是倒向汉学或是宋学，而毛奇龄这种"非汉非宋"的学者，立场不鲜明，无疑是"骑墙派"，自然受到指摘。

但是，在嘉庆年间的阮元看来，毛奇龄这种能摆脱汉宋立场分析问题的大儒值得推崇，应在清代经学史上给其更高的地位。"非汉非宋"也就意味着，毛奇龄并非袒护汉宋任何一边，这与后来阮元在学术上"不立门户"之观点有同工异曲之妙，而且阮元参与官方修史也需要避开门户之成见。不过让阮元没有想到的是，他出于公正的立传原则，在当时并不能为汉宋两家所接受，反而使得汉宋之争愈演愈烈。

四、毛、阮二人学术理念的相近

清初，诸多学者崇尚学风由虚转实，跳出宋明时期理学的藩篱，反对空谈义理，而强调对儒家的原典进行研究。这些学者认为儒家原典经过上千年的阐发和演变，经书已经脱离其原本的面貌，因此这些清初的经学家主张对这些儒家原典进行考证辩伪，以期恢复经书原本之面貌，如黄宗羲、万斯同、阎若璩等学者分别对《尚书》《孟子》《礼记》等经典文献进行考证。在此阶段，毛奇龄研究的重点在《易经》，致力于"驳正宋儒图、书之说，廓清宋明以来种种谬误曲解"⑦，随后毛奇龄在拨正易学的基础上，建立起了自己的易学体系，对后来阮元、焦循等后进学者启发颇深，影响较大，阮元在《胡朏明先生易图明辨序》中提到毛奇龄在易学上对阮元的影响。

除了上文中所提及《揅经室集·胡朏明先生易图明辨序》中阮元提及自己在易学上受到

---

① （清）阮元：《揅经室集》，中华书局，2016年版，第687页。
② 胡适：《胡适学术文集·中国哲学史》（下），中华书局，1991年版，第719页。
③ （清）钱大昕撰，吴友仁校点：《潜研堂集》，上海古籍出版社，2009年版，第647页。
④ （清）毛奇龄：《毛奇龄全集·经义考序》，学苑出版社，2015年版。
⑤ （清）惠栋：《九曜斋笔记》，影印本。
⑥ 於梅舫：《从王学护法到汉学开山——毛奇龄学说形象递变与近代学术演进》，《中山大学学报》（社会科学版），2014年第01期。
⑦ 黄爱平：《毛奇龄与明末清初的学术》，《清史研究》，1996年第04期。

毛奇龄的启发颇深外，对宋明理学的态度上：毛奇龄将"六籍皆晦蚀"的原因归结到宋儒疑经、删经改经，甚至毁经的习气身上。阮元也认为"濂、洛以后，遂启紫阳，阐发心性，分析道理，孔孟学行不明著于天下哉"①，洎乎明代虽然有所变化，但是也"终不出朱陆而已"②，这样就导致了"有师无儒，空疏甚矣"③。另外，与毛奇龄观点相近的是，阮元虽然对宋儒抱有成见，但并非意味着他反对宋学本身，而是反对宋代以降儒者"取学术中最尊者为理性。至明儒，学案纷纷"④，从而导致儒学"如禅家遁于虚无也"⑤。毛奇龄则更极端一些，如全祖望评价毛奇龄："所最切齿者为宋人，宋人之中所最切齿者为朱子。其实朱子亦未尝无可议，而西河则狂号怒骂，惟恐不竭其力，如市井无赖之叫嚣者，一时骇之。"⑥此话虽然有夸大成分，亦有全祖望讽刺毛奇龄的心理，但毛奇龄对宋学的批判激烈程度可见一斑。两人对宋儒的不满，都非出于站稳某种立场，而是落实在了治学方法上，毛奇龄力倡的"以经解经"与阮元的"实践"和"求是"便是有力证明。

综而论之，阮元将毛奇龄的传记编入《儒林传》中，以抬高毛奇龄在清代经学的地位，与阮元身份的双重性具有分不开的关系。就儒士的身份而言，阮元容纳了宋学，在治学原则上不立门户，并与毛氏学术理念相近；就国史编修的身份而言，阮元修撰《儒林传》，就需要汉宋兼采，抛开鲜明的立场。两种身份的作用下，阮元不顾争议将毛奇龄的传记列入《儒林传》也就顺理成章了。

参考文献

[1] 胡适：《胡适学术文集·中国哲学史》(下)，中华书局，1991年版。
[2] 王章涛：《阮元年谱》，黄山书社，2003年版。
[3] (清)钱大昕撰，吴友仁校点：《潜研堂集》，上海古籍出版社，2009年版。
[4] (清)毛奇龄：《毛奇龄全集》，学苑出版社，2015年版。
[5] (清)阮元：《揅经室集》，中华书局，2016年版。
[6] 梁启超：《中国近三百年学术史》，复旦大学出版社，2016年版。
[7] (清)全祖望撰，朱铸禹汇校集注：《全祖望集汇校集注》，上海古籍出版社，2021年版。
[8] 陈东辉：《阮元与诂经精舍》，《浙江学刊》，1991年第04期。
[9] 黄爱平：《毛奇龄与明末清初的学术》，《清史研究》，1996年第04期。
[10] 戚学民：《阮元〈儒林传稿〉与清代汉宋学术之争》，《清华大学学报》(哲学社会科学版)，2009年第06期。
[11] 於梅舫：《从王学护法到汉学开山——毛奇龄学说形象递变与近代学术演进》，《中山大学学报》(社会科学版)，2014年第01期。
[12] 黄爱平：《论阮元折衷汉宋的兼容并包思想》，《扬州大学学报》(人文社会科学版)，2016年第03期。
[13] 周怀文：《毛奇龄研究》，山东大学博士毕业论文，2010年版。

---

① (清)阮元：《揅经室集》，中华书局，2016年版，第37页。
② (清)阮元：《揅经室集》，中华书局，2016年版，第37页。
③ (清)阮元：《揅经室集》，中华书局，2016年版，第37页。
④ (清)阮元：《揅经室集》，中华书局，2016年版，第237页。
⑤ (清)阮元：《揅经室集》，中华书局，2016年版，第237页。
⑥ (清)全祖望撰，朱铸禹汇校集注：《全祖望集汇校集注》，上海古籍出版社，2021年版，第989页。

毛奇龄《毛总戎墓志铭》探析

吉林师范大学　郝　运

摘　要：毛奇龄生活在明清易代之际，起初为明末遗民，参与反清运动。后对清廷态度有所转变，直至康熙十八年（1679）出仕。顺治年间，毛奇龄曾受出身于东江镇的定南王孔有德之邀请，为毛文龙撰写《毛总戎墓志铭》。《毛总戎墓志铭》中极力塑造毛文龙忠君爱国的形象，认为毛文龙被袁崇焕枉杀，极力为毛文龙洗刷冤屈。但《毛总戎墓志铭》由毛奇龄集坊间传言材料而作，因此存在部分纰漏。在对毛文龙研究之时，若采信毛奇龄之《毛总戎墓志铭》作为材料，应加强对史料的辨析。

关键词：毛奇龄　《毛总戎墓志铭》　毛文龙

一、《毛总戎墓志铭》背景

毛奇龄，浙江萧山人，明末诸生，曾参与抗清斗争。作为江南士大夫群体中的一员，明亡后毛奇龄始终心怀故明。虽曾于康熙年间仕清，但毛奇龄对于在明末农民起义和明清战争中殉国死节诸臣，往往都给予了高度赞赏，在他的诗文中均可见。如朱溶所著，记载了在抗击农军起义军和在对清战争中殉国的、入清后不仕的明末忠义之士的生平事迹的纪传体史书《忠义录》，毛奇龄就曾为其作序。

《毛总戎墓志铭》是在清朝入关后毛奇龄因"同出姬室"[①]而受定南王孔有德之嘱托所撰写。毛总戎即天启、崇祯年间开镇东江的明廷平辽总兵毛文龙，他曾于天启三年（1623）至崇祯二年（1629）之时在皮岛领兵与后金政权对抗，或交战，或骚扰，起到了一定的战略作用，最终于崇祯二年被袁崇焕矫诏所杀。《毛总戎墓志铭》文中记载了毛文龙的部分生平，是研究毛文龙与东江镇乃至明清战争中辽东战场的重要材料。但王荣湟在硕士论文《明末辽东军将毛文龙功过研究》文中对毛奇龄《毛总戎墓志铭》的真实性评价较低，有附会穿凿的情况，他认为"《毛总戎墓志铭》依据家传而作，其史源很大部分是毛文龙的疏揭塘报和崇祯年间的邸报，并非全然无据，然而家传之掩恶溢美自是理之必然，而毛奇龄史学荒漏，不加考

---

① （清）吴骞：《东江遗事》，浙江古籍出版社，1986年版，第213页。

辨，因而以说传说，如称刘兴祚如何亲爱毛文龙、憎恨袁崇焕，毛文龙死后孔、耿、尚三人即叛，东江遂亡，这些都是与事实不相符的。"①

近现代以来，学界对与毛文龙相关的史料进行的学术研究大多集中于《忠义录》和《辽海丹忠录》。《东江遗事》及其中《毛总戎墓志铭》虽多被研究者所引用，但对其史料本身的背景和内容研究较少。曾有学者对《毛总戎墓志铭》为毛奇龄所著表示怀疑，认为该文"不载《西河集》"，只存在于吴骞所辑《东江遗事》中，因此"或是伪托"②，但罗振玉先生通过与毛奇龄时代接近又同为杭州人的厉鹗所著《东城杂记》中载毛奇龄所著《志圆尼师抄化斋粮序》证实了《毛总戎墓志铭》确为毛奇龄所作。

《毛总戎墓志铭》中称孔有德为"定南王孔君"③，因此著述时间应为顺治六年（1649）五月清廷"改封恭顺王孔有德为定南王"④后。孔有德出身皮岛，初为毛文龙部将。毛文龙在皮岛深得军心，他死后"东江将士皆聚哭，欲追杀崇焕"⑤，在毛文龙之子毛承禄的阻止下方才作罢。即使降清后，孔有德、尚可喜、耿仲明等出身皮岛的将领依旧难忘故主毛文龙。东江降将中自称为孔子之后的孔有德更是最为"忠义"，不但尝试"觅将军子"，更寻"其故屋三间"，"流涕去"，甚至故校寻得毛文龙之子，得知"其殡宫飘于海未葬"后，孔有德决定"合葬将军衣冠于灵峰庄"⑥。孔有德心怀故主的行为可以使其得到一部分明朝遗民的理解。

在改封定南王后，孔有德率军行水路沿运河下江南⑦至杭州，整合旧部兵马再带兵南下，路线合理。此时毛奇龄曾经得罪的南明大将方国安早已降清后阴谋反叛而被处死，浙江被清廷牢牢掌控，毛奇龄回归故乡浙江一带"为僧"⑧，自然会得知孔有德之作为。毛奇龄或以孔有德心怀故主而敢于面见之。因此，毛奇龄存在孔有德率军南下之时与其见面并接受其嘱托之可能。

二、《毛总戎墓志铭》内容与人物形象塑造

纵使明亡，毛奇龄希望宣扬的还是儒家传统的忠君爱国的精神。毛文龙虽似藩镇般割据，但他曾在与后金政权的战争中立下了包括镇江之捷在内的赫赫战功，且毛文龙至死并未反叛明朝。毛文龙忠的君正是毛奇龄心中仍在怀念的明朝天子，毛文龙爱的国也正是毛奇龄一直怀念的故明。在明清易代尚未完全结束，南明政权依旧与清廷并立的时代，著述"当代史"有较大政治风险。而在地位崇高的定南王孔有德的邀请之下，毛奇龄为毛文龙撰写墓志铭可以规避大量政治风险。因此，毛奇龄才会与孔有德合作，为孔有德的故主毛文龙作墓志铭，

---

① 王荣湟：《明末辽东军将毛文龙功过研究——兼论袁崇焕之斩帅》，南开大学硕士学位论文，2013年。
② （清）吴骞：《东江遗事》，浙江古籍出版社，1986年版，第220页。
③ （清）吴骞：《东江遗事》，浙江古籍出版社，1986年版，第213页。
④ 《清世祖实录》，中华书局，1985年版，第351页。
⑤ （清）吴骞：《东江遗事》，浙江古籍出版社，1986年版，第219页。
⑥ （清）吴骞：《东江遗事》，浙江古籍出版社，1986年版，第213页。
⑦ 顾诚：《南明史》，光明日报出版社，2011年版，第431页。
⑧ 胡春丽：《毛奇龄年谱》，复旦大学出版社，2021年版，第42页。

同时通过构建毛文龙忠君爱国的形象，借此宣传毛奇龄自己的政治观与价值观。文中毛奇龄言受孔有德之邀的另一种可能是在桂林之战孔有德兵败身死后，毛奇龄假称受其嘱托以降低《毛总戎墓志铭》所带来的政治风险。孔有德死无对证，又因其为清朝尽忠，备受优待，所以假称受他之托而作更可能获得清廷的允许。具体是以上哪种情况，尚需要考证《毛总戎墓志铭》成文时间，但目前现存材料无法支撑，有待后续新材料的发掘。

明清时期小说繁荣，以艺术加工的方式修改事实而塑造作者希望塑造的人物形象已经蔚然成风。崇祯年间《辽海丹忠录》和《镇海春秋》等赞扬毛文龙的小说之刊行使得毛文龙的艺术形象趋于忠臣良将，对毛奇龄《毛总戎墓志铭》的人物形象刻画有一定影响。毛奇龄并未曾见过毛文龙，因此他对于毛文龙形象的刻画只能"据其当时所传行状"，而话本小说的流传对坊间传言影响极大，可以在一定程度上主导历史人物在民间评价中的褒贬色彩。毛奇龄自言其文"宁损无益"，但其实毛奇龄《毛总戎墓志铭》文中对毛文龙的却依然赞赏有加。

毛总戎墓志铭中对毛文龙形象的塑造是从毛文龙青年时期开始的。毛奇龄将青年的毛文龙形象刻画为喜兵法而关心国事的有志青年。从毛文龙"授经生业，厌之，思弃去"，到"客有讲孙吴兵法者，求其书谛视，忽心开"。在毛文龙的舅父沈光祚任职山东布政使司之时，毛文龙居于府中，就开始关注日趋紧张的辽东局势，他勇于冒险，"尝密走关宁，觇其山川形势"[①]，对毛文龙的青年时期的行为描写为毛文龙成长为杰出的武将形象奠定了基础。毛奇龄对毛文龙的形象塑造的另一个重点事件是毛文龙之死，通过对袁崇焕矫诏杀毛文龙的细节描写，佐以对毛文龙被杀后刘兴祚等东江镇诸将反应的侧面描写，以彰显毛文龙被杀的冤屈。由于毛文龙被袁崇焕所杀，因此支持毛文龙者与支持袁崇焕者存在不可调和的矛盾。认同袁崇焕斩杀毛文龙者普遍认为毛文龙跋扈，已经成为割据藩镇，不受明廷节制，更已经与后金通过书信建立联系，随时可能叛国。认为袁崇焕冤杀毛文龙者，普遍认为毛文龙没有背叛明朝，可以对后金起到牵制作用，且袁崇焕不应在没有向崇祯帝请旨的情况下擅杀大将，甚至怀疑袁崇焕私通后金。毛奇龄作《毛总戎墓志铭》之时也不例外，毛奇龄完全站在毛文龙的立场之上，文中称袁崇焕"妄自信""忌且妒"[②]，此外，毛奇龄重点描写了毛文龙在牵制和招募流民方面的功绩，却刻意忽略了毛文龙率部与清军的战争乃至战败的经历。比如对于毛文龙入皮岛的描写，毛奇龄仅用"将军度势劣，未能进取，徒守镇江城无益，乃大辟皮岛，当时所谓东江者"[③]一笔带过，而对清军"斩吕游击及千总和把总、军士共五百余人，复于外围剿杀男丁千余人"[④]的林畔之败只字未提。毛奇龄采取忽略战争的写作手法的原因有三：其一为"其事往往与本朝抗颜行"，"况大清实录未颁，其事不定"[⑤]，着重描写毛文龙战胜清军的战役会引发朝廷不满，为避免被清廷禁止流传而不得不为之；其二为若描写毛文龙与后金军队作

---

① （清）吴骞：《东江遗事》，浙江古籍出版社，1986年版，第213页。
② （清）吴骞：《东江遗事》，浙江古籍出版社，1986年版，第217—218页。
③ （清）吴骞：《东江遗事》，浙江古籍出版社，1986年版，第215页。
④ 中国第一历史档案馆整理：《满文老档》，中华书局，1990年版，第275—276页。
⑤ （清）吴骞：《东江遗事》，浙江古籍出版社，1986年版，第213页。

战中失败的情形,一方面有违于对毛文龙英雄形象塑造的写作目的,进而突显清军战斗力之高,打击交战区心向南明的军民士气和清廷实际控制区的明末遗民对于复国的信心也是毛奇龄不愿看到的;其三是毛奇龄所拥有的资料有限,难以对毛文龙与清军作战的过程进行深度梳理。

坊间传闻非第一手材料,若不仔细甄别可能导致内容谬误。《毛总戎墓志铭》为毛奇龄"据其当时所传行状"所作,王荣湟已经发现了其中的部分谬误,笔者经过考证还可以继续补充。关于毛文龙入仕辽东从军的记载,毛奇龄采信的是毛文龙的舅父沈光祚推荐与辽东巡抚王化贞的说法。毛奇龄的记载存在时间问题。王化贞,万历四十一年(1613)进士,天启元年(1621)"辽、沈相继亡"后,王化贞方才进为"右佥都御史,巡抚广宁"[①]。毛文龙生于万历四年,天启初年之时年过四旬,且早已在辽东征战数年。毛文龙先后担任了海州卫百户、安山百户、辽阳千总、叆阳守备等官职。万历四十六年(1618)至泰昌元年,毛文龙先后在辽东经略杨镐和熊廷弼手下屡立战功,并得到熊廷弼"管铁骑营加衔都司毛文龙,弃儒以戎,志期灭虏,设防宽、缓,凡夷地山川险阻之形靡不洞悉,兵家攻守奇正之法无不精通,实武弁中之有心机、有识见、有胆量、有作为者,岂能多得,应与实授都司,以展其才"[②]的上疏赞扬。关于毛文龙前往辽东的原因,主流说法有两种,均与王化贞无关。其一为毛文龙舅父沈光祚推荐于李成梁,再中武举说。《明季北略》记载"文龙入京,光祚荐于辽东总兵李成梁,补内丁千总。九月,兵巡道某考武举,文龙列名第六,遂署安山百户"[③]。其二为毛文龙过继伯父毛得春,世袭官职说。《东江疏揭塘报节抄》记载"臣伯毛得春实授海州卫百户世袭,伯父无嗣,推昭及穆,掌亲给百户印信"[④]。真正与王化贞有关的是毛文龙的发迹过程,毛文龙在辽阳失陷后自海路逃至广宁,投靠辽东巡抚王化贞。

毛奇龄把毛文龙初入辽东和在战场中发迹获得重用的经历杂糅。造成毛奇龄文章中错误的主要原因有三:其一为毛文龙身在辽东之时地位并不显赫,非文人墨客和百姓坊间巷谈所关注的重点;其二为皮岛孤悬海外,与中原内地消息传递较少,毛文龙又身死皮岛,儿子迫于明廷政局和明清易代被迫隐居;其三为毛奇龄在撰写《毛总戎墓志铭》时正削发为僧,因为身份地位和政治立场等原因不方便和嘱托他写《毛总戎墓志铭》的定南王孔有德进行深入交流,只能自行在坊间收集材料。

总之,毛奇龄在《毛总戎墓志铭》中虽有考据不充分之处,但他将毛文龙忠君爱国的形象塑造得富有传奇色彩,并通过异相等方式神化后展现出毛文龙的功绩和毛文龙之死的冤屈。

三、《毛总戎墓志铭》影响

对于毛奇龄而言,著《毛总戎墓志铭》应为其受清廷高级官员之托所行之首事。虽在毛

---

① (明)张廷玉等:《明史》,中华书局,1974年版,第6695页。
② (清)熊廷弼:《熊廷弼集》,学苑出版社,2011年版,第543页。
③ (清)计六奇:《明季北略》,中华书局,1984年版,第38—39页。
④ (明)毛承斗:《东江疏揭塘报节抄》,浙江古籍出版社,1986年版,第112页。

奇龄眼中毛文龙"以冤死"[①]，撰《毛总戎墓志铭》实为故明冤死大将作志洗刷冤屈之义举，但这也是毛奇龄思想转变开始逐渐认同清朝及降清明官的第一步。毛奇龄表现出了与他于明亡之时"哭于学宫三日"和追随南明监国鲁王之时依旧试图挽救大明江山社稷的对于明清易代的不同态度。

毛奇龄对清廷态度的初步转换，为他后面举博学鸿儒科，正式入仕清朝奠定了基础。毛奇龄态度的转换，源于毛奇龄对南明政权的失望。毛奇龄曾效力于南明鲁监国麾下的靖夷将军保定伯毛有伦军中，他认为方国安、马士英都是国贼，故而劝毛有伦"明公为东南建义旗，何可与二贼共事？"[②]事泄后，毛奇龄为方国安所恨。在方国安想要杀死自己的情况下，毛奇龄果断出逃，隐姓埋名，化名王士方"亡命流浪"，"流寓江、淮间"[③]。此后，毛奇龄彻底对南明政权失望，不再参与抗清事宜，削发为僧。尽管毛奇龄对南明政权已经失望，但他并未在明神宗之孙永历帝朱由榔仍在顽抗之时彻底放下心怀的故国出仕清廷。毛奇龄还曾在"江西参议道施闰章处""说诗"[④]为生，直至永历帝被吴三桂用弓弦绞杀于昆明十余年后，毛奇龄方才入仕清廷。康熙十八年（1679），毛奇龄方正式为"翰林院检讨，充明史纂修官"。

《毛总戎墓志铭》为研究毛文龙与东江镇的重要材料，为后世学者研究相关问题时所大量引用。文中对于毛文龙持褒扬、肯定的态度，其原因主要有三：一为毛奇龄受曾为毛文龙旧部的定南王孔有德嘱托，孔有德位高权重，毛奇龄不敢违背；二为毛奇龄与毛文龙同姓同乡，在宗族和桑梓意识极强的中国古代社会，这会带来自然而然的好感，从毛奇龄在南都城破后选择追随毛有伦也可以看出毛奇龄有这种意识。且江南士林中为毛文龙鸣冤者也不止毛奇龄一人，苏州人朱溶的《忠义录》中第七章专门记载毛文龙与东江诸将之事，浙江仁和人毛先舒也曾作《毛太保公传》以彰显毛文龙之功绩；三为中国古代死者为大的传统观念，历代墓志中通常均大肆褒扬墓主功绩，而对墓主之过错浅尝辄止所记，至明清之际已经成为"潜规则"。

毛奇龄自己也在文中承认他的写作目的为"以略存不白之意"。毛奇龄实则在尝试替毛文龙鸣冤翻案，更直言："将军赍志没，不为表彰，即直道安在？"[⑤]因此，在研究毛文龙事迹之时，若采用《毛总戎墓志铭》之记载，应自证与旁证结合，仔细地对史料内容进行分析辨证，确保记载真实可信，而并非毛奇龄疏于考据或为塑造人物形象而通过艺术加工的方式夸大事实后，再行采信应用。

---

① （清）吴骞：《东江遗事》，浙江古籍出版社，1986年版，第213页。
② （民国）赵尔巽：《清史稿》，中华书局，1977年版，第13175页。
③ （民国）赵尔巽：《清史稿》，中华书局，1977年版，第13175页。
④ 王钟翰点校：《清史列传》，中华书局，1987年版，第5456页。
⑤ （清）吴骞：《东江遗事》，浙江古籍出版社，1986年版，第213页。

《毛奇龄全集》出版断想

浙江古籍出版社　路　伟

摘　要：毛奇龄是一流大家，也是清初浙江学术的代表。复旦大学出版社编审胡春丽整理的《毛奇龄全集》正在出版审校。该书在《西河合集》基础上增补了近百万字的资料，基本将有关毛奇龄的文献一网打尽，是一部可圈可点的古籍整理著作。为让学界了解全集的构想和进展情况，笔者忝为责任编辑，撰此小文，略作介绍。

关键词：《毛奇龄全集》　出版断想　检验标准

毛奇龄（1623—1713），又名甡，字大可、初晴，浙江绍兴府萧山县（今杭州市萧山区）人。以郡望西河，学者称"西河先生"。清初著名经学家、文学家。明末诸生，清初参与抗清军事，流亡多年始出。康熙时荐举博学鸿词科，授检讨，充明史馆纂修官。寻假归不复出。毛奇龄学识渊博，治经史和音韵学，亦工词，擅长骈文、散文、诗词，皆能成家。与毛际可、毛先舒合称"三毛"，当时有"浙中三毛，文中三豪"之称。著述极富，史称"著述之富，甲于近代"（《四库全书总目》卷三十一）。所著《西河合集》卷帙浩繁，近五百卷，在清人中就著作体量而言，位居前茅，《西河合集》后来收入《四库全书》，毛奇龄亦成为《四库全书》中收录个人著述文字最多的人。

在浙江古代学者文人中，以著述宏富著称者，清代前期有毛奇龄，《西河合集》有一百十九种，四百九十五卷，清代后期有俞樾，《春在堂全书》有三十八种，四百九十三卷，正在伯仲之间，再加上两人有少量著作未收入《西河合集》和《春在堂全书》，两人著作总卷数均超过五百卷以上，可谓清代学术史上的两座高峰。《俞樾全集》2017年已经由笔者供职的浙江古籍出版社出版。毛奇龄是一流大家，也是清初浙江学术的代表，虽然毛奇龄的著作断断续续有人整理出版，《西河合集》也曾两次影印出版[①]，但点校本全集却因耗时耗力，事大体艰，一直没有出版，这不得不说是一件憾事。

幸运的是，复旦大学出版社的胡春丽编审一直在从事着毛奇龄著作的整理。她花费十余

[①] 庞晓敏主编：《毛奇龄全集》，学苑出版社，2015年版，底本为《四库全书》本；杭州市萧山区人民政府地方志办公室：《毛西河先生全集》，中华书局，2014年版，底本为康熙刻本。

年精力整理的《毛奇龄全集》(下简称《全集》),在《西河合集》的基础上又增补了近百万字的资料,基本将有关毛奇龄的文献一网打尽,是一部可圈可点的古籍整理著作。作为浙江省内以刊行浙江先贤为己任的古籍专业出版社,浙江古籍出版社有幸接下这部书稿,让其在故乡土地上发扬光大。笔者忝为责任编辑,能接手毛奇龄这一学问大家的全集,荣幸之余,感受更多的是背负的压力。从2020年秋笔者与胡春丽编审相识,洽谈《全集》合作出版事宜,三年内,大到收录范围、整理体例,小到文字识别、标点使用,一起商讨解决,可以说除了胡编审之外,笔者算是最是熟悉《全集》状况的人了。为让学界了解全集的构想和进展情况,故撰此小文,略作介绍,也算《毛奇龄全集》出版之前的预热了。

新版《全集》收罗文献超过一百种,而《西河合集》是核心内容,经笔者和胡编审反复商榷,该书结构如下:

正编

《西河合集》四百九十二卷

补编

《古今通韵》十二卷

《四书正事括略》八卷

《四书改错》二十二卷

外编

《越郡诗选》八卷

《毛西河论定西厢记》五卷

《曼殊留视图册》一卷

《唐七律选》四卷

《唐人试帖》四卷

附编

毛万龄《采衣堂集》不分卷

毛远公《菽畹集》七卷

徐昭华《徐都讲诗》一卷

诗文补遗

诗

文

附 西河评语

附录

碑传志铭

酬赠追悼

序跋题赞等

参考书目

北京大学张剑教授在《古籍整理学术评价标准刍议》①一文中曾提出"创新性、难易度和重要性"三个标准,这个标准其实是评定古籍资助项目的标准,是一部古籍整理作品价值高低的"预先判断"。当一部古籍整理作品问世后,评价其优劣好坏,则需要另外的评判标准。对于以标点和校勘为主的古籍整理,笔者认为可以有四条标准评价古籍整理质量:文字是否准确,标点是否妥当,校勘是否细致,补遗及附录材料是否丰富。文字是否准确、标点是否妥当是一部古籍整理作品合格的基本门槛,如果一本书这两项做得不到位,则它必然是一部失败的作品,遑论其他。当然,这两项要求言之甚易,行之则甚难。一部质量优良的古籍整理作品需要整理者不但要有深厚的学养和知识储备,同时也需要整理者有严谨细致、一丝不苟的态度,古籍整理是一项需要"绣花针功夫"的事业,最忌讳鲁莽从事,粗枝大叶。细致的校勘及丰富的底本外文献材料则是一部优秀古籍的必备素质。好的校勘不但可以使文本得到优化,而且通过异文,能揭示出其他版本的特征,为进一步的研究提供基础的材料。差的校勘则会提供价值不高的信息,甚至出现错讹和脱漏,误导研究者和读者。因而,正确选择底本和校本,细心处理异文,把握好校勘尺度,撰写精到的校勘记,是做好一部古籍点校本的核心事项。丰富的底本外文献材料则最能凸显整理者所下的功夫。一部古籍整理,往往功夫在本书之外,在海量的文献中把本书相关的材料辑录出来,不但可提供该书底本、校本没有的信息,省却读者翻检之劳,而且可为深入研究提供基础的文献资料。

具体到《全集》,可以此四条标准检核一下。

先说文字准确,提供准确而可靠的文本,是一部古籍整理最基本的要求。毛奇龄的全集在编纂时,有个有利条件,就是毛奇龄绝大部分著作和文字都编入了《西河合集》,并收入《四库全书》。《西河合集》的刻本也不是一成不变,中间也有增删损益。康熙三十八年(1699),先有门人李塨、盛唐、王锡、邵廷采等编辑,是为《西河合集》初刻本。毛奇龄卒后,其从孙毛雍及门人蒋枢等于康熙五十九年(1720)重加补辑,后来又经过其曾孙及孙婿等三辑。三辑后的《西河合集》,是目前所见收录毛奇龄著作最完备的著作合集。后乾隆三十五年(1770)陆体元瑞宁堂修版,嘉庆元年(1796)又重印。众所周知,《四库全书》除了订正讹误的一般校勘外,还会因为政治等原因,对文本加以篡改,尤以明清之交的文献为甚,可以说是篡改的重灾区,门类上则以史部和集部为多。毛奇龄早年曾经参与过反清复明活动,其《西河合集》作为公开刊刻的出版物,自然已经过其自我阉割,早年的诗文难免经历不少删改。但到乾隆时,文化政策的严苛程度又超过顺治、康熙时期,乾隆朝禁毁的书籍很大一部分是顺治、康熙、雍正三朝的公开出版物。《四库全书》初步编成后,乾隆皇帝曾下谕旨批评毛奇龄著作:"四库馆进呈原任翰林院检讨毛奇龄所撰《词话》一书,内有'清师

---

① 张剑:《古籍整理学术评价标准刍议》,《古籍整理出版情况简报》2018年第10期。

下浙'字样，殊属背谬。毛奇龄系康熙年间翰林，书内载我朝时事，理应称'大兵'或'王师'等字样，乃指称'清师'抬写，竟似身仕前明、未经在本朝出仕者，谬妄已极！毛奇龄系素有文望之人，且身故已久，朕不肯因其字句背谬，照从前戴名世等之案办理。但此等书籍经纂修、校对等阅过，即应按照馆例签改进呈，乃漫不经心，俱未看出，实非寻常疏忽可比。除将原书交馆改正，并查明此外有无似此等字样一并签改外，所有书内列名之总纂官纪昀、陆锡熊，总校官陆费墀、王燕绪，分校官刘源溥，俱着交部分别议处。至誊录生不通文理，照本缮写，着加恩免其查办。并着行文外省各督抚细心查办，有似此者一体改录。"① 在这样的环境下，《西河合集》能收入《四库全书》，最终也没有被撤毁，不能不说是一种幸运。此次整理，不选择《四库全书》本，而选择内容最为完整的康熙五十九年刻本《西河合集》作为底本无疑是最佳选择。

再言标点问题。虽然同行的标点使用规范只有一个，即国家标准《标点符号用法》，但同一部古书，不同的整理者的标点往往有不少差异，可以说是"千人千面"。这主要是整理者对古书理解和自己对标点符号的惯常用法不同造成的。从标点上看，古籍整理是会带有强烈的个人风格的。这种个人风格的存在，在古籍整理中是允许的，恐怕也是难以避免的。古籍标点中的错误指那些在错误理解文意基础上，该加标点处不加，不该加标点处误加，或者加了错误的标点符号。毛奇龄文风偏重于艰深晦涩一路，再加上其学问驳杂，经史子集都有涉及，故而《全集》的标点并非易事，这对于编校工作也是一项挑战。

再言校勘问题。虽然《四库全书》所收毛氏著作不全，且对《西河合集》中个别篇目和文字有删改，但对其错误亦有不少订正。本书采用《西河合集》本为底本，而《四库全书》本是最基础的版本校勘材料。除此之外，尚有不少校勘材料可资利用。比如在《西河合集》刊刻前，毛奇龄已经有部分著作得以出版，包括《兼本杂录》《濑中集》《毛翰林集》《西河文选》等，这些是校勘《西河合集》诗文部分的好材料。其他的校勘材料则散在群书，各种总集所见毛奇龄诗文和各书所见毛奇龄序跋是值得关注的文献。毛奇龄各文基本不附写作时间，而大部分原书所附序跋落款则有撰写日期，这些序跋的比勘不但可以了解文本的演变，还可以将其进行编年，为勾勒毛奇龄一生创作轨迹提供较为准确的时间节点。

最后再说底本外文献材料。《西河合集》之外的文献材料，可分两类，一类是校勘材料，前已言及，此处不赘。另一类则是补充增益性材料。《西河合集》并非是毛奇龄一生所有创作的总结集，因各类原因，部分著作并没有收进《西河合集》。如《四书改错》一书，共二十二卷，为纠驳朱子《四书章句集注》而作。毛奇龄康熙四十五年（1706）从杭州返回萧山草堂，在子远宗、侄文辉及门人张文彬、文楚等的帮助下，辑其《经集》中"为四书注作驳辨者"为《四书正事括略》，以辨析名物、典章制度为主，而不牵扯义理。此后，毛奇龄嫌《括略》散乱无统，又口授增补大量内容，着重义理，编为《四书改错》二十二卷，共计三十二门，四百五十一条。每条先标举四书原文，次引朱注误处，然后阐发己见，间附子侄见解。末卷

---

① 中国第一历史档案馆：《纂修四库全书档案》，上海古籍出版社，1997年版，第1668页。

为附录，以问答形式进一步发挥己说。《四书改错》成书后，于康熙四十七年（1708）收入《西河合集》，但康熙帝提倡程朱理学，刊成不久，毛奇龄心生恐惧，旋即毁版，故流传甚少。直至嘉庆十六年（1811），瓯山金孝柏寻得旧本，重刊此书。该书卷端有大题"西河合集"，"四书改错"为小题。但今各刻本《西河合集》均未收《四书改错》，仅存此嘉庆重刻本。故而此次整理出版《全集》，《四书改错》在增补之列，与《四书正事括略》及《古今通韵》而书，汇为"补编"。

又如毛奇龄所辑《越郡诗选》《毛西河论定西厢记》《唐七律选》《唐人试帖》等书，则是因为这些著述属于辑纂而非创作，不合《西河合集》体例，没有收录。这些著述对于研究毛奇龄同样有重要价值。比如，《越郡诗选》为毛奇龄和邑人黄运泰合撰，刻于顺治年间，此时毛奇龄尚未被清廷"招安"。该书所收为越郡（绍兴府）下辖府县文人诗作，因"越乃报仇雪耻之国，非藏垢纳污之地"（王思任语），该集所收诸人不乏抗清之士和明代遗民，因而流传绝少。该书天一阁藏本（残存四卷）因编入《中国古籍善本书目》而为人所知，这次重编《全集》，又在上海图书馆发现足本八卷本《越郡诗选》，并据之整理，使这一部隐晦已久的清初总集终于重见天日。

《西河合集》附有《徐都讲诗》，乃毛奇龄女弟子徐昭华所作。古人编订规模较大的个人著作集时，往往附录亲属子弟或门人所作，使这些小人物的著作也可以"附骥尾而致千里"，扩大影响力，增大流传后世的可能性。受此启发，《全集》又收录了萧山毛氏的两种著作，分别为毛奇龄之兄毛万龄《采衣堂集》及其侄毛远公《荍畹集》，其中《采衣堂集》存两部，分别藏于国家图书馆和首都图书馆，《荍畹集》仅存一部，藏于绍兴图书馆，皆无影印本，不便读者使用。此次编订《全集》，将《西河合集》中的《徐都讲诗》移出，与此二书合编，汇为"附编"，借出版《全集》的契机，为这两种已在若存若亡间的珍本古籍续命，使其能化身千百。在体例允许的情况下，收入一些相关的珍稀文献，这也是此《全集》之"全"名副其实的一个例证。

诗文辑佚和补遗的多寡是评价集部和全集类古籍整理的重要角度，通过爬梳文献，将这些本可编入本人别集却因各种原因未能收录的诗文"打捞"出来，不但可以丰富文献材料，夯实研究的根基，且可以使之更长久地保存下去。《全集》在这方面下足了功夫，其成果也是丰厚的，补辑各类诗文近二百篇（首）。特别是其中含有不少毛奇龄早年的诗文，这些文字重新浮出水面，使其参与反清复明活动的层层迷雾得以廓除，新材料的发现无疑会让毛奇龄的研究进一步走向深入。当然，此类文献有可能有伪作或者代笔羼入其中，整理者也在力所能及的范围内进行了甄别，以期能辨伪存真。此外，毛奇龄也有大量为师友朋好诗词文赋撰写的评语，分散存于各人别集或总集中，此类材料因细碎不堪，整理者往往是不加收录的。但这些材料对于研究一个人的文学思想还是大有益处的，弃之可惜，将其辑录出来，可以充实毛奇龄的研究资料。评语往往附录诗文而存在，但如果附录原文，则难免主客不分，故而辑录评论文字时，只出篇题，正文则省略不录，以从简便。

《全集》的附录包括碑传志铭、序跋题赞、酬赠追悼等，其中辑录碑传志铭、序跋题赞是古籍整理的惯常操作，不足以表，难能可贵的是，《全集》还辑录了有关毛奇龄的酬赠追悼诗文。毛奇龄是一代闻人，交游广泛，因而此类诗文体量是巨大的。整理者鼓足勇气，不辞辛劳，几乎跑遍了全国较大的图书馆，翻遍了清代初期的集部文献，收录了相关诗文数百篇。这些文字虽然应酬居多，但对考证毛奇龄的生平事迹、交游、社会评价仍然有不可替代的价值。本书附录如果独立出来，就是一部"毛奇龄资料汇编"。

胡春丽编审从事毛奇龄研究已近二十年，整理《全集》也已经花了十余年功夫，孜孜矻矻，执着以求，用功深而成果巨，在《西河全集》的基础上整理出一部各方面均超越《西河合集》的《全集》。现在《全集》已经进入编校阶段，笔者希望该书在笔者手上能够更加完善，对得起毛奇龄，对得起胡编审，也对得起万千的研究者和读者。如果一切顺利的话，2024年或者2025年，《全集》完成出版，毛奇龄的毕生心血将得以最大程度的呈现，那将是出版界的盛事一桩。

论毛奇龄《九怀词》对萧山地方文化的贡献

浙江理工大学 蔡堂根

摘 要： 毛奇龄的《九怀词》以萧山地方祭祀为基础，借鉴《九歌》的艺术形式创作而成，包括总序、小序、歌词三部分，是不可多得的萧山地方文化珍品。《九怀词》保存了明清之际萧山境内的多种祭祀仪式和相关传说，反映了萧山民间祭祀选择的偏好，展示了萧山地方文化成长发展的路径，对萧山地方文化具有重要意义。

关键词： 毛奇龄 九怀词 萧山 地方文化

毛奇龄是明末清初著名的文学家、经学家和史学家，也是一位极具乡土情怀的乡贤，为萧山当地做了许多具有重要意义的大事，包括保护湘湖水利，亲自参加护湖活动；整理湘湖水利文献，编订《湘湖水利志》；编撰《萧山三先生传》《萧山县志刊误》，等等。毛奇龄在文学、经学、史学等领域所取得的成就，早已为人们所关注；但他作为萧山乡贤，为萧山地方文化所做的贡献，仍无系统的梳理，更未得到充分的认识。为此，本文拟以他的《九怀词》为对象，探讨该文对萧山地方文化的贡献，以便抛砖引玉。

《九怀词》堪称萧山民间神祇的神弦歌，全文包括《水仙五郎》《沙虫王》《下童》《江使君》《苎萝小姑》《张十一郎》《北岭将军》《萧相公》《荷仙》等九首歌词，篇首有总序，每首歌词前有小序。总序和小序均为散文，"总序"介绍撰写《九怀词》的缘由、时间、地点等内容，"小序"对特定神祇和祭祀活动等进行介绍、追溯、考证。歌词为韵文，共九首，每首词均分若干节，风格与屈原的《九歌》接近。

从篇首的"总序"看，《九怀词》当撰写于康熙五年（1666）的江西崇仁县巴山镇。当年，毛奇龄"避人之崇仁，寄宿于巴山之民家者越一年"[①]，见当地祠祀华盖山的香客、巫师"吹箫度深林前去，且行且吹，声断续呦咽不忍闻"，而起故乡之思。因此，回忆故乡萧山的祠祀活动，选取九个"其有特祠而略可疏"的神祇，"以意考证，并述所传闻，定词九章，以

[①] 政协杭州市萧山区文史工作委员会：《毛奇龄合集》，杭州出版社，2003年版，第3319页，《四库全书》集部《西河集》，第129卷。本文所引用的《九怀词》文字，均出自本《合集》，为简便起见，以下不一一出注。另，本文之后，附有《九怀词》全文。

远附于九歌之末",以慰自己的思乡之怀。《荷仙》中有"旧以问之先检讨（毛奇龄之父）"一语,毛奇龄举博学鸿词科而授翰林院检讨,事在康熙十八年（1679）,则此文的最终完成时间当在康熙十八年之后,至少此时进行过修改。

《九怀词》对萧山地方文化的贡献,可概况为以下几个方面：

首先,《九怀词》记录保存了明清之际萧山当地的祭祀仪式和相关传说等,丰富了萧山地方文化资料。古代的许多地方神祇、祭祀仪式和民间传说等,由于缺乏系统的整理和可靠的文献记载,往往因此失传。《九怀词》通过介绍、溯源、考证等手段,对萧山当地的水仙五郎、张十一郎、北岭将军等9种神祇的来历、祭祀仪式和传说等作了系统的描述,有效保存了这些神祇的早期资料（其中的水仙五郎、沙虫王、下童、萧相公、荷仙等神祇,萧山民间已鲜有流传）。其中,相关神祇的早期祭祀仪式和民间传说等资料尤其值得关注。

在祭祀仪式中,《苎萝小姑》描述当地祭祀城隍的场景,"明万历中,邑祠城隍神,于九月廿三日为城隍庆生日,集廿四乡土谷神而游之于途。每乡扮尸,聘色妓扮娘娘神。教官应君偶被酒不敬,妓作神言,取酒盏掷其面,血出陨地,几毙；知县刘君代请罪,久之,始得起"。这里以身为"先施娘娘"的土谷神游街为城隍爷庆祝生日,"聘色妓扮娘娘神",均意味深长。其他如《张十一郎官》"各乡赛会总在三月间,乡集若干人,杀牲设酒醴,树神旗,张盖,坐屋子船,吹铜击鼓到庙。间有神巫导,念迎神还船歌,侑之饮食,终日以为乐。及入城,则灯火满街矣。曩时,民殷富,每乡设赛会田,抡租割胙,以争胜为事"；《萧相公》"每腊尽岁初,乡人召巫赞年祠者,入夜,赞萧九相公。以三巫婆婆,一巫司唱念,击鸡娄鼓。二巫男女各一,无女则以男饰之,作相公与夫人问答。念采茶歌,攒撅萧人乡俗鄙语,他县所不解者,呐呐为笑乐。其舞,男女各旋转其身,若旋风然,名曰'罡头旋'；以神曾踢双鹊,又名'喜鹊罡头旋'"等,都是极具特色的祭祀仪式。

在民间传说中,《水仙五郎》："相传是乡有兄弟,事母孝,傍湖而居。当水仙花时,其母思鱼餐,戒勿扰水中花,五人念满湖面皆花,定无可取鱼者,乃各衣鸬鹚之衣,入江水取鱼。以潮至,并漂去,因为潮神。尝乘白马,于水仙花开时还故乡望母。故上湘湖傍有白马湖,是其迹也。"《沙虫王》中,句践"乃合义士五千人灭吴,而潴以为池。归,令义士着锦衣散游江滨。一日,风雨集,义士悉化为沙虫。句践乌喙有虫像,亦死,名沙虫王。萧人就城处立越王祠"。《萧相公》："萧相公,行九,少时读书云峰山,或授之法。及长,为吴越王时词官,掌文史事。旦日在朝,夜辄还家宿。其家人窃听唧唧,疑房有他男声。妻羞之,伺其行时,见踢双鹊去,即屐也。乃匿其屐,不能去。事发弃官,住云峰山巅。邑有旱涝,能兴云致雨,且能以咒疗诸疾。一日,城有疫疠者,请召至。将入城,忽失所在。"这些传说均不再流传,赖《九怀词》得以保存。

其他如"每岁秋节,上湘湖水仙花开,湖边人家家祠之"（《水仙五郎》）,"萧人以祠蜡为祠虫"（《沙虫王》）,"每腊尽岁初,乡人召巫赞年祠者,入夜,赞萧九相公"（《萧相公》）等祀神习俗,今天多已失传,通过《九怀词》的相关描述,我们得以了解其大概情况。显然,在祭祀仪式、民间传说和祭祀习俗等各方面，《九怀词》均为萧山地方文化保存了不可多得的一手资料。

其次，《九怀词》较好地反映了萧山民间祭祀选择的偏好。以什么样的方式，祭祀什么样的神祇，因地理文化等诸多因素的影响，不同的地区有不同的偏好；了解这些偏好，对认识地方文化的精神特点具有重要价值。《九怀词》系统梳理了当地9位神祇的基本情况，为准确考察萧山民间祭祀选择的偏好提供了较好的样本。为此，我们拟借助功能主义理论，分析各神祇的身份特征，以便准确认识《九怀词》所反映的祭祀偏好。

《九怀词》神祇在成神前的功能性身份（即其在生时的主要职责和影响）分别是：水仙五郎为孝子，沙虫王为名人（越王句践），下童为孝子（夏方），江使君为有惠政的清官，苎萝小姑为名人（美女西施），张十一郎为护堤有功的官吏，北岭将军为军士，萧相公"能以咒疗诸疾"，荷仙为虔诚的僧人、孝子（或名人，贺知章）。成神后的功能性身份，水仙五郎为潮神，能极大影响钱塘江沿岸人们的生产、生活；沙虫王应该是"百虫"的管理者，能影响农业生产；下童的功能身份不明，从其歌词看，似乎是管理湘湖内莲藕等水草的花草之神；江使君为保佑人们安全渡江之神；苎萝小姑初为"小姑神"，含思乡留恋之意，后为土谷神，有保佑一方平安、五谷丰登之责；张十一郎为钱塘江塘堤的保护神；北岭将军曾保地方平安，"有德于民"；萧相公的功能身份不明，应该与消灾防疫去病等相关；荷仙的功能性身份不明，其歌词强调归乡之情。

这些身份特征表明，被祭祀的神祇多源自孝子、有功于当地的吏民、文化名人等；其成神后的职能，多与当地的生产、生活之安全相关，包括潮神、虫神、花草神、护渡之神、保堤之神、防疫之神等等。由此，我们可以概况萧山民间祭祀的主要偏好：第一，受祀之神祇多在人们的生存保障中发挥着重大作用，这与中国古代强调的"能御大灾则祀之，能扞大患则祀之"[①]的传统观念一致。因此，能提供生存保障是萧山民间祭祀的最大偏好，也是各地区共有的祭祀偏好。其二，以萧山地方的文化名人入祀，也是一种较鲜明的偏好，这种偏好在各区域文化中也具有普遍性。其三，成神前的功能性身份中，孝子的比例极大，说明萧山当地对孝道极其重视，孝文化浓厚，这种偏好有一定的独特性。其四，《九怀词》中的9位神祇，有水仙五郎、沙虫王、下童、江使君、张十一郎、北岭将军、萧相公7位的事迹介绍或歌词涉及湘湖和钱塘江，这与萧山的地理环境相关，这种偏好无疑是萧山地方文化所特有的。

再次，《九怀词》展示了萧山地方文化成长发展的路径。任何文化的成长发展都不可能隔绝于其他文化之外，都必须接受其他文化的影响，空间范围极小的县级地域文化尤其如此。在成长发展过程中，如何保全并发扬自己的文化成果？怎样把优秀的外来文化有机地融入本土文化？这是地方文化研究者和文化工作者都必须面对的重大课题。《九怀词》很好地回应了这些问题，为萧山地方文化的成长发展指明了路径。其具体路径包括两个层面：一是民间人士对非本土文化的无意识移用吸收，二是知识阶层对地方文化的有意识整合传播。

---

① 李德山：《国语》（《展禽论祀爰居》），凤凰出版社，2009年版，第57页。

民间人士对非本土文化的无意识移用吸收，我们以《水仙五郎》的民间传说为例，略作说明。《水仙五郎》云："每岁秋节，上湘湖水仙花开，湖边人家家祠之。其神有五，一名水仙五圣人，又名水仙五郎。相传是乡有兄弟，事母孝，傍湖而居。当水仙花时，其母思鱼餐，戒勿扰水中花。五人念满湖面皆花，定无可取鱼者。乃各衣鹡鹈之衣，入江水取鱼。以潮至，并漂去，因为潮神。尝乘白马，于水仙花开时还故乡望母。故上湘湖傍有白马湖，是其迹也。"这个传说暂未见其他文献记载，《萧山县志稿》"上水仙庙"（在来苏乡）条录毛奇龄《水仙庙土谷神倪三相公事迹》，其中有"旧吾邑祀水仙五圣，相传上湘湖孝子五人事，与此同"[①]等语，说明该传说在当时确实存在。

水仙五郎为钱塘江潮神，其故事原形显然源自潮神伍子胥，其中的"衣鹡鹈之衣"，"乘白马"等，均与伍子胥潮神故事一致，甚至五兄弟之"五"，也是由伍子胥之"伍"转换而来。也就是说，湘湖的潮神传说移用了钱塘江周边通用的伍子胥潮神传说。但在移用过程中，湘湖民间人士进行了合情合理的改造。（一）主人公由忠烈者改为更适合湘湖文化氛围的孝敬者。（二）兄弟五人因尊重湘湖水仙花开时的禁忌而入钱塘江，结果因潮至而死，最后成为"水仙五圣""潮神"，情景设置严谨细腻。（三）水仙花开时祭神，水仙花开时乘白马"还故乡望母"，白马湖的引入，事件时间、故事主题、现实场景等，前后呼应，浑然一体。显然，"水仙五郎"很好地吸收融合了伍子胥潮神故事的相关要素，最终成为一个独立、完整而成熟的民间故事。

民间人士对非本土文化的移用吸收，多是一种无意识的文化创新行为，其创新活动往往由众多民间人士、经过长时间的接力而共同完成。就"水仙五郎"传说而言，萧山民间人士在移用吸收非本土文化的文化创新中，做得非常出色。

知识阶层对地方文化的整合传播多是有意识有计划的行为，其在地方文化发展过程中的地位也更突出。萧山知识阶层的整合传播工作在《九怀词》中显而易见，且可划分出单纯的收集整理、刻意的考证辨析、精心的创新提升等三个层面。

收集整理已有的文化成果，是繁荣地方文化的重要手段，也是地方文化成长发展的基本途径。萧山地方文化的收集整理可以说成果卓著，如清人鲁燮光编辑的《萧山丛书》，当前萧山区地方志办公室主编的《萧山丛书》等，堪称这类收集整理的代表作。在此之前，毛奇龄同样做了许多收集整理工作，《湘湖水利志》《九怀词》等都可纳入其中。《九怀词》叙录九位神祇的身份渊源、祭祀仪式、民间传说等，本身就是重要的整理工作。同时，文中还收录了多条罕见于其他文献的细节性文字，如"萧人就城处立越王祠，相传祠物凡三献……皆水产"（《沙虫王》），"北干村人每岁于正月初四日祠将军"（《北岭将军》），"父老相传，祠盛时，相公神最灵。江塘首会家尝杀神猪，先以猪肝奉其母，其妇从旁窃食之。及到庙，神巫呼使前，密云：'汝以牲饲母，孝也；妇何得窃食？归当诅之'"（《张十一郎官》）等。这类细节性文字看似无

[①] 南开大学地方文献研究室、杭州市萧山区人民政府地方志办公室：《萧山县志稿》（民国二十四年本），南开大学出版社，2010年版，第227页。另《水仙庙土谷神倪三相公事迹》一文，《西河集》未见收录。

关紧要，但对后世的文化研究具有重要意义；这种细节性文字的收录，既是毛奇龄用心收集的表现，也是他高超文化素养的反映。

考证辨析是地方文化整理中必不可少的环节，地方性人物、事件的早期形态多以口头传说形式存在，容易出现缺失、错讹、误传等现象，只有经过严肃的考证辨析，才能以准确可信的面貌生存成长。《九怀词》中的考证辨析存在两种类型：一类是传统的客观的考证辨析，以便呈现被考证对象的真实面貌，如对"张十一郎官"身世的梳理，对"北岭将军"名称的辨析等，这类考证辨析很常见，无需赘言。一类是站在萧山人的立场，对一些争议性人物、事件进行有利于萧山的考证辨析，这类考辨更值得关注，有必要多说几句。

站在萧山人的立场而做的考证辨析，常常包含浓厚的地方情感，这种考辨在《九怀词》中有多处。《苎萝小姑》把西施认定为萧山人，认为孔灵符、《旧唐书》等"诸暨说"都是错误的。《荷仙》中的"先检讨"称："此贺监也。监，吾邑人；少名知彰，取知微知彰义也。字瘴生，瘴者，彰之反，取彰善瘴恶义也。旧居来苏乡。乡有周官湖，尝请唐（玄）宗乞周官湖，而（玄）宗以鉴湖与之。今周官湖，俗讹称周家湖，正在来苏乡与云门寺相近。"很勉强地把荷担僧解读为贺知章，以便把贺知章坐实为萧山人①。《沙虫王》把湘湖边的越王城山认定为句践败归时的"保栖于西陵之山"，卧薪尝胆的故事也发生在此处，以致认为萧山民间的"八蜡总百虫之祀"不是"祀虫"，而是祭祀"沙虫王"句践。这些辨析都具有浓厚的地方情感，也具有深厚的知识背景，都反映了知识阶层在地方文化整合传播中所做的努力。

这些夹杂强烈地方情感的考证辨析，其结论自然存在极大的争议空间，如清人茹敦和《越言释》曾批驳毛奇龄的越王句践化"沙虫王"之说，认为该观点"诞而无理"；萧绍地区腊月所祭之"虫王"为大禹祠中的稽山大王，即伯益②。茹敦和的观点显然更加可信。再如《荷仙》，毛奇龄为把"荷担僧"确证为贺知章，在其父亲解读的基础上，继续辨析说："其曰仙者，知章为饮中八仙之一，名酒八仙，又为道士，俗所称仙官者也。且夫知章，唐学士，一旦高蹈远引，却其官归里，拔乎世俗之浮游者，则亦仙矣。"这种解说看似言之凿凿，实则牵强无聊。在萧山民间，佛教、道教和传统的民间信仰没有严格的区分，神仙、菩萨、民间神祇往往混为一谈，可互相通称。当然，这些考辨尽管因其明显的地域立场而存在瑕疵，但其对萧山地方文化的贡献，无可怀疑。

知识阶层对地方文化的创新提升，主要指特定的知识阶层人士在收集、整理、考辨等基础上，对相关的地方文化材料进行再创新，形成更高品位的地方文化产品。这种创新提升是许多文化工作者的终极追求，也是地方文化不断发展的基本步骤；在《九怀词》中，这种创

---

① 贺知章是萧山人，这没有疑问。但"先检讨"的考辨阐释，非常勉强，很牵强地把"荷仙"认定为"贺知章"。

② 茹敦和《越言释》卷上"稽山大王"条："越城有禹迹寺，中楹祀禹，左楹祀稽山大王，盖伯益也。俗传稽山大王管百虫，而《日知录》亦言，世称益为百虫将军。盖益作虞官，若上下草木鸟兽，而后世遂祀之于蜡，蜡祀昆虫矣。或曰稽山当为箕山，禹崩于会稽，益不尝避于箕山之阴乎？但寺近稽山门，其坊即谓之稽山坊，此自是越人所奉之名而非其本也。西河毛氏作《九怀词》，谓越既破吴，其壮士锦衣而归，皆化为沙虫，因号句践为沙虫王。此尤诞而无理，所谓求其说而不得者。"

新提升集中体现在歌词中。

《九怀词》歌词作为祭祀萧山民间神祇所用的乐曲，以屈原的《九歌》为仿效对象，其语言风格和情感色彩均与《九歌》接近。歌词的内容主要依据各词"小序"的介绍，描述相应神祇的情感、行止等，每首词都能看出迎神、送神等基本环节。由于神祇的身份不同，每首词所歌咏的场景各不相同，或磅礴壮阔，如"前江兮风生，沧波浩渺兮江门不扃，须臾水上兮风雷并。排山而至兮遥天昼青，砰磅訇磕兮俨楼船之进兵。银戈组甲兮纷纵横，惊涛筑垒兮立海以作城，若有人兮推之行"（《水仙五郎》）；或清新细腻，如"莲叶兮田田，初出水兮如钱，朝迎神兮塘之边"（《下童》）；或明媚动人，如"山村兮苎萝，西去兮谁家。沿门兮溪斜，中有人兮浣纱，溪边桃树兮时落花"（《苎萝小姑》）。但因每首歌词均暗含迎神、送神等环节，歌词的感情基调完全一致，均哀婉忧郁，饱含怀念依恋之情。

明清之际的萧山民间祭祀是否存在更原始的歌词，已不得而知；但无论如何，毛奇龄对萧山民间祭祀乐曲的创新提升之功是不容怀疑的。《九怀词》的歌词以萧山地方祭祀为基础，又借鉴了《九歌》的艺术形式，因此独具风格。这些歌词形式多样，语言清丽，音调婉转，想象瑰丽，达到了很高的艺术境界，是不可多得的萧山地方文化珍品。

总之，《九怀词》是不可多得的萧山地方文化珍品，它以小序和歌词的形式，载录了明清之际多种祭祀仪式和民间传说，反映了萧山民间祭祀选择的主要偏好，展示了萧山地方文化成长发展的基本路径，在萧山地方文化史上具有重要地位。

附

《九怀词》原文

九怀词

昔屈原放于江潭，见楚南之邑其俗好祠而善为哀歌，每祠，必师巫男女婆娑引声，歌神弦诸曲，以悦于神，而其词鄙俚。原乃作《九歌》十一章，变其词，大抵皆忧愁幽思，中心靡烦而无所发，不得已托兹神弦哀弹之，以摅其抑纡之情。其声橙橙，听者生故居之思焉。予避人之崇仁，寄宿于巴山之民家者越一年。过客祠华盖山者，不远百里，春粮负之，巫者吹箫度深林前去，且行且吹，声断续呦咽，不忍闻。思故乡越巫与楚相埒，而词鄙尤甚，士君子犹歌之。当晋武惠时，予乡人夏统以采药入洛，洛王侯贵官争物色之，欲强之仕。统乃歌土风三章以见志。闻者曰："其人歌土风，不忘故乡，当不愿仕矣。"遂争致酒醴而去。土风者，一《慕歌》，祠舜（误，应该是祠大禹）也，谓舜能慕亲也。一《河女之章》，祠孝娥也，以孝娥为盱江女也。一《小海唱》，祠伍大夫也，大夫不良死，而尸于江，哀之。江也者，海之小者也。虽其词不传，不知何如，然亦神言矣。今萧俗祠神，尚有伍大夫，而舜帝与娥不与焉。且其词不记，不能如仲御之能引声，而故居之思则未尝忘也。因忆乡祠当岁终，巫者祝神名甚夥，皆不可考，而其有特祠而略可疏者，名凡有九。虽其名多互异，展转讹错，亦且以意考证，并述所传闻，定词九章，以远附于《九歌》之末。纵词不逮原，歌声间奏必不及仲御，而忧思纡郁，前后一辙。爰仿汉大夫王褒旧名，亦名"九怀"，曰吾怀之云尔，歌也乎哉。

水仙五郎

萧山俗祠水仙神，每岁秋节，上湘湖水仙花开，湖边人家家祠之。其神有五，一名水仙五圣人，又名水仙五郎。相传是乡有兄弟，事母孝，傍湖而居。当水仙花时，其母思鱼餐，戒勿扰水中花。五人念满湖面皆花，定无可取鱼者。乃各衣鸺鹠之衣，入江水取鱼。以潮至，并漂去，因为潮神。尝乘白马，于水仙花开时还故乡望母。故上湘湖傍有白马湖，是其迹也。杭俗祠三郎神，其祠在候潮门外江塘边。一日，神巫于祠时大怖言："霍霍，五郎当来看三郎矣。"须臾，潮至，坏庙一角。问是何五郎，莫欲夺其庙否？曰：萧人尝祠我，无庙，吾庙在江中，不须也。按：伍相，杭人亦称伍郎。此"五"字，当是"伍"字之误。伍相为吴主所杀，煮之于镬，盛之以鸺鹠之衣而游于江。伍相大恚，乃倪去鸺鹠衣，当潮上时，改乘白马，坐于潮头。吴人望而认之曰："此伍郎也，今为仙矣。"故《纽书》曰：伍胥死，吴人呼为水仙。或曰：灵平死，楚人亦呼为水仙。盖水神之称云。

前江兮风生，沧波浩渺兮江门不扃，须臾水上兮风雷并。排山而至兮遥天昼青，砰磅訇磕兮俨楼船之进兵。银戈组甲兮纷纵横，惊涛筑垒兮立海以作城，若有人兮推之行。（一间）

鼋鼍兮擂鼓，天吴谭噪兮冯夷舞。前驱海若兮后逐水母，虾官鳖卒兮不知比数，中有人兮骑白马。（二间）

早潮初落兮晚潮又催，江流上下兮无穷期。潮有信兮江有涯，望夫君兮君不来。（三间）

江流兮不住，朝从此来兮暮从此去，望夫君兮何处所。（四间）

春日兮西驰，杨花扑地兮漫天雪飞。江烟羃羃兮江鸡啼，平沙草暖兮熏人欲迷。迎神不至兮打桨迟。（五间）

榴火兮将燃，着单衣兮无绵，迎神不至兮潮欲干。神指水仙为期兮，今告予曰不闲謇。予将先期以要君兮，谓荷花为水仙。（六间）

水仙兮奈何，秋霜未降兮花开满湖。神骑白马兮张灵弧，解鞍歇马兮在前山之岨。神之来兮待日下。（七间）

水仙兮芳香，秋风渐渐兮花开满江。神骑白马兮灵弧张。西山射虎兮东山射狼。神之来兮山月明。（八间）

泉清兮酒旨，斫龙斮蠵兮炰鳖鲙鲤。神左顾兮不跻齿，但听清歌兮飒然以喜。金槽玉捩兮银甲指，琵琶三奏兮神醉止。旋风来四壁兮神去矣，白马将行兮花犹在水。水满堤兮花满沚，望水仙兮思无已。（九间）

沙虫王

八蜡总百虫之祀，萧人以祠蜡为祠虫，非也。于越都海涯，其地为水虫之国，而越世王之。当句践伐吴败归，吴兵追之，保栖于西陵之山，而筑城其巅，曰越王山。以其有城，名为城山，俗名越王城。方是时，句践意愤，命妇人采苦叶为藉，卧于其上，悬胆于梁，而仰即含之。乃合义士五千人灭吴，而潴以为池。归，令义士着锦衣，散游江滨。一日，风雨集，义士悉化为沙虫。句践鸟喙，有虫像，亦死，名沙虫王。萧人就城处立越王祠。相传祠物凡三献，及列豆、菹、醯、鯂、腊，皆水产。或曰："锦衣义士，岂化虫蜾？"或亦曰"水国之王，应长鱼鳖也"云尔。

若有人兮披裯，脱介马兮渡钱塘。左持弓兮遗矢，右带斧兮缺斨。望深林兮延伫，爰托足兮高冈。听鸟号兮心惊，每左右兮顾望。右滔滔兮江水，左演演兮湖湘。世蹴蹴兮安之，将还归兮故乡。（一间）

巉屼兮崒崔，磈磊兮崛岈，中有岩突兮可以为室。（二间）

葺茅为盖兮缭以墉，傍阿筑阙兮罗修篁，搏沙甓土兮环之以城。（三间）

方春兮采薪，春花满谷兮正愁人，人撷花蘝兮吾樵棘榛。昼当坐荐兮夜以作第与茵，使我贱体兮不得伸。（四间）

前山兮采苦，春花满山兮不入筐筥。取此苦草兮维庭户，朝出衔之兮入亦不吐，使我心兮苦兮苦。（五间）

天开兮空濛，乘虎豹兮驾丰隆。左抽吴剑兮右秦弓，恢疆辟地兮夺鼋鼍之宫，驱斥万里兮霸江东。纷纷甲士兮如沙虫，散游江滨兮类初晴之蠛蠓。裁蚩发兮飞爌燫，君王千岁兮长有此邦。（六间）

迎神兮何所，东溯十洲兮西极三楚。传言傍海兮进楼橹，南开瓯粤兮北寇齐与鲁。句章汰沫兮何处所，迎神不采兮心独苦，君不闻西陵兮有风雨。（七间）

五木兮都梁，杂肴蔬兮进山堂，山城石豁兮犹有女墙。有鸟长喙兮来啄粮，蛆菹蛎醢兮请遍尝。熏蒿满屋兮风凄怆，灵旗还海兮车留宅傍，吾与君兮共乐康。（八间）

女巫兮纷若，身被锦绣兮首带璎珞。目含江光兮光射乎林薄，愿与君兮共安乐。（九间）

华灯兮明烛，遥夜如昼兮千枝。间发乐倡递奏兮，宛不知夜漏之滴。鸡将三号兮神屡出，东方欲明兮乐未毕。（十间）

下童

下童者，夏童也。名方，邑人。年十四，遭大疫，父母伯叔群从十三人皆死。方夜哭，昼负土，葬十三尸；三年讫功，遂庐于墓傍。年十七，吴帝拜仁义都尉，迁五官中郎将。人争附之，名其所居乡曰"夏孝乡"。年虽大，以孝童称，因曰"夏童"。及晋元帝时，江陵有祠明下童者，以"下童"声同，遂以吴声《明下童》《采莲童曲》词，误作此神迎送歌，而杂以神弦。今其声犹存，每隔屋听之，哀然焉。

莲叶兮田田，初出水兮如钱，朝迎神兮塘之边。（一间）

夕宿兮塘下，思夫人兮尽人之子荪，何为兮独劳苦。（二间）

阳乌兮高飞，思夫君兮下栖，为君爱乌兮栖君之衣。（三间）

野兽兮腾骞，思夫君兮来前。住君之屋兮就君喙眠，感君兮而兽自驯。（四间）

迢迢明下童，千里还相迎。早潮发瞿塘，暮潮到江陵。（五间）

江陵荷花开，吹笙过江渚。迎神归湘湖，花开吾思汝。（六间）

奈何许，劝君进酒黍。沙蚝虽不肥，煼之可为脯。勿食浦子莲，莲心苦下童。（七间）

奈何节，勿采莲藕叶。叶面珠泪多，叶根藕丝结。珠泪有日干，怀丝那能绝下童。（八间）

江使君

江使君者，梁会稽郡丞江革，居官甚清而有惠政，征拜都官尚书。濒行，将渡江，嚣然一身。值风作，舟轻涛涌，不能渡。还，取西陵岸石数十片填之，始行。乡人构亭于江边，名"取石亭"，过者祠之。唐天宝间，有客将南泝婺州。已雇舟，见有神鸦集柁楼，心窃疑之。傍晚，老翁求附至此舟，舟人招之。翁曰："是舟明五更开后，当有灾。"忽不见。舟人乃祠江使君，密取亭傍石藏舟中。夜半开舟，风果作。舟人临把柁，辄作送声云"江使君"，舟便帖然。后人依其声，作和声曰：江使君，去复来，风发当复来。

片香兮三焚，符官入奏兮上天门，须臾风起兮神降尔庭。东方千骑兮罗甲兵，旌旗蔽天兮夹铍以行。君不见形兮试闻人马之声，屏息兮而嘤以嘤。（一间）

椒酒兮三浇，女巫进舞兮奏云璈。天开巨艨兮灵旗飘，舳舻衔尾兮风行如潮。长绡絓船门兮树之以两旄，阗阗击鼓兮在舲艒之窔，君不见烧纸船兮阴风四来。（二间）

赛修还兮致语，使君留兮江渚。一叶兮如屦，不能来兮不能去。（三间）

车前无八驷，车后无伍伯。漂漂上江亭，前头风波恶。（四间）

我欲迎使君，睹此滔滔那能息。使君倘能来，但愿江流变成石。（五间）

菊旨兮兰芳，罗六食兮进三浆。留使君兮成享，爰以跻兮公之堂。（六间）

雕坛兮砥庑，逼丹霄兮为此栋宇。留使君兮居处，台有九成兮宫有九柱。（七间）

汤汤兮流波，留君不住兮当奈君何？长帆欲絓兮锦缆拖，相风下指兮神鸦过。神鸦未饲兮，君不可以去，江使君。（八间）

江波兮弥弥，留君不住兮君何以为。相风斜指兮前舟未开，纸钱抛去兮神鸦回。神鸦虽去兮，君当复来，江使君。（九间）

苎萝小姑

西施住萧山之苎萝村，其地在萧山城南二十五里。前有苎萝山，山下有红粉石，斜傍溪流，相传西施居其间。章怀太子注《后汉书》，引故《越绝》曰：萧山，西施之所出。孔灵符妄据异说，谓在诸暨者，谬也（《旧唐书》又误以萧山为诸暨所分，亦并无其事，详见《萧山县志刊误》)。施亡后,乡人思之,为立祠溪傍。以其为乡所出女,名"小姑神",比之钟山蒋侯妹称"青溪小姑"之例。时苎萝南去界水乡,有浦阳江环绕西南而从其东北入海,俗名"西小江"。江岸牛头山与苎萝遥对居,舟行过者,纡回山下不能去。长年把柁见北风生,辄歌曰:牛头苎萝,一日三过。盖思之云。其后,宋淳熙年,敕封施为土谷神,曰苎萝村土地先施娘娘,村人祷赛者日益盛。明万历中,邑祠城隍神,于九月廿三日为城隍庆生日,集廿四乡土谷神而游之于途。每乡扮尸,聘色妓扮娘娘神。教官应君偶被酒不敬,妓作神言,取酒盏掷其面,血出陨地,几毙;知县刘君代请罪,久之,始得起。后以乡中室女扮其尸。暨崇祯末,因国变罢会,嗣后无复有游神者。

山村兮苎萝,西去兮谁家。沿门兮溪斜,中有人兮浣纱,溪边桃树兮时落花。(一间)

花落兮溪滨,细草生兮如茵。风吹莞叶兮翻罗裙,青苔石上兮吾思美人。迎之不至兮徒延伫乎东邻,吹箫歇兮但嗒唇。(二间)

朝不语兮夕不言,神欲告兮弹红弦。听鸟啼兮处处,看花落兮年年。(三间)

年年兮岁岁,倏而来兮忽而去。桂酒兮椒浆,欲留神兮不知处。(四间)

时仰盼兮朝光,黄沙涨雾兮山头渺茫。村人赛社兮过前庄,神旗未树兮晴沙昼扬,神之来兮衣帽黄。(五间)

击鼓兮敲鞞,朝日出兮似胭脂。薄云遮日兮山前雨飞,村人赛社兮过溪西,神之来兮湿衣。(六间)

小姑本明姿,生长此村里。今作村中神,事事得较计。(七间)

牲畜共粢米,滋养藉神力。风吹苎叶翻,两面有颜色。(八间)

岩岩牛头山,下江通苎萝。感兹相通意,相望以作歌。(九间)

朝亦望牛头,暮亦望牛头。三朝复三暮,牛头望如故。(十间)

张十一郎官

张十一郎官者,宋护堤侯张六五老相公也。名夏,邑之坞里人。初以父亮为吴越王时刑部尚书,入宋归命,遂由故任子起家,授工部郎中,称"郎官"。既而海溢,飓风发,钱塘、萧山堤总坏。相公充护堤使者,统捍江五指挥使,护海堤有功,封护堤侯。乃以护漕当决河覆舟,旗丁绕河觅相公不得。翼日,有大鼋负相公尸浮于沙,巫者狂言相公已为神。其尸归葬于萧山之长山闸,而立祠闸傍。负山壁为楹,面海滔滔。每雨歇,见神灯数队,沿山而归。宋景佑间,礼部请于朝,封英济王。萧俗呼"十一"为"六五",呼"官"为"相公";以侯王故,呼老相公。至是,呼老相公庙。邑人来祠者,呼老相公会。每岁三月六日,系老相公生日,各乡赛会总在三月间。乡集若干人,杀牲设酒醴,树神旗,张盖,坐屋子船,吹铜击鼓到庙。间有神巫导,念迎神还船歌,侑之饮食,终日以为乐。及入城,则灯火满街矣。曩时,民殷富,每乡设赛会田,抢租割胙,以争胜为事。今其田俱分卖,不可考矣。父老相传,祠盛时,相公神最灵。江塘首会家尝杀神猪,先以猪肝奉其母,其妇从旁窃食之。及到庙,神巫呼使前,密云:"汝以牲饲母,孝也;妇何得窃食?归当诅之!"其人大惊,谢去。当是时,神显赫如此。

撞天关,撅雷鼓;男旁招,女拂舞;冬赠堂,春弭拊。来无方,去无所;云为船,烟为马。(一间)

白烟霏霏兮碧水洋洋,鸥龟曳衔兮以堤以防。乌龙初驾兮茅旗毕张,西行弱水兮东通扶桑。彭咸何在兮冰夷久藏,衔木不可以填海兮,鞭石不可以为梁。逝将泝浪兮,远放之无何之乡。斯世既不可与居兮,聊逍遥以相羊。(二间)

卤兮斥,望衍圻,榰石为灾兮,海不溢。(三间)

山之曲,有神宅,神灯归来兮,夜雨如漆。(四间)

刳羊剥豕,荐腥膻兮。芟毛薙土,筑堂坛兮。祓除衅臭,具汤盘兮。金柜玉笥,藏衣冠兮。四招以茅,愿神之还兮。蒩馆包肉,无敢先尝兮。春秋缩祀,长居此故乡兮。海水可竭,神不可以忘兮。(五间)

北岭将军

萧之北干山,旧多种松,深林如神居。山头有岭名北岭,祠厉将军神于岭间。或曰:神以驱厉名。或曰:此秦人厉狄也,随项羽入关,归葬此山,称将军。以祠在北岭,称北岭将军。相传山前刨地,得石穴,骸物俱坏,惟颅骨尚存,大如车萝,即将军坟云。宋徽宗朝,睦州方腊反,将寇杭州,舣舟于萧山西江之滨。吏民恐,祷将军神。忽东北风发,坏其舟。夜半,见甲士列岸傍,中有巨人,介首,衣虎豹皮,长出众数尺。惊不敢近。知县刘𬤇上其事,封武佑将军。暨元至正间,东南寇起,西陵烽火彻昼夜。有从贼中(原为"有贼从中")来者,云贼思分遣寇东浙,以江岸有兵,故止。然实无一兵也。渔船涉胥者,深夜见神灯满江岸,如列营然,以故贼终不敢渡。时青田刘基奉其母避兵萧山,值县修将军祠,基为文纪事,勒石祠左。北干村人每岁于正月初四日祠将军,至今不绝。元陶九成载,元时至正某年大旱,祷于庙,得雨。俄有降乩于庙者,云将军自言:"吾有德于民,民不忍忘我,俾血食于此,几千五百年矣。"盖祠久能神,《吕览》曰:"五世之庙,可以观怪。"神之至,则近于怪焉。

翳北山之崒屼兮,种落落之高松。合千章以为屋兮,连五钗而成丛。上拂飞云之窈窱兮,下蟠曲蠹之菁葱。远观红庙在树中兮,近乃识乎将军。(一间)

松门兮如椽,甓玉跋兮挂朱。榜黄鹂为旆兮白狼为旟,颈披鉶锻兮臂介以钎。紫茸饰镫兮琉璃鞭,勃卢之刺兮鎏金之锌。(二间)

西行兮秦关,羊肠万里兮环如曲盘。将军一去兮复来还,江东父老兮犹知令颜,千秋扦我兮戴将军之恩。(三间)

松风兮飀飀,将军之出兮驾灵虬。松风兮飀飀,将军之入兮灵旗蔽之。不见将军兮,使我思。(四间)

松花兮如黉,新开社酒兮醉将军。社树兮松桠,社糕三献兮松阴未斜。请拂将军之帽兮,簪以花。(五间)

连年累岁兮禾未登，杨枝三起兮蚕眠不成。乌鸦攫肉兮鼠覆罂，鸡雏失伏兮牛羊又眚。生年何几兮遭时甲兵，官吏到门兮惊又惊。（六间）

但愿兮今兹，仓庚鸣兮桑叶肥。耕牛叱叱兮长负犁，空村哑札兮惟闻缫丝。桔槔挂左壁兮清泉满畦，高杨歇日兮凉蝉嘶，秋霜未降兮先授以衣。新收禾黍兮足供神之馈，王孙游兮皆来归。（七间）

萧相公

萧相公，行九，少时读书云峰山，或授之法。及长，为吴越王时词官，掌文史事。旦日在朝，夜辄还家宿。其家人窃听唧唧，疑房有他男声。妻羞之，伺其行时，见蹑双鹊去，即屦也。乃匿其屦，不能去。事发弃官，住云峰山巅。邑有旱涝，能兴云致雨，且能以咒疗诸疾。一日，城有疫疠者，请召至。将入城，忽失所在。乡人思之，塑其像于各庙院潮神之间；以其无专祠，故杂附之，非潮神也。每腊尽岁初，乡人召巫赞年祠者，入夜，赞萧九相公。以三巫婆娑：一巫司唱念，击鸡娄鼓；二巫男女各一，无女则以男饰之，作相公与夫人问答。念采茶歌，攒撮萧人乡俗鄙语，他县所不解者，呐呐为笑乐。其舞，男女各旋转其身，若旋风然，名曰"罡头旋"；以神曾蹑双鹊，又名"喜鹊罡头旋"。相公，失名。

望云峰兮崔嵬，扳萝扪葛兮与云齐，狝猴为家兮狐狸宿栖。深林如幄兮邈不可以居，愿无忘兮君之间。（一间）

七宝兮象床，九光如昼兮照修房。下莞上簟兮湘屏四张，君之居兮无相忘。（二间）

来不闻兮去不知，灵芬欲告兮拙言词，空弹宝瑟兮吹参差。（三间）

蹑空而来兮，蹑空而去，灵芬欲留兮不能住，徒秣其驹兮枉絷其马。（四间）

鸡娄兮冬冬，鼖螺甲兮荧荧。酾清泉兮乍汲，煮香稻兮方春。把兰芳兮举步，避苔滑兮敛躬。（五间）

敛躬兮进舞，烟蛾侧促兮不胜楚。倏而鸾翔兮忽而鹄举，红裙远扬兮俨翻风之羽。履堵窄略兮不践土，东西遥曳兮莫知处所。莲花旋兮等急雨，请君看兮胡旋女。（六间）

左昂兮右低，随风上下兮烟霏霏。下贴土块兮上拂天池，缓看翻蝶兮迅看雕隼之飞，霎然而罢兮不动衣。风生满堂兮如神来，斯惟明神兮能鉴之。（七间）

荷仙

荷仙者，俗云即荷担僧。相传来苏十八都有云门寺，即僧宅。僧每出，人问曰：念佛何用？曰：成仙耳。因亦名"荷担仙"。今神巫赞年祠终，亦赞僧，如曰"昔日有个荷担僧，前头担母后担经"是也。但僧与俗何涉？俗安得祠僧？且僧安有宅？即荷担僧，亦安见为萧山人？旧以问之先检讨，先检讨曰："此贺监也。监，吾邑人；少名知彰，取'知微知彰'义也。字瘴生。瘴者，彰之反，取'彰善瘴恶'义也。旧居来苏乡，乡有周官湖，尝请唐（玄）

宗乞周官湖，而（玄）宗以鉴湖与之。今周官湖俗讹称周家湖，正在来苏乡，与云门寺相近。"则"荷"是"贺"之误，"担僧"是"瘅生"之误，"荷担僧宅"是"贺瘅生宅"之误。其曰"仙"者，知章为饮中八仙之一，名"酒八仙"。又为道士，俗所称仙官者也。且夫知章，唐学士，一旦高蹈远引，却其官归里，拔乎世俗之浮游者，则亦仙矣。

击石兮硿硿，神之来兮有风，试看烛梢兮摇摇兮。（一间）

吹箫兮唔唔，神之来兮先以雨，女巫喋水兮如霢霂之下。（二间）

乘船来有刍舷，骑马来有纸鞍，君来骑马似乘船兮。（三间）

皂帽来是朝官，黄帽来是羽官，君来皂帽兮又黄冠兮。（四间）

叹西堂之不屑兮，人不能违；笑东馆之无阑兮，谁则能辞之以归。君今来还兮，岂非仙兮。（五间）

朝行齐鲁兮饥无餐，暮行吴楚兮席不能以暂安，朝朝暮暮兮徒辛酸。君今来还兮，嗟乎岂非仙兮。（六间）

城南有秫，买千斛兮；城北有窟，为君筑酿室兮。浊者为沛，清者为酾渌兮。（七间）

迎君前湖，移之还南塘兮。左有柳姑庙，右复置道士庄兮。请君饮酒，在此庄傍兮。（八间）

采药为核，缩藕以为浆兮。荷花百里，风来闻香兮。如歠沙落，又如饮乌乡兮。晚来微醉，聊宿之荷之间兮。谓君酒仙，又谓君荷仙兮。（九间）

荷有盖兮莲有房，君有友兮名酿王。分茅锡爵兮，不如守此醉乡。吾欲并祠兮君之傍，春祈秋赛兮祠有常，千年万载兮长持此觞。（十间）

毛奇龄对杭州地方史的研究

浙江省社会科学院、杭州市历史学会　徐吉军

摘　要：清初经学家、文学家毛奇龄，其家乡萧山与杭州隔江相望，加上杭州又是浙江省会所在，因此，毛奇龄时常过江到杭州，并在杭州居住过几年，对杭州地方史卓有研究。本文对毛奇龄在杭州的游历活动、与杭州籍及外籍文人在杭州的交往，以及其对杭州历史文化（特别是杭州消防史、西湖历史）的研究、西湖诗文创作等做一初步阐述，以求教于方家。

关键词：毛奇龄　杭州　西湖　文史

毛奇龄（1623—1713），又名甡，字大可，号秋晴等，浙江省绍兴府萧山县（今杭州市萧山区）人。以郡望西河，学者称"西河先生"。清初经学家、文学家。明末廪生，清康熙十八年（1679），参加博学鸿儒科试，授任翰林院检讨、明史馆纂修官等职，参与修《明史》，后引疾归里，专事著述。他一生治经史及音韵学。以经学傲睨一世，挟博纵辩，务欲胜人，抨击朱熹《四书集注》，撰《四书改错》。嘉庆初年，时任浙江学政的阮元为《西河合集》作序，认为乾嘉学术的繁荣昌明应归功于毛奇龄的"开始之功"。毛奇龄亦好为诗，尊唐抑宋，所作亦颇博丽窈渺，声名甚著。在书法艺术上功力颇深厚，有自己的艺术风格，在清代初年颇受推崇。著述甚丰，《四库全书》中收录他的著作多达数十部，主要有《古尚书冤词》《湘湖水利志》《诗话》《词话》等，后人合编为《西河合集》，共493卷。可以说，其"著述之富，甲于近代"[①]。

清代的萧山与杭州隔江相望，加上杭州又是浙江省会所在，因此，毛奇龄时常过江到杭州，并在杭州居住过几年。由此，他对杭州地方史卓有研究。

一、毛奇龄在杭州的游历活动

（一）毛奇龄在杭州的游学和游历活动

康熙十八年（1679），毛奇龄举博学鸿儒科，授翰林院检讨等职，参与纂修《明史》。其

---

① 王钟翰：《清史列传》卷六八《儒林传下·毛奇龄》，中华书局，1987年版，第5457页。

间以《古今通韵》12卷进呈,得到赞赏,诏付史馆。康熙二十四年(1685)任会试同考官。康熙二十五年因病辞职归隐,居杭州竹竿巷兄长毛万龄家,专心著述。当时竹竿巷有清文庄公梁诗正、山舟学士梁同书宅,后为山东巡抚张曜的家业。又清顾豹文、鄞县万经、萧山毛奇龄,均曾居此巷。① 毛奇龄请假归田后,还娶杭州冯氏女子。康熙三十二年(1693),毛奇龄继续居住在杭州,有学者曾以《杭州府志》中问题向他咨询,因此诘其故,摘其错误,撰成《杭志三诘三误辨》一卷。康熙三十八年(1699),康熙三巡江南,毛奇龄亲赴省城杭州献《乐本解说》二卷,受到康熙嘉奖,赐御书一幅,随驾皇太子也赐其书屏联各一。②

毛奇龄游西湖南屏山时,曾与人辨《太极图》的真伪,朱彝尊举陈子昂《感遇》诗以证陈抟《太极图》之伪,毛奇龄深为叹服。康熙四十年(1701)三月八日夜,朱、毛应汪景祺之招,夜泛西湖,朱彝尊作诗戏称毛奇龄为"湘湖遗老":"湘湖遗老毛叟奇龄旧清狂,白发相逢笋蕨乡。已分今宵共沉顿,不妨跋扈少年场。"不久,两人又应朱赤斋之招,与王锡泛舟西湖。③

(二) 毛奇龄与杭州文人的关系

毛奇龄少时聪慧过人,有"神童"之誉。毛奇龄曾从游陈子龙门下,陈子龙评其文曰"才子之文"。毛奇龄与兄毛万龄并称为"江东二毛";与毛先舒、毛际可齐名,时称"浙中三毛,文中三豪"。

毛万龄(1605—1680),字大千,号东壶,浙江萧山人。清代文学家,毛奇龄之兄。顺治七年贡生,仁和县学教谕。擅诗文,通乐律。毛奇龄少时常从其习书论诗,倍受泽惠。善画山水,画风颇似明代大画家董其昌,名作有《看竹图》。

毛先舒(1620—1688),字稚黄,浙江钱塘(今杭州)人。从陈子龙学,明末诸生,入清弃举业。通经学、小学,名列西泠十子,又与毛奇龄、毛际可并称为"浙中三毛,文中三豪"。他的《诗辩坻》四卷,是清初诗学中很重要的论诗专著。

毛奇龄与杭州文人的关系中,当和清初著名学者朱彝尊最为密切,两人既是浙江同乡,又是同年,具有极其相似的经历,交友长达50余年,结下了深厚的友谊。在交往中,两人时常把酒言欢,游山玩水,也多诗文唱和、学术切磋,可以说是在学术上相互交流,相互促进,彼此成就了他们在清代学术上的大儒地位。

毛奇龄和朱彝尊两人结识定交,还得从参加"十郡大社"说起。清兵入关,明朝灭亡,民族矛盾异常尖锐,胸怀故国之思的江南知识分子,积极组织集会结社活动,扛起了"反清复明"的大旗。顺治年间,毛奇龄入杭州登楼社,与社中诸子集会切磋。有魏耕、祁班孙、李文达、丁澎、陆圻、查继佐、宋实颖、来蕃等。他们以结诗社幌子,秘密进行反清复明活动。顺治七年(1650),江浙文人在嘉兴南湖举行十郡大社,毛奇龄、朱彝尊等在内的百余名

---

① (清)徐珂:《增订西湖游览指南》。徐珂(1869—1928),字仲可,浙江杭县(今杭州市)人。
② (清)李元度:《清朝先正事略》,卷三二《经学·毛先生奇龄》。
③ (清)王锡:《啸竹堂集》卷一三《辛巳暮春友人朱赤斋招同西河夫子竹垞先生暨令嗣抒诚泛湖之作》,《清代诗文集汇编》第206册,2010年版,第408页。

文人前去赴会，数百艘船停泊于湖面，数百名志士在此集会三天，当时场面十分壮观。毛、朱两人也于会上相识定交，开启了长达50年之久的友谊之路。清朝初年，江南各地反清复明运动此起彼伏。毛奇龄、朱彝尊满怀爱国之情，积极参与抗清活动，两人因都与抗清志士魏耕结识，数年间积极参与以魏耕为代表的反清复明活动。直到顺治十八年（1661），被称为江南三大案之一的"通海案"发，魏耕被清朝廷处死，朱、毛二人因与"通海案"涉及的人物交往过于密切，案发后不得不隐姓埋名，流亡远方，在之后10余年二人没有交集。清康熙十七年（1678），清圣祖为笼络汉族知识分子，下诏复开明史馆，特设博学鸿词制科，令各省不拘一格举荐人才。作为布衣的朱彝尊、毛奇龄同在推荐之列，两人赴京赶考应试，再次久别重逢，常一起游园饮酒，做诗词以唱和。翌年元月，毛奇龄与陈维崧、朱彝尊、吴雯等人饮于曹禾寓中，"毛奇龄度曲，其年（即陈维崧）吹箫和之"①。同年五月，朱彝尊、毛奇龄同举博学鸿词，为同年进士；不久，便同授翰林院检讨之职，入东华门史馆纂修《明史》。两人在纂修《明史》之余，经常切磋诗歌，探讨经义，在相互交流中，学术均取得了质的飞跃。康熙二十五年（1686），时年63岁的毛奇龄以葬亲为名，请病假回归浙江杭州故里，后以自身痹疾严重，不复出仕，朱彝尊有《送毛检讨奇龄还越》长诗相赠，内有"孤生倚知己，衰老感离群"句。他摒弃词赋之业，唯以研经为务，学问日隆，声名远播，从学者日众。康熙三十一年（1692），同样63岁的朱彝尊罢官返回老家。两人都回故里，经常相约游杭州西湖，人称"西湖二老"，友情得以再续。

康熙四十年（1701）三月，毛奇龄、朱彝尊游西湖。朱彝尊《灵隐寺题名》中曾提及此事：

> 灵隐寺，晋咸和初，沙门慧理建，前有飞来峰、理公岩，冷泉经其下，西出合涧桥，分流入僧房丛箨中。岩上下多镌佛像，土俗相传，谓是元僧杨琏真伽所凿，盖本于夏时正《府志》，非也。象教，自汉孝明帝时流入中国，终汉之世，凡宇内墓门石阙，刻镂先圣贤、孝子、烈女，未有镌及佛像者，至晋始有之。潜说友撰《临安志》，在宋咸淳年，此时杨琏真伽未至浙中行省，《志》中载，寺有梁简文帝《石像记》。又据陆羽《灵隐寺记》，称理公岩，慧理宴息其下，后有僧于岩下周回，镌小罗汉佛菩萨像。然则飞来峰石像，唐以前已有之，审视厥状，戍削奇古，望而知为六代遗迹。今烟霞洞罗汉六，石屋罗汉一百一十六，要非吴越以后工人所凿。土俗流传之谬，由未见《咸淳志》尔。康熙辛巳三月。同游：长洲顾嗣立侠君，秀水朱彝尊锡鬯，杭州冯念祖文子，吴陈琰宝厓、顾之斑揩玉、周菘层岩。期而不至者，萧山毛奇龄大可也。②

毛奇龄和朱彝尊的友谊，在当时人的绘画作品中也得到了充分的反映。天津博物馆收藏着清

---

① 陆勇强：《陈维崧年谱》，中国社会科学出版社，2006年版，第402、422页。
② （清）孙治初辑，徐增重修：《增修云林寺志》卷六。

代著名的《西河竹垞两先生像》。1702年3月，毛奇龄79岁，朱彝尊73岁，当时两人同住在杭州昭庆寺，相约同游西湖，后生郑元庆"抓拍"此镜头，为二人绘就此画。这幅人物画像画面十分简单，就是两位身穿长袍的老翁，一人拄杖，一人携卷，精神矍铄，貌似在郊游。①

高士奇（1645—1702），字澹人，号瓶庐、竹窗、江村，浙江钱塘（今浙江杭州）人。清代官员、史学家。康熙十年（1671）入国子监，试后留翰林院办事，供奉内廷。康熙三十三年（1694），充《明史》纂修官。官至詹事府詹事、礼部侍郎兼翰林院学士。他平生学识渊博，能诗文，擅书法，精考证，善鉴赏，所藏书画甚富。所著有《左传纪事本末》《春秋地名考略》《清吟堂全集》《江村销夏录》《扈从西巡日录》《经进文稿》《天禄识余》《随辇集》《北墅抱瓮录》《左传国语辑注》等。毛奇龄与高士奇最早的接触是在京师修《明史》期间，当时高士奇扈从康熙皇帝东巡盛京，毛奇龄赠以诗《高侍讲扈从东巡盛京有赠四首》。但两人更多的往来，则是在高士奇于康熙二十八年（1689）退休还乡之后。毛奇龄曾以诗相慰，即《高江村詹事暂假还里》。高士奇生日，毛奇龄赠诗《高江村宫詹初度寄书幛子以赠》为寿。康熙二十九年（1690），毛奇龄又为高士奇《天禄识余》一书作序。

毛先舒（1620—1688），原名骙，字驰黄，后改名先舒，字稚黄，仁和（今浙江杭州）人。清初著名文学家。明季诸生。曾拜陈子龙为师，又曾问性命之学于刘宗周。入清，不求仕进，从事音韵训诂学研究。也善诗词，排为"西泠十子"首位。著作有《东苑文钞》《东苑诗钞》《思古堂集》等。毛奇龄与毛先舒私交深厚，皆受知于陈子龙，两人在诗词上师承相同，又同时以文名藻海内，与遂安毛际可相互交游论学，时称"浙中三毛，文中三豪"。毛奇

清朱鹤年绘《毛奇龄朱彝尊合像》（故宫博物院藏）

---

① 胡春丽：《朱彝尊与毛奇龄交游考》，《嘉兴学院学报》，2018年第2期。

龄"尝与山阴张杉、始宁徐仲子过稚黄，与论古韵，不合"，二人于韵学虽有分歧，但并没有影响二人的友谊，先舒《东苑诗钞》成，奇龄为之作序。毛先舒死后，毛奇龄撰《毛稚黄墓志铭》以记之。

王复礼，生卒年不详，字需人，号草堂，又号四勿学者，钱塘（今浙江杭州）人。王阳明六世裔孙。清初著名学者。不仕，以游学为乐，特别喜欢雁荡龙湫、武夷山等地的山水。工诗，常与诸名流酬唱。善画兰竹，又精通史地之学。代表作有《武夷九曲志》《季汉五志》《圣贤儒史》《家礼辨定》《茶说》《江心雅集》《四书集注补》等。毛奇龄与王复礼友谊颇深，不仅"尝登其堂，聆其教而敬之重之"[①]，称其"修处士之行，擅大夫之才"[②]，而且不惜笔墨为其诗集、《圣贤儒史》作序，并在自己的经学著作当中经常引用王氏之论。

丁澎（1622—?），字飞涛，号药园，仁和（今浙江杭州）人。清代词人。顺治十二年（1655）进士，官至礼部郎中。顺治十五年（1658），丁澎充河南乡试副考官，后因科场案牵连，获罪下狱。顺治十七年（1660），谪徙辽东靖安（今吉林洮安）。康熙四年（1665），丁澎归故里，后游食四方，以著述终身。他少有隽才，与弟丁景鸿、丁潆皆工诗文，人称"盐桥三丁"。又与陆圻、柴绍炳、沈谦等人于西湖结社，人称"西泠十子"。著有《扶荔堂集》，另有《药园闲话》《演骚》杂剧等，词有《扶荔词》3卷。毛奇龄与丁澎多有往来，其文集中有《饮宣城王博士宅，喜遇丁礼部澎》《丁澎采芝图》《绀上人赴昆山叶太史茧园，请席联句，时宛陵施少条、临安丁礼部、邗上吴刺史、吴门钱明府、尤司理、蔡茂才俱有和诗》《丁礼部举子》。丁澎《扶荔堂诗集选》卷五也有《宛上送毛大可之庐陵，兼讯施少参尚白》五言律。

陆圻（1614—?），字丽京，一字景宣，号讲山，钱塘（今浙江杭州）人。明末清初诗人、名医。少明敏善思，与弟陆培、陆堦皆有文名，时号"陆氏三龙门"。与陈子龙等为登楼社，世号"西泠十子体"。康熙元年（1662），被牵连入"明史案"，事白后，远遁方外。著有《从同集》《威凤堂集》《西陵新语》《诗礼》二编及《灵兰堂墨守》等。毛奇龄与陆圻曾有往来，其文集中有《与陆丽京书》《喜遇陆圻因赠》。陆圻《威凤堂集》卷八也有《过萧山友人毛大可、丁大声、徐徽之、徐涵之暨表兄杨旨音订游湘湖作》。

汪霦，生卒年不详，字朝采，号东川，一号亦斋，初名王霖，钱塘（今浙江杭州）人。康熙十五年（1676）进士，补官行人。康熙十八年（1679），举博学宏词，改翰林院编修，纂修《明史》。历官春坊赞善、祭酒、内阁学士兼礼部侍郎、户部右侍郎。著作有《西泠唱和集》。毛奇龄与汪霦为同乡同年，在京期间，相与游宴唱和。毛奇龄文集中有《清明日，请沐西郊，与同馆汪春坊、乔侍读、汪检讨、主事作》《奉陪冯夫子游万柳堂和韵，同汪春坊、陈检讨、林主事诸公》《题同年汪宫坊〈读书秋树根〉图》《奉饯汪春坊同年请假觐省还里二首》。康熙三十年（1691），汪霦丁艰归里，于其庐墓时，两人往复问难。康熙三十五年（1696），毛奇龄《西河文选》十一卷刊出，汪霦与陆莱、袁佑、庞垲共为评定。

[①]（清）毛奇龄：《西河文集》序十九《圣贤儒史序》。
[②]（清）毛奇龄：《西河文集》序十《王草堂诗序》。

洪升（1645—1704），即洪昇，字昉思，号稗村、南屏樵者，钱塘（今浙江杭州）人。清代戏曲家、诗人，与《桃花扇》作者孔尚任并称"南洪北孔"。少时从陆繁弨攻经史。十五岁后从毛先舒、朱之京等习经籍。课读之余常拜访师执柴邵炳、沈谦等明遗民。康熙七年（1668），北京国子监肄业。康熙二十三年（1684）往合肥拜访恩师李天馥。代表作《长生殿》历经十年，三易其稿，于康熙二十七年（1688）问世后引起社会轰动。次年因在孝懿皇后忌日演出《长生殿》，而被劾下狱，革去国子监监生之功名，其诸多好友亦受牵连。后人有"可怜一曲《长生殿》，断送功名到白头"之叹。回杭后筑稗畦草堂于孤山，毛奇龄、刘廷玑、姚际恒、吴焯等亦往来于此，与诗酒放啸，风雅相许。著有诗集《稗畦集》《稗畦续集》《啸月楼集》，杂剧《四婵娟》，传奇《长生殿》《回龙记》等。今人辑有《洪升集》。李天馥《容斋千首诗·送洪昉思归里》末附毛奇龄评语"昉思传奇，自堪不朽。一经元公品题，倍增声价。"此外，毛奇龄《西河集》卷一七三还有《送洪升归里觐省》二首。

净挺（1615—1684），号俍亭，俗姓徐，名继恩，字世臣，别字逸亭，又号俍亭，仁和（今浙江杭州）人。明崇祯十五年举人，南明福王时举明经。明亡后隐居，四十七岁出家为僧，居云溪寺，人称五云俍亭禅师。著述甚多，有《逸亭易论》《四书偶言》《博物辨》《华严颂梵纲》等。毛奇龄与徐继恩定交于崇祯十五年，时徐继恩为文社领袖，毛奇龄参与社集，与徐继恩保持交往。徐继恩出家为僧后，毛奇龄思念不已，与姜希辙同访其于显圣寺。康熙二十三年（1684），五云俍亭禅师圆寂，毛奇龄为其志塔。由此可见，二人知交之情甚深。这些均见于毛奇龄《西河集》之《四月八日游华藏寺并怀徐征君继恩逃禅湖上》《洞宗二十九世传法五云俍亭挺禅师塔志铭》。①

卢琏，生卒年不详，字献华，号质存，钱塘（今浙江杭州）人。少孤，事母孝。博学，通经史，与毛奇龄友善。康熙壬子贡成均，由嵊县训导辟为湖广常宁知县，有政声。以事解官，卒于客。有手录诗稿四卷。②

吴农祥（1632—1708），字庆百，号星叟、大涤山农，钱塘（今浙江杭州）人。太冲子。少颖异，一览即能成诵。博学工诗古文，尤精于《易》，与吴任臣齐名，呼为"二吴"。与吴任臣齐名，呼为"二吴"。康熙十八年（1679），举博学鸿儒，报罢。家居以著书自娱。大学士冯文勤延之幸舍，与陈维崧、毛奇龄、吴任臣、王嗣槐、徐林鸿，称"佳山堂六子"。吴氏家富藏书，旧有梧园，与弟农复，构楼园中，曰"宝名楼"。兄弟登楼，去梯，戒弗闻世上事，尽读所藏书。农祥熟悉明代史事，考证史事者尤多。撰述甚富，所著有《萧台集》二百四十卷、《悟园杂著》二十卷、《流铅集》四十卷、《诗余》二十四卷及《啸台读史》《绿窗读史》《钱邑志林》《唐诗辨疑》《西湖水利考》《文献通考正续纂》等，并行于世。③与奇龄友善，然质疑辩难不肯苟同。方婺如《吴征君农祥传》记吴农祥、毛奇龄等人交往轶事一

---

① 胡春丽：《毛奇龄交游续考》，《殷都学刊》，2014年第1期。
② （清）法式善：《梧门诗话》卷二。
③ （清）孙峻：《莲居庵志》卷三。

则云:"晚与陆垲、毛奇龄、徐林鸿为饮酒难老之会,月一会,会辄榷文史。一日偶及龚献礼并牵连濮安懿王事,奇龄以司马光、杨廷和议非是,詈词狼藉,口角流沫,堕餐饭中,征君伺其间也,为一难以送之,奇龄亦未有以应。"[1]

朱柔则(1662—1722),字顺成,号道珠,钱塘(今浙江杭州)人。柴静仪的长子沈用济之妻。清代女诗人。能诗工画,"蕉园五子"之一。著《嗣音轩诗钞》。毛奇龄曾为朱柔则《嗣音轩诗集》作序,称其诗"婉而挚""词质而意达,有似乎杜甫之言情者"。

毛奇龄从学者甚多,著名的有李塨、邵廷采等,其中杭州籍弟子也不少,朱樟、王锡及"扬州八怪"之一的金农等均为其比较知名的弟子。

朱樟(?—约1711),字鹿田,一字亦纯,号慕巢、慕樵,晚号灌畦叟,钱塘(今浙江杭州)人。清初学者。性喜读书、藏书,自述其读书:杂说摊床头,爬梳费指爪。其为官时每至一处,必载书以行。清康熙三十八年(1699)中举人,雍正十二年(1734)由四川江油令擢工部屯田司员外郎,官至泽州知州。一年后即主持修纂《泽州府志》,中秋书成,为该志题序。官蜀十年,颇刺取诸书有关益部者,为《蜀客余谭》。归田后,卜宅吴山之西、万松岭之北黄泥潭一带,与甥素岑、儿辈鹤群、苣潭读书其中,所居称"一半勾留",取白居易所作"未能抛得杭州去,一半勾留是此湖"之意。家有日及园,藏书甚富。与金观察志章、陈孝廉景钟、莫文学栻、汪征君台、周征君京相游羊湖山之间,以诗送老,年八十卒。其善诗文,平日亭经籍史,实事求是,本源甚大,故能于诗别开蹊径。每涉胜地,务必考索,吟之于诗。所著有《观树堂诗集》十四卷,其中《一半勾留集》一卷,为忧归居杭时所作。他是毛奇龄的学生之一,少时曾师从萧山学者毛奇龄游,不断修书请教,毛奇龄一一作答,颇为所赏,毛奇龄在复函中盛称朱樟的才学,将其与李塨并称:"少年既夙悟,又且多学,此天生异才,使千圣绝学,于斯大显。北有李恕谷、南有朱鹿田,德不孤矣。"其集中有《与朱鹿田孝廉论论孟书》《复与朱鹿田孝廉论论孟书》。后来,朱樟参与老师毛奇龄《西河合集》的编纂。

王锡,生卒年不详,字百朋,仁和(今浙江杭州)人。清代文学家。著有《啸竹堂集》,其中《浪淘沙·钱塘观潮》一词颇具盛名。康熙三十五年(1696),毛奇龄删定王锡《啸竹堂集》,并撰序,载王锡《啸竹堂集》卷首。后来毛奇龄过王锡宅,王锡曾以诗谢之,见王锡《啸竹堂集》五言律诗《西河夫子枉顾草堂》《谢毛西河夫子删定拙集》。四十年(1701)暮春,朱赤斋招同毛奇龄、朱彝尊与王锡泛舟西湖,见《啸竹堂集》七言排律《辛巳暮春,友人朱赤斋招同西河夫子、竹垞先生暨令嗣抒诚泛湖之作》。奇龄卒后,王锡撰像赞,载《西河合集》卷首。

金农(1687—1764),字寿门,号冬心,又号稽留山民、曲江外史、昔耶居士等。仁和(今浙江杭州)人。清代著名画家,"扬州八怪"之首。乾隆元年(1736)受裘思芹荐举博学鸿词科,入都应试未中,郁郁不得志,遂周游四方,走齐、鲁、燕、赵,历秦、晋、吴、粤,终无所遇。晚寓扬州,卖书画自给。妻亡无子,遂不复归。他嗜奇好学,工于诗文书法,诗

---

[1]《碑传集》,第1720页。

文古奥奇特，并精于鉴别。书法创扁笔书体，兼有楷、隶体势，时称"漆书"。年方五十，开始学画，其画造型奇古，善用淡墨干笔作花卉小品，尤工画梅。代表作有《东萼吐华图》《琼姿俟赏图》《空捍如洒图》《腊梅初绽图》《玉蝶清标图》《铁轩疏花图》《菩萨妙相图》等。著有《冬心诗集》《冬心随笔》《冬心杂著》等。他与毛奇龄有交往，也可以说是其学生之一。据金农自述："家有田几棱，屋数区，在钱塘江上，中为书堂，面江背山，江之外又山无穷"。康熙四十五年（1706），即他二十岁那年四月，渡过钱塘江到萧山，至萧山拜访84岁诗坛名宿毛奇龄，得其赞赏。

纵观毛奇龄与不同群体的交游状况，我们可以看出其交游的群体非常广泛，结交面广。从社中诸友到博学鸿儒，从艺术之友到宦浙官员，从吴越闺秀到门生后学，其交游对象在社会地位、学识才情、生活地域、修养境界等方面均有所不同。①

二、毛奇龄对杭州文史的研究

毛奇龄的学识渊博，治史贵在核实求真，不仅勤勉谨慎认真，而且必"藉实据"。诚如当代史家杜维运所言：毛氏治学重考辨之精神，其发挥及于史学，为注重史料之蒐集，注重史事之审订。② 就史学成就一项而言，足可留名于青史。邵廷采标榜毛氏为"今世之韩、欧、班、马也"③。

毛奇龄对杭州文史也卓有研究，著有《杭州治火议》等。

（一）毛奇龄对杭州消防史的研究

毛奇龄对杭州消防史研究，主要集中在他的《杭州治火议》一文中。因有不少学者有比较深入的研究，此不赘述。

（二）毛奇龄在杭州西湖文史的记载与考证

毛奇龄平素治学擅工考据，由考据入手治史学自当"必几许掇拾，几许考核，而后乃运斤削墨，侥幸成文"④。有学者认为，毛奇龄乃清初考据大家，清代汉学的先驱，以考据治史学，辨析史料之真伪，刘除于史学有害之文饰之言，调停之说，求信史以真、还史学以实，求真求实本身就是经世致用，此正与清初史学"弃虚蹈实"之风暗合。⑤

毛奇龄在杭州文史研究方面的名作，体现在《杭志三诘三误辨》一书上。此书一卷，浙江巡抚曾采进给朝廷。是编因杭州旧志称"今地本皆江水，由隋、唐来人力畚筑而成"，因为此辨。三诘者，一诘秦定会稽郡有海盐、余杭、钱塘、富春四县，何以钱塘独无地；二诘西部都尉为重镇，何以僻处灵隐山中；三诘由富春以至海宁，无不两岸平地，缘江如线，何以

---

① 胡春丽《毛奇龄交游考略》将其交游对象大致分为博学鸿儒、贵族权要、遗民隐士、患难之交、同学彦友、方外之交、吴越闺秀、门生后贤等八个群体。
② 杜维运：《清代史学与史家》，中华书局，1988年版，第266页。
③ （清）邵廷采：《思复堂文集》，浙江古籍出版社，1987年版，第310页。
④ （清）毛奇龄：《西河文集》，上海商务印书馆，1937年版，第211页。
⑤ 张贺：《略论毛奇龄的史学精神与治史之风》，《温州大学学报》（社会科学版），2007年，第20卷，第6期。

上一折甫接吴山，忽西翻灵隐，下一折不走鳧赭，忽北越临平。三误者，一由刘道真《钱塘记》误读《汉书》"西部都尉治武林山，武林水所出，东入海"之文。不以"西部都尉治"为句，而以"治武林山"为句；二由不考刘昭注《郡国志》已驳秦始皇由余杭渡江之说，而仍袭其误；三由江水东合临浦，而刘氏误以临浦为临湖，又误以临湖为临平湖。又附载宋之问《灵隐寺诗》、"吴越王铁幢浦"二条。以为不足辨者，不在所诘所辨之数焉。乾隆皇帝《题毛奇龄三诘三误辨》赞道：

> 神州书览共咨询，三误因之三诘频。
> 浙水几曾合浩瀚，吴山未改耸嶙峋。
> 迤东信藉塘堰固，无地安能畚锸循。
> 千古湖山自不易，奇龄还觉费词真。①

1. 对西湖由来的考证

西湖古与江海通。是说也，人多疑之。明代田汝成作《西湖游览志》，谓自灵隐山而南，重冈复岭，隔截江浒者十余里。何缘越度以入西湖？清代毛奇龄作《三诘三误辨》一篇，力驳杭城昔时皆水之说。钟毓龙认为，"此皆不知地理者也"。他认为毛奇龄盛气凌人，似于"高岸为谷""深谷为陵"二语亦未尝研究，尤为可诧。西湖古时通海之地，不在杭城之西南，而在杭城之东北。就西南而言，固有山岭限之；就东北而言，则莽莽平原，直接海门。"今之桑田，皆昔时之沧海也。更溯而上之，至于隆古，则岂特东北一隅全为沧海，即杭州全境亦悉在海中。无所谓陆，亦无所谓山。所有之山，皆浸没于大海之中，茫茫一片而已。"南宋周密《癸辛杂识》论吴山青衣泉曰："石壁间皆细字水波纹，不知何年浑水至此？今之城中，皆当深入水底数十丈。"观此数语，则杭州沧海为陆之遗迹，六百年前已有人见及之矣。然以此例细推之，则岂特数十丈之吴山而已。资严山高三百九十公尺，较其旁之北高峰为高。而其山石间亦多有水迹波纹，与吴山之青衣泉石壁同。此非昔时浸没海中，何以有此？近人章鸿钊先生西湖成因说，谓就事实观察，当时海准，远在杭州平原以上。在葛岭及南高峰一带之山，其一侧之山腰中，常有充填的红土，及平行水痕，为当时江潮波及之证。据此专家之言，也与周密之观察同。②

2. 对钱塘江名称"曲江"的考证

钱塘江以流经钱塘县而得名，犹其上流在桐庐县曰桐江，在富春县曰富春江。其他尚有别名。其中别名"曲江"，汉枚乘作《七发》，有"观涛于广陵之曲江"一语。元代钱惟善以为曲江即钱塘江。清代朱彝尊、毛奇龄、张大昌诸人也力主其说。于是钱塘江之名为曲江，

---

① （清）乾隆皇帝：《御制诗四集》卷七〇，文渊阁《四库全书》本。
② （清）钟毓龙编著，钟肇恒增补：《说杭州》第二章《说陆地》，王国平主编：《西湖文献集成》，第11册，杭州出版社，2004年版。

与枚乘之观涛不在扬州而在杭州，几乎牢不可破。钟毓龙认为，"不知此皆未研求地理之故也"。凡江口作三角形，而无洲渚亘其中者，皆能起怒涛。即以浙江省论，温州飞云江之潮，不亚于钱塘江。以其江流较短，而地又僻，人们没有注意到而已。长江当秦汉时，崇明岛未涌见，口门甚阔，潮势直达洞庭。其后乃仅及小孤山。近代之潮涨犹达金、焦。枚乘作《七发》时，广陵涛之汹涌，为当然之事，并不是只有钱塘江才有。江流未有不曲，随处可名曲江，非钱塘江所独有也。况钱塘江之三曲，起于南宋以后，西汉时何尝已如此耶。①

3. 对清代西湖历史的记载和雷峰塔、保俶塔等名胜景观的考证

清初康、乾二帝，翠华巡幸，凡湖之内外，寺院莫不庄严，桥梁莫不修举，花柳莫不栽植，景色陆离，惊心夺目。苏、白两堤自不例外，也被整修一新。毛奇龄云："尔者圣驾南巡，宫车先后从三竺还苏、白二堤，皆笼灯树间，晃朗如昼，虽京师安福门观灯迎仗，无以过此，有太平极盛之象。"②

雷峰塔，《临安志》云："雷峰为郡人雷氏居之，故名。"此为附会之说。毛奇龄《诗话》云："回峰以山势回抱得名，俗作雷峰，以回、雷声近致误，宋有道士徐立之筑室塔旁，世称回峰先生，此明可验者。"清人梁章钜按李卫《西湖志》云："《六书正讹》，古作回，小篆加雨以别之。据此，今回转之回，即古字，故回峰亦作峰，《临安志》竟作雷峰，且云雷姓所居，其说固未合，但毛奇龄以为回、雷声近致误，则亦未明古字通用之义也。"③

保俶塔，西湖宝石山，巍石如甑，即《隋书·地理志》所载的"石甑山"。宝俶塔在其巅，吴越时初建，凡九级，宋咸平间僧永保重修，减去二级，以后屡毁屡建，皆至七级而止。杭州旧志云，永保有戒行，人称之为师叔，因亦呼塔曰保叔。《涌幢小品》云：钱王弘俶入觐，留京师，百姓思望，乃筑塔，名保俶。然以士民直呼君长之名，似于情事不近。《霏雪录》云：原名"宝所"，俗讹"保叔"。"宝所"之义亦不可解，惟毛奇龄《诗话》云："保叔者，宝石之讹，盖以山得名者。"④康熙四十年（1701）三月，朱、毛两人过西湖作三日游，毛奇龄《诗话》八曰：

> 康熙四十年三月，予同朱竹垞诸子过湖上作三日游。第一日，舟中问宝叔塔故迹，嫌旧志不实，一谓僧宝所建塔。"所""叔"形误；一谓钱王俶入觐，民建塔保之，呼"保俶""俶""叔"声误。然皆无据之言……是日，有言表忠观碑在钱王祠者，因过观之。次日，竹垞赴李都运席，未至。第三日，雨后过二堤，觅水仙王祠不得，泊舟回峰塔，访小南屏山石壁书迹。⑤

---

① （清）钟毓龙编著，钟肇恒增补：《说杭州》第四章《说水》第一节《钱塘江一江之名称》，王国平主编：《西湖文献集成》第11册，杭州出版社，2004年版。
② 张其昀：《西湖风景史》。
③ （清）梁章钜：《浪迹丛谈·续谈》卷一。
④ （清）梁章钜：《浪迹丛谈·续谈》卷一。
⑤ （清）毛奇龄：《诗话》八，载《西河合集》，清康熙书留草堂刻本。

吞金祠，在葛岭麓。《西泠闺咏》：烈妇名贤，字德芳，戴慎庵女，诸生吴天与室。天与婴瘵疾卒，妇请从死，舅姑止之不从，屑金吞之，呕血死。邑绅上其事，建祠葛岭，颜曰"吞金"。康熙三十四年（1695），杭守李铎有《碑》，毛际可有《传》。乾隆中，祠为赃吏王燧所占。败后，籍没入官，祠不可复，乃复其墓。梁山舟学士勒碑记之。阮元《吴烈妇吞金纪事》卷跋：西湖葛岭之下，旧有吞金祠，祠后有墓，墓为吴烈妇所葬。烈妇姓戴，初与钱塘学生吴锡居比邻，戴父死，哭之至失明，人呼为孝女。因聘焉。既归后数年而锡疾，戴治汤药，知不治，请先死。锡曰："吾未死而汝死，是以死促我也。"戴泣而止。将属纩，呼弟钥曰："汝嫂将必死。我死，属家人伺之。"及死，戴以首触棺，碎首血被面，家人环伺之。绞以巾，刺以裙刀，凡求死者七，最后吞金不得死，乃密坏玻璃瓶，吞其廉，肠断呕碧血数升死，里人祠之。事载毛西河检讨所为《吴文学暨烈妇戴氏合葬墓志铭》。①

4. 对西湖白堤由来的考证

传统观点认为，白居易在长庆年间任杭州刺史，在任职期间修建了一条人工堤坝，为纪念白居易的修建堤坝的功绩，以白居易的名字命名，称为白堤、白公堤。自清代始，许多学者对此有所怀疑，做了多番考证，提出白堤与白居易并无关系。清代学者毛奇龄在《西湖诗话》中指出："此堤本名白沙，或有时删去沙字单称白堤，而白字恰恰与乐天姓合，遂误称白公堤。"也就是说，白堤原名为白沙堤，有时简称白堤，因恰好与白居易的姓相同，后人牵强附会，将其误称为白公堤。

三、毛奇龄有关杭州诗文的创作

毛奇龄文学创作成果，多集中在《西河合集》之《西河文集》中，体裁多样，卷帙浩繁。据粗略统计，除去考证之作、经学研究和乡情调查等外，《西河集》中文学性散文多达二百余篇，诗和赋、词、令、曲约两千六百多首。《四库提要·西河文集》赞曰："奇龄之文，纵横博辨，傲睨一世，与其经说相表里，不古不今，自成一格，不可以绳尺求之。然议论多所发明，亦不可废。其诗又次于文，不免伤于狠杂，而要亦我用我法，不屑随人步趋者。以余事观之可矣。"②

（一）毛奇龄在杭州的诗歌创作

毛奇龄是清初文学名家，在诗文词曲方面的成就突出。其所作博丽窈渺，声名甚著。自谓其诗"酬应者十九，宴游者十一，登临感寄无闻焉"。特别是他写的不少七言古诗，写得非常凝炼，栩栩如生，堪称清代叙事诗中的上乘之作。《〈四库全书〉总目提要》说："奇龄善诗歌乐府填词，所为大率托之美人香草，缠绵绮丽，按节而歌，使人凄怆，又能吹箫度曲。"其诗作体式多样，不乏佳作。如《送春诗》就是其中的代表。杭州城东有药园。康熙中，毛奇龄聚集同城诸名士，于立夏前一日到城东药园，作送春诗。囊笔者数十人，多有佳句。末坐

---

① 《西湖新志补遗》，卷三《祠宇·北山路》。
② （清）永瑢等：《四库全书总目提要》，中华书局，1997年版，第761页。

钱景舒呆年甚少，独集唐句为之，如用王建、杜甫句云："每度暗来还暗去，暂时相赏莫相违。"又用翁绶、白居易句云："百年莫惜千回醉，一岁惟残半日春。"毛奇龄极为赞赏，将其录入《西河丛话》。① 毛奇龄首倡《吴山登高诗》，和者八十七人。彭孙贻撰《吴山神位曲乐府》四十二章，为吴山神庙迎神之词。

毛奇龄论诗，大抵尊唐抑宋，甚至痛诋苏轼。《四库提要》卷一九七评论毛奇龄《诗话》八卷："国朝毛奇龄撰。……是编多记其所自作及同时诸人倡和，亦间及唐诗。奇龄以考据为长，诗文直以才锋用事，而于诗尤浅。其尊唐抑宋，未为不合。而所论宋诗，皆未见宋人得失，漫肆讥弹。即所论唐诗，亦未造唐代藩篱，而妄相标榜。如诋李白、诋李商隐、诋柳宗元、诋苏轼，皆务为高论，实茫然不得要领。第八卷中记姜仲子、姚季方谓奇龄貌似苏轼像，又记乩仙以奇龄为轼后身，而奇龄皆以为辱。反复诋轼数百言，并有'莫将今日扶乩画，又认他人着屐图'句，已为诞妄。至谓轼不能实见理学之是非，于先圣授受之间有所取正，尤属大言。百载以来，日久论定，有以理学宗传屈指于奇龄者乎。"又，王士禛《渔洋诗话》卷下也载："萧山毛奇龄大可，不喜苏诗。一日复于座中訾謷之。汪蛟门懋麟起曰：'竹外桃花三两枝，春江水暖鸭先知'云云，如此诗，亦可道不佳耶？'毛怫然曰：'鹅也先知，怎只说鸭？'"② 当然，也有例外。杭人以虎跑水煎龙井茶，谓之龙虎斗，大是妙谈。毛奇龄和东坡韵诗"当年野虎闲跑处，留得清泉与世尝"，用典活脱，令人感斑将军不置。又，毛奇龄《早入虎跑寺，用苏子瞻旧题原韵》诗二首：

<blockquote>
满坞朝烟俨散香，法幢开处石流凉。
岩垂莲片支云远，塔转松阴入路长。
佛阁画图分四壁，山厨笋蕨供诸方。
当年野虎闲跑处，留得清泉与世尝。

深林行过麝脐香，参遍诸天趁早凉。
筧水续流春后浅，幡竿倒影暮来长。
闲僧不作休粮术，过客时传舍药方。
行忆旧朝风物改，百年灰劫有何尝。③
</blockquote>

毛奇龄序《虎跑寺志》云：大慈山名，定慧塔名，盖寰中为寺开山祖，其塔名性空大师，定慧之塔，祖塔之名，或由是欤？④

---

① （清）梁章钜：《浪迹丛谈·三谈》卷三。
② （清）袁枚：《随园诗话》卷三也记载了这则趣事：某日，毛氏与同为《明史》纂修官的汪懋麟论诗。汪氏提到苏轼"春江水暖鸭先知"一句，毛氏立即反驳道："难道鹅就后知吗？"令汪氏与在座者愕然。
③ 《西河集》卷一八三，文渊阁《四库全书》本。
④ 姚悔盦：《西湖寺院题韵沿革考》。

元朝诗文大家杨维祯于至正初年携妻儿到杭州，居住在吴山友人处，时间长达七八年。他常与友人张雨等去西湖各处游览。有感于西湖山水的优美风光、人情风情之美，使他激情满怀，很想用一种合适的诗体加以抒发，因倡"西湖竹枝集"，就写了九首。由于语言浅近活泼，通俗易懂，内容清新，富有生活情趣，雅俗共赏，加上体式轻盈，情致清新，一现世，便如有神助，很快流传开来，一时抄写传诵者无数，西湖为之纸贵。且多当世一时各色文人才士争相唱和，据说当时共有数百家之多。作者中既有诗坛名流，也有释道诗人，特别是有不少女子学作。为了扩大影响，杨维祯决定汇编为《西湖竹枝集》，除收入他自己首倡的9首外，还有其他119人的诗，共收入184首竹枝词。从此以后，以咏杭州西湖为题的竹枝歌，和以这种诗体咏唱男女爱情和其他内容，成为一种时尚。清代毛奇龄创作的十八首《西湖竹枝词》，就是其中的佼佼者，现摘录如下：

一：断桥西去杏花开，年年桥上送郎回。分明一片连桥子，何日何年断得来。杭人呼桥子犹曰三桥子也。

二：昭庆祠头春水生，大船长傍小船行。湖东日上湖西落，湖里何时不是晴。

三：小姑十五压花钿，长抱琵琶坐小船。借问小姑何处住，陆公祠下岳坟前。

四：十锦塘前好扳蒲，十锦塘上百花铺。可怜八尺斜斜路，隔断南湖与北湖。

五：湖心亭子近三泠，侬日思郎思不禁。阿郎好比湖亭子，朝朝暮暮在侬心。

六：小姑梳头日西时，不到山前到水涯。屋里插花湖里照，山前归路有风吹。

七：水上花开水底红，东风吹水水蒙蒙。水上看花犹自可，水底看花愁杀侬。

八：谁道湖波镜子同，看花须看水中红。船边水动花难见，不若船头看阿侬。

九：阿侬不上采菱船，只买白藕种红莲。莲花有心长得藕，藕根无心长得莲。

十：青骢油壁漫相寻，只在前山松树林。山雨不吹裙带湿，干将丝子结同心。

十一：湖头阑干一样铺，湖上一色好当垆。莫寻桥畔红阑子，只认门前白项乌。

十二：莫道西湖好浪游，南山云断北山头。莫道妾心能间隔，外湖水入里湖流。

十三：飞来峰前花正开，蝴蝶探花飞几回。高峰不似花蝴蝶，不识因何飞得来。

十四：石新妇在钓渔矶，桃花为面竹为衣。面上桃花有时落，湖边望郎何日归。

十五：油车宛宛度西林，日暮归来懊恼深。曾在第三桥上坐，金钗失落不曾寻。

十六：买得甘瓜又买蘩，莫道甘苦不相宜。前山空有胭脂岭，不上唇来那得知。

十七：湖堤风起便生潮，裙带斜牵堤路遥。女儿上堤欲归去，可怜绿草抱裙腰。

十八：苏小门前杨柳新，西林桥下水潾潾。琵琶只在盲婆手，不见西湖愁杀人。

毛奇龄诗歌的一个共同特点，就是他擅长在寻常的景物情事上力创新境，别出新意。如七律《钱唐逢故人》："西陵咫尺是天涯，喜汝从予江上槎。两度陶朱思返越，百年张俭竟无家。乡关恨屈钻榆节，里巷羞乘广柳车。"可以说诗句中的历史典故自其胸中而出，"妙语出平淡"。

毛奇龄的词，水平也达到了较高的水平。杭州凤凰山麓女教场是吴越名胜之地，南宋时曾是六宫嫔妃习武之地。有一次，毛奇龄路经此地，遥想当年，发出了物是人非的慨叹。其《鹧鸪天·过女教场有感》："银甲珊戈小队工。内家宣敕教从戎。山萝覆镞紫金钿，野火烧旗闪幔红。宫月静，障云空。凤凰山下抱龙弓。珠兜玉鞯团营路，小雨寒花何处逢。"

（二）毛奇龄在杭州的散文创作

在散文创作方面，毛奇龄有很多贡献，如其《西湖蹋灯词序》《净慈寺舜瞿禅师语录序》《杭州慈云讲寺志序》等。

康熙二十八年（1689）正月，励精图治、雄才大略的康熙皇帝时年三十五岁，开始了第二次下江南。南巡队伍浩浩荡荡，所到之处，官员军民"扶老携幼，欢腾道左"，受到了各地百姓的热烈欢迎。二月初，南巡队伍抵达浙江。当地地方官员以及在家的朝廷官员一起到嘉兴城北迎接皇上。萧山人毛奇龄也在其中伏地恭迎圣驾。二月初九，康熙驻跸杭州府城内，接见官员，访问民风，视察河道，检阅军队，赏赐驻防八旗官兵，还游览了西湖，留下不少墨宝。其时，正值元宵灯会，皇帝来了，布置得更加隆重，飞来峰天竺山以及苏白二堤，一路张灯结彩，都是笼灯树间，火树银花，晃朗如昼，热闹非凡，比京城灯会也有过之而无不及，一片太平盛世之象。毛奇龄《西湖蹋灯词序》对此有明确记载①：

> 往作《京师蹋灯》词，而京师无灯。惟廊房百余家各燃灯两檐间，并无山棚露栏并棘盆彩竿之见于街陌。而九门喧然，蹋终夜不彻，好事者遂各为之词，以纪胜事。今杭州灯市不减曩昔，独西湖无灯。马君逸千乃作《西湖蹋灯词》六十首，传于人间。岂亦京师蹋灯之意乎！……西湖固胜地，又值灯节。则凡楼头红烛、塔心佛火，与夫渔炊崮灶、船星堤月之相为照映，皆足当九枝百炬。而逸千一一而摹画之，东根西触，情思满前。此岂南渡以来，上元纪事之可相仿佛者。幼时宿湖滨，三门不闭，笙歌灯火，中外相接。今不可得矣！迩者圣驾南幸，宫车先后从三竺还。苏、白二堤皆笼灯树间，晃朗如昼。虽京师安福门观灯迎仗，无以过此。此则西湖之所当蹋歌者也，逸千亦进而补之乎！②

毛奇龄《净慈寺舜瞿禅师语录序》：

> 佛不立文字，而阿难以教传维摩诘。屏绝语言，示不二法门。而马鸣龙树，偏以语言为之教。即萧梁以后，初祖已西入中国，倡直指之宗。而唐僧澄观尚有阐

---

① "蹋灯"亦作踏灯，指元宵节上灯市看灯。清诸重光《上元前夕宝幢鉴南过饮》诗："客为踏灯成不速，门非觅句亦常关。"
② 选自《西河集》卷五。

三量五、教七处九、会十觉十六观，以代佛说者。此岂真能秀殊途，南与北有异量哉！天下有不言而言存，即言之而仍如不言者，此不惟教有言，即直指亦有言；不惟教有文字，即直指亦有文字。吾尝为禅德序语录久矣。生平过方丈，问其所得，比之询喑者以食。其饱饥甘苦岂不自悉，而必不能为我道。暨撤席以后，则言词堆垛辑一时答问而会萃之，名之曰"语录"。一似占冤于讼庭，折哄于市肆。盈庭既不关，而过市而仍不之辨。曰爱书而已、货簿而已。净慈舜公，绍大鉴遗业，从婺州来开席者，三十余年，不言而躬行。其嗣法诸公累请录法语，以导诸方，而公力却之。及示寂，而始以宝林、净慈两语录请予为序。予读之叹曰：此岂文字哉！夫经有密显。密者，咒也；显者，则佛说也。然而密未尝不显，何则菩提吾知其为性；萨埵吾知其为情也。至于佛说，则虽显而未尝不密。天下有诵诸经幡华严，观数十万言而遽能蹴蹋之如糠秕者乎！此如儒书然。其曰予欲无言者，密也；然而无言而时行而物生，则犹之显也。所谓无行而不与，是也。其曰吾道一以贯之，则显也。然而夫子言之、曾子知之，及门者未之知也。即推之而至于今，其不知者如故也。则犹是密也。是以佛度东土，不废经。禅德化导，仍立文字。此其间盖有故矣。方其引手入室，必断绝往来。如镕金锢关，纤飔不通。而竹篦栲栗，又并无。笋芽木甲，可微未安，何有存在。伯阳之诗、格壮而旨纯，律之高而调之逸，极三唐用意之法，而体质才气无不具，足亦既历诸迁变之时，而不为所动。阅江河之下，而傲然得以自立，此真疾风劲草，独存本性者。是非，偶然而已也。①

毛奇龄《杭州慈云讲寺志序》：

释寺之有志，仿于洛阳之记伽蓝。而世之为郡国志者，必采之，则亦重矣。顾从来郡国诸志，大不足据。而释寺纷赜，即又无所于稽核。灵隐许现墓，讹为许由，此易正也；江寺为江总所舍宅，而讹为江淹，则虽知书者，亦鲜有不为其所惑者也。惟慈云之志不然。作志者为灌顶法师。师本达心，其于儒者书无所不通。下笔朗朗然，而又习不诳之教，其言可信。且其地开山未远，创于五代周显德，而大于南渡。其间沿革兴废，未甚泯灭。即前朝宗教互传，两两递代，而世系一线，如历数相禅，一望而联若疏络然。且先冠门部，有有榷，仿佛三句法门之可以分三，又可以合一者。条条哉，真殊观也。予与师论难久矣。杭寺多讲律，而今统于宗。自师出，而慈云之教为众宗师所皈仰。似乎龙树再生，反一祖直指，而仍通之阿难之所传，鸠摩罗什之所翻译。慈云虽小，其系于门庭岂细。故与予尝观《高丽寺志》，知慈云晋水曾以说经雨雪花于高丽国中。其雪中片片，有晋水字，因之使世子入侍，兼受教慈云。而建寺居之，今湖南高丽讲寺是也。灌顶开

---

① 选自《西河集》卷五四。

讲于江傍古崇寿院，会浙潮日上奔扬滈瀑，坏钱塘二十余里，而师所讲处，潮却而过。此则慈云之志所未及者，予因序志首，而并及之。①

指出了编纂志书的重要性，即对志书涉及的史料必须进行稽核，强调志书必须让人可信。毛奇龄《修复福清禅院碑记》，叙述了福清禅院的历史沿革：

> 向予观梅西溪时，已从徐氏庄，直抵安乐，将欲过福清，而不能也。或曰：福清在安乐山之阴，右接永兴，其地环九龙而负层崖，当西溪之胜，故游西溪者；必过福清，而其后从秦亭还，仍不一过。今年秋，周子子铉，携西溪僧来，谒予为记，曰：子方游福清，而福清院主，介香城院主，以记文请，因询其所遇，及所知见，然后知福清之从来远也。按院创自唐贞观建元，以竹院名，而禧宗中和间，有禅师性空者，居之，改名传教，种竹万余竿，遂为胜场。历传至元天历，复竖殿堂，于万竹中，间以杂梅，一时游者，多为诗，镌其堂。逮明万历之末，则尚书陆公，太史冯公，以及了凡袁先生，訒公严先生，德园虞先生辈，共为护持，虔请禅师桂峰，驻锡其中，重开净居，恢复旧业。而以师从天台来，福庭清凉，与之相埒，遂易今名。今律僧自慧，偕其徒济生，竭蹶丐募，仍还故观。凡殿堂寮舍，跌莲承藻，鱼蠃钟杵，巾盂幢幕，灿然一新。而梅花而竹，仍独擅西溪之胜焉！夫佳山佳水，原足系人之流连，况俨然初地，历唐宋元明累劫不毁，而又加之以十里之梅，万竿之竹，当西溪之地之胜，向非慧公师弟，力为修复，其为天下所怀思，而不得见者；盖不知凡几也。然则师之功可少哉？吾他日乘兴，尚书入西溪，重抵安乐，以穷其所谓福清之胜者，而记之。②

毛奇龄《方示灵应记》描写了康熙三十九年（1700）六月大中丞张公帅诸官属暨师巫、里老登吴山城隍庙求雨的情景：

> 古者方示，今之城隍是也。有土示，今之土谷是也。顾土示之祠，遍于里民，而方示则官祠之。然且行省郡县，每以上下分低昂，故都会城隍，较郡县加等。况吴山嵯峨，左江右湖，尤神所凭依，为昭昭者乎。康熙三十九年六月不雨，大中丞平州张公帅诸官属暨师巫、里老登山，而雩初却车自山麓，既而断腥，从军门徒步，历戊夜以至高脊。吁嗟！以求之如是有日。公慨然曰："吾从来索雨，三日而验。今如干日矣。岂德日下耶？抑亦索之不以诚，而徒具文也。"乃立册书，请减年以救燋灼。翼日，师巫大言曰："为我谢军门，今年夏甲雨，当烁地千里。

---

① 选自《西河集》卷五四。
② 姚悔盦：《西湖寺院题韵沿革考》，杭州出版社，2008年版。

兹者鉴公诚，且降雨矣。"公遣官签，问降雨何日。签有天书"猪犬"字。时七月二十七日，越四日辛酉，值八月，合朔二日旁死魄。壬戌犬日也，晚而雨。三日癸亥，即猪日，则大雨倾昼夜。东自鄞，南自新安江西北，迄浙所有地悉滂霈，沟浍皆满。杭人欢呼，颂公恩。公曰："此神惠也。我何有乎尔。"乃手题大榜，悬诸祠以旌其神云。先是，仁和学诸生袁枢，贫士也。有黄冠草衣者，到门请偕之海滨，耳飗飗行，生挣揣曰："吾有亲，吾何能从君。"言毕，弃之塘栖之市间，已去家五十里矣。然而口喑不能言，苦之。仁和令君廉其事，以告公。公为召生，令具状立为文，据状檄真人府切责之。覆以符顺，以官签驿之至江西，取覆状来。真人不敢辞，且有别牒，令生赍诣城隍祠焚之。生梦城隍神告曰："是非妖也。顾军门毋怒，诘旦当以予言告军门。"生如言诣辕，已能言矣。遂以言告公。公久神其事，而未启也。然杭人早知之，至是索雨应。杭人比户传其事，且一哄至予门，曰："此实公至诚有以感之。然神应不可没是，非君文不足以传此。"予曰："书曰'至诚感神'。此言公诚，能感神也。又曰：'天寿平格。'此言公之平居，有以感乎神，则天必寿之。不惟还其年，且益其年也。然而《中庸》曰'神之格思'，又曰'夫微之显'，此不言鬼神之来格，又如是显乎。吾多公之诚，而并叹夫神之应之，能相与有成，而不可掩也。"因应杭人请，而书之为记，时八月十九日。①

《孤山志》，清钱塘（今杭州）王复礼撰。此书成于清康熙三十五年（1696）。康熙三十八年（1699），康熙南巡，王复礼则将此书进呈御览。故此书以"御览"题名。全书共一卷，分疆域、胜迹、建置、题咏、轶事、艺文六门。卷末有翰林院检讨毛奇龄撰写的跋。此书考证人物甚详，并有新见。作者称林逋徜徉湖山，吟咏自适，根于天性恬淡，初非矫激鸣高。其不娶妻，是因为身体多病，非同释家之绝欲。这一观点可以说是别出新见，令人深思。此书还论证林逋的性格，称其自作寿堂，曾书一绝，中有"茂陵他日求遗稿，犹喜曾无封禅书"之句，足见其高节。又谓其有小词《长相思》："吴山青，越山青，两岸青山相送迎，谁知离别情。君泪盈，妾泪盈，罗带同心结未成，江头潮已平。"令人读后，先贤隐士跃然纸上。此书的艺文部分收录有林和靖诗词及被称为《外集》的历代诸大名家艺文等章。其中宋前有关孤山之诗文，因和林和靖无涉，均付阙如，殊乖志乘体例。然有关孤山的记载，除此《志》外，似亦少其他善本，故仍为史家所重视。此书在清光绪七年（1881）丁丙以《御览孤山志》之书名辑入《武林掌故丛编》。后复有1934年杭州六艺书局根据丁辑本整理之刻印本行世，书名改为《孤山志·林和靖诗集》。书局本除订正了原丁辑本中一些明显的误植、次序舛错外，又删去了三幅插图（其中一幅移作该书封面）和作者题识及毛奇龄、陆廷灿二跋。毛奇龄御览《兰亭》《孤山》二志跋如下：

---

① （清）朱文藻、诸念斋、胡乾学：《吴山城隍庙志》卷七《艺文》。

康熙丙子，皇上万几之暇，偶书《兰亭序》及《舞鹤赋》二通。在廷之臣有请之者，谓《兰亭》本晋右军将军王羲之修禊所作，当奉御书勒石于浙江山阴之兰亭。而以《舞鹤赋》勒石杭州孤山间，以宋处士林逋有放鹤亭故址在其麓也。当是时，兰亭、孤山诸名迹久已荒芜，而宸翰忽及，山川焕发，瞻仰者皆有登临感慨之思焉。臣友草莽臣王复礼目睹兹胜，因作《兰亭》《孤山》二志，以备稽考。其费编摩成书，已三年矣。岁在己卯，恭逢圣驾观河南巡，驻跸杭州。于三月二十五日，诸在籍臣朝行在毕，各有进献赋颂册子。臣乃以所著乐本解说并复礼所纂二《志》呈进。此真异数，为古今史册所罕觏者。越二日，掌较臣奉旨召复礼甚急，而复礼以疾不能赴值。臣诣扈跸大学士臣张玉书，宣臣至行在朝门，传谕奖劳。臣所进乐本解说，蒙恩改正十二字，删三十八字。兼出复礼二《志》，特赐嘉与，敕其改行。谓既名为《志》，自当先事迹而后题咏，况两人之集，只应附后，非本《志》也。遂付臣转授传谕改正。其谕之宛委昭晰，至于如此。日昳，臣玉书又问臣曰："复礼人品学问，固所稔知？但年几何？居何地？何以养廉？"臣答以年五十有五，居省城陋巷中。一生株守，舌耕笔耨以养亲。"而次日黎明，适值回銮矣。夫草莽微言，上邀天睹，斯已奇甚，乃褒嘉之余，重以训迪。抱道寒士，一旦被都俞之盛，俨若父师之教子弟。此在后世闻之，犹感慕响往，以为难得，而况躬逢其际者也。复礼从此可自慰矣。臣方捧《志》还复礼时，乃问其故。复礼曰："昔纂二《志》时，原名《王右军兰亭志》《林和靖孤山志》。盖右军生平遗迹，不止兰亭，如温州富览亭、江西茱萸亭，类和靖亦不止西湖诗。而本集有三百余首，悉为登载，因以两人世系文字，列之在前。后倩人誊录，删去'右军''和靖'，但存兰亭、孤山《志》名，遂与书式不合。今睿鉴如电霆，早已烛及，敢不稽首改正，以报明诏。"然复礼文行，向为浙中督抚诸臣给额旌表。及和硕康亲王南征驻节金华，廉其名，特赐蟒衣，复礼拜受，谨之箧笥，暗修如故。而今又为圣天子所见，知将成其所著，以嬗于不坏，一何庆幸。臣备员史职，应纪盛事。然尝观复礼平生著述甚多，皆有关圣教，可以传后。安得尽献诸，当而仰求正之。

康熙三十八年孟夏月翰林院检讨在籍臣毛奇龄稽首顿首谨跋。[1]

此外，还有《钱唐李记室墓表》等，因限于篇幅等，此不一一赘述了。

---

[1] （清）王复礼：《御览孤山志》，《武林掌故丛编》本。

毛奇龄学术思想形成探源

西溪文化研究会　凌志浩

摘　要：2023年毛奇龄诞辰400周年，特以此文纪念。众所周知，毛奇龄学识渊博，能治经、史和音韵学，工词，擅长骈文、散文、诗词，并从事诗词的理论批评；他对地方志也术有专攻，著有《湘湖水利志》《萧山县志刊误》等；他在书法艺术上功力深厚，形成自己艺术风格，清初备受推崇。毛奇龄是专家，更是通才。他的治学范围非常广博，几乎涵盖《四库全书》的所有类别。

关键词：毛奇龄学术　形成　探源

值此毛奇龄诞辰400周年之时，探究毛奇龄的姓名、字、号、纵览毛奇龄几十年的颠沛流离、坎坷艰辛，更可给后人以有益的启迪：在人生漫长征途上，会有鲜花，会有掌声，会有喝彩，但是，更多的是磨难！唯有不断奋斗，踔厉奋发，方可到达理想的彼岸。"哪有那么多一夜成名，人生只有千锤百炼，方能淬炼成钢！"

行文线索
一、意寓姓字号
二、源出好家风
三、师从陈文龙
四、恩受姜希辙
五、功垂千万代

据历史记载，毛奇龄（1623—1713），明末清初著名学者。自幼聪颖过人，四岁识字，十三岁应童子试夺得头筹。少以"鹄飞有待，此振先声"之志，发奋进取。明亡，哭于学宫三日。后曾参与南明鲁王军事，鲁王败后，化名王彦，亡命江湖十余年。明亡，清兵南下，避兵于县之南乡深山，筑土室读书。毛奇龄数遭诬陷，后辗转江淮，足迹遍及河南、湖北、江西等地。幸有友人集资向国子监捐得廪监生。康熙十八年（1679）举博学鸿儒科，授检讨，充明史馆纂修官。① 参与纂修《明史》。其间以《古今通韵》一卷进呈，得到赞赏，诏付史馆。康熙二十四年（1685）任会试同考官。辞职归隐后，专心著述直到逝世。②

一、意寓姓字号

姓氏毛，源远流长，可远溯到分封制时的周文王。据《通志·氏族略》载："毛氏，周文王之子毛伯聃之所封，世为周卿士，食采于毛，子孙因以为氏。"《姓源》说："周文王第八子郑封于毛，《左传》周大夫毛伯是也，后因氏。"《广韵》也说："毛亦姓，本自周武王母弟毛公，后以为氏。"同样的记载可见于《中湘韶山毛氏族谱》："吾姓系出周姬，文王子毛伯之后，世为周卿，因国为氏。"可见毛姓远古时还是王族的后裔。他们的得姓始祖，是当年中国周朝开国之君周武王的同胞亲弟弟，名叫姬郑（《通志》作"姬聃"）。正是因为沾了王族的荣光，姬郑当年才无功受禄，被封为伯爵，在当时是最高级别。同时，他还被授予司徒职务，并获准建立半独立性诸侯国——毛国。此后，姬郑子孙抛弃传统的姬姓而"因国为氏"，此乃毛姓起源。③

《辞海》"西河"注释有：一指陕晋交界的黄河南北流向部分；二指战国时期魏国地名，即魏国西境黄河沿岸地区。《禹贡·随山浚川图》里也标有西河，就是黄河在陕晋间南北流向的一段大河，西河地区是指西河以东、南河以北、东河以西的地域。

萧山城厢街道有个地名叫西河沿，在城东横十字弄西端，百尺溇南岸。那时百尺溇南起芹沂桥，东北通凤堰桥，西北至水曲弄口，水深且清，环境清幽。毛西河旧居在百尺溇南岸的毛公泰墙门，门额为"西河旧家"，是墨写的楷书。"西河沿"这个地名，就是因毛西河得名。当时毛西河的名声很大，他是"浙中三毛，东南文豪"中知识最博、年岁最高一个，高寿九十四岁，世称"西河先生"。里人以有如此高邻自豪，故尔横十字弄西端百尺溇南岸西河家附近一带，就称"西河沿"。

梁章钜④在《浪迹三谈》卷二"多字"条中，对毛奇龄的姓名字号有一番评论："近人之

---

① （清）毛奇龄：《西河集》卷十，文渊阁《四库全书》，第1320册，第71—73页。
② 《清史稿》四十三册，一三一七四页卷四百八十一列传二百六十八儒林二。
③ 胡春丽：《毛奇龄年谱》萧山毛氏世系表（一世—十一世）。
④ 梁章钜（1775—1849），字闳中，又字茝林、茝邻，晚号退庵，祖籍福州府长乐县。先祖于清初迁居福州。曾任江苏布政使、甘肃布政使、广西巡抚、江苏巡抚等职。上疏主张重治鸦片，强调"行法必自官始"，配合林则徐禁鸦片，第一个向朝廷提出以收香港为首务。政绩突出，深受百姓拥戴。晚年从事诗文著作，一生共著诗文近70种。楹联创作、研究方面的贡献极大，为楹联学开山之祖。

多字，无如毛西河先生。按：先生名奇龄，又名甡，字两生，又字大可，又字齐于，又字于，又字初晴，又字晚晴，又字老晴，又字秋晴，又字春迟，又字春庄，又字僧弥，又字僧开。当然毛奇龄一生所用的姓名字号太多，梁章钜也不一定写全。从他的一生来看，姓名字号与他的流亡经历有极大关系。

顺治初年，清兵南下，毛奇龄选择"逃禅"，削发为僧，逃往外地。有一段时间就用"僧开""僧弥"二字。他在顺治十五年（1658）写成的《天问补注》一书，书尾就署"顺治戊戌春僧开氏识"。《赎妇记事》文末曰："顺治丙申，道开以记属西河僧开，越五年，僧开记事。"可见顺治末年时，他还没有按清朝的规定蓄发。

毛奇龄之所以在外漂泊十多年，与他个人的性格是分不开的。他有"于""齐于"三个字，都与毛奇龄少时仰慕战国时齐人淳于髡有关。淳于髡以博学多才、善于辩论著称，是稷下学宫中最具影响的学者之一。他长期活跃于齐国，有"辩圣"之称，毛奇龄也"长于博辩"，施闰章《毛子传》说："毛甡……一字齐于，曰：吾淳于髡也。"可见他对淳于髡的能言善辩十分钦佩。但他评判人物、诗文的言辞过激，遭到仇家的几度诬陷，让自己陷入绝境。

王彦、王士方是毛奇龄流亡最初所用名。毛奇龄被仇家诬陷杀人，为躲避官府逮捕，不得不离家流亡，好友蔡仲光①说："怨深矣！不走，将不免。指壁间所书王烈名曰：'请名王彦，字士方，吾他日天涯相问讯者，王士方矣。'""王彦"与"亡也""王士方"与"亡四方"声音相近，用来形容毛奇龄的窘境。后来毛奇龄流落淮安，用"王士方"在《明河篇》后落款。施闰章②就说："什么王士方，这分明就是我的朋友小毛子毛奇龄。"

在流亡的日子里，毛奇龄还有一个名字叫"毛甡"。有些人不了解毛奇龄，说他"原名为甡"，称他"毛生"。毛奇龄自己说："我在淮安逃难的时候，有人叫我'毛生'，我就会立即更正他。我数次险遭不测，幸运地活下来。'甡'，就是又获得一次重生的意思。"后来人们看到毛奇龄一字"又生"，就是相对于"甡"字而言。初晴、晚晴，是毛奇龄结束逃亡生活、归乡回籍后所取。《行在东朝并赐御书睿笔记》一文说得很清楚："生平以避人流离道路，遇晴霁则喜，滓翳则戚。至暮年衰落，日近阴霾，则望晴尤甚，故乍归田时自号初晴。既而曰：'嗟乎！予晚矣。'更之曰'晚晴'。凡碑版屏幛书册笺牍署名处，往往以二晴杂署其间。"其门人盛唐《西河先生传》中说："先生毛氏讳奇龄，字大可，别字初晴。"《毛西河先生全集》每篇下，或标初晴、晚晴、秋晴、春晴、春庄、春迟。"晴"与"春"二字，透露的是安定下来的心情以及内心深处渴望回到世俗社会的愿望。

---

① 蔡仲光，明末秀才，博学，尤对《周易》《诗经》《尚书》《论语》很有研究，长于地理、天文，与同邑毛奇龄相友善。明亡后，与友人遁迹山林，不问世事，不慕荣利，悉心从事研究灾异、星象等自然现象，平时喜吟诗自乐，朝廷下诏征召天下隐逸之士，推辞不就，布衣终老。

②《清史稿》载，施闰章，字尚白，号愚山，宣城人。祖鸿猷，以儒学著。子姓传业江南，言家法者推施氏。闰章少孤，事叔父如父。从沈寿民游，博综群籍，善诗古文辞。顺治六年进士，授刑部主事，以员外郎试高等。擢山东学政，崇雅黜浮。

毛奇龄为官之后，更多的是被人称为毛翰林、毛河右、毛检讨、毛十九、毛太史、毛西河、毛萧山等。其中西河、河右均为毛奇龄的号。"十九"是其在家族中的排行，翰林、太史、检讨、萧山则与其官职、籍贯相关。

二、源出好家风

毛奇龄学术出众，与家族教育观念息息相关，这对毛奇龄学术体系形成影响很大。毛奇龄兄弟四人，大哥万龄，二哥锡龄，三哥慧龄，对他产生重要影响的，当然有他的父母，还有他的大哥和二哥。

毛奇龄父亲毛秉镜，字汝明，号竟山，生于明万历十四年（1586）。毛秉镜为人谦和宽厚，在乡口碑极好，被尊为乡贤。有一邻居负债累累，屡次被诉讼，毛秉镜变卖家产为之代偿。毛秉镜也非常孝顺，他的母亲死后葬在湘湖，他就住在墓旁守孝，一直守三年。他死后被邑人以乡贤崇祀学宫。毛秉镜还深谙音律，毛奇龄从小受其熏陶，长大后，在伯兄万龄的指点下，追述父亲的乐学理论，加入自己理解，写成《竟山乐录》一书。此书据其父亲的号而命名，旨在保存并发扬其父的乐学成就。在清初学界，毛奇龄能成为少有的通晓乐律的名士，并吸引李塨千里前来受业学乐，与其家传的乐学是分不开的。

根据《萧山毛氏宗谱》及毛奇龄为父所撰《事状》记载，毛秉镜的长子毛万龄和小儿子毛奇龄获得绍兴府推官陈子龙①和绍兴太守王孙兰赏识，分别试取第一。

毛奇龄的母亲张氏，也很有才学。毛奇龄五岁时要读书，但没有老师，张氏亲自教授《大学》。毛奇龄在《与王纲论勿正心书》一文中道："尝忆少时读《礼记》，云：'我欲观夏道，是故之杞而不足征也。'跃然而起，疾告母曰：儿今知读《鲁语》矣！'夏礼吾能言'，但五字耳，其云之'杞不足征'，盖尝往杞而无所验也。母叱之曰：《中庸》曰：'吾说夏礼，杞不足征也'，则何谓也？吾见子离经畔义自此语始矣。"不仅指出毛奇龄读书中的问题，更对毛奇龄理解经书有所指导，可见她对传统经书是十分熟悉的。

毛奇龄的大哥毛万龄，字大千，号东壶，顺治七年（1650）拔贡生，廷试第一，初授推官，改授知县，又改仁和县教谕。他颇通音律，兼通诗文，书法亦精，被誉为"高文雅度，为世典型"。毛万龄比毛奇龄大19岁，时人称"江东二毛"（毛万龄为"大毛生"，毛奇龄为"小毛生"）。毛奇龄小时一直跟随毛万龄读经习诗，毛万龄是毛奇龄学术道路上重要的启蒙老师。毛奇龄自己也说："中书舍人王先吉、举人韩其昌，尝偕君（任辰旦）与予同受书于予伯兄仁和教谕东壶公。"

---

① 陈子龙（1608—1647），初名陈介，字人中，更字卧子，又字懋中，号轶符、海士，晚年自号大樽。南直隶松江华亭（今上海市）人，明末大臣、学者，工部侍郎陈所闻之子。崇祯十年（1637）进士，选授惠州司理，随后丁母忧；后授绍兴府推官。明亡后，以兵科给事中起复。弘光元年（1645），起兵松江开展抗清活动，后事败隐居。隆武年间加入义军，隆武帝授兵部左侍郎、左都御史，鲁王监国授兵部尚书、节制七省漕务。永历元年（1647）五月十三日投水殉国，享年四十岁。乾隆朝谥"忠裕"。

二哥毛锡龄，字与三，长于治经①，对《周易》特别精通。奇龄说："仲氏（锡龄）在崇祯之季，避难得痼疾，授生徒以说经自娱，而尤长于说《周易》。毛奇龄最早的一部《易》学方面的著作《仲氏易》便是托仲兄之名而作，毛奇龄曾说："出门（避难）时，仲兄与三泣送予，谓曰：'古贤处忧患者，必知《易》汝知之乎？'予跪而受言。""仲兄有'五易'之说……记其口授所发端者，大为推衍，作《仲氏易》三十卷。书成，焚一本于仲兄墓下。"事实上毛锡龄一直是毛奇龄最亲近的学友，对毛奇龄的学术之路影响较大。从毛奇龄的追忆中，可以看出他非常推崇仲兄的学问和思想，如毛锡龄痛斥明末的士人不读经书、不通典故，毛奇龄皆深有同感，两兄弟早年曾立下志向，要整理"九艺四子诸书，以补充"礼与乐所未逮"，而且还打算"广辑唐后诸史"，查漏补缺。在对待朱熹的态度上，毛奇龄受仲兄的影响也很深，他说："仆尝与先仲兄校论，深叹孔安国旧注极其斟酌，而朱氏袭其文，只改得一句，便是不妥。"

经过三年的苦读，从《四书》到《五经》，仅仅八岁的孩子每天伴着晨光而起，直到暮色四合也不肯入眠。几年下来，几本必读之书已能背得一字不漏。九岁时，毛奇龄与单隆周就学于塾师沈四先生门下，两个人同时被人们称为"神童"。等到毛奇龄十岁时，就已熟读经文，能写诗作对。

三、师从陈子龙

毛奇龄在十岁这年，去参加童试。一同参加考试的许多童生大多已是十三四岁的年纪，瘦瘦矮矮的毛奇龄在他们中，谁都没有把一个孩子放在眼里。但没想到就是这个小孩，竟然力压群雄，拔得头筹，名列第一。当时任主考官，被称为明末文学巨匠的陈子龙，在接见中榜考生时，对毛奇龄说："黄毛未退，敢来应试？"毛奇龄想都没想，脱口回答："鹄飞有待，此振先声！"众人听毕大惊，见毛奇龄脱口即秀，立志高远，不禁对这小个子考生高看一眼。陈子龙又出一道难题，让毛奇龄以"春蚕作茧，咎由自取"八字为题赋诗一首。毛奇龄略一思忖，提笔写下："经纶犹有待，吐属已非凡。"虽然这只是引用了庄容《春蚕作茧》一诗，但说明小小年纪的毛奇龄已经满腹经书，又胸怀远大抱负。主考官陈子龙拍案叫绝："此子非凡，日后必成大器。"果然这次童试毛奇龄考了第一，名扬府县。

时间一晃而过，曾经的"小毛生"已经饱读经书、振翅欲飞。崇祯十二年（1639），十七岁的毛奇龄参加当年的乡试。准备考举人。但没曾想考试运气似乎并不怎么好，考官不欣赏毛奇龄的文章，以失败告终。

长兄毛万龄听到消息，安慰小弟。当时杭州傅元升的横山草堂犹如读书人的俱乐部，毛

---

① 即《易经》，《三易》之一，相传系周文王姬昌所作，春秋时期，官学开始逐渐演变为民间私学。《易》学前后相因，递变发展，百家之学兴，《易》学乃随之发生分化。自孔子赞《易》以后，《周易》被儒门奉为儒门圣典、六经之首。儒门之外，有两支《易》学与儒门《易》并列发展：一为旧势力仍存在的筮术易；另一为老子的道家易，《易》学开始分为三支。《周易》是中国传统思想文化中自然哲学与人文实践的理论根源，是古代汉民族思想、智慧的结晶，被誉为"大道之源"。内容极其丰富，对中国几千年来的政治、经济、文化等各个领域都产生了极其深刻的影响。

万龄正好在那里求学，就劝弟弟毛奇龄也来学习。毛氏兄弟在这里先后结交汪讽、陈廷会、柴绍炳、沈昀、孙治"五贤"，同他们一起修葺里社之废。还集合萧山文人学士以为社。社内的成员都崇尚气节，以东汉诸儒为宗，写的文章都很精深奥博，推崇复古之文。由于兄长的引荐，又结交陆圻、陆培、陆堦"三陆君"，与祁鸿孙等人举兰里文社于涌金门外，杭州知名文士徐世臣、张右民、吴百朋等人都来捧场，互相切磋诗文。毛奇龄的文章、诗词在与高手过招时获得很大提高。等到十八岁时，毛奇龄在社会上已经很有文名。二十岁时毛奇龄参加第二次乡试，推官唐阶认为毛奇龄的文章当为第一，但当时的最高长官不同意，有意抑制他，把他列入了副榜。按照明代律例，名列副榜者不得参加会试，但可应下次乡试，因此毛奇龄在举业上又未取得成功。

崇祯末年，讲学之风极盛。毛奇龄生活的浙东地区，是有名的讲学之乡，薪火相传，尤其是刘宗周[①]开证人书院，讲学其间，为士人向慕之所。毛奇龄"科场不售"，遂赶赴证人书院进修，并与刘门弟子坐而论道，思想上打下了较深的王学印痕。刻苦学习、结交友人，毛奇龄并未停下学习的脚步。但这一切并没有改变他的失意。直到他遇到影响其一生的人——陈子龙。

陈子龙（1608—1647），明文学家。字卧子，号轶符，晚年又号大樽。华亭（今上海松江区）人。崇祯十年（1637）进士，曾任绍兴推官，擢兵科给事中。南明弘光朝为权奸所嫉，辞归。南京为清兵所陷后，在松江起兵，称监军。事败，避匿山中，结太湖义军抗清。事泄，子龙一贯主张以"君子之学，贵于识时：在苏州被捕，解送途中乘机投水。陈子龙对毛奇龄有知遇之恩，对毛奇龄的一生有着重大影响。崇祯十三年至十七年（1640—1644），陈子龙升任绍兴府推官，见到了毛奇龄所写的文章，认为这才是真正的"才子之文"。

毛奇龄仿佛在黑暗中找到了光明，在人生的低谷受到了激励。他曾说："予为诸生时，从司理游"，可见确实游学于陈子龙门下。毛奇龄在与陈子龙交往的过程中，受其影响很大。

首先是文学风格上，陈子龙是"云间派"的主要人物，而"云间派"的诗歌创作像一股正气袭来，荡涤当时流行的萎靡浅露的诗风。毛奇龄的诗同皆步"云间派"遗绪，清新而不失慷慨，抒发真实的情感而不忽略韵律，读来让人心旷神怡。而毛奇龄的散文创作也留下陈子龙的影子。如清人吴伟业在《梅村诗话·陈子龙》中评价陈子龙的策论散文别具一格："其四六跨徐、庾，论策视二苏，诗特高华雄浑，睥睨一世。"毛奇龄写文章也注重策论，从气势上先声夺人，不得不说他还是受到陈子龙文章的感染。

陈子龙提倡实学[②]的精神也深深影响毛奇龄。陈子龙痛惜"实学不行"，疾呼"夫知贵乎

[①] 刘宗周（1578—1645），字起东，别号念台，浙江绍兴府山阴（今浙江绍兴）人，因讲学于山阴蕺山，学者称蕺山先生。万历二十九年（1601）进士，天启元年（1621）为礼部主事，四年起右通政，参与东林党活动，曾因上疏弹劾魏忠贤而被停俸半年并削籍为民。崇祯元年（1628）为顺天府尹、工部侍郎，十四年（1641）为吏部侍郎，不久升任左都御史。清兵攻陷杭州，绝食二十三天卒。

[②] 实学是一种以"实体达用"为宗旨、以"经世致用"为主要内容的学说。中国实学思想始于宋代，在明清之际达到高潮，是儒家思想发展的阶段性理论形态，并成为中国古代思想向近代思想转化的桥梁。它始终有一个突出的特点，就是强调崇实黜虚、经世致用，主张关切时代主要矛盾、回答时代主要问题，主张学术要有益治国理政。

行,儒者空讲理学,有知无行。"还特别强调:"重事功,尚用世,以民物为怀,以家、国、天下为己任,圣学在此,圣道亦在此"。从事实来看,毛奇龄几乎用尽一生之力来批判理学的空疏学风、提倡实学思想,都可以在陈子龙这里找到源头。

毛奇龄一直崇拜他的老师,尤其喜欢那首《渡易水》:"并刀昨夜匣中鸣,燕赵悲歌最不平。易水潺湲云草碧,可怜无处送荆卿。"陈子龙在诗中表达报国的决心,复仇心切,但也感叹时过境迁,英雄难寻的悲凉心境。在陈子龙精神力量的感召下,毛奇龄确实走上实学学术之路。

四、恩受姜希辙[①]

如果没有姜希辙的帮忙和斡旋,也许毛奇龄的仇家仍然会追捕、陷害,毛奇龄会在外漂泊更久。如果不是姜希辙四处奔走,帮毛奇龄恢复学籍和户口,毛奇龄也不会有日后安定、体面的生活。如果不是姜希辙帮毛奇龄捐了个廪监生,毛奇龄可能永远也不会想到自己会在翰林院里当官。可以这样说,姜希辙确实是毛奇龄生命中的贵人。

姜希辙,字二滨,号定庵,浙江会稽(今绍兴)人。明崇祯十五年(1642)举人。他有勇有谋,做温州学官时,代理瑞安县政。据清王晫《今世说·政事》中记载:一次,贼寇侵扰瑞安,先用少量人马试探。姜希辙指挥兵丁几十人杀出城外,贼寇丢盔弃甲逃走。后贼寇又纠集大量人马攻打县城。姜希辙向百姓征来酱瓮一百多只,架在城墙上,瓮口朝外,糊上红纸,状如大炮。贼寇远远望见,不敢靠近,纷纷撤去。入清之后,他历官直隶元城知县,丁科、兵科给事中,礼科都给事中,奉天府丞。他还多次上疏,陈言国政民事。希辙为人淳朴和易,名业冠于一时,博学通经术,喜欢结交四方文士,像黄宗羲、蒋阶平、毛奇龄等人皆为府上常客。姜希辙归田后,"率二三老友读书谈道,重举证人讲会,每过三之日,先生入讲堂释菜先师,士子之有志者云委景从"。又刻刘宗周遗著,作《理学录》,为明清学术思想史研究留下宝贵史料。毛奇龄评价姜希辙为人是"与人坦易,好推解,能拯人之急而出人于厄",又说:"予中于所嫉,流离展转,屡言诸台使解之"。[②]

从目前的史料来看,毛奇龄与姜希辙很早就开始交往。毛奇龄撰《江皋草堂应试文序》云:"予避人以前,曾授徒于会稽姜京兆宅。"可能在顺治十六年(1659)毛奇龄逃亡之前姜希辙曾在姜宅开馆授徒,他看中毛奇龄的才气,将自己的孩子们托付给他,对他非常信任。《江皋草堂应试文序》还说:"予避人以前,曾授徒于会稽姜京兆宅一年。凡七人而售者五,曰希略(丁巳)、曰兆熊(癸酉)、曰兆骅(丙子)、曰之琦(壬子、壬戌)、曰公铨(丁巳),皆姜姓也。"毛奇龄教学应该来说是用心的,一共教七个学生,有五个考取了功名。

顺治十八年(1661)的正月初七日,顺治皇帝以"痘亡"。正月初九上午,八岁的皇三子

[①] 姜希辙(1621—1698)字二滨,浙江会稽人,清朝官吏。明崇祯间举人。顺治五年,以瑞安知县缺员,令暂摄;徽北饥,流民至者日以万计;使垦县中荒田,田辟,饥民以活,民称之。康熙十七年,授奉天府丞;十九年乞养母归。三十七年,卒于家。

[②]《清史稿》三十册,一零一六五页,卷二百八十二,列传六十九。

玄烨在太和殿宣布登基，以次年为康熙元年（1662）。康熙即位后，共在位六十一年，在中国历史上留下前所未有的长期统治纪录。可以说，清朝的中国统治就是在这期间确立了稳定的态势。毛奇龄的机会就出现在康熙六年（1667）。这一年，康熙亲自主持朝政，屡次颁布对汉人的特赦令，包括毛奇龄这样曾经和清廷作对的人都在赦免的范围内。在这样的大背景下，想要搭救毛奇龄的人越来越多。姜希辙曾多次为毛奇龄蒙冤之事奔走。奇龄《自为墓志铭》："会稽姜黄门，故友也。为言于中丞蒋君，将雪其事，仇者借他隙重隐之，乃复之禹州。"姜希辙曾对当事者说："毛生虽尝与族忤，特以无所用，落落，故逛得轻人耳。今年四十余，老死可惜。幸学籍有名，吾当以原廪生籍上之成均，使知爱羽毛愿效，则谣琢自免。"这话里包含了三层意思。第一，因为与家乡大族有隙，所以毛奇龄并没有在家乡考取功名，更因为没有功名，所以谗言就容易被别人听信。第二，当时大赦令刚下，许多人都顺势而为，或保全性命，或取得功名。毛奇龄是真有才学的人，姜希辙曾聘请奇龄在家塾执教鞭，对毛氏的为人已经十分了解。况且毛奇龄此时在学者中的名气已经很大，故姜希辙说毛奇龄"老死可惜"。第三，姜希辙希望能给毛奇龄提供一个机会，使其能够为朝廷效力，让那些造谣的人自知无趣，就不会再继续纠缠。

康熙十四年（1675），毛奇龄复游河南汝宁，得到好友姜希辙、张杉等人的帮助，得与仇家化解恩怨，不再逃亡。①

他在《山阴张南士墓志铭》中说："康熙十四年，南士过禾中，闻牲在汝宁金使君署，念甚，遂独身襆被，涉江溯淮，由颖亳而西，直趋汝宁，遇于城南之蒋亭，相抱痛哭，曰：国家屡有赦，籍簿已灭，怨家亦散亡尽，黄门姜君为君雪其事，可还矣。"张杉带着姜希辙的好消息，不远千里来河南汝宁寻找毛奇龄。于是两人结伴返回萧山。又过了两年，也就是康熙十六年（1677），姜希辙待时机成熟后便为毛奇龄打通关系，恢复毛的学籍，且在国子监捐个监生。这捐来的监生并不用在国子监读书，不用进入府、州、县学而拥有应乡试的条件。于是奇龄终于获得官方认可的身份。毛奇龄评价姜希辙为人是"与人坦易，好推解，能拯人之急而出人于厄"，又说："予中于所嫉，流离展转，屡言诸台使解之。"②

后来姜希辙去世时，毛奇龄回想起以前的往事，不禁感慨万分，撰写了《奉天府府丞前礼科都给事中姜君希辙行状》《姜司谏治外事状》《诰授中宪大夫奉天府府丞前礼科都给事中定庵姜公神道碑铭》等文章，深切缅怀老友。

在明末清初那场翻天覆地的巨变中，毛奇龄与许多汉族文士一样也经历了从未有过的心灵惨痛。他因削发"逃禅"而被清政府剥夺诸生籍。之后，清廷重开科举，开始招纳人才，顺治八年（1651）又三举乡试。可惜，一方面毛奇龄因为没有"诸生"学籍不得应试。另一方面，他还要逃避仇家，就算有学籍也根本无心参加科举。这么一来，也给仇家以借口，说

---

① 胡春丽：《毛奇龄年谱》"亡命天涯，交友论学"。第21—86页。
② （清）毛奇龄：《诰授中宪大夫奉天府府丞前礼科都给事中定庵姜公神道碑铭》，载钱仪吉《碑传集》卷五四。

他"逆抗命，今复抗试，且以浮屠居士林，骰壤名教，罪当死"。幸亏官府明察秋毫，毛奇龄得以无罪。这时，少年时的同学章贞与许多同籍举人保荐毛奇龄，提学翟文贵迫于压力，想要征集众官的意见以恢复毛奇龄的学籍。怎奈他的仇家愤不得泄，恨之入骨，不肯罢休。有个明朝的降官张缙彦被任命为浙江布政使，仇家遂诬指毛奇龄所写的《不放偷》《不卖嫁》有讽刺张缙彦改节之意，"《放偷》纵从贼；《卖嫁》者，归命本朝，不待聘而自呈其身也"。张缙彦闻之大恨，提学张安茂听从张缙彦的旨意，授意手下官员不能给毛奇龄学籍。康熙元年（1662）岁暮，毛奇龄再度逃亡，其间经过江苏吴江、靖江、海陵等地，沿途在吴江顾有孝等友人的帮助下，四处藏匿。康熙二年（1663），毛奇龄抵达淮安。当时老朋友朱禹锡赴任淮安县令，毛奇龄得到了很好的招待，生活也终于安定下来。在淮安，毛奇龄还结识了刘汉中、倪之煌、阎修龄、阎若璩等人，从此与淮安结下不解之缘。康熙三年（1664）中秋前夜，吏部考功司主事、淮安人张新标父子邀集流寓淮上诸名士，齐聚于曲江园中，赋诗游饮于其中。席间，毛奇龄倚醉赋写了《明河篇》，凡六百余言，技惊四座。

五、功垂千万代

从明崇祯十二年（1639）参加乡试，到清康熙十六年（1677）重获监生资格，毛奇龄远离科场已经整整过去 38 年时间。虽然这是毛奇龄亡命天涯、担惊受怕的 38 年，但也是取得成就的 38 年。一些早年通过科举取得名望的人，有的醉生梦死，花天酒地，有的玩弄权术，学业、科举对这些人来说只是个敲门砖，用过就丢掉。毛奇龄则不一样，即使最艰苦的岁月，也从未放弃学术。他每到一地，不是结交高僧，就是与大家硕儒切磋，同时博览群书，遍访典籍。在这种高频率的学术交流活动中，取人所长，补己所短，在经学、史学、文学等方面取得不小的成果。他秉持"终身学习"理念，敢于挑战经典。毛奇龄之所以成为一代鸿儒，与他天生的才气和后天的努力密不可分。在暮年乡居日子里，他参加交游集会活动时间毕竟是有限的，他"备举六经之晦蚀者而剖析之"，他将心血倾注在著书立说，将之看成是"经世大业"的关键之处。如果说诗词歌赋是毛奇龄流亡时期的成就，那么，返乡之后，他的著述观发生了很大的改变：由诗文转变为经史。在毛奇龄晚年的思想意识里，经学已经超过文学和史学，成为他最重要的研究对象。毛奇龄自归田后，创作《辨定祭礼通俗谱》五卷、《春秋简书刊误》二卷、《春秋毛氏传》三十六卷、《春秋条贯篇》十一卷、《春秋占筮书》三卷、《春秋属辞比事记》四卷、《大小宗通绎》一卷、《大学问》一卷、《大学证文》四卷、《大学知本图说》一卷、《古文尚书冤词》八卷、《皇言定声录》八卷、《昏礼辨正》一卷、《郊社禘祫问》一卷、《经问》十八卷、《经问补》三卷、《竟山乐录》四卷、《论语稽求篇》七卷、《庙制折衷》二卷、《明堂问》一卷、《丧礼吾说篇》十卷、《尚书广听录》五卷、《圣门释非录》五卷、《圣谕乐本解说》二卷、《四书改错》二十二卷、《四书剩言》四卷、《四书剩言补》二卷、《四书索解》四卷、《太极图说遗议》一卷、《推易始末》四卷、《孝经问》一卷、《学校问》一卷、《逸讲笺》三卷、《易小帖》五卷、《周礼问》

二卷、《仲氏易》三十卷、《曾子问讲录》四卷、《中庸说》五卷等经类著作。另有《辨圣学非道学文》一卷、《词话》二卷、《杭志三诘三误辨》一卷、《后观石录》一卷、《蛮司合志》十五卷、《后鉴录》七卷、《胜朝彤史拾遗记》六卷、《诗话》八卷、《王文成传本》二卷、《武宗外纪》一卷、《湘湖水利志》三卷、《萧山县志刊误》三卷、《折客辨学文》一卷等。高年之后，毛奇龄著述如此之多，时人很少能与他比肩。与早年参加科举考试不一样，毛奇龄对于经学的理解和认识更加丰富和深刻，也更加关注经学中涉及清王朝政权正统性的问题，因此得到许多官员的赏识。

他在归乡之后，想要总结个人学术成果，于是把归乡之后写下的著作连同早年作品一起，让其门人李塨、盛唐等人加以编辑，进而刊刻成《西河合集》。该著作汇编初刻于康熙三十八年（1699），据李塨所撰总序，本分经、史、文、杂著四集。毛奇龄卒后，其从孙毛雍及门人蒋枢等又续加补缀，重辑三辑，并区分《经集》《文集》。末有蒋枢康熙五十九年（1720）识语，云《经集》《文集》皆有增辑。乾隆中，书版归于萧山陆氏凝瑞堂。陆氏修补旧版，并延请奇龄之孙毛健、毛儒，侄孙毛览辉，侄曾孙毛绍睿等重加搜辑，为补缀刊行。此补刊本通称乾隆三十五年（1770）重印本，或通称嘉庆元年（1796）序刻本，是现在所见的通行定本。

毛奇龄居乡后勤奋著述，遂使他晚年越发声名鹊起。时人已将他与黄宗羲并提，因为他学问日隆，声名远播，所以有众多学子前来求学。主要受业弟子有方楘如、蒋枢、金农、李塨、陆邦烈、莫春园、邵廷采、盛唐、唐彪、王锡、徐昭华、章大来、章世法、朱樟、张文枫、张文彬、张文楚等。这些弟子从毛奇龄学习礼乐，讲论经史，切磋书画，后又将毛奇龄的著作编为《西河合集》刊行。为毛奇龄暮年家居生活平添乐趣。清代阮元[①]说："迄今学者日益昌明，大江南北著书授徒之家数十，视检讨而精核者固多，谓非检讨开始之功则不可。

---

① 阮元于清高宗乾隆二十九年正月二十日（1764年2月21日）子时出生于江苏省扬州府城西门白瓦巷一个以文兼武的世家。他的祖父阮玉堂官至湖南参将；父亲阮承信修治《左氏春秋》，为古文大家。母亲林氏。阮元（1764—1849），字伯元，号芸台、雷塘庵主、揅经老人、怡性老人，出身仕宦之家，通晓诗书。乾隆五十年（1785），在科试中考取一等第一名，成为秀才，补廪膳生员。乾隆五十一年（1786）二月，随谢墉出试镇江、金坛等地助阅卷事。九月，乡试揭晓，中式第八名，成为举人。殿试二甲第三名，朝考钦取第九名，改翰林院庶吉士，充万寿盛典纂修官、国史馆武英殿纂修官。授翰林院编修。乾隆五十六年（1791）高宗亲擢阮元为一等第一名，升授詹事府少詹事。召对之时，高宗喜道："没想到朕八旬外再得一人！"命阮元于南书房行走。十月升任詹事府詹事。

从毛奇龄诗词看他的创作特色和美学思想

建德市委党史研究室　洪淳生

摘　要：本文反映了毛奇龄在诗词创作方面的特色与美学思想：一是题材丰富，有咏史诗、纪事诗、风景诗等，有香艳词、纪实词、羁旅伤时词等；二是特色鲜明，有美人香草，幽思骚激的寄托手法，通过诗词来塑造人物形象，感时伤怀，抒情色彩浓厚；三是独特的美学思想，有性情流露的自然之美，端庄韵秀的典雅之美，含义丰富的涵蕴之美。

关键词：毛奇龄　诗词　创作特色　美学思想

毛奇龄（1623—1713），又名毛甡，字大可，又字齐于，别号河右，又号初晴、西河，浙江萧山人。康熙十八年（1679）举博学鸿辞，授翰林院检讨，纂修明史，著书数百卷。工诗词，有《桂枝词》（一名《毛翰林词》）六卷，《西河词话》等。

毛奇龄是清前期的著名经学大师，但同时又是诗词大家。他的诗词没有经学家的一本正经，板着脸孔训人，而是依着自己的性情，尽情抒写。

一、毛奇龄的诗词创作

（一）毛奇龄的诗

一是咏史诗。毛奇龄学问渊博，对历史无所不知，又加上他处在社会变革的重要时期，他的心灵发生了许多变化，抒发了很多感慨。他在《入湘湖书事·其二》中这样写道："环山净卷碧琉璃，紫幕红茵度水涯。稻叶暗抽早溉后，荷风不断午凉时。龙堂瀚浅杨王宅，鸟道云盘句践祠。荡桨女儿归独晚，前湖新约采莼丝。"如果说上面这首诗中的句践祠是作为景物描写的话，那么，《重阳日同姚监郡、张广文、徐征君城山晚眺》这首诗里所写的越王句践就有作者的许多感慨在里面："清秋高眺万山中，句践曾经此筑宫。拔地鹫峰何巉嵲，当年鸟喙本英雄。岩垂橘柚侵衣绿，酒泛茱萸映面红。读罢荒碑归去晚，前溪新月渐朣胧。"在一个秋高气爽的日子里，作者与姚监郡、张广文、徐征君三个朋友一起登高望远，于万山崇岭之中，看到了越王句践当年在此修筑的宫殿。宫殿所处的位置是山峰巍峨挺拔之地，越王句践就像这巍峨的山峰一样，处处表现出英雄本色，对越王句践给予了由衷的赞美。接下来一联，宕开一笔，写山中的植物，绿色的橘柚，红色的茱萸。在宫殿的附近，他和朋友看到一块荒碑，虽经岁月磨洗，字迹模糊，但他们还是耐心地把它读完，所以回家的时间推迟了，以至月亮都升起来了。越王句践是历史上一个了不起的英雄，在被吴国打败的情况下，卧薪尝胆，东山再起。联想到眼下的现实，自己虽然是明朝的汉人，现在却受到清王朝的统治，虽心有不甘，但又有谁像当年的越王句践一样能卧薪尝胆，恢复汉室呢？每每想到这些就心潮澎湃，心意难平。

毛奇龄在《和建康宫词五首》中写尽了南京作为六朝古都兴亡盛衰的感叹，历史的变革不是哪一个人能够阻挡的。"朝天宫阁敞芙蓉，御辇曾经驻六龙。每至三元称寿后，宫前尚听景阳钟。"如今是，景阳钟声依旧，而六龙何在？物是人非事事休，后世的人只有感叹的份。"六代宫城古建康，青溪流水绕宫墙。登城一望灵和殿，无数长条挂绿杨。"作者登城一望，当年热闹的灵和殿，如今早已是人去楼空，只有多情的杨柳一丝丝挂满树枝。"三台钟鼓望中徂，彩仗长环碧草铺。凤阁只连芳乐苑，龙舸还寻玄武湖。"年年碧草依旧，凤阁仍然还是连着芳乐苑，但当年乘龙舟的皇亲国戚都已不在了。当年的情景只有后人展开想象的翅膀去体会了。"蓬莱金阙负江涛，万户千门压海鳌。东方日出红轮近，北顾天临紫极高。"蓬莱仙境似的皇宫辜负了江水对它的颂扬，千门万户压住海鳌，不让它作乱。红日每天照常升起，但皇宫里的人却早已不在了，只有古老的宫殿任人凭吊。"龙盘虎踞旧山河，八百离宫闭碧萝。越客不知颓废尽，春风二月冶城过。"最后这首七绝，气势宏伟，可谓压卷之作。南京素有龙盘虎踞之称，离宫面积之大，有八百里之多。"离宫"，是指古代帝王在都城之外的宫殿，也泛指皇帝出巡时的宫室。离宫的主人早已逝去，如今离宫只有绿色的藤萝蒙络其上，生机勃勃。

二是纪事诗。作者在家乡看到采莲的女子就写下了《采莲曲》。从古到今，写采莲的诗很多，早在中国三千多年前的诗集《诗经·国风·郑风》中就有《山有扶苏》一篇写到荷花的诗，"山有扶苏，隰有荷华。不见子都，乃见狂且。"扶苏，枝叶繁茂的大树。隰，音席，低洼的湿地。荷华，荷花。山上有茂盛的扶苏，池里有美艳的荷花。没见到子都美男子啊，偏遇见你这个小狂徒。

另外在《诗经·国风·陈风》中的《泽陂》一篇中也写到荷花，"彼泽之陂，有蒲与荷。有美一人，伤如之何？"池塘堤岸旁，既长蒲草又长荷。有个健美的青年，使我思念没奈何。

之后，各个朝代都有写莲花和采莲的诗词。唐朝诗人张潮就写过著名的《采莲词》："朝出沙头日正红，晚来云起半江中。赖逢邻女曾相识，并著莲舟不畏风。"张潮的诗写出了采莲女的勤劳勇敢，不畏风雨。

毛奇龄的《采莲曲》也很有特色："莲叶将衣绿，莲花比面红。采莲莲已尽，别有采莲侬。""采莲愁日暮，举手攀荷枝。荷珠如泪滴，是妾忆君时。"与张潮不同的是，毛奇龄笔下的采莲女不光勤劳，而且还是一个多愁善感的人，她一边采莲，一边想起了远在外地的夫君，是一个情义深重的人。

毛奇龄在诗篇《岁暮入史馆书感用家太史韵》中写道："日从东观讨遗编，坐弄铅黄度岁年。自笑中郎生子晚，从修汉史有谁传。""千门爆竹岁将除，尚跨三花进石渠。中夜草成群盗传，教人泪湿一床书。"这首诗是写他举博学鸿辞后，授翰林院检讨，纂修明史的那一段生活。在岁末年初，外面爆竹声声，他还在编写史书的地方上班，他也很困惑，自己辛辛苦苦编起来的书，有多少能传下去呢？

三是风景诗。毛奇龄在《姜尧招登香炉峰绝顶同姜十七廷梧商二徵说》一诗中写道："秋山崒崶海日红，浮晖倒映金芙蓉。苍崖负杖招羽客，携我直上香炉峰。枫林黄叶下幽壑，杖底风吹草衣薄。石屋高看洞鸟翻，横梁斜度山花落。秋空望海海色飞，赤城万里烟霏霏。越王台上青烽起，夏后祠前白雁稀。玉函金简探难得，况蹈岖嵚未曾息。北谷空标承露台，南还竟负凌风翼。苍崖四顾意气开，吹笙跨鹤真仙才。何年乞汝盈箱药，共俟安期海上来。"毛奇龄的风景诗写得很有气势，意境开阔。秋天登上巍峨的高山，望到眼前是一片汪洋大海，无边无际。大海上倒映着鲜红的太阳。我们拄杖来到香炉峰，看到黄叶飞落山涧幽壑，山顶天风猎猎，顿觉衣裳单薄。在这里，诗人还看到岩壁上小鸟在翻飞，山花飘落大海，烟岚茫茫。诗人仿佛又看到了远处的越王台和夏后祠，引起了许多感慨。最后诗人真想自己成为一位仙人，能吹笙跨鹤。希望下次有机会再来登山观海。

另外毛奇龄还写过一首《重经上江过小孤山望高良作》的诗，这首诗是这样写的："晨飔解流潮，朝暾坼遐沚。中流辨孤屿，相越尚百里。流峭去榜逆，帆迫来洲驶。忽泊斗岩下，遂至洪泽里。三江憺前期，九派殊昔理。瞩异物不延，时迁景为徙。涤水掬流清，搴花摘叶委。羁孤泛无常，流浪讵有已。宁当越前峰，去逐高良子。"毛奇龄写自己经过小孤山的感受，晨风追逐着流水，太阳下水中的小块陆地仿佛已经开裂。在湍急的江中，耸立着小孤山，好像中流砥柱一样，虽然相距很远，看去仍然感觉雄伟。江上船只来往川流不息，三江九派汇聚于此。尽管时过境迁，但对它仍有好感。再掬一捧江中清水洗洗手，摘一朵花把它的叶子丢入江中，任其漂流。自己为了谋生，经常一个人外出，难免有羁旅穷愁的感觉，任其漂泊，不知何日才是个头，很快就要越过小孤山，去追逐高良子了。

（二）毛奇龄的词

一是香艳之词。毛奇龄在《天仙子·其九》一词中写道："斑簟纹生双腕缱。梦中欲笑开娇靥。醒来记得许多情，檀兽爇。钗燕热。侍婢相看那能说。"在铺着竹席，盖着丝绸的床上睡觉，做了一个好梦，笑得非常开心。醒来还记得梦中的许多情节。屋子里点着檀兽的香，发出温暖的气息。另一方面，也是想到昨晚的美梦，脸上还是热乎乎的。俗话说："日有所思夜有所梦"。这位女子的情况也是这样。要是碰到侍婢，侍婢一定觉得我好奇怪，怎么脸上红扑扑的，但梦中的事情怎么好意思说呢？这首词篇幅不长，但很有情趣。

毛奇龄在《长相思》一词中这样写道："长相思，在春晚。朝日曈曈熨花暖。黄鸟飞，绿波满。雀粟衔素珰，蛛丝断金剪。欲着别时衣，开箱自展转。"这首小词写一个贵妇人在春天的晚上思念外出的丈夫。早晨，暖烘烘的太阳照着大地，窗外黄鸟飞翔，春雨过后，绿波涨满。打开箱子，看着箱子里的很多衣服，想穿离别父母嫁给丈夫时的衣服，辗转不定，一时眼花，不知道穿哪件衣服好。因为，丈夫不在身边，也没个人帮助参考一下，所以很难定夺。寥寥数语，把一个思夫女子的矛盾心理刻画得惟妙惟肖。俗话说："女为悦己者容。"丈夫在家，她肯定挑丈夫喜欢的衣服穿，丈夫不在家，她都不知道穿什么衣服好了。

毛奇龄曾写过一首《相见欢·花前顾影粼粼》的词："花前顾影粼粼。水中人。水面残花片片绕人身。私自整，红斜领，茜儿巾。却讶领间巾里刺花新。"这首词以景衬人，景与人融为一体。构思新巧，极富生活情趣。花影斑斑，清水粼粼，映衬着女子娟秀的体貌。残花花片与桃花人面在水中融合、荡开，色彩缤纷，妖冶多姿。女子领首整衣，显出了领间襟里所绣的新式花朵。全词清新婉丽，曲折有致。有一种孤芳自赏的感觉在里边。

二是纪实词。毛奇龄写过一首《万年枝·梁司农师六十续娶》的词："蜡尽春还，御河冰未泮，苑枝如沐。柳又生稊，双雉朝飞邀邀。花甲周时花烛启，宝帐妆成百福。由来原有，尚书三娶，东山名族。万年觞卜。道从此、天长地久，鸾弦终续。华帷披来，副发有珈皆玉。池上歌添黄竹好，探去金桃再熟。那弃人笑，桃花洞里、刘郎初宿。""蜡尽春还"，时机正好，冬去春来，万物复苏，生机勃勃。虽然，御河里的冰还没有融化，但这位年老新郎官的心里却早已是春心荡漾。柳枝已经发芽，野鸡却双双飞来飞去。已经六十花甲的老人很花心，又要讨一个小老婆。"花烛启，宝帐妆成百福。"为什么华屋搞得这么漂亮，原来老人又要结婚。不过，这可不是一般的老人，而是尚书，这已经是第三次结婚了。装扮得漂漂亮亮，丝竹歌舞升平，年老的新郎马上就要进洞房了。"那弃人笑，桃花洞里、刘郎初宿。"毛奇龄在这首词中对梁司农是持嘲讽的态度。梁司农虽然年纪大，但他有权有势有钱，什么事情办不到。

苏东坡在《张子野年八十五，尚闻买妾，述古令作诗》一诗中写道："锦里先生自笑狂，莫欺九尺鬓眉苍。诗人老去莺莺在，公子归来燕燕忙。柱下相公犹有齿，江南刺史已无肠。平生谬作安昌客，略遣彭宣到后堂。"张子野，也就是词人张先，他字子野，又称"张三影"，曾写过"云破月来花弄影""娇柔懒起，帘押残花影""柔柳摇摇，坠轻絮无影"等词句。苏东坡写诗嘲笑了张先的狂放，八十五岁了，两鬓苍白，还色心不老，要娶小妾。一对老少夫妻，不久你去世了，小妾还在。这首诗是游戏笔墨。虽说是游戏，但要高雅，不能流入粗俗。这首诗的一个特点就是扣住张先姓张，诗句中全用张姓故事。这首诗大家读后都感到新鲜、别致。这首诗的出现活跃了诗坛气氛，在当世广为流传，成为人们茶余饭后的佳话。后来人们对张先的故事进行了演绎，说张先结婚的那天晚上，非常兴奋，当场作诗一首："我年八十卿十八，卿是红颜我白发。与卿颠倒本同庚，只隔中间一花甲。"苏东坡在结婚现场也很兴奋，马上做诗一首："十八新娘八十郎，苍苍白发对红妆。鸳鸯被里成双夜，一树梨花压海棠。"从此，这个故事广为流传。"一树梨花压海棠"成为传世的经典名句。

三是羁旅伤时。毛奇龄长期在外谋生，总是回忆美好的江南和家乡。他曾写过十一首《忆江南》的小词："堪忆处，曲巷试单衫。菱井啄泥悬社燕，桃根熨火种春蚕。风景是江南。"毛奇龄最思念的是自己从小待过的地方，"曲巷""菱井""社燕""春蚕"，都是他过往最熟悉的事情和地方。这就是美丽的乡愁。"归去好，长听子规啼。红藕城桥风脉脉，黄梅江阁雨凄凄。愁思望中迷。"子规啼夜月，黄梅雨凄凄，这些都是江南的特色。"芳草软，朝暮籍车轮。鹁鸪早寒调婢子，琵琶夜雨赛姑神。愁杀浪游人。""芳草软"，说明已是春天来临，朝暮靠着车轮在外面奔走。又到了梅子黄时雨的时候了，我这个在外的浪游之人也很想家乡了。

二、毛奇龄诗词的创作特色

（一）美人香草，幽思骚激

清朝王晫在《今世说》卷一中这样评价毛奇龄的创作："（毛奇龄）善诗歌乐府填词，所为大率托美人香草，以写其骚激之意。缠绵绮丽，按节而歌，使人凄婉。"王晫对毛奇龄的评价是比较中肯的。毛奇龄的词作缠绵凄美，大抵都是美人香草，但毛奇龄不光是为写美人香草而美人香草，他写这些都是有用意的，有寄托的。"骚激"一词，我们可以理解为，骚是离骚、牢骚，胸中的感慨，激是激愤。的确，从一个明朝的遗民沦为清朝的子民，时代的变迁是个人无法抗拒的，但从他前期积极参加抗清活动，可以看出他是不愿意接受清朝统治的。但是后来他看到自己无力回天之后，也采取了与清朝统治阶级合作的态度，这个转变过程是痛苦的，也是无奈的。这个也是后人对他进行攻击的地方。他没有坚持到底，像学者黄宗羲一样，隐居深山，著书立说，了此残生。所以说，他的内心世界是非常复杂而又痛苦的，也难以对世人言说。因此，只好采取这种隐晦曲折委婉的办法，通过美人香草进行寄托。毛奇龄《江城子·其一》这首词中这样写道："赭门东上海潮青。古西陵。雨冥冥。越王宫女，着履在樟亭。亭下教兵遗竹矢，秋日晚，堕鸦翎。"词中的"越王宫女，着履在樟亭。亭下教兵遗竹矢。"为什么越王宫女要进行训练？主要是要向吴国讨还血债。毛奇龄通过越王宫女练兵的追述，也是希望汉人能够进行抗清活动。即使在当时的现实社会已经无法实现这一想法，通过写诗来抒发自己的情怀，对自己也是一种心灵的安慰。

（二）通过诗词来塑造人物形象

毛奇龄写过一首《赠柳生》的诗："流落人间柳敬亭，消除豪气鬓星星。江南多少前朝事，说与人间不忍听。"柳敬亭是一位著名的说书人，先后曾在杭州、南京、苏州等地献艺，后来进入左良玉将军的军营中，参加抗击清朝军队的工作，曾被人称为"柳将军"。后来抗击清军失败后，流落民间，以说书为职业，讲《隋唐》《水浒》故事，抒发亡国之恨，豪气冲云天。但可惜的是，随着时间的推移，他的豪气也渐渐减弱。过去人们听他说《隋唐》《水浒》故事，完全是欣赏说书艺术，而现在柳敬亭说起前朝旧事，很多是他自己的亲身经历，是感情的真实流露，这种说书最容易感染人，因此人们都不忍心听他讲。随着他感情浓烈的演讲，人们也跟着伤心。虽然诗句不多不长，但却为我们塑造了一个具有民族正义感的艺人形象。全诗具有较强的艺术概括力，在有限的字句之内，容纳了比较丰富的内容。诗人的故国之思含而未露，更加耐人寻味。毛奇龄这首诗虽然写的是柳敬亭的事情，但流露出来的却是诗人自己的感情。"消除豪气鬓星星"，也是毛奇龄自己经历的真实写照。从最初积极参加反清到后来失败以后的失望、消沉，甚至还与清王朝合作。这个过程是一个痛苦的过程。自己不好公开说，只好借助于柳敬亭的事情来说。

毛奇龄在《打虎儿行》一诗中这样写道："打虎儿，乃在汴梁之禹州，禹州城外朱家楼。小儿十一随父耕，深林有虎斑毛成。飕飕黑风吹草根，乘风攫人谁敢撄？小儿不识虎，疑是狐与狸。见虎衔父肢，咆哮草际风来吹。儿啼向风不得父，把杙打虎截虎路。三尺童子五尺杙，凭空击去着虎臆。虎惊顾儿舍父逸，深林风草皆无色。禹州太守呼小儿，予之以帛饱以糜。予时在署识儿面，披发跳掷真儿嬉。问儿打虎虎何似？举手张牙作虎势。假虎隐幔恐小儿，小儿惊避力不支。当时见虎得无怖，此事我亦昧其故。禹州太守省得知，是时小儿知有父。男儿七尺纵复横，争名攫利万里行。高堂存没总不问，那肯舍命恋所生。我所思，打虎儿。"毛奇龄在诗中为我们塑造了一个在吃人老虎面前，舍命救父的勇敢少年形象，打虎英雄。小儿一开始连什么是老虎都不知道，以为是狐狸。当看到老虎嘴里衔着父亲的手肢，不由的火冒三丈，真是初生牛犊不怕虎，拿着一个五尺木桩，就迎着老虎冲上去，老虎一看儿童朝它扑过去，就只好放了他父亲逃走了。后来禹州太守问这个小儿，你当时为什么这么勇敢，小儿说，当时只知道父亲的存在，根本不管老虎凶不凶了。太守听后很有感慨，一般七尺男儿纵横天下，只为追名逐利，而打虎英雄却能舍命救父，真的非常不容易。

（三）感时伤怀，抒情色彩浓厚

毛奇龄在词《更漏子·其一》中这样写道："枣屏深，桦烛冷。复壁照人双影。鱼坠管，兽衔环。一床衾枕单。更漏咽。楼头月。偏射小窗明蛈。红幕掩，鹊桥低。银河又向西。"这首词写一个女子思念外出未回的丈夫。"枣屏深，桦烛冷"一句是写女子生活的环境。"复壁照人双影"，女子形单影只，烛光中的双影更衬托出她的孤单寂寞，后面再点出原因是"一床衾枕单"。人孤单，明月偏来照。一轮明月照两地，更触发了她思夫的情怀。女子思念丈夫，一直睡不着，明月又向西。一个"又"字，写出女子思念丈夫的长期痛苦。时光流逝，明月不知伤心事。通过明月写思夫，既写出淡淡的忧思之情，更充满了诗情画意，给人以满满的画面美。

毛奇龄在《点绛唇·送春》一词中这样写道："恼杀啼鹃，逢人还道春归去。留人不住。谁要留春住。花絮茫茫，万点愁人绪。归何处，春归无路。莫是人归路。"时光易逝，春日难留。年岁不饶人，人在感叹中老去，感时伤怀，这就是诗人忧愁的地方。

三、毛奇龄诗词的美学思想

毛奇龄诗词呈现给我们的是无穷的美感，无论是诗词作品的画面美，还是诗词作品的内涵美，都让我们得到了审美的愉悦，有了审美的快感。毛奇龄的诗词之所以美是受到他独特的美学思想指导的。我们通过阅读他的《西河诗话》《西河词话》，以及为别人诗词作品写下的序言，就可以看出他的美学思想。

（一）性情流露的自然之美

毛奇龄在《回陈子》一则短文中说："作诗之法在性情，不在声律……性情所至，即有声无词，尚能动物，几见吹芦龠管中一一作披肝沥胆语耶？"什么是性情呢？性情就是指人的秉性和气质、性格、脾气。写诗词就是诗人自己想怎么写就怎么写，要自然流露，真情宣泄，不能矫揉造作，无病呻吟。真实才有力量，真情实感才能打动人。

毛奇龄《觅镜词》一诗中写道："渐觉铅华尽，谁怜憔悴新？与余同下泪，只有镜中人。"思妇题材是一个陈旧的题材，很难写出新意。毛奇龄的这首五绝通过"觅镜"这一特定的情景来刻画人物的心理活动，就有些别致。"渐觉铅华尽，谁怜憔悴新"，其意略同于"自伯之东，首如飞蓬。岂无膏沐，谁适为容？"（《诗经·卫风·伯兮》）但通过主人公对镜自伤的情景来表现，就有了一种顾影自怜的楚楚动人之感。"铅华尽"是因为不再化妆的缘故，故着"渐觉"二字。忧能伤人，使人憔悴。加之未施脂粉，更难掩饰。"谁怜"云云，则唯有自怜而已。此诗精彩处还在后二句，分明只是无一人耳，只是独自垂泪耳，却偏道："与余同下泪，只有镜中人"。而那个"同下泪"的"镜中人"，乃是主人公的影子。这里当然寓有巧妙的构思。但那也是对镜伤怀的人必然产生的一种心境，有其自然真挚者在。苏东坡《木兰花令·次欧公西湖韵》："与同是识翁人，唯有西湖波底月。"只是强调识欧公者天下唯我一人而已，却偏拉入明月，便道得有味，与此诗构思措辞异曲同工。前人说，绝句贵取径深曲，或正意反说，总不直致。此诗即得个中三昧。毛奇龄虽然写的是思妇，但实际上写的却是他自己。写自己青春不再，时光易老，虽不被朝廷重用，只有孤芳自赏而已。只有镜中人陪着自己落泪，落寞凄凉于此可见一斑。

毛奇龄在很多文章中都讲到性情这一美学命题，他在《张禹臣诗集序》一文中写道："诗有性情，非谓其言之真也，又非谓其多诉述，少赋写也。当为诗时，必有缘感焉投乎其间，而中无意绪即不能发，则于是兴会生焉；乃兴会所至，抽思接虑，多所经画，夫然后咏叹而出之。当其时，讽之而悠然，念诵之而翕翕然。凡此者，皆性情也。"毛奇龄是一个性情中人，从他的美学主张中，我们可以想见其平时的为人处世。

（二）端庄韵秀的典雅之美

毛奇龄在《西河诗话》卷五中指出："诗以雅见难，若裸私布秽，则狂夫能之矣。"毛奇龄说，诗以典雅为难事，如果为了讲性情，就写乱七八糟的东西，污秽不堪的东西，不经作者修饰提炼就随意抛给读者，那一般老百姓也会写诗。实际上，那样的诗作就不能算作诗词了。就像小说《红楼梦》中的薛蟠写的诗，他那种粗秽直露的东西是不能算作诗的，充其量只是顺口溜或者叫打油诗。诗词要做到典雅是非常不容易的。但毛奇龄在自己的诗词创作实践中较好地按照典雅的美学要求去实现。如他在词作《相见欢·闺情》中写道："倚床还绣芙蓉，对花丛，牵得丝丝柳线翠烟笼。愁思远，抛金剪，唾残绒。羞杀鸳鸯衔去一丝红。"写女子在孤寂中倚床绣芙蓉，后来想到远在外地的丈夫，即使绣起来了，又有谁来看，一生气，就把手中的剪刀也抛掉了。毛奇龄把女子这种心理变化栩栩如生地写出来了。

清朝著名词人陈廷焯这样评价毛奇龄的词："婉丽有情，是何姿态！问读者可释手否？"（《云韶集》评卷一五）又云：情态秾丽。（《词则·闲情集》卷三）"

（三）含义丰富的涵蕴之美

毛奇龄在《西河诗话》卷五中指出："亦以涵蕴见难，若反唇戛膊，则市牙能之矣。又以不著厓际见难，若搬楦头翻锅底，则呆儿能之矣。"俗话说："文如看山不喜平。"作诗词也是一样，不能让别人一眼看穿，要有咫尺千里的手法。书法中有飞白，画画中有留白。要让读者有展开想象的空间。毛奇龄在《南歌子·其一》一词中这样写道："铁护生梁子，铜枢种枣花。杨柳正藏鸦。闭门春昼静，是谁家。"这首词虽是写景，但用词惜墨如金，词句含蓄有韵味。

毛奇龄在《踏莎行·题梅市香奁集后》一词中这样写道："宝扇横时，玉堂深处。开奁齐唱金针句。汉阳少妇解璇玑，孝标令妹工词赋。郁草名金，柳花成絮。"这首词写女子对丈夫的思念，还含有劝丈夫不要见异思迁，用了几个典故，通过故事含蓄地来表达女子的心思。

毛奇龄是一个经历曲折的人，他的思想也深沉厚重，加上清朝统治者厉害的文字狱，因此他表现在诗词上往往"涵蕴"丰富，使人有只可意会不可言传，给读者的阅读带来了难度。虽说诗无达诂，但他的一些作品却艰深难懂，体现了他的时代特色。毛奇龄的诗词作品创作数量较多，成就较高，但过去没有给予应有的重视。这座文学的富矿还需要有识之士共同努力，进行挖掘整理，使它在新时代焕发应有的光彩。

参考文献

[1] 王运熙等：《清代文论选》，人民文学出版社，1999年版。
[2] 尤振中、尤以丁：《清词纪事会评》，黄山书社，1995年版。
[3] 汪泰陵：《清词选注》，贵州人民出版社，1992年版。
[4] 宋鸣：《元明清诗词曲九百首》，广西民族出版社，1995年版。
[5] （清）谭献辑，罗仲鼎等点校：《清词一千首》，浙江古籍出版社，1996年版。
[6] 龙榆生：《近三百年名家词选》，上海古籍出版社，1979年版。
[7] 钱仲联：《清诗三百首》，岳麓书社，1985年版。
[8] 巨才：《清诗三百首》，山西人民出版社，1994年版。
[9] 王云五：《西河文集》，商务印书馆，1936年版。
[10] 刘尚荣：《全清词》，中华书局，2020年版。
[11] 钱仲联等：《元明清诗鉴赏辞典》（清·近代卷），上海辞书出版社，1994年版。

毛奇龄的流亡与乡土情怀研究

萧山区政协文史委原副主任　王永强

摘　要：本文从毛奇龄背井离乡数十年的流亡经历入手，从离土不忘赞美故乡，离土不忘寄怀乡情，离土不忘研究乡土等三个维度，展示了他身上浓郁的乡土情怀。这种郁积在胸的情感转化为我要回家的强大精神原动力，促使他生逢乱世而不自哀，托食他乡而不自悲，坚韧不拔地一路向前。

关键词：毛奇龄　流亡　乡土情怀　研究

纵观毛奇龄长长的一生，粗略可分为长乡、离乡、还乡三个大的阶段，分别对应着他的青年、壮年和老年三个时段。五岁授《大学》、七岁授《尚书》，九岁始为文，十岁取童生，十五岁为诸生。研经习文，科举仕途；游学赴集，广交朋友。有神童美誉，写"才子之文"（师陈子龙语）。像大多数江南人家的士子一样，过着平静的生活，是为第一阶段。甲申变更，离乱始起，身陷种种"罪名"，先剃发衣缁为僧，继而更姓易名亡走他乡，过着东躲西藏、颠沛流离的生活。1679年，应博学鸿儒科，授翰林院检讨，参修《明史》，生活才在京城安定下来，所谓"宦游"。但先后数十年时间基本远离家乡，是为第二阶段。当然，离乡期间也还会有多次"潜回"穿插，特别是康熙亲政那年大赦天下，他原以为可以名正言顺地回家，其实不然。直到1686年，乞病归乡，寓杭州潜心著书授业。1705年归萧山城东草堂旧居，1713年以高寿卒于家，是为第三阶段。

出走半生，归来已逾花甲。毛奇龄整个"壮岁"都在异乡他域度过，历尽坎坷，担惊受怕，身心受到极大的创伤。他在晚年回忆道："生平以避人流离道路，遇晴霁则喜，瀹霪则戚。"（《碑记十·行在东朝并赐御书睿笔记》）现在看来这是一种典型的心理疾病。虽"少为诗词，颇得声誉"（梁启超语），以文采重衣冠间，一路上有"贤者爱其才，昵就之"（好友施闰章语），所"游"之地都得到如有"穷孟尝"之称的吴江顾有孝等无数贵人相助，然故乡的山水人文，故乡的父老妻儿、同砚学友让游子魂牵梦绕，是越地的文化精神支撑着他艰难走过，是家乡的亲情友情抚慰他孤寂的心灵。毛奇龄虽流落他乡仍不忘初衷，笔耕不辍，诗文创作不但没有荒废，反而大放异彩，学术辩论更是越战越勇，遂成一代大家。

一、被迫离乡

（一）国破，避乱于山野

毛奇龄不安稳的日子开始于1644年清军入关。"国忘，盗贼四起，予避兵山市。"（《古文尚书冤词》卷一）毛奇龄与同邑沈禹锡、包秉德、蔡仲光一道逃窜到城南山，筑土室，聚书读其中。曾一度投身抗清义军，遭乱军追杀。他在晚年回忆道："予被获，几陷，脱，之毚山。"（《墓志铭十一·自为墓志铭》）藏匿山寺，剃去头发，"衣缁匿坑中""避乱于卖柴浜"才躲过劫难。当他回家时父亲看到光头的儿子顿时老泪纵横："吾向梦僧寄度牒，生是儿，今竟然矣。"（同上）其后，毛奇龄衣缁为僧八年，被剥夺监生籍。

（二）结怨，有家不得回

一桩因言获咎的文字冤案，最终像一个恶梦一样伴随着毛奇龄几十年。顺治年间，毛奇龄曾与同邑南明福王兵部车驾司郎中黄运泰编《越郡诗选》，在为会稽王自超撰诗评时，招惹下"讥其从贼"的误会，遭王家人忌恨，"聚怨家，歃血，布张置罗，谓予逆抗命。"（《墓志铭十一·自为墓志铭》）此后，又被仇家诬陷"抗试首官""头陀居士林，恘坏名教""讥讽上官"，涉"通海案"等罪名，处处都往死里按，桩桩皆可置重罪死罪。其间，藏在城东草堂的诗文有些被乱兵掠去、仇家劫走，有些还是家人惧怕惹祸而自毁。1652年春，因"乡里多故"，避入杭州生活学习。至1658年，也还是因为"避人故"，不敢接编修《萧山县志》的差事。1659年，说书大家柳敬亭入越，因"不得大可诗，且不得一会祖道，似恨然者。"毛奇龄不得不抱病出门，到梅市（今柯桥区柯岩街道梅墅村）"聆之，感于心，然实病，不能赋诗也，口吟二绝以赠行"：

流落人间柳敬亭，消除豪气鬓星星。
江南多少前朝事，说与人间不忍听。

（《七言绝句三·赠柳生》）

这首"感于心"的小诗，成为诗人一生诗歌作品中的代表之一。原来柳敬亭身世非同一般，他原姓曹，名永昌，江苏泰州人。因年少犯案，更姓柳，落泊江湖三十年。同为天涯沦落人，前朝往事不忍听。生逢乱世，流落江湖的艰辛毛奇龄感同身受，他用平白如话的语言，直抒胸襟，把那种流离失所之痛，降身为奴之耻，表达得淋漓尽致，遂成一名篇佳作。

（三）离乡，漂泊千万里

1662年，值多事之秋。毛奇龄友人魏耕以"通海案"被处死，祁班孙、李甲被流放；友人陆圻、查继佐又因"明史案"文字狱被捕，涉及家属百余人被拘。毛奇龄本人又被多年前的仇家诬陷"聚人杀营兵",遭官府"遂援重典,案籍捕逮"。长他十一岁的好友蔡仲光认识到事态的严重性,认为:"怨深矣!不走,将不免。"并建议:"请名王彦,字士方,吾他日天涯相问讯者,王士方矣。"(《墓志铭十一·自为墓志铭》)毛奇龄采纳此议,从此像柳敬亭一样,踏上了易名流亡的历程,足迹遍及苏、皖、鲁、豫、赣诸省。

初投同门师兄吴江顾有孝,再投寓吴江长桥佛寺、塔寺等地。1663年到靖江,又奔海陵、瓜州、高邮,约于秋抵达淮安,再漫游到禹州过年。1664年初,游颖上,寓禹州,登嵩山,游少林寺,至洛阳、过杞县、至洧川,游汴梁、陈州、归德,过商丘,返回淮安。1665年,再次出游山东,过定陶、济宁,又折南至宣城。再重过黄河,复游少室。又从蠡湖下南康(赣州),登庐山,抵南昌,登滕王阁,过吉安,至临川。1666年,过余干,因施闰章调任,被迫从临江城启程,转投抚州崇仁骆复旦,岁末至玉山逗留。1667年,途经丰城、贵溪,再南昌启归程,到吴江重访顾有孝后,还临安,随后在绍兴朋友家藏匿到第二年秋天,再度渡江渡河北上。1673年,门生姜希辙出资为其恢复禀监生籍。1675年春夏间,好友张杉在汝南寻找到毛奇龄,并告知:"国家屡有赦,籍簿已灭,怨家亦散亡尽,黄门姜君雪其事,可还矣。"(《墓志铭十四·山阴张南士墓志铭》)约于是年岁末回家。1678年,毛奇龄被浙闽大员联名举荐,应博学鸿儒科进京。又越八年,从京城托病归田。

(四)历险,七次遭缉捕

毛奇龄逃亡的轨迹曾被仇家多次发现,至少有七次被穷追不舍。第一次1663年在靖江,遇缉捕追来,"蹑者果至,遂匿海陵(泰州),越一月。"(《墓志铭十一·自为墓志铭》)第二次1664年在禹州,"同邑仇者觇知之,去,之嵩山,匿道士土室中。"(盛唐《西河先生传》)第三次1665年在淮上,"怨家踪迹之,(刘)汉中藏于家,月余乃行。"(《重修山阳县志》·卷二十一)第四次1666年在江西,"予避湖东,籍捕几及,旅主人之子邓论秀匿予别室。"(《书七·与吴广文论国风男女书》)第五次1667年在山阴,康熙亲政,大赦天下。"潜归,将到家,而怨家迹之。南士亲饰舟子,待之白鱼潭,而藏于家。"(《墓志铭十四·山阴张南士墓志铭》)第六次1668年在绍兴,"远近多有知者,乃徙之南山天衣寺。"天衣寺乾公和尚曾劝毛奇龄皈依佛门了却尘缘,结果被婉拒。第七次在会稽,"会稽姜黄门,故友也。为言中丞蒋君,将雪其事,仇家借他隙重陷之,乃复之禹州。"(同上)

生死飘摇雨打萍,七次历险得完身,毛奇龄的人生堪称传奇。对此,他自己有一个说法:"先是予在淮,淮人有知予毛生者。予曰:'虽然,予毛甡也。'又曰:'予濒死屡矣!幸而生。甡者,生又生也。'又曰:'吾生十年,痘五年,兵戈者十年,奔走道路二十年,能再生乎?所谓甡者,亦冀夫生之者也。"(同上)可见"甡"这个名,是毛奇龄后来自己改的。从中可看出毛奇龄渴望求生、生生不息的强烈愿望,以及勇敢向命运挑战的坚强决心。另外,毛奇龄颇有佛缘,曾妄投兰若,有多年衣缁为僧的经历,早年避战乱时,因"髡发"而躲过一劫。他在给竺兰上人书中曾表示:"依象教而隐形,感法幢之多庇。"(《书一·谢竺兰上人书》)

自己大难不死，要感谢菩萨的保佑。

二、咏乡怀友

"吾游遍北南，仍无如吾乡土之美者。嗟呼，远游者可知已！"（《西河集·卷二十二》）"祖国""故乡""母亲"，汉语中最美的三个词儿，所表之意的共同点，就是一个人灵魂的归属感。"吾乡土之美"，只有远离家乡的游子才能萌发这种关乎灵魂的感觉。本文所说的毛奇龄故乡，是指代越地，当然特别是萧山的官河帆影、湘湖荷风、钱塘秋潮、西陵古驿等等。故乡是毛奇龄千里跋涉的起点和终点，是魂牵梦绕的心灵港湾，是唯一让他获得安宁的归根之所。

（一）赋诗西陵，排遣离愁

西陵古驿位于钱塘江南岸，为两浙南北要冲，古今多少离情别意的故事在此上演。毛奇龄奔走他乡，曾无数次与西陵挥手告别，为西陵写下近20余首诗词。那么，萧山毛西河为什么要以西陵为故乡的代称？这与其匿名远游的人生遭际相关。客居淮安时，毛奇龄曾观看秦德藻所藏陈洪绶《摹李公麟乞士图》，画中是一个戴着斗笠、手托钵盂的和尚，有布袋和尚所作《偈》："一钵千家饭，孤身万里游。"的意蕴，这与彼时毛奇龄人在旅途的境况相仿，遂题跋于画："得此幛，如与晤对。"老莲为西河故旧，此次见画如见面，仿佛他乡遇故友，关键是落款处"西陵毛甡题并识"之句很值得回味。1661年，在沈胤范家同样题陈洪绶的画作，落款却是："西河毛甡观画采隐堂，咨嗟为歌。"（《七言古诗四·画竹歌》）推想此时的毛奇龄避仇淮上，出于自我保护，已经不想让人知道自己是萧山人，故而以西陵取代之。这也就不难理解其名、字、号及别称多达二十余种的现象，也解释了其用"僧开""僧弥"等字的原因。"近人之多字，无如毛西河先生。"（梁章钜《浪迹三谈》卷三）

《青玉案·渡江有感》：

平沙十里长亭路，空留得花如雾。最恨江流流不住。

暮潮初下，午潮还上，今古西陵渡。

（《西河集·卷一三四》）

流浪的脚步停不住，恰如钱塘江水留不住。江潮一日有两次遇到驿亭的机会，而自己渡江一去，不知何时返回，恨江水流不住，空留得江花如梦。另如《钱塘逢故人》：

西泠（西陵）咫尺是天涯，喜汝从予江上槎。

两度陶朱思返越，百年张俭竟无家。

乡关恨届钻榆节，里巷羞乘广柳车。

壮士不还仍远去，江东兄弟漫咨嗟。

（《西河集·卷一七七》）

沈德潜认为"应是避祸出亡而不归者，玩四六两句自见。"(《清诗别裁集》四）此诗表达了作者"因迫遁走，望门投止"的无奈和无颜江东的羞愧心理。

再如《予再赴湖西讲堂已暮春矣听座中歌孟氏牛山篇不觉出涕因赋怀家园诗一章见意》：

> 三弹归铗楚天涯，日望西陵不见家。
> 痛杀江南春夜雨，还开井上旅葵花。
>
> （《西河集卷·一四二》）

汉乐府《十五从军征》有"中庭生旅谷，井上生旅葵。"描述了家园荒芜的景象，同样此诗也反映了毛奇龄心怀家乡，抒发乡愁的情感。

以西陵为坐标思乡的诗词中，篇幅最长的要数362言的《夜分听江声浩然有故乡之思》：

> 我家住西陵，惯听西陵潮。凉秋八月江关高，西陵潮上时，巨如波底长鲸号。……月弦漠漠清欲流，此时思乡生暗愁。迄今渡湖涉江水，去家已是四千里。……望中方拟过瞿塘，梦里忽怜归故乡。归故乡，听江水，江水有时转故乡。
>
> （《西河集·卷一五五》。按：本诗有删句）

（二）以诗代札，寄怀亲友

在古代通信不便，但名诗佳章可以通过诗友传抄的方式，起到广为传播的效果。在非常时期，用诗歌代替书信的艺术手法进行信息交流，可使语言更加简练隐蔽，而表情达意却更加顺畅。毛奇龄一生交友广泛，"束发之交""缟纻之好""忘年之交"，朋友众多。据胡春丽《毛奇龄年谱》载，毛奇龄生平和诗文中涉及人物775人，其中大部分是同时代的好友，有近百人可以考证他们的生卒年龄。出游他乡时，毛奇龄与家人亲友始终保持着联络，多有诗文应和，如《以诗代札怀复沈九嗣范秘书》：

> 一从把袂分淮市，几次封书出禁闱。
> 安丘避地归何得，剡曲移家愿屡违。
> 故交远道还贻绮，久在他乡敢佩韦。
> 但咏玉堂怀友句，不知珠泪向谁挥。
>
> （《西河集·卷一八四》。按：本诗有删句）

此诗表达毛奇龄的回家之愿屡屡不得实现而"挥泪怀友"的憋屈心情。

同邑知友蔡仲光（字大敬，长毛奇龄十岁），自1642年两人定交后，四十多年情深义重。毛奇龄当年出游是他的决断，后征辟北上也询问他的意见，人生两件重大事情都听取过他的建议。蔡仲光是毛奇龄出游之后保持诗歌应酬和书信往来最多的人物之一,是沟通乡情乡音的重要渠道。毛奇龄早年诗集《濑中集》也是蔡仲光抢救性编辑而成。"渐闻其旧集尽被毁,友人蔡大敬争搜其新诗刻行世。"(骆复旦序)这本诗集的题目也富有象征意义,在朝代更迭,兵荒马乱的时代里,想保存诗文很困难,犹如在湍急的流水中打捞起珍宝。

《渡河寄大敬徽之宪臣并呈张五杉张七梧姜十七廷梧丁五克振吴二卿祯顾大有孝》:

> 寒风吹襟裾,使我思故人。故人在何所,云在旧乡县。
> 就人饮酒可奈何,他乡岁月真蹉跎。
> 渡江王彦今仍在,晓日寒风又渡河。
>
> (《西河集·卷一五六》。按:本诗有删句)

此诗巧妙地让天上的云带去自己对故乡的思念和问候,并向家乡好友报个平安,告知自己已经渡了钱塘渡长江,渡了淮河渡黄河的行程,同时反映了作者人在旅途,漫无方向,无可奈何,蹉跎岁月的心境。一诗寄出,一众朋友都有收悉。

毛奇龄在《寄大声徽之桐音南士大敬宪臣代书》一诗中,更是明确表达了以诗代信札的用意。"避地家千里,怀人思百端。""授词当尺素,反覆道加餐。"作者用东汉蔡邕《饮马长城窟行》中"鱼传尺素"之典,表达对家乡亲友的思念之情。

当然,最让游子感动的是收到家人寄来寒衣的时候。《得家人所寄衣》其一:

> 顿有秋衣至,谁怜王彦寒。寄遥无使到,缝密避人看。
> 约带钩全缓,连丝泪未干。可怜裘敝久,不用到长安。
>
> (《西河合集·卷一七一》)

诗中"缝密辟人看"之句,表达亲人在赶制秋衣时,不但要密密缝,还要避人看,比孟郊的《游子吟》还多了一层难言之隐的意蕴;"连丝泪未干"之句,用带泪的线连着两地人的比喻,可谓一般相思,两样离愁,读来让人感慨万千。

毛奇龄妻子陈何"颇有文才",曾以诗代札,寄丈夫《子夜歌》二首:

> 其一:一去已十载,九夏隔千山。双珥依然在,如何不得环。
> 其二:白露收荷叶,清明种藕枝。君行方岁暮,那有见莲时。
>
> (《诗话》一)

此诗陈何以耳饰完好不佩,深闺无人见怜之句,表达了对夫君的思念。毛奇龄则以札复诗,寄信《回陈子》:"他乡寥落,兼托食于人,何暇更及辞句。札示以作诗之法,在情性不在声律,甚当。"这位大诗人曾在避难淮徐时,为多位歌伎填词谱曲,却不应和一下妻子寄来的情诗,而以"札示以作诗之法"敷衍了事,真是个奇怪之人。不过他在其著《诗话》中,还是对这两首诗的隐喻之意有公正的评价。另外,在他的《九还词》中"早潮初落兮晚潮又催,江流上下兮无穷期。潮有信兮江有涯,望夫君兮君不来。江流兮不住,朝从此来兮暮从此去,望夫君兮何处所。"以信潮作比喻,又何尝不是一种深情的回复。

三、述不弃乡

每有乡亲需要请他写文章,如为乡贤文集写序跋,为家乡建筑书碑文,写父老撰墓志铭等等,亡命瀨中的毛奇龄总是欣然从命,因而留下了大量珍贵的乡邦文献资料。"予自弱冠即为亲朋、闾里行文写幛,阅五十余年,其为文不知凡几。"(序十九·沈母陈太君寿序)同时,毛奇龄还以经学大师的学术地位和身份,客居他乡期间,为家乡写下了一批重要的乡土研究论作,为桑梓文化作出了卓越的贡献。

(一)故乡之思,发为"九怀"

仲尼厄而有《春秋》,屈子放而赋《九歌》,毛奇龄逐而发《九怀词》。"大抵皆忧愁幽思,中心靡烦而无所发,不得已托兹神弦哀弹之,以摅其抑纡之情。其声橙橙,听者生故居之思焉。予避人之崇仁(江西抚州),寄宿于巴山之民家者,越一年。过客祠华盖山者,不远百里,春粮负之,巫者吹箫度深林前去,且行且吹,声断续呦咽不忍闻。思故乡越巫与楚相埒,而词鄙尤甚,士君子犹歌之。"(《西河集·卷一一九》)可见,其创作的起因是受"巴人之民"巫者吹断断续续、低沉幽咽的箫声启发,联想到自己的家乡也是多淫祠之地,写下此赋。另据门生盛唐《西河先生传》载"因长怀故乡,仿屈生《九歌》作《九怀词》以见志。"《九怀词》包括:《水仙五郎》《沙虫王》《下童》《江使君》《苎萝小姑》《张十一郎官》《北岭将军》《萧相公》《荷仙》等九篇,都是"萧俗神祠"的对象,故乡越地的民间信仰。

《水仙五郎》主题是歌颂了湘湖五兄弟的"孝"道,《沙虫王》中"右滔滔兮江水,左演演兮湖湘。世蹴蹴兮安之,将还归兮故乡"之句,寄托了作者是思乡之情和回归故乡的愿望。《江使君》《张十一郎》《北岭将军》三赋,均有祈祷钱塘江江水安澜、西陵渡渡江平安和南岸销弭兵火的愿望。《苎萝小姑》:"花落兮溪滨,细草生兮如茵。风吹莞叶兮翻罗裙,青苔石上兮吾思美人。"讴歌了故乡的如画风景和如玉美人。《荷仙》记录了诗人贺知章"前头担母后担经"的民间故事。其中"荷有盖兮莲有房,君有友兮名酿王。分茅锡爵兮,不如守此醉乡。吾欲并祠兮君之傍,春祈秋赛兮祠有常,千年万载兮长持此觞",把故乡美誉为"醉乡",可见漂泊异乡的浪子,作为酒客的江东毛甡,已久久没有喝到家乡的美酒了。

(二)穷经索典,考据"三江"

毛奇龄一生对乡土文化研究十分关注,研究成果颇多。有研究家乡方言的《越语肯綮录》,有研究家乡水利的《湘湖水利志》《湘湖水利永禁私筑勒石记》《两浙巡抚金公重修西江塘碑记》，另有《萧山县志刊误》等，均系归乡后所作。在京城修《明史》时撰写的《三江考》，则是一项重要的有关乡邦史地的研究成果，全文18 000多字，其中一半以上文字论及家乡的钱塘江和浦阳江。

关于历史文化地名"三江"，清人考证论著多达三十余种，近人钟毓龙《南江考》亦有论及。清人考证"三江"归纳起来主要有六种观点：一主班固《汉书·地理志》北、中、南三江说；二主郑玄以岷江、汉水、彭蠡诸水为三江说；三主韦昭以松江、钱江、浦阳江为三江说；四主郭璞以岷、松、浙为三江说；五以中江、北江、九江为三江说；六以松江、芜湖江（永阳江）、毗陵江《孟渎河》为三江说。

毛奇龄成长于越地，流亡时又畅游江淮上海等地，对长三角的地理有多次实地踏勘的经历。他据《国语》和《吴越春秋》等文献史料，用排他法得出浦阳江属三江之一的结论："夫吴之与越，仇雠战伐之国也，三江环之。夫松娄则焉能环越哉？且《国语》又曰：与我争三江之利者，非吴耶？若非浦阳，则尽属吴地，而反曰吴将与我争吴地之利，是妄语也。且不闻范蠡之去越乎？《吴越春秋》曰：范蠡去越，出三江之口，入五湖之中。夫惟浦阳为三江之口，则蠡之去越，将必出浦阳而入海，由海而入松，由松而入湖，《国语》所谓遂乘轻舟而入五湖省是也。"（《西河集·卷一一九》）

经过清代学者的不懈努力，现在学界对三江问题大致取得了共识。三江，大概是指长江三角洲之支流而言，并不专指哪三条江；若一定要考出三条江之名称及经流，恐难得出定论"。（华林甫《中国地名学史考论》）这其中就有毛奇龄的一份贡献，另外他的论述学术功底和研究方法还是值得称道。

（三）碑记孔庙，传承文脉

萧山县学，原址在治东南芹沂桥，绍兴二十六年（1156）迁至城西南小南门处，学宫占地28亩，可南望文笔峰；学池面积10亩，名璧玉池，有水通达西河，形成一环形水景，池南城墙辟文明门（即小南门），文笔峰和环形水道象征着萧山文庙文峰入云，文气畅通。建筑有大成殿，明伦堂，教谕署，训导署，崇圣祠，名宦、乡贤祠等。

各地文庙碑记向为硕彦名儒撰写，宋代萧山《重建儒学记》由归安人进士莫济撰写，元代萧山文庙《重建大成殿碑记》为崇德人进士张伯淳撰写，其表兄弟吴兴人赵孟頫所书。重修文庙资金多为历朝官员和乡贤捐资修建，1683年萧山知县姚文熊"首捐月奉"再次重修文庙，嘱好友毛奇龄撰写《重修萧山县儒学文庙》碑文。此碑记分两部分：记其事，为之词。首先回顾了自汉重儒以来，隋、唐、宋、清，国家对尊儒礼孔典章制度重视；其次对当政者重修文庙之事给予褒奖；第三指出"学贵有继"，培养人才是"未雨之事"，应当仁不让，见义必为；最后对萧山文庙风水景观作了美誉，并对萧山文脉绵绵长流作了展望。"碧水东环，笔峰南峙……泮林有梅，无鹗在学……斯文无慭，庶嫚勿衰"。（《西河集》·卷七十碑记九）

四、结语

　　毛奇龄虽遭同邑之人、同郡之人诬陷，亡命天涯，落拓半生，但他却有着孩童般的纯真，对哺育他的故乡依然一往情深，从不自弃也不弃人弃乡，回家变成一种执着的追求。毛奇龄想尽办法不让世人知道他的姓名和行踪，但其在学界声名远播，可谓"千秋经术留人间，万里蛮荒识其名。"四百年来，世间有了"毛萧山""萧山毛检讨""西陵毛甡""浙中毛奇龄""东南文豪"等代表越地文化的符号，越地有幸，萧山有幸。

毛奇龄：唱响唱好"西湘记"的楷模
——论毛奇龄对西湖、湘湖两名湖的杰出贡献

萧山区历史学会　陈志根

摘　要：清初著名经学家、文学家、诗人毛奇龄是历史上用实际行动唱响杭州"西湘记"的第一人。他一生与杭州西湖、湘湖关系深厚，对两湖的贡献甚大。他的足迹遍及湘湖、西湖，并留下了诸多歌咏西湖、湘湖的诗篇；他关注两湖，为保护西湖、湘湖大力鼓与呼，提出许多建设性建议，付出了大量的汗水；关于湘湖、西湖研究卓有成就，留下了许多著作，传承了两湖的历史文化，对我们今天研究、保护两湖，唱响、唱好"西湘记"仍有重大意义。

关键词：毛奇龄　西湖　湘湖　贡献

西湖、湘湖分别位于钱塘江南北两岸，隔江相望，是杭州的两大名湖。自明代始，被称为姐妹湖。两湖历史悠久，文化底蕴深厚。与历史上的许多文人墨客息息相关。毛奇龄就是其中之一。

毛奇龄（1623—1713），字大可、齐于，又名甡，号秋晴，又称西河先生，浙江萧山人。幼聪颖，以诗名扬乡里。中年中秀才。康熙十八年（1679）中博学鸿儒科，授翰林院检讨。一生著述宏富，总计有近五百万字。康熙三十八年（1699），由其门人李塨、盛唐等编辑，由李庚星等人参校完成《西河合集》。之后因毛仍有撰作，所以直到毛奇龄卒后，又由从孙毛雍及门人蒋枢等再加补辑，直到三辑，于康熙五十九年（1720）才最终完成续集。分经集、文集二部，经集自《仲氏易》以下凡五十种，文集合诗、赋、序记及其他杂著凡二百三十四卷。乾隆年间，毛奇龄所著书正式收入《四库全书》的有30种，存目的有36种，共66种，可谓是个人著作著录于《四库全书总目》中最多的一位。大学者纪昀在《四库全书总目》中也说："奇龄著述之富，甲于近代。"[1] 他是清代著名学者、文学家、书法家。"可以说继黄宗羲之后，俨然为浙学盟主。"[2]

---

[1]《毛奇龄合集》，杭州出版社，2003年版，第2173页。以下毛文均出于此版本，不再注明。
[2] 傅璇琮：《毛奇龄合集序》第1册，第2页。

毛奇龄一生与西湖、湘湖关系深厚，贡献甚大，是历史上真正唱好"西湘记"的第一人。他的足迹遍及整个湘湖、西湖，并留下了诸多赞誉西湖、湘湖的诗篇；他关注两湖，对保护西湖、湘湖大力鼓与呼，提出许多建设性建议；对湘湖、西湖研究卓有成就，传承了两湖的历史文化。2023年是毛奇龄诞辰四百周年，特撰此文，以致纪念。

一、赞誉两湖，留下诸多诗词佳作

毛奇龄家住今萧山城厢街道百尺溇毛家墙门，与湘湖距离甚近，可谓只一步之遥。这让他有条件经常徜徉于湘湖之畔。他于湘湖采过莼，登过越王城山，游览过四望台，在净土寺聆听过僧侣们敲打木鱼和钟磬的声音。只要是朋友到访，他就偕朋友一起游览湘湖，面对湘湖景色有感而发，留下了许多吟咏湘湖的诗词散文。重阳日他游湘湖，撰下了《同姚监郡张广文徐征君城山晚眺》诗，和朋友姚庸庵等人一起游湘湖，他接姚赋《虞美人》一词的韵脚，唱了一首《虞美人·泛湘湖登越王城》："平明载酒登高去。湖畔停船处，几株乌桕未全红，犹喜黄花开遍小桥东。长江一望环如带。放眼千山外，开樽更上越王台，多少夕阳江上晚来情。"杜永毅老师所编的《湘湖古诗五百首》，收录毛奇龄游览湘湖的诗有13首之多。

毛奇龄交游十分广阔，挚友众多，既有与其年长的前辈之忘年交，也有与他同辈的患难之交、同学彦友，还有比他年轻的门生后贤。正由于毛氏与湘湖的关系，使湘湖在他的朋友圈中的知名度大大提高。他的朋友在写毛氏的时候，会不约而同将毛与湘湖联系在一起，如施闰章的《怀萧山毛大可》曰："湘湖春绿香莼软，吴岫天青锦树开。"《即席送大可还萧山》中曰："明日湘湖归棹远，相思各是独吟人。"

杭州灵秀丽质的西湖，也一直是他向往的地方。成年后他经常渡江去杭城，早在明崇祯年间后期，奇龄二十岁左右，有"访问来杭人士纷纷，多以艺文相往来"[1]，便以诗会友于西子湖畔。伯兄万龄任仁和教谕后，为他往来于杭城创造了有利条件，他更是常来常往于杭城西湖。康熙二十四年（1685）冬，毛奇龄于"出亡之前一年，先太君死暨避入淮西，则先赠公又死。时先兄以推官改仁和教谕，厝两棺于杭州之六和塔，而先兄又死。予请假迁葬。"[2] 经皇上批准，由京归杭，"以痹僵居里门"。从此，因"念湖山之胜，来傲杭州"[3]，成了真正的"杭州人"。

他对西湖山水情有独钟，沉醉其间。不管阴晴雨雪，稍有余暇，就会出现在西湖之畔，大凡西湖畔的山，如吴山、玉龙山，景点如清初的西湖十景，都留下了他的足迹。一次，他的好友、同乡蔡仲光来杭州，在西湖的西泠桥畔找到他；又一次，蔡仲光又来杭州，先找到其伯兄万龄家，奇龄不在，蔡氏就偕万龄在西子湖畔找到奇龄。奇龄傲居杭州期间，四方名士凡到杭州的，莫不以造访奇龄为幸，奇龄也乐于交友，经常与友共游西湖，诗文唱和，争相题咏，还收了不少门徒。

---

[1]（清）毛奇龄：《凌生诗序》，第8册，第2525页。
[2]（清）毛奇龄：《自为墓志铭》，第9册，第3073页。
[3]（清）毛奇龄：《容安诗草序》，第7册，第2377页。

毛奇龄曾于清初因避兵革，亡走山寺，寺僧为其屠发，因而对寺院很有情感。西湖畔的寺院，如灵隐寺、净慈寺、昭庆寺、天竺寺、玉泉寺等，历史悠久，名闻中外，大多处在风景秀丽的景区。毛奇龄经常往来于这些寺院，有时还在这些寺院过夜。他还经常居住在昭庆寺余舍，曾和秀水朱彝尊为邻，经常讨论学术问题。

毛奇龄学问渊贯，文才横溢，思路敏捷，有感必发，每游必有赋，或诗、或词或文，留下了众多的诗文佳篇。面对秀丽的西湖山水，他诗情如泉涌，难以自禁。他的词如《鹧鸪天·过女教场有感》："银甲雕戈小队工，内家宣敕教从戎。山萝覆镞紫金绿，野火烧旗闪幔红。宫月静，阵云空。凤凰山下抱龙弓。珠兜玉鞚团营路，小雨寒花何处逢。"女教场位于杭州凤凰山麓，南宋时曾是六宫嫔妃习武之地。毛奇龄路经此地，遥想当年，发出了物是人非的感叹。蔡仲光两次抵杭，在西湖畔找他，为此他作有《蔡五十一过西湖找甥》和《蔡五十一同伯兄过寻甥西湖》之诗。康熙二十八年（1689）三月，"吴门顾迂客伯仲，偕依园诸子来西湖"，时值春暖花开，"西湖堤坏水初涨，树与草皆改新叶，山容之开闭于雨晴之间"。①张太史毅文自淮至家，毛奇龄与客互相和诗，写下了《西湖倡和诗序》。毛奇龄单是被收入《四库全书》的西湖竹枝词就有18首。②其题材广泛，有描写湖光山色，也有描述风土人情的。如其中第一、二首："断桥西去杏花开，年年桥上送郎回。分明一片连桥子，何年何月断得来。""昭庆祠头春水生，大船长傍小船行。湖东日上湖西落，湖里何日不是晴。"还有如《七律·游灵隐寺》《七律·登吴山兰若同张孝廉》等。

毛氏的这些诗作，体式多样，风格独特，新颖活泼，清新潇洒，诗韵优雅，彰显了他对杭州西湖、湘湖山水的赞美与钟情，寄托了他对两湖的深厚情怀。

二、奔走呼号，为保护两湖建言献策

毛奇龄早在京师明史馆任检讨时，就十分关注杭州所发生的事。杭州火灾的消息屡屡出现在朝廷出版的报纸《塘报》上让他刻骨铭心。从京城归回杭州后，他又对此进行了仔细的调查研究。"予儌杭之前一年，相传自盐桥至羊市，纵横十余里，其为家约六万有余，死者若干人。予虽未亲见，顾焦烂犹在目也。乃不数年，而孩儿巷至菜市桥东街，与前略相等。予儌杭住房，已亲见人烟焰中。其他，则时发时熄，不可胜计。"③为此，他撰就了《杭州治火议》一文，对杭州频繁的火灾原因进行了分析。这是杭州历史上分析火灾原因最全面、最深刻的文章。

毛奇龄更"念湖山之胜"，对西湖景点的保护更是关注有加，他经常向社会发出呼吁，向官方提出很多建设性建议。他所处的明末清初时期，正是我国社会改朝换代的交替阶段，由于政局不稳，民不聊生，西湖景点的许多设施遭到破坏。对此，他痛心疾首，利用各种渠道，竭力进行鼓与呼。对位于清波门外的西卓庵，"殿堂朽落，失今不治，将有渐崩圮而不可知

---

① （清）毛奇龄：《西湖倡和诗序》，第8册，第2521页。
② （清）毛奇龄：《西湖竹枝词》，第10册，第3414页。
③ （清）毛奇龄：《杭州救火议》，第7册，第2235页。

者。""请世之乐善者,共闻此言。"①他希望社会共同来关心。西湖十景之一的花港观鱼,宋时为内侍官卢允升的私家花园,名叫卢园,园中有小溪,自花家山流经这里注入西湖,以赏花、观鱼称胜。清朝初年,已废为钱氏湖庄,后又陈君太萤以祷嗣而购而复之,仍名笑隐庵。毛奇龄于归田之后,访问是庵的奕公和尚时,却让他看到"殿堂水阁四顾轩豁颇足,栖息而窗户脱落,栏干奇缺,不无鸟鼠风雨之憾"。尔后,他发出了"犹忍坐视其废而不之救,吾恐有心斯世者必不出此"②。康熙五十年(1711),毛奇龄已是八十九岁之人了,但他还是关注西湖的景点保护与建设,他对在正阳门外玉龙山巅,由王阳明敕赐的勋贤祠,发出了"愿大赐鉴察,仰体前哲,俯怜孤裔,审定典守。且为召佃收租,立一经久不坏之良法"的呼吁。③

对于乡梓的湘湖,他更是关注有加,为保护湘湖而不遗余力。湘湖是萧山九乡百姓的生命共同体,但经常遭到劣绅的破坏和占有。清康熙二十八年(1689),因大旱,湘湖露出了湖底,湖民孙凯臣、孙茂洲、孙广、孙俊等人,假借僧人萃弘名色,以便行旅往来为由,率领族人数千,一举在湖西至湖岭山脚,东至窑里吴,横跨湖面,筑长达110余丈的湖堤。孙凯臣等私筑湖堤之事初,由总甲王吉告发于县水利衙,县水利衙又上报给萧山县衙。县令刘儼邀请全县官吏、乡绅和百姓代表商议,以定处理此事方案,但三方均鉴于孙氏势力,不敢莅会。受害最深的涝湖村以蒋邦瑞、陈大绩两家为代表,再次上告至县衙。谓涝湖为湘湖东流之极,湘湖放水必由石家湫穿城而始达,此堤一筑,必然水势迟缓,他乡虽受其害,为害还算不大,独涝湖村之危害最大。其词之切,其争之力,感动了县令刘儼,把此事上转至绍兴府。而绍兴知府正准备整顿水利,指令萧山严肃处理。县令刘儼于九月初到现场进行了实地察看,"但见新堤,自南至北几三里许,南北皆山,非商贾必经之道。况多筑一堤则少蓄一堤之水,而放泄亦加迟缓,允属有害无利。"④感到此堤确实危害很大,是非销毁不可的,从而要求孙凯臣等削毁湖堤。

但孙氏强词夺理。十月上旬,孙氏又假冒九乡乡绅之名,告状至知府处,要求像当年保留跨湖桥一样保留此堤。由于未能得到及时遏制,湖民孙凯臣的行为很快波及开来。一都三、四、五图居民和二都一、二、三、四图居民均纷纷仿效,前往湘湖围堤。绍兴知府也只得到现场勘查,觉得所言非实,于是再次要求县衙妥善处理好此事。

正在这关键时刻,乡绅们派周子铉渡江向官至翰林院检讨、由京返杭的缙绅毛奇龄"求救"。毛知悉后,迅速抵萧,了解事实真相,向官府通报,并至绍兴,向知府"求救"。在毛氏的帮助下,县令刘儼立场更加坚定,敢于担当。他说:"为民上者,利则行之,害则去之,毋偏听,毋姑纵,唯其当而已。今湖堤之筑不过孙、吴二姓称便耳,任一二姓之私,何如合九乡之公,今九乡多称未便,其事难可游移也。况此堤一筑,青山、石岩将有观望而起者,

---

① (清)毛奇龄:《重修西卓庵募序》,第7册,第2376页。
② (清)毛奇龄:《重修笑隐庵募簿序》,第8册,第2526页。
③ (清)毛奇龄:《请定勋贤祠产典守公议》,第7册,第2235页。
④ (清)张崇文等:康熙《萧山县志》卷十一《水利志》。

抚此湘湖不至瓜分瓦裂不止。履霜坚冰至,其渐不可不杜也。"① 于是使事件很快扭转、得到解决,饬县削堤去桥,按律定罪。一复府,一详藩、臬二宪。并勒石永禁。九乡民众踊跃欢忭。在毛奇龄的斡旋下最终摧毁湖中横塘,保证了湘湖湖水对农田的灌溉。

毛奇龄并没有就事论事,而是考虑得更加长远,认为"湖之利害关系重大",为防止今后发生类似事情,还"扶病捉笔"急撰了《湘湖私筑跨水横塘补议》和《请毁私筑湖堤揭子》两文。文章从鞭挞一百多年前的跨湖桥肇事者写起:"湖之有跨湖桥也,即湖氏先辈孙学思强筑之者。尔时,当事乡官不与之争,以为湖有上下,上湖南泄,下湖北泄,彼此可分。而桥适当分界之间,似乎无患。然而筑桥之后,父老痛恨切齿,至今曾为谣曰:孙学思筑湖堤,湖堤长害九乡。盖以一湖,虽分为上下,而上湖为孙氏淘土,砖埴其水深;下湖为菸菱,年远壅积,其水浅以浅身,倒注之水而又横陉以截之,则下湖之水咽而难泄,况堤之又堤是一埂之阻,将不止九寸。而下湖水常少,上湖常多。""湘湖灌田,一县之国课,九乡之民命,均赖之。自明初迄今,著为令甲,载在志典,并无许丝毫增损,诚重之也。顷者,湖民孙氏擅为筑堤,以截湖水,蒙发公议。"痛陈在湘湖内私筑堤塘,私占围田的情况及其危害,最后提出了"四害""五不可"。"四害",即阻塞水流;造成上湖水多,下湖水少的不平衡;使得原先得利之田不得灌溉;破坏了湘湖的生态环境。"五不可",即富有家族私占湖区不可;孙氏破坏旧制,未以金线为界,在青土上养鱼种荷不可;其他乡民效尤孙氏占湖为田,破坏惯例不可;将湖区作为水宝地建坟不可;不遵守贤令制定的旧章不可。"补议"与"揭子"呈上后,被知府采纳,批文至县。

对此事件,毛奇龄还撰写了《湘湖水利永禁私筑勒石记》等,赢得了世人的赞誉。时在外担任大理丞职的乡贤任辰旦,撰有《邑令刘儼断毁湘湖筑堤记》一文,对孙氏的行为大加鞭挞,对毛奇龄的保湖行动进行褒扬,对邑令刘儼的处理表示肯定。民国时期的来裕恂在他自己的《萧山县志稿》中也写道,刘儼"治萧十年。厘剔编审重号,清理湘湖私占,赈灾恤饥,掩骼埋胔,拒请托,杜苞苴,善政累累,不可枚举。士民歌其德,集《西陵咏》一卷,颇雅驯,今虽脱简,人犹有珍之者。"②

三、编史修志,传承两湖历史文化

毛奇龄在对杭州历史的研究中,不忘对西湖景点的研究,并取得了卓著的成就。如虎跑、花港观鱼、灵隐、昭庆寺、天竺寺、勋贤祠等西湖名胜,他均作了深入的研究,很多都有专文。其中像虎跑泉,他认为其名最早来自"虎移泉眼"的神话传说。此地唐代大慈定慧寺,建于元和年间,后屡建屡毁。由于毛奇龄名望高,熟悉杭州历史,西湖边不少寺院请他作序,单是载入《四库全书》的专业志有《虎跑定慧禅寺志》《清化广利寺志》《杭州慈云讲寺志》,序中他对这些西湖名胜的历史如数家珍,对其历史沿革讲得非常清楚,而且提出了许多独特

---

① (清)张崇文等:康熙《萧山县志》卷十一《水利志》。
② 来裕恂:《萧山县志稿》,卷十二《人物》,天津古籍出版社,1991年版,第294页。

的观点。

通过康熙二十八年（1689）的湘湖重大危机，加上近二百年来湘湖的巨大变化，主禁、主垦争斗经常发生的严酷事实，毛奇龄觉得很有必要编纂一本湘湖水利专志，"其大旨以杜侵占为本"[①]。于是他觅得顾冲的《萧山水利事迹》《湘湖均水约束记》《湘湖水利图记》《湘湖均水利图跋》、魏骥所撰的《萧山水利事迹》和明正德十五年（1520），曾任福建分巡道按察司佥事富玹所编著的《萧山水利志》等书。于翌年撰就了《湘湖水利志》。

此志上限起于宋政和二年（1112），下限止于清康熙二十八年（1689）。时间跨度近580年，共3卷。前2卷记述湘湖沿革条约，和宋时规定的湖水界线，受益配水的范围，蓄水、护岸、放水等设施，水量调节制度，维护管理的成规和运营情况，同时叙述了从南宋至清康熙二十八（1689）为止因私占、投献、水旱、盗漏而发生的重要事件的始末及其结果，对治湖变迁和争执焦点等各方面记述周详。第三卷则附录白马湖、詹家湖、瓜沥湖、落星湖、梓湖、二堰等周边湖泊及水利设施，以湘湖历代禁罚旧例殿后，意在规劝人们勿对湘湖进行侵占。

毛氏的《湘湖水利志》，全面叙述了湘湖水利系统的沿革与变迁，是研究湘湖形成及其演变最系统、最详尽的原始资料。

毛奇龄还千方百计褒扬对湘湖有功的大臣。早于京都明史馆任检讨、编《明史》时，就撰有《萧山三先生传》，即《明南京吏部尚书荣禄大夫谥文靖魏公传》《张大司空传》和《何孝子传》。三传主皆与湘湖关系非常密切。魏骥返乡后，为解决乡民水患之苦，先后倡议修筑石岩等堤塘12处。为禁止富豪争相围湘湖为私田，发动乡民，清查私田，疏浚湖身，使湖中蓄水增多。还著有与湘湖有关著作。何孝子其父何舜宾为保湘湖，被邹鲁陷害，在发配途中死于江西余干昌国寺。何孝子将其父被陷害的经过上告朝廷。终于邹鲁治死罪，孙全所占湖田、堰池、房屋全部清出还湖。张崶告老还乡后，碰到湖民孙肇五等又私占湖田，他与按察司佥事富玹（萧山人）说服御史中丞许庭光和分巡副使丁沂，清出孙氏等私占之田。"师孝子之父御史，御史师文靖，自文靖以下，师生三世相继复湖，或曰有所受也。"毛奇龄认为"此三先生则崒然与天地相参者也"[②]。三传"其文久行海内，即未入馆时，已为馆中所采久矣。"毛氏老朋友蔡仲光在《书魏文靖公传后》中曰："毛甡谓予：'萧山历明且三百年，而有贤者二，一魏文靖公，一何孝子。魏有传而不详，何无传，子盍为斯二传者。'……及甡访求魏、何后世，得其遗迹，犹未尽泯，甡又博稽他书，补此二传，成以示予。予读而叹其文之妙丽。"[③]

《萧山三先生传》详细叙述了三位传主的身世，同时叙述了他们保护湘湖的事迹，史料珍贵，乾隆年间被收入文渊阁《四库全书》集部七别集六。也为清代乾隆《萧山县志》和此后的地方史志所采纳。经过毛氏的宣传、张扬，从乾隆《萧山县志》以降，何舜宾被单独立传，

[①]《四库全书总目提要》，中华书局，1997年版，第1014页。
[②]（清）毛奇龄：《萧山县志刊误》卷三。
[③] 王倩文：《毛奇龄与湘湖》，浙江人民出版社，2018年版，第126页。

为保护湘湖而献出生命的他终于得到应有的回报。

四、结语

综上所述，毛奇龄对两湖的感情深挚，写下了大量的诗词散文；为保护两湖竭尽全力，奔走呼号；搜集资料，不辞劳苦，撰写的西湖、湘湖两湖史文，意义巨大，厚重了两湖文化，传承了中国的优秀文化。特别是对于湘湖厚爱程度之深，涉及面之广，倾注精力之多，客观收效之好，历史贡献甚大，其中所著的《湘湖水利志》更加意义非凡。没有此志，就没有清嘉庆年间於士达所撰的《湘湖考略》和民国来裕恂的《萧山县志稿》，更不可能将宋代顾冲所撰的《萧山水利事迹》等著作保存下来。对于当今专家、学者研究湘湖，政府开发湘湖具有很大的价值。

目前，随着湘湖的开发建设，毛奇龄对湘湖的贡献逐渐为学界所认识，发表的论文、著作日渐增多。除了在研究湘湖时涉及毛奇龄，还出现了许多专著，涌现了许多研究毛氏的大名鼎鼎的专家，如上海师范大学的钱杭教授、复旦大学出版社胡春丽编审。胡春丽编审痴情研究毛氏已二十余年，点校出版了毛氏《四书改错》（华东师范大学出版社，2015年版）、《毛奇龄年谱》（复旦大学出版社，2021年版）。后者文字达70.5万字，有着内容丰富、纠舛正误、分段编年、检索方便等四大鲜明特色。

但就总体而言，对毛奇龄与西湖的关系关注不够、研究不多，毛氏对西湖的贡献还没有被充分认识，涉及毛氏的论文不多，即使新编的《西湖志》，对毛奇龄也是一字未提。

借纪念毛奇龄诞辰400周年之际，愿望相关单位、专家学者，多作研究，将毛氏研究，特别是毛氏与两湖的关系研究提高到新的水平。

毛奇龄萧山谱牒文献考略

《萧山市志》副主编　李维松

摘　要： 毛奇龄一生著作浩繁，他是被《四库全书》收录个人著作最多的学者。本文试就毛奇龄萧山谱牒文章，包括收入《毛奇龄合集》的和散见在各地宗谱的，作一个简要梳理，试图分析毛奇龄萧山谱牒文章之大略及其对于萧山地方文史的意义。

关键词： 毛奇龄　萧山　谱牒文献

毛奇龄一生著作浩繁，他是被《四库全书》收录个人著作最多的学者。[1]据不完全统计，毛奇龄为萧山38部宗谱撰写98篇文章（诗），这一数字超过明魏骥为萧山40部宗谱撰写71篇文章（诗），是撰写谱牒文章最多的先贤。而收入《四库全书》的毛奇龄萧山谱牒文章只19篇，毛公绝大多数萧山谱牒文章散落在民间或国内外图书馆、学术机构收藏的萧山宗谱里。随着萧山谱牒研究的深入，散佚海内外萧山宗谱不断发现，毛奇龄萧山谱牒文章还会不断发现。毛奇龄萧山谱牒文章是毛奇龄一生著述成就的有机组成部分，内容涉及明末清初萧山名门望族、名人逸闻、教育科举、水利公益、民众生活、社会现状方方面面，是明末清初萧山社会的缩影。研究毛奇龄生平及其学术成就，研究萧山地方历史文献，不能不关注毛奇龄萧山谱牒文章。旧时宗谱秘不示人，即使家族成员也难以拜读宗谱文章。新社会图书馆开放但宗谱存量很少，要看到毛奇龄谱牒文章仍然很难。笔者研究萧山谱牒文献多年，拙著《萧山宗谱知见录》列有毛奇龄的萧山谱牒文章目录。曾为复旦大学胡春丽博士编纂《毛奇龄全集》提供若干毛奇龄萧山谱牒文章篇目。本文试就毛奇龄萧山谱牒文章，包括收入《毛奇龄合集》[2]的和散见在各地宗谱的，作一个简要梳理，试图分析毛奇龄萧山谱牒文章之大略及其对于萧山地方文史的意义。

一

毛奇龄撰写的萧山谱牒文献记人篇目占其总数近三分之一，其中人物传6篇、像赞10

---

[1] 林久贵：《〈四库全书〉收录个人著述最多的人——毛奇龄》称，毛奇龄著作27种、存目36种共计63种被收入《四库全书》。载中华书局出版的1997年第7期《文史知识》杂志。

[2] 政协杭州市萧山区文史工作委员会：《毛奇龄合集》，杭州出版社，2003年版。

篇、行状行传 4 篇、墓志铭 4 篇、墓志 2 篇、墓表 1 篇、寿文 3 篇，几乎涉及谱牒文献记人类的所有体裁。毛公记述其同时代萧山著名人物事迹以及与他们的交往逸闻，所写萧山人物比方志记载的人物面广，资料更为翔实，人物形象更为丰满，文章兼具艺术性与史料性，丰富了萧山历史人物画廊。

毛奇龄于康熙甲戌（1694）撰写《明中宪大夫太常寺少卿倘湖来公墓志铭》①，墓志主人来集之（1604—1682），字元成，号倘湖，长河（今属杭州市滨江区）来氏第十六世，明崇祯庚辰科（1640）魏藻德榜进士。来集之临终前 7 年自撰墓志铭，认为墓志铭"他人不能言，且多谀也"。去世后，其子来燕雯请毛奇龄志铭，毛公先是谢绝。来燕雯劝道："先生与先公为忘年交，文章亲昵，足征信勿谀。"毛奇龄乃曰："诺！"。毛公在所撰墓志铭称来集之安庆府推官任上，内筹兵粮外严城卫，协助楚帅守安庆营以抵御张献忠义军。徽州饥兵剽食婺源村民，引发械斗，凤督马士英欲以乱民律掩杀，而来集之不怕得罪马士英，力保百姓无罪，"全活甚众"。明亡，来集之组织长河亲兵隔江抗击清军南下。康熙十七年（1678）被推荐应博学鸿儒科，坚辞不赴。毛奇龄比来集之小近 20 岁，同样经历过由明入清的社会转型及个人的抗争，他十分敬佩来集之道德文章，称来集之"遇大节不可犯""功在一方，而名垂四涯"，并将来集之所著书目"备载明史经籍志"。可以说，毛公所撰来集之墓志铭，是一个历史学家对明末清初重要乡贤客观公正的记述，如毛奇龄自己所言"非谀墓辞"。

毛奇龄撰《故明兵部车驾司郎中黄君墓表》②，墓表主人黄运泰，字开平，埭上黄人，黄九皋六世孙，家资丰裕，豪俊傥傥，为毛奇龄挚友。墓表称，黄君临终前尚念念不忘在京未归的毛奇龄，对儿子泣曰："吾友在天涯，能知别予在今日乎？""毛先生傥归，当请一言志予墓，他勿请也。"乃大醉而卒。可见，两人关系非同一般。墓表记述黄运泰在明朝灭亡之时，"募邑中死士得五百人"，会合镇东将军方国安败军，"拒清兵于西陵渡。""江东监国有以故官召君者，却之"。毛奇龄有过类似抗清、拒清经历，两人可谓意气相投。黄运泰性好交友，出山后"以文章会天下名士。天下名士东渡者悉馆其家，日以百十人，设长筵于堂，随到随就座，啕嗟而遍穷海陆珍错之馔。"好饮酒，有"黄大饮"之称。"居常无聊，召能饮者一人，不问其所来，与对坐，各不出一语，徐徐饮，自朝至晡隤然不能动，坐寐鼾齁，客去不知也。"毛奇龄在乡时是他座上宾，还常带不认识的朋友同去吃酒，黄运泰十分客气地招待。墓表写得情真意切，而主人形象生动传神，呼之欲出。可见，作为史官的毛奇龄记述人物笔法高超灵活多样，对于当今方志撰写人物传如何避免刻板教条很有启发。

毛奇龄撰《大理寺寺丞前兵科掌印给事中任君行状》③，行状主人任辰旦（1623—1692），

---

① 《萧山来氏家谱》第八册，民国壬戌（1921）会宗堂木活字本。另见《毛奇龄合集》第九分册，第 2950 页。
② 《萧山埭上黄氏家谱》卷二，民国甲子（1924）萃涣堂木活字本浙江图书馆。另见《湘湖（白马湖）文献集成》第 6 册下，第 1050 页；又《毛奇龄合集》第九分册，第 2974 页，文字略有不同。
③ 凤堰《萧山任氏家乘》卷十四，嘉庆丙寅（1806）永思堂刻本，杭州市萧山区图书馆。另见《湘湖（白马湖）文献集成》第 6 册下，第 938 页；《毛奇龄合集》第九分册，第 3175 页。

字千之，号待庵，凤堰任氏第十五世孙。康熙丁未科（1667）进士，历任松江府上海县知县、兵科掌印给事中、大理寺寺丞。毛奇龄在行状中写到"予与君同年生"，两人皆生于明天启癸亥（1623）。少年时，"王舍人先吉、韩孝廉日昌、任上海辰旦与予，同学于先教谕门下"①。"先教谕"即毛奇龄兄长毛万龄号"东壶"，王先吉、韩日昌、任辰旦、毛奇龄4人同入其门下学书法。毛奇龄与任辰旦的友谊，从少年一直发展保持至晚年，经过世道变故与人生历练而历久弥新。任辰旦出任上海知县，将该县棉区赋税由稻谷改为直接赋征棉花以减轻棉农负担，兴修水利主持建造吴淞闸，政绩卓著，毛奇龄大为赞扬。毛奇龄还去上海拜访他，在《过上海访任待庵明府有赠》②诗里，毛奇龄云："客至欢然炊绿黍，儿时苦忆弄青梅。""同学暮年应见少，青山相对且徘徊。"在上海的任辰旦也关注故乡萧山和老友，康熙二十八年他看到毛奇龄撰写的《湘湖水利永禁私筑碑记》，便写了《邑令刘俨断毁湘湖筑堤记》③，毛、任二人携手支持萧山县令刘俨反对豪强在湘湖筑堤占湖行为。任辰旦升任京官后，毛奇龄正在京做国史馆纂修，两人经常会面。有次任辰旦握住毛奇龄手说："予与王内使及君四人，同受书于东壶先生之门，三人皆通籍，而韩君亦领解此盛事也，今韩君先死，内使犹家食，惟予与君各登朝。"毛奇龄听了悲伤久之。任辰旦临终前5日，毛奇龄特去病榻看望，去世后其子任荣登哭拜毛奇龄请为其父作行状："先生先大夫良友，同生同里闬，同学同官于朝，又同时归田，其知先大夫莫先生若也。先生忍不出一言而为先大夫状？"毛奇龄"遂索笔拭泪，稍述其概"，写下这篇行状。这是毛公萧山谱牒文章最长的一篇，字字情真意切，非挚友至交知根知底者难以捉笔。毛奇龄共为凤堰《萧山任氏家乘》撰文9篇、题诗17首，是毛公为萧山宗谱撰写文章最多的一家，绝大多数诗文跟毛奇龄与任辰旦几十年非同寻常关系分不开。

毛奇龄为长巷沈氏宗谱撰《明特授游击将军道州守备列女沈氏云英墓志铭》④。毛奇龄与沈家沾亲带故，毛公友人沈兆阳是长巷沈氏族人，"名士也"，曾从沈云英将军受《春秋胡氏传》。将军从弟妇为毛奇龄侄女，"乃属予为诔并丐作志而系之以铭"。有意思的是毛奇龄也与沈云英同年。沈云英（1623—1660），女，长巷沈氏第二十五世北庄支，从小喜骑射。父沈至绪崇祯辛未科（1631）武进士，在湖广道州守备任上与张献忠农民起义军作战阵亡，沈云英率十余骑奇袭义军营寨，夺回父尸，解道州之危。朝廷赠沈云英"游击将军"，代父职。英雄事迹似乎很简单，毛公却不惜浓墨重彩。沈云英闻父阵亡，朱旗拭泪，"巾帼乃率十余骑奋呼突围，直趋贼垒，连斩卅寇，顿惊五校，奋夺骸于车上，拔贼帜于帐中。裙披马腹，浥似桃花，齿啮箭头碎为菹叶，归而启营，示以再战。寇避其威，立徙邻郡。"比之历代县志所载沈云英传，毛公所撰沈氏云英墓志铭，给人一股浩荡英雄气，充满对巾帼英雄的赞美和敬仰，

---

① 毛奇龄诗《昔日篇送任令南还上海兼示王十六舍人》原注，载凤堰《萧山任氏家乘·萧山任氏遗芳集·后编》，见《湘湖（白马湖）文献集成》第6册上第330页。
② 凤堰《萧山任氏家乘·萧山任氏遗芳集·后编》；另见《湘湖（白马湖）文献集成》第6册上，第331页。
③ （民国）《萧山县志稿》卷三十二。
④ 《萧山长巷沈氏宗谱》卷三十七，光绪癸巳（1893）承裕堂版浙江图书馆。另见《毛奇龄合集》第九分册，第2950页，文字略有更动。

恐怕不只是因沾亲带故而为之的。毛奇龄另为沈云英撰《明列女沈云英传》，载于《萧山长巷沈氏宗谱》卷三十二。

概言之，毛奇龄萧山谱牒文章的记人篇，不谀词不溢美，"尤不敢漫附一字"①，体现史官秉笔直书的严肃文风。所记人物形象体现中华传统道德文化之美，折射出传统社会的价值取向，有的在今天仍具有教育意义。这些文章有的被收入《毛奇龄合集》，有的被省志、府志、县志采集，有的载于宗谱藏于家族，皆不失为后人学习先辈优秀品德的依据。无论"搜岐黄术炼禁方，以救时痾全活甚众"的周之冕②；"遇邑有大事，水旱修筑，独挺身先之"的王先吉③还是胸怀亮达、教子成才的赵之鼎④，今日读之依旧令人肃然起敬。

二

毛奇龄为萧山17部宗谱撰写17篇续修谱序，谱序是毛公萧山谱牒文献又一主要体裁。毛公在谱序记述明末清初萧山一些著名家族事迹及其兴衰更替情况，有的内容地方史志笔记鲜有记述，因此毛奇龄的文章丰富了萧山地方文献关于萧山望族的史料。

毛奇龄看重一地的著名家族，看重家族的名人效应。他在《道源田氏族谱序》⑤写道，"夫邑有世族则邑重，族有闻人则族愈重"。他所以说"道源田氏称萧山右族"，并不是因为"其里居东南近郊，水环其樊"地理环境好，也不是因为毛奇龄之姊嫁在道源有亲戚之谊，实是因为道源田氏家族出了明弘治辛酉（1501）乡试第一名解元、正德三年（1508）戊辰科吕柟榜进士田惟祐。田惟祐（1477—？），字裕夫，号东源，累官广西浔州府知府。著有《东源读史录》《沧螺集》行世。"尝简邑乘系前朝嘉、隆间，东源先生与芝亭张君、龙泓钱君所其编者。"原来弘治十八年（1505）田惟祐曾编纂《萧山县志》私稿本。嘉靖二十二年（1543），田惟祐致仕归里协助知县林策，会同本县进士张烛和庠生钱谷，在其私稿本基础上重新编纂县志。至嘉靖三十六年知县魏堂正式付梓，这就是我们现在看到的最早的一部嘉靖《萧山县志》，田惟祐功不可没。毛奇龄说田惟祐子孙人才辈出："予方垂髫，尚得见中宪诸孙，衣冠方幅，若所称楚府典仪、上林监正、内殿中书，以及明经岁荐、司教司训者不绝于时。曰，此田氏闻人也。""嗟乎，吾见田氏之嗣兴矣。"

毛奇龄为曹氏宗谱撰写《续修家谱序》⑥说，"史村者，今曹氏里居名也"，这支曹氏今居蜀山街道曹家桥社区曹家桥等自然村。"曹氏为萧山茂族，少时见木上先生以第一人举于乡，名冠两浙"。毛奇龄少年时，知道史村曹氏"有为九江司理者，有为望江令者"。"名贤辈出，在曹氏一门群从誉望藉藉"。例如，浴雅先生以诗闻名，诗词爱好者能得浴雅先生的片

---

① 毛奇龄：《始祖柏山公传》，原载东汪《萧山汪氏宗谱》卷一，民国23年（1934）集庆堂木活字本。
②《贞西公传》，原载《来苏周氏宗谱（后房）》卷五，光绪十五年（1889）聚气堂木活字本，辽宁图书馆藏。另见《湘湖（白马湖）文献集成》第6册下第842页。
③《吏部进士候补内阁中书王君墓志铭》，王先吉属城南王氏。文章另见《毛奇龄合集》第九分册，第3052页。
④《通议大夫晋赠开府大宗赵公墓志》，载《萧山大弄赵氏家谱》卷八，光绪丙申（1896）追远堂木活字本。
⑤《萧山道源田氏宗谱》卷一，清道光丁酉紫荆堂刻板；另见《毛奇龄合集》第八分册，第2581页。
⑥《史村曹氏宗谱》卷一，民国3年敦叙堂木活字本；另见《毛奇龄合集》第七分册，第2498页。

词剩字当作范本，转相传抄奉为秘宝。郄绍之书法，"其为法盛之所，行正不少也"。文虎的文章，毛奇龄曾私效之而自叹勿如。"夫以邑之为诗、为文、为书法、为理学政事，而皆于是家取之，此其家真世家矣。"可见，曹氏家族在萧山曾人文兴盛，名望显赫。至乾隆四十六年（1781），曹氏家族第二十六世孙曹之升（1753—1808）登辛丑科钱棨榜进士，累官直隶知州。

毛奇龄在为《萧山湘湖孙氏宗谱》所撰《序》①中，简介湘湖孙氏家族出自富阳龙门，析居萧山湘湖后，"至明世宗朝，有礼部春溪公，以文章为世指名。而其弟东莞公，登嘉靖甲辰进士，当时榜之为'湖中双凤'，比之云间之两龙而不为过。"东莞公，即湘湖孙氏第十世孙学古（1515—1549），字汝安，号春湖，嘉靖甲辰科（1544）进士，授广东东莞县知县。春溪公，为东莞公兄长孙学思（1503—1589），字汝贤，号春溪，嘉靖十八年（1539）由楷书考选儒士，授中书舍人，直内阁侍经筵，与修国史，升大理寺评事，礼部清吏司郎中。毛奇龄虽然在《湘湖水利志》严厉批评过湘湖孙氏家族与"湖中双凤"之一的孙学思，"及嘉靖年间，孙姓有为中书者，忽造跨湖桥于湖中，以通孙吴两姓往来。""然而筑桥之后，父老痛恨切齿，至今尚有'湖堤长，害九乡'之谣。"②但毛公仍然十分敬重孙氏家族和被誉为"湖中双凤"的孙氏兄弟，"予尝过湖滨，慨然慕思"，甚至说将"湖中双凤"比喻为"云间之两龙而不为过"。可见，毛奇龄知人论世较为客观公正，不因一件事而将一个著名家族和名人一棍子打死，而是从总体上作出符合实际的评价。有人批评毛奇龄性格偏激、好"抬杠"，至少这件事上不是。

毛奇龄撰有《包氏族谱序》③，今不知包氏宗谱谱籍地。据《萧山姓氏志》④统计，1994年萧山市有包姓1 817人，主要分布在党山、瓜沥、益农等乡镇。毛公在《包氏族谱序》里称萧山包氏是个显族，该族"由合肥而山阴，而萧山""自南渡仕瓯越，或分或聚，而萧山最大"。元明时期，萧山包氏贤哲代起，有父子兄弟以明经进士显于时的，有名臣伟儒的。海内闻人争先结识包氏与之交往，"能不远千里并过萧山与之游，车毂所至，使市桥左右庐舍皆满，噫亦盛也夫。"毛奇龄少年时，"登其堂，景其先贤懿行，往往起敬起慕，徘徊勿释"。不知什么原因，等到毛公为包氏宗谱作序时，"而今则触目悲哀，不忍过其庐造其门巷"，可见包氏家族已经中落。明末清初萧山有个包启桢，又名包秉德，崇祯间庠生，有文名。毛奇龄与包启桢、蔡仲光、沈禹锡4人被时人称为"四友"，这个包启桢当是萧山包氏家族成员，可惜毛公序中没有提及。关于包氏家族萧山现有文献很少提及，城厢街道保留民国时期"包家弄"这样一个街巷地名⑤。而毛奇龄撰写的《包氏族谱序》，为地方文史爱好者进一步研究萧山包氏家

---

① 《萧山湘湖孙氏宗谱》卷一，民国17年映雪堂木活字本；另见《湘湖（白马湖）文献集成》第6册（上），第35页；又《毛奇龄合集》第八分册，第2597页。
② （民国）《萧山县志稿》卷三，水利引毛奇龄《湘湖水利志》。
③ 《毛奇龄合集》第七分册，第2496页。
④ 洪雅英：《萧山姓氏志》，萧山市地方志办公室，1995年内部印行。
⑤ 萧山城厢镇志编纂委员会：《萧山城厢镇志》，浙江大学出版社，1989年版，第102页。

族的兴衰提供了线索。

　　毛奇龄撰写的有些谱序所在宗谱今下落不明，幸亏被收录在《四库全书》本《毛奇龄合集》，使我们今天得以读到这些文章。例如，毛公在《萧山史氏世谱序》①称"今天下氏族之盛无过史氏"；在《苏潭张氏族谱序》②称苏潭张氏"历元明数百年代有贤哲"。《重修横河张氏族谱序》③转载在所前镇大路张自然村的张氏宗谱里，改名《旧谱序》④，原来大路张张氏明末从横河析居于此。毛公在这篇序中称，"横河张氏席门第之旧，其在前烈以两广都府进为司空尚书，簪缨勿替，其为国史邑乘所表"，两广都府指该家族明嘉靖元年（1522）任都察院右都御史、总督两广军务的张嵿。毛奇龄所撰上述谱序，对于追寻萧山史氏、苏潭张氏、横河（一作衡河）张氏等望族的宗谱和其后裔下落，对于萧山谱牒文献研究无疑具有一定意义。

三

　　毛奇龄萧山谱牒文章丰富了萧山地方文献，为地方文史研究者充实、厘清一些有争议或以往不清楚的史实，具有重要史料意义。

　　为治理钱塘江江塘因公殉职的宋两浙转运使张夏究竟是萧山哪里人，20 世纪 80 年代后萧山文史界一度有过迷茫和争议。1987 版《萧山县志·人物传》称："张夏，宋萧山长山乡（今楼塔、河上乡一带）人。"⑤2001 年版《萧山市志》（简本）称："张夏为萧山楼塔、河上一带人。"《萧山市志》⑥索性违避张夏籍贯，连萧山人都不说。其实清乾隆《萧山县志》转引毛奇龄《九怀词》之一《张十一郎官词序》后说，"宋护堤侯张老相公名夏，邑之邬里人。""其尸归葬于萧山之长山闸，立祠面海。"⑦长山闸，"在县东北十里长山之麓"，"邑之邬里"应不是时属海宁县的"赭山坞里"，也不是宋称"长山乡"的今楼塔、河上一带，而是长山闸附近的坞里张自然村，今属新街街道郎家浜社区。该村原有《坞里张氏宗谱》，惜 1949 年以后毁圮。据乾隆《萧山县志》卷十五·坛庙记载，乾隆十三年萧山知县以坞里张氏家族持有的《坞里张氏宗谱》为依据，判定长山神庙春秋两祭由坞里张村张夏后裔奉祀勿替。今从《毛奇龄合集》读到毛奇龄撰写的《坞里张氏族谱序》，说明"坞里张自然村"确有张氏宗谱，毛奇龄在《坞里张氏族谱序》中，称张夏确是该村人："吾邑张姓皆名族，而源委不一。坞里之派冠著者，累世越宋元迄今，而诗画不替，可谓盛矣。顾历世久远难以考据，即其先有神人。当汴宋初年为工官捍江，以死勤事，一如祭法所云，冥勤其官而水死者，列代援报功之典，列在祀版。此亦吾邑大人物，而即县志乘不载始末，不注爵里，甚至有讳而无字，有使衔而无授秩，史书家纪两茫茫焉。"⑧有了这篇《坞里张氏族谱序》，关于张夏是哪里人的迷茫和争

---

① 见《毛奇龄合集》第八分册，第 2653 页。
② 见《毛奇龄合集》第八分册，第 2547 页。
③ 见《毛奇龄合集》第八分册，第 2641 页。
④ 大路张《萧山张氏宗谱》卷一，光绪十五年孝友堂木活字本。
⑤ 萧山县志编纂委员会：《萧山县志》，浙江人民出版社，1987 年版，第 1006 页。
⑥ 萧山县志编纂委员会：《萧山市志》第三卷，浙江人民出版社，2013 年版，第 2625 页。
⑦ 乾隆《萧山县志》卷十五《坛庙》，第 7—8 页。
⑧《坞里张氏族谱序》，载《毛奇龄合集》，第 2630—2631 页。

议该尘埃落定，为方志刊误提供有力依据。

毛奇龄为芹沂《萧山何氏宗谱》撰写的《教授太衡公墓志（第十二世）》，墓志主人是芹沂何氏第十二世何汝尹（1567—1637），字克言，由贡士授台州府教授。墓志记载最主要一事是其协助县令陈如松"掘通双河塍，折运河水使南注"，出巨资并主持其役因"而破产之半"。常见地方文献多从水利建设、关心公益角度赞颂陈如松、何汝尹"掘通双河塍，折运河水使南注"这件事的。例如，康熙《萧山县志》称"乃筑坝截其流，别开双河塍，使水折而南注，绕出大通桥，又北注以达于旧道。"①而毛奇龄撰写的《教授太衡公墓志》记述了鲜为人知的另一面。"邑当郡上流，而溧民无宿炊，其所通官河则宋丞相史君所凿渠也。彼时以葬亲达鄞自便，不顾形势。弦流而奔越三百余年。闽人陈君宰予邑，坊其渠枝之曲，而南接水故道，而后复北而之渠。"②原来，南宋奸相史弥远为方便葬亲船队直达故乡鄞县，不顾萧山民众不满，经城河穿过萧山县城东去，多年来萧山无法改变这一情状。陈如松一上任就干这事，因而甚得民意，工程"縻金七百有奇"，不动公款一币皆由乡绅捐资，渠成又建塔、建文昌阁镇之，所以说不单单为了水利。毛奇龄作为历史学家，他记事的全面客观于此可见一斑。而今后萧山地方文献提及邑令陈公"掘通双河塍，折运河水使南注"时，不该再违避（或许不知道）除有益水利以外的另一层用意了。

毛奇龄在其所撰萧山宗谱诗文里，常写到西施出萧山，西施与西施古迹群是毛公笔下常见之物象。毛奇龄为汀头沈村人沈功宗所撰《沈君墓志铭》中，又一次写到临浦西施古迹群。因该村的《萧山汀头沈氏宗谱》失佚，载于宗谱的这篇墓志铭鲜为人知。墓志铭云："江园前有苎萝山，西子所居处也。旁有浣纱溪，溪祠西子，其祠前为越王走马岗。君尝行岗上，怅久之。著《越纽遗书》不就，乃与傅君合刻所著诗共十四卷，名《江园二子诗集》，吴江顾有孝、临安陆圻徐继恩、山阴张梯、慈溪魏更与同邑毛甡，皆有序后传。……死葬苎萝山。"③江园是沈功宗读书处，故沈功宗自号江园沈子。毛奇龄为这位英年早逝的后生惋惜，又为其生于西施故里、葬于苎萝山上流露幸慰之情。毛奇龄所撰的这篇墓志铭，是临浦西施古迹群又一文献资料。

毛奇龄萧山谱牒文章中有不少名人趣事轶闻、文史掌故。例如，《故明中宪大夫太常寺少卿兵科给事中来君墓碑铭》，记载了来集之号"倘湖"的出典。来集之少年时，"君父舜和公谱廪食于学，课君及弟于倘湖之滨，君尝顾念之，曰，'此先公授书处也'。至是髡发匿湖滨以著书，购古今载籍弃其中，是与客论文及古今兴衰得失，兼近代掌故与夫身之所闻见者，燃薪继景，娓娓不能已。四方请教者踵趾相错，共称为倘湖先生。"④读毛奇龄萧山谱牒文章，不但能丰富地方文史知识，还能享受到文艺作品的艺术之美。

---

① 康熙《萧山县志》卷十八《人物志》，第567页。
② 《教授太衡公墓志（第十二世）》，原载《萧山何氏宗谱》（芹沂）卷三；文章见《湘湖（白马湖）文献集成》第6册下，第1018页。
③ 《沈君墓志铭》，见《毛奇龄合集》第九分册，第2993页。
④ 《毛奇龄合集》第九分册，第2951页。

结语：毛奇龄是撰写萧山谱牒文章最多的先贤。毛奇龄萧山谱牒文章是毛奇龄一生著述成就的有机组成部分。毛奇龄撰写的宗谱人物传、墓志铭等文章，比方志记载的人物资料更为翔实，人物形象更为丰满，丰富了萧山历史人物画廊。毛奇龄撰写的重修宗谱序言，记述明末清初社会变迁和萧山著名家族的兴衰，丰富了萧山地方文献关于萧山望族的史料。毛奇龄萧山谱牒文章为地方文史研究者厘清一些有争议的史实，填补了某些史料空缺。研究毛奇龄生平及其学术成就，研究萧山地方历史文献，不能不关注毛奇龄萧山谱牒文章。

附

毛奇龄部分萧山谱牒文章目录

1.《古越萧南丁氏宗谱》

《恢七公赞》，载《丁村丁氏宗谱》卷二（萧档、萧图藏）

2.《萧山丁氏宗谱》（县西）

《承德郎匪庵公传》，载《城西丁氏宗谱》卷一（上图藏，另见《湘湖（白马湖）文献集成》第6册下第734页）

3.《萧山于氏宗谱》（大通桥）

《水阁于氏宗谱序》，载《大通桥于氏宗谱》卷一

4.《萧山王氏家谱》（城南）

《进士候补内阁中书毅庵王君墓志铭（大房第十一世）》，载《城南王氏家谱》卷二（萧图藏，另见《毛奇龄合集》第九分册第3052页）

《孝子声远王君暨节妇汪孺人墓志铭（大房第十三世）》，载《城南王氏家谱》卷三（萧图藏）

《毅庵王公七旬寿文（大房第十一世）》，载《城南王氏家谱》卷七（同上）

《文叔公嵩峰楼稿序（六房第十二世）》，载《城南王氏家谱》卷七（同上）

《题文叔公诗页子》，康熙二十六年撰，载《城南王氏家谱》卷七（同上）

5.《萧山毛氏宗谱》

《重修族谱序》，载《萧山毛氏宗谱》卷一（上图藏，另见《毛奇龄合集》第八分册第2592页）

《张孺人像赞》，载《萧山毛氏宗谱》卷一（上图藏）

《监兹五佺八十大寿诗》，载《萧山毛氏宗谱》卷一（上图藏）

6.《道源田氏宗谱》

《道源田氏族谱序》，载《田氏宗谱》卷一（浙图藏，另见《毛奇龄合集》第八分册第2581页）

《忠显公赞》，载《田氏宗谱》卷一（浙图藏）

7.《萧山史氏宗谱》

《萧山史氏世谱序》（浙图藏，另见《毛奇龄合集》第八分册第2653页）

《心远集》，载《史氏宗谱》卷一（浙图藏）

《像赞》，载《史氏宗谱》卷四（浙图藏）

《奉赠讷翁史先生暨德配徐夫人偕寿小引》，载《史氏宗谱》卷十四（浙图藏）

赠言诗，载《史氏宗谱》卷二十二（浙图藏）

8.《萧山包氏宗谱》

《包氏族谱序》，载《萧山包氏宗谱》（见《毛奇龄合集》第七分册第2496页）

9.《萧山桃源朱氏宗谱》（十三房）

《序》，载《桃源朱氏宗谱》卷一（区志办藏）

10.《萧山朱氏宗谱》（航民）

《庆一公赞》，载《航民朱氏宗谱》卷二

11.《萧山任氏家乘》（凤堰）

《书任叔连遗墨后》，载《凤堰任氏家乘》卷十四（萧图藏）

《青岩吟稿序》，载《任氏家乘》卷十四（萧图藏）

《大理寺寺丞前兵科掌印给事中任君行状》，载《任氏家乘》卷十四（萧图藏，另《毛奇龄合集》第九分册第3175页，又《湘湖（白马湖）文献集成》第6册下第938页）

《介和堂诗钞序》，载《任氏家乘》卷十四

《介和堂续集序》，载《任氏家乘》卷十四

《任千之行稿序》，载《任氏家乘》卷十四

《任待庵璇玑图跋》，载《任氏家乘》卷十四

《丁少君四十寿序》，载《任氏家乘》卷十四

《任王俌诗集跋》，载《任氏家乘》卷十四（以上皆藏萧图）

《任黄门旧宅斋前新产芝草同友赋赠二首》

《重过任四待庵书馆因忆王十六先吉韩十七日昌并于此馆同受书家兄门下今三君皆先后通籍而予独羁迟于此徘徊睹观遂有斯咏》

《送任先生北游有序》

《昔日篇送任令南还上海兼示王十六舍人》

《甲寅九月廿七日同任青岩张百修访放庵蛤庵两和上复过杨云士斋看菊漫赋》

《送任淡生公车》

《上海厅事前枯槐再花和任明府韵》

《雨后小饮任氏草堂即席拈句》

《待庵明府生日和其自寿原韵》

《过上海访任待庵明府有赠》

《数过任黄门邸舍看菊留三绝句志感》

《介任青岩七十寿辰》（3 首）（以上 17 首诗载《萧山任氏家乘》卷十五、卷十六，另见《湘湖（白马湖）文献集成》第 6 册上第 329—331 页）

12.《萧山崇化刘氏宗谱》

《序》，载《崇化刘氏宗谱》卷一（萧档、萧图藏）

13.《萧山湘湖孙氏宗谱》

《序》，载《湘湖孙氏宗谱》卷一（萧图藏，另见《毛奇龄合集》第八分册第 2597 页，又《湘湖（白马湖）文献集成》第 6 册上第 35 页）

14.《山阴天乐孙氏宗谱》（涂川）

《近山公传》，载《涂川孙氏宗谱》卷一

15.《萧山来氏家谱》

《明中宪大夫太常寺少卿倘湖来公墓志铭》，载《萧山来氏家谱》第八册（萧档藏，另见《毛奇龄合集》第九分册第 2950 页）

《成夫先生传》，载《萧山来氏家谱》第九册（萧档藏）

16.《萧山何氏宗谱》（芹沂）

《芹沂何氏宗谱序》，载《芹沂何氏宗谱》（上图藏，另见《毛奇龄合集》第七分册第 2370 页）

《教授太衡公墓志》（第十二世），载《芹沂何氏宗谱》（上图藏，另见《湘湖（白马湖）文献集成》第 6 册下第 1018 页）

17.《高田何氏宗谱》

《何氏宗谱序》，载《城西高田何氏宗谱》（见《毛奇龄合集》第八分册第 2567 页）

18.《萧山汪氏宗谱》（东汪）

《始祖柏山公传》，载《东汪汪氏宗谱》卷一（浙大西溪校区藏，另见《湘湖（白马湖）文献集成》第 6 册下第 818 页）

19.《萧山长巷沈氏宗谱》

《长巷沈氏族谱序》，载《长巷沈氏宗谱》卷三十九（山西社科院藏，另见《毛奇龄合集》第七分册第 2378 页）

《明列女沈云英传》，载《长巷沈氏宗谱》卷三十二（山西社科院藏）

《明特授游击将军道州守备列女沈氏云英墓志铭》，载《长巷沈氏宗谱》卷三十七（山西社科院藏，另见《毛奇龄合集》第九分册第 3040 页）

《敕赠文林郎益园沈君遗事状》，载《长巷沈氏宗谱》卷三十七（山西社科院藏）

20.《萧山汀头沈氏宗谱》

《沈氏谱序》，载《汀头沈氏宗谱》（浙图藏）

《沈君墓志铭》，载《汀头沈氏宗谱》（浙图藏，另见《毛奇龄合集》第九分册第 2993 页）

21.《萧山张氏宗谱》（大路张）（浙图藏）

《旧谱序》，载《大路张氏宗谱》卷一（浙图藏），该序与《重修横河张氏族谱序》相同，载《萧山横河张氏宗谱》（见《毛奇龄合集》第八分册第 2641 页）

22.《苏潭张氏宗谱》

《苏潭张氏族谱序》，载《苏潭张氏宗谱》（见《毛奇龄合集》第八分册第 2547 页）

23.《萧山坞里张氏宗谱》

《坞里张氏族谱序》，载《坞里张氏宗谱》（见《毛奇龄合集》第八分册第 2630 页）

24.《山阴天乐傅墩陈氏宗谱》

《节母葛太君行传（福五公配）》，载《傅墩陈氏宗谱》卷一（家族藏）

25.《唐里陈氏宗谱》

《挽大章陈公》，载《唐里陈氏宗谱》第三册·诗词（浙图藏）

《十七世升之公赞》，载《唐里陈氏宗谱》第二册·历世像赞（浙图藏）

26.《萧山长浜陈氏宗谱》

《重修宗谱序》，载《长浜陈氏宗谱》卷一（辽宁图藏）

27.《萧山东门林氏宗谱》

《郡庠生楚材林先生暨配任太安人像赞》，载《东门林氏宗谱》卷二（国图藏，另见《湘湖（白马湖）文献集成》第 6 册下第 702 页）

《献和林公暨配陆太孺人像赞》，载《东门林氏宗谱》卷二（见《湘湖（白马湖）文献集成》第 6 册下第 703 页）

28.《来苏周氏宗谱》（后房）

《金太君七十寿文（附诗）》，载《来苏周氏宗谱》（后房）卷五（辽宁图藏，另见《湘湖（白马湖）文献集成》第 6 册下第 649 页）

《贞西公传》，载《来苏周氏宗谱》（后房）卷五（辽宁图藏，见《湘湖（白马湖）文献集成》第 6 册下第 842 页）

29.《萧山於氏宗谱》

《元邑令国平於公行序》，载《峡山於氏宗谱》卷二（家族藏，另见《湘湖（白马湖）文献集成》第 6 册下第 954 页）

30.《萧山单氏家谱》

《题耕隐先生卷》，载《萧山单氏家谱》卷十四（电子版，另见《湘湖（白马湖）文献集成》第 6 册上第 350 页）

《题赠对联》5 副，载《萧山单氏家谱》卷十六（电子版）

31.《萧山郎氏宗谱》

《贺瑞徵公八秩荣寿（七律）》，载《萧山郎氏宗谱》卷三（电子版）

32.《萧山赵氏家谱》（大弄）

《通议大夫晋赠开府大宗赵公墓志》，载《大弄赵氏家谱》卷八（台北故宫博物院藏）

33.《萧山新田施氏宗谱》

《国朝安远将军美公像赞》，载《新田施氏宗谱》第一本（浙大西溪校区藏）

34.《萧山埭上黄氏宗谱》

《故明兵部车驾司郎中黄君墓表》，载《埭上黄氏家谱》卷二（上图藏，另见《毛奇龄合集》第九分册第 2974 页，又《湘湖（白马湖）文献集成》第 6 册下第 1050 页）

逢黄大饮即开平（诗）（上图藏，另见《湘湖（白马湖）文献集成》第 6 册上 396 页）

海昌沈亮采陆嘉淑过黄大运泰文园登高峰（诗）（见《湘湖（白马湖）文献集成》第 6 册上 396 页）

颖川族望门庭旧；江夏家传经史香（楹联）（见《湘湖（白马湖）文献集成》第 6 册上 526 页）

35.《史村曹氏宗谱》

《续修家谱序》，载《史村曹氏宗谱》卷一（上图藏，另见《毛奇龄合集》第七分册第 2498 页）

36.《萧山章氏家谱》（管村）

《佩玉公以上四代图赞》，载《管村章氏家谱》卷二

37.《萧邑横山傅氏宗谱》

《宿溪上草堂招史宪臣赠元升公（西宅十六世）》，载《横山傅氏宗谱》卷十二（家族藏）

《饮次赠尔长公（西宅十七世）》，载《横山傅氏宗谱》卷十二（同上）

《宿溪上草堂有感赠尔长公》，载《横山傅氏宗谱》卷十二（同上）

《傅生时义一、二、三刻序（西宅十七世）》，载《横山傅氏宗谱》卷十二（同上）

38.《萧山大桥瞿氏宗谱》

《位侯公传》（载县志），载《大桥瞿氏宗谱》第十二本（萧档藏）

〔初步统计，毛奇龄为上述 38 部宗谱共撰写 98 篇（首）诗文，其中入选《四库全书》本《毛奇龄合集》19 篇，入选《湘湖（白马湖）文献集成》29 篇（首），另散见海内外图书馆及有关家族所藏。〕

毛奇龄水利事功及其水利思想研究

原萧山区农机水利局　陈志富

摘　要：毛奇龄（1623—1713），又名甡，字大可、齐于、于，号初晴、晚晴、春晴、秋晴等，以郡望称"西河先生"。绍兴府萧山县人。毛奇龄终其一生，治学严谨，涉猎广泛，著述宏富。本文根据毛奇龄自己所写的史料，从水利的视角，对其水利事功和水利思想进行研究。研究表明，毛奇龄十分注重水利，关心民瘼，留心桑梓，为萧山乃至山会平原水利进步与发展做出重要作为及贡献，是清代初期的杰出治水人物，值得一书。

关键词：毛奇龄　水利事功　水利思想　治水人物

一、毛奇龄水利事功

毛奇龄，经学大家，著作等身，是个人著作收录于《四库全书总目》中最多的一位。从后人编的《西河合集》中，可以查找出毛奇龄为梓里的水利事功，主要内容为先贤魏骥、何舜宾、何竞、张崟作传，为水仙五郎（水仙五圣）、江使君（江革）、张十一郎官（张夏）等水神赋词，为重修西江塘立碑，为三江、渔浦、西陵湖、周官湖、瓜沥湖等水利工程考证，为制止湘湖私筑湖堤刻文，为湘湖水利编志，为何氏父子复祀，为罢修三江闸三次上书。都是他自己所写下的史料，现按时间顺序[①]摘编如下：

（一）作《萧山三先生传》[②]

顺治十年（1653），毛奇龄31岁，为萧山先贤魏骥、何舜宾、何竞、张崟作传。除为父报仇的何竞外，其余三位均为明代名宦，为萧山水利做出卓越贡献，是萧山历史上著名的治水人物。

魏骥[③]（1373—1471），字仲房，号南斋。明永乐三年（1405）中举，次年以进士副榜授

[①] 胡春丽：《毛奇龄年谱》，复旦大学出版社，2021年版。
[②] 王国平：《湘湖（白马湖）文献集成》第5册，《萧山县志刊误》卷三，杭州出版社，2019年版，第358页。
[③] 王国平：《湘湖（白马湖）文献集成》第5册《西河集》卷七三，《明南京吏部尚书荣禄大夫谥文靖魏公传》，杭州出版社，2019年版，第334—338页。

松江训导。不久应召参与编修《永乐大典》，书成还任。后历任太常寺少卿、吏部侍郎，最高职位达南京吏部尚书。魏骥"出刊木刻，几遍天下。且好谈理学，所著有《南斋集》《素履集》《理学正义》《水利切要》诸书"。另魏骥致仕邑人口述萧山水利，成书《萧山水利事述》。①

景泰元年（1450），魏骥告老还乡，"自归田后，履芒戴笠，布衣粝食，其所日奉，人或难之"。县民众奏："吏部尚书臣骥，归农建绩，千百为民。"为确保湘湖水利，"力寻旧踪，著书劝导清复侵占。"又"身为怨楸，其所奏攻有西江塘、北海塘、湘湖塘、徐家闸、螺山闸、石岩闸、股堰、大堰、毕公堰、麻溪、瓜沥诸处，皆设法提蔽，昭著永远。湖利以沛，江患可捍。以兹旱涝，皆能有备"。"前此壬申年，大雨霆霖，圩溃岸倒，水如奔马，人将愁鱼。本官身共畚土，家供楗竹，至丁丑年亦然"。

何舜宾②（1427—1498），字穆之，号醒庵。明成化五年（1469）进士。任南京湖广道监察御史，管理畿田渠道，因对朝廷不满，谪戍广西庆远卫，后遇赦回乡。

湘湖，岁久浸湮，此前已经由魏骥文靖扩复，而豪家不法，仍肆牟食。何舜宾，系已故文靖门下士，至是慨然曰："吾不能治渠，当治湖。遂发湖民私占者揭县具奏。"

县令邹鲁因受湖豪重贿，迫害何御史。"诬以盗暑事官印妄奏，不径由暑事官，且身缧戍逃，无遇赦牒，冒滥冠带，应押解原卫廉理"。后，何被省宪司下令充军广西庆远。何上路后，邹鲁派13个人追杀。弘治十一年（1498）七月十九日，在江西余干的昌国寺宿夜时，他们毒打何舜宾，用湿衣把他闷死。

何竟，为何舜宾之子，"请归复仇"。竟为父报仇，终"置鲁重辟"。何舜宾案，"百年史录已载实事，三修志书均为立传"。但是"久入县志，屡修不刊"。

"御史何舜宾恢复湘湖，一人杀身，九乡受惠，故生员何竟为父报仇洒恨，已往垂名，将来允合补传、无忝竹册。"当是毛奇龄作《何孝子传》之缘由。

张崚③（1458—1531），字时峻。明成化二十三年（1487）进士。著有《论湘湖水利书》，被收入孝友堂合刊本《萧山水利》。④弘治初年，编修《明宪宗实录》，书成，授上饶知县。不久，迁南京兵部主事，进刑部郎中。因得罪权贵，三次被陷罢职。

张崚师从御史何舜宾，何舜宾又师从文靖魏骥，"自文靖以下，师生三世，相继复湖"。"清复乡民吴瓒等占佃湖田如千亩，居乡不乘舆"。张崚委托按察司佥事富玹，请御史中丞许庭光指派分巡副使丁沂勘复示禁，并将孙等按律治罪，以儆效尤。正德十四年（1519）六月，"西江塘、北海塘、毛山闸圮，修之"。嘉靖八年（1529），修西江塘，原宦户免役，张致仕家

---

① 王国平：《湘湖（白马湖）文献集成》第5册《萧山水利事述》，杭州出版社，2019年版，第297—299页。
② 王国平：《湘湖（白马湖）文献集成》第5册《西河集》卷七三，《何孝子传》，杭州出版社，2019年版，第329—333页。
③ 王国平：《湘湖（白马湖）文献集成》第5册《西河集》卷七三，《张大司空传》，杭州出版社，2019年版，第338—342页。
④ 王国平：《湘湖（白马湖）文献集成》第1册《论湘湖水利书》，杭州出版社，2014年版，第93—96页。

居，带头应役，诸宦随从，加速修塘进程。

（二）作《九怀词》

康熙十年（1671），毛奇龄49岁。据盛唐《西河先生传》，毛奇龄曾应淮西金使君之招，留之三年。因长怀故乡，借屈原《九歌》曲调，忧愁幽思，仿汉大夫王褒《九怀》旧名，而作《九怀词》，文分九章，包括《水仙五郎》《沙虫王》《下童》《江使君》《苎萝小姑》《张十一郎官》《北岭将军》《萧相公》《荷仙》。①

《九怀词》，记录萧山一带的民间神话传说，经毛奇龄文学加工后，可以吟咏传唱，情节生动活泼。其中，《水仙五郎》描述五兄弟为母抓鱼，被钱塘江潮水卷走成了潮神的传说；《江使君》记录梁会稽郡丞江革廉政的故事；《张十一郎官》记述张夏（张老相公）护堤救塘而殉职的事件；《沙虫王》描写越王句践与士兵的传说；《下童》记录祭祀夏童（孝童）；《苎萝小姑》即记苎萝西施；《北岭将军》纪念秦人厉狄。水仙五郎、江使君、张十一郎官因与水或水利有关，皆作为水神加以崇拜。

（三）作《两浙巡抚金公重修西江塘碑记》②

康熙二十五年（1686），毛奇龄64岁，"请假归里，正值暴涨。之后，巡抚金铉与本郡同知冯协一，集本县耆老，亲临督修"。于次年，即假归萧山第二年，毛奇龄为浙抚金铉重修西江塘作碑记。

碑文记述："浙江为三江之一，自故蔑导坎，历婺州、睦州以迄章安，而陡作一折，谓之浙江。萧山西南偏，则折流之冲也。其水北注，潆洄抵所冲而诎，而之西，于是筑塘以捍之。以其地之在县西也，名西江塘"。

明正统年间（1436—1449），魏骥修之。历二百余年后，清康熙二十一年（1682）决二百余丈，乡官姚总制（福建总督、会稽人姚启圣）捐资修之。二十六年（1687）决二十多丈，后复进水，决三十余丈。巡抚金铉檄本府三县会议修筑江塘。"大中丞开府金公，视犹己溺，一日檄三下，举三县民生……剖肤之痛。先审料形势，若谭头，若张家堰，若上落埠，若诸暨汶，若于池，若大小门曰，历求其受患之故，且务极根柢，必以筑老塘，勿仅筑备塘为断"。金公列举四条要筑老塘，不筑备塘的理由。

"萧山得利田十六万亩，而山会二县计一百万亩有奇，则其利六倍于萧。"计议需钱四千金，"萧山半之，山会二县半之，而公特倡率司道捐金二千，却三县之半。"并推郡司马冯君以清军兼摄水利，遂董其事。"塘距水五丈，底七丈，额二丈，高一丈五尺，长二百一十丈有奇，余悉增庳培薄……计楗若干，土若干，箬与石若干，自二十五年十月至翌年三月，凡六阅月工成"。

---

① 有关《九怀词》内容，主要参见王倩文：《毛奇龄与湘湖》，浙江人民出版社，2018年版，第134—139页。书中说"《九怀词》共七篇"，或误。

② 王国平：《湘湖（白马湖）文献集成》第5册《西河集》卷六，杭州出版社，2019年版，第344—346页。

西江塘重修，兴利除害，金公"为之割脰而剖腊，以资于成。""公讳铉，字冶公，别字悚存。壬辰进士，由翰林起家，改祭酒，历按察、布政二司使，进兵部侍郎，巡抚福建，调繁为今官。"最后颂曰："我公仁爱，宛如身创……负土作埭，捐金捍防……公之功德，煌煌版章……公恩荡荡，千秋勿忘。"

（四）为水利考证

康熙十八年（1679），毛奇龄57岁。毛奇龄试博学鸿儒，中式入馆，授翰林院检讨，充明史馆纂修官。约于是年，作《三江考》《九江考》。①

康熙二十七年（1688），毛奇龄66岁。作《萧山县志刊误》三卷，其主要内容是对古代山川地域相关水利方面作了考证。例如考证了渔浦、西陵湖、周官湖、瓜沥湖，以及地处湘湖的固陵城、查渎、查浦、祖塘、祖渎、四长官祠（杨时、赵善济、顾冲、郭渊明）等，还考证了三江口所在。②

《三江考》："三江之为名久矣，其在经传，则杂见之《禹贡》《周礼·职方氏》《尔雅》《国语》《水经注》《史记》《吴都赋》《吴越春秋》诸书，而特其所为注，言人人殊，卒莫得而指定之。"毛奇龄列举诸书，所注异同，莫得三江定义。认为读书通大义，古今山川陵谷迁变，耳目踪迹，未必悉合，古者无通，揣摩臆度未可为据，只能说个大概。"夫惟浦阳为三江之口，则蠡之去越，将必出浦阳而入海，由海而入松，由松而入湖，《国语》所谓'遂乘轻舟而入五湖'者是也"。

《九江考》："《禹贡》九江，不知所在久矣。其在赵宋以前，皆以彭蠡为九江。"

康熙三十年（1691），毛奇龄69岁。医痹，僦寓杭州，考汉、魏、六代诸史志及旧志，作《杭志三诘三误辨》。辨中指出，"夫郦元北魏人，其作《水经注》，自大江以南，一往讹错，世能言之。"③指出《水经注》作者郦道元的一些差错。

（五）为湘湖私筑湖堤刻文制止

康熙二十八年（1689），毛奇龄67岁。是年八月大旱，湘湖干涸，湖民孙凯臣、孙茂洲、孙广、孙俊等聚数千人，假借商旅往来，不遵先制，在下湘湖内自湖里孙起至窑里吴止，横跨湖面，私筑横塘，长3里许，严重影响下湘湖东部区域的蓄水溉田。随即，石岩有人也趁机私在湖中筑塘。

水利衙报县，县令刘儼做事谨慎，责令官民公议定夺，再申报绍兴府衙。九月，知府李铎先命县府彻查，后发文萧山，"勒令拆毁，以复旧制"。因遭到孙氏家族反对与抵制，毁堤还湖无法进行。

十月初，县人周子铉赶到杭州，告之毛奇龄"湘湖出大事"。毛奇龄经过调查了解，于六

---

① 胡春丽：《毛奇龄年谱》，复旦大学出版社，2021年版，第265页。
② 王国平：《湘湖（白马湖）文献集成》，第5册，杭州出版社，2019年版，第347—357页。
③ 胡春丽：《毛奇龄年谱》，复旦大学出版社，2021年版，第395页。

日夜撰写《请毁私筑湖堤揭子》,①呈浙江总督。不日,奇龄又向总督提交了《湘湖私筑跨水横塘补议》。②所谓揭子,率先揭露私筑湖堤的情况:"土豪怙恶,不告官,不谋众,公然筑堤,而横截之,则横甚矣。""此堤之成,为祸不浅……将见种荷、蓄鱼之外,或圈或佃,为房为亩,谁得禁之?"补议,则作者"扶病捉笔,急为补议",提出"四害五不可"的意见:一害截湖阻水,灌溉功能削弱;二害湖水失衡,下湘湖水减少;三害放水不均,《放水则例》破坏;四害葑草淤塞,生态环境变差。一不可,"疏纵"侵湖害湖者;二不可弃用湖址以"金线为界"旧制;三不可,助恶侵湖的行为不绝,"乱法一形,将酿大患";四不可,湖中两山筑墓,"东圈西锸,无剩地矣";五不可,"旧章之变,自今日始"。

湖豪"渡江讼辩",反告至省。省里早就知道情况,支持并指示萧山县可以自主决定湖堤的存留。之后,萧山根据毛奇龄毁堤复湖意见,向绍兴府呈交《本县第三申府详文》。是年冬至翌年春,绍兴府先后发文《本府申请藩臬二宪司复文看语》和《本府发县票》,最终裁决:饬县削堤去桥,惩治孙凯臣等,并勒石永禁。邑令刘俨到堤亲勘,按律定罪,督令铲削,随申本府,转详藩、臬二宪,檄行永禁。

康熙二十九年(1690)秋,毛奇龄著《湘湖水利永禁私勒石记》,将湘湖发展始末及禁罚各例刻于石碑,以告后世。"府复据县申之藩、臬二宪司。藩、臬二宪司仍下之府县,划削按律,且为之永禁,以勒之石。夫创始之难不如守成,开之者一时而争,而守之者乃在万世"③。

(六)编撰《湘湖水利志》

康熙二十九年(1690),毛奇龄68岁。是年秋,毛奇龄著成《湘湖水利志》三卷。④《湘湖水利志》是萧山历史上第一本湘湖专志,重要的水利史文献。

宋时邑宰顾冲著《萧山水利事迹》一书,专载诸湖沿革。明初乡贤魏骥著《萧山水利事述》一书,专载诸塘兴废。毛奇龄"予尝求两公所著,皆残缺不全,仅取顾公之有事于湘湖者"。明弘治年间(1488—1505),邑人富玹曾编刊《萧山水利》,后由其子富钎校刻。该书收录了南宋顾冲的《萧山水利事迹》《湘湖均水利约束记》,明初魏骥的《萧山水利事述》,以及张懋的《萧山湘湖志略》等书籍,涵盖了宋、元、明时期萧山及其湘湖水利比较翔实的历史资料。但是,《萧山水利》传至清初,岁久残阙。毛奇龄找到的《萧山水利》,"今历搜旧刻,无复原本,其子姓所传者,则又属启、祯之间残编断册,依稀补缀,其颠倒荒略,不可名状。"

毛奇龄广泛搜集史料,订补旧文,编辑成志。《湘湖水利志》卷三,计2万多字。卷一,记载湘湖沿革、均水则例、清占定例、湖沿金线,以及湘湖水利图记、图跋。卷二,记述弘治、正德、康熙年间清占始末实例。收录毛奇龄《请毁私筑湖堤揭子》《湘湖私筑跨水横塘补

---

① 王国平:《湘湖(白马湖)文献集成》第5册《西河集》卷十,杭州出版社,2019年版,第319—320页。
② 王国平:《湘湖(白马湖)文献集成》第5册《西河集》卷七,杭州出版社,2019年版,第316—317页。
③ 王国平:《湘湖(白马湖)文献集成》第5册《西河集》卷七十,杭州出版社,2019年版,第328—329页。
④ 王国平:《湘湖(白马湖)文献集成》第1册,杭州出版社,2014年版,第311—424页。

议》《湘湖水利永禁私勒石记》三文。卷三,附录白马湖、詹家湖、瓜沥湖、落星湖、梓湖、二堰(股堰、临江)、郑河口等湖泊或水利设施,附魏骥《萧山水利事述》,最后附湘湖历代禁罚旧例,旨在规劝后人勿要侵占湘湖。

(七)议还何舜宾、何竞父子从祀原位,作《何御史孝子祠主复位议》[①]

康熙四十三年(1704),毛奇龄82岁。德惠祠与书院祭祀宋开挖湘湖首功者杨时、明恢复湖利者魏骥、为清复湖占而致身死者何舜宾及其孝子何竞。"此在正德十二年以后,从祀至今,未之有改。"由于祠、院年久并圮,经修复如原,"按旧贯,附二何先生两主于两像之傍,而杨、魏二主归之书院。"五月八日,时遭到魏骥后辈魏启贤、魏宪尹的反对,似有不甘于二何入祠从祀,并"具词本县"。为此毛奇龄力争,即刻撰《何御史孝子祠主复位议》,提出"某等公议,但请以原祠之主复原祀之位,此因无容申请者。当必欲申请,乞将此议并申各宪,以效当时乡人请祀之例。此议。"

"因之,合县乡绅士民共二百余人,齐集公堂,连名具词。……行当勒石祠侧,垂范万世。先节录大概,略具始末,以为他时修复诸旧典之据,因将批语公议并录于左。康熙四十三年五月初八日,合县绅士毛奇龄等二百五十七人具词。"

五月十二日,萧山县令郑世绣至德惠祠,复何氏父子祠位。毛奇龄后作《何御史孝子祠主复位录》,"邑候郑公……遂于时年五月十二日,亲诣祠堂,率合县乡绅士民等升复原祠之主于原祀之位。九乡男女,欢呼感激。"

十二月,魏宪尹具何氏父子私附德惠祠十谬辩议,向浙江提督学政靳让提出控诉。毛奇龄依条答之,"本月十二月,生员魏宪尹又控之提督学院靳,批县查缴,且勒一书册,题曰'何御史父子私附敕赐德惠祠辩议十谬',因依条答之如左。"

毛奇龄把何竞孝子列为《古今孝子集》一百零六人之一,撰《公请何孝子崇祀乡贤揭子》:"孝子力复水利,父子身殉,在国为死勤之祀,在民为扞患之祀。""窃以为孝子祀事,实关大典,苟有吁请,宜不使宏功巨德久抑地下。"[②]

毛奇龄还为《何氏宗谱》作序[③],又作《何孝子传奇引》[④]。

(八)三次上书《请罢修三江闸议》

康熙四十七年(1708),毛奇龄86岁。是年十月,山阴县有人提出三江闸座将圮,不经改修,必将坍圮崩塌。估计需银一万三千五百八十六两有奇,分派三县。府上书督、抚两台,派发藩宪勘验,且下宪票,关请三县乡官会议。其实,毛奇龄熟知三江闸基本情况,曾于康熙四十一年(1702)和三县士绅联名请封三江闸创修者汤绍恩为"汤神灵济",[⑤]加上年轻时经

---

① 胡春丽:《毛奇龄年谱》,复旦大学出版社,2021年版,第487—488页。
② 王国平:《湘湖(白马湖)文献集成》第5册《西河集》卷十,杭州出版社,2019年版,第320—321页。
③ 王国平:《湘湖(白马湖)文献集成》第5册《西河集》卷四六,杭州出版社,2019年版,第322—323页。
④ 王国平:《湘湖(白马湖)文献集成》第5册《西河集》卷五八,杭州出版社,2019年版,第325页。
⑤ 冯建荣:《绍兴水利文献丛书》上册,三江《闸务全书》下册,《敕封汤神灵济徽谥记》,广陵书社,2014年版,第72—73页。

常赴绍兴拜师求学，对萧绍水利情势比较了解。这次不顾年高，随藩宪奔赴闸所勘验，提出此闸罢修之议："闸座巍然，如长虹亘天，一若有神物护持。其间凡各洞、各柱，并无有纤毫倾仄。而忽报将圮，动言改修，是狂夫也。夫不必修，即不可修。然而，又曰：'不必可修者'。从来有坏始有修，今不坏而称修，不合。因变为改修，且名彻底改修。顾改修，万万不可。"他认为"愚窃以为，三江一闸，关系极大，其应修与否，似未可妄下断语。而愚则断曰：'此不必修，且必不可修。'"

康熙四十九年（1710），毛奇龄88岁。九月，山阴县以小修三江闸事，复请乡官会议。毛奇龄又赴三江闸，捉笔再议，罢修三江闸："乃既罢改修，安用小修？据其立说，不过以闸底岁久不无渗漏为辞，此又大谬。不然者，按三江之为闸也。司泄不司蓄，宜通不宜塞，故闸之利害，只在剡其柱、削其槛，以利奔泻，而罅漏之害不与焉。""……前车足鉴也！愚故曰：'此闸尤大修，并无小修。'此非故为妄言也，有验之者也。然则，必无修之者乎！曰'圮则修之'，愚之言，此正以待夫后此之修之者也可断。"

康熙五十一年（1712），毛奇龄90岁。八月，山阴县再次下乡官会议。毛奇龄扶病三议罢修三江闸："今秋霖绵邈，内水洋溢，忽山阴关到，择日兴工，已估值一万余两，三县公派，应征萧山民钱三千余两。""夫既不大修，复不改修，业经前任制府暨藩宪勘验明白，早置不议，即墩旁漏水亦有验看，谓闸座闸墩俱系坚固，并无丝毫损坏，诸语是闸有漏水亦无患害。况并不损坏，何处着漏亦不必再议者。"最后，"此凭所以大声疾呼，虽身丛怨尤而不敢徇也，今海塘未筑，而丈五（午）河塘又崩，内水尽退，势必有重檄修闸者，因不惮扶病及成此议，以为后来司事者备一省览，某日某议。"①十二月，俞卿任绍兴知府，呈报省府称大闸"不但长虹巩固，莫可分毫那动……蓄泄无妨"，按照毛奇龄三次上书《请罢修三江闸议》，不修三江闸，重修海塘，筑石塘三十余里，民心所向。

修闸起因与结局，见康熙《绍兴府志》记载："（康熙）四十七年，山阴人李师曾等妄言闸座将圮，不经改修，必致崩塌。知县高天骥听之，遽估费一万三千五百八十余两，均之山、会、萧三县。报督抚，两台檄布政司亲勘。未几，山阴令去官，奇龄亦物故，而制府檄催不已。知府俞卿至，力陈其状，事得终寝，而闸座至今无患。"②

二、毛奇龄水利思想

毛奇龄水利思想的内涵是实事求是。实事求是也是其经学思想的核心，以经解经，以史证经的治经之法。

毛奇龄在水利事功中，弃虚蹈实，经世致用，遵循其治经规则："勿杜撰，勿武断，勿误作解说……"等凡十六条。例如毛奇龄为《三江考》，认真翻阅《禹贡》《周礼·职方氏》《尔雅》《国语》《水经注》《史记》《吴都赋》《吴越春秋》诸书，作为参考，因所注异同，莫

---

① 王国平：《湘湖（白马湖）文献集成》第5册《西河集》卷八，杭州出版社，2019年版，第317—319页。
② （康熙）《绍兴府志》卷一七《水利志二·闸斗门》。参阅陈涛：《明清时期萧绍平原的水利与地域社会》，上海师范大学博士学位论文，2018年，第31页。

得三江定义。采取谨慎态度，不断章取义，即不杜撰，不武断，以避免错误地作出某种解说，而是综合考虑，古今结合，做出自己的判断。又如毛奇龄作《九怀词》，"因忆乡祠，当岁终巫者祝神，名甚夥，皆不可考，而其有特祠而略可疏者，名凡有九。虽其名多互异，辗转讹错，亦且以意考证，并述听传闻，定词九章，以远附于〈九歌〉之末。"乃考辨后著成。

毛奇龄治水，贯彻实事求是精神，遵循历史，强调实据，据理立论。"无据之言必不以置喙，无证之事必不以炫听。"诚如他在治经研究所言一样，在治水方面同样做到审慎史迹，讲究实据，事实胜于雄辩。

毛奇龄运用历史事实，阐明三江闸的重要作用。如"绍兴本泽国，以古越千岩万壑之水，而山阴、会稽、萧山三县当之，无尾闾去水，则巨浸滔天。所以前朝嘉靖十七年，绍兴守成都汤公相度形势，建闸于三江之口，北临海门，以专司泄水。"再通过该闸运行情况的调查研究，闸工研密，砻石辏合，启闭运行正常，后才质疑有人怎么提出要大修或改修？毛奇龄获悉，山阴人李师曾与知县高天骥勾连，妄言修闸，估费一万三千五百八十余两，惊动三县。产生疑惑："然且私估修费，限一万三千五，汤公造费只六千百有奇。"修费太高，暗责山阴县官有官商勾结、借机敛财之嫌疑。于是，按府台布置的问卷（必修、可修、不可修）回答，坚定地提出相反意见：不必修，不可修，必不可修！三次罢修，并大声疾呼。毛奇龄三次上书《请罢修三江闸议》，彰显了清正廉洁、勤政为民的无私精神。

毛奇龄重视水利工程管理，确保水利工程安全、完整，充分发挥水利工程效益。康熙二十五年（1686）六月，西江塘张家堰等段塘坏。经浙江巡抚金鉷协调并捐资，很快修复江塘，毛奇龄作《两浙巡抚金公重修西江塘碑记》颂之。康熙二十八年（1689），有人在下湘湖内私筑横塘，严重影响湘湖的蓄水溉田，毛奇龄刻文制止。并提出"湘湖灌田，一县之国课，九乡之民命均赖之。"私筑跨水横塘有"四害五不可"。抢修西江塘和力保湘湖安全，均展现了毛奇龄为国为民的民本思想和忧乡忧民的深厚情怀。

在重视水利工程管理的同时，毛奇龄注重广泛搜集水利历史文献，订补旧文，将顾冲、张懋、魏骥、富玹留传下来的残编断册，依稀补缀，编辑成萧山历史上第一本湘湖专志《湘湖水利志》三卷。毛奇龄以史学家的治史态度修编的湘湖水利志，进一步发挥了湘湖志书的存世、资治、教化的作用。

毛奇龄不顾年迈和腿疾，积极为家乡水利出力。65岁（即假归萧山第二年），为浙抚金鉷重修西江塘，撰文作碑记。67岁，为制止湘湖私筑湖堤刻文。68岁，编撰《湘湖水利志》。高龄82岁，为何御史孝子祠主复位。甚至86岁至89岁，还三次上书罢修三江闸。毛奇龄为湘湖管理，"此所以扶病捉笔，急为补议者也。"为三江闸管理，"此凭所以大声疾呼，虽身丛怨尤而不敢徇也……势必有重欸修闸者，因不惮扶病及成此议，以为后来司事者备一省览。"凸显了毛奇龄为治水敢于奉献的牺牲精神和坚持不懈的不屈不挠精神。

毛奇龄善于旁征博引，擅工考据。在《请罢修三江闸议》中，阐述建闸历史、闸之现状以及作用外，引用闸傍父老的讲话："闸原有罅，然自建闸以来，约一百七十余年，从无有以闸底漏水，伤禾稼，成旱灾者。"又引用民谣曰："三江咽，民口绝，三江豁，民口活"。驳斥改修三江闸谬论，有理有据。还在《湘湖水利永禁私勒石记》中记述了"孙学思，造湖堤，湖堤长，害九乡"的民谣，阐明湘湖水利永禁私勒石的重要性和必要性。有关论述，渗透着毛奇龄辨伪求真的科学精神，和连接地气的务实态度。

毛奇龄为水利功臣作传。萧山名贤魏骥、何舜宾、何竞、张岱，为湖贤功德高尚者，毛奇龄作《萧山三先生传》。绍兴府知府汤绍恩，为三江闸建造者："有三江大闸工成，共得良田一百万亩，渔盐斥卤、桑竹场畷亦不下八十万亩，而绍兴于是称大府，沃野千里，绍恩之力也。"而作《绍兴府知府汤公传》。毛奇龄作人物传记，"邦贤彪炳，自在千古"，倡导社会"上善若水""厚德载物"之高贵品德与精神风貌。

毛奇龄爱国爱乡，热爱传统文化。毛奇龄成年时曾因长期在外，怀念故乡，是个性情中人。他借用屈原《九歌》词曲抒怀，所作《九怀词》记录萧山一带的民间神话传说。其中《水仙五郎》《江使君》《张十一郎官》，关系水神祭祀。祭祀是民间信仰，与神话故事同属于传统文化范畴。赋词反映出毛奇龄为萧山乡土的民俗历史文化起到了传承和弘扬的作用。

毛奇龄尊重历史，富有强烈的正义情感。主要体现在，毛奇龄时年82岁，据理力争，还原历史，为何御史孝子祠主复位，立下汗马功劳。何舜宾及其孝子何竞是为清复湖占而致身死者，"力复水利，父子身殉"。毛奇龄指出，"窃以为孝子祀事，实关大典，苟有吁请，宜不使宏功巨德久抑地下。"当何氏父子复就祠位后，"九乡男女，欢呼感激"，深受百姓拥戴。表明，毛奇龄敢于担当道义，敢于主持正义，为善去恶，崇尚礼仪，精神可嘉，鼓舞后人。

三、结语

毛奇龄的水利事功，不仅关系到萧山本县，还关系到山阴、会稽两县民众的生命财产安全，对于整个山会平原水利的进步与发展，起到积极的推动与促进作用。毛奇龄本着实事求是的水利思想和求真务实的治水态度，水利事迹感人，水利功绩突出，在山会平原水利历史上具有重要的地位，不可"湮漫"于历史之中。作为清代初期的一位杰出治水人物，理应彪炳史册。①

参考文献

[1] 傅璇琮：《毛奇龄合集序》，载《毛奇龄合集》，杭州出版社，2003年版。
[2] 陈志富：《萧山水利史》，方志出版社，2006年版。
[3] 中共杭州市萧山区委党史研究室、杭州市萧山区人民政府地方志办公室编：《萧山记忆》第二辑，浙江人民出版社，2009年版。
[4] 杭州市萧山区人民政府地方志办公室编：《明清萧山县志》，上海远东出版社，2012年版。
[5] 王国平：《湘湖（白马湖）文献集成》第1册，杭州出版社，2014年版。
[6] 毛奇龄：《毛西河先生全集》，杭州市萧山区地方史志办公室整理，中华书局，2014年版。

---

① 《萧山水利志》编纂委员会：《萧山水利志》，浙江人民出版社，2019年版，第973—974页，记载毛奇龄为萧山古代治水人物之一。

[7] 陈涛:《明清时期萧绍平原的水利与地域社会》,上海师范大学博士学位论文,2018年。
[8] 王倩文:《毛奇龄与湘湖》,浙江人民出版社,2018年版。
[9]《萧山水利志》编纂委员会:《萧山水利志》,浙江人民出版社,2019年。
[10] 王国平:《湘湖(白马湖)文献集成》第5册,杭州出版社,2019年。
[11] 胡春丽:《毛奇龄年谱》,复旦大学出版社,2021年。
[12] 杭州市萧山区历史学会:《二〇二二年年会论文》,2023年。

浅谈毛奇龄处世治学的几个风格特点

《萧山市志》副主编 钱志祥

摘　要：明末清初萧山籍大儒毛奇龄博学多才，著述颇丰，为宋以来历史考据学派代表人物之一，清初汉学先锋，学术大师。其处世治学风格：一、恃才傲物，治学严谨；二、争负好胜，以学会友；三、顺应潮流，以学仕清；四、情系家乡，以学回报。纵观毛奇龄一生，苦学、勤学、严密考据，严谨治学是其风格特点。他是为数不多能被收录在如《清史稿》《中国通史简编》《中国历史大辞典》《辞海》等重要历史文献和大型工具书内的萧山人之一。纪念其诞辰400周年，应传承其好学、勤学、严谨治学的风格。作为一名史志工作者，在做史志学问中应坚持不疑中找疑，以史实为准绳，杜绝虚假与硬伤，为今人和后人编撰精品佳志。

关键词：毛奇龄　治学　严谨

明末清初萧山籍大儒毛奇龄，著作颇丰，经后人收集整理的《西河合集》有493卷，500余万字，《四库全书总目提要》录其所著书目至六十余部，为后世留下宝贵的精神财富，也为萧山的历史文化作出杰出贡献。从史料分析，毛奇龄出身书香门第，自小聪明颖悟，成人后博学多识。观其一生，处世治学有以下几个特点：

一、恃才傲物，治学严谨

《清史稿·毛奇龄传》载："奇龄淹贯群书，所自负者在经学，然好为驳辩，他人所已言者，必力反其词。所作经问，指名攻驳者，惟顾炎武[1]、阎若璩[2]、胡渭[3]三人。以三人博学重望，足以攻击，而余子以下不足齿录，其傲睨如此"。就是说除同时代的这三位大学者外，其

---

[1] 顾炎武（1613—1682），明清之际思想家、学者。昆山（今属江苏）人。初名绛，字忠清。清兵陷南京后，改名炎武，学者称亭林先生。学问广博，于国家典制、群邑掌故、天文仪象、河漕、兵农以及经史百家，音韵训诂之学，都有研究。晚年治经侧重考证，开清代朴学风气，对后来考据学中的吴派、皖派都有影响。

[2] 阎若璩（1636—1704），清经学家。字百诗，号潜邱。山西太原人，迁居江苏淮安。与胡渭等帮助徐乾学修《大清一统志》。长于考据，撰《尚书古文疏证》，确证东晋梅赜所献《古文尚书》和《尚书孔氏传》出于伪作。又撰《四书释地》，校证前人关于古地名附会的错误。补正顾炎武所撰《日知录》五十余条。

[3] 胡渭（1633—1714），清经学家、地理学家。初名渭生。浙江德清人。与阎若璩等帮助徐乾学修《大清一统志》。撰《易图明辨》考定宋儒所谓"河图""洛书"之误。又撰《禹贡锥指》，搜集方志与图，阐释《尚书·禹贡》，将九州分域、山水脉络的沿革变化详加说明，特别重视治水，是研究中国古代地理沿革的重要参考书。

余学问均在他之下，不值评判。清代全谢山《鲒琦亭集外编》载："西河雅好殴人，其与人语，稍不合即骂，骂甚继以殴。一日与富平李检讨天生会于合肥阁学，坐论韵学。天生主顾氏亭林（按，即顾炎武）韵说，西河斥以邪妄。天生，秦人，故负气而争。西河骂之。天生奋拳殴西河重伤。合肥以兄事天生，西河遂不敢校。闻者快之。"可见他恃才傲物，目空一切，直言伤人的性格。而另一方面，足可见其治学的严谨。谭其骧先生主编的《中国历史大辞典·毛奇龄》目载："著述终老。其学甚博，尤以经学自负。驳正宋、明人讹误，考据细密，条理明晰。对同时代学者顾炎武、阎若璩、胡渭，多有诘难"。《清史稿·毛奇龄传》载：其考著经学"条例明晰，考据精核。""援据古今，持论甚正。"来裕恂著的《中国文学史》载：毛奇龄"才气卓越，笔无滞机"。并把毛奇龄与其弟子陆邦烈的研学列为"西河学派。"与清著名学者以黄宗羲[①]为首的余姚学派，以顾炎武为首的亭林学派并列。说明毛奇龄认真的研学、治学、严学风格。另有史料记载："清初的学术大汇总和大贯通，於史料稽实辩证，义理章句的索源阐释，文字音韵的缜密考订，都有超越前人的丰硕成果，出了许多学术大师和传世优秀著作，如毛奇龄《诗札》《春秋毛诗传》《论语稽求篇》……"[②]他是南宋以来"历史考据学派的代表人物之一。"[③]

二、争负好胜，以学会友

毛奇龄青年至中年时处于皇朝更替，江山变革，从乱到治的年代。由于李自成进京，明崇祯皇帝在煤山自缢和明清划江之战中他曾短暂参与反清，后又因仇家陷害等原因，毛奇龄三次出亡，且出亡时间一次比一次长。第一次出亡萧山南乡一年多，第二次出亡五年后方回故乡，第三次出亡十五六年，足迹遍及江苏、安徽、江西、上海、山东等地。每次出亡险情百出，又都能逢凶化吉。他三次出亡的二十余年间，史料对其在外讲学和以学会友多有记载，但鲜见出亡期间的衣、食、住、行之忧。后人分析，这是毛奇龄学识渊博，治学严谨，以学会友而又心直口快、争负好胜的结果。他虽评判言词过激而得罪了不少学者；但因真才实学和严谨治学而结交了不少学者朋友。在萧山，他与当时的知名学者沈禹锡、蔡仲光、何之杰、包秉德、张杉等为友。在两淮、江苏出亡期间，他得到当地一些著名学者乃至地方官员的帮助。如他在海陵（治今江苏泰州市）居住一月，渡淮西上。时淮西"守备张君延之，山阳令朱君禹锡又延之，以中秋会于张吏部之曲江园，诸名士咸集，燕乐甚盛。"在这个中秋宴请会上，毛奇龄作赋《明河篇》，全赋600余字，第二天早上就传遍淮上。在淮安，毛奇龄结识了当地的大学者阎若璩。阎是山西太原人，迁居江苏淮安。为清著名的经学家，长于考据，与同时代的

[①] 黄宗羲（1610—1695），明清之际思想家、史学家。字太冲，号南雷，学者称梨州先生。浙江余姚人，父尊素为"东林"名士，被魏忠贤陷害，他受遗命问学于刘宗周。领导"复社"成员坚持反宦官权贵斗争，几遭残杀。清兵南下，他召募义兵，进行武装斗争，被鲁王任为左副都御史。明亡后隐居著述，屡拒清廷征召。学问极博，对天文、算术、乐律、经史百家以及释道之书，无不研究。史学上成就尤大，所著《明儒学案》，开清代浙东史学之先河。

[②] 陈永栽、黄炳辉：《文史经典解读》，上海古籍出版社，2004年版，第260页。

[③] 范文澜：《中国通史简编》，河北教育出版社，2001年版。

著名学者胡渭等帮助徐乾学[①]修《大清一统志》。毛、阎由此相交了四十年。康熙四年（1665）应诗人施闰章[②]（号愚山，1618—1683）之请，毛奇龄到江西鹭州书院讲学。史说："西河才素高，稍有所闻，即能穿穴其异同，至数万言。"于是施闰章要求其好友、清工科给事中姜希辙[③]（定庵，1621—1698）在萧山从中调停说情，毛奇龄才得以结束二十余年的流亡生活，回到家乡。

三、顺应潮流，以学仕清

清康熙三年（1664）南明政权和李自成的大顺国，张献忠的大西国残余势力相继被剿灭。清廷于康熙九年（1670）、十二年（1673）、十三年（1674）下诏征召汉族知识分子入仕，为使隐居山林的明朝学者遗民学有所用，用有所去，清廷在全国改造旧书院，兴办新书院，最多时全国建有102所书院。让有才能的汉族知识分子发挥研学、讲学特长。规定抗节不到，终身不得参加科举，但应募的人很少。康熙十七年（1678），吴三桂等"三藩之乱"将平，为网罗汉族知识分子为清廷效力，康熙帝再次下诏各地推荐明朝学者遗民参加博学鸿词特科的考试。康熙十八年（1679），全国有170余人被推荐考试，其中顾炎武、黄宗羲等6人不肯接受举荐，顾炎武甚至对举荐者说："七十老翁何所求？正欠一死。若必相逼，则以身殉之矣！"另一位大学者黄宗羲也说举荐他应征就是杀他。参加考试的有153人，50人被考取录用，其中一等20人，二等30人。但在这次考试之前和考试中，毛奇龄对清朝的统治还是有怀疑的，以身体不好和缺少才德为原因，三呈辞征报告。在参加考试时，他再次显示其在学术上的认真性格，所作文章有"天倾于北，岂炼石可补"的话，康熙帝已知毛奇龄的才名，没有计较他的讥讽意味，只是问了一句"娲皇补天的事可信吗？"并将他取中在二等，授翰林院检讨，他由此结束仇清、反清、避清而进入仕清。后人研究分析，毛奇龄能顺应历史潮流入仕为清廷服务，是审时度势，亦即今人所说的与时俱进。因为，经过清顺治、康熙两朝35年的治理，清朝的统治已趋稳定，经济逐渐恢复，满汉之间的民族矛盾渐渐缓和，执政者已由以武立国逐渐转向以文治国。康熙皇帝的雄才大略和被后人赞为"康乾盛世"的迹象已经显示，恢复大明已是空头口号。即使是像顾炎武、黄宗羲这样的反清顽固分子，也已转入潜心研学、讲学，培养学术人才。在这次博学鸿词特科考试中，应诏的人很多，隐逸的明朝遗民也争相报名，惟恐将自己漏掉。毛奇龄是认清形势的。再是从清顺治到康熙两朝，实施的都是既屡兴"文字狱"，打击陷害知识分子，又恢复科举制度，拉拢文人入仕做官。这种两手抓策略，逼使知识分子的聪明才智转向对古文文献的整理和研究上去。毛奇龄以研学、治学、著述见

---

① 徐乾学（1631—1694），清学者。字原一，号健庵。昆山（今属江苏）人。康熙进士。任内阁学士、刑部尚书。解职南归后，亲属、门客依势横行，屡被控告，受夺职处分，死后仍复原官。奉命编纂《大清一统志》《清会典》及《明史》。

② 施闰章（1619—1683），清初诗人。字尚白，号愚山。宣城（今安徽宣州）人。顺治进士，康熙时举博学鸿词。官至侍读。少数作品对清初社会政治状况有所反映。

③ 姜希辙（1621—1698），字二滨，号定庵。会稽人。崇祯十五年（1642）举人，顺治初任温州教授。顺治五年（1648）摄瑞安知县。九年，迁元城知县，十五年任工科给事中。康熙十七年（1678）迁奉天府丞。任时，奖励生产，开荒种地，安抚饥民，向有直声。

长，入仕能发挥他的长处，并能安心治学著述。还有顾炎武、黄宗羲等坚决辞征，是因为他们在全国学术界有更高的知名度和政治背景。如顾炎武的外甥徐乾学是清廷高官，官至康熙朝内阁学士、刑部尚书。另一个外甥徐元文也在朝廷任高级官员。而黄宗羲是明末复社的领袖，手下有一批弟子后来在清廷当官。毛奇龄是一介书生，以才知名，他没有政治背景，只有一批学者朋友。何况知识界承认了清皇朝统治的合法性，毛奇龄不可能继续拒绝应征，"逆世"而行。

四、情系家乡，以学（识）回报

毛奇龄一生著述甚丰，他通经学、工诗词、精音韵、善书画，许多著述都以家乡的素材为依据。笔者认为，他对家乡历史文化的回报更多体现在：

一是对萧山水利文化的贡献。在广泛搜集、严谨考证前人水利著述和实地调查（见其诗作、记、辞赋）的前提下，编撰了《湘湖水利志》，对西江塘、北海塘、运河、官河的水利也多有记述，为后人研究湘湖和海塘、内河水利留下宝贵的参考资料。二是对萧山乡贤、名宦文化的贡献。清康熙以前的乡贤、名宦，毛奇龄严密考证后给以作传、作记和作序，如《沈云英传》《何孝子竞列传》《张十一郎官词》《张司空传》《周贞西传》《旌表徐节妇贞节碑记》等。毛奇龄一生多病，人生跌宕起伏，哀乐相伴，可他比同时代的任何一位学者都要长寿，这也许是他恃才傲物、狂放不羁、负气争胜而又严谨治学、笔耕不已所带来的好处。因此，他几乎为同时代的好友兼乡贤都立传或撰墓志、碑记，如《包征士（秉德）传》《沈禹锡传》《蔡仲光传》《徐征君（芳声）墓志》《何毅庵（之杰）墓志》等。如清《乾隆萧山县志》载："毛检讨奇龄在史馆时分纂《何孝子竞列传》，载舜宾被害事甚详，今刊颁《明史》已采录过半"。正是毛奇龄对乡贤、名宦的记述，才使这些乡贤、名宦的品德和业绩传承至今。三是对史志文化的贡献。毛奇龄经严密考据的著述，为清康熙后的地方史志大量收录，其中清乾隆后的萧山地方志书更多收录。清《乾隆萧山县志》共收录、引据、考证毛奇龄著述139处，如全志收录周至清乾隆十六年（1751）的历代诗人诗、词439首，其中毛奇龄作的有29首；收录历代文人、名宦的赋、颂、序、传、揭、议、碑、记、杂著、补遗85篇，其中毛奇龄作的有12篇。民国《萧山县志稿》收录宋淳熙元年（1174）至清宣统三年（1911）共737年的经、史、子、集书目673卷，其中收录毛奇龄的著述78卷。

纵观毛奇龄处世治学、辛勤著述的一生，可以看到好学、勤学、严密考据、严谨治学是他终生的风格。这种严谨的治学精神，使他成为"清代汉学的先锋[①]"和"学术大师"，能成为被收录在如《清史稿》《中国历史大辞典》《中国通史简编》《辞海》等重要历史文献和大型工具书中为数不多的萧山人之一。

学术研究是推动社会进步的动力，而学术争论则是学术研究成果产生的前提。当社会学术研究只有一种声音，众多的学者均服从于一个学术口径，那这个学术生存的社会必定患了

[①] 戴逸：《简明清史》下册，中国出版集团、人民出版社，2004年版，第246—248页。

某种疾病。在纪念毛奇龄诞辰400周年之际，我们要传承这位同乡先贤苦学、严学的治学风格。尤其是作为一名史志工作者，更要有这种严密考据的著述精神，在做史志学问中，坚持以史实为准绳，敢于从不疑中找疑，杜绝虚假与硬伤，真正为今人和后人编撰一部精品佳志。

参考文献

［1］中国历史大辞典编纂委员会：《中国历史大辞典》，上海辞书出版社，2000年版。

［2］赵尔巽等：《清史稿》，中华书局，1998年版。

［3］辞海编辑委员会：《辞海》，上海辞书出版社，2002年版。

［4］戴逸：《简明清史》，中国出版集团、人民出版社，2004年版。

［5］章开沅：《清通鉴（顺治朝 康熙朝）》，岳麓书社，2000年版。

［6］范文澜：《中国通史简编》，河北教育出版社，2001年版。

［7］《二十五史（百衲本）》，浙江古籍出版社，1998年版。

［8］绍兴县地方志编纂委员会：《绍兴县志》，中华书局，1999年版。

［9］杭州市萧山区人民政府地方志办公室：《明清萧山县志》，上海远东出版社，2012年版。

［10］南开大学地方文献研究室、杭州市萧山区人民政府地方志办公室整理：《（民国二十四年）萧山县志稿》，南开大学出版社，2010年版。

［11］来裕恂：《中国文学史》，杭州同兴印刷有限公司，2005年版。

［12］张研：《大清历史新闻》，中原出版传媒集团、中州古籍出版社，2008年版。

［13］高拜石：《讲古往事中国（新编古春风楼琐记）》，作家出版社，2004年版。

［14］来新夏：《历代文选——清文》，河北教育出版社，2001年版。

［15］丁志可：《明朝遗民的大清岁月》，广西人民出版社，2008年版。

［16］陈志根：《萧山那些人与事》，凤凰出版传媒集团、江苏文艺出版社，2012年版。

［17］洪雅英：《萧山人物概览》，成都科技大学出版社，1994年版。

不应被冷落的清初诗坛大家
——毛奇龄诗歌概论

萧山区委编办退休干部　吴焕根

摘　要：清初学者、诗人毛奇龄不仅在经学、史学方面成就突出，在文学特别是诗词创作方面也成就斐然。本文在对毛奇龄诗歌8个方面特点总结的基础上，对其诗歌何以会被冷落、影响越来越小的原因进行分析、探讨，并对其部分内容进行介绍，以期引起当代学者和文学爱好者的注意，从而深入开展对毛奇龄生平、学术、思想尤其是文学创作的研究。

关键词：毛奇龄　诗歌　概述　赏析

毛奇龄（1623—1713），又名甡，字大可，号西河，浙江萧山人。"奇龄淹贯群书，所负者在经学。"[①]正因为如此，后人对其经学的研究就比较深入，出版了相应的专著[②]。除了经学，他在史学、文学上均有建树，而且成就斐然。实际上，对一个人的了解和理解，莫过于他的文学创作。本文仅对其文学创作中的诗歌创作进行探讨，以期引起更多人的重视并进一步深入开展研究工作。

一、毛奇龄诗歌的基本情况

广义的诗歌既包括诗也包括词。康熙六年（1667），毛奇龄45岁，其友人蔡仲光、侄远公搜其出游时诗，编成《濑中集》十四卷，"凡一千七百五十四首"，蔡仲光、姜希辙等人作序，篇目全部收入《西河合集》。康熙十七年（1678），毛奇龄56岁，姜承烈作《毛大可集序》，内有"今大可诗文告竣，余不敢不弁一言"等语。《毛大可集》是文集还是诗文集不明。康熙三十五年（1696），毛奇龄74岁，《西河文选》十一卷刊出，似为纯文选未收诗。三年后，门人李塨、盛唐等辑《西河合集》刊行，"合四百几十卷"，其中有诗文集若干卷，李塨

[①]《清史稿》卷四百八十一，列传二百六十八"儒林二"。
[②] 如《毛奇龄易著四种》，郑万耕点校，中华书局，2010年版；胡春丽点校：《四书改错》，华东师范大学出版社，2015年版；崔丽丽：《毛奇龄易学研究》，中国社会科学出版社，2016年版。

作序①。收入《毛奇龄合集》的,有诗53卷、词6卷,另著有《西河诗话》和《西河词话》。诗与词毕竟不是同一种体裁,还是有所区别。诗更能反映作者的人生经历、理想抱负、思想观念等,因此,本文所涉及的诗歌不包括词。

纵观毛奇龄的诗歌创作,有如下一些特点:

第一,写作时间长。不像骆宾王7岁就吟成《咏鹅》这样的佳作,毛奇龄虽"九岁为文,十五岁为诸生,乡里誉为'神童'"②,但写诗是比较迟的,在22岁左右③。归田后,就很少写诗④。他归田的时间是康熙二十五年(1686),64岁。这样算来,他写诗的时间为42年左右。目前收入《毛奇龄合集》的诗中,写于1689年2月康熙第二次南巡到浙江时的《迎銮曲十章》和《纪恩诗》,应该算是特例。

第二,数量大。笔者对收入《毛奇龄合集》的诗歌进行了统计,列表如下:

毛奇龄诗歌统计表

序号	体裁	卷数	题数	首数	备注
1	七言绝句	8(138—145)	305	666	
2	二韵	3(146—148)	181	370	即五言绝句
3	排律	6(149—154)	201	204	五言
4	七言古诗	13(155—167)	319	326	
5	五言律诗	6(168—173)	428	630	
6	七言律诗	10(174—183)	534	672	
7	七言排律	1(184)	26	28	
8	五言格律	5(185—189)	150	186	
9	五言三韵律	1(190)	37	39	
10	七言三韵律		27	37	
11	六言诗		6	6	
合计		53	2 214	3 164	

表中,诗歌共53卷、2 214题、3 164首。此外,毛奇龄还有词(骚体诗)一卷10首,填词6卷、214题、334首。这样,毛奇龄创作的诗词共计3 500首,数量应该说是比较大的。

第三,众体兼备。从上表中所列的毛奇龄诗歌分卷数可以看出,毛奇龄的诗歌创作,做

---

① 胡春丽:《毛奇龄年谱》,复旦大学出版社,2021年版,第142、225、421、449页。
② 胡春丽:《毛奇龄年谱·传略》,第9页。
③ 胡春丽:《毛奇龄年谱》"明思宗崇祯十七年"条:"是年以后,弃举子业,稍习诗。"《蘋书第三集跋》:"及甲申以后,予乃废举子业,稍效为呻吟。"《介和堂诗钞序》:"暨予罹兵革,稍为诗歌。"《毛奇龄年谱》第34页。政协杭州市萧山区文史工作委员会编:《毛奇龄合集》,杭州出版社,2003年版,第七分册,第2455页;第八分册,第2706页。
④ 《淮安袁监州七十寿序》:"自六十归田后,悔经学未撰,杜门阐《书》《易》《论语》《大学》及《三礼》《春秋》……客有以诗文造请者,直再拜谢不敏。"《大清建皇京赋》:"归田后,但留心经学,而于词赋一类竟弃置不问。"《传略》,《毛奇龄年谱》第11页。萧山政协文史委:《毛奇龄合集》第七分册,第2623页;第十分册,第3298页。

到了众体兼备。无论五言、七言，还是绝句、律诗、排律和三韵律都有，还有七言古诗和六言诗。从中可以看出，毛奇龄对各种诗体都作了尝试。他用不同的诗体来表现和反映不同的内容。如《打虎儿行》，用七古诗体，就很好地表现了朱家小儿奋勇救父、在州署堂上装虎势和见到假虎时惊慌失措的情形。今人的评价是"古体诗委婉昳丽，神思绵邈；律诗神景开大，宏肆隽丽；绝句融情隽旨，流风眇靡。"①

第四，用典多。毛奇龄博闻强记，历史、古典文学知识特别是经学知识丰富，他的诗歌中，运用了许多典故。用典的好处是，诗歌不用直接点明主题，用古代的人、事、物的典故来间接表达作者的观点和观念，与此同时造成的负面影响是：对一般的读者来说阅读困难，理解困难，因而也影响到其诗歌的传播和普及。

第五，涉及人员多。毛奇龄在中年时期度过了很长一段流亡生活，后中博学鸿儒科，授翰林院检讨，充《明史》纂修官，接触到各色各样的人物。其接触到的人员，上到皇帝（康熙）太子、朝中大臣、著名学者，下到地方官员、平民百姓、寺庙中的和尚、说书的艺人和卖唱的歌伎。他与同时代的著名诗人，如施闰章、陈维崧、尤侗、朱彝尊、王士禛等都有交往并相互唱和。在避仇流亡的岁月里，他与各个地方的官员来往，有诗相赠。因为涉及的人员多，不了解与他交往的人员，就较难读懂他的诗歌。

第六，题赠画像诗多。由于毛奇龄在学问上声名显赫，更由于他自己擅长绘画，所以每到一处，总有人以自己的画请他题诗，也有人请他在自己的画像上题诗。这类诗歌在他诗歌总量中并不算多，但对一个诗人来说，着实不少。这类诗歌，一方面很难写好（苏轼《惠崇春江晚景》这样的好诗是特例），另一方面因为原画（像）不一定保存下来，诗歌也就无所依凭，留在作者的诗集中，就显得空洞乏味。

第七，文字优美。毛奇龄的诗歌文字非常优美。首先是凝练，仔细阅读他的诗歌，几乎没有一句空话，词语、文字都非常精致、准确。其次是平实，少有华丽的辞藻，看上去似乎很平淡。《打虎儿行》《秦淮老人》《览镜词》等，用简体汉字录出，稍有文化的人都可以阅读。再次是节奏悠扬、音韵铿锵。这与他"少邕于音律，以度曲知名"有关。《自为墓志铭》："予少失学，于凡学无所窥见，独邕于音律。孩抱时，听客挡弹，能辨其和谬。"②还有《古今通韵》这样的声韵学专著。从这个角度来说，毛奇龄确是文章高手、诗词大家。

第八，审慎圆润。在清初这样文网严密的时代，又有许多人对他存在偏见甚至恨之入骨，毛奇龄的诗文特别是诗歌在当时有广泛而巨大的影响，可以这样说，这与他在文字和内容的处理上审慎圆润密切相关。早在顺治七年（1650），毛奇龄与人合编《越郡诗选》，王自超（字茂远，后改庶常，浙江山阴人。1644年李自成陷长安，迎降。后潜身远匿，间道归里）投来10首诗，他们选录了4首。毛奇龄以"右丞司户"评其篇，实为誉之，而庶常家人谓讥

---

① 吴医坤：《毛奇龄诗歌及其接受研究》摘要，华侨大学硕士学位论文，2018年。
② 胡春丽：《毛奇龄年谱·传略》，第10页。

其从贼,从而结怨王自超。后"《越郡诗选》被讼于官,捕者就家焚其诗①。这件事情,对于毛奇龄是一个小小的挫折,但不可谓不是一个很好的教训。至于收入《四库全书》的诗文,估计后来进行了修改,以便做到不触及文网。《秦淮老人》《赠柳生》以及《打虎儿行》,沈德潜的《国朝诗别裁集》和《四库全书》本有明显的区别②。

毛奇龄的诗歌,从沈德潜的《国朝诗别裁集》的共996人、3952首中入选16首③,到晚清《清诗铎》中仅一首《打虎儿行》,福建师范大学古典文学教研室选注、人民文学出版社1984年版《清诗选》仅一首《赠柳生》,再到两套高等学校文科教材和季镇淮等选注中国青年出版社1980年版《历代诗歌选》均不收其作品④,可见毛奇龄诗歌的影响日渐衰微,越来越小,到了几乎不为人知的地步。

人们说时间是最公正的。大浪淘沙,有沉有浮,实属正常。但清初与许多诗坛大家交往唱和,入选《四库全书》的毛奇龄的诗歌,何以为会被人冷落到这样一个程度?原因大致有三。

第一,经学、史学成就巨大,影响到人们对其文学特别是诗歌成就的认识。乾隆四十七年(1782),毛奇龄卒后69年,"《四库全书》告峻,内收毛奇龄著作六十六种,其中全文收录三十种,存目著录三十六种。"《毛奇龄年谱》逐一记载了上述书目,得出的结论是:《清史稿·儒林传》二"《四库全书》收奇龄所著书目多至四十余部"显误⑤。正因为毛奇龄更多的是以经学家、史学家著称,人们对他的诗文特别是诗歌成就的认识就不那么重视。"诸如黄宗羲、宗炎兄弟以及胡渭、毛奇龄之于《易经》……皆是学术风气转换过程中影响深远的著述。"⑥特别是他与阎若璩关于《古文尚书》真伪之争,影响巨大。故在许多人眼中,似乎他仅仅或主要是一名"一本正经"的经学家而已。

第二,性格狂狷和文人相轻效应,特别是全祖望对他全盘否定的评价,影响后来人对他的认识。毛奇龄讲话做事很有个性,他狂傲不羁、恃才傲物、喜臧否人物、好辩善詈的性格,一方面能够突破传统思想的束缚,在学术研究领域有所突破,但同时也很容易得罪人,更容易遭人攻击和暗算。如他说"从来造志者,皆无学问人"⑦。不仅得罪了他前代和同时代的修志

---

① 胡春丽:《毛奇龄年谱》第45—46、55页。按,"右丞司户":王维、卢象安史之乱中在长安陷贼担任伪职。王维因写了《凝碧诗》(万户伤心生野烟,百官何日再朝天?秋槐花落空宫里,凝碧池头奏管弦。)未被问罪;卢象则被贬为永州司户参军。参见《唐才子传》王维、卢象条。
② 中华书局影印的《清诗别裁集》,是乾隆二十五年(1760)教忠堂重订本。《四库全书》,乾隆三十七年(1772)开始征集,四十七年(1782)初稿完成,五十七年(1792)全部完成。
③(清)沈德潜:《〈国朝诗别裁集〉序》,《清诗别裁集》(原名《国朝诗别裁集》),中华书局,1975年版。该书中,与毛奇龄同在第十一卷中的尤侗25首、陈维崧17首,第十二卷中的朱彝尊18首、第二十卷中的查慎行19首。
④ 朱东润:《中国历代文学作品选》,上海古籍出版社,1979年版;郁贤皓:《中国古代文学作品选》,高等教育出版社,2010年版。
⑤ 胡春丽:《毛奇龄年谱》,第516—517页。傅璇琮2002年作的《毛奇龄合集序》说"其所著书正式收入四库的,有二十八种",亦误。萧山政协文史委编《毛奇龄合集》,第一分册,《序》第2页。
⑥ 陈祖武、朱彤窗:《乾嘉学派研究》,河北人民出版社,2007年版,第87页。
⑦《萧山县志刊误》卷二:"曾记吴检讨作《十国春秋》,询予云:'罗隐墓在贵乡,信乎?'予曰:'无之。'曰:'然则《绍兴志》何以有此?'曰:'从来造志者,皆无学问人。县志既载,则府志不能去矣。'"转引自胡春丽:《毛奇龄年谱》,第325页。

人,今天的修志人听到这话,心里也一定不舒服吧;又说"四书无一不错"①。所以连沈德潜都说他"不得为醇儒,艺林惜之"。而全祖望说他"西河雅好殴人,其与人语,稍不合即骂。骂甚继以殴",甚至还举了个例子,而这个例子在旁人看来效果相反②。自身性格狂狷和文人相轻效应,不仅否定了他的经学、史学成就,就连文学成就也一并给予了否定。

第三,从生活、学术和政治多个角度,被人贬低人格,进而各项成就均被一定程度否定。全祖望将毛奇龄妻陈何骂他的话,作为对毛奇龄攻讦的内容;又认为毛奇龄学术上造假③。随着清末形势的变化,直到近当代,许多人对毛奇龄不予认同。梁启超虽然说"西河有天才而好立异,故其书往往有独到处",凭借全祖望的观点也说"这个人品格是无足取的"④。梁启超是近代有影响的学者,这一说法往往会影响更多的人。从政治的角度,有人认为他开始参与反清,后来却接受征召,参与康熙十八年己未科的博学鸿儒考试。实际上,他以无学、有病为由三次上书辞征,直到考试前夕,还以臂疡为由辞试,均未果⑤。笔者难以理解的是,同时参与己未科博学鸿儒选拔并受翰林官的著名学者和文人的陈维崧、朱彝尊、施闰章、尤侗等,为何没有或很少有人说他们人品不好人格低下。这或许又与毛奇龄自身的性格和学术上的主张有关。在常人看来,一个人格低下、人品不好的人,其诗文也就不足取了。

毛奇龄何其不幸,出生在动荡年代,22岁时,因明亡而哭于学宫三日;23岁时,参加抗清队伍,因向毛有伦建议"方马,国贼也"不可与之共事,而得罪方国安、马士英,差点被杀,于是"匿之山寺,屠去首发",衣缁为僧数年;40岁时,因"被怨家诬陷杀营兵,易名王彦逃亡",历时10余年,历地江南、河南、山东、江西数省,被"跨省追捕";虽中博学鸿儒科,任翰林,入史馆,为康熙亲慰病情,也有高光时刻,但逝世后,因一篇"堂听途说"的《别传》,数百年来被人嘲讽、谴责甚至谩骂。"虽然全祖望的评判只是一家之言,但长久以来一直支配着学界对毛奇龄的评价。"⑥个中原因,值得深入思考和研究。

关于毛奇龄的学识、思想,有一文可以证明他非常讲人道、人性甚至于现在所说的人权。这就是康熙五十年(1711),他89岁,即逝世前两年在萧山城东草堂抱病写就的《禁室女守志殉死文》。他从典籍、律例的角度证明,室女未嫁夫亡而殉死的习俗需予以禁止:"自

---

① (清)毛奇龄:《四书改错·总论》。他还说:"日读四书,日读四书注,而就其注义以作八比,又无一不错","真所谓聚九州四海之铁铸不成此错矣"。
② (清)全祖望:《萧山毛检讨别传》,《全祖望集汇校集注》,上海古籍出版社,2000年版,第986—987页。《萧山毛检讨别传》载全祖望《鲒埼亭集》外编卷十二。文后严元照评曰:"自修史立传之外,从未有专作一传以攻讦人恶者。南雷丰氏别传,但书其痴骏之情状,以供温噱,未始出正论,下笔自有斟酌,盖游戏小品也。谢山取毛氏之丑态劣行,不惜铺张数千言,唯恐言之不尽。毛氏何足惜,惜谢山之学南雷而失耳。"(《集注》第989页)非常明确地点出了全氏此文的不当。王永健在《全祖望评传》中说:"全祖望也确实有'自恃博学而轻诋前贤时彦'的一面……。比如,从人品到治学,毛奇龄固然有可以指责的缺点和局限,但他对于王学不能说一无心得,他对音律更有独到之处,他在文学方面亦有一定成就。而全祖望秉承其父的遗愿,对毛奇龄深恶痛绝,全盘否定,这并不实事求是。"南京大学出版社,1996年版,第494—495页。
③ (清)全祖望:《萧山毛检讨别传》;另见胡春丽:《毛奇龄年谱》,第430页。
④ 梁启超:《中国近三百年学术史》,山西古籍出版社,2001年版,第169页。
⑤ 三次上书为《奉辞征檄揭子》《再辞征檄揭子》《三辞征檄揭子》,胡春丽:《毛奇龄年谱》第225—226、244页。
⑥ 胡春丽:《三百年来毛奇龄研究述评》,《玉溪师范学院学报》,2014年第1期。

古无室女未嫁而夫死守志之礼，即列代典制所以褒扬妇节者，亦并无室女未嫁而守志被旌之例。……古有殉难，无殉死者。况夫妇无殉死事，不惟室女不殉，即已嫁守志，亦何必殉？……予之言此，将以扶已骫之教，植已蔑之礼，稍留此三代偶存之律例，于以救秦火未焚、私窜私改之载籍，并保全自今以后千秋万世愚夫愚妇之生命。世有识者，当共鉴之。"① 这称得上是救千千万万苦难妇女死于非命的宣言书。一位年近九旬的老人，写出这样的文章，我们可以想象其经学、史学的深度和高度达到了怎样的一个境界。

纵观其年谱的记述，毛奇龄的人品或人格低下的事例除了全祖望说到的以外，似乎没有看到。后来的萧山人，看到他的却是：康熙二十八年（1689）67岁高龄，作《请毁私筑湖堤揭子》《湘湖私筑横水塘补议》，为了湘湖周边成千上万普通百姓的利益，他与地方豪强进行斗争。翌年又作《湘湖水利永禁私筑勒石记》，并编成《湘湖水利志》三卷，"为保护湘湖、传承湘湖历史文化作出了卓越贡献"②。康熙三十年（1691），69岁"僦寓杭州"后不久，作了一篇《杭州治火议》，针对杭州城里火灾频发、损失严重的情况，提出治火的意见和建议③。许多致仕官员只顾自身怡养天年，少数甚至凭借余威，包揽词讼，侵害地方百姓利益，而毛奇龄所做的是为了百姓的利益、人民生命财产安全和地方的长治久安，其人品、人格如何，任何不带偏见的人自有公正的定论。

二、毛奇龄诗歌的内容简介

对毛奇龄诗歌，清代陈维崧《箧衍集》、沈德潜《国朝诗别裁集》（《清诗别裁集》）、朱滋年《南州诗略》和邓之诚《清诗纪事初编》④四个选本均有选入，并对其进行评价。在当代，福建师范大学古典文学教研室选注的《清诗选》也收入了他的诗歌。近年有华侨大学中国古代文学吴医坤的硕士论文《毛奇龄诗歌及其接受研究》，采用文本研究与接受研究相结合的方法，对毛奇龄的诗学思想、诗歌内容及风格、诗歌接受及价值等进行多方面地探讨与研究。

（一）间接记录明清鼎革后的社会惨状

清朝是依靠武力推翻明王朝政权、征服汉民族的。虽然当年的陪京（南京）被清军占领时没有像"扬州十日""嘉定三屠"特别是像1937年日军侵华时的南京大屠杀那样大肆屠戮，但战争的摧残和破坏肯定是相当厉害的，身处和平年代的人们难以想象。毛奇龄以诗歌的形式，间接地记录下了战乱后的现状。

---

① 胡春丽：《毛奇龄年谱》，第508页。
② 关于毛奇龄与湘湖，参见宫云维等的研究报告：《毛奇龄与湘湖文化》。该课题第二章《毛奇龄对湘湖文化的贡献》归纳为"为清占呼号，维护既有秩序""为湘湖作证，传承历史授权""为乡贤立传，强化道德象征"。王国平总主编，杭州湘湖（白马湖）研究院编：《湘湖保护与开发研究报告（一）》，杭州出版社，2015年版，第427—445页。
③ 胡春丽：《毛奇龄年谱》第397页；《毛奇龄合集》，第七分册，第2235—2241页。
④ 邓之诚：《清诗纪事初编》，上海古籍出版社，1965年版。该书对毛奇龄介绍颇细，评价较公允，诗仅收《明河篇》（七古）一首。

以《秦淮老人》("秦淮高阁拟临春，中有仙翁鬓似银。话到陪京行乐处，尚疑身是太平人。"[1]）和《赠柳生（二首·其一）》("流落人间柳敬亭，消除豪气鬓星星。江南多少前朝事，说与人间不忍听。"[2]）为例。前者写了一位南京秦淮河边高楼上白发鬓鬓如仙翁的老者，说到前朝在繁华陪都南京的行乐去处时，神采飞扬，意犹未尽，仿佛自己仍是前代人似的。后者说流落人间的柳敬亭已经年老，当年的豪气已经悄然褪尽，头上也已经双鬓斑斑。在说书中，他讲到了江南前朝的许多事情，听众特别是诗人已经伤心到不忍听下去的地步。江南，暗指南京，即明朝的南都，许许多多的事情在这里发生。

从两位老人的言行中，看出政权更迭后社会的变化。虽然作者没有像杜甫那样，非常翔实地记载战乱对社会的破坏和给人民造成的痛苦。但沈德潜说这首诗："明处乱离之后，偏云尚疑身际太平。词弥曲，意弥悲矣！"笔者以为，或许毛奇龄也写过如实记录清军暴行和社会惨状的诗歌，但随着清政权的巩固、作者地位的变化和文网日益严密，这些诗文在结集时就不再收入；收入《四库全书》时，即使有涉及这方面内容的个别句子，都被删削得干干净净。

（二）歌颂以"孝"为核心的人伦关系

这方面以《打虎儿行》为代表[3]。诗歌叙述了禹州一位姓朱的小儿，与父亲一起在地头劳作，忽然冲出一只猛虎，扑向其父亲并咬住他的肢体。小儿拔起地边的木桩，打向猛虎。猛虎一惊，舍弃了他的父亲就逃跑了。小儿打虎救父的事迹被禹州知州史廷桂知道了，史使君给予了表彰。当时作者正好在州署中，"禹州朱氏儿救父打虎，作诗歌之。"[4]

这首诗写于康熙三年（1664），作者42岁。两年前，"被怨家诬陷杀营兵，易名王彦逃亡。"翌年冬，过禹州。时任知州史廷桂为萧山人，作者与之交往，并有诗呈史廷桂。

诗歌写得非常生动形象，而且一波三折，跌宕起伏：朱家小儿无畏无惧挥桩打虎、奋力救父的场景，在官署堂上天真嬉戏的场景，和后来见到帷幔后面假虎时惊慌失措的场景，栩栩如生。前后对比，两种情形，判若两人。揭示了在老虎咬住父亲时，小儿心中只有父亲，从而引申出诗的主题：对当时七尺男儿为了名利离开父母去远游，对于父母的存在与否不管不问，哪肯舍命眷恋的社会现象的谴责。《清诗铎》（原名《国朝诗铎》）唯一收录毛奇龄的诗，就是这首《打虎儿行》，并将它列入《孝子》类[5]。毛奇龄借小儿打虎救父这一事例，不惜

---

[1]（清）沈德潜：《清诗别裁集》，中华书局，1975年版，第191页。《毛奇龄合集》后两句为"话到黄奴行乐处，尚疑身是六朝人"。第十分册，第3409页。

[2]（清）沈德潜：《清诗别裁集》第十分册，中华书局，1975年版，第3409页。柳敬亭（1587—1670），原姓曹，名永昌，字葵宇，号逢春，江苏泰州人。年十五，犷悍无赖，犯法当死，变姓柳，之盱眙市中，为人说书。明清之际的许多名士，如钱谦益、吴伟业、黄宗羲等，都有文章写过他。著名散文家张岱在《陶庵梦忆》中有《柳敬亭说书》一文。因收入高中语文课本，许多人都非常熟悉。

[3]（清）沈德潜：《清诗别裁集》，中华书局，1975年版，第188—189页；《毛奇龄合集》第十分册，第3541—3542页。

[4] 胡春丽：《毛奇龄年谱》，第90、96、98页。

[5]（清）张应昌：《清诗铎》，中华书局，1960年版，第683页。按：《清诗铎》是一部清诗选集，收录起自清初，包括明末遗民，下迄同治年间的诗作。张应昌（1790—1874），字仲甫，浙江归安人，改籍钱塘，嘉庆十五年（1810）举人，官至内阁中书舍人。

笔墨,大力歌颂,即使在今天,还是有其现实意义的。

(三)倾诉对家乡的热爱之情

虽然说被人诬陷,逃离家乡,但毛奇龄对家乡的热爱和对父老的关心却丝毫也没有减弱,故有晚年勇敢出面保护湘湖的壮举,并编成《湘湖水利志》。他浓浓的家乡情,也从笔端流出,写入了他的诗歌。如《湘湖采莼歌二首》《宿江寺》《重阳日同姚监郡张广文徐征君城山晚眺》以及一批吟咏萧山境内西施古迹的诗歌。

《桃花村(二首)》("马湖西头桃花村,当湖一曲有桃根。春三二月人不见,桃花开时双闭门。""春桃花开马湖里,三年桃花四年李。女儿嫁时看种桃,几度桃花落湖水。"①)把萧山城西白马湖旁的一个小村描绘得如此的绚丽宁静、民风纯朴,若不是作者时常到萧山城周边游览和对民情、景色的细致观察,怎会有如此美妙的诗歌产生。

《九日登四望台》("北干山头野菊开,登高载酒且徘徊。故乡犹遇重阳日,新磴能通四望台。况自旧游人散后,十年不上此山来。"②)从"旧游人散"和"十年不上此山来"看,应该是毛奇龄逃亡后回归故里时写的。四望台位于北干山顶,可以"四望"想必是在最高处,可惜目前建成的建筑不是它。十年后才来,又遇重阳,沿着新修的石磴路,载酒登高,眺望四方,这是怎样的一种故乡情怀!

(四)表达对亲人的无限思念

毛奇龄被诬杀人、被迫流亡在外十余年,其间,多年在外过春节。中国人自古就有"每逢佳节倍思亲"的传统心理,毛奇龄也不例外。在异地过年时,他写了许多的除夕或守岁诗③。康熙四年(1665),毛奇龄43岁,在吉州(今江西省吉安市)。这一年的除夕,他写下了《守岁(二首)》("何处怀家苦,他乡守岁时。长将一夜坐,并作两年思。""守岁逾终夕,乡思度万山。家人应早睡,恐我梦中还。"④)

三年前,毛奇龄"临出亡,以三兄慧龄子毛珍为继""逃亡后,妻陈何及子毛珍被系狱。"⑤不论"其妇囚于杭者三年、子瘐死"是否确实,他年近八旬的父亲,虽然也会受到牵连,但不至于入狱。毛奇龄这两首诗就是写于这样的背景之下,其心中的凄凉和苦楚,非同一般。

前一首,"何处怀家苦,他乡守岁时",一下子点出了"佳节倍思亲"的心情。"长将一夜坐,并作两年思。"冬天的夜是漫长的,为守岁长长一夜不睡,作者想家、想家人,将两年的

---

① 《毛奇龄合集》第十分册,第3392页。
② 《毛奇龄合集》第十一分册,第3878页。
③ 1664年,守岁淮安,有七绝《楚州除夕三首》(《毛奇龄合集》,第十分册,第3399页)、七绝《山阳县署岁饮》,第3427页;1665年除夕,在吉州,有五绝《吉州守除三首》,第3471页;1666年,在江西崇仁县,作上引《守岁》二首;1671年,在蔡州,作五绝《蔡州宿除三年矣饮次感赋》;1677守岁上海,作七绝《申江守岁词》,第3394页。还有《除夕有感作》(第3468页),似与《守岁》同时作;《除夕作》,《合集》第3413页,《清诗别裁集》,第191页,写作时间不明。
④ 《毛奇龄合集》第十分册,3468页。
⑤ 胡春丽:《毛奇龄年谱》,第91页。

思念并作了一夜，那一夜的思念该有多么的浓烈。第二首写整个夜晚的守岁：自己这边，思绪飞越万水千山，回到了家乡。遥想家人，恐怕我梦中回到故乡，于是便早早入睡，可以在梦中见到逃亡在外的亲人。这是多么深厚的亲情！身在吉州的毛奇龄，想象萧山的家人晚餐后该是早早入睡，以便与他梦中相见。而就在十多天前（十二月十九日），其父秉镜公逝世，年八十。细读这首诗，当时的毛奇龄很有可能不知道父亲已经逝世，他想象早睡的家人中还包括他父亲呢①。这大概就是李天馥说"间尝以其诗比之少陵"的原因之一吧②！

（五）对康熙皇帝的歌功颂德

这方面应该不是毛奇龄诗歌的主要内容，但正是因为这类诗文，毛奇龄受到了后世的诟病甚至攻击，故略作分析。

康熙十九年（1680）八月，康熙帝赐翰林诸臣太液池鲜藕，毛奇龄作排律《八月三十日上赐翰林院诸臣御河鲜藕恭纪一十八韵》和七律《敕赐瀛台秋藕叩谢恭纪》。翌年（1681）七月，康熙帝御瀛台，赐群臣鱼、藕、彩缎诸物，毛奇龄也写了两首七律诗；同年十一月，清军征西南宣捷，毛奇龄作《滇南大捷志喜四首》和《平滇颂》。

以《迎銮曲十章（其五、九、十）》（"蠲租同海谷，复赋遍江淮。不是君王至，何由补助来？""一人自游豫，万姓齐乐欢。江东皓首翁，扶杖咸来观。""戴德望尧辙，感恩树嵩碑。微臣职纪实，制此迎銮辞。"③）来作说明。这是康熙皇帝第二次南巡至浙江时毛奇龄写的组诗。时年67岁的毛奇龄初迎康熙于嘉兴城北。康熙"轸念河患，躬祷禹陵"，毛奇龄又到绍兴五云门外迎驾，有诗记之；蒙康熙两次询及病情，感激之至，作《纪恩诗》④。这组诗看上去有阿谀的味道，但对于年近七旬的毛奇龄来说，应该是出于内心和真诚的。康熙皇帝雄才大略，亲政之后，做了许多安定社会、统一国家、恢复经济、振兴文化的大事：二十年（1681）冬，三藩平定；二十二年（1683），施琅率师收复澎湖、台湾，统一全国；又"建周公庙碑、孔子庙碑、孟子庙碑，康熙帝亲作碑文。"⑤《其五》写了康熙南巡，给许多地方蠲免赋税，给老百姓带来了许多实实在在的利益。如"清廷免征两浙租税"，毛奇龄作《圣恩颂》⑥。"不是君王至，何由补助来？"是站在百姓的立场上说的。《其九》写帝王出巡，百姓欢乐，就连白

---

① 胡春丽：《毛奇龄年谱》，第122页。按，以当时的交通通信条件和毛奇龄的身份，他不大可能及时得知这一噩耗，更不可能回家为父亲料理丧事。一年后的十二月十九日，父周年忌辰，毛奇龄在江西，作《西山雪行遘先大人忌辰》二首，其一曰："寒雪西山里，苍茫只一身。百年皆恨日，七尺是亡人。葛屦时行地，刍车未返窀。王修真不孝，掩面度此辰。"（《毛奇龄合集》第十一分册，第3694页）可以看出自父亲去世后毛奇龄还未回过家。《自为墓志铭》说"予死，不冠，不履，不沐浴，不易衣服，不接受吊客"（《毛奇龄合集》第九分册，第3078页），盛唐《西河先生传》："先生遗命：以曾髡发为头陀，获罪功令；且出门，不亲视赠公含敛，痛于心。"（胡春丽：《毛奇龄年谱》，第513页）说明他未参与父亲的丧葬活动。
② 《毛奇龄合集》第八分册，第2593页。按，李的说法见后文其为《西河文集》作的序。
③ 《毛奇龄合集》第十分册，第3485页。
④ 胡春丽：《毛奇龄年谱》，第378—379页。在《纪恩诗》序中，毛奇龄详细记录了康熙两次询问他病情的情况。
⑤ 胡春丽：《毛奇龄年谱》，第369页。
⑥ 胡春丽：《毛奇龄年谱》，第370页

头老翁，也都拄着拐杖前来瞻仰当今天子的风采。这两首诗，简直就是"不是一人能领导，那容百族共骈阗？良宵盛会喜空前"①的毛奇龄版。《其十》反映自己的态度："感恩戴德"，于是履行自己作为臣子的职责、史官的职责，记录皇上的南巡，写出这十首迎銮曲。

当然，从内容看，毛奇龄的诗歌还有许多种类，如送别诗、咏史诗、祝寿诗等，絮不一一介绍。

三、结语

李天馥为《西河文选》作序，对毛奇龄的诗文，他的评价是："今西河不负主知，其诗、其文皆足上越唐、宋而下掩后来。间尝以其诗比之少陵，以其所为文拟之吏部，觉少陵与吏部俱无以过；……然且才不能相兼，杜歉于文，韩逊于诗；……而西河皆有以兼之。"②虽然说其中有吹捧的成分，但将毛奇龄与诗圣杜甫、文与唐宋八大家之首的韩愈相比，其评价之高，确是少有。李与毛二人，当时均名气很大，特别是李天馥地位高，其为毛奇龄作品写的序文想必迅速流传，要面对无数诗文大家，毛的诗文如果一般，李一定不敢作如此类比。

作为选诗大家，沈德潜对毛奇龄诗歌的评价更为确切："诗学规模唐人。时专尚宋体，故多起而议之者。然学唐能自出新意，不同于规孟贲之目、画西施之貌者也。视采剥宋人皮毛者，高下可以道里计耶？"③

纪昀等在《四库全书·西河集》对其诗的评价为："其诗又次于文，不免伤于猥杂，而要亦我用我法，不屑随人步趋。"④

较之于与萧山的另一位杰出诗人贺知章，毛奇龄的才华、学识应该不在其下，其诗歌也是如此。前引毛奇龄的几首诗，与《回乡偶书》《咏柳》等相比，技巧、文字、音韵均可比肩。但透过诗句和文字，贺知章诗中的宏大、清朗、从容、坦荡、自信、温暖，在毛奇龄诗中很少甚至几乎没有；毛奇龄诗中有的是局促、忧郁、凄苦、怨艾、畏葸、清冷……。这是时代使然，不是毛奇龄的责任。

时代不同了，经学已经不是一般人所关注和学习的内容，但是毛奇龄的诗文特别是他的诗词，由于其曲折的经历和广泛的游历，对于那个时代、当时社会状况和鼎革时期知识分子的心路历程，有许许多多的记载。从这个角度来说，他的诗文是一个有待开发的"富矿"。因此，笔者建议有关机构和专家，加深对毛奇龄诗文的研究、选注，尽快编选《毛奇龄诗词选注》《毛奇龄诗文选注》等选本，少则百余首（篇），多则二三百首（篇），并在编选历代诗歌（文）选特别是清诗选时，选录其优秀诗词，以便更多的人能读到他的诗词。

另外，作为毛奇龄的家乡，萧山的有关部门可以倡导建立毛奇龄研究会之类的学术团体，联系、团结研究毛奇龄的专家学者，采购与毛奇龄研究有关的书籍资料，不定期举行毛奇龄

---

① 柳亚子：《浣溪沙》词下阕，其上阕为："火树银花不夜天，兄弟姐妹舞翩跹。歌声唱彻月儿圆。"
② 胡春丽：《毛奇龄年谱》，第421—422页。
③ （清）沈德潜：《清诗别裁集》（原名《国朝诗别裁集》）上册，第188页。
④ 王国平总主编，韩长来主编：《杭州全书·湘湖（白马湖）文献集成》第3册，《历代史志·湘湖文献专辑》，杭州出版社，2015年版，第244页。

学术研讨会，编印研究成果等。这样，对于毛奇龄的生平、学术、思想等的研究才可以不时上一个台阶，日积月累，定会有所收获吧。

参考文献

[1] 政协杭州市萧山区文史工作委员会：《毛奇龄合集》，杭州出版社，2003年版。
[2] 胡春丽：《毛奇龄年谱》，复旦大学出版社，2021年版。
[3]（清）沈德潜：《清诗别裁集》（原名《国朝诗别裁集》），中华书局，1975年版。
[4]（清）张应昌：《清诗铎》，中华书局，1960年版。
[5] 邓之诚：《清诗纪事初编》，上海古籍出版社，1965年版。
[6] 梁启超：《中国近三百年学术史》，山西古籍出版社，2001年版。
[7] 萧山区委党史研究室、萧山区政府地方志办公室编：《萧山记忆》第二辑之《二十五史中的萧山人·毛奇龄》。内有《〈清史稿〉载毛奇龄传》《毛奇龄的经学思想》（丁鼎）、《毛奇龄的史学精神与治学之风》（张贺）、《毛奇龄对湘湖的杰出贡献》（刘宪康）诸文。
[8] 福建师范大学中文系古典文学教研室选注：《清诗选》，人民文学出版社，1984年版。
[9] 陈祖武、朱彤窗：《乾嘉学派研究》，河北人民出版社，2007年版。
[10] 王国平总主编，韩长来主编：《杭州全书·湘湖（白马湖）文献集成》，第3册《历代史志湘湖文献专辑》，杭州出版社，2015年版。
[11] 王国平总主编，杭州湘湖（白马湖）编：《湘湖保护与开发研究报告（一）》，杭州出版社，2015年版。
[12] 吴通福：《晚出〈古文尚书〉公案与清代学术》，上海古籍出版社，2007年版。
[13] 毛奇龄著，胡春丽点校：《四书改错》，华东师范大学出版社，2015年版。
[14] 胡春丽：《三百年来毛奇龄研究述评》，《玉溪师范学院学报》，2014年第1期。

毛奇龄《三江考》《罢修三江闸议》意义论略

萧山区瓜沥镇原党山镇机关退休干部　　熊张林

摘　要：毛奇龄不仅是清初一位博学奇才，且一生清廉，有家国之念、亲民爱国情怀，又矢志不渝。撰写《三江考》，甄别是"越三江"还是"吴三江"，为"三江"历史正名。闻无赖、贪官勾联，言三江闸座将圮，须以大修为名，捞取民钱。事关山阴、会稽、萧山三邑百万人的安危，就亲临现场调查研究，三上《请罢修三江闸议》，最终保住了闸座，避免了巨大损失。毛奇龄的家国情怀民本思想，对当今新时代倡导的执政为国、勤政为民、拒腐倡廉具有历史借鉴意义和现实意义。

关健词：毛奇龄　三江考　罢修三江闸议　民本思想　历史意义

一

毛奇龄（1623—1713），出生名门，自幼聪慧过人，勤奋苦学，四岁能背出《四书》中的《大学》，少善词赋，兼工度曲，胸怀家国，务实清廉。他萌生民本理念与三江有很深的渊源。当年，斗门三江至绍兴蕺山一带是浙东地区著名讲学之乡，薪火相传。崇祯十年（1637），时年十五岁的毛奇龄入县学为诸生，陈子龙司理绍兴，毛奇龄从游门下，子龙评其文曰"才子之文"。刘宗周开证人书院，讲学其间，为士人向慕之所。毛奇龄也常去听刘宗周讲学，与刘门弟子坐而论道，或交友论学，或读书作文。在讲学或相互交流中，结合实际，摒弃宋明理学束缚人民思想的桎梏，联系当地民生实际进行讲学，结交了许多知心朋友。还与同学、朋友及学生游历蕺山至三江一带的秀丽景色，熟识这里的一草一木。据说，一百多年前，这里原是浦阳江水经流钱清江为入海口，一片汪洋。住在三江、马鞍、骆峰等山麓周边的人，受水患潮灾连年不断，乡亲们苦之不绝，生活十分贫困。后来郡守戴琥开通碛堰山，修筑麻溪坝，以遏浦阳江之水。郡守汤公建三江大闸，又筑两翼海塘，使钱清江水由三江闸直排于海，才呈现绿水青山，斥卤为田，遍成膏壤的景象，乡民们大受其利。故而这里的乡民耕读传家，建书院，学生众多。汤公建闸为民取利避害，造福一方，震憾了青年毛奇龄。盛赞羡慕汤公功大利久远，惠一方民，循益吏治一二年，藉称惠政以为罕见，有不世之功。这对毛奇龄萌生民本思想有深远的影响，他视汤公为终生追求的目标。清嘉庆时著名学者阮元在督学两浙时，为《西河合集》作序，曾明确提出："国朝经学盛兴，检讨首出，於东林、蕺山空文讲学之余，以经学自任，大声疾呼，而一时之实学顿起。"[1] 刘宗周"于服阙之隙，曾讲学东林书院。"[2]（宋为安昌乡东林里）毛奇龄亦去书院听学讲学，切磋互学，渐近高远。

毛奇龄虽经明、清两朝，经历坎坷，但胸怀家国之念，矢志不渝，可贵的是他把青年时萌生的民本理念，逐步升华，付诸行动。毛奇龄的为人为世，或著书立言，均体现知善知恶，为善去恶，担当道义，这一思想的形成也有漫长过程和深厚的渊源。明亡后，他避山野筑室读史书为僧八年，曾试图找出明亡的奥秘，后入毛有伦军，失败而流亡江淮十余年，对人情冷暖与世态炎凉有了更深的体会。所到之处，或交友论学，或读书作文，十分关注民生疾苦。流寓淮安时，曾赋《明河篇》，传遍淮上，一时名声鹊起，当时有"浙中三毛，东南文豪"之称。返回故里后，看到昔日同砚早已金榜题名，自己却毫无建树，乃德不修而学不讲，内心的失落感与痛苦可想而知。然而，站在人生十字路口时，深信"天生我才必有用"，仍锲而不舍地读书作文，为民伸张正义或鸣冤呼号。51岁时，得友人姜希辙之助，轮贽为廪监生，57岁应试入博学鸿儒科，授翰林院检讨，为明史纂修官，在馆七年后，托病回故里终生。在朝代更迭的亲身经历中，毛奇龄渐渐悟出了家国天下，以民为本的思想，认为明朝覆灭的主要原因是灾害严重，民不聊生，贪官当道，官迫民反。正如荀子曾曰："君舟民水"，即国如舟，民如水，水可载舟，亦可覆舟的道理。然而，家国天下，应何以为人为世？毛奇龄在评论朱熹的"格物"说时，阐明一种"本末"问题，说格物以修身为本，而修身又以诚意为本，诚意首功全在去自私自利之意，即全心全意为人民的思想。毛奇龄又从"重事功"出发，批评宋学"尚浮词"。而所谓"重事功"，则主要是以民物为怀，以家国、天下为己任。至于治国，则应着重于治事、治人，治事要"敬事"，治人要"爱人"，"爱人则人无不治"。他认为"理万民"是治国的"大节"[3]，毛奇龄倡导务实、清廉、勤政，重文礼贤，恭敬下士、四民并重的民本思想，在当时很有进步意义，对现在也有一定的借鉴、参考价值。

毛奇龄的民本思想，不是仅体现在诸多著述中和坐而论道的口头上，而是有着一系列实践表现。如为保护湘湖及湖田的产权，毛奇龄与见利忘义者，进行了不懈的较量，从关注农业、关注民生的高度，辑写了《湘湖水利志》《何孝子传》等诸多保护湘湖、维护民生利益的文章及举措，为保护湘湖做出了不可磨灭的贡献。《三江考》和《请罢修三江闸议》也同出一辙。他的《三江考》主要是甄别"三江"究竟是越属还是吴属。考证了是越属三江，捍卫越国历史主权。《请罢修三江闸议》为保三江闸座，进而为山会萧三邑数百万亩民田与百余万人的利益，直接上书府台，坚持不宜任意妄断改修三江闸，加重百姓负担。他认为这是一起官

---

[1] 傅璇琮：《毛奇龄合集序》，杭州出版社，2003年版，第一册，第2页（以下毛文均出于此版本，不再注明）。
[2] 胡春丽：《毛奇龄年谱》，复旦大学出版社，2021年版，第37页。
[3] 傅璇琮：《毛奇龄合集序》，杭州出版社，2003年版，第一册，第4页。

商勾联,以修三江修闸为借口,试图捞取民钱,中饱私囊的贪腐行为,进一步加重了老百姓的负担。所以,毛奇龄大声疾呼不必修,后终于罢修。

毛奇龄的《三江考》,主要是对"三江"究竟是"越三江"与"吴三江"加以甄别、为"三江"历史正名,还三江历史的本来面目。"三江",是一个颇具争议性的古地名,毛奇龄谓"三江"之名很久、也很多,在《禹贡》《周礼》《职方氏》《尔雅》《国语》《水经注》《史记》《吴都赋》《吴越春秋》诸书都有记载,人人殊卒、莫得而指定义。毛曰:"夫读书通大义,自昔已然,况山川陵谷迁变,耳目踪迹,未必悉合……考《禹贡》有曰三江,既入而孔氏为传则曰,自彭蠡江分为三江而入震泽。"① 毛奇龄认为彭蠡未分为三江,也没有入震泽,周礼有曰其川三江,而贾公彦为疏则称谓大江,至寻阳而合为一,至扬州入彭蠡又分为三后流入于海。扬州之域其地甚广,其为川为浸为泽为数亦其不少,如必拘既入之文限于一地。毛曰:"则职方氏云,其泽薮曰其区其川三江,其浸五湖,假使其区为五湖之始,而三江即五湖之终,则犹之五湖也,五湖太湖也。扬州何地?职方氏何掌周礼何书?而问其泽曰太湖也,问其薮曰太湖也,问其川曰太湖也,问其浸曰太湖也,不几小扬州而笑职方之陋哉。"②《吴都赋注》松江、娄江、东江,即指松娄与浦阳,求之吴松之左右,毛言,"当年吴与我争三江之利,是妄语。又曰三江,松江、浙江、浦阳江者。浦阳江与钱唐异源同流,浙之入海,力大身雄,其为水长亘千余里。松(江)之入海则吴淞支流,分而为娄,其入海处踪迹未渺,不及浙江万分之一。"③ 毛指出,"惟浦阳入海则郦道元《水经注》南国颇略(无记载),遂讹为入江不知。浦阳者发源于乌伤,而东经诸暨,又东经山阴,然后返永兴之东,而北入于海。其在入海之上流,即今之钱清江也。其接钱清之下流,即今之三江口也。"④ 由此,毛断定这是"越三江"。

"故明世绍兴知府戴君、汤君导郡水利,则上遏浦阳之山阴者,而使之注江下泄浦阳之入海者,而使之注海其在钱清相接之口,名三江口。其在海口之城名三江城,置卫,名三江卫,建闸于其上,以司启闭,名三江闸。"⑤《绍兴县志》载"明嘉靖十四年(1535),汤绍恩任绍兴郡守,下询民隐,实维水患,遍行水道,相厥地形,掘地勘查古三江口,有石如甬道,横亘数十丈,遂选定在玉山闸北,浮山之南,三江所城(巡检所)西,彩凤山与龙背山隔江对峙,而石脉中联之古三江口,依峡建闸。"⑥ 十五年七月备料、筑坝,历时9个月,三江闸建成,山会海塘全线连结,钱清江纳入山会平原成为内河,形成三江水系。涝可泄,旱可蓄,为民效能全盛期135年,效能衰减期300余年。

三江闸位于今绍兴市越城区斗门街道,原三江所城西,距绍兴老城区16公里。处钱塘江、曹娥江、钱清江三江交汇口。闸总28孔,名应星宿之名称应宿闸,是中国著名古水利工程

---

① (清)毛奇龄:《三江考》,第九册,第3233页。
② (清)毛奇龄:《三江考》,第九册,第3234页。
③ (清)毛奇龄:《三江考》,第九册,第3234页。
④ (清)毛奇龄:《三江考》,第九册,第3234页。
⑤ (清)毛奇龄:《三江考》,第九册,第3234页。
⑥ 绍兴县地方志编纂委员会编:《绍兴县志》,中华书局1999年版,第1册,第479页。

之一。

毛奇龄的《三江考》，考证了浙江、曹娥江、钱清江，是"越三江"，而非"吴三江"，还"三江"历史的本来面目，可称谓为是一篇科学求真的历史之著。

二

清康照五十一年（1712）十二月，绍兴知府俞卿阅遍府中诸多事议及民情，阅了三次上书《请罢修三江闸议》：山阴居民有无赖者妄言闸座将圮，不经改修，必有坍圮崩塌之害……。"检讨萧山毛奇龄坚持不可，三上其议於制府。旋经俞卿勘详其状事，遂寝。"①

四年前，即康熙四十七年（1708），毛奇龄得乡宦姜希辙等友人信息，言山阴人李师曾等言闸座将圮，亟宜改修，知县高天骥估费一万三千五百两有奇，分派三县，萧山县署亦得此信息，拟召开乡官会议征收修闸银两。毛氏得息后大为惊讶，马上进行调查研究，询问多位朋友后，发现三江闸座并无丝毫损坏，这是无赖妄以修闸为名，捞取民钱，加重百姓负担的徇私行为。为民生计，迅即捉笔上书《请罢修三江闸议》曰："月日关到，以三江闸改修等事，蒙两台发勘，敕藩、宪诣闸所，勘验应否？其合行合止，诸一切事宜，自具验状，何庸下议……。愚窃以为三江一闸，关系极大，其应修与否，似未可妄下断语。而愚则断曰：此不必修，且不必可修。"②驳斥了改修三江闸的谬论。毛奇龄以充分证据分析利弊，大抵地方要兴利除弊，必有利而为之，若无利而求利，原无弊而指为弊，则是剜肉疗疮。

绍兴本泽国，千岩万壑之水，使山阴、会稽、萧山三县巨浸滔天。前朝嘉靖十七年，绍兴守成都汤公相度形势，建闸于三江之口，北临海门，以专司泄水，其闸高三丈三尺，径长四十六丈，列二十八洞，以上应周天列宿，于以救三县民田数百万亩，迄于今相距约近二百年。然而闸座巍然如长虹亘天，一若有神物护持。"其间凡各洞各柱并无有丝毫倾仄，而忽报将圮，动言改修是狂夫也，故曰不必也，夫不必修即不可修。然而，又曰不必可修者，从来有坏始有修，今不坏而称修不合，因变为改修且彻底改修，顾改修万万不可。"③毛奇龄又言："而大言可改是犹拆已补之天，……然且私估修费限一万三千五百有奇。考府志汤公造费祇六千三百有奇，虽汤公神功原难测度，顾未有修费。而其数反加于创造至一倍半者，愚故曰必不可修也。从展转商之而有不可也，可断也。"④毛奇龄上书罢三江闸大修或彻底改修，说得有理有据，督、抚两台未敢妄下改闸定论。

一波未平，一波又起。康熙四十九年（1710），又有无赖，见大修三江闸不果，称需改为小修。毛奇龄在上书中曰："乃既罢改修，安用小修？据其立说不过以闸底岁久不无渗漏为辞，此又大谬。不然者按三江之为闸也，司泄不司蓄，宜通不宜塞，故闸之利害。"⑤山阴有两

---

① 绍兴县地方志编纂委员会重印：嘉庆《山阴县志》，1992年版，第379页。
② （清）毛奇龄：《请罢修三江闸议》，第七册，第2226页。
③ （清）毛奇龄：《请罢修三江闸议》，第七册，第2227页。
④ （清）毛奇龄：《请罢修三江闸议》，第七册，第2227页。
⑤ （清）毛奇龄：《请罢修三江闸议》，第七册，第2227页。

闸，麻溪上闸所以救旱，可仰接上流之水。而三江下闸则只得救涝，苟闸可见底则牌字尽露，内河龟坼，必不能以山川涤涤责此石罅。"自建闸以来一百七十余年，从无有以闸底漏水伤禾稼成旱灾者。乃愚即以目前论计议，修所始在四十七年十月，历今四十九年九月已及两年，即此两年间，去年夏旱，今年秋涝，涝固勿论。"① 海口沙高流不出，但苦咽而不苦豁。今涂罅修法则，直与汤公犁沙，民谣苦咽之说，恰恰相反。时年姚宦（启圣）捐赀修补，则乡人相传，亦会羊毛石灰墁诸硅，然不期月，而缝隙如故，前车足鉴也。毛奇龄言三江闸无大修亦无小修必要，又取得了胜利。

康熙五十一年（1712），波澜又起。八月，山阴县估值修三江闸费约一万两，再次下乡官会议。时毛奇龄已九十岁，身染重病，住萧山百尺溇书留草堂。惊闻修三江闸用万金将兴工改修，急忙起身提笔，曰："乃自四十七年，迄今五载，府主据山阴县详，必谓闸底岁久不无石罅，宜筑坝、屏涸、露底、涂隙为修法……是以屡经督催，而不谓府主因循，既不遵依，又不回缴，只筑舍数年而仍未决也。"② 毛奇龄直指大宪曰："会飓风大发，岩壑震动，内河既倾洞，而海潮外憾，三县民田百万亩悉没水底，虽开闸二十八洞通身泄泻无救。"③ 萧山北海塘与山阴瓜沥塘尽崩于水，犹内水与外潮相持而既。而潮退则泄口既阔，而内河之水随之而泻，然后民田稍露，屋庐无恙。则是此闸止司泄，并不司蓄止，宜去水断不能留水，历有成验。浸假此时此日无两塘之崩，则虽凿二十八洞，洞洞拆裂亦丝毫无用。"④ 毛奇龄心急如焚，以"此愚所以大声疾呼，虽身丛怨尤而不敢徇也，今海塘未筑，而丈五（丈午村）河塘又崩，内水尽退，势必有重檄修闸者，因不惮扶病及成此议，以为后来司事者备一省览。"⑤

毛奇龄第三次上书《请罢修三江闸议》后，仅六个月多，于康熙五十二年（1713）三月初五，驾鹤西去，卒年九十一岁。试想此情此景，为民生挥毫上书，要有何等毅力。

俞卿详细阅遍毛检讨三上《请罢修三江闸议》，深为感动。实地详察三江闸后，见闸座丝毫无损，坚持不修三江闸，以塘务为首责，率同官勘察钱塘江边的丈午村塘和蔡家塘，具扁舟登塘环视，通塘四十余里，倚山十余里外，坍如平地，断若危桥，河海中孤撑一线，循塘而走，望洋滋瞿。父老乡亲言：岁不登三四年矣，官不至此十数年矣，民力专于修塘，屡筑屡溃，十室而十空，若要救我们，非把土塘改成石塘才牢固。俞卿听从父老乡亲之言，勇担重任，改筑石塘，抚宪允余请咨部发官银四千六百余两，核减缴库银四百七十两，星夜督修，以使丈午村屡坍之塘，易以石191丈。以此为标准，俞卿制订修塘工费章程文案，拿出自己俸银，后中丞徐公，又输银五千两，其余由江田与通田负担。俞卿偕县令按督宪范公批行，把诸豪谋避去中乡田四分之一、贿书窜册或卖产留差值田又去三分之一的阴瞒之田（约4.6万余亩）尽归江田。使江北（西小江北）共有江田九万余亩，亩出银一钱，通县中下等田亩

---
① （清）毛奇龄：《请罢修三江闸议》，第七册，第2228页。
② （清）毛奇龄：《请罢修三江闸议》，第七册，第2228页。
③ 同上书，第2229页。
④ （清）毛奇龄：《请罢修三江闸议》，第七册，第2229—2230页。
⑤ （清）毛奇龄：《请罢修三江闸议》，第七册，第2230页。

银三分,共筹银近四万,用工十余万竣工,把全线三十余里土堤修建成石砌海塘,一劳永固。九墩萧山界以西海塘相继筑成。郡守俞卿督修海塘,躬亲督筑,是为首功,毛氏保闸也功不可灭。三江闸自建成至1972年闸出水口封堵,历时436年,其中效能全盛期135年,效能衰减期301年。北海塘全线易石。塘、闸工成后,泄洪拒潮,塘里为田,蓄水灌淡,渐成沃土;塘外为涂,涨沙数十里,南沙陆地形成,为山会萧三县人民蓄水溉田,为民谋利,作出了巨大历史性贡献。

三

毛奇龄的《三江考》与《请罢修三江闸议》均有一定的历史意义。《三江考》考证浙江、浦阳江、钱清江,是"越三江",而非"吴三江"。毛曰"至若《水经注记》临平湖又曰湖水,上通浦阳江,下注浙江名曰东江,则疑庾仲初作《吴都赋注》所称松江、娄江、东江者,未必不即指松娄与浦阳,而后人误释之,而求之吴松之左右,毋怪乎求之千余年而终,不得其地也。"① 毛奇龄指出,浦阳本独入海,而由诸暨而山阴而萧山,其中经流虽多沿革,而入海之道依然如故。毛曰:当年吴与我争三江之利者,非吴耶若、非浦阳则尽属吴地,而反曰吴将与我争吴地之利,是妄语也!却不闻范蠡去越乎,《吴越春秋》曰:"范蠡去越出三江之口入五湖之中,夫惟浦阳为三江之口。则蠡之去越将必出浦阳而入海,由海而入松,由松而入湖。国语所谓遂轻舟而入五湖者是也。"②

"钱清,旧名浦阳。《越绝书》卷八记载:'浦阳者,句践军败失众懑于此,去县五十里。'这里的'浦阳'即是今日之钱清。"③ 吴王夫差二年(前494年)"败越于夫椒。……攻入越境,句践以余部五千屯会稽山。"④ 会稽山脉今夏履镇越王山,即为当时越军所退之处,在此积蓄生聚,扩军备战,筑寨练兵,以御吴军,山上曾留有"越王寨"遗址。《越绝书》卷八记云:'杭坞者,句践杭也。二百石长,买卒七士人渡之会夷。'钱清,时为越王句践的出海口,修船坞,屯兵粮,渡之会吴。并在越王山筑寨练兵,以御吴军……钱清江以北为吴所属,以南仍为越地。疆界定于此,战事亦生于此,故钱清曾为古战场。"⑤ 钱清之名,系东汉建和元年(147),会稽太守刘宠奉调离任,因其政绩显赫,越中老叟携钱相赠,宠收一钱权作受之,船至禹会桥时,将钱投之于江,致以江水骤清,始得"钱清"之名。钱清下流之三江口,是一处海防要塞,战事不断。自宋以来设有卫、所、烟缸、墩堠、台寨等军事设施及驻军。明洪武年间,绍兴卫设三江巡检所,汤和建三江所城。三江所编有镇抚1名、千户5员、额军1 352名,弓兵100名。明嘉靖三十三年(1554)正月,倭寇萧显部在松江遭参将卢镗痛击后,经赭山而逃遁于三江口(马鞍沿海一带),犯沥海、曹娥、余姚,卢镗追击,挫寇于龙山,大败倭寇于慈溪,斩萧显。三十四年(1555)六月,杨㝢贼自观海出洋,即指挥王霳等

---

① (清)毛奇龄:《三江考》,第九册,第3234—3235页。
② (清)毛奇龄:《三江考》,第九册,第3235页。
③ 钱清镇志编纂委员会编:《钱清镇志》,中华书局,2013年版,第1页。
④ 沈起炜编著:《中国历史大事年表》,上海辞书出版社,1983年版,第46页。
⑤ 钱清镇志编纂委员会编:《钱清镇志》,中华书局,2013年版,第728页。

邀击于霍山洋，败之，沉其舟，是月参将卢镗败贼于马鞍山。三十五年（1556）八月，卢镗与倭寇激战于夏盖山、三江、金塘、马基之间的海面，击沉寇舟数十艘，斩寇650余人。清康熙元年（1662），倭寇随潮内入至江北村落，潮退后舟泥不得出，为三江驻防千总史雄飞诱而执之，献诸协镇郑，郑尽杀之以报功。

毛奇龄的三上《请罢修三江闸议》，旋经知府俞卿罢修三江闸，专修海塘，也有很大的历史意义。

自汤公于明嘉靖十六年（1537）建三江闸后，并筑塘400余丈堵死钱清江入海通道，至此海塘连成一线，平原与后海隔绝，生聚茂盛，蔚为名郡。毛奇龄对当年汤公如何选址建闸，进行大量调查研究，写成《绍兴府知府汤公传》。传曰：绍恩相浦阳上流，又相下流仍得之三江之口，其地夹两山为浦阳入海故道，下有石峡横亘数十丈，泗水者得之，乃伐石于山依峡建闸，石阴阳相衔烹秫和炭以胶之，石之激水者即刻其首使不得与水争，下有槛而上有梁施横坊其中，刻平水之则于柱石间而启闭之，两堤筑土冶铁而浇其根。"闸凡二十八应二十八宿，堤数百丈，而大闸之内又置备闸数重，曰经溇、曰撞塘、曰平水闵，一年工成，共得良田一百万亩，渔盐斥卤，桑竹场畷亦不下八十万亩，而绍兴於是称大府，沃野千里，绍恩之力也。"①

为维护闸座的修闸之费，初时，山、会、萧三县岁征银若干为启闭费，万历十二年（1584）知府萧良干修之，置沙田一百余亩、草场一所地属山阴，府征其租为修治费。崇祯六年（1633）宁绍台道林日瑞、知府黄绚、山阴知县钟震阳等重修，清康熙二十一年（1682）福建总督姚启圣捐资重修。二十四年（1685）知府胡以焕置田三十亩，以岁入修补闸板铁环。至此，三江闸已历150余年，完好无损。

毛奇龄以民生为本，历时五载三上其议，后以九旬高龄奋笔上书于知府，终于保住了闸座。俞卿不修三江闸专修海塘历时五载，遇到艰辛和困难，以为民谋利靠民众，听民言的理念。"观海书院在丈五村海塘上……知府俞卿督治海塘月必四五至，乡民购书院为讲所。"②每月必有四五次，为父老子弟讲齐国治家修身要务，讲丈午村孝子陆尚质滔海救父丧身，父生还事迹胜于曹娥的精神，并把修海塘与乡亲们能过安居乐业的生活联系起来，听者常有千余人。把民心、民智、民力都聚集于专修海塘，揭露富豪谋避、贿书窜册的腐败行为，修海塘获得巨大成功。把三十余里土堤，以巨石叠垒，牝牡相衡，一劳永固。石塘建成后，俞卿辑写《海塘碑略》《陆孝子传并论》勒石竖立于三官殿内③。肖像复礼，立陆孝子祠，改"丈午古渡"为"陆郎渡"。孝子事迹、罢修闸议与专修海塘成为"观海书院"及各学塾必读课文，使修塘、护闸精神和孝子事迹代代相传。

---

① （清）毛奇龄：《绍兴府知府汤公传》，第八册，第2875页。
② 绍兴县地方志编纂委员会重印：嘉庆《山阴县志》，1992年版，第369页。
③ "丈午村塘在县西北五十里（钱塘江河口丈午古渡头），康熙九年（1670）飓风淫雨，丈午村塘坏塘二十余丈，知县高登先躬亲督筑，不避风雨，五阅月工完，自捐石料三千余丈，役夫七千余工，将内河填阔六丈，上建三官庙（三位治水有功的太守）镇之。"（嘉庆《山阴县志》第378页）

四、结语

　　毛奇龄的《三江考》和《请罢休三江闸议》，均体现了他以人为本、拒腐倡廉理念。如何从中汲取滋养现实的智慧和力量，有着很大的现实意义。他倡导务实清廉、亲民爱国的民本思想，身体力行，著书立言。他对贪污腐败深恶痛绝，揭穿山阴人李师曾等与县令高天骥勾联，以修三江闸为名捞取民钱的行为，对当前的反腐倡廉斗争亦有一定借鉴和教育意义。在新时代中国特色社会主义现代化建设，实现共同富裕，人民享受美好生活进程中，要牢记以民为本的宗旨观念，坚持反腐倡廉，敢于揭露腐败行为，形成风清气正的政治环境。同时要教育孩子自觉养成爱国、爱家、孝敬父母长辈，诚信做人、踏实做事，勤奋学习，扣好人生第一粒扣子，进而成长为清正廉明的国家栋梁之材，实现党和国家长治久安，使人民享受更加美好的幸福生活。

变革时代下的"异端"相惜
——吴虞与毛奇龄

浙江省萧山中学　何辰波

摘　要：毛奇龄曾因批评宋儒，批判朱熹，被称为清朝非著名"杠精"，遭到了全祖望的批判。吴虞因其猛烈批孔，遭到了当时尊孔复古派的批评。在吴虞读到了毛奇龄和全祖望以后，他也表达了自己的看法。本文主要分为四个部分。第一部分论述毛奇龄的对宋儒的批判和他遭到的批判，第二部分论述吴虞对孔教的批判和他遭到的批判；第三部分论述吴虞对毛奇龄的看法；第四部分探讨在变革时代下笔者对于异端的一些思考。

关键词：变革时代　异端　毛奇龄　吴虞

明末清初和清季民国，是中国历史上两个大变革的时代。明清易代，中国再度经历少数民族的统治，传统的程朱理学也在此时遭到质疑和冲击，毛奇龄则是那个时代下的一名质疑者，被时人视为"异端"。民国建立，中国迎来了许多新的思想，传统的儒学孔教遭到冲击，吴虞也曾举起反孔大旗，批判吃人礼教，被当时的尊孔派视为"异端"。"异端"如何进行批判，"异端"遭受了怎样的批判，"异端"如何看待"异端"，我们又该怎样看待"异端"引人深思。

一、反宋"异端"——毛奇龄的批判与被批判

（一）毛奇龄对宋儒的批判

毛奇龄曾对宋儒发出猛烈批判，毛奇龄指出"汉儒信经，必以经为义，凡所立说，惟恐其义之稍远乎，而宋人不然"[1]。他认为经义之学发端于汉武帝设置五经博士，但是宋人却早已背离了汉儒的初心。他认为宋人"第先立一义，而使诸经之为说者，悉以就义。合则是，不合即非，是虽名为经义，而不以经为义。有疑《文言》非《十翼》文者，有疑《顾命》非周公所制《礼》者，有疑《春秋传》非左丘氏书，有疑《孝经》为六代后增改，非七十子所旧传者。而

---

[1]（清）毛奇龄撰，虎晓敏主编：《毛奇龄全集》第 24 册，学苑出版社，2015 年版，第 240—241 页。

至于《士礼》则废之，《周官》经则明斥之，《王制》《月令》《明堂位》诸篇则直袪之、细之。然且有误读《隋书经籍志》，而谓《尚书》为伪书，误读刘歆《让博士书》，而谓今所传《国风》为伪诗者。是无经也，无经安得有义？"① 宋儒以义就经的本末倒置和疑古情节，最终导致无经，使经书留下来的很少。经是义的根本，义是经的表现，但没有了经，也就没有了义，因此宋儒的做法，对经义之学的传承造成了巨大的伤害与破坏。

毛奇龄对朱熹的批判则更为猛烈，他不但撰写《四书改错》矛头直指朱熹的《四书集注》，他还斥责道"独是分之为经传而删削，而移易之，则万万无是理者……而朱氏于《大学》，于《孝经》，于《仪礼》《周礼》《礼记》则直取而分之，且即分之亦不必遽为删改。郑氏未尝删二雅，仲长氏未尝改三礼也，而朱氏则不止分之，直取而删之、改之、移易之，注经者当如是乎？"② 毛奇龄认为历朝历代儒学大师，都不敢去分拆、删改儒家经典，力图保留传统。而朱熹不但对儒家经典进行拆分，还进行了删改，更是对其中的篇目进行了移动，认为朱熹的做法不是一个注经者的正确做法，完全是在篡改经典。

（二）全祖望对毛奇龄的批判

在对前人进行激烈批判的同时，毛奇龄亦遭受到了来自后人的批判。比他晚出生82年的全祖望就撰写了《萧山毛检讨别传》，对他的经历品德、学问、私人生活、治学等方面进行了谴责。在毛奇龄的经历与品德方面，全祖望谴责"西河少善词赋，兼工度曲，放浪人外……顾其时蕺山先生方讲学，西河亦尝思往听之，辄却步不敢前。祁氏多藏书，西河求观之，亦弗得入……西河平日亦素不持士节，多仇家，乃相与共发其杀人事于官，当抵死，愈益亡命，良久，其事不解，始为僧渡江而西。"③ 他认为毛奇龄性格胆小，却狂妄自大，十分膨胀，因而招惹了很多仇家，甚至一度被迫削发为僧。在毛奇龄的学问方面，全祖望谴责"顾西河既为史官，益自尊大无忌惮。其初年所蹈袭，本不过空洞、沧溟之余，谓唐以后书不必读，而二李不谈经，西河则谈经，于是并汉以后人俱不得免。而其所最切齿者为宋人，宋人之中所最切齿者为朱子，其实朱子亦未尝无可议，而西河则狂号怒骂，惟恐不竭其力，如市井无赖之叫嚣者，一时骇之。"④ 全祖望认为毛奇龄在学问方面，同样妄自尊大，对当时正统思想的宋学不屑一顾，特别是在对朱熹的批判方面，毛奇龄的狂号怒骂，歇斯底里，像一个市井无赖，很伤文人大雅。毛奇龄也因为他的狂妄和好与人争辩，吃过亏"一日与富平李检讨天生会于合肥阁学座，论韵学，天生主顾氏亭林韵说，西河斥以邪妄，天生秦人，故负气，起而争，西河骂之，天生奋拳殴西河重伤，合肥素以兄事天生，西河遂不敢校，闻者快之。"⑤ 学术上的

---

① （清）毛奇龄撰，庞晓敏主编：《毛奇龄全集》第24册，《经义考》序，学苑出版社，2015年版，第240—241页。
② （清）毛奇龄撰，庞晓敏主编：《毛奇龄全集》第18册，《孝经问》，学苑出版社，2015年版，第207—208页。
③ （清）全祖望原著，黄云眉选注：《鲒亭文集选注》，齐鲁书社，1982年版，第304—305页。
④ （清）全祖望原著，黄云眉选注：《鲒亭文集选注·萧山毛检讨别传》，齐鲁书社，1982年版，第304—305页。
⑤ （清）全祖望原著，黄云眉选注：《鲒亭文集选注·萧山毛检讨别传》，齐鲁书社，1982年版，第305页。

争论本可以博采众长，求同存异，在互相交流中共同进步，可毛奇龄一定要贬低对方，和李天生一争高下，最终惹怒了李天生，挨了一顿拳脚，文人遇到壮士，只能打碎牙齿往肚子里咽。此外，全祖望还对毛奇龄的品德进行批判"顾西河前亡命时，其妇困于杭者三年，其子瘐死，及西河贵，无以慰藉其妇，时时与歌童辈为长夜之乐，于是其妇恨之如仇，及归，不敢家居，侨寓杭之湖上。浙中学使者张希良，故西河门下也，行部过萧山，其妇逆之西陵渡口，发其夫生平之丑，詈之至不可道，闻者掩耳，疾趋而去。"①认为毛奇龄的妻子在毛奇龄的低谷时没有背叛他，而他却在自己发达以后，抛弃了自己的妻子，导致他的妻子出去告状，揭露他的丑事，引发众人的不耻，这样的行为显然有违中国的传统伦理道德。在毛奇龄的治学方面，全祖望对当时已经出版了的部分西河集，从八个方面进行批判"其中有造为典故以欺人者，有造为师承以示人有本者，有前人之误已经辩证，而尚袭其误而不知者，有不考古而妄言者，有前人之言本有出，而妄斥为无稽者，有因一言之误而诬其终身者，有贸然引证而不知其非者，有改古书以就己者"②并把他认为毛奇龄的谬误，编成了《萧山毛氏纠谬》十卷。这样的批判，可以说是对毛奇龄学术彻底的否定。全祖望出生时，毛奇龄已是暮年，全祖望记事时，毛奇龄已然去世，双方并无存在私人恩怨的可能性。全祖望发出这样的批判，这其中有毛奇龄的性格原因，有全祖望的个人主观情感，有两人生活的时代的不同，毛奇龄生活在一个变革的时代，全祖望生活在一个大一统的时代，也许还因为毛奇龄以"异端"挑战正统，特别是对朱熹的批判用力过猛。

二、反孔"异端"——吴虞的批判与被批判

（一）吴虞对孔教的批判

吴虞曾对孔教进行过深刻的批判，他指出"孔学之流传于后世，荀卿之力居多；孔教之遗祸于后世，亦荀卿之罪为大"③《毛诗》《鲁诗》《左氏春秋》《谷梁春秋》等著作，都是荀子传下来的，于是他把反对孔教的矛头指向荀子。他认为进行政治改革，必须对儒教家族进行深入的改革，否则无法实现共和。他从三个方面指出荀子之学与共和的不相容"夫知政治当改革者，容纯父诸人也；知政治儒教当改革者，章太炎诸人也；知家族制度当改革者，秦瑞玠诸人也；知政治、儒教、家族制度三者之联结为一，而皆不可不改革者，严几道诸人也。而荀卿则"三本"并称，尊王尤甚，其不合于共和一也。……夏曾佑论之曰：李斯本孔子专制之法，行荀卿性恶之旨，卒至具五刑。黄犬东门，父子相哭，千古为之增悲，皆荀卿以持宠固位终身不厌之术，为臣事君之宝之教害之也。夫尊君卑臣，患得患失，至于教之持宠固位，以顺为正，同于妾妇，终不免于祸国亡身，去公仆之义远，其不合于共和二也。……《正名篇》曰：民易一以道，而不可与共故。"郝懿行解云："故谓所以然也。夫民愚而难晓，

---

① （清）全祖望原著，黄云眉选注：《鲒埼亭文集选注·萧山毛检讨别传》，齐鲁书社，1982年版，第305页。
② （清）全祖望原著，黄云眉选注：《鲒埼亭文集选注·萧山毛检讨别传》，齐鲁书社，1982年版，第305页。
③ 吴虞：《读〈荀子〉书后》，《新青年》，1917年第3卷第1号，第1页。

故但可皆之大道，而不可与共明其所以然。所谓'民可使由之，不可使知之'夫立宪之国，务智其民；教育普及，富强之要。欧美恒言：欲民行之，必先智之。《管子》曰：智者知之，患者不知，不可以教民。荀子之说，适得其反，此不合于共和三也"①。荀子尊崇天地君亲师三本，尤其尊王，采取愚民政策与共和体制不相容，因此，要实现共和，必须彻底抛弃孔教，也就是荀子之学。他还认为，儒家的观念，强调人与人阶级地位的不平等，"孔氏主尊卑、贵贱之阶级制度，由天尊地卑，演而为君尊臣卑，父尊子卑，夫尊妇卑，官尊民卑。尊卑既严，贵贱遂别，几无事不含有阶级之精神意味。故两千年来不能铲除阶级制度②"。儒家的三纲五常，充斥着各种各样的尊卑观念，维护着中国的阶级制度，使中国长期在等级森严的封建社会中原地踏步。他还指出"自孔氏诛少正卯，著'悔圣言，非圣无法'之厉禁，孟辑继之，辟杨、墨，攻异端，自附于圣人之徒。董仲舒对策，以为诸不在六艺之科、孔子之术者，皆绝其道，勿使并进。韩愈《原道》'人其人，火其书，庐其居'之说昌，于是，儒教专制统一，中国学术扫地。"③他认为自儒学诞生以来，就始终在排斥，打压其他学术的发展，儒学上升到统治阶级的意识形态以后，更是试图禁绝其他学术，对学术界实施文化专制，严重阻碍了中国学术的发展，使得新的思想在中国的出现缺少必要的土壤，于是他高声疾呼"儒教不革命，儒学不转轮，吾国遂无新思想、新学说，何以造新国民？悠悠万事，唯此为大。已吁！"④希望对于儒学进行彻底的革命，否则中国将不会产生新的思想、新的学说，也就不会造就新的国民，将始终沦于专制社会的阴霾之下。在读罢鲁迅的《狂人日记》后，他更是感慨道"到了如今，我们应该觉悟！我们不是为君主而生的！不是为圣贤而生的！也不是为纲常礼教而生的！甚么'文节公'呀，'忠烈公'呀，都是那些吃人的人设的圈套，来诳骗我们的！我们如今应该明白了！吃人的就是讲礼教的！讲礼教的就是吃人的呀！"⑤号召民众实现自身的觉醒，不为君主，不为圣贤，不为纲常礼教所束缚，强调个人意识，反对封建礼教。他还认为，老庄是中国的消极革命派，他们"深知家天下者遗弃公天下之道德，而专以家天下之仁义智，愚弄人民，阴遂其私"⑥因此不愿意参与到残酷的政治游戏当中，老庄之学也就无法成为显学，被统治者推崇。但这并不意味着老庄之学就此销声匿迹，吴虞指出"儒者既谓无所逃于天地之间，而置身盗跖之廷，与负匮担囊者为侣，又节侠之士所鄙夷而不屑，此独行隐逸之士所以史不绝书，而老庄之学，其影响为至巨也！"⑦中国的历史上有很多的隐士，他们不愿同流合污，于是归隐田园，他们是在用一种非暴力不合作的方式，与专制社会进行着自己的抗争。

---

① 吴虞：《读〈荀子〉书后》，《新青年》，1917年第3卷第1号，第2页。
② 吴虞：《儒家主张阶级制度之害》，《新青年》，1917年第3卷第4号，第1页。
③ 吴虞：《儒家主张阶级制度之害》，《新青年》，1917年第3卷第4号，第1页。
④ 吴虞：《儒家主张阶级制度之害》，《新青年》，1917年第3卷第4号，第1页。
⑤ 吴虞：《吃人与礼教》，《新青年》，1919年第6卷第6号，第580页。
⑥ 吴虞：《消极革命之老庄》，《新青年》，1917年第3卷第2号，第1页。
⑦ 吴虞：《消极革命之老庄》，《新青年》，1917年第3卷第2号，第1页。

（二）时人对吴虞的批判

高举反孔大旗成为异端的吴虞，也受到了来自各方面的压力与批判，首当其冲的便是家庭和成都当地社会。在《吴虞传略》中有这样的记载"公元一九一〇年，吴虞因为和父亲发生冲突，受到封建势力的歧视，竟被逐出成都教育界。次年，又因著文'反对儒教及家族制度'，受到清政府通缉。吴虞不得不逃离成都，遁迹穷山。"①作为新思想的倡导者，他反对父为子纲的封建纲常，与他的父亲决裂，却被当时社会所不容，最终不得不出逃。袁世凯复辟之后，吴虞甚至被迫选择隐居讲学。在袁世凯复辟失败之后，成都当地报纸也始终不敢刊登吴虞的文章。除了他的学术观点，他的私人生活亦受当时尊孔复古一派的攻击，"1923年阴历五月，吴虞认识娇玉后，认为她应举于妓女中等级最高的'书寓'之列，遂为她取名'娇寓'。1924年7月，吴虞曾筹巨款，欲赎娇玉，并携之归川，但终为娇玉所骗。"②这是一段再普通不过的情感生活和上当受骗经历，却被当时的保守派抓住了把柄，写了各种诗词对他进行大肆批判与攻击。另外，吴虞晚年纳妾的经历，更是遭受了铺天盖地的攻击"吴虞还在自己59岁时，纳了一个16岁的小妾。此举令吴虞身份尽失，新老人物都对他大肆攻击，社会上流言四起。"③在新旧两派的斗争中，他的私人生活成了攻击的目标，守旧派希望借此打击革新派，革新派也因他的污点而将他排斥在外。身为"异端"的吴虞，既有新思想，又无法彻底与旧观念割裂，最终为新旧两派所不容，使得他的人生又增加了一些悲情的色彩。

三、"异端"相惜——吴虞眼中的毛奇龄

相同的"异端"处境、相似的生活经历、相仿的批判遭遇，使吴虞关注到了毛奇龄，他写下《记毛西河事》发表自己对毛奇龄的看法，也为毛奇龄鸣不平。吴虞认为，毛奇龄的学术观点确有不当之处，"西河淹贯群籍，好为驳辨以求胜。凡他人所已言者，必力反其词。故《仪礼》十七篇古无异议，惟章如愚《山堂考索》载《乐史》五可疑之言。西河独拾其绪论，诋为战国之伪书。"④毛奇龄争强好胜，不接受别人对自己的批评，在学问方面，亦有断章取义的嫌疑。吴虞还特别提到了毛奇龄针对朱熹的细节，"搪击宋儒，至缚草为人象朱熹侍立，读朱书有弗善者，诘难扑责，以示贬辱"⑤。毛奇龄做了一个朱熹人像的稻草人，在他读朱熹的书的时候，发现有他认为不对的地方，就责骂稻草人，来表达对朱熹的羞辱，这样的行为，稍许有些情绪化。毛奇龄的行为虽然有瑕疵，但吴虞认为，他绝不至于被全祖望如此批评，他谈到"吾国儒家，不独于礼、法二者不知辨别，且举宗教、学术而混同之，罢黜百家教学，统一言论思想，束缚诛锄，沉郁阴森，好同恶异，遂使社会、国家永无进化之望，谁生厉阶，

---

① 晋阳学刊编辑部：《中国现代社会科学家传略第10辑》之"吴虞传略"篇，山西人民出版社，1987年版，第97页。
② 曹辛华、钟振振：《民国诗词学文献珍本整理与研究》12《吴虞诗词研究与整理》，河南文艺出版社，2016年版，第45页。
③ 成都传媒集团编：《2014·品成都》，成都时代出版社，2015年版，第200页。
④ 爱智：《读书胜录：记毛西河事》（续），《娱闲录》（四川公报增刊），1915年第3期，第82页。
⑤ 爱智：《读书胜录：记毛西河事》（续），《娱闲录》（四川公报增刊），1915年第3期，第82页。

至今为梗，令人叹息。儒者方端居静坐，诵法先王，合眼闭眉，倡明古学，于国权沦替、同种困穷乃熟视而无睹，日惟钻研指画其一二陈腐断烂之国粹册子，俨同鸿宝，吁可嗤也。使谢山而生今日，知学术、宗教之分，不可强求道一风同之效，其于西河，当别有说，必不如是之苛酷矣。"①吴虞认为，儒家将宗教和学术混在了一起，用宗教的方式来控制学术，使得整个国家的学术陷入僵化，导致整个国家整个社会陷入了停滞，无法进步乃至实现跨越，取得突破。儒生整日两耳不闻窗外事，沉迷于钻研古人的学问，不顾政权更迭，不思百姓疾苦，将古书奉为圭臬，这样的行为确实应该受到批判。他认为全祖望（字谢山）对毛奇龄的批判，也是受到了时代的束缚。毛奇龄生活在一个变革的时代，而全祖望生活的时代中国已重回大一统，以大一统时代的世界观，来批判大变革时代的观点，确实容易过头。人的思想往往受困于他的时代，假如全祖望也生活在一个变革的时代，吴虞相信，他对毛奇龄的看法，会有很大的改观。另外，吴虞评价毛奇龄"为人坎坷磊珂，跅弛旷放"②，虽然毛奇龄的一生经历坎坷，心中有很多的不平，但依然能够做到洒脱自如，敢于打破常规，突破传统，吴虞对此十分欣赏。

四、关于变革时代下"异端"的一些思考

变革时代下，社会上新观点和旧思想会交织在一起，有一部分人拥有新观点，也有一部分人保持着旧思想。拥有新观点的人，往往容易被旧思想视为"异端"。思想的碰撞不可避免，双方也许都需要更加冷静，作为历史的后来者，也应该更加理性地看待这种碰撞。

对于"异端"而言，激情澎湃的批判，当然大快人心，也显示出自己与旧世界彻底割裂的决心。但是砸烂一个旧世界，绝不是靠一两个人的努力，而是要依靠人民群众。因此，"异端"在旧世界进行批判的方式上需要进行一些调整，需要引导人民群众接受新思想、新观点，需要以一种相对温和的方式赢得更多数人的支持。同时，"异端"也需要对旧思想怀有适度的包容，旧思想固然会企图扼杀新观点，进行文化统一，倘若新观点对旧思想毫无包容，那同样也是另一种文化统一，但学术是可以百家争鸣的。

对于"异端"的批判者而言，应当更加理性与客观。学术的争论无可厚非，学术之外的人身攻击则可以尽量避免。金无足赤，人无完人，人总会有各种各样的优点与缺点。当学术观点产生分歧的时候，可以争论，可以争鸣，但这一切只局限在学术之内，切不可用学术外之事来攻击学术内之人。

对于历史的后来者来说，当局者迷，旁观者清，当事人无法突破自身视野的局限，而后来者则可以看的更远。对于新观点与旧思想的碰撞，我们应该放到具体的时代背景当中，了解新观点产生的根源，理解旧思想存在的土壤，在碰撞中理解时代，在碰撞中回望过去，在碰撞中展望未来。

---

① 爱智：《读书賸录：记毛西河事》（续），《娱闲录》（四川公报增刊），1915年第3期，第82页。
② 爱智：《读书賸录：记毛西河事》（续），《娱闲录》（四川公报增刊），1915年第3期，第83页。

参考文献

[1] 爱智:《读书賸录:记毛西河事》(续),《娱闲录》(四川公报增刊)1915年第3期。
[2]《新青年》,1917年第3卷第1号、第3卷第2号、第3卷第4号。
[3] 晋阳学刊编辑部:《中国现代社会科学家传略》第10辑,山西人民出版社,1987年版。
[4] 成都传媒集团编:《2014·品成都》,成都时代出版社,2015年版。
[5](清)全祖望原著,黄云眉选注:《鲒埼亭文集选注》,齐鲁书社,1982年版。
[6](清)毛奇龄撰,庞晓敏主编:《毛奇龄全集》全40册,学苑出版社,2015年版。

附录：毛奇龄研究文献目录

浙江大学古籍研究所　廉皓晨　浙江大学汉语史研究中心　陈东辉

摘　要：本文全面汇总整理了2023年6月之前中国（含香港和台湾地区）以及日本、韩国、美国等刊布的与毛奇龄有关的研究文献，为相关研究者提供资料检索的便利。

关键词：毛奇龄　西河先生　清代学术史　论著目录

编制说明：毛奇龄（1623—1713）系浙江萧山人，以郡望被称作"西河先生"，乃清初著名学者，精通经学、史学、文学、音韵学等，并擅长诗词、骈文、散文等。为了总结历年来关于毛奇龄研究之成绩，并给相关研究者提供资料检索的便利，特编纂本目录。本目录收录中国（含香港和台湾地区）以及日本、韩国、美国等刊布的相关研究论著，时间下限大致为2023年6月（个别论著系2023年7月之后刊布）。本目录包括著作、学位论文、著作和学位论文中的相关部分、报刊和文集文章四大部分。各部分分别按论著发表之时间先后为序排列，其中同一年份论著之排序不再严格依照时间先后，而是酌情而定。硕博士学位论文日益增多，已成为学术研究论著的重要组成部分，不容忽视。对于报刊和文集文章，除了专门研究毛奇龄之文章均予收录外，如该文章中有较多内容涉及毛奇龄，也酌情予以收录。会议论文也归入报刊和文集文章中，仅收录未在报刊和文集发表者。对于相关著作，如有不同版本，依时间顺序分别列出（如个别著作版本过多，则列出主要版本）。著作和学位论文中的相关部分，给本目录的编纂增加了不少工作量，并且增加了难度，但这也是本目录的重要特色，可以给读者提供尽可能多的信息。本目录对于研究文献的界定较为宽泛，一些学术性并不很强的著作和文章（含内部出版物）亦予收录，目的是给读者提供更多的信息和线索。同时，考虑到对于某一位学者学术成就之研究往往不是孤立的，而需要对其生平经历有全方位的了解，因此本目录所收录的关于毛奇龄的研究文献，并不仅限于关于毛奇龄在学术领域之成就的研究文献，而是涉及毛奇龄所有方面的研究文献。

一、著作

陈逢源：《毛西河及其〈春秋〉学之研究》，载《中国思想研究辑刊》四编，台湾花木兰文化出版社，2009 年版。该书是在著者硕士学位论文（台湾政治大学中国文学研究所，1991 年）之基础上修订而成。

陈逢源：《毛西河及其四书学之研究》，载《中国思想研究辑刊》九编，台湾花木兰文化出版社，2010 年版。该书是在著者博士学位论文《毛西河四书学之研究》（台湾政治大学中国文学研究所，1996 年）之基础上修订而成。

崔丽丽：《毛奇龄易学研究》，中国社会科学出版社，2016 年。该书是在著者的博士学位论文（山东大学中国哲学专业，2010 年）之基础上修订而成。

周怀文：《毛奇龄评传》，九州出版社，2017 年版。

王倩文：《毛奇龄与湘湖》，浙江人民出版社，2018 年版。

马洪良：《毛奇龄〈春秋〉学研究》，中州古籍出版社，2020 年版。

胡春丽：《毛奇龄年谱》，复旦大学出版社，2021 年版。

满忠训：《毛奇龄诗学研究》，载《古典诗歌研究汇刊》第三十辑，台湾花木兰文化事业有限公司，2021 年版。

二、学位论文

陈逢源：《毛西河及其〈春秋〉学之研究》，台湾政治大学中国文学研究所硕士学位论文，1991 年。

杜明德：《毛西河及其〈周礼〉学研究》，台湾高雄师范大学中国文学研究所硕士学位论文，1993 年。

陈逢源：《毛西河四书学之研究》，台湾政治大学中国文学研究所博士学位论文，1996 年。

杜明德：《毛奇龄及其昏礼、丧礼学研究》，台湾高雄师范大学国文学系博士学位论文，1998 年。

（日）金原泰介：《毛奇龄研究——朱子学批判とその时代》，日本北海道大学大学院文学研究科东洋哲学专攻博士学位论文，2004 年。

（韩）千基哲：《正祖朝诗经讲义에서의毛奇龄说의비판과수용》，韩国釜山大学校大学院汉文学科博士学位论文，2004 年。

张敏容：《毛奇龄〈易〉学研究》，台湾台北市立师范学院应用语言文学研究所硕士学位论文，2004 年。

薛立芳：《毛奇龄〈经问〉研究》，烟台师范学院专门史专业硕士学位论文，2005 年。

赖芳晖：《毛奇龄〈四书改错〉研究》，台湾"中央大学"中国文学研究所硕士学位论文，2005 年。

吕兆欢：《毛奇龄韵学研究》，台湾辅仁大学中国文学研究所硕士学位论文，2005 年。

程红：《毛奇龄〈春秋〉学研究》，鲁东大学专门史专业硕士学位论文，2006 年。

萧雅俐：《毛奇龄〈仲氏易〉研究》，台湾淡江大学中国文学系硕士学位论文，2006 年。

戴文梅：《毛奇龄及其词作研究》，西南大学中国古代文学专业硕士学位论文，2007 年。

房姗姗：《试论毛奇龄的礼学成就》，鲁东大学专门史专业硕士学位论文，2007 年。

薛立芳：《毛奇龄〈诗〉学研究》，北京师范大学中国古代史专业博士学位论文，2008 年。

张贺：《毛奇龄学术简论》，华东师范大学史学理论及史学史专业硕士学位论文，2008 年。

俞师：《毛奇龄〈蛮司合志〉校注》，广西大学汉语言文字学专业硕士学位论文，2008 年。

闫宝明：《毛奇龄与朱子学》，南开大学中国古代史专业博士学位论文，2009 年。

徐到稳：《毛奇龄四书学研究——以〈四书改错〉为中心》，北京大学中国古典文献学专业硕士学位论文，2009 年。

金灿灿：《清初"浙中三毛"研究》，浙江大学中国古代文学专业硕士学位论文，2009 年。

蒋学：《毛奇龄词研究》，南京大学中国古代文学专业硕士学位论文，2009 年。

洪楷萱：《毛奇龄诗经学研究》，台湾台北市立教育大学中国语文学系硕士学位论文，2009 年。

胡春丽：《毛奇龄与清初〈四书〉学》，复旦大学专门史专业博士学位论文，2010 年。

崔丽丽：《毛奇龄易学研究》，山东大学中国哲学专业博士学位论文，2010 年。

周怀文：《毛奇龄研究》，山东大学中国思想史专业博士学位论文，2010 年。

罗益兰：《毛奇龄词学研究》，浙江工业大学中国古代文学专业硕士学位论文，2010 年。

黄燕妮：《〈蛮司合志〉校注（贵州、四川、云南部分）》，广西大学中国古典文献学专业硕士学位论文，2010 年。

何书勉：《毛奇龄骈文研究》，南京师范大学中国古代文学专业硕士学位论文，2011 年。

赵冬婷：《〈四书改错〉训诂研究》，华中师范大学汉语言文字学专业硕士学位论文，2012 年。

张珊珊：《论毛奇龄的〈论语〉研究》，陕西师范大学中国古典文献学专业硕士学位论文，2012 年。

孙蕴：《毛奇龄〈四书改错〉研究》，鲁东大学中国古典文献学专业硕士学位论文，2012 年。

陈淑蒂：《毛奇龄与湘湖文化研究》，浙江工商大学专门史专业硕士学位论文，2013 年。

胡红：《毛奇龄〈古今通韵〉研究》，福建师范大学汉语言文字学专业硕士学位论文，2013 年。

孔令柱：《毛奇龄〈春秋毛氏传〉研究》，山东师范大学中国古典文献学专业硕士学位论文，2015 年。

刘献姣：《毛奇龄〈诗经〉学研究》，吉林大学中国古代文学专业硕士学位论文，2016 年。

王秋雯：《从理学到考据学——毛奇龄四书学的转折》，台湾政治大学中国文学系硕士学位论文，2016 年。

陈科宏：《清初经学家王夫之、毛奇龄、李光地乐论思想研究》，南京艺术学院音乐学专业硕士学位论文，2017年。

马奇：《毛奇龄音乐思想研究》，南京师范大学中国音乐史学专业硕士学位论文，2018年。

金凤：《毛奇龄〈四书改错〉研究》，扬州大学中国古典文献学专业硕士学位论文，2018年。

吴医坤：《毛奇龄诗歌及其接受研究》，华侨大学中国古代文学专业硕士学位论文，2018年。

戴颖琳：《毛奇龄〈家礼辨说〉研究》，浙江工商大学专门史专业硕士学位论文，2018年。

成祥满：《毛奇龄的女性观研究》，中南民族大学中国古代史专业硕士学位论文，2019年。

朱熙钰：《毛奇龄〈论语稽求篇〉研究》，扬州大学中国古代文学专业硕士学位论文，2019年。

吴悦菊：《毛奇龄论〈西厢记〉研究》，天津师范大学中国古代文学专业硕士学位论文，2019年。

简承禾：《毛奇龄〈尚书〉学及其争议之研究》，台湾成功大学中国文学系博士学位论文，2019年。

三、著作和学位论文中的相关部分

（清）杨希闵：《四书改错平》，清光绪二十五年（1899）福州刊本。

戴君仁：《阎毛古文尚书公案》，台湾中华书局，1963年版；又见《戴静山先生全集》中的《阎毛古文尚书公案》，台湾戴顾志鹓1980年版。

（清）戴大昌：《驳四书改错》，载《续修四库全书》第169册影印清道光二年刻本，上海古籍出版社1995—2002年版。

（清）周春：《古文尚书冤词补正》，载《续修四库全书》第45册影印清抄本，上海古籍出版社1995—2002年版。

（清）皮锡瑞：《古文尚书冤词平议》，载《四库未收书辑刊》第4辑第3册影印清光绪二十二年思贤书局刻本，北京出版社，2000年版；又见吴仰湘编：《皮锡瑞全集》，中华书局2015年版。

林慧如：《明代轶闻》中的《毛大可》，中华书局，1919年版。

小横香室主人编：《清朝野史大观》卷九中的《三毛》《毛奇龄变姓名》《毛子传》《毛西河引经不足据》《毛西河杂记》《西河命册》，卷十一中的《毛奇龄陆生三弦谱记》，中华书局，1915年版；中华书局，1921年版；台湾中华书局，1959年版；上海书店出版社，1981年版；上海文艺出版社，1990年版；江苏广陵古籍刻印社，1995年版；河北人民出版社，1997年版；中央编译出版社，2009年版；上海科学技术文献出版社，2010年版。

赵兰坪：《中国哲学史》第三卷第四篇第五章第二节《毛奇龄》，暨南学校出版部，1925年版。

萧一山：《清代通史》（上）第七篇第三十二章之一百二十六《毛奇龄及清初之怀疑学

者》，商务印书馆，1927年初版；商务印书馆，1932年第一版；商务印书馆，1940年第四版；中华书局，1986年版；华东师范大学出版社，2006年版。

陈钟凡：《中国文学批评史》第十二章第二节之二《毛奇龄西河词话》，中华书局，1929年版。

中华书局编：《古今怪异集成》禀赋类关于毛奇龄部分，中华书局，1930年版；又见汪龙麟、陶佳主编：《中国奇人大观》，北京出版社，1999年版。

范皕海：《古欢夕简》卷二中的《毛西河全集书后》，青年协会书局，1933年版。

洪为法编：《文人故事选》（下）第五辑中关于毛奇龄部分，上海北新书局，1934年版。

武剑虹编：《模范青年》第一章中的《毛奇龄问字解义》，大达图书供应社，1935年版。

马宗霍：《中国经学史》第七章第一节中的《毛奇龄》，中华书局，1935年版。

（清）李元度：《国朝先正事略》中的《毛西河先生事略》，中华书局，1936年版；香港文海书局，1967年版；岳麓书社，1991年版；岳麓书社，2008年版。

（清）俞正燮：《癸巳存稿》中的《书古文尚书冤词后》，商务印书馆，1937年版；辽宁教育出版社，2003年版。又见（清）俞正燮：《俞正燮全集》，黄山书社，2005年版。

朱东润：《中国文学批评史大纲》第五十八《毛奇龄 朱彝尊》，开明书店，1944年版；古典文学出版社，1957年版；台湾开明书店，1975年版；上海古籍出版社，1983年版；上海古籍出版社，2001年版；上海古籍出版社，2004年版；武汉大学出版社，2009年版。

（清）皮锡瑞：《经学通论》中的《论郑樵辨仪礼皆误毛奇龄驳郑樵而攻仪礼之说多本郑樵》《论毛奇龄谓周官不出周公并谓仪礼不出周公而不知仪礼十七篇乃孔子所定不可诋毁》《论伪孔经传前人辨之已明阎若璩毛奇龄两家之书互有得失当分别观之》，中华书局，1954年版。

梁启超：《中国近三百年学术史》中的《清初学海波澜余录》关于毛奇龄部分，台湾中华书局，1958年版；北京市中国书店，1985年版；台湾华正书局，1989年版；东方出版社，1996年版；山西古籍出版社，2001年版；天津古籍出版社，2003年版；河北人民出版社，2004年版；上海三联书店，2006年版；团结出版社，2006年版；人民出版社，2008年版；中国社会科学出版社，2008年版；中国华侨出版社，2008年版；湖南人民出版社，2010年版；岳麓书社，2010年版；中国画报出版社，2010年版；商务印书馆，2011年版；又见朱维铮校注：《梁启超论清学史二种》，复旦大学出版社，1985年版。

（清）阮葵生：《茶余客话》中的《毛西河妄议杜甫早朝诗》《毛西河引经之不足据》，中华书局，1959年版。

姜亮夫：《楚辞书目五种》中的《天问补注一卷》，中华书局，1961年版；又见姜亮夫：《姜亮夫全集》（五），云南人民出版社，2002年版。

（清）张之洞撰，范希曾补正：《书目答问补正》关于毛奇龄部分，中华书局，1963年版；上海古籍出版社，1983年版；台湾汉京文化事业有限公司，1984年版；上海古籍出版社，1998年版；江苏古籍出版社，2000年版；上海古籍出版社，2001年版；广陵书社，2007年版；北京燕山出版社，2008年版；上海古籍出版社，2008年版；上海古籍出版社，2010年版。

张舜徽：《清人文集别录》卷二《西河文集一百一十九卷》，中华书局，1963 年版；台湾明文出版社，1982 年版；华中师范大学出版社，2004 年版。

（清）永瑢等：《四库全书总目提要》中的《仲氏易三十卷》《推易始末四卷》《春秋占筮书三卷》《易小帖五卷》《古文尚书冤词八卷》《尚书广听录五卷》《毛诗写官记四卷》《诗札二卷》《诗传诗说驳义五卷》《续诗传鸟名卷三卷》《郊社禘祫问一卷》《辨定祭礼通俗谱五卷》《春秋毛氏传三十六卷》《春秋简书刊误二卷》《春秋属词比事记四卷》《孝经问一卷》《经问十八卷经问补三卷》《论语稽求篇四卷》《四书賸言四卷补二卷》《大学证文四卷》《圣谕乐本解说二卷》《皇言定声录八卷》《竟山乐录四卷》《古今通韵十二卷》《易韵四卷》《北郊配位议一卷》《西河文集一百九十卷》《西河词话二卷》，中华书局，1965 年版。

张宗海等修，杨士龙等纂：《萧山县志稿》卷十六中的《毛奇龄》，台湾成文出版社，1970 年版。

陈新雄：《古音学发微》第二章第一节之四中的《毛奇龄〈古今通韵〉》，台湾文史哲出版社，1972 年初版；台湾文史哲出版社，1975 年再版；台湾文史哲出版社，1983 年三版。

甘鹏云：《潜庐类稿》中的《书舜典补亡后》，载《近代中国史料丛刊续编》第 43 辑，台湾文海出版社，1975 年版。

观本法师：《香光阁随笔》第四集甲七乙一之四中的《毛奇龄竟山乐录说》，东莲觉苑、香港菩提学会、般若精舍，1976 年编印。

赵尔巽等：《清史稿》卷四百八十一关于毛奇龄部分，中华书局，1977 年版。又见王蘧常主编：《中国历代思想家传记汇诠》，复旦大学出版社，1988 年版；复旦大学出版社，1993 年版。

伍稼青辑：《拾趣续录》中的《毛西河五官并用》，台湾学生书局，1978 年版。

金梁：《清帝外纪》中的《毛西河》，台湾广文书局，1980 年版；上海书店出版社，1998 年版。

陈登原：《国史旧闻》（第三分册）中的《李因笃驱毛奇龄》，生活·读书·新知三联书店，1958 年版；中华书局，1980 年版。

陆鉴三选注：《西湖笔丛》下编之四中的《毛奇龄咏女教场》，浙江人民出版社，1981 年版。

古国顺：《清代尚书学》第三章第一节《毛奇龄及其古文尚书冤词》，台湾文史哲出版社，1981 年版。

（清）平步青：《霞外攟屑》中的《毛西河》，上海古籍出版社，1982 年。

吴辰伯：《江浙藏书家史略》中的《毛奇龄》，台湾文史哲出版社，1982 年版；台湾文史哲出版社，2013 年版。

李毓芙选注：《王渔洋诗文选注》中的《毛奇龄不喜苏诗》，齐鲁书社，1982 年版。

张伯驹、黄君坦选，黄畬笺注：《清词选》毛奇龄部分中的《相见欢》《长相思（二首）》《南柯子》，中州书画社，1982 年版。

蒋亚魁等编：《古人美德故事》第四部分中的《毛奇龄拒绝》，贵州人民出版社，1983 年版。

顾希佳选注：《西湖竹枝词》中的《何日何年断得来》《小姑梳头日西时》，浙江文艺出版社，1983年版。

洪湛侯：《楚辞要籍解题》中的《天问补注》，湖北人民出版社，1984年版。

（清）陈康祺撰，晋石点校：《郎潜纪闻初笔》中的《毛西河穿凿》《毛西河逸事（三则）》，中华书局，1984年版。

（清）陈康祺撰，晋石点校：《郎潜纪闻二笔》中的《毛西河拒奔女》，中华书局，1984年版。

福建师范大学中文系古典文学教研室选注：《清诗选》中关于毛奇龄部分，人民文学出版社，1984年版。

方国瑜：《云南史料目录概说》卷四中的《〈云南蛮司志〉毛奇龄撰》，中华书局，1984年版。

于在春选：《清词百首》中关于毛奇龄部分，人民文学出版社，1984年版。

钱穆：《中国近三百年学术史》第六章《阎潜丘毛西河》，中华书局，1984年版；台湾商务印书馆，1987年版；商务印书馆，1997年版。又见钱穆：《钱穆先生全集》，九州出版社，2011年版。

蔡冠洛编纂：《清代七百名人传》第四编中的《毛奇龄》，北京市中国书店，1984年版。

（清）徐世昌纂，周骏富编：《清儒学案小传》卷二《毛奇龄西河学案上》中关于毛奇龄部分，载周骏富辑：《清代传记丛刊》第5册，台湾明文书局，1985年版。

李濬之编辑：《清画家诗史》乙上中的《毛奇龄》，载周骏富辑：《清代传记丛刊》第75册，台湾明文书局，1985年版。又见《三十三种清代人物传记资料汇编》第40册，齐鲁书社，2009年版。

窦镇辑：《清朝书画家笔录》卷一中的《毛奇龄》，载《三十三种清代人物传记资料汇编》第42册，齐鲁书社，2009年版。

（清）冯金伯纂辑：《国朝画识》卷六中的《毛奇龄》，载周骏富辑：《清代传记丛刊》第71册，台湾明文书局，1985年版。又见《三十三种清代人物传记资料汇编》第42册，齐鲁书社，2009年版。

（清）李集辑：《鹤征录》卷二中的《毛奇龄》，载周骏富辑：《清代传记丛刊》第13册，台湾明文书局，1985年版。又见《三十三种清代人物传记资料汇编》第43册，齐鲁书社，2009年版。

邓之诚：《清诗纪事初编》卷七中的《毛奇龄》，载周骏富辑：《清代传记丛刊》第20册，台湾明文书局，1985年版。

（清）阮元：《儒林集传录存》中的《毛奇龄》，载周骏富辑：《清代传记丛刊》第13册，台湾明文书局，1985年版。

（清）阮元：《国史文苑传稿》中的《毛奇龄》，载周骏富辑：《清代传记丛刊》第13册，台湾明文书局，1985年版。

（清）朱克敬：《儒林琐记》中的《毛奇龄》，载周骏富辑：《清代传记丛刊》第13册，台湾明文书局，1985年版。

（清）章学诚：《章学诚遗书》中的《改正毛西河所撰徐亮生尚书传》，文物出版社，1985年版。

湖南师范学院中国古代文学教研室编：《中国历代作家小传》（下册）（第二分册）中关于毛奇龄部分，湖南人民出版社，1985年版。

（清）张维屏辑：《国朝诗人征略初编》卷十中的《毛奇龄》，载周骏富辑：《清代传记丛刊》第21册，台湾明文书局，1985年版。

（清）王晫著，陈大康译注：《今世说》中的《毛大可游靖江》《毛大可过海陵》《毛大可善歌》，载周骏富辑：《清代传记丛刊》第18册，台湾明文书局，1985年版。

（清）郑方坤：《国朝名家诗钞小传》卷一中的《西河诗钞小传》，载周骏富辑：《清代传记丛刊》第24册，台湾明文书局，1985年版。又见《三十三种清代人物传记资料汇编》第41册，齐鲁书社，2009年版。

叶铭辑：《国朝画家书小传》卷二中毛奇龄部分，载周骏富辑：《清代传记丛刊》第81册，台湾明文书局，1985年版。

马宗霍辑：《书林藻鉴清代篇》中的《毛奇龄》，载周骏富辑：《清代传记丛刊》第86册，台湾明文书局，1985年版。

（清）吴修编：《昭代名人尺牍小传》卷一中的《毛奇龄》，载周骏富辑：《清代传记丛刊》第30册，台湾明文书局，1985年版。

浙江省社会科学研究院编：《浙江人物简志》（中）的毛奇龄部分，浙江人民出版社，1985年版。

（清）李桓：《国朝耆献类征初稿》卷百十八中的《毛奇龄》，载周骏富辑：《清代传记丛刊》第148册，台湾明文书局，1985年版。

葛虚存编：《清代名人轶事》中的《毛西河负才》《毛西河獭祭》，台湾文海出版社，1985年版；书目文献出版社，1994年版；山西古籍出版社，1997年版。

（清）钱林辑、（清）王藻编：《文献征存录》卷一中的《毛奇龄》，载周骏富辑：《清代传记丛刊》第10册，台湾明文书局，1985年版。又见《近代中国史料丛刊三编》第14辑，台湾文海出版社，1986年版。

张孟伦：《中国史学史》（下）第七编第三章之一中的《毛奇龄》，甘肃人民出版社，1986年版。

沈轶刘、富寿荪选编：《清词菁华》中关于毛奇龄部分，安徽文艺出版社，1986年版。

徐珂编：《清稗类钞》中的《毛西河五官并用》《毛西河博闻强记》《毛西河默写市招》《毛西河默写染肆账册》《朱竹垞毛西河之诗文》《毛西河画竹梅》《印天吉为毛西河推命》《毛西河词为冯氏所悦》《张南士携毛大可归》，中华书局，1986年版。

王钟翰点校：《清史列传》卷六十八中的《毛奇龄传》，中华书局，1987年版。

李廷锦、李畅友选注：《历代竹枝词选》中的《毛奇龄〈西湖竹枝词〉》，广西人民出版社，1987年版。

吴文治主编：《中国古代文学理论名著题解》中的《毛奇龄〈西河词话〉》（曹济平撰），黄山书社，1987年版。

陈多、叶长海选注：《中国历代剧论选注》第三编《连厢词》，湖南文艺出版社，1987年版。

宛敏灏：《词学概论》第十章之一中的《毛奇龄和李渔对词韵的见解》，上海古籍出版社，1987年版，中华书局，2009年版。

陈友琴主编：《元明清诗选注》下册《毛奇龄》，北京出版社，1988年版。

祁连休编：《中国历代文化名人珍闻录》毛奇龄部分的《十三岁应考》（孙慰耆整理）、《拜师学经史》（孙慰耆整理），上海文艺出版社，1989年版。

陈鼓应、辛冠洁、葛荣晋主编：《明清实学思潮史》第四十章《毛奇龄崇尚"事功"，反对"以空言说经"的思想》（陈德述撰），齐鲁书社，1989年版。

何瑞澄选析：《清诗词赏析》毛奇龄部分的《浪淘沙》《南乡子》，广西教育出版社，1989年版。

叶衍兰、叶恭绰：《清代学者象传》关于毛奇龄部分，上海古籍出版社，1989年版。

祁连休编：《中国历代文化名人珍闻录》（上）中关于毛奇龄部分，上海文艺出版社，1989年版。

赵伯陶选译：《清词选译》中关于毛奇龄部分，山东大学出版社，1989年版。

崔富章：《四库提要补正》史部三十中的《杭志三诘三误辨一卷》，杭州大学出版社，1990年版。

郭扬：《易经求正解》第一章第一节之六《毛奇龄"易有五义"》，广西人民出版社，1990年版。

蔡仲德注译：《中国音乐美学史资料注译》（下）中《竟山乐录》部分，人民音乐出版社，1990年版。

（美）恒慕义（Hummel，A.W）主编，中国人民大学清史研究所《清代名人传略》编译组译：《清代名人传略》中的《毛奇龄》，青海人民出版社，1990年版。

严迪昌：《清词史》第二章第一节之五《毛奇龄》，江苏古籍出版社，1990年版；台湾五南图书出版有限公司，1998年版；浙江古籍出版社，2002年版；人民文学出版社，2011年版。

霍松林主编：《中国历代诗词曲论专著提要》中的《西河词话》《西河诗话》，北京师范学院出版社，1991年版。

胡效琦主编：《杭州市戏曲志》中的毛奇龄部分，浙江文艺出版社，1991年版。

廖名春、康学伟、梁韦弦：《周易研究史》第六章第三节之三《毛奇龄对朴学易的提倡和对图书学的辨证》，湖南出版社，1991年版。

钱曾怡、刘聿鑫主编：《中国语言学要籍解题》方言类中的《越语肯綮录》（丁启阵撰），齐鲁书社，1991年版。

李佐贤、袁晖编著：《学海误区》中的《春江水暖鸭先知——毛奇龄评诗偏执的失误》，开明出版社，1991年版。

吴永章：《中国南方民族史志要籍题解》中的《蛮司合志》，民族出版社，1991年版。

张舜徽：《爱晚庐随笔》中的《毛奇龄之才》，湖南教育出版社，1991年版，华中师范大学出版社，2005年版。

易重廉：《中国楚辞学史》清代部分第三章第二节《毛奇龄》，湖南出版社，1991年版。

陈竹：《中国古代剧作学史》，又名《明清言情剧作学史稿》第十章第六节《毛奇龄论"外极其象，内极其意"》，华中师范大学出版社，1991年版；武汉出版社，1999年版。

胡朴安鉴定，吴拯寰等译注：《清文观止》中关于毛奇龄部分，岳麓书社，1991年版；岳麓书社，2004年版。

郭绍虞等编：《万首论诗绝句》中的《读毛西河瀨中集作》《题毛西河诗话后》，人民文学出版社，1991年版。

李晋华：《明史纂修考》之六中关于毛奇龄部分，载《民国丛书》第4编第74册，影印哈佛燕京学社1933年版；上海书店，1992年版。

姜聿华：《中国传统语言学要籍述论》第三章第二节之六《清毛奇龄〈越语肯綮录〉》，书目文献出版社，1992年版。

钱仲联选注：《清词三百首》毛奇龄部分中的《相见欢》《南柯子·淮西客舍接得陈敬止，有寄》，岳麓书社，1992年版。

钱钟书：《谈艺录》中的《随园评毛西河论苏东坡诗未谛》，上海书店，1992年版。

吴枫、刘干先主编：《中华野史大博览》中的《毛西河五官并用》《毛西河默写染肆账册》，中国友谊出版公司，1992年版。

张清泉：《清代论语学》第四章第二节之一《毛奇龄〈论语稽求篇〉》，台湾逢甲大学中国文学研究所硕士学位论文，1992年。

陈祖武：《清初学术思辨录》十四之三《毛奇龄与清初经学》，中国社会科学出版社，1992年版。

（清）施闰章撰，何庆善、杨应芹点校，刘学锴审订：《施愚山集》卷六中的《毛大可诗序》、卷十七中的《毛子传》，黄山书社，1992年版。

费只园著，文白等编译：《清朝艳史演义》第十回《龙梅庵晨索寄笺人，毛西河夜拒当垆女》，华龄出版社，1992年版。又见《清代三百年艳史》，吉林文史出版社，1991年版；大众文艺出版社，2003年版。

（清）阮元：《揅经室集》二集卷七中的《毛西河检讨全集序后》，中华书局，1993年版。

李新魁、麦耘：《韵学古籍述要》中的《古今通韵》，陕西人民出版社，1993年版。

孙英春、张炼编：《文人相轻》中的《春江水暖"鹅"先知——毛奇龄与东坡诗》，国际文化出版公司，1993年版。

上海古籍出版社编：《诗人世界——中国诗歌故事大观》毛奇龄部分的《相对卖浆女》《"芍药开时说曼殊"》，上海古籍出版社，1993年版。

陈志根、朱淼水编著：《历史名人与萧山》中的《毛奇龄才气横溢》，当代中国出版社，1993年版。

郑万耕：《易学名著博览》第六章之四《毛奇龄〈仲氏易〉》，学苑出版社，1994年版。

《中国文学答问总汇》编委会编：《中国文学答问总汇》中的《毛奇龄的生平和创作情况怎样？》，北京十月文艺出版社，1994年版。

刘玉瑛：《古今怪海》中的《五官并用的毛奇龄》，吉林文史出版社，1994年版。

梁绍辉：《周敦颐评传》第四章之三《毛奇龄的"本之二氏"说》，南京大学出版社，1994年版；南京大学出版社，2011年版。

陆林主编，王欲祥选注：《清代笔记小说类编·奇异卷》《彤史拾遗》中的《刘美人》，黄山书社，1994年版。

（清）尚秉和原著，刘光本撰：《周易古筮考通解》中的《清毛西河筮出亡》，山西古籍出版社，1994年版。又见尚秉和著，常秉义点校：《周易尚氏学·周易古筮考》，光明日报出版社，2006年版。又见尚秉和著，柯誉整理：《焦氏易诂：外一种》，九州出版社，2010年版。又见尚秉和编撰，宋烨凭、苏建利评释：《清毛西河筮出亡》，中央编译出版社，2010年版。

钱仲联、钱学增选注：《清诗三百首》毛奇龄部分中的《打虎儿行》，岳麓书社，1994年版。

《中华文明史》编纂委员会编：《中华文明史》第9卷《清代前期》第十章第八节之四《毛奇龄对宋儒的批评和〈四书改错〉》，河北教育出版社，1994年版。

杨向奎：《清儒学案新编》第1卷中的《西河学案》，齐鲁书社，1994年版。

查洪德、王太阁主编：《三教慧海》（上）中的《毛奇龄痛打朱熹》，中州古籍出版社，1994年版。

（清）梁绍壬撰，范春三编译：《两般秋雨庵随笔》卷二中的《毛西河》，新疆人民出版社，1995年版。

范秀传主编：《中国边疆史地古籍题解》中的《蛮司合志》，新疆人民出版社，1995年版。

王思治、李鸿彬主编：《清代人物传稿》中的《毛奇龄》（黄爱平撰），中华书局，1995年版。

蔡仲德：《中国音乐美学史》第四十二章第二节《〈竟山乐录〉的音乐美学思想》，人民音乐出版社，1995年版；人民音乐出版社，2003年版；人民音乐出版社，2004年版。

朱伯崑：《易学哲学史》第四卷第九章第二节之二《毛奇龄〈仲氏易〉和李塨〈周易传注〉》，华夏出版社，1995年版；昆仑出版社，2004年版。

赵山林：《中国戏剧学通论》第九章第三节之五《毛奇龄对〈西厢记〉的论定》，安徽教育出版社，1995年版。

宋会群、苗雪兰：《中华第一经——〈周易〉与中国文化》第二章第五节之二《从黄宗羲、毛奇龄、胡渭到惠栋：朴学易的确立》，河南大学出版社，1995年版。

朱伯崑：《易学哲学史》第四卷第九章第二节之二《毛奇龄〈仲氏易〉和李塨〈周易传注〉》，华夏出版社，1995年版。

李显深：《中国历代神通成才之路》中的《毛奇龄十三岁中秀才》，西苑出版社，1996年版；西苑出版社，2009年版。

朱洪国选注：《中国骈文选》中的《复沈九康成书》，四川文艺出版社，1996年版。

中国科学院图书馆整理：《续修四库全书总目提要（稿本）》中的《河图洛书原舛编一卷》《白鹭洲主客说诗一卷》《周礼问二卷》《昏礼辨正一卷》《丧礼吾说篇十卷》《曾子问讲录四卷》《春秋条贯篇十一卷》《大学知本图说一卷》《四书改错二十二卷》《越语肯綮录一卷》《后鉴录七卷》《王文成传本二卷》《蛮司合志十五卷》《天问补注一卷》，齐鲁书社，1996年版。

罗振玉：《贞松老人遗稿》甲集中的《毛西河毛总戎墓志铭跋》，载《民国丛书》第5编，上海书店，1996年版。

荣斌、徐世典主编：《中国历史文化名城》中的《毛奇龄传略》，山东友谊出版社，1996年版。

易宗夔著，李惠明译注：《新世说》中的《毛大可雄辩惊人》《毛奇龄辨析音韵》《毛大可少负奇才》《毛奇龄论郊祀配位》《毛奇龄积久赅博》，东方出版中心，1996年版。又见易宗夔著，张国宁点校：《新世说》，山西古籍出版社，1997年版。

杨荫深：《清代学术家列传》中的《毛奇龄》，载《民国丛刊》第5编第81册影印光明书局，1948年版；上海书店，1996年版。

冯元魁：《二十五史新编·清史》中的关于毛奇龄部分，上海古籍出版社，1997年版。

李罗力等编著：《中华历史通鉴·学术思想史卷》第九章第八节之四《毛奇龄对宋儒的批评和〈四书改错〉》（步近智撰），国际文化出版公司，1997年版。

孙静庵著，张明芳点校：《栖霞阁野乘》中的《毛西河拒奔女》，山西古籍出版社，1997年版。

张宏儒、张晓虎主编：《中华人物史鉴》中的《毛奇龄》，团结出版社，1997年版。

王志坚编著：《名士情缘》中的《毛奇龄妻妾争宠》，河北教育出版社，1997年版。

沈习康、朱奕编注：《明清闲情小品》（一）毛奇龄部分的《陈老莲别传》，东方出版中心，1997年版。

中国戏曲志编辑委员会、《中国戏曲志·浙江卷》编辑委员会编：《中国戏曲志·浙江卷》中的《毛奇龄》《毛西河论定西厢记》，中国ISBN中心，1997年版。

吴伟斌编选：《芙蓉出水·荷花》中的《双带子（红荷短间百荷长）》，江苏古籍出版社，1997年版。

郑万耕：《易学源流》第七章之三《毛奇龄胡渭对图书学的驳议》，沈阳出版社，1997年版。

张仲谋：《清代文化与浙派诗》第三章第二节《反宋诗的急先锋毛奇龄》，东方出版社，1997年版。

谢祥皓、刘宗贤：《中国儒学》第五编第三章第一节（一）《毛奇龄、阎若璩、姚际恒》，四川人民出版社，1998年版。

顾颉刚著，印永清辑，魏得良校：《顾颉刚书话》中的《全祖望父子纠毛奇龄之谬》，浙江人民出版社，1998年版。又见顾颉刚著：《顾颉刚全集》卷十，中华书局，2010年版。

邓之诚著，邓瑞点校：《桑园读书记 附：柳如是事辑》中的《西河合集》，辽宁教育出版社，1998年版。又见邓之诚著，赵丕杰选编：《五石斋小品》，北京出版社，1998年版。

马文大、陈坚编著：《清代经学图鉴》卷上《毛奇龄》，国际文化出版公司，1998年版。

修海林、罗小平：《音乐美学通论》第一章第六节之三中的《毛奇龄的音乐审美观》，上海音乐出版社，1999年版。

张素芹编著，李玲九改编：《中国历代神童：元明清卷》中《毛奇龄少年的故事》，中国书籍出版社，1999年版。

何宗旺、张家国编著：《易占解读》中的《毛奇龄：春秋占筮法》，广西民族出版社，1999年版。

艾治平：《清词论说》卷下的关于毛奇龄部分，学林出版社，1999年版。

陈水云：《清代前中期词学思想研究》第二章第一节《沈谦、毛奇龄》，武汉大学出版社，1999年。该书是在著者的博士学位论文（南开大学中国文学批评史专业，1996年）之基础上修订而成。

赵树功：《中国尺牍文学史》第七章第五节之二《不古不今——毛奇龄》，河北人民出版社，1999年版。

王俊义、黄爱平：《清代学术文化史论》中的《毛奇龄学术研究》，台湾文津出版社，1999年版。

钟慧玲：《清代女诗人研究》第二章第三节之一《钱谦益、毛奇龄诸人》，台湾里仁书局，2000年版。

黄益庸编著：《历代民生诗》毛奇龄部分中的《打虎儿行》，大众文艺出版社，2000年版。

（清）龙顾山人纂，卞孝萱、姚松点校：《十朝诗乘》中的《毛西河轶事》，福建人民出版社，2000年版。

（清）全祖望撰，朱铸禹汇校集注：《全祖望集汇校集注》卷十二中的《萧山毛检讨别传》、卷三十三中的《书毛检讨忠臣不死节辨后》、卷四十一中的《答朱宪斋辨西河毛氏大学证文书》《答杭堇浦辨毛西河述石经原委帖》，上海古籍出版社，2000年版。

衣殿臣编著：《历代咏老诗》毛奇龄部分中的《赠柳生》，大众文艺出版社，2000年版。

（清）李慈铭：《越缦堂读书记》中的《尚书广听录》《昏礼辨正》《四书正事括略》《经问》《武宗外纪》《萧山县志刊误》《西河诗话》，上海书店出版社，2000年版。

宫晓卫编著：《清代散文》中关于毛奇龄部分，上海书店出版社，2000年版。

杨武泉：《四库全书总目辨误》中的《舜典补亡》，上海古籍出版社，2001年版。

王健主编：《儒学三百题》二一九《毛奇龄的基本观点有哪些？》，上海古籍出版社，2001年版。

李国轩主编：《中国野史》第三卷第十三章中的《怪才毛奇龄》，延边人民出版社，2001年版。

来新夏、江晓敏选注：《历代文选——清文》中关于毛奇龄部分，河北教育出版社，2001年版。

戴维：《诗经研究史》第八章第一节之三《畸儒毛奇龄与姚际恒的〈诗经〉研究》，湖南教育出版社，2001年版。

李申：《易图考》第一章第五节《毛奇龄论〈周氏太极图〉渊源》、第十节《毛奇龄结论的动摇》、第十三节《毛奇龄的其他证据》，北京大学出版社，2001年版。

李春光：《清代学人录》中关于毛奇龄部分，辽宁大学出版社，2001年版。

王定璋：《〈尚书〉之谜》中的《毛奇龄〈冤词〉是否有道理？》，四川教育出版社，2001年版。

张寿安：《十八世纪礼学考证的思想活力——礼教论争与礼秩重省》第三章第二节《毛奇龄论"传位法"》、第五章第二节《毛奇龄论"成妇重于成妻"》，台湾"中研院"近代史研究所，2001年版；北京大学出版社，2005年版。

姜亮夫：《姜亮夫全集》（二）《楚辞通故》第二辑中的毛奇龄部分，云南人民出版社，2002年版。

李采芹：《中国消防通史》中的《毛奇龄的〈杭州治火议〉》，群众出版社，2002年版。又见李采芹著：《中国消防文史丛谈》，上海科学技术出版社，2013年版。又见《法律与生活（东方消防）》2016年第2期。

善行主编：《齐鲁历代诗文词曲鉴赏》中的《观海（其三）》（汤贵仁撰），泰山出版社，2002年版。

胡玉缙著，吴格整理：《续四库提要三种》中的《四书正事括略七卷附录一卷》《四书改错二十二卷》，上海书店出版社，2002年版。

郭明道校注：《扬州琼花诗词》毛奇龄部分的《邓琼花台》，江苏古籍出版社，2002年版。

钱国莲、项文惠、毛晓峰选注：《花间词全集》中关于毛奇龄部分，当代世界出版社，2002年版。

林存阳：《清初三礼学》第三章第五节《毛奇龄、姚际恒、王夫之的礼学主张》，社会科学文献出版社，2002年版。

潘啸龙、毛庆主编：《楚辞著作提要》中的《毛奇龄：天问补注》，湖北教育出版社，2002年版。

张民权：《清代前期古音学研究》（下）第四编第一章《毛奇龄〈古今通韵〉及其通转叶音说》，北京广播学院出版社，2002年版。

周建忠、汤漳平主编：《楚辞学通典》之五中的《天问补注（毛奇龄）》，湖北教育出版社，2002年版。

许苏民：《朴学与长江文化》第四章第五节《毛奇龄的"辨道学"和古礼研究》，湖北教育出版社，2003年版。

周金伙：《寿山石大典》第九章之十一《〈后观石录〉三坑法 奇人奇事毛奇龄》，福建美术出版社，2003年版。

李佐贤、吕振海编著：《读书学习的金钥匙》中的《偏执可笑的毛奇龄》，中国统计出版社，2003年版。

杨效雷：《清儒易学举隅》第三章第一节《黄、毛、胡等学者对宋〈易〉的考辨》，香港国际学术文化资讯出版公司，2003年版。该书是在著者博士学位论文（南开大学中国古代史专业，2002年）之基础上修订而成。

张青松：《杭辛斋〈易〉学研究》第三章第一节之六中的《毛奇龄述评》，台湾大学中国文学研究所硕士学位论文，2003年。

邱惠芬：《胡承珙、马瑞辰、陈奂三家〈诗经〉学研究》第三章第三节之三中关于毛奇龄部分，台湾师范大学国文研究所博士学位论文，2003年。

周啸天：《宋元明清诗词曲鉴赏》中的《览镜词》，四川人民出版社，2003年版。

尹继佐、周山主编：《相争与相融——中国学术思潮史的主动脉》中的《毛奇龄对古〈书〉辨伪学的批评》，上海社会科学院出版社，2003年版。

王兆祥主编：《情海洗珠：情爱篇》中关于毛奇龄部分，山西人民出版社，2003年版。

张棡撰，俞雄选编：《张棡日记》中的《检毛西河先生全集》，上海社会科学院出版社，2003年。

徐德明：《清人学术笔记提要》中的《毛奇龄〈西河杂笺〉一卷》，学苑出版社，2004年版。

汪学群：《清初易学》第六章第一节《毛奇龄的易学》，商务印书馆，2004年版。

周寅宾：《明清散文史》第十一章第一节之一《陈维崧 毛奇龄》，湖南人民出版社，2004年版。

王学泰编著：《中国古典诗歌要籍丛谈》（上）中的《西河合集》《西河词话》，天津古籍出版社，2004年版。

宋传水、袁成毅主编：《杭州历代名人》（下）中的《毛奇龄》（董郁奎撰），杭州出版社，2004年版。

朱则杰注评：《清诗选评》中的《赠柳生》，三秦出版社，2004年版。

李真瑜：《北京戏剧文化史》第十三章之三《毛奇龄 万树》，北岳文艺出版社，2004年版。

何庆善：《诗情词境堪吟哦——古典诗词学习例说》第二部分中的《打虎儿行》，安徽大学出版社，2004年版。

谭邦和主编：《历代小品尺牍》中的《毛奇龄：与故人》，崇文书局，2004年版。

凌志轩：《易经例释》中的《清朝毛西河少年出逃占卦》，新疆人民出版社，2004年版。

柳宏：《清代〈论语〉诠释史论》第三章第二节之一《毛奇龄：旁采考订 以相诘难》，扬州大学中国古代文学专业博士学位论文，2004年。

（清）程廷祚撰，宋效永校点：《青溪集》中的《〈古文尚书冤词〉辨上》《〈古文尚书冤词〉辨下》，黄山书社，2004年版。

赵伯雄：《春秋学史》第八章第三节《毛奇龄的〈春秋〉学》，山东教育出版社，2004年版。

黄浩编著：《一杆烟雨：历代词赏析》中关于毛奇龄部分，吉林文史出版社，2004年版。

杨柱才：《道学宗主——周敦颐哲学思想研究》上篇第三章之二《毛奇龄之说辨析》，人民出版社，2004年版。

来新夏：《清人笔记随录》中的《〈胜朝彤史拾遗记〉六卷》，中华书局，2005年版，中华书局，2008年版。

洪湛侯：《徽州朴学》第一章第四节之三《毛奇龄》，安徽人民出版社，2005年版。

高拜石：《新编古春风楼琐记》第拾肆集中的《鸟先知胜鸭先知——毛西河负才自亢》，作家出版社，2005年版。

李玉安、黄正雨编著：《中国藏书家通典》中的《毛奇龄》，中国国际文化出版社，2005年版。

刘人鹏：《阎若璩与〈古文尚书〉辨伪》第三章《〈古文尚书〉辨伪之论争》中关于毛奇龄部分，载《古典文献研究辑刊》初编，台湾花木兰文化出版社，2005年版。该书是在著者博士学位论文《阎若璩与〈古文尚书〉辨伪：一个学术史的个案研究》（台湾大学中国文学研究所，1991年）之基础上修订而成。

许华峰：《阎若璩〈尚书古文疏证〉的辨伪方法》第二章第二节之一《〈疏证〉的阙文与〈冤词〉的关系》、第五章第一节之二《〈冤词〉对"根柢"的考证》，载《古典文献研究辑刊》初编，台湾花木兰文化出版社，2005年版。该书是在著者硕士论文（台湾"中央"大学中国文学研究所，1994年）之基础上修订而成。

（清）翁方纲纂，吴格整理：《翁方纲纂四库提要稿》中的《毛西河合集四百九十三卷》，上海科学技术文献出版社，2005年版。

郭芳忠：《乾嘉学术对晚清书学思想及书风影响之研究》第五章第一节之三《毛奇龄》，台湾高雄师范大学国文学系博士学位论文，2005年。

浙江省人物志编纂文员会编：《浙江省人物志》中的《毛奇龄》，浙江人民出版社，2005年版。

（美）萧邦齐著，叶光庭、张环宙、王芳、李娟合译，陈桥驿校：《湘湖——九个世纪的中国世事》第四章第二节（一）《满清入侵前来集之、蔡仲光和毛奇龄的生活》、（五）《湘湖的编年史家毛奇龄》、（六）《毛奇龄和湘湖：康熙年间的危机》、（七）《毛奇龄和德惠祠》，杭州出版社，2005年版。又见（美）萧邦齐著，姜良芹、全先梅译：《九个世纪的悲歌——湘湖地区的社会变迁研究》第四章（一）《满人征服前来、蔡、毛三人的生活概况》、（五）《湘湖史的记录著毛奇龄》、（六）《毛奇龄与1689—1690年的湘湖危机》、（七）《毛奇龄与德惠祠》，社会科学文献出版社，2008年版。

（日）松川健二编，林庆彰等合译：《论语思想史》第三部第五章《毛奇龄〈论语稽求篇〉——清初的〈集注〉批判》（金原泰介著，林庆彰译），台湾万卷楼图书股份有限公司，2006年版。

盛阅春主编：《武林遗韵 品味下城之历史》中的《毛奇龄和〈杭州治火议〉》，浙江大学出版社，2006年版。

谭家健：《中国古代散文史稿》第九章第五节《清代骈文》中关于毛奇龄部分，重庆出版社，2006年版。

韦力：《鲁迅古籍藏书漫谈》中的《〈西河合集〉存三种》，福建教育出版社，2006年版。

沈青松主编：《历史文化名湖——湘湖》第五辑中的《毛奇龄情倾湘湖》，方志出版社，2006年版。

冯小玉：《让孩子感动一生的勤学故事上进篇》中的《毛奇龄人小志大》，吉林美术出版社，2006年版。

郭盈秀：《茹敦和〈易〉学研究》第二章第二节之一中的《毛奇龄》，台湾中国文化大学中国文学系硕士学位论文，2006年。

吴桑梓等搜集整理：《湘湖文苑·湘湖民间传说》中的《毛西河断案》，浙江人民出版社，2006年。

王玉德：《寻龙点穴：中国古代堪舆术》第十三章中的《春秋占筮书》，中国电影出版社，2006年版。又见王玉德：《堪舆术研究》，中央编译出版社，2010年版。

马禄荷、翟瑞祥、刘自献主编：《诗意的建筑——中国古代建筑诗文赏析》中的《天安门颂诏诗》，河南人民出版社，2006年版。

徐伯庆、林行春、夏凤娟编著：《萧山历代名人》中的毛奇龄部分，大众文艺出版社，2006年版。

李海生：《朴学思潮》第五章第二节之二《毛奇龄对古〈书〉辨伪学的批评》，上海社会科学院出版社，2006年版。

刘晓春主编，张丽婕编著：《清朝那些人》中的《毛西河》，新世界出版社，2007年版。

周友潮：《史事撷英》中的《康熙皇帝驾临西兴毛奇龄恭迎圣驾》，西泠印社出版社，2007年版。

冯素梅：《试论清代"三礼"学研究》中关于毛奇龄部分，山西大学中国古代史专业硕士学位论文，2007年。

步近智、张安奇：《中国学术思想史稿》第九章第八节之四《毛奇龄对宋儒的批评和〈四书改错〉》，中国社会科学出版社，2007年版。

吴通福：《晚出〈古文尚书〉公案与清代学术》第五章《毛奇龄与清代学术》、第六章中关于毛奇龄部分、附录一《阎若璩、毛奇龄生平事迹简要年表》、附录二《阎若璩、毛奇龄的著作目录及其流传》，上海古籍出版社，2007年版。

郭彧：《易图讲座》第49讲《清代的易图：毛奇龄〈推易始末〉中的卦变图》，华夏出版社，2007年版。

谢爱珠：《贤媛之冠——商景兰研究》第五章第四节《男性友人——毛奇龄与商景兰的往来》，台湾"中央"大学历史研究所硕士学位论文，2007年。

洪丕谟、蒋频：《古今百家名联墨迹欣赏》中的《毛奇龄"午日到门听磬远"行书联》，上海远东出版社，2007年版。

郭彧：《京氏易源流》第七章之二三《毛奇龄〈易小帖〉》，华夏出版社，2007年版。

白铭：《二十世纪楚辞研究文献目录》中的《天问补注》，学苑出版社，2008年版。

康全诚：《清代〈易〉学八家研究》（上）第五章《毛奇龄〈易〉学研究》，载《中国思想研究辑刊》初编，台湾花木兰文化出版社，2008年版。该书是在著者博士学位论文（台湾中国文化大学中国文学研究所，2003年）之基础上修订而成。

李灿朝：《明末清初越中文人及其文学研究》下编第五章第三节《毛奇龄的经世实学》，浙江大学中国古代文学专业博士学位论文，2008年。

张雅茹：《清初〈孟子〉学研究》第六章第二节《毛奇龄〈孟子〉考据学析论》，台湾台北市立教育大学中国语文学系硕士学位论文，2008年。

刘宗棠：《清代〈左传〉文献研究》第六章第二节之一《毛奇龄的〈春秋简书刊误〉二卷》，山东大学中国古典文献学专业博士学位论文，2008年。

曹爽：《〈古今韵表新编〉编撰研究》第三章第一节之二（一）《古音体系的参照本——〈古今通韵〉》，吉林大学历史文献学专业硕士学位论文，2008年。

孙锡芳：《清代〈左传〉学研究》第一章第二节之三《毛奇龄、万斯大、姚际恒等学者对〈左传〉学的关注》，北京师范大学中国古代史专业博士学位论文，2008年。

柳宏：《清代〈论语〉诠释史论》第三章第二节之一《毛奇龄：旁采考订 以相诘难》，社会科学文献出版社，2008年版。

马亚中主编：《中国古代诗文名著提要·明清卷》中的《〈西河文集〉一百七十九卷》，河北教育出版社，2009年版。

（清）丘复著，丘其宪、丘允明校注：《愿丰楼杂记》卷六之二十六《毛西河背师卖友》，黑龙江人民出版社，2009年版。

刘德重主编：《中国古代诗文名著提要·诗文评卷》中的《〈西河诗话〉八卷》，河北教育出版社，2009年版。

熊逸：《春秋大义2·隐公元年》第五章之五中的《毛奇龄，万斯大》，广西师范大学出版社，2009年版。

谭新红：《清词话考述》上编中的《毛奇龄〈西河词话〉》，武汉大学出版社，2009年版。该书是在著者博士学位论文《清词话研究》（浙江大学中国古代文学专业，2002年）之基础上修订而成。

吴晗：《吴晗全集·历史卷》第3卷中的《毛奇龄》部分，中国人民大学出版社，2009年版。

杨道诚、韩清显主编：《中国诗词名篇类编赏析·奇诗怪词》第五部分中的《颠倒韵伯兄大千侄阿莲同作》，河南文艺出版社，2009年版。

张润秀、孙如琨：《增广贤文》中的《毛奇龄有奇志》，浙江少年儿童出版社，2009年版。

（清）秦瀛辑：《己未词科录》卷三中的《毛奇龄》，载《三十三种清代人物传记资料汇编》第43册，齐鲁书社，2009年版。

周啸天等编著：《文章千古事——谈诗·论艺》中的毛奇龄《赠柳生》，凤凰出版社，2009年版。

蔡翔任：《从心学到礼学》第四章第三节之三《毛西河对蕺山学说的继承发展》、第五章第一节之二《毛西河对天理、人欲的见解》，台湾中山大学中国文学研究所博士学位论文，2009年。

崔海飞改编：《中华美德故事》中的《毛奇龄胸有大志》，二十一世纪出版社，2009年版。

唐明贵：《论语学史》第八章第二节之三《毛奇龄及其〈论语稽求篇〉的历史地位》，中国社会科学出版社，2009年版。

张小芳：《清代〈西厢记〉理论批评研究》下篇第二章《〈毛西河论定西厢记〉：重建"词例"》，南京师范大学戏剧文学专业博士学位论文，2009年。

蔡春吉：《焦循之学术及其〈读书三十二赞〉研究》第三章第六赞《圣门释非录·毛奇龄》，台湾华梵大学东方人文思想研究所硕士学位论文，2009年。

赵娜：《清代顺康雍时期唐宋诗之争流变研究》第五章第一节之二《冯溥、毛奇龄宗法盛唐，抵制宋诗》，苏州大学中国古代文学专业，2009年。

於梅舫：《学海堂与"汉宋"学的浙粤递嬗》第二章第二节之二《首攻毛奇龄之旨趣》，中山大学史学理论及史学史专业博士学位论文，2009年。

张学淳编著：《辽金元明清绝句品读》中关于毛奇龄部分，上海社会科学院出版社，2009年版。

顾颉刚：《顾颉刚全集》卷十《顾颉刚读书笔记》《壬寅冬日杂钞》中的《毛奇龄、李塨之反疑经》《全祖望父子纠毛奇龄》，卷十二《愚修录》中的《〈周礼〉与周公（毛奇龄与姚际恒疑〈周礼〉〈仪礼〉）》，卷十四《乙卯杂记》中的《毛奇龄论由唐至明戏曲变迁》，中华书局，2010年版。

李春生：《周易使用手册》中的《清毛西河筮出亡》，新世界出版社，2010年。

罗圣堡：《汉宋〈孝经〉学论考》第一章第二节之二《孝道的涵义与范围——以毛奇龄的批评为例》，台湾大学中国文学研究所硕士学位论文，2010年。

（清）毛奇龄：《西河文集》墓志铭卷十一中的《自为墓志铭》，载《清代诗文集汇编》第88册影印清康熙刻西河合集本，上海古籍出版社，2010年版。

（清）毛奇龄：《西河文集》卷首《西河合集领词》（李天馥撰）、《西河合集总序》（李塨撰）、《西河先生传》（盛唐撰）、《西河先生传赞》（王锡撰），载《清代诗文集汇编》第87册影印清康熙刻西河合集本，上海古籍出版社，2010年版。

（清）王绍兰：《许郑学庐存稿》卷二中的《毛西河先生史馆入直图疏证》，载《清代诗文集汇编》第463册民国二十八年影印道光刻本，上海古籍出版社，2010年版。

张明花：《顺治康熙时期明遗民〈诗经〉文献研究》第五章《毛奇龄对〈诗经〉标新立异的解读》，沈阳师范大学中国古代文学专业硕士学位论文，2010年。

王政挺：《易经的故事》中的《节卦：毛西河的毛脾气》，中国友谊出版公司，2010年版。

廖启明：《清初唐宋诗之争研究》第三章第一节之二《汪懋麟、毛奇龄议宋诗起冲突》，南京大学中国语言文学专业博士学位论文，2010年。

赖玉芹：《博学鸿儒与清初学术转变》第二章第五节《毛奇龄：由理学向经学转化之典范》，中国社会科学出版社，2010年版。该书是在著者博士学位论文（华中师范大学历史文献学专业，2004年）之基础上修订而成。

姜广辉：《中国经学思想史》（第四卷）第八十四章之三《毛奇龄对宋儒图书之学的考辨》，中国社会科学出版社，2010年版。

胡源：《越中书法史》第八章第五节之一《毛奇龄书法艺术》，中国社会科学出版社，2011年版。

李士彪：《〈续修四库全书总目提要·经部〉笺证》四书类中的《四书改错二十二卷》，载《古典文献研究辑刊》第13编，台湾花木兰文化出版社，2011年版。

罗卓文：《清乾嘉易学七家研究》第二章第二节之四《毛奇龄》，台湾中国文化大学中国文学系博士学位论文，2011年。

艾治平：《清词品读》毛奇龄部分的《风蝶令·斗草（喜摘惟红豆）》，中国青年出版社，2011年版。

张立敏：《冯溥与康熙京师诗坛》第六章《毛奇龄：坚定的呼应者》，中国社会科学出版社，2011年版。该书是在著者博士学位论文（中国社会科学院中国古代文学专业，2009年）之基础上修订而成。

陈幼文：《天理与人情的冲突与平衡——明代大礼议的礼义研究》第五章第二节《毛奇龄〈辨定嘉靖大礼议〉》，台湾师范大学国文学系硕士学位论文，2011年。

学生德育教育指导小组编：《学生理想信念的教育》第二章中的《毛奇龄从小立志》，辽海出版社，2011年版。

钱钟书：《钱钟书手稿集》中文笔记第二十册中的《〈西河诗话〉八卷》，商务印书馆，2011年版。

魏新河编著：《词学图录》中的《毛奇龄》，黄山书社，2011年版。

段润秀：《官修〈明史〉的幕后功臣》第三章《毛奇龄与〈明史〉修纂》，人民出版社，2011年版。该书是在著者博士学位论文《〈明史〉纂修官现存初拟稿研究》（南开大学史学理论及史学史专业，2007年）之基础上修订而成。

李灿朝：《越水悲歌：明末清初越中文人及文学研究》下编第五章第三节《毛奇龄的经学实学》，南京大学出版社，2011年版。该书是在著者博士学位论文（浙江大学中国古代文学专业，2008年）之基础上修订而成。

颜建华：《清代乾嘉骈文研究》第二章第一节之三《陈维崧、毛奇龄、吴兆骞等人的骈文创作》，光明日报出版社，2011年版。该书是在著者博士学位论文（浙江大学中国古代文学专业，2004年）之基础上修订而成。

张朋：《春秋易学研究——以〈周易〉卦爻辞的卦象解说方法为中心》上篇甲之一中的《毛奇龄〈春秋占筮书〉》，上海人民出版社，2012年版。

田玉琪：《词调史研究》上编第六章第三节之二《〈西河词话〉、〈远志斋词衷〉论词调》，人民出版社，2012年版。

伦明：《伦明全集》中的《古文尚书冤词》，广东人民出版社，2012年版。

李葆嘉：《清代古声纽学》（又名《清代上古声纽研究史论》）上篇第一章第三节《附论毛奇龄倡言声韵兼治》，台湾五南图书出版有限公司，1996年版；上海古籍出版社，2012年版。该书是在作者硕士学位论文（徐州师范大学汉语史专业，1986年）之基础上修订而成。

文廷海：《清代前期〈春秋〉学研究》第四章第一节《毛奇龄重建〈春秋〉解释学》、第六章第二节之二《毛奇龄的〈春秋简书刊误〉》，中国社会科学出版社，2012年版。

孙克强、杨传庆、裴喆编著：《清人词话》（上）中的毛奇龄部分，南开大学出版社，2012年版。

佟大群：《清代文献辨伪学研究》（上）第四章第一节《毛奇龄的文献辨伪学》，人民出版社，2012年版。该书是在著者博士学位论文（南开大学中国古代史专业，2010年）之基础上修订而成。

周元侠：《朱熹的〈论语集注〉研究：兼论〈论语集注〉的解释学意义》第六章第一节之三《陈天祥和毛奇龄对〈论语集注〉的批判性解释》，中国社会科学出版社，2012年版。

孙秋克、姜晓霞编著：《锦书云中来：尺牍小品赏读》中的《与故人》，中州古籍出版社，2012年版。

黄敏学：《清音流转——清代音乐史学的嬗变与转型》第二章第一节《汉学开山之新变——毛奇龄及其后学的音乐史思想》，中国人民大学历史文献学专业博士学位论文，2012年。

张厚齐：《〈春秋〉义法模式考述》第六章第五节之三《毛奇龄模式》，台湾东吴大学中国文学系博士学位论文，2012年。

李远：《清代〈论语〉著述叙录》中的《〈论语稽求篇〉七卷 毛奇龄撰》，西北师范大学中国古典文献学专业硕士学位论文，2012年。

蒋寅：《清代诗学史》（第一卷）第五章第五节之二《毛奇龄与唐宋诗之争》，中国社会科学出版社，2012年版。

（清）谢章铤，刘荣平校注：《赌棋山庄词话校注》卷四中的《毛奇龄、俞士彪词》，厦门大学出版社，2013年版。

李平：《"诗六义"学术史研究》第五章第四节之二《毛奇龄论风、雅、颂》，华中师范大学中国古典文献学专业博士学位论文，2013年。

冯晓睿：《钱澄之〈田间诗学〉研究》第四章第二节之二《文学类——毛奇龄〈白鹭洲主客说诗〉》，广西大学中国古典文献学专业硕士学位论文，2013年。

范凤书：《中国藏书名家与藏书楼》中的《毛奇龄冰香楼》，大象出版社，2013年版。

舒大刚：《中国孝经学史》第十二章第二节《批评朱熹〈刊误〉的学人——毛奇龄》，福建人民出版社，2013年版。

郑吉雄：《近三百年历史、人物与思潮》之四中的《万斯大、毛奇龄的会通〈五经〉》，台湾学生书局，2013年版。

吴仰湘：《皮锡瑞的经学成就与经学思想》第二章之三《〈古文尚书冤词平议〉对毛奇龄的批评》，湖南大学出版社，2013年版。

李默主编：《话说中华文明·康熙盛世时期》中的《毛奇龄批宋儒》，广东旅游出版社，2013年版。

林宗毅：《"西厢学"四题论衡》第二章第三节《毛奇龄之〈毛西河论定西厢记〉》，载《古典文学研究辑刊》四编，台湾花木兰文化出版社，2013年版。该书是在著者博士学位论文（台湾大学中国文学研究所，1998年）之基础上修订而成。

李克：《明清戏曲评点研究》第三章第一节之二《"学术解证型"：毛〈西厢〉的解证特色及其价值》，载《古典文学研究辑刊》七编，台湾花木兰文化出版社，2013年版。

欧阳敏：《中国古代慧童故事·开蒙》中的《毛奇龄应试妙语》，中国经济出版社，2013年版。

蔡堂根：《湘湖史话》第五章之六《毛奇龄怒毁私堤》，杭州出版社，2013年版。

张晓兰：《清代经学与戏曲：以清代经学家的戏曲活动和思想为中心》第五章第三节《毛奇龄与戏曲——清代戏曲研究考据方法之兴起》，上海古籍出版社，2014年版。

漆绪邦主编：《中国散文通史》（下）第八编第七章第二节《陈维崧、毛奇龄、吴兆骞及清前期骈文》，首都师范大学出版社，2014年版。

赵伯雄：《春秋学史》第八章第三节《毛奇龄的〈春秋〉学》，山东教育出版社，2014

年版。

黄世豪：《清代〈古文尚书〉辨伪发展之研究》第一章第三节之二《阎、毛二家相关研究著述》、第四章《毛奇龄〈古文尚书冤词〉与〈古文尚书〉不伪之论证》、第六章第三节之二《皮锡瑞论阎、毛二家〈古文尚书〉真伪辨》，台湾中国文化大学中国文学系博士学位论文，2014年。

姚继荣：《清代历史笔记论丛》之二中的《毛奇龄与〈胜朝彤史拾遗记〉》，民族出版社，2014年版。

徐世昌纂，陈山榜等点校：《颜李师承记：清学讲授》中的《毛大可》，北京师范大学出版社，2014年版。

朱纯：《李塨思想流变考论》第三章第一节《两次南游始末——以南下问学于毛奇龄等人为中心的考察》，岳麓书院历史学专业硕士学位论文，2014年。

岢水编校：《不堪回首：历代笔记中的文侠优伶》中的《毛西河》，中国和平出版社，2014年。

陈洁：《〈明史〉前期传记（卷122—212）修纂研究》第三章第二节《毛奇龄拟稿传记》，南开大学中国古代史专业博士学位论文，2014年。

陈芳：《汉语古音学比较研究——从顾炎武到高本汉的模式演进》第一章第二节《顾炎武与毛奇龄研究模式的比较》，海峡文艺出版社，2015年版。

孙建伟：《清代〈中庸〉学研究》第二章第二节《反朱子学与毛奇龄的〈中庸〉"改错"》，华中师范大学历史文献学专业博士学位论文，2015年。

韦乐：《〈西厢记〉评点研究（清代卷）》第八章《〈论定西厢记〉述论》，社会科学文献出版社，2015年版。该书是在著者博士学位论文《清代〈西厢记〉评点研究》（复旦大学中国古代文学专业，2010年）之基础上修订而成。

佘德余：《山阴（绍兴县）州山吴氏家族研究》第三章第二节之三《与毛奇龄的交往》，中国社会科学出版社，2015年版。

庄民敬：《惠栋与张惠言〈易〉学重探——"考古义"与"自为解释"的双重价值》第一章第二节之一《毛奇龄》，台湾大学中国文学研究所硕士学位论文，2016年。

曹春茹、王国彪：《朝鲜诗家论明清诗歌》第六章第三节之五《论毛奇龄诗歌》，中央编译出版社，2016年版。

李国文：《李国文说清》之《毛奇龄其人》，万卷出版公司，2016年版。

袁行云：《清人诗集叙录》之《毛奇龄》，人民文学出版社，2016年版。

郭文元：《周作人对中国传统文学的发现和转化》第六章第四节之七《毛奇龄：土洋党八股的祖宗——试帖诗》，中国社会科学出版社，2016年版。

周新华：《湘湖记忆》第六章第五节《毛奇龄情系湘湖》，杭州出版社，2017年版。

叶衍兰、叶恭绰编，陈祖武校补：《清代学者象传校补》之《毛奇龄》，商务印书馆，2017年版。

孙旭升：《尘与土》之《毛奇龄住在盐桥的时候》，上海书店，2017年版。

廖晓晴等：《清代文化名人传略》之《毛奇龄》，辽海出版社，2017年版。

张宏生、于景祥：《中国历代唐诗书目提要》下册第五编《清人编选唐诗总集提要》之《唐七律选》《唐人试帖》，辽海出版社，2017年版。

罗志欢：《中国丛书综录选注》下册《汇编·独撰类》之《西河合集》，齐鲁书社，2017年版。

李国文：《飞扬与落寞：中国古代文人的另类面孔》辑二《毛奇龄其人》，贵州人民出版社，2017年版。

石芳：《清代考据学语境下的戏曲理论》第三章第二节《毛奇龄：援考据学治曲之先导》，上海古籍出版社，2017年版。

孙锡芳：《清代〈左传〉学研究》第一章第二节之三《毛奇龄、万斯大、姚际恒等学者对〈左传〉学的关注》，中国社会科学出版社，2017年版。

王卓华：《康熙博学鸿儒著述考》之《毛奇龄》，广西师范大学出版社，2017年版。

陈若宇：《清代学者对"室女守贞"观念的伦理省察》第三章《以礼驳俗——毛奇龄与汪中"室女守贞"观念的伦理省察》，浙江财经大学伦理学专业硕士学位论文，2017年。

梁梅：《清代试律诗学研究》第一章第二节《毛奇龄试律诗学理论及影响》，第三章第三节《对毛奇龄的批判、继承和超越》，华东师范大学中国古代文学专业博士学位论文，2017年。

罗圣堡：《清初〈易〉图论辨研究》第六章《毛奇龄论辨〈易〉图的文献学价值与学术倾向》，台湾大学中国文学研究所博士学位论文，2017年。

李申：《易图考》第一章之五《毛奇龄论〈周氏太极图〉渊源》、一〇《毛奇龄结论的动摇》、一三《毛奇龄的其他证据》，中央编译出版社，2018年版。

胡士颖：《易学简史》第七章第一节之三《毛奇龄、胡渭易学》，生活·读书·新知三联书店，2018年版。

林忠军、张沛、赵中国：《清代易学史》第二编第二章《毛奇龄的"移易说"与易学辨伪》，齐鲁书社，2018年版。

谢晓菁：《明末女将沈云英的留名与塑造》第二章第一节《毛奇龄的关注与作用》，台湾大学历史学研究所硕士学位论文，2019年。

张立敏：《康熙博学鸿词科与清初诗坛》第一章第三节《毛奇龄博学鸿词科看法的修正》，人民出版社，2019年版。

晁岳佩：《清代春秋学研究》第二章第一节《毛奇龄〈春秋毛氏传〉》，国家图书馆出版社，2019年版。

刘光胜：《出土文献与〈古文尚书〉研究》第五章第一节之四《毛奇龄与〈古文尚书冤词〉》，中国社会科学出版社，2020年版。

修海林：《中国古代音乐美学史》第十四章第二节《毛奇龄、李塨、江永及徐养原的音乐美学思想》，人民音乐出版社，2020 年版。

叶梦琦：《沈时栋及其〈古今词选〉整理研究》第一章第二节《沈时栋与毛奇龄》，江苏师范大学中国古代文学专业硕士学位论文，2020 年。

庞丽霞：《易图学"旋毛〈河图〉""坼文〈洛书〉"源流考述》第四章第二节《清初毛奇龄的批评》，曲阜师范大学专门史硕士学位论文，2020 年。

赵中国：《宋元明清易学史视野下的先天学研究》第九章第四节《毛奇龄对邵雍的批评》，中国社会科学出版社，2021 年版。

张冉冉：《四库礼类提要考论》上篇《毛奇龄撰〈郊社禘祫问〉一卷》，南京师范大学中国古典文献学专业硕士学位论文，2022 年。

汪胜：《清初明遗民蔡仲光及其诗歌研究——以萧山文坛为背景》第三章第三节《蔡仲光与毛奇龄的交游》，绍兴文理学院中国古代文学专业硕士学位论文，2022 年。

秦行国：《胡安国〈春秋传〉在清代的遭际》第三章第三节《毛奇龄对〈胡传〉的批评》，湖南大学中国史专业博士学位论文，2022 年。

路鹏：《清代什物类名物文献叙录》十六之《后观石录》，牡丹江师范学院中国古典文献学专业硕士学位论文，2023 年。

四、报刊和文集文章

邓实：《国学保存会藏书志（元刻本尔雅注疏、钱牧斋初学有学集、毛西河合集）》，《国粹学报》第 5 年第 5 号，1909 年 6 月。

张尚：《毛西河》，《文艺杂志（扫叶山房）》第 10 期，1915 年。

顾颉刚、马太玄：《毛奇龄著述考》，《国立中山大学图书馆周刊》第 3 卷第 2 期，1928 年 6 月。

张恨水：《金圣叹与毛奇龄》，《世界晚报·副刊》，1930 年 2 月 13 日。又见徐永龄主编：《张恨水散文》，安徽文艺出版社，1995 年版。又见张恨水著：《张恨水散文全集》，时代文艺出版社，2015 年版。

张寿林：《清代诗经著述考略》，《燕京大学图书报》第 50 期，1933 年 5 月。

陈子展：《毛奇龄骂人不通》，《小学生》1933 年第 65 期。

松荫老人：《读四书改错存疑》，《船山学报》第 2 卷第 3 期，1933 年 10 月。

罗福颐：《春秋简书刊误校补》，《考古学社社刊》1935 年第 3 期。

向日：《毛奇龄——清代音乐复古的功臣》，台湾《联合报》1958 年 5 月 22 日第 6 版。

戴君仁：《古文尚书冤词再平议》，台湾《东海学报》第 2 卷第 1 期，1960 年 6 月。

南湖：《毛奇龄（西河）负才自亢》，台湾《"中央"日报》1962 年 2 月 2 日，第 7 版。

嵇文甫：《漫谈毛西河》，《学术月刊》1963 年第 3 期。又见嵇文甫：《嵇文甫文集》，河南人民出版社，1990 年版。

杨君劢：《〈论语稽求篇〉读后》，台湾《孔孟月刊》第 3 卷第 4 期，1964 年 12 月。

高越天：《志清代吾浙之经学家：黄宗羲、毛奇龄、朱彝尊》，台湾《浙江月刊》第 1 卷第 5 期，1968 年 12 月。

慈叟：《清代浙籍名人汇辑（1）：丁颐、丁申、丁丙、丁敬、丁杰、丁谦、毛先舒、毛奇龄、毛际可》，台湾《浙江月刊》第 9 卷第 2 期，1977 年 2 月。

（日）北村良和：《毛奇龄の礼说——宋学的近世への反逆》，日本《待兼山论丛》第 11 号，1978 年。

齐治平：《中国文学批评史上的唐宋诗之争（四）》，《北京师院学报》（社会科学版）1981 年第 4 期。

王水照：《生活的真实与艺术的真实——从苏轼〈惠崇春江晓景〉谈起》，《文学遗产》1981 年第 2 期。

方孔飞：《毛奇龄与〈杭州治火议〉》，《上海消防》1982 年第 12 期。

《人物志》编写组：《毛奇龄》，《萧山编史修志通讯》1983 年第 16 期。

（日）斯波义信：《〈湘湖水利志〉と〈湘湖考略〉——浙江萧山县湘湖の水利始末》，载中国水利史研究会编：《佐藤博士退官纪念中国水利史论丛》，日本图书刊行会，1984 年版。又见（日）斯波义信，胡德芬译：《〈湘湖水利志〉和〈湘湖考略〉——浙江省萧山县湘湖水利始末》，《中国历史地理论丛》，1985 年第 2 期。又见陈志根主编：《萧山历史文化研究》，方志出版社，2006 年版。

宋云彬：《阎若璩与毛奇龄》，载《宋云彬杂文集》，生活·读书·新知三联书店出版社，1985 年版。

宋云彬：《毛西河》，载《宋云彬杂文集》，生活·读书·新知三联书店出版社，1985 年版。

蒋星煜：《毛奇龄对〈西厢记〉本来面目的探索——〈毛西河论定西厢记〉所作校注的依据》，《河北学刊》1985 年第 3 期。又见蒋星煜著：《西厢记罕见版本考》，日本不二出版株式会社，1984 年版。又见蒋星煜著：《中国戏曲史探微》，齐鲁书社，1985 年版。又见蒋星煜著：《西厢记的文献学研究》，上海古籍出版社，1997 年版。

娄更扬：《毛奇龄与地方志》，《浙江方志》1987 年第 5 期。

陈德述：《试论毛奇龄的经学思想》，《社会科学研究》1987 年第 4 期。

陈德述：《试论毛奇龄的反宋学思想》，《社会科学辑刊》1987 年第 5 期。又见林庆彰编：《中国经学史论文选集》（下），台湾文史哲出版社，1993 年版。

（韩）김승동：《毛奇龄과丁若鏞의易卦解释에관한비교연구》，韩国《인문논총》第 36 期，1990 年 6 月。

雷庆：《清代著名学人毛奇龄》，《松辽学刊》（社会科学版）1990 年第 3 期。

黄明光：《毛奇龄〈蛮司合志〉广西部分校考》，《中央民族学院学报》1990 年第 6 期。

林庆彰：《毛奇龄、李塨与清初的经书辨伪活动》，载台湾中山大学中国文学系所编：《第二届清代学术研讨会——思想·文学·语文论文集》，台湾中山大学中国文学系，1991 年版。又见台湾中山大学清代学术研究中心编：《清代学术论丛》第 1 辑，台湾文津出版社，2001 年版。又见林庆彰著：《清代经学研究论集》，台湾"中研院"中国文哲研究所，2002 年版。

陈金冠：《毛奇龄》，《浙江档案》，1991 年第 1 期。

（日）金原泰介：《毛奇龄〈论语稽求篇〉に关する一考察》，日本《中国哲学》21 号，1992 年 10 月。

任俊华：《周敦颐〈太极图〉考辨观点论析——驳"非自作论"》，《辽宁师范大学学报》（社科版）1992 年第 3 期。

（日）小岛毅：《婚礼庙见考——毛奇龄による"家礼"批判》，载柳田节子先生古稀记念论集编集委员会编：《柳田节子先生古稀记念论集"中国の传统社会と家族"》，日本汲古书院，1993 年版。

（日）横久保义洋：《嘉靖大礼议の经学的解释——毛奇龄の立场》，日本《中国研究集刊》第 13 号，1993 年。

许华峰：《论〈尚书古文疏证〉与〈古文尚书冤词〉〈尚书考异〉的关系》，载林庆彰编：《经学研究论丛》第 1 辑，圣环书局，1994 年版。

曾美云：《毛奇龄评朱子诗说论衡》，台湾《中国文学研究》第 8 期，1994 年 5 月。

陈志根：《经术词章两擅长的毛奇龄》，《古今谈》1994 年萧山专辑。又见陈志根：《追逐理性——陈志根论文集》，中国文史出版社，2005 年版。

康义勇：《毛奇龄对朱子〈论语集注〉的评价》，载台湾中山大学中国文学系编：《第四届清代学术研讨会论文集》，台湾中山大学中国文学系，1995 年版。又见台湾中山大学清代学术研究中心编：《清代学术论丛》第 1 辑，台湾文津出版社，2001 年版。

郑吉雄：《全祖望论毛奇龄》，台湾《台大中文学报》第 7 期，1995 年 4 月。

黄爱平：《毛奇龄与明末清初的学术》，《清史研究》1996 年第 4 期。人大复印资料《明清史》1996 年第 4 期转载。又见林庆彰、蒋秋华编：《明代经学国际研讨会论文集》，台湾"中研院"中国文哲研究所筹备处 1996 年版。

林久贵：《〈四库全书〉收录个人著述最多的人毛奇龄》，《文史知识》1997 年第 7 期。

（日）佐々木爱：《毛奇龄の思想遍历——明末の学风と清初期经学》，日本《东洋史研究》第 56 卷 2 号，1997 年 9 月。

郭水华：《毛奇龄》，《浙江消防》1997 年第 8 期。

（日）佐々木爱：《毛奇龄の〈朱子家礼〉批判：特に宗法を中心として》，日本《上智史学》43 号，1998 年。

（日）沈庆昊：《조선후기외경학연구법분화와모기령비판》，韩国《东洋学》第 29 辑，1999 年。

（日）山内弘一：《李朝后期知识人の反朱子学批判の一例——清の毛奇龄と日本の古学派批判》，日本《汉文学解释与研究》第 2 辑，1999 年 11 月。

杜明德:《毛奇龄婚礼学研究》,台湾《高雄师大学报》1999年第10期。

张民权:《毛奇龄〈古今通韵〉考论》,载福建师范大学中文系、上海文艺出版社编:《艺文述林语言学卷》,上海文艺出版社,1999年版。

封常曦:《"毛之将附"和〈四书改错〉》,《咬文嚼字》1999年第3期。又见金文明著:《语林拾得:咬文嚼字精选一百篇》,复旦大学出版社,2001年版。又见金文明著:《守护语林》,上海人民出版社,2007年。

(韩)金弼洙:《毛奇龄"仲氏易"的推移法研究》,载国际儒学联合会编:《国际儒学研究》第7辑,国际文化出版公司,1999年版。

(日)广瀬玲子:《西厢记の〈注疏〉——王骥德.毛奇龄による戯曲の読解—》,日本《东洋文化研究所纪要》139册,2000年3月。

陈逢源:《毛奇龄经学论著及其学思历程》,台湾《东吴中文学报》2000年第6期。

郭水华:《清代毛奇龄与〈杭州治火议〉》,《上海消防》2001年第2期。

曾广:《毛奇龄书法作品欣赏》,《青少年书法》2001年第12期。

朱则杰:《清诗中的若干版本与注释问题》,《浙江大学学报》(人文社会科学版)2001年第5期。

陈逢源:《毛奇龄〈四书〉学中的义理内涵》,载台湾政治大学中国文学系编:《儒家思想学术研讨会会议论文集》,台湾政治大学中国文学系,2000年版。又见台湾《中华学苑》2001年第55期。

(日)广瀬玲子:《西厢记の曲と白:(続)王骥德・毛奇龄による戯曲の読解》,日本《专修人文论集》69号,2001年。

郑万耕:《毛奇龄对河图洛书的驳斥》,《中国哲学史》2001年第4期。又见郑万耕著:《易学与哲学》,上海科学技术文献出版社,2013年版。

陈居渊:《毛奇龄与乾嘉经学典范的重塑》,《浙江学刊》2002年第3期。人大复印资料《中国哲学》2002年第11期转载。又见陈志根主编:《萧山历史文化研究》,方志出版社,2006年版。

赖芳晖:《毛奇龄的〈大学〉思想体系及相关问题析探》,载台湾"中央"大学文学院儒学研究中心编:《第一届青年儒学国际学术会议论文集》,台湾鹅湖杂志社,2003年版。

傅璇琮:《毛奇龄合集序》,《古籍研究》,2003年第2期。又见台湾《书目季刊》第36卷第4期,2003年3月。又见傅璇琮著:《唐宋文史论丛及其他》,大象出版社,2004年版。又见傅璇琮著:《学林清话》,大象出版社,2008年版。

(日)金原泰介:《毛奇龄の阳明学评价と朱子学批判について——张烈との论争を中心に》,日本《中国哲学》31号,2003年。

朱则杰:《毛奇龄"嚼舌"》,《古典文学知识》,2003年第2期。后更名为《毛奇龄"嚼舌"传闻》,载朱则杰著:《清诗考证》(下),人民文学出版社,2012年版。

侯美珍：《毛奇龄〈季跪小品制文引〉析论——兼谈"稗官野乘，悉为制义新编"的意涵》，台湾《台大中文学报》2004年第21期。

（日）新田元规：《唐宋より清初に至る禘祫解釈史》，日本《中国哲学研究》20号，2004年。

吴通福：《阎毛"晚书"公案与清初儒学的转折》，台湾《中国文化研究所学报》第13卷第44期，2004年。

魏千钧：《毛奇龄〈古文尚书冤词〉研究》，台湾《中国文学研究》2004年第18期。

钱杭：《真实与虚构之间的历史授权——萧山湘湖史上的〈英宗敕谕〉》，《史林》2004年第6期。

刘宪康：《毛奇龄情倾美湘湖》，《萧山史志》，2005年第4期。

（韩）沈庆昊：《丁若镛的〈诗经〉论与清朝学术的关系：以继承、批判毛奇龄学说为例》，载台湾大学东亚文明研究中心编：《东亚视域中的茶山学与韩国儒学研讨会论文集》，台湾大学东亚文明研究中心，2005年版。

陈德述：《毛奇龄实学思想初探》，载陈德述：《儒学文化新论》，巴蜀书社，2005年版。

杜明德：《毛奇龄〈诗话〉探析》，载台湾中山大学编：《第四届国际东方诗话学术研讨会会议论文集》，台湾中山大学，2005年版。

杨效雷：《清代学者对"河图""洛书"的考辨》，《湖南科技学院学报》2005年第1期。

闫宝明：《毛奇龄〈古文尚书冤词〉探微》，《古籍整理研究学刊》2005年第6期。

陆灏：《毛西河轶事》，载陆灏：《东写西读》，上海书店出版社，2006年版，上海书店出版社，2009年版。

（日）渡邉大：《顾炎武"五方之音说"とその批判：毛奇龄·錢大昕の所说を中心に》，日本《中国文化：研究と教育》64号，2006年。

唐明贵：《毛奇龄〈论语稽求篇〉研探》，《太原理工大学学报》（社会科学版）2006年第2期。

程二奇：《毛奇龄〈推易始末〉与清代汉学之复兴——清学史源流的一个新认识》，《学习与探索》2006年第5期。

（韩）金秀炅：《毛奇龄诗说及其对朝鲜时期正祖〈诗经讲义〉的影响》，韩国《한국어문학국제학술포럼학술대회》第3期，2007年10月。

赖玉芹：《经学以经世，辨礼为生民》，《历史教学问题》2007年第4期。

李海生：《〈疏证〉与〈冤词〉对垒的思想学术意义》，《上海行政学院学报》2007年第4期。

丁鼎：《试论毛奇龄的经学思想和学术地位》，载上海社会科学院《传统中国研究集刊》编辑委员会编：《传统中国研究集刊》第3辑，上海人民出版社，2007年版。

张贺：《略论毛奇龄的史学精神和治史之风》，《温州大学学报》（社会科学版）2007年第6期。

张贺：《毛奇龄〈大学知本图说〉探析》，《苏州教育学院学报》2007 年第 4 期。

戴莹：《残本不残：〈毛奇龄书法册页〉背后的故事》，《收藏界》2007 年第 12 期。

丁鼎：《毛奇龄经学成就论略》，载莫砺锋编：《周勋初先生八十寿辰纪念文集》，中华书局，2008 年版。

周明道：《毛奇龄轶事三则》，载中共杭州市萧山区委党史研究室、杭州市萧山区人民政府地方志办公室编：《萧山记忆》第 1 辑，浙江人民出版社，2008 年版。

刀尔登：《毛奇龄：一样金鹅两样排》，《瞭望东方周刊》2008 年第 52 期。

郑伊庭：《论毛奇龄对朱子〈诗经〉学的批评》，载台湾高雄师范大学经学研究所编：《第四届青年经学学术研讨会论文集》，台湾高雄师范大学经学研究所，2008 年版。

薛立芳：《毛奇龄〈白鹭洲主客说诗〉探微》，《鲁东大学学报》（哲学社会科学版）2008 年第 2 期。

薛立芳：《关于〈毛诗序〉作者的新思考——论毛奇龄对〈诗序〉作者的研究》，《兰州学刊》2008 年第 3 期。

张窈慈：《浅谈毛奇龄之音乐美学》，台湾《艺术研究学报》第 1 卷第 2 期，2008 年。

孙英华：《对〈竟山乐录〉中音乐雅俗观的几点思考》，《艺术百家》2008 年第 8 期。

蒋寅：《清初钱塘诗人和毛奇龄的诗学倾向》，《湖南社会科学》2008 年第 5 期。

段润秀：《毛奇龄与〈明史〉修纂新探》，《红河学院学报》2009 年第 1 期。

田智中：《毛奇龄〈太极图遗义〉考辨》，《周易研究》2009 年第 3 期。

胡春丽：《毛奇龄年谱》（上），载彭林主编：《中国经学》第 5 辑，广西师范大学出版社，2009 年版。

萧雅俐：《毛奇龄〈檀弓订误〉评议》，《经学研究论丛》第 16 辑，2009 年。

胡春丽：《毛奇龄交游考》，《理论界》2009 年第 10 期。

胡春丽：《从〈四库全书〉看毛奇龄》，《理论界》2009 年第 11 期。

朱维铮：《毛奇龄死后遭文字狱》，载朱维铮：《重读近代史》，中西书局，2010 年版。后更名为《毛奇龄与清代文字狱》，载褚钰泉主编：《悦读》第 18 卷，二十一世纪出版社，2010 年版。

丁鼎、房姗姗：《毛奇龄礼学成就论略》，载郭齐勇编：《儒家文化研究》第 3 辑，生活·读书·新知三联书店，2010 年版。

刘诚龙：《愤老毛奇龄》，《中国青年》2010 年第 14 期。又见刘诚龙著：《暗风流——史上文人那些事》，现代出版社，2014 年版。

丁鼎：《"伪〈古文尚书〉案"平议》，《古籍整理研究学刊》2010 年第 2 期。

谢冬荣：《毛奇龄〈兼本杂录〉述略》，《文津学志》2010 年第 3 期。

张晓兰：《毛奇龄连厢词例及〈拟连厢词〉考》，《淮海工学院学报》（社会科学版·学术论坛）2010 年第 1 期。又见张晓兰、赵建新著：《中国古代戏曲论稿》，中国社会科学出版社，2014年版。

张小芳：《毛奇龄〈论定西厢记〉的学术取向及价值新论》，《中国典籍与文化》2010年第2期。

周怀文：《〈经义考〉毛奇龄序驳谊》，《图书馆工作与研究》2010年第6期。

（韩）徐容锡：《만스대와毛奇龄의宗法论——经学史적접근을 중심으로》，韩国《명청사연구》第34期，2010年10月。

张佩：《毛奇龄的反传统思想》，《大众文艺》2010年第17期。

黄敏学：《汉学开山之新变——毛奇龄音乐史学思想论析》，《淮南师范学院学报》2010年第4期。

戴文梅：《清代学者毛奇龄生平初探》，《重庆科技学院学报》（社会科学版）2010年第5期。

郑万耕：《〈毛奇龄易著四种〉点校说明》，载（清）毛奇龄撰，郑万耕点校：《毛奇龄易著四种》卷首，中华书局，2010年版。

张立敏：《论康熙博学鸿词科对毛奇龄的诗学影响》，载曹虹、蒋寅、张宏生主编：《清代文学研究集刊》，人民文学出版社，2011年版。

胡春丽：《毛奇龄年谱》（下），载彭林主编：《中国经学》第8辑，广西师范大学出版社，2011年版。

雷平：《朱陆之辨在清初的延续——由〈明史〉"道学传"引发的争议》，《湖北大学学报》（哲学社会科学版）2011年第2期。

林忠军：《论毛奇龄象数易学》，载台湾大学文学院编：《中国经学国际学术研讨会会议论文集第四届》，台湾大学文学院，2011年版。

朱湘钰：《论清儒毛奇龄"伸王抑朱"——以〈大学〉解为讨论范围》，台湾《"中央"大学人文学报》2011年第46期。

孙锡芳：《清初〈左传〉研究复兴原因及其表现探析》，《青海社会科学》2011年第2期。

张政伟：《毛奇龄〈白鹭洲主客说诗〉——对"淫诗"说的批判在〈诗经〉学史上的意义》，载中国诗经学会、河北师范大学编：《诗经研究丛刊》第19辑，学苑出版社，2011年版。

李敏：《毛奇龄与〈金华文略〉》，《图书研究与工作》2011年第1期。

房瑞丽：《毛奇龄〈《诗传》《诗说》驳义〉小考》，《兰州学刊》2011年第5期。

张艳：《毛奇龄与唐宋诗之争》，《文学界》（理论版）2011年第8期。

李国文：《一生"抬杠"的毛西河》，《同舟共进》2011年第9期。又见《各界》2011年第11期。又见李国文著，柳鸣九主编：《纸上风雅：李国文散文随笔精选》，海天出版社，2014年版。

汪学群：《毛奇龄对反王学的批评：读折客辨学文》，载《国际阳明学研究》编委会编：《国际阳明学研究》第1卷，中国社会科学出版社，2011年版。

黄圣修：《毛奇龄王文成传本研究》，载《国际阳明学研究》编委会编：《国际阳明学研究》第 1 卷，中国社会科学出版社，2011 年版。

薛立芳：《毛奇龄"诗"学思想及其对清代"诗"学发展之影响》，《湖北社会科学》2011 年第 9 期。

林忠军：《毛奇龄"推移"说与清代汉易复兴》，韩国《영남대학교민족문화연구소학술대회》第 49 期，2011 年 12 月。又见《陕西师范大学学报》（哲学社会科学版）2012 年第 2 期。又见林忠军著：《易学源流与现代阐释》，上海古籍出版社，2012 年版。

周怀文，经莉莉：《毛奇龄交游考论》，《芜湖职业技术学院学报》2012 年第 1 期。

张晓兰：《清初名儒毛奇龄戏曲观探微》，《兰州交通大学学报》2012 年第 2 期。又见张晓兰、赵建新著：《中国古代戏曲论稿》，中国社会科学出版社，2014 年版。

赵铭丰：《程廷祚与毛奇龄——论〈古文尚书〉考辨异时对话的轴线转移》，台湾《国家图书馆馆刊》2012 年第 1 期。

张政伟：《毛奇龄〈白鹭洲主客说诗〉研究》，台湾《彰化师大国文学志》2012 年第 24 期。

周怀文，经莉莉：《风人之旨 谁可独得——略论毛奇龄对朱熹"淫诗"说的批评》，《合肥学院学报》2012 年第 3 期。

汪龙麟：《〈西厢记〉明清刊本演变述略》，《北京社会科学》2012 年第 4 期。

周怀文，经莉莉：《毛奇龄〈诗经〉辨伪述略》，《聊城大学学报》（社会科学版）2012 年第 2 期。

周怀文：《金石词章两擅长，儒林文苑费商量——毛奇龄的文学成就简论》，《广州广播电视大学学报》2012 年第 3 期。

张晓兰：《毛奇龄拟连厢词的本来面目——兼论拟连厢词非杂剧》，《戏剧》（中央戏剧学院学报）2012 年第 3 期。

钱宗武：《茶山〈尚书〉学研究——阎毛之争的评议》，《齐鲁学刊》2013 年第 2 期。

朱兆龙：《王艮泰州学派在清代的传承与变化》，《盐城师范学院学报》（人文社会科学版）2013 年第 6 期。

（韩）신재식：《徐有榘의〈古文尚書冤詞〉비판에 대한顧炎武·朱彝尊의영향》，韩国《민족문화》第 41 期，2013 年 6 月。

张小仲：《毛奇龄与清初女性诗人》，《文学教育》2013 年第 1 期。

陈淑蒂：《毛奇龄与〈湘湖水利志〉研究综述》，《西江月》2014 年第 1 期。

宫云维、陈淑蒂：《〈四库全书总目提要·湘湖水利志〉辨证》，《浙江学刊》2014 年第 2 期。

艾立中：《毛奇龄"连厢词"之说再献疑》，载温州大学南戏研究中心编：《第六届国际南戏学术研讨会论文集》，温州大学南戏研究中心，2014 年版。

周怀文：《毛奇龄史学成就考论》，《芜湖职业技术学院学报》2014 年第 3 期。

戎默：《论毛奇龄对〈惠崇春江晓景〉的评价》，《齐齐哈尔大学学报》（哲学社会科学版）

2014年第3期。

闫宝明：《毛奇龄的〈论语〉〈孟子〉观对清初学风的新拓》，《昆明学院学报》2014年第5期。

马昕：《毛奇龄〈诗〉学理论的逻辑推演与困境突围》，《安徽师范大学学报》（人文社会科学版）2014年第5期。

胡春丽：《毛奇龄交游续考》，《殷都学刊》2014年第1期。

胡春丽：《三百年来毛奇龄研究述评》，《玉溪师范学院学报》2014年第1期。

李克：《毛奇龄批本〈西厢记〉新探》，《辽东学院学报》（社会科学版）2014年第1期。

於梅舫：《从王学护法到汉学开山——毛奇龄学说形象递变与近代学术演进》，《中山大学学报》（社会科学版）2014年第1期。人大复印资料《中国哲学》2014年第5期转载。

陈居渊：《毛奇龄〈四书改错〉毁版之谜》，《中国社会科学报》2014年1月13日第A06版。

王志芳：《沈云英故事考（缘起篇）》，《湖南科技学院学报》2014年第3期。

陈咏琳：《兵儒黄宗羲、黄宗炎、毛奇龄与胡渭对"河图""洛书"学之考辨》，台湾《中国文学研究》2014年第37期。

辛源俸：《朱熹、毛奇龄和丁若镛的〈周易〉占筮观比较研究》，《周易研究》2014年第5期。

韦乐：《毛奇龄〈论定西厢记〉述论》，载胡德才主编：《影视戏剧评论》第1辑，中国电影出版社，2015年版。

林忠军：《论丁若镛"推移说"与汉宋易学——兼论朱熹、毛奇龄推移说对丁若镛的影响》，《周易研究》2015年第3期。

黄黎星：《论毛奇龄对〈左传〉〈国语〉筮例的阐释》，载黄黎星：《先秦易筮研究》，人民出版社，2015年版。

田智忠：《再论〈太极图〉与〈周易参同契〉"三五至精"思想之关系》，《周易研究》2015年第2期。人大复印资料《中国哲学》，2015年第9期转载。

胡春丽：《毛奇龄佚文佚诗续考》，《玉溪师范学院学报》2015年第6期。

衣若兰：《女性"名"分与清初传记书写论辩》，台湾《新史学》第26卷第1期，2015年3月。

戴晋新：《读毛奇龄〈蛮司合志·序〉》，《遵义师范学院学报》2015年第6期。

胡春丽：《〈四书改错〉点校说明》，载（清）毛奇龄撰，胡春丽点校：《四书改错》卷首，华东师范大学出版社，2015年版。

张鑫：《论毛奇龄"移易"说视域下的子母聚卦》，《德州学院学报》2016年第3期。

罗圣堡：《毛奇龄考辨〈易〉图的义理动机与学术倾向》，台湾《中国文学研究》2016年第41期。

蔺文龙：《毛奇龄对清代〈诗经〉考据学的贡献》，《牡丹江大学学报》2016 年第 6 期。

杨绪容：《毛奇龄评点〈西厢记〉的叙事论》，《上海大学学报》（社会科学版）2016 年第 4 期。

王也：《有意有调 有声有色——论毛奇龄的词学观》，《牡丹江大学学报》2016 年第 7 期。

晋书生：《奇人毛奇龄》，《新商报》2016 年 6 月 4 日第 A16 版。

梁梅：《毛奇龄试律诗理论及影响》，《湖北社会科学》2016 年第 10 期。

张循：《"词章"与考证学——追溯清代考证学来源的一条线索》，《学术月刊》2016 年第 5 期。人大复印资料《明清史》，2016 年第 7 期转载。

宫云维：《毛奇龄与〈湘湖水利志〉》，载张伟主编：《浙东文化研究》第 2 辑，浙江大学出版社，2016 年版。

胡春丽：《毛奇龄著述考略》，载《文津学志》编委会编：《文津学志》第 9 辑，国家图书馆出版社，2016 年版。

胡春丽：《毛奇龄家世与生平考述》，载《薪火学刊》编辑部编：《薪火学刊》第 3 卷，复旦大学出版社，2016 年版。

胡春丽：《毛奇龄生平考辨》，载《古籍研究》编辑委员会编《古籍研究》第 64 卷，凤凰出版社，2016 年版。

雷敬敷：《从〈观石录〉到〈寿山石考〉：清代至民国时期的五部寿山石文献》，《宝藏》2017 年第 1 期。

罗静：《耐人寻味的"毛奇龄挨打"》，《博览群书》2017 年第 1 期。

罗静：《徐咸清与毛奇龄交游考》，《山东师范大学学报（人文社会科学版）》2017 年第 1 期。

杨绪容：《毛奇龄评点〈西厢记〉的"心学"意蕴》，《杭州师范大学学报（社会科学版）》2017 年第 6 期。

刘薇：《别开生面——毛奇龄与清前期戏曲发展潮流》，《戏曲研究》2017 年第 2 期。

张晓兰：《以考据入〈西厢〉——论清初名儒毛奇龄〈毛西河论定西厢记〉的价值和贡献》，《浙江艺术职业学院学报》2017 年第 4 期。

戴晋新：《读毛奇龄〈蛮司合志·序〉》，载洪涛主编：《土司制度与土司文化新论——第五届中国土司制度与土司文化国际学术研讨会论文集》，中央民族大学出版社，2018 年版。

胡春丽：《毛奇龄年谱补遗》，载上海社会科学院《传统中国研究集刊》编辑委员会编：《传统中国研究集刊》第 19 辑，上海社会科学院出版社，2018 年版。

胡春丽：《毛奇龄佚文考释》，载《古籍研究》编辑委员会编《古籍研究》第 68 卷，凤凰出版社，2018 年版。

杨绪容：《毛奇龄评点〈西厢记〉的"调例"论》，载周兴陆主编：《传承与开拓——复旦大学第四届中国文论国际学术研讨会论文集》，凤凰出版社，2018年版。

胡春丽：《毛奇龄年谱补辑简编（1682—1713）》，载彭林主编：《中国经学》第23辑，广西师范大学出版社，2018年版。

张帅：《清人对宋人〈河图〉〈洛书〉的批判——以毛奇龄、胡渭为例》，《长江丛刊》2018年第14期。

简承禾：《〈舜典〉不亡：毛奇龄考辨〈舜典〉析论》，《清华中文学报》2019年第21期。

胡春丽：《新辑毛奇龄佚作考释》，载天一阁博物馆编：《天一阁文丛》第16辑，浙江古籍出版社，2019年版。

成祥满、赖玉芹：《毛奇龄女性观浅论》，载孔定芳、林存阳、朱昌荣主编：《大思想史视野下的清代思想研究》，华中科技大学出版社，2019年版。

郎需瑞：《符号学视域下毛奇龄易学"推易之法"探析》，《周易研究》2019年第6期，人大复印资料，2020年第6期转载。

胡春丽：《新辑毛奇龄佚作考释》，载《薪火学刊》编辑部编：《薪火学刊》（第六卷），复旦大学出版社，2019年版。

王晓燕：《清代前中期经学家及其女弟子——以毛奇龄、徐昭华为中心》，《南京师范大学文学院学报》2019年第3期。

李晓方、陈涛：《明清时期萧绍平原的水利协作与纠纷——以三江闸议修争端为中心》，《史林》2019年第2期。

马铭捷、吴悦菊：《从"论"宫调出入看毛奇龄"论定"〈西厢记〉的学术态度》，《北方文学》2019年第30期。

徐到稳：《略论清代的严格意义上的经学大师》，《学衡》2020年第1辑。

种方：《论毛奇龄与胡渭的交往及他对〈易图明辨〉的影响》，载安平秋主编：《中国典籍与文化论丛》第21辑，凤凰出版社，2020年版。

罗静：《徐咸清与毛奇龄交游考》，载石云涛主编：《多元视野下的古代文学研究》，外语教学与研究出版社，2020年版。

蔡飞舟：《毛奇龄移易说探论》，《国学研究》2020年第1期。

吴飞：《三年丧起源考论》，《文史》2020年第3期。

唐小茜：《毛奇龄〈诗札〉述略》，《汉字文化》2020年第12期。

杨绪容：《毛奇龄〈西厢记〉评点的"词例"论——对元杂剧批评范式的奠定》，《文艺理论研究》2021年第2期。

汪胜：《蔡仲光与毛奇龄交游考论》，《绍兴文理学院学报（人文社会科学）》2021年第2期。

窦开虎：《毛奇龄〈西厢记〉整理校勘及体例探索》，《宝鸡文理学院学报（社会科学版）》2021年第6期。

曹志林：《论清中叶"汉宋之争"背景下汉学学者的思想转变——以清代学风渊源的三种观点为例》，《古典文学研究》2022年第1期。

蔡龙九：《清初王学流传的激荡——以毛奇龄、张烈为核心》，《哲学与文化》2022年第1期。

江曦：《阎若璩〈尚书古文疏证〉阙佚新证》，《历史文献研究》2022年第2期。

宣燕华：《清初古文〈尚书〉辨伪与理学的关系——兼议余英时"内在理路说"》，《清史研究》2022年第3期。

胡春丽：《新辑毛奇龄佚札八通考释》，《新经学》2022年第2期。

乔娜：《毛奇龄的宗法观》，《清史论丛》2022年第2期。

陈伟文：《毛奇龄〈曹伯母寿〉考辨》，《红楼梦学刊》2022年第3期。

吴蔚：《〈唐人试帖〉整理的价值和意义——兼论清代试律诗学与古典诗学演进之关系》，《北京理工大学学报（社会科学版）》2022年第6期。

周永泽：《毛奇龄乐律学著述阐微》，《中国民族博览》2022年第7期。

乔娜：《回归原典：毛奇龄〈孝经〉学的学术史意义》，《故宫博物院院刊》，2022年第11期。

李敬峰：《毛奇龄的〈大学〉诠释与明清之际的"朱、王之争"》，《哲学研究》2023年第1期。

罗静：《日本江户时毛奇龄著作的流传及古学派的接受》，《山东社会科学》2023年第4期。

汪学群：《毛奇龄对〈传习录〉的诠释——以〈折客辨学文〉为例》，《船山学刊》2023年第4期。

韩盟、徐萃：《清代毛奇龄"推易"说研究》，《延安大学学报（社会科学版）》2023年第5期。

吴医坤、白冰莹：《毛奇龄拟判词的文学性书写与叙事形态分析》，《参花》2023年第5期。

种方：《毛奇龄音韵解〈易〉举隅》，载北京大学《儒藏》编纂与研究中心编：《儒家典籍与思想研究》第15辑，北京大学出版社，2023年版。

后　　记

2023年是毛奇龄诞辰400周年。毛奇龄是清初经学家、史学家、文学家，乾嘉之际被尊奉为清代汉学的开山，对清代经学、文学、汉学有极大影响，是《四库全书总目》收录个人著作最多的人，是萧山的大学者。

为隆重纪念毛奇龄诞辰400周年，增强文化自信，推动毛奇龄研究阐发及其精神传播交流，进一步弘扬萧山乡邦文化、守护萧然文脉，2023年12月1—3日，由中共杭州市委党史研究室（杭州市人民政府地方志办公室）、杭州市社会科学界联合会主办，中共杭州市萧山区委党史研究室（杭州市萧山区人民政府地方志办公室）、杭州市萧山区社会科学界联合会、杭州市萧山区人民政府城厢街道办事处承办的"毛奇龄诞辰400周年学术研讨活动"在萧山召开，数十位毛奇龄文化研究领域的专家学者参会，共同研讨毛奇龄的学术思想和价值。此集即会议论文之汇编。

该论文集的出版源自各方的支持和努力，感谢与会全体专家、学者对论文集出版的关心和支持！在此特别感谢复旦大学出版社编审胡春丽女士，她对书稿认真负责，孜孜不倦，在时间紧任务重的情况下，挤出时间加班加点，保证论文集的顺利出版。再次对所有给予此次会议关心、支持和帮助的单位及其个人，表示衷心的感谢！希望通过该论文集的出版，进一步挖掘毛奇龄文化的"根"和"魂"，深化萧山文脉研究。

囿于时间紧迫和编者水平，书内错谬不当之处，在所难免，敬请广大读者批评指正。

编者
2024年9月

图书在版编目(CIP)数据

毛奇龄诞辰400周年学术研讨会论文集/中共杭州市萧山区委党史研究室(杭州市萧山区人民政府地方志办公室),杭州市萧山区社会科学界联合会,杭州市萧山区人民政府城厢街道办事处编.--上海:复旦大学出版社,2025.1.--ISBN 978-7-309-17612-4

Ⅰ.B249.95-53

中国国家版本馆CIP数据核字第202472U61J号

毛奇龄诞辰400周年学术研讨会论文集
中共杭州市萧山区委党史研究室(杭州市萧山区人民政府地方志办公室),
杭州市萧山区社会科学界联合会,杭州市萧山区人民政府城厢街道办事处　编
责任编辑/胡春丽

复旦大学出版社有限公司出版发行
上海市国权路579号　邮编:200433
网址:fupnet@fudanpress.com　http://www.fudanpress.com
门市零售:86-21-65102580　　团体订购:86-21-65104505
出版部电话:86-21-65642845
上海盛通时代印刷有限公司

开本890毫米×1240毫米　1/16　印张27.5　字数598千字
2025年1月第1版
2025年1月第1版第1次印刷

ISBN 978-7-309-17612-4/B·817
定价:98.00元

如有印装质量问题,请向复旦大学出版社有限公司出版部调换。
版权所有　　侵权必究